Katja Gloger
Fremde Freunde

KATJA GLOGER

Deutsche und Russen

*Die Geschichte
einer schicksalhaften
Beziehung*

BERLIN VERLAG

*Mehr über unsere Autoren und Bücher:*
*www.berlinverlag.de*

MIX
Papier aus verantwortungsvollen Quellen
FSC® C014496

ISBN 978-3-8270-1353-8

© Berlin Verlag in der Piper Verlag GmbH, München 2017
Satz: Kösel Media GmbH, Krugzell
Herstellung: Sieveking · Agentur für Kommunikation, München
Druck und Bindung: GGP Media GmbH, Pößneck
Printed in Germany

»Wir wollen Freiheit.«
*Wiktor Schklowskij,*
*Zoo oder Briefe nicht über die Liebe*


Meiner Familie und unseren Freunden
mit russischer Seele.
Dankbar, dass ich von ihnen lernen darf.

# INHALT

Vorwort 13

**»Ich habe an die Türen der Geschichte** 17
**geklopft, und sie taten sich auf«**
Michail Gorbatschow fällt es zu, die Welt zu verändern.
Eine Würdigung.

**Den Osten im Blick: Konturen, Kontakte** 43
Fernhandel bringt Deutsche und Russen zusammen –
doch in der Kontroverse um den »wahren« christlichen
Glauben entsteht eine Kulturgrenze.

**Im Land der »wilden Moskowiter«** 61
Im 16. und 17. Jahrhundert erkunden Reisende aus dem
Westen das unbekannte Land. Es kommt ihnen so
»barbarisch« vor.

**»Segelt, denn niemand weiß, wo es endet«** 75
Deutsche setzen die radikalen Reformen um, die Zar Peter
der Große im 18. Jahrhundert erzwingt. Und ein Theologe
aus Wittenberg wird in Sibirien zu einem der größten
Entdecker seiner Zeit.

**»... etwas grössres erkennen lernen ...«** 87
Der Gottorfer Globus: die Geschichte eines deutsch-
russischen Weltenwunders.

**Sie belohnte ihre Freunde, und ihre Gegner**    99
**bestrafte sie nicht**
Katharina die Große, Russlands deutsche Kaiserin,
herrscht unangefochten. Ein Leben für viele Bücher.

**»Zierliche Mädchen tranken mutig**    119
**aus Wodkaflaschen«**
Ein Zar als Befreier Europas – nach dem Sieg über Napoleon
1813 bricht unter den Deutschen eine regelrechte Russlandverzückung aus. Sie hält nicht lange.

**Die Erfindung der russischen Seele**    131
Zum Ende des 19. Jahrhunderts begeistern sich Russen
und Deutsche leidenschaftlich aneinander. Und stehen
sich doch bald als Todfeinde gegenüber.

**»Dekomposition« oder: Die gekaufte Revolution**    149
Mit einer Zugfahrt durch Deutschland ermöglicht die
kaiserliche Regierung dem Kommunisten Wladimir Lenin
1917 die Rückkehr nach Russland – mit fatalen Folgen.

**»Russlandfieber« oder:**    169
**Gefährliche Seelenverwandtschaften**
Auch nach dem verlorenen Weltkrieg drängt es deutsche
Intellektuelle nach Osten. Russland wird zu einer geistigen
Zuflucht. Denn in Russland soll die Zukunft liegen.

### Sterne, an den Himmel genagelt — 177
Anfang des 20. Jahrhunderts siedelt eine kleine russische Künstlerkolonie in München, ihr schließen sich deutsche Maler an. Sie schenken der Welt den Blauen Reiter.

### »Ein tolles Volk. Sie sterben wie sie tanzen« — 187
Berlin, russische Stadt. Anfang der zwanziger Jahre wird Berlin zur Übergangsheimat für Hunderttausende Flüchtlinge. »Russki ist die große Mode«, heißt es.

### Unheilvolle Sonderwege — 205
Im Vertrag von Rapallo wird die neue deutsch-russische »Schicksalsgemeinschaft« verankert. Und im Hitler-Stalin-Pakt verbünden sich 1939 zwei Menschenschlächter zu einer Weltkriegsallianz.

### *Blokada:* Die Blockade der Erinnerung — 237
Im Vernichtungskrieg gegen die Völker der Sowjetunion setzt die deutsche Wehrmacht 1941 auch Hunger als Waffe ein. Doch die Tragödie der Millionenstadt Leningrad bleibt lange im Schatten der deutschen – und russischen – Erinnerung.

### Baldins Koffer — 269
Ein junger Rotarmist rettet 1945 Hunderte kostbarer Zeichnungen aus dem Besitz der Bremer Kunsthalle. Ein Leben lang kämpft er darum, sie zurückzugeben. Über das grenzüberwindende Geschenk der Schönheit.

**Tödliche Falle** 291
Bis Mitte der dreißiger Jahre haben Tausende Deutsche
in der Sowjetunion Zuflucht gefunden. Doch die meisten
werden das Moskauer Exil nicht überleben.

**Wenn die Russen kommen** 307
Verordnet ist die Freundschaft zwischen der DDR und
der Sowjetunion. Im Lauf der Jahre richtet man sich
missmutig miteinander ein. 1994 ziehen die Truppen
als geschlagene Sieger ab.

**Mythos Ostpolitik: Das Missverständnis** 343
Wandel durch Annäherung – ein Paradox wird zum
Erfolgsmodell deutscher Außenpolitik. Doch was als
Aufbruch beginnt, verkommt in den achtziger Jahren
zu realpolitischem Appeasement.

**»Wir sollten im Westen nicht so tun, als** 371
**würden wir nicht in Interessensphären denken«**
*Ein Gespräch mit Bundeskanzler a. D. Gerhard Schröder*
Warum die Krim zu Russland gehört und die Deutschen
etwas mehr Bescheidenheit zeigen sollten. Ein Gespräch
in schwierigen Zeiten.

**Die Russlanddeutschen: Auffällig unauffällig** 385
Sie werden als fleißige Bauern angeworben, unter Stalin verfolgt und deportiert. Immer wieder müssen sie neu anfangen. Als Spätaussiedler kehren sie nach Deutschland zurück. Die meisten wollen ankommen.

**Die Waffen des Bewusstseins** 407
Sich wieder auf der richtigen Seite der Geschichte wähnend, präsentiert sich Putins Russland als Avantgarde einer postwestlichen Weltordnung – immer weiter von Deutschland entfernt.

Anmerkungen 429
Literatur 530
Bildnachweis 545
Personenregister 546

# VORWORT

Wer in Moskau weilt, dieser schon wieder sowjetisch sauberen Stadt, stößt in Sichtweite der goldenen Kuppeln des Kreml auf ein mächtiges Monument. Es sprengt alle Maßstäbe, auch die des guten Geschmacks: Da steht auf gewaltigem Sockel ein Segelschiff, ein Hüne darauf, er ähnelt Zar Peter dem Großen. Bald sind die Segel gesetzt, und der Zar weist Russland den Weg nach: Westen.

Auch das neue Russland hat Segel gesetzt. Wladimir Putin schickt sein Land auf eine gefahrvolle Reise, sie führt in eine ganz andere Welt. Alternativlos soll der Kurs sein, den Russland nun in eine postwestliche Zukunft einschlägt – alternativlos wie sein Präsident. Dieses Russland verlässt den Westen.

Um im Bild zu bleiben: Am Ufer bleiben die Deutschen zurück, eher ratlos. Man macht sich Vorwürfe, streitet und fragt: Hat man Russland wirklich verstanden? Oder hatte man sich in Illusionen verliebt? Tragen doch die Deutschen eine besondere Verantwortung gegenüber Russland.

In keinem anderen westlichen Land wird so leidenschaftlich um Russland und seine Zukunft gerungen wie in Deutschland. In keinem anderen Land finden sich so viele »Russland-Versteher«. Deutsche und Russen – Russen und Deutsche: zwei Länder, zwei Völker, die seit tausend Jahren voneinander nicht lassen können. Diese Beziehung bestimmt das Schicksal Europas; sie schrieb Weltgeschichte – im Guten wie im sehr Bösen. Sie war – und ist – von Gegensätzen und Widersprüchen geprägt: von Vorurteilen und Furcht, auch von Hass. Aber auch von tiefer

Freundschaft und gegenseitiger Bewunderung, gar Verklärung. Noch immer macht man eine Seelenverwandtschaft aus. Und heißt es nicht, einen russischen Dichter missbräuchlich zitierend, mit dem Verstand sei Russland nicht zu begreifen? »An Russland kann man nur glauben!« Man kann sein Herz an Russland und seine wunderbaren Menschen verschenken, vielleicht muss man es sogar. Den Verstand aber, den darf man dabei keinesfalls verlieren.

Dieses Buch möchte Einblicke geben in unsere faszinierende gemeinsame Geschichte, die tragisch ist und auch schön. Es soll dazu beitragen, Russland zu entschlüsseln und zu verstehen. Es berichtet davon, wie wir vor tausend Jahren als erfolgreiche Fernhändler zueinander fanden – damals, als die Ostsee unser Weltmeer war. Es erzählt von mutigen deutschen Entdeckern in den endlosen Weiten Sibiriens und natürlich von Katharina der Großen, Russlands deutscher Kaiserin, dieser außergewöhnlichen Frau mit dem feinen Gespür für die Nuancen des Möglichen. Es führt an die Frontlinie des Kalten Krieges, als Deutschland geteilt und die DDR das westlichste Land des Ostens war. Es erzählt von Krieg und Frieden, von Siegen und Niederlagen, von Schuld und Sühne. Wie wir uns aneinander berauschten, die russische Seele und das deutsche Wesen suchend, zwei sich missverstanden fühlende Kulturnationen mit dem Anspruch, dass an ihnen die Welt genese.

Russland – ein Traumland, »das an Gott grenzt«, wie es Rainer Maria Rilke verklärte. Ein Land voller romantischer Utopisten, unverdrossen an der Zukunft bauend.

Doch lange teilten Deutsche wie Russen eine Furcht vor der Freiheit, erlagen der Versuchung autoritärer Modernisierer. Fanden sie sich doch in tiefer Verbundenheit auch gegen die vermeintlichen Verführungen des modernen Westens. Dabei führten deutsch-russische Sonderwege immer ins Unheil. Während des Ersten Weltkriegs ermöglichte die kaiserliche deutsche Regierung dem Berufsrevolutionär Wladimir Lenin die Rückkehr aus dem Exil nach Russland. Der von ihm angezettelte Staatsstreich – die Oktoberrevolution – führte Russland in ein Jahrhundert des Terrors. Ein anderer deutsch-russischer Sonderweg endete in einer Kriegsallianz zweier Massenmörder, Hitler und Stalin.

Eine Erzählung über Deutsche und Russen muss den Blick in den Abgrund der Vergangenheit richten, diese unaussprechliche Schuld. Was man nicht sehen will und doch sehen muss. Lange lagen die ungezählten Verbrechen der Deutschen im Vernichtungskrieg gegen die Völker der Sowjetunion im Schatten der deutschen Erinnerung. Doch auch die Menschen in Russland konnten nicht lernen, sich mit ihrer Vergangenheit auseinanderzusetzen. Auch in Putins Russland bleibt die brüchige Wahrheit unter pompös inszenierten Siegesmythen begraben.

Auf vielen Reisen durch das wunderbare Land, das Russland, an das ich mein Herz verlor, lernte ich immer wieder Menschen kennen, die mir – auch noch die Kinder und Enkel – vom Krieg berichteten, den realen Schlachtfeldern und denen der Erinnerung. Wie sie die Deutschen hassten und ihnen dann doch verziehen, barmherzig mit ihrer ganzen feinen russischen Seele. Nicht ich, die Deutsche, durfte sie um Verzeihung bitten. Im Gegenteil: Sie reichten mir die Hand. Ihnen gilt meine Dankbarkeit. Und die Hoffnung, dass wir uns eines nicht so fernen Tages, trauernd und offenen Herzens, gemeinsam unserer Geschichte stellen können.

Daher steht zu Beginn dieses Buches die Würdigung eines Mannes, dem es zufiel, die Welt friedlich zu verändern: Michail Gorbatschow. Lange verstanden wir nicht, dass er in seinem eigenen Land an dem scheiterte, was wohl wirklich unmöglich war. Seine Perestroika stellte sich als letzte sowjetische Utopie heraus. Und doch: Er ermöglichte die deutsche Einheit und in gewisser Weise auch die europäische Einigung. Ein Mann von Skrupel, glaubte Michail Gorbatschow fest an eine gemeinsame deutsch-russische Zukunft. Dieses Jahr 1989, das schon ferne Vergangenheit scheint, es bleibt mit ihm verbunden, ein Jahr des Friedens und der Wunder. Tage, die zeigten, was möglich sein kann. Und dass alles auch wieder zerfallen kann.

## »ICH HABE AN DIE TÜREN DER GESCHICHTE GEKLOPFT, UND SIE TATEN SICH AUF«

*Michail Gorbatschow, ein Mann von Skrupel, ermöglichte die deutsche Einheit. Ihm fiel es zu, die Welt zu verändern. Über einen, der sich zu grenzenloser Freundschaft entschloss – und auch von mächtigen Männern des Westens grenzenlos enttäuscht wurde. Eine Würdigung.*

Eigentlich war dieser Donnerstag, der 9. November 1989, ein vergleichsweise normaler Arbeitstag für Michail Gorbatschow. Für den Nachmittag war die allwöchentliche Sitzung des Politbüros anberaumt, des immer noch mächtigen Entscheidungsgremiums. Eher Routine – wenn man in Moskau überhaupt noch von Routine sprechen konnte. Vier Jahre zuvor, im März 1985, hatten die greisen Männer im Politbüro mit einer revolutionären Entscheidung den vergleichsweise jungen Michail Gorbatschow zum »GenSek« ernannt. Der selbstbewusste Gorbatschow, damals 54 Jahre alt und für Landwirtschaft zuständig, sollte das Unmögliche vollbringen: die Stabilität des Systems wahren und zugleich tief greifende Reformen wagen; vor allem an der bröckelnden ökonomischen Front. »Alles war marode, das ganze System. Es konnte so nicht weitergehen«, lautete Gorbatschows schlichte Analyse über den wahren Zustand der nuklearen Supermacht Sowjetunion. Sein Land war bestenfalls noch ein Koloss auf tönernen Füßen, in dem fast jeder zweite

Rubel des Staatshaushalts für das Militär ausgegeben wurde und es noch nicht einmal mehr gelang, funktionierende Kühlhäuser für Kartoffeln zu bauen.

Er begann eine Reise ins Ungewisse. *Uskorenie:* Beschleunigung durch Wirtschaftsreformen; *Glasnost:* Transparenz und Meinungsfreiheit und schließlich *Perestroika:* der grundlegende gesellschaftliche Umbau. Auf diesen drei Säulen sollte eine runderneuerte Sowjetunion stehen. Innenpolitisch sollte sie eine Reform des Sozialismus und der verknöcherten kommunistischen Partei einleiten, außenpolitisch die Block-Konfrontation des Kalten Krieges überwinden. Gorbatschow musste zu Abrüstungsvereinbarungen kommen und die Wirtschaftsbeziehungen zur kapitalistischen Welt ausbauen. Die knappen Ressourcen mussten dringend vom militärischen auf den zivilen Bereich umgeleitet werden – sonst drohte der ökonomische Zusammenbruch.

»Neues politisches Denken« nannte Gorbatschow das außenpolitische Konzept, das den Abschied von der verknöcherten Ideologie einleiten sollte: »Der Gedanke, dass Krieg die Fortsetzung von Politik mit anderen Mitteln sein soll, ist hoffnungslos veraltet.«[1] Sicherheit war kein Nullsummenspiel mehr, sondern nur noch gemeinsam zu erreichen.

Jung, dynamisch, durchaus charmant und eine schöne Frau an seiner Seite, die Agrarsoziologin Raissa Gorbatschowa, war Gorbatschow zum Darling des Westens geworden. Mit US-Präsident Ronald Reagan hatte er sich nach anfänglichem Krach während eines Gipfels in Reykjavik zusammengerauft und sich innerhalb weniger Monate im Dezember 1987 auf ein historisches Abrüstungsabkommen geeinigt: den INF-Vertrag über die Abschaffung der nuklearen Mittelstreckenraketen.[2] »Die Sowjets sind ja menschliche Wesen«, stellte man in Washington erstaunt fest. Gorbatschow sei ein echter »Agent des Wandels«.[3]

Gorbatschows Ziel, die Beendigung des Kalten Krieges, erforderte eine grundlegende Veränderung der Beziehungen zu den USA. Dies aber war ohne eine wie auch immer geartete Lösung der »deutschen Frage« nicht möglich, so Gorbatschows Berater Anatolij Tschernjaew: »Die ›deutsche Frage‹ war der Schlüssel zur Schaffung der für die Perestroika erforderlichen äußeren Bedingungen.«[4] In einem Interview mit dem Nachrichtenmagazin *Der Spiegel* hatte Gorbatschow selbst die Bedeutung der deutsch-sowjetischen Beziehungen unterstrichen: Von ihnen »hängt viel ab, sowohl für Europa als auch, ohne zu übertreiben, für die ganze Welt«.[5]

Der INF-Vertrag bahnte den Weg: Er sah den Abzug von US-Mittelstreckenraketen in Europa vor. Damit wurde auch ein entscheidendes Hindernis auf dem Weg zu einer möglichen strategischen Verständigung mit der Bundesrepublik beseitigt – die in der Bundesrepublik stationierten amerikanischen Pershing-2-Raketen, die als direkte Bedrohung der sowjetischen Sicherheit betrachtet wurden.[6]

In Bezug auf die Bundesrepublik und ihren Kanzler Helmut Kohl hatte sich Michail Gorbatschow allerdings das Recht auf einen gewissen Argwohn genommen. Er wartete mehr als drei Jahre mit der Kontaktaufnahme auf höchster Ebene. Er hatte Kohl mit kalkulierter Missachtung gestraft, nachdem der ihn in einem Interview 1986 faktisch mit dem Nazi-Hetzer Joseph Goebbels verglichen hatte.[7] Das hatte ihm Gorbatschow lange nicht verziehen. Außerdem: Kohl sei ein Mann der Amerikaner. Und eine besondere »intellektuelle Leuchte« sei er auch nicht gerade.[8]

Andererseits: Er wollte sich eine mögliche neue Deutschlandpolitik keinesfalls von seinem Intimfeind, SED-Chef Erich Honecker, durchkreuzen lassen.[9] Längst lebte Honecker »in einer anderen Welt«. In der DDR habe man Perestroika schon seit Jahren umgesetzt, behauptete der! Honecker hatte das entscheidende Diktum in Gorbatschows neuer Politik nicht verstehen wollen: Moskau würde sich nicht mehr in innere Angelegenheiten der sozialistischen Bruderstaaten einmischen. »Jetzt sind alle gleich«, hatte Gorbatschow bereits 1985 erklärt.[10] Militärische Interventionen à la Breschnew waren schlicht keine Option mehr.[11]

Gorbatschow suchte den Westkontakt: Er empfing Willy Brandt, Hans-Dietrich Genscher und Franz Josef Strauß; las Genscher die Leviten: Die Bundesrepublik unterstütze die »militante« Politik der USA.[12] In seinem Gespräch mit Bundespräsident Richard von Weizsäcker 1987 schloss Gorbatschow allerdings die Wiedervereinigung Deutschlands nicht mehr aus. Die Geschichte werde entscheiden, sagte er, irgendwann.[13]

Wenig später präsentierte der sowjetische Deutschlandexperte und Militärhistoriker Wjatscheslaw Daschitschew einen ungeheuerlich scheinenden Vorschlag: Ein vereintes, allerdings neutrales Deutschland diene den sowjetischen Interessen am besten. Man beschuldigte ihn des »Defätismus.«[14] Unklar ist, ob Gorbatschow das Papier Daschitschews kannte oder gar begrüßte – jedenfalls setzte er sich über die *germanisty* hinweg, die Deutschlandexperten im Zentralkomitee um Valentin Falin, die seine Leute wegen ihrer knallharten Positionen zur Unantastbarkeit des europäischen Status quo ironisch auch »Die Berliner Mauer« nannten.[15] Er entschloss sich zur Freundschaft, und er nahm es persönlich. Während eines ersten Besuchs Helmut Kohls in Moskau am 28. Oktober 1988 brach das Eis. Dort war der Kanzler ganz »Bürger Kohl«, ein Kind des Krieges. Da saßen sie im Katharinensaal des Kreml, begleitet nur von ihren Beratern Anatolij Tschernjaew und Horst Teltschik. Da gab es kein ideologisches Geplänkel, da sprachen zwei Männer über »psychologische Elemente«, wie es Kohl nannte. Sie sprachen über die Gräuel des Krieges, ihre Familien, die Toten, die Lehren aus der Geschichte. Damals habe er gespürt, dass er Kohl vertrauen könne, sagte Gorbatschow später. Und bald waren die beiden per Du.[16]

Die frenetischen Begrüßungen während seines ersten Staatsbesuchs in der Bundesrepublik im Juni 1989 überraschten und rührten Gorbatschow. Die Westdeutschen bejubelten seine Frau Raissa und ihn, schenkten Blumen, reichten ihm ihre Kinder für ein Erinnerungsfoto. Die Westdeutschen waren ganz anders, als er selbst geglaubt hatte. Auch Gorbatschow war lange ein Gefangener der eigenen Propaganda.[17]

Man mag es naiv nennen oder romantisch, sentimental oder gar selbstmörderisch – doch er hatte sich entschlossen, den Ozean des Misstrauens zu queren. Auch den Deutschen gegenüber vertrat er, wie er sagte, die universellen »allgemeinmenschlichen« Werte. Er hoffte auf andere Politiker guten Willens mit der Bereitschaft zu vertrauen – vor allem in der Bundesrepublik.

So wie der Schlüssel zur deutschen Einheit in Moskau lag, führte Moskaus Weg nach Europa über Bonn und Berlin.

Außerdem versprach sich Gorbatschow dringend notwendige wirtschaftliche Unterstützung von den Westdeutschen. Während Kohl bei Gorbatschows Staatsbesuch 1989 abends mit Blick auf den Rhein über den »Fluss der Geschichte« und die deutsche Einheit räsonierte, die so sicher kommen werde, wie der Rhein zum Meer fließe, fragte Gorbatschow nach deutscher Hilfe für die faktisch zahlungsunfähige Sowjetunion und auch nach Unterstützung, falls es zu Versorgungsschwierigkeiten in Moskau und Leningrad käme.[18]

Zugleich leistete er sich kühnste Visionen: Die von ihm propagierten »allgemeinmenschlichen Werte« sollten die Klammer für eine Annäherung der beiden Militärblöcke Nato und Warschauer Pakt bilden, die in fernerer Zukunft vielleicht sogar verschmelzen könnten, irgendwie. So ähnlich jedenfalls hatte es Gorbatschow am 6. Juli 1989 in einer Rede vor dem Europarat in Straßburg skizziert. Sein Bauplan für das später so oft beschworene und nie gebaute »Gemeinsame Europäische Haus« folgte dem Gedanken der Konvergenz: Er sah ein vereintes Europa vor, einen gewaltigen Wirtschaftsraum vom Atlantik bis zum Ural. Ein neues, sozusagen gesamtdemokratisches Europa unter Einschluss einer reformierten Sowjetunion. »In diesem Europa sehen wir unsere eigene Zukunft.«[19]

## »Die Menschen in Russland verstanden, dass wir uns versöhnen mussten«

Es gehört zur Tragik des Michail Gorbatschow, dass die Politiker des Westens – und in seinem eigenen Land – bald andere Pläne für Europas neue Ordnung hatten. Während er noch in bester Absicht an den Erfolg einer Reform der Sowjetunion glaubte, hatte man im Westen schon registriert, wie groß der Widerstand gegen ihn war. Und wie mächtig die Zentrifugalkräfte, die er in den Sowjetrepubliken freigesetzt hatte: Dort hatten sich nationale Unabhängigkeitsbewegungen formiert. In ihrem Windschatten segelnd, witterten Parteichefs, Funktionäre und Geheimdienstgeneräle ihre große Chance: durch »nationale« Unabhängigkeit von Moskau selbst Macht und Kontrolle über Ressourcen zu gewinnen, Milliardenprofite einzustreichen.

Ob in einzelnen Sowjetrepubliken wie im Baltikum[20] oder Georgien, ob in Moskau, Polen, der Tschechoslowakei und in der DDR – überall demonstrierten Zehntausende friedlich. Woche um Woche, Monat um Monat. Vom unbeugsamen Bürgerwillen auf friedliche Veränderung und Dialog hatte sich Gorbatschow ja auch Anfang Oktober 1989 in Ost-Berlin überzeugen können. Zwar musste er zum 40. Jahrestag des Bestehens der DDR öffentlich noch gute Miene zur inszenierten Parteitristesse machen. Aber natürlich waren ihm die begeisterten »Gorbi, Gorbi«-Rufe selbst junger SED-Aktivisten nicht entgangen, ihre Plakate. Er kannte auch die an ihn gerichteten Bitten der DDR-Bürgerbewegung, kein zweites »Tiananmen« zuzulassen.[21]

Er werde ihn öffentlich nicht brüskieren, aber auch kein Wort der Unterstützung für Honecker vorbringen, hatte Gorbatschow vor seiner Abreise erklärt. »Ich unterstütze die Republik und die Revolution.«[22] Hinter den Kulissen aber haderte er heftig mit Honecker, der ihm oberlehrerhaft vorgehalten hatte, dass – ganz anders als in der DDR – in sowjetischen Geschäften sogar Salz und Streichhölzer fehlten. Wütend bezeichnete Gorbatschow ihn später als *mudak,* als »absoluten Vollidioten«,[23] der nicht verstehen wolle, was in seinem eigenen Land passiere – nichts anderes als der unaufhaltsame Zusammenbruch des SED-Regimes: »Der Drang der Deutschen nach Wiedervereinigung war unbezwingbar.«[24]

Wie die anderen Warschauer-Pakt-Staaten war auch die DDR »auf sich allein gestellt«. Weder Berlin 1953 noch Budapest und Warschau 1956 würde sich wiederholen und auch nicht Prag 1968. In seiner Ost-Berliner Rede am 6. Oktober 1989 hatte sich Gorbatschow festgelegt. Dabei hatte er ausgerechnet den slawophilen Dichter Fjodor Tjutschew zitiert: »Zur Einheit ... wird man mit Eisen nur und Blut getrieben. ... Doch wir versuchen es mit Liebe – wer recht hat, wird die Zukunft dann entscheiden.«[25] Und wer zu spät käme? Verweigerer würden sich selbst bestrafen: »Wer zu spät kommt, den bestraft das Leben.«[26] Nur einen Monat später fiel die Mauer.

Noch fast dreißig Jahre später blieben die deutsche Wiedervereinigung und die in den Jahren darauf folgende Osterweiterung von Nato und EU Gegenstand bitterer Vorwürfe aus Moskau. Der Westen, allen voran die USA, habe ein festes Versprechen gebrochen, die Nato werde nicht nach Osten erwei-

*Der Preis des Ruhms: Michail Gorbatschow 2013 in seinem Moskauer Büro.*

tert, erläuterte auch Präsident Wladimir Putin seinen ausländischen Besuchern in teilweise quälend langen Monologen jedes Mal aufs Neue. Doch Nato und EU seien immer weiter nach Osten vorgerückt. Russland habe den Deutschen doch die Wiedervereinigung ermöglicht, ja, gar geschenkt. Konnte man da nicht zu Recht Verständnis für die »Rückkehr der Krim in den Bestand der Russischen Föderation« erwarten: »Ich glaube daran, dass mich die Europäer verstehen, vor allem die Deutschen.«[27]

Auch Michail Gorbatschow äußerte sich immer wieder voller Bitterkeit: Der Westen habe sich zum Sieger des Kalten Krieges erklärt, Russlands Schwäche ausgenutzt. Die USA hätten begonnen, ein »Mega-Imperium« zu errichten, und das Monopol auf Führung in der Welt erhoben. Vielleicht würden sie sich die Hände reiben, »wie toll man die Russen über den Tisch gezogen« habe. Über eine Ausdehnung der Nato gen Osten sei nie gesprochen worden. Und in der harten deutschen Reaktion auf die russische Annexion der Krim sah Gorbatschow gar den Versuch, eine neue Teilung Europas zu erreichen.[28]

Er gab einer tiefen Enttäuschung Ausdruck, die er sich lange nicht eingestehen wollte. Immer bestand er darauf, dass Russen und Deutsche Freunde seien. Für ihn war die friedliche Wiedervereinigung Deutschlands zwar ein Geschenk der Geschichte – deren Verlauf aber hatte er mit seiner Perestroika erheblich beschleunigt. Ich hatte Michail Gorbatschow 1990 als junge Korrespondentin des *Stern* in Moskau kennengelernt. Im Laufe der Jahre hatten wir immer wieder miteinander gesprochen. Der Frage nach seinem Verhältnis zu Helmut Kohl wich er stets aus: Man mache keinen Gegner Kohls mehr aus ihm, sagte er, schon gar nicht nach dessen Tod im Juni 2017. Es war, als ob er sich das Gefühl deutscher Zuneigung und Dankbarkeit um jeden Preis erhalten wolle. Aber natürlich wusste Gorbatschow: Nicht er, sondern Helmut Kohl gehörte zu den Gewinnern des Kalten Krieges. In gewisser Weise war es ein Sieg auf seine Kosten.

Nichts von dem war zu erahnen an jenem Donnerstag, dem 9. November 1989. Bundeskanzler Helmut Kohl war auf Arbeitsbesuch in Polen; auf die Fragen des Gewerkschaftsführers Lech Wałęsa nach der Lage in der DDR und einem möglichen »Abriss« der Mauer antwortete er, ein derartiger Ablauf sei unwahrscheinlich.[29] Allerdings beriet in Ost-Berlin der Ministerrat über eine neue Reiseverordnung für die Bürger der DDR. Auf eine diesbezügliche beunruhigte Anfrage des sowjetischen Botschafters in der DDR hieß es aus Moskau, Grenzregelungen seien Angelegenheit der DDR. Das Politbüro der KPdSU erörterte die Wirtschaftslage sowie die Einberufung des Volksdeputierten-Kongresses. Die DDR stand nicht auf der Tagesordnung. Wohl auch, weil man erst eine Woche zuvor am Moskauer

»Alten Platz« über die Lage im deutschen Bruderstaat gesprochen hatte: Demonstrationen, die katastrophale Wirtschaftslage, eine mögliche Wiedervereinigung. Wie sollte die Sowjetunion darauf reagieren? Außenminister Eduard Schewardnadse flirtete mit einer revolutionären Idee: »Wir sollten ›die Mauer‹ selbst abbauen.«[30] Aber das hatte wohl niemand der anwesenden älteren Herren wirklich ernst genommen.

Als die Mauer am 9. November 1989 infolge einer schicksalhaften bürokratischen Fehlentscheidung gegen 23.30 Uhr – um 1.30 Uhr Moskauer Zeit – dann wirklich fiel, war Michail Gorbatschow längst zu Bett gegangen. Da bahnte sich ein Ereignis von weltgeschichtlichem Rang an – aber niemand weckte ihn. Es sei nicht nötig gewesen, sagte er uns während eines langen Gesprächs in Moskau: »Ich erfuhr die Details am anderen Morgen, das war früh genug. Denn unsere Position war von Anfang an klar – ganz egal, welches Geschrei es auch gegeben haben mag. Wir konnten diese Mauer nicht mehr halten. Wir wussten: Mit einem geteilten Deutschland kann man in Europa nicht leben, mit einer Zeitbombe. Die Menschen in Russland verstanden, dass wir uns versöhnen mussten. Nicht trotz, sondern gerade wegen des Krieges; dass man einander verzeihen muss. Wir haben unsere Toten beerdigt.«[31]

Michail Gorbatschow hatte seine Toten beerdigt, die Geister der Vergangenheit. Doch er vergaß nie. »Ich habe alles gesehen«, sagte er.

## »... dass es Menschen gibt, die man Deutsche nennt«

»Wie Jesus Christus« sei er auf die Welt gekommen, witzelte seine Tochter Irina einmal, geboren am 2. März 1931 auf dem Stroh in der Vorratskammer einer Bauernkate im winzigen Dorf Priwolnoje in der weiten Steppe im tiefen russischen Süden, quasi am Fuße des Kaukasus. Seine Eltern lebten ein armes Kolchosenleben, das sich kaum von der Leibeigenschaft unterschied. Die ersten Worte, die er lernte, waren ukrainisch – seine Mutter war eine Ukrainerin. Als kleines Kind überlebte er Stalins Zwangskollektivierung. Während des Großen Hungers 1933 starb fast jeder zweite Bewohner des Dorfes, darunter auch drei der fünf Geschwister seines Vaters. Die Zwangsrequirierung des letzten Saatguts, die Verzweiflung, das stumme Hungersterben. Die Wahrheit war zu schrecklich, um ausgesprochen zu werden. Beide Großväter, einer von ihnen Vorsitzender der Kolchose, gerieten in Stalins Terrormaschine. Sie wurden wegen »Trotzkismus« und »Sabotage« verhaftet und zum Holzfällen nach Sibirien deportiert. »Die Nachbarn besuchten uns nicht mehr, nur noch nachts. Unser Haus war das Haus eines Volksfeinds.«[32]

Ein Foto zeigt den Fünfjährigen mit seinen Großeltern, spindeldürr, mit raspelkurzem blondem Haar, so groß und ernst die Augen. Barfuß steht das kleine Kind im Schlamm.[33]

Seine erste Begegnung mit den Deutschen war eine kindlichsüße, erzählte er uns: »Einmal, ich war noch klein, da nahm mich mein Vater mit in ein Nachbardorf, eine Siedlung der Russlanddeutschen; setzte mich auf den Pferdewagen, wir fuhren los. In einem kleinen Geschäft verkaufte man Lebkuchen in Hasen- und Bärenform, sie waren dick mit weißem Zuckerguss verziert, und sie schmeckten wunderbar. Damals habe ich zum ersten Mal erfahren, dass es Menschen gibt, die man Deutsche nennt. Ich beschloss, dass es gute Menschen waren.«

Der Junge war zehn Jahre alt, als der Krieg begann. Per Lautsprecher wurde die Rede des sowjetischen Außenministers Wjatscheslaw Molotow auf der Dorfstraße übertragen. Bald kamen die berittenen Boten des örtlichen Wehrkreiskommandos, sie brachten die Einberufungsbescheide für die Männer des Dorfes. Im August 1941 musste auch Gorbatschows Vater Sergej an die Front. Aus Priwolnoje wurde ein Dorf der Greise, Frauen und halb verhungerten Kinder, die bereits im klirrend kalten Winter 1941 kaum etwas zu essen oder zum Anziehen hatten.

Man hörte, dass die Wehrmacht in einigen Städten zum Teil überschwänglich empfangen wurde.[34] Im August 1942 besetzten deutsche Infanterietruppen das Dorf. Die Deutschen plünderten Priwolnoje, holten sich das Vieh, fällten die Obstbäume in den kleinen, privaten Gärten. Seine Mutter musste Zwangsarbeit leisten. In der kleinen Hütte der Familie Gorbatschow quartierte sich ein deutscher Soldat ein, er hieß Hans und schien ein freundlicher Mann.

Bald verbreiteten sich furchtbare Nachrichten über Massenerschießungen in den Städten des Kreises Stawropol,[35] in Krasnodar, Kislowodsk, Mineralnye Wody ... Allein hier, im Vorland des Kaukasus, ermordeten die Deutschen und ihre Helfershelfer Zehntausende Menschen, die meisten von ihnen Juden, aber auch behinderte Kinder, sogenannte Partisanen und Kommunisten, die Funktionsträger.

Bis Priwolnoje drangen die Gerüchte über die kleinen Lastwagen, in denen die Menschen mit Gas umgebracht wurden. »Schwarze Raben« nannte man sie oder *duschegubki,* die Seelentöter. Die Einsatzgruppe D von SD und SS sowie ihre ukrainischen und »volksdeutschen« Hilfstruppen morden mit diesen mobilen Gaskammern.

Seine Mutter hatte panische Angst vor den Deutschen – aber auch vor den eigenen Leuten, den Denunzianten und Stalins Häschern. Sie hörte aber auch von einer bevorstehenden »Aktion« der Wehrmacht gegen die Familien von Kommunisten. Sie war für den 26. Januar 1943 geplant. Davon wäre auch Gorbatschows Familie betroffen gewesen. Seine Mutter versteckte ihren Sohn in einem Stall einer nahegelegenen Schweinefarm hinter dem

Dorf: »Doch am 21. Januar 1943 befreiten sowjetische Truppen Priwolnoje.«[36] Er hatte Glück, zu überleben.

Sie waren befreit, aber alles war zerstört, geplündert, Vieh und Lebensmittel geraubt, die Häuser verbrannt. Sie hausten in Lehmhütten; die Frauen spannten sich vor die Pflüge und zogen sie durch den tiefen Schlamm. Michail Gorbatschow überlebte mit einer Handvoll Mais am Tag. Schließlich machte sich seine Mutter auf den Weg. Sie musste ihren Jungen allein zurücklassen, sie hatte keine Wahl. Erst nach 15 Tagen kehrte sie zurück. Sie hatte einen Anzug und ein Paar Stiefel ihres Mannes gegen einen Sack Mais eintauschen können.

Seinen Vater, der bereits offiziell für tot erklärt worden war, sah Michail Gorbatschow zum ersten Mal 1944 für zwei Tage wieder: »Alle Kleider hatte ich aufgetragen. Wir hatten nichts. Wir haben selbst notdürftig Stoff gewebt. Die Sandalen hatte ich selbst gemacht, aus eingeweichter Baumrinde. So stand ich also da.« Er sagte: »Und dafür haben wir gekämpft?«[37]

Die Erfahrung absoluter Gewalt, dieses Ausgeliefertsein, prägte auch Gorbatschows Kindheit. Er machte eine klassische sowjetsozialistische Karriere, arbeitete sich hoch vom Mähdrescherfahrer zum Absolventen der Juristischen Fakultät der Universität Moskau, stieg vom einfachen Parteimitglied zum Generalsekretär mit nahezu unbegrenzter Macht auf. Er glaubte an den Sozialismus, dieses Ideal des Friedens, der Gerechtigkeit. Er war ein *schestidesjatnik,* einer aus der Generation der »Sechziger«. Sie wollten an den Prager Frühling 1968 anknüpfen und durch gesellschaftliche Öffnung einen Sozialismus mit menschlichem Antlitz erreichen. Die »Sechziger« waren keine Dissidenten wie etwa jene sieben Mutigen, die am 25. August 1968 auf dem Roten Platz ein Transparent mit der Aufschrift »Für eure und unsere Freiheit« entfalteten. Aber auch die »Sechziger« wollten endlich freier atmen.

Jahrzehnte existierten für Gorbatschow zweierlei Deutsche. Es gab »Unsere« und: »Nicht Unsere«, die Westdeutschen. Lange vertrat Michail Gorbatschow die »offizielle« Sicht auf die Westdeutschen: die Bundesrepublik als düsterer Hort revanchistischer Kräfte mit Hang zum Militarismus. 1975 besuchte er als Mitglied einer Delegation zum 30. Jahrestag des Sieges im Zweiten Weltkrieg zum ersten Mal die Bundesrepublik, es war seine zweite Westreise. Damals war er Parteichef des Gebietes Stawropol, eine der sowjetischen Kornkammern. Eine nicht ganz unwichtige Position, aber weit weg von den Schalthebeln der Macht in Moskau. Beim Kauf von Souvenirs stritt er mit einem Frankfurter Tankstellenbesitzer über die Ursachen der deutschen Teilung. Damals zumindest machte er die Westmächte verantwortlich, nicht Stalin.[38] Die Teilung Deutschlands schien Gorbatschow eine logische Folge des Krieges, der Preis, den die Deutschen für die Sicherheit der Sowjetunion zahlen mussten.

Eine erste Annäherung gelang ihm mithilfe der Ostdeutschen. Eine Studentengruppe aus der DDR kam Anfang der siebziger Jahre zu Besuch nach Stawropol. Man traf sich im örtlichen Restaurant, trank, sang Lieder. »Es war die DDR, die für uns Russen zum Tor zu den Deutschen wurde«, schrieb er, »die erste Schritte zur menschlichen Versöhnung ermöglichte.«[39]

## Auf der Suche nach dem »Möglichen in der Sphäre des Ungewöhnlichen«

Am 10. November 1989, einen Tag nach dem Fall der Mauer, fasste Gorbatschows engster außenpolitischer Berater Anatolij Tschernjaew die historische Dimension der Ereignisse in seinem Tagebuch zusammen: »... hier ist das Ende von Jalta, das Finale für das Stalin'sche Erbe und für die Zerschlagung von Hitler-Deutschland ... Das ist, was Gorbatschow ›angerichtet‹ hat. Er hat sich als wahrhaft groß erwiesen, weil er den Gang der

Geschichte gespürt und ihr geholfen hat, einen ›natürlichen Lauf‹ zu nehmen.«[40]

Und auch wir, westdeutsche Korrespondenten in der Sowjetunion, wurden in den kommenden Monaten überall im Land freudig begrüßt und beglückwünscht zum Fall der Mauer. Es sei wie mit Geschwistern, erklärte man uns: Auch ein Volk könne auf Dauer nicht getrennt bleiben. Sicher hätten die Deutschen aus dem Krieg gelernt, es sei schließlich auch eine Frage der historischen Gerechtigkeit; und manchmal rührte uns diese Herzensfreundlichkeit zu Tränen.

Nur ein knappes Jahr später war Deutschland wiedervereinigt – und das in der Nato. Es glich einem Wunder. Großdiplomatie, Gorbatschow und Kohl umhüllt vom »Mantel der Geschichte«. Russen und Deutsche schienen auf dem Weg »privilegierter Zusammenarbeit« in eine gemeinsame, friedliche Zukunft, in der Deutschland die Sowjetunion ab- und unterstützen könnte. Man wähnte sich in der Tradition Bismarcks, sah die deutsch-sowjetischen Beziehungen als »Stützpfeiler« des zukünftigen gesamteuropäischen Hauses.[41] Doch wie man im Lauf der Jahre aus Akten und Erinnerungen rekonstruieren konnte, hat dieses Bild mit den Fakten nur wenig zu tun. Denn weniger Gorbatschow als vielmehr US-Präsident George Bush und Bundeskanzler Helmut Kohl bestimmten die neue geostrategische Agenda. Gorbatschow unterschätzte die Dynamik des Prozesses und die Einigkeit zwischen Helmut Kohl und George Bush, dem der Kanzler allemal mehr vertraute als ihm, dem Russen. Der Ordnungsanspruch der USA galt ganz Europa. Wie polterte Präsident George Bush im Laufe der Verhandlungen: »Zum Teufel damit. Wir haben die Oberhand gewonnen und nicht sie. Wir können nicht zulassen, dass die Sowjets eine Niederlage in einen Sieg ummünzen.«[42]

Helmut Kohl sah es kaum anders. Glasklar dessen Urteil, das

er später in nicht für die Öffentlichkeit bestimmten Gesprächen über Gorbatschow fällte, ganz Machtpolitiker: Die Schwäche Moskaus sei ursächlich gewesen für den Zusammenbruch der kommunistischen Diktatur in der DDR: Nicht »der Heilige Geist sei über die Plätze in Leipzig gekommen und habe die Welt verändert«, sondern der »Bimbes« sei ausschlaggebend gewesen; Gorbatschow habe erkennen müssen, dass er das Regime nicht halten konnte.[43]

Für die USA, die Nato und Kanzler Kohl galt es in diesen Monaten nach dem Wunderjahr 1989, so rasch als möglich unwiderrufliche Fakten zu schaffen.[44] Die deutsche Wiedervereinigung in der Nato war das Ziel, nicht Erhalt der DDR oder einer wie auch immer gearteten Konföderation.[45] Auch wenn Außenminister Hans-Dietrich Genscher im Überschwang von einem gemeinsamen Europa von Lissabon bis Wladiwostok und einer gesamteuropäischen Sicherheitsarchitektur schwärmte: Der Stärkung der Nato war das Ziel, nicht ihre Auflösung oder gar die Verschmelzung der beiden militärischen Blöcke. Gorbatschow glaubte, die Deutschen wollten ein neutrales Deutschland, blockfrei. Doch eine deutsche Neutralität lehnten die USA und die Bundesregierung immer ab. Das maximale Zugeständnis des Westens war die Erklärung von London 1990, in der sich die Nato-Mitglieder bereit erklärten, die Nato zu entdämonisieren. Über den Prozess der »Entfeindung« – einen Gewaltverzicht – solle sie sich in eine »politische Organisation« transformieren.

Die deutsche Frage stellte Gorbatschow vor eine doppelte Herausforderung: Von einer raschen Lösung hing nicht nur das für ihn entscheidende strategische Verhältnis zu den USA ab, sondern auch das ökonomische und damit letztlich auch das politische Überleben der Sowjetunion. »Wir können uns die Einheit kaufen, und zwar mit Geld«, hieß es in einem Bericht der BRD-Botschaft in Moskau im Januar 1990 nach Bonn. »Sicherheitspolitische Konzessionen würden wahrscheinlich gar nicht nötig.«[46] In der Tat: Kredite und Hilfszusagen an die Not leidende Sowjetunion wurden die schärfste Waffe im Ringen um die Wiedervereinigung in der Nato. Der damalige stellvertretende US-Sicherheitsberater und spätere Verteidigungsminister Robert Gates formulierte die Strategie später unnachahmlich amerikanisch-kühl so: »Wir wollten die Sowjets so bestechen, dass sie Deutschland verlassen würden.«[47]

Während der Verhandlungen über die Wiedervereinigung zeigte sich die Bundesregierung großzügig. Mitte Februar 1990 schickte sie Lebensmittel, Schuhe und Bekleidung im Wert von 220 Millionen Mark in die Sowjetunion. Als der Sowjetunion Mitte Mai 1990 der Staatsbankrott drohte, der sowjetische Außenminister um einen 20-Milliarden-Mark-Kredit bat und auch deutsche Banken, die größten Gläubiger der Sowjetunion, Alarm schlugen, schickte Kohl seinen Berater Teltschik sowie die Vorstandsvorsitzenden der Deutschen und der Dresdner Bank nach Moskau. Kohl erkannte eine historische Gelegenheit: »Jetzt gilt es«, instruierte er Teltschik, »alle Chancen zu nutzen und keine zu versäumen.« Die Mission der Banker war so geheim, dass in der Sondermaschine der Bundeswehr noch nicht einmal eine Passagierliste geführt werden durfte. Umgehend leistete die Bundesregierung eine Kredit-Bürgschaft von fünf Milliarden Mark.[48]

Die Hoffnung auf langfristige ökonomische Unterstützung und ein umfassendes Handelsabkommen mit den USA war wahrscheinlich einer der entscheidenden Gründe dafür, dass Michail Gorbatschow am 31. Mai 1990 während des Gipfeltreffens in Washington zur Überraschung aller Beteiligten unerwartet der Wiedervereinigung Deutschlands in der Nato faktisch zustimmte. So schockiert waren die Mitglieder der sowjetischen Delegation, dass sie sich auf dem Rasen vor dem Weißen Haus heftig gestikulierend stritten. Sein Vertrauter Anatolij Tschernjaew sprach später von »spontanen Äußerungen«, dann wieder äußerte er die Vermutung, Gorbatschow habe das Verhältnis zu Bush nicht strapazieren wollen.[49] Teilnehmer der US-Delegation gingen davon aus, Gorbatschow sei bei der Formulierung der gemeinsamen Erklärung schlicht auf dem falschen Fuß erwischt worden.[50] Möglicherweise hatte sein Zugeständnis auch damit zu tun, dass er sich im Westen wohlverstanden fühlte. Dort schätze man die Größe dessen, »was er geschaffen hat«, so Tschernjaew, »und bei uns – geschlossene Unflätigkeit«.[51] Gorbatschow begründete sein inkohärentes Vorgehen mit ziemlich wolkigen Worten: »Politik aber ist hin und wieder die Suche nach dem Möglichen in der Sphäre des Ungewöhnlichen.«[52] Seine fast flehentliche Bitte um Finanzhilfen in Höhe von bis zu 20 Milliarden Dollar lehnten die USA ab.

Gorbatschows Washingtoner Zugeständnis bedeutete den entscheidenden Durchbruch für den Westen. Nur einen Monat später erhielt Kohl auf dem Gipfel am rauschenden Kaukasus-Bach in Archys auch Gorbatschows Einverständnis zur uneingeschränkten Souveränität eines wiedervereinigten Deutschland in der Nato. Für seine Kritiker ein ungeheuerlich unprofessioneller Akt »politischen Masochismus«.[53] Gorbatschow erhielt zwölf Milliarden Mark zur Finanzierung des sowjetischen Truppenabzugs aus der DDR, dazu einen zinslosen Kredit von gerade einmal drei Milliarden Mark für die sowjetische Regierung. Wenig später ließ ihn auch die internationale Gemeinschaft mit seiner Bitte um umfangreiche Finanzhilfe kühl abblitzen.[54]

Es entwickelte sich ein merkwürdiger Widerspruch: Einerseits, sozusagen auf der persönlichen Ebene, begrüßten viele Menschen in der Sowjetunion die deutsche Wiedervereinigung. Aber der Verlust der DDR, »Kronjuwel« eines einst scheinbar so mächtigen Imperiums, symbolisierte andererseits zugleich die totale Kapitulation vor dem Westen. Es schien, als kippe Gorbatschow den glorreichen sowjetischen Sieg im Zweiten Weltkrieg endgültig auf den Kehrichthaufen der Geschichte, verschleudere nationale Würde gegen ein paar Dollar, D-Mark und verlogene Schmeicheleien. Was bliebe dann noch von einem sowjetischen Leben, von all den Opfern? Nur noch Erinnerungstrümmer.

Gorbatschow habe sich unter Alkohol setzen, beeinflussen und ausnutzen lassen, hieß es quasi amtlich im Jahr 2016, als Schulklasse um Schulkasse durch die Ausstellung »Russland – meine Geschichte« am Moskauer Manege-Platz geführt wurde. Legenden von Verrat und Betrug, Material für nützliche Dolchstoßlegenden: Ständig hätten die angeblichen Partner aus dem Westen die Sowjetunion erniedrigt und betrogen.[55] Dass er die DDR am Ende auch noch in einer »Geschenkverpackung«[56] an die BRD überreicht haben soll, gehört wiederum zur Dolchstoßlegende vom Verrat Gorbatschows an der Sowjetunion.

Eine konsistente Deutschlandstrategie entwickelte Gorbatschow nicht, auch das gehört zur Geschichte seines Scheiterns. Er lavierte, probierte, vielleicht ließ er sich von den Ereignissen zu sehr treiben. Er hätte entschlossener, konsequenter und wohl auch vernünftiger handeln können, weniger selbstgefällig. Doch mit der Lösung der deutschen Frage fiel innerhalb kürzester Zeit die erdrückende »ökonomische und moralische Last der Konfrontation« mit dem Westen von der Sowjetunion ab.[57] Für das Land eröffneten sich bis dahin unvorstellbare Möglichkeiten und Chancen auf eine Verbesserung der ökonomischen Lage und eine demokratische Entwicklung. Diese Chancen wurden nicht genutzt. So wie Erich Honecker zum Totengräber der DDR wurde, fanden sich die Totengräber der Sowjetunion vor allem in der damaligen Sowjetunion. Dort markierte das *annus mira-*

*bilis* 1989 nicht nur das Ende einer Supermacht – es bedeutete auch die Befreiung einer Machtelite von Angst, Schuld, Einschränkungen und Ideologie, von jeglicher Loyalität zu ihrem Land.[58] Nicht die vermeintliche Verschwörung angeblich feindlicher Westler führte zur Implosion der Sowjetunion, sondern die eigenen strukturellen Schwächen und unendliche Gier. Bald krallte sich eine neue Elite an die Macht, die in Wahrheit die alte Elite geblieben war. Reformunwillig nahm sie sich ein ganzes Land als Beute.

### Die Nato-Osterweiterung: Gebrochene Versprechen?

Seitdem muss die Mär angeblich gebrochener Versprechen in der Frage der Nato-Osterweiterung als innenpolitischer Tranquilizer und außenpolitisches Totschlagsargument herhalten. Sie diente Putin zur Legitimation des Georgienkrieges 2008 und der Annexion der Krim 2014. Das Problem dabei ist nur: Während der Verhandlungen über die deutsche Wiedervereinigung gab kein westliches Staatsoberhaupt eine feste Zusicherung oder ging gar eine juristisch bindende Verpflichtung ein, dass sich die Nato nicht nach Osten ausdehnen werde. Formale Zusicherungen in Bezug auf die Nato betrafen allein das Staatsgebiet der damaligen DDR, für das ein Verbot der Stationierung ausländischer Truppen vereinbart wurde.

Gorbatschow forderte nie eine schriftliche Vereinbarung. Er stellte auch keine Klarheit über die nicht ganz unwichtige Frage her, was eigentlich unter »Osten« zu verstehen sei – das Staatsgebiet der DDR oder auch das Territorium des Warschauer Paktes? Mal erklärte er, dass Deutschland gleichzeitig Mitglied des Warschauer Paktes und der Nato sein könne; dann wieder überlegte er eine Mitgliedschaft der Sowjetunion in der Nato oder erging sich in luftigen Andeutungen. Offenbar hoffte er lange auf ein neutrales Gesamtdeutschland. Hatte ihm nicht die ostpolitische Legende der SPD, Egon Bahr, bei einem Besuch erläutert, in der Bundesrepublik wolle »praktisch niemand« die Wiedervereinigung beschleunigen und dass sich die Nato keinesfalls auf Mitteleuropa ausweiten dürfe?[59] Die Deutschen würden sich dem Gedanken der Blockfreiheit im Rahmen einer gesamteuropäischen Sicherheitsordnung nähern – seiner Vision eines gemeinsamen europäischen Hauses.[60] Vielleicht glaubte er wirklich, ihm werde das Unmögliche gelingen.

Wahr ist aber auch: Die taktisch begründeten Sondierungen gewiefter Politiker, darunter US-Außenminister James Baker und auch Helmut Kohl, konnten in Moskau sehr wohl den Eindruck einer vagen Zusage erwecken, die Nato werde sich nach der deutschen Wiedervereinigung nicht nach Osten ausdehnen. Um dem Sicherheitsbedürfnis der Sowjetunion entgegenzukommen, aber auch um möglichen Forderungen nach einem neutralen Status Deutschlands entgegenzutreten, positionierte sich Außenminister Hans-Dietrich Genscher im Januar 1990 mit einer Rede an der Evangelischen Akademie in Tutzing: »Eine Ausdehnung des Nato-Territoriums nach Osten, d. h. näher an die Grenze der Sowjetunion heran, wird es nicht geben. Diese Sicherheitsgarantien sind für die Sowjetunion und ihr Verhalten bedeutsam.«[61] Auch die Einlassung von US-Außenminister James Baker nur wenige Tage später in Moskau, die Nato eventuell »nicht um einen Zentimeter«[62] nach Osten zu erweitern, konnte – und sollte – Gorbatschow in mehrere Richtungen interpretieren. Auch Kohl selbst sicherte Gorbatschow zu, was wie ein Bekenntnis zur Position Genschers und Bakers klang – aber nicht war: »Natürlich könne die Nato ihr Gebiet nicht auf das heutige Gebiet der DDR ausdehnen.«

Gegenüber westlichen Gesprächspartnern äußerte Hans-Dietrich Genscher mehrmals strikt vertraulich, es gelte sicherzustellen, dass die Nato territorial nicht näher an die Grenze der Sowjetunion heranrücke. Neben ihm waren offenbar der britische Außenminister Douglas Hurd[63] und der französische Staatspräsident François Mitterrand zu einem entsprechenden Angebot an Gorbatschow bereit. Für eine kurze Zeit Anfang 1990 schloss sich auch US-Außenminister James Baker dem Gedanken an – unklar, ob aus rein taktischen Erwägungen oder mangels besserer Alternative. Als Gorbatschow während des Gesprächs mit dem texanischen Banker erklärte, eine Erweiterung der Nato sei »unakzeptabel«, antwortete Baker: »Dem stimmen wir zu.« Das konnte man in Moskau durchaus als Zusicherung interpretieren.[64]

Am 24. Februar 1990 setzte US-Präsident George Bush möglichen westlichen Avancen ein realpolitisches Ende: Es werde keine substanziellen Kompromisse in Bezug auf die Nato geben, erklärte er dem Kanzler in Camp David. Die Sowjetunion sei nicht in der Lage, die Beziehungen Deutschlands zur Nato zu diktieren, befand Bush.[65]

Seinem engsten außenpolitischen Vertrauten Anatolij Tschernjaew zufolge waren für Gorbatschow die strategischen Beziehungen zu den USA von übergeordneter Bedeutung, nicht die Frage der deutschen Wiedervereinigung in der Nato. Am 4. Mai 1990 schrieb er ihm: »Michail Sergejewitsch! ... Es ist völlig offensichtlich, dass Deutschland in der Nato sein wird. Und wir haben keinerlei wirkliche Hebel, uns dem entgegenzustemmen. ... Ob Schützenpanzer oder Haubitzen der Bundeswehr an der Oder-Neiße oder der Elbe oder sonstwo stehen werden, das beeinflusst die reale Sicherheit der Sowjetunion nicht. Wir müssen uns mit diesem Fakt abfinden.« Weiter führte Tschernjaew aus: »Überlegungen, dass in der Folge auch Polen Mitglied der Nato würde und die Grenzen des Blocks an die sowjetischen Grenzen vorrücken, auch dies sind Überlegungen von gestern, aus Zeiten des Zweiten Weltkrieges und des Kalten Krieges.« Eine nukleare Abrüstung sei »mit einer Politik der Erpressung« nicht zu erreichen. Und mit einem neuen Wettrüsten könne die Sowjetunion ökonomisch nicht mithalten: »Wir benötigen unsere Reserven für die Perestroika.«[66]

Wahrscheinlich wollte Gorbatschow nach allen Seiten offen bleiben. Er war so selbstbewusst zu glauben, er könne den Prozess lenken. Die strukturelle Ambivalenz seiner Politik aber richtete sich wenig später gegen ihn selbst.

Jahrzehnte später wagte Gorbatschow einen Blick zurück. Vielleicht habe auch er während seiner Zeit im Kreml an jener »Krankheit« gelitten, die er jetzt bei seinem Nachfolger Wladimir Putin diagnostizierte: »Übergroßes Selbstvertrauen.« Putin, sagte Gorbatschow, sehe sich gleich hinter Gott. »Vielleicht sogar neben ihm.«[67]

Am Ende, im Dezember 1991, als die Sowjetunion von seinem Intimfeind, dem russischen Präsidenten Boris Jelzin, abgewickelt wurde, konnte es gar nicht schnell genug gehen. Innerhalb von 24 Stunden sollte Gorbatschow seine Wohnung und die Präsidentenresidenz räumen. Seine Immunität wurde aufgehoben, öffentliche Auftritte wurden untersagt. »Ich hatte Ausreiseverbot. Und meine Pension schrumpfte zeitweise auf umgerechnet zwei Dollar.«[68]

Eine offizielle Verabschiedung für den Friedensnobelpreisträger gab es nie.

**»Er gab uns die Möglichkeit, ein neues Leben zu beginnen«**

In der von ihm gegründeten Gorbatschow-Stiftung lagert sein Archiv, hier fanden letzte Getreue Arbeit und ein Einkommen. Um Schindluder mit seinem Namen zu verhindern, ließ er die Bezeichnungen »Gorbi« und »Gorby« sowie das rote Feuermal auf seinem Schädel als Handelsmarken registrieren. Man benannte eine bolivianische Orchideenart nach ihm, *Maxillaria gorbatschowii,* und eine britische Rose nach seiner verstorbenen Frau Raissa. Er gründete die Umweltschutzorganisation »Green Cross International«, die ohne Einfluss blieb. Als er mit dem Charme des Unbelehrbaren 1996 für das Amt des russischen Präsidenten kandidierte, erhielt Michail Gorbatschow 0,51 Prozent der Stimmen. Als er sich einmal kritisch über Putin äußerte, ließ der ihm ausrichten, er solle den Mund halten.[69]

Nie erreichte er die Qualität eines notorischen Elder Statesman wie etwa Helmut Schmidt oder eines geschäftstüchtigen Weltenretters wie Bill Clinton, noch wurde ihm der späte Ruhm eines Helmut Kohl zuteil. Im Ausland verdiente Gorbatschow mit Büchern und Vorträgen; er vermarktete seinen Namen mit Werbung für Pizza Hut und Louis Vuitton, es war nicht immer eine glückliche Wahl.

Im eigenen Land erst angefeindet, dann vergessen, blieb Michail Gorbatschow die vertraute, dankbare Zuneigung der Deutschen[70] – auch wenn sein Name in all den Reden während des europäischen Trauerakts für Helmut Kohl nicht fiel. Der »Vater der Einheit« kaufte das Hubertus-Schlössl in Rottach-Egern am Tegernsee, dort zog seine Tochter Irina ein; seine beiden Enkelinnen leben in Berlin. Seine gesundheitlichen Probleme ließ er meist in deutschen Krankenhäusern behandeln.

Wir trafen ihn zu einem Gespräch in den Räumen seiner Stiftung in Moskau. Er nahm sich mehrere Stunden Zeit, manchmal schien er müde. Sichtbar gealtert, hatte er mehrere Operationen hinter sich, Rücken, die Schlagader, er kämpfte mit einer Diabetes. Oft schwieg er lange – als ob er in sich hineinhorchen würde. »Manchmal gehe ich die Treppe herunter und vergesse, warum«, sagte er.

Er hatte gerade sein wohl persönlichstes Buch veröffentlicht:

*Alles zu seiner Zeit.*[71] Hatte dafür seine Kindheitserinnerungen diktiert und über die Vergänglichkeit des Ruhms reflektiert. Vor allem aber war es ein Buch der Trauer. Nie überwand er den Tod seiner Frau Raissa, der Liebe seines Lebens. Auch sie ein Kind des Krieges und des Terrors, jener grenzenlosen sowjetischen Gewalt, die ein ganzes Land prägte.

Er fühlte sich schuldig an ihrem Leiden und ihrem Tod. »Ich hätte sie schützen müssen«, sagte er uns. Sie litt unter den Anfeindungen und der öffentlichen Häme, die ihrem Mann entgegenschlugen. Während des Putschversuchs im August 1991 gegen Gorbatschow erlitt sie einen kleinen Schlaganfall. Sie konnte nicht sprechen, die rechte Hand war gelähmt, später folgten Netzhautblutungen und Depressionen. Unter dem Eindruck des Putschversuchs verbrannte Raissa Gorbatschowa 52 Liebesbriefe; er selbst 25 Notizbücher mit dienstlichen Aufzeichnungen. Sie hatte Angst, sie könnten in fremde Hände gelangen. Als er 1992 aus der Präsidentenwohnung auszog, entdeckten Gorbatschows Mitarbeiter überall Abhörgeräte. Die ganze Wohnung war voll davon.

Als Raissa Gorbatschowa an Leukämie erkrankte, wurde sie über drei Monate in Münster behandelt. Es war zu spät. Sie starb am 20. September 1999.

Er selbst wollte damals nicht mehr weiterleben. Er zwang sich dann doch dazu, und dies hatte auch mit der Anteilnahme der Deutschen am Schicksal seiner Frau zu tun. Körbeweise Briefe an sie gingen damals in der Uniklinik Münster ein. Er hat es den Deutschen nie vergessen.

Und doch – es nagte an ihm. Die Hybris der Politiker im Westen, ihre Kaltschnäuzigkeit und Härte, ja, auch die seines Freundes Helmut Kohl: »Als ob alles ihr Verdienst gewesen sei. Als ob alles – auch die deutsche Wiedervereinigung – ohne Russland möglich gewesen sei«, sagte er mit ein wenig Bitterkeit. »Manchmal hatte ich den Eindruck, einige im Westen wollten mich an der Nase herumführen, und vielleicht haben sie mir in Wahrheit nie wirklich vertraut. Ich vertrat für sie wohl die falschen Ideale.«[72]

Sein eigenes Land aber ist inzwischen in die Zeit vor ihm zurückgekehrt. Überall um ihn herum richten sich die Menschen wieder einmal in der trügerischen Sicherheit eines autoritären Systems ein. »Er gab uns die Möglichkeit, ein neues Leben zu beginnen«, sagt die Moskauer Politologin Lilija Schewzowa. »Doch wir nutzten diese Chance nicht. Gorbatschow hatte kein Glück mit uns – doch er war ein Glücksfall für uns. Es wird noch lange dauern, bis wir dies verstehen.«[73]

Letztlich zwang sich Michail Gorbatschow dazu, ein »glücklicher Reformer« zu sein. »Ich habe die Macht nie um der Macht willen angestrebt, und vielleicht kann man sagen: Ich hatte Glück«, sagte er uns an jenem Moskauer Nachmittag in seinem Büro. »Ich habe an die Türen der Geschichte geklopft, und sie taten sich auf.«[74]

Er öffnete uns die Welt. Wer kann das schon von sich sagen.

## DEN OSTEN IM BLICK: KONTUREN, KONTAKTE

*Vor gut tausend Jahren begegneten die Vorfahren der Deutschen und Russen einander als erfolgreiche Fernhändler. Die Ostsee war ihr Weltmeer. Handel brachte sie zusammen – doch die Kontroverse um den »wahren« christlichen Glauben prägte auch das frühe deutsch-russische Verhältnis.*

Welch ein Skandal! Ein Showdown, nie dagewesen! Eine junge, man könnte sagen russische Frau stand im Mittelpunkt einer der größten politischen Krisen des Mittelalters, Hauptperson einer Intrige allerersten Ranges, die über Jahre für Gesprächsstoff an Europas Adelshöfen sorgte.[1] Sie wagte Ungeheuerliches, diese gerade erst erwachsen gewordene Frau aus dem fernen Reich der *rhos*, die aber römisch-deutsche Königin und Kaiserin war. Eupraxia hieß sie, die »gut Handelnde«; sie hörte auch auf den »westlichen«, althochdeutschen Namen Adelheid. Eine reiche Prinzessin aus dem mächtigen Kiewer Reich, einer Dynastie von internationaler Bedeutung, war sie aus machtpolitischen Gründen im Sommer 1089 mit dem römisch-deutschen Kaiser Heinrich IV. verheiratet worden.[2] Dem glanzvollen Ereignis im Dom zu Köln war ihre Krönung zur Königin vorausgegangen. Die Ehe galt als eines der ersten politischen Zweckbündnisse zwischen Ost und West.

Zu diesem Zeitpunkt rang Kaiser Heinrich IV. mit Papst Gregor VII. um die Vormachtstellung im Reich. Der mit allen nur erdenklich schmutzigen Mitteln geführte Machtkampf ging als

»Investiturstreit« in die Geschichte ein: Exkommunikationen, Verschwörungen und Hochverrat, Propaganda, Sex und Lügen; die politische Demütigung mit dem Gang des Kaisers nach Canossa und seiner kurzzeitigen Unterwerfung unter den Papst; Auftragsmorde, Rebellionen und Kriege – und mittendrin sie, Kaiserin Eupraxia. Denn nach dem Zerwürfnis mit ihrem offenbar gewalttätigen Mann wagte sie es, sich öffentlich gegen ihn zu stellen und ihn der »moralischen Verderbtheit« zu bezichtigen. Als Tabubrecherin wider Willen exponierte sich die damals 25-jährige Frau aus Kiew in einem politischen Machtkampf, wie wohl keine Kaiserin vor ihr – und lange keine nach ihr.

Auf der Synode von Piacenza trat Eupraxia als Belastungszeugin des Papstes gegen ihren Mann im März 1095 vor eine große Menschenmenge; Tausende waren gekommen. Sie soll von Vergewaltigung berichtet haben und darüber, wie ihr Mann sie der Prostitution preisgegeben habe; schließlich habe sie fliehen müssen, um sich vor weiteren Übergriffen zu retten. Es mag Propaganda gewesen sein, eine inszenierte Schauergeschichte oder die Wahrheit[3] – als Zeugin der Anklage lieferte Eupraxia dem Papst das entscheidende Argument für das »Ketzertum« ihres Mannes. Heinrich IV. wurde erneut exkommuniziert – es bedeutete sein politisches Ende. »Vom deutschen Kaisertum war nicht mehr die Rede, es war gestürzt, sein Träger in einem Winkel Italiens verschollen.«[4]

Das öffentlich zelebrierte Ende einer ost-westlichen kaiserlichen Ehe war der erste Höhepunkt einer Beziehungsgeschichte, die vor gut tausend Jahren begann. Deutsche und Russen, Russen und Deutsche – von Anfang an war ihr Verhältnis von Gegensätzen und Widersprüchen geprägt. Immer schwankte es zwischen Annäherung und Abwehr, Freundschaft und Feindschaft, Faszination und Fremdheit. Voneinander lassen konnten sie nie.

Sie stolperten aus dem Halbdunkel sagenumwobener Vergangenheit in die Geschichte Europas hinein, Deutsche und Russen. In diesem Halbdunkel der Vergangenheit entstanden die späteren Deutschen als multiethnischer Mischmasch: Nachfahren von Germanen, Kelten, allerlei römischen Siedlern und Legionären, aber auch von Völkern und Siedlerverbänden aus dem Osten – urslawischen Stämmen nämlich, die bis ins frühe Mittelalter aus den Ebenen des osteuropäischen Tieflands nach Westen gezogen waren.[5]

Stämme, die in Gebieten heimisch wurden, die »Wagrien« und »Polabien« hießen und heute Teile Mecklenburg-Vorpommerns und Schleswig-Holsteins umfassen; auch im heutigen Brandenburg, Sachsen, Sachsen-Anhalt, Thüringen und selbst am Main siedelten Slawen. Die Etymologie der Namen unzähliger deutscher Städte und Dörfer belegt dies. Der Stadtname Lübeck etwa geht auf die sieben Kilometer vom heutigen Stadtzentrum gelegene slawische Burgsiedlung »Liubice« aus dem 9. Jahrhundert zurück, möglicherweise: Siedlung der Leute des L'ub.[6] »Vielleicht wollen wir es nicht wahrhaben, vielleicht haben wir es verdrängt, und unter den Nazis wurde es zu einem absoluten Tabu. Doch in uns Deutschen steckt viel Slawisches«, so der Landesarchäologe Schleswig-Holsteins, Claus von Carnap-Bornheim.[7]

Geografie schrieb ihre gemeinsame Geschichte: Verknüpfte im Süden die Donau als Verkehrsweg schon seit Jahrtausenden West und Ost, bildeten die von Nord nach Süd verlaufenden Flüsse im Osten Europas zunächst Barrieren.[8] Doch seit dem 8. Jahrhundert[9] zogen mit der Erschließung des Ostseeraums auch der europäische Norden und Osten nach. Seegängige Schiffe befuhren die Ostsee, erste Städte entstanden an ihren Ufern. Ihre festen Handelsstationen mit Marktrechten wurden anfangs von Skandinaviern und Slawen dominiert. Es begann jener Prozess, der den Norden mit dem Osten Europas zu einem strukturierten, multiethnischen Großraum[10] mit der Ostsee als »Weltmeer« verband. Ein Raum, dominiert von Vertretern eines durchaus fortschrittlichen Wirtschaftsmodells, das Risikobereitschaft und hohe Investitionen erforderte, Vielsprachigkeit und diplomatisches Geschick: der transkontinentale Handel.

Gemeinsame ökonomische Interessen brachten Fernhändler und lokale Eliten zusammen. Die Händler brauchten Sicherheit und Verlässlichkeit für ihre Geschäfte, etwa sichere Durchfahrt auf Fernhandelsstraßen und Flüssen oder Zollerleichterungen. »Dass sich daraus politische Allianzen und neue Herrschaftsstrukturen entwickelten, ist der historische Fortschritt, der eine gemeinsame Geschichte im Ostseeraum und damit auch von Deutschen und Russen überhaupt ermöglichte.«[11]

So begann die Geschichte der Deutschen und der Russen als Geschichte zweier neugieriger Nachzügler, hungrig auf die Eroberung einer neuen, grenzenlosen Welt.

Zu den wichtigsten Handelszentren dieses wachsenden gigantischen »Interaktionsraums zwischen Rhein und Wolga«[12] gehörte eine Stadt an einer damals von skandinavischen Normannen beherrschten Bucht im Norden des heutigen Schleswig-Holstein: Haithabu. Logistisch günstig an der Kreuzung zweier wichtiger Handelsrouten gelegen und zugleich nahe an Ost- wie Nordsee, behauptete sich Haithabu fast 300 Jahre lang als 1500 Einwohner große Metropole und Hauptumschlagplatz für den internationalen Handel zwischen Skandinavien, Westeuropa, dem Nordseeraum, dem Baltikum und dem fernen Kiewer Reich.[13]

Im frühen Mittelalter hatten die Normannen ihren Blick auf den weiten Raum im Osten und Süden jenseits der Ostsee gerichtet. Kaufleute und Krieger, erfahren in Schiffsbau und Nautik, mehrsprachig und risikobereit, suchten sie einen vergleichsweise schnellen und sicheren Weg, um Handelsbeziehungen »zu den Griechen« aufzunehmen. Der Weg führte von der Ostsee zum Schwarzen Meer und von dort aus in die damals mächtigste und reichste Stadt des Orients: Konstantinopel. In den slawischen Quellen die »Waräger von jenseits des Meeres«[14] genannt, drangen die Normannen über die verzweigten Flusssysteme des Wolchow, den Ilmen- und den Ladogaee sowie den Dnjepr vor: 860 belagerten sie mit ihrer Flotte sogar Konstantinopel. Weiter im Osten befuhren sie den heute russischsten aller russischen Flüsse, die Wolga. Gelangten über das gewaltige Mündungsdelta ins Kaspische Meer und erreichten von dort aus die islamische Welt. Dort, in Mittelasien,[15] lagen die Silberminen, aus denen der kostbare Rohstoff für das wichtigste Zahlungsmittel der Zeit gewonnen wurde. Funde von Klappwaagen aus dem Kalifat von Bagdad und von arabischen Dirham-Münzen in Schweden[16] belegen Weite und Intensität des damaligen Fernhandels, der über die russischen Flusssysteme abgewickelt wurde.

Sie kamen als Eroberer, auf rasche Beute und dauerhafte Tributzahlungen aus. Mit befestigten Stützpunkten sicherten die Waräger im 9. Jahrhundert ihre Herrschaft über die slawischen Stämme. Dazu gehörte auch die am mittleren Dnjepr gelegene Siedlung Kiew.[17] Warägerfürsten und ihre Gefolgschaften wurden sesshaft, slawisierten sich. Aus skandinavischen Namen wurden slawische, es entstand eine Kultur- und Wirtschaftsgemeinschaft. Man nannte sie: die Kiewer Rus.

Noch heute wird über die Herkunft des Namens »Rus« gestritten, es ist noch immer ein Politikum. Wer waren ihre Bewohner – Nachkommen beutegieriger Skandinavier oder doch ein »eigenes« slawisches Volk? Als wahrscheinlich gilt die Entwicklung nach der »Normannenthese«: Rus, so die »Normannisten«, sei die slawische Form des alten finnischen Wortes *Ruotsi, Rotsi* – Ruderer. Ursprünglich Bezeichnung der slawischen Ureinwohner für die Normannen, habe sich der Begriff im Lauf der Zeit auf die gesamte Bevölkerung übertragen.[18]

»Antinormannistische« russische Historiker empörten sich hingegen schon im 18. Jahrhundert über die angebliche Demütigung eines großen Volkes. Später befahl der Iossif Stalin – ein Georgier – die politisch nützliche Wahrheit: Das russische Volk habe sich eigenständig entwickelt.[19]

Die Kiewer Rus wuchs zu einem »bedeutenden europäischen Staat«,[20] zum ersten echten Herrschaftsgebiet auf späterem russischem Boden. Als mächtiger Vielvölkerverbund umfasste sie alle ostslawischen Stämme.[21] Im 12. Jahrhundert erstreckte sich ihr Territorium bis an die heutige russisch-finnische Grenze. In diesem Sinne ist die Kiewer Rus die Wiege des späteren russischen wie des späteren ukrainischen und auch des weißrussischen Staates. Die Fürsten des reichen Handelsstaates knüpften auch dynastische Verbindungen nach Westen – die Verheiratung der jungen Fürstentochter Eupraxia gehörte dazu.

Die Kiewer Rus exportierte vor allem ihre Ressourcen – all das, was in diesem gewaltigen, menschenleeren Raum im Überfluss vorhanden schien. Aus den Wäldern kamen Honig und das für die Kirchenliturgie hochbegehrte Bienenwachs, Zobel- und Eichhörnchenfelle. Zu den schönsten Funden der Archäologen aus dieser Zeit gehören die »Kiewer Eier«, die in der orthodoxen Osterliturgie genutzt wurden. Aus glasiertem Ton hergestellt und mit feinem Muster verziert, gerade einmal vier Zentimeter hoch, fanden sie ihren Weg von Kiew nach Haithabu.

Im Gegenzug wurden hochwertige Güter importiert, Fertigwaren wie Schwerter, Textilien oder Geschirr. Einen Hinweis darauf geben Zollbestimmungen der damaligen Zeit: So verfügten die Bestimmungen des Kapitulars von Diedenhofen schon 805 ein Waffenexportverbot in die Siedlungsgebiete der Menschen, die sich *Rozzi* nannten oder *Rhos*.[22]

Schon am Anfang der gemeinsamen Geschichte stand also eine im weitesten Sinne deutsch-russische Modernisierungspartnerschaft, in der Innovation und Technologien gegen Rohstoffe getauscht wurden.

Zu den begehrtesten »Handelswaren« aus dem Osten aber gehörten im gesamten Mittelalter: Menschen.

Die Geschichte des europäischen Sklavenhandels ist ein lange vernachlässigtes, gar verdrängtes Thema. Bis heute verweigern auch Historiker in Russland und Osteuropa bisweilen »apodiktisch« die Auseinandersetzung; noch immer fehlt auch ein länderübergreifender Diskurs über Ausmaß und Legitimierung der Netzwerke des mitteleuropäischen Menschenhandels.[23] Das lateinische Wort *sclavus* – »Slawe« – wurde offenbar ab dem 10. Jahrhundert zunehmend in der Bedeutung »Sklave« gebräuchlich. »Sklavenhandel«, so der Leipziger Osteuropa-Historiker Christian Lübke, »wurde zu einem Motor der grenzübergreifenden ökonomischen Entwicklung«.[24]

Sie wurden unter Aufsicht der weltlichen Macht auf den öffentlichen Marktplätzen großer Handelsstädte wie wohl auch Prag verkauft. Sklaven mussten »heidnisch« sein, also nicht christlich getauft. Sie sollten aber auch keine Muslime sein, denn viele wurden nach Cordoba verkauft, bis ins 10. Jahrhundert islamischer Vorposten im Süden Europas. Dort dienten die *saqaliba* – Slawen – als Eunuchen bei Hofe, im Militär und in der Landwirtschaft.[25] Die jungen Männer sollen dafür in eigens eingerichteten Zentren in Frankreich kastriert worden sein.

Die »unchristlichen« Gebiete östlich der Elbe wurden zum Jagdgebiet. Der Verkauf von Slawen – Sklaven – sowie der Freikauf von Kriegsgefangenen gegen Lösegeld war vom 8. Jahrhundert bis in die frühe Neuzeit hinein[26] *big business*. Offenbar waren vor allem auf Menschenhandel spezialisierte[27] russische Händler dick im lukrativen Geschäft;[28] der »russische Marktplatz« *(ruzaramarcha)* nahe dem heutigen Grein an der Donau galt als bedeutender Umschlagplatz des transkontinentalen Sklavenhandels.[29]

Von dem erschreckend alltäglichen Geschäft profitierten auch staatliche und kirchliche Akteure. Es handelte sich sowohl um »klassischen« Sklavenhandel als auch um Gefangennahme – etwa von Seeleuten – die dann gegen Lösegeld freigekauft wurden.[30] Bis Ende des 17. Jahrhunderts sollen mindestens zwei Millionen Menschen aus dem Osten Europas auf die Sklavenmärkte West- und Südeuropas und am Schwarzen Meer verschleppt worden sein.[31]

## Nach Ostland: Deutsche Siedler und selbsternannte Ritter Gottes

Langsam nur änderte sich der Blick auf den Menschen, wurde »Wert« durch eine gewisse »Wertschätzung« ersetzt. Dies hing mit dem Prozess der »Vergetreidung« Europas zusammen. Mit zunehmender Urbanisierung stieg ab dem 11. Jahrhundert der Bedarf nach Getreide für die rasch wachsende Bevölkerung im Westen Europas, auch im Reich nördlich der Alpen, wo Hunderte Städte wuchsen. Die Nachfrage nach Land stieg, bald kolonisierten von »der Landnot bedrückte«[32] verarmte Bauern das dünn besiedelte Land östlich der Elbe. Im Laufe einiger Generationen drängten Hunderttausende »nach Ostland«, in das Land der Slawen, die in Gebieten lebten, die heute Ostmitteleuropa und das Baltikum umfassen. Mit den Bauern zogen Handwerker und Kaufleute. Sie rodeten Wälder, legten Sümpfe trocken, bauten Brücken. Sie brachten neue Techniken der Landbestellung, Sensen, Räderpflüge und Wassermühlen. Als Innovationsträger lebten die Neusiedler in mehr oder weniger friedlich konkurrierender Koexistenz mit den ansässigen Slawen.[33]

Mit dem steten Treck der Neusiedler begann vor rund 800 Jahren eine politische und wirtschaftliche Neuorientierung in Ostmitteleuropa. Mit Stadtgründungen kamen die Freiheiten des Stadt- und Marktrechtes, und auch die meisten Bauern waren frei. Verwaltet nach Magdeburger und Lübischem Recht entwickelte sich in den Städten eine Vorstufe von Zivilgesellschaft.

»Stadtluft macht frei« – dieser Grundsatz machte den entscheidenden Unterschied im Prozess des europäischen *nation-building*. Für die Menschen in Russland galt er nie. Nach dem Mongolensturm tatarischen Herrschern zu Tribut verpflichtet und in orthodoxer Abgrenzung vor den christlichen »Lateinern«, verpassten die russischen Fürstentümer die großen europäischen Umwälzungen des 13. Jahrhunderts, als Vergetreidung und Urbanisierung einen gewaltigen sozialen, ökonomischen und politischen Modernisierungsschub brachten. Auch in diesem Sinne wagt der Osteuropa-Historiker Christian Lübke eine durchaus trennende Einschätzung, wenn es um die Zugehörigkeit Russlands zu Europa geht. Russland gehört zum Osten Europas. Osteuropa aber unterscheidet sich von Mittel- und Westeuropa: »Wir müssen konstatieren: Es verläuft eine Kulturgrenze zu Russland.«[34]

Doch die zunächst friedliche Besiedlung wandelte sich Ende des 12. Jahrhunderts in brutale Eroberung: Mit der Ausrufung von Kreuzzügen nach Osten[35] wurde die Kreuzfahrer-Ideologie auch auf das östliche Europa übertragen. Gewaltsam bekehrte – oder mordete – man die ansässigen slawischen »Heiden«, nahm sich ihr Land. Riesige Landstriche – einschließlich des späteren Preußen – wurden mit Feuer und Schwert kolonisiert. Besonders aktiv war dabei der »Orden der Brüder vom Deutschen Hospital Sankt Mariens in Jerusalem«, der Deutsche Orden, der sich ursprünglich der Krankenpflege in Jerusalem gewidmet hatte. Mit ausdrücklicher Erlaubnis von Kaiser und Papst eroberten die Ritter des Deutschen Ordens und des später mit ihm vereinigten

»Ordens der Schwertbrüder« die gesamte Ostseeküste von Danzig über Riga bis Tallinn. Die Gebiete des späteren Ostpreußen sowie Lettland und Estland bildeten den mächtigen deutschen »Deutschordensstaat«, fünfmal so groß wie die Schweiz.

Im 19. Jahrhundert geisterte das Bild der tapferen deutschen Ritter als opferbereite christliche Kulturträger im barbarischen – sprich slawischen – Osten durch die deutsche Geschichtsschreibung. Im Ersten Weltkrieg, als die deutschen Truppen unter Paul von Hindenburg und Erich Ludendorff im Sommer 1915 mit der Besetzung großer Teile des Baltikums ihren bislang größten Sieg an der Ostfront errungen hatten, wurden drei Millionen Menschen in Litauen und Kurland unter deutsche Militärverwaltung gestellt: Im Land »Ober Ost« wollte Ludendorff seine deutsche Utopie eines ordentlichen Militärstaates im Osten verwirklichen. Die Stereotype von unzivilisierten, im Grunde gefährlichen Menschen im Osten setzten sich nach dem Ersten Weltkrieg in der deutschen Elite fort, verknüpften sich mit den verklärenden Bildern der deutschadeligen »Heimat« Ostpreußen. Dieses »verborgene Vermächtnis« machten sich die Nationalsozialisten zunutze. Sie deuteten Projektionen, Ängste und Sehnsüchte zum »deutschen Auftrag im Osten« um, von Hitler schließlich als »Ostpolitik« auf die völkervernichtende Spitze getrieben.[36]

Von der Küste des heutigen Baltikums drangen die Ordensritter, die »Lateiner«, in die russischen Großfürstentümer Nowgorod und Pskow, Pleskau, vor. Dort, auf dem noch zugefrorenen Peipussee nahe der Stadt Pleskau, kam es im April 1242 zu einer Schlacht, die als erste Begegnung eines »deutschen« und eines »russischen« Heeres gedeutet wurde. Sie endete mit einer vernichtenden Niederlage der Ordensritter: »Man sah das Eis nicht mehr, denn es war von Blut bedeckt.«[37] Den Nowgoroder Feldherrn, Fürst Alexander Newskij, machte die »Schlacht auf dem Eise« unsterblich. Als Heiliger und Nationalheld dient Alexander Newskij als eines der wichtigsten Symbole russischer Identität, hagiografisch wird sein Leben dargestellt. Denn in dieser heiligen, urrussischen Schlacht am Peipussee erwiesen sich die selbst ernannten deutschen Ritter Gottes als gottlos, von Gott verlassen.

Die deutsche Ostexpansion war gestoppt, ein Friedensabkommen regelte den Verlauf der Grenze zum Deutschordensstaat,[38] den man *wsja semlja nemezkija* nannte – das ganze »deutsche« Land. *Nemzy*, die Stummen, die Fremden: Das Wort bezeichnete alle, die nicht zur eigenen Sprachgemeinschaft gehörten, also neben Deutschen auch Balten, Schweden oder Spanier. Erst zu Beginn des 20. Jahrhunderts verengte sich der Begriff auf die Deutschen.[39]

### Eine Taufe schrieb Weltgeschichte

Handel brachte Russen und Deutsche zusammen. Der Macht- und Wahrheitsanspruch der Kirchen Rom und Byzanz aber trennte sie von Anfang an. Sie gerieten zwischen die Fronten der ideologischen und machtpolitischen Auseinandersetzung zwischen der westlichen römisch-lateinischen[40] und der östlichen byzantinisch-griechischen Kirche.

Der Kiewer Handelsstaat pflegte früh enge Beziehungen zum mächtigen Byzanz, schon im 10. Jahrhundert wurden strategische Bündnisse geschlossen. Fürstin Olga, erste echte »Königin der Rus«, ließ sich in Gegenwart des byzantinischen Kaisers in Konstantinopel taufen.[41] Der für Kiew lebenswichtige Handelsweg zum Schwarzen Meer wurde damit gesichert.[42] Mit der orthodoxen Taufe ihres Enkels und Großfürsten Wladimir wurde die Frage der Missionierung des Kiewer Staates rund dreißig Jahre später endgültig zugunsten von Byzanz entschieden – wohl auch, weil Wladimir für die militärische Unterstützung byzantinischer Feldzüge eine Tochter des Kaisers zur Frau bekam. Wladimirs Taufe vermutlich im Januar 988, wenige Monate später gefolgt von einer kollektiven Landestaufe im Dnjepr bei Kiew oder bei Cherson auf der Krim vollzogen,[43] gilt als Beginn der Geschichte des orthodoxen Russland. Kiew orientierte sich fortan nach Ostrom: »Sicher hat Wladimir mit seiner Entscheidung Weltgeschichte geschrieben.«[44]

Vertieft wurde diese Trennung durch die Kirchenspaltung zwischen West- und Ostrom im Jahr 1054. Von nun an entwickelten sich zwei Welten, durch einen eisernen Vorhang getrennt. Lateinisch die Sprache des Westens, griechisch und später kirchenslawisch die des Ostens, zu dem die Kiewer Rus und später die russischen Fürstentümer gehörten. Das geistige Erbe des Abendlandes, die Schriften der großen Denker und Kirchengelehrten waren für das »heidnische« Russland nicht mehr zugänglich. Umgekehrt diente der »Westen« in Russland als Projektionsfläche für Abgrenzung und Andersartigkeit: »In der orthodoxen Welt wurde der Westen zunehmend nicht einfach nur als das ›Andere‹ gesehen, sondern vor allem als ein feindliches Anderes«.[45]

Das Europa der Kreuzzüge richtete seine Aufmerksamkeit zunehmend auf das Heilige Land; auch die für den transkontinentalen Handel wichtigen russischen Flusswege verloren mit dem rasch zunehmenden Handel über das Mittelmeer an Bedeutung. Immer schwächer das Kiewer Reich, in mehr oder weniger große Fürstentümer zerfallend, bis es im Mongolensturm um 1240 endgültig unterging.

## Nowgorodfahrer: Als Lübeck den Russlandhandel kontrollierte

Allein im russischen Nordwesten stand ein Fenster nach Westen weit offen, vor allem Richtung Norddeutschland. Der Handelsplatz Nowgorod, Neustadt, entwickelte sich zu einer der größten Städte Osteuropas und zu einem mächtigen russischen Großfürstentum. Günstig am Wolchow-Fluss mit Zugang zur Ostsee und zugleich zu den Flusssystemen Richtung Süden gelegen, war Nowgorod ein wichtiger Umschlagplatz für den Handel mit Luxusgütern aus dem fernen Orient. Vor allem aber etablierte sich die Stadt als Weltpelzzentrum: Das Hinterland des Fürstentums reichte im Norden bis ans Weiße Meer und im Osten bis an den Ural. Aus den sagenumwobenen tiefen Wäldern kamen die besonders dichten Winterfelle von Zobel, Marder, Biber und Eichhörnchen. Im Lauf der Jahre waren es Millionen, begehrte Luxusgüter an Europas Fürstenhöfen.

Spätestens im 12. Jahrhundert hatten Nowgoroder Kaufleute Verbindungen zu Städten an der Ostseeküste geknüpft; sie waren dabei auch nach Schleswig und Lübeck gekommen. Die kleine Siedlung Lübeck stieg zu einem der Zentren der Deutschen Hanse auf, dem mächtigsten handelspolitischen Städtebündnis seiner Zeit. Fast 400 Jahre lang verband die »Gemeinschaft« zum Teil mehr als 200 Städte sowie die Territorien von heute 25 Staaten – von Nowgorod über Hamburg und Brügge bis Lissabon und Venedig, von Finnland über Deutschland, Belgien und Großbritannien bis Italien und Portugal.[46]

Das Interesse an intensiven und stabilen Handelsbeziehungen zu Russland war ein wesentliches Motiv für die Entstehung der Hanse. Denn mit dem Zugang zur Ostsee etablierten die Norddeutschen eine Handelsroute, die Nowgorod und das flandrische Welttuchzentrum Brügge miteinander verband und beinahe vollständig unter ihren Einfluss brachte. Lübeck kont-

*Handel bringt sie im Mittelalter zusammen: Die einzigartigen Relieftafeln der Stralsunder Nikolaikirche zeigen russische Händler bei der Pelztierjagd. Felle sind eines der begehrten Güter im Handel mit den angesehenen »Russlandfahrern« der deutschen Hanse.*

rollierte den deutschen Russlandhandel,[47] die Stadt wurde erst durch das Russlandgeschäft reich und mächtig. Und die Hanse zu einer nordeuropäischen Großmacht.[48]

Angesehen und privilegiert waren die Lübecker »Nowgorodfahrer«, bald schon ein spätmittelalterlicher Mythos. Über den damaligen Handelsmittelpunkt, die Insel Gotland, erreichten sie mit ihren modernen, tragfähigen Koggen rasch *Rucia*, Russland. Sie hatten Handelsverträge mit Nowgorod geschlossen,[49] vom Fürsten mit umfangreichen Schutzprivilegien ausgestattet. »Der Nowgoroder soll den Deutschen wie seinen eigenen Bruder, den Nowgoroder, schützen«, hieß es, »und der Deutsche soll den Nowgoroder wie seinen Bruder schützen, den Deutschen.«[50]

Sie kauften ein Grundstück am zentralen Marktplatz. Dort errichteten sie ihren Handelshof mit Wohnhäusern, Lagern und einer Kirche. Streng reglementiert das Leben. Nur zweimal im Jahr durften sich die Händler auf den Weg machen – als Winter- oder Sommerfahrer. 150 bis 200 Kaufleute aus rund dreißig Hansestädten[51] lebten und handelten hinter den hohen Palisadenzäunen des Nowgoroder deutschen Hofes. Es galten deutsche Gewichte. Waren und Hofkasse wurden in der Kirche gehütet, nachts bewacht von »Kirchenschläfern«; im Winter türmten sich die Waren bis auf den Altar. Die strenge Hansehofordnung, die auf Pergament geschriebene »Schra«[52] galt als Gesetz, der jeweils gewählte »Ältermann des Hofes« durfte über Leben und Tod entscheiden. Gezahlt, verrechnet wurde mithilfe von Silberbarren; später auch mithilfe von Glasperlen, Handspindeln und »Fellgeld« mit der Verrechnungseinheit Kuna, Marder. Ins Innere Russlands durften die Deutschen nicht reisen – dieses profitable Monopol blieb russischen Händlern vorbehalten. Um sich Vorteile zu verschaffen, ließen Fernhandelsfahrer ihre Söhne an den Höfen russischer Bojaren ausbilden; es erschienen erste Sprachbücher. Denn Handelssprache war: Russisch.

Nowgorod war eine selbstverwaltete Stadt. Bojaren – die lokalen Adeligen – und freie Bürger entschieden in einer regelmäßig einberufenen Volksversammlung über ihre Belange. Die halb demokratische »Bojaren-Republik« gehörte zu den modernsten Stadtrepubliken Europas, wohlhabend und gebildet die Oberschicht, den Blick fest nach Westen gerichtet – vor allem in Richtung des späteren Deutschland. Allgegenwärtig allerdings die Warnung der orthodoxen Kirche vor Berührung mit den »Fremdgläubigen«, den Lateinern. »Deutsche Götzentempel« nannte man ihre Kirchen.[53]

Die hochprofitable deutsch-russische Partnerschaft fand nach der Eroberung Nowgorods durch den Moskauer Großfürst

Iwan III. Ende des 15. Jahrhunderts ein brutales Ende. Der später propagandistisch als »Sammlung russischer Erde« verbrämten russischen »Reconquista«[54] musste sich auch das freie Nowgorod unterwerfen. Das deutsche Hansekontor wurde geschlossen. Der Niedergang der Hanse beschleunigte sich dadurch nur. Der Warenaustausch zwischen Ost und West wich zunächst dem Mittelmeer- und bald auch dem Atlantikhandel.[55]

## »Denn zwei Rome sind gefallen ...«: Der Mythos von Moskau als Drittes Rom

Russland, nach dem Untergang Nowgorods faktisch unter Moskauer Herrschaft stehend, erhob seinen eigenen Anspruch auf Weltherrschaft. Die Selbsterhöhung des Fürsten zum russischen Zaren als gerechter Monarch von Gottes Gnaden und Hüter des wahren Glaubens gehörte dazu, auch der Anspruch auf Gleichrangigkeit mit dem Kaiser des Heiligen Römischen Reiches deutscher Nation.[56] Nach der Eroberung von Konstantinopel durch die Osmanen 1453 erklärte sich Moskau zum Erben von Byzanz. Die russische orthodoxe und die byzantinische Kirche trennten sich. »Alle christlichen Zartümer haben sich ihrem Ende zugeneigt und sind gemäß den prophetischen Büchern eingegangen in das eine Zartum unseres Herrschers, das heißt ins russische Zartum«, begründete der russische Mönch Filofej in der ersten Hälfte des 16. Jahrhunderts das wohl wirkungsmächtigste Narrativ russischer Sinnstiftung. »Denn zwei Rome sind gefallen, und das dritte steht. Ein viertes aber wird es nicht geben.«[57] Das sollte Russland fortan sein: Das Dritte Rom.

Anders als im sich konstituierenden »Westen« war in diesem Dritten Rom die Gerechtigkeit des autokratischen Herrschers ebenso unumschränkt wie seine Macht: »Die Sphären von Moral, Religion, Staat und Recht waren nicht getrennt und entwickelten sich auch nicht in unterschiedliche Richtungen, sondern liefen im Herrscher zusammen.«[58]

Mehr als 500 Jahre später zeigte das staatliche russische Fernsehen 2008 das als Dokumentarfilm angekündigte Werk *Untergang eines Imperiums. Die Lehren von Byzanz.*[59] Der preisgekrönte Film erzählt die Geschichte des Oströmischen Reiches und seiner Hauptstadt Byzanz als Zeit der Blüte, Moral und Weltkultur – während sich der Westen im Zustand tiefster Barbarei befand, bewohnt auch von »groben Germanen«. Der habgierige Westen habe Byzanz vernichtet: Als Hüter des byzantinischen Erbes sei Russland berufen, die rechtgläubige Welt gegen das Böse aus dem Westen zu verteidigen.

Politisch interessant wurde das von der Kritik verrissene Werk durch seinen Drehbuchautor, den einflussreichen Archimandriten Tichon (Georgij Schewkunow). Vorsteher eines ultrakonservativen Moskauer Klosters und Mitglied im Obersten Kirchenrat der Orthodoxen Kirche, predigt er absoluten Gehorsam gegenüber Staat und Kirche.

Mit dem Film, aber auch mit seinen Büchern über eine Welt voller Dämonen erreicht Bischof Tichon in Putins Russland ein Millionenpublikum. Tichon steht den ultranationalistisch-rechtsradikalen Eurasiern um Alexander Dugin nahe, seine Netzwerke reichen hoch in die politische Elite.[60] Er gilt als geistlicher Beistand, vielleicht gar Beichtvater Wladimir Putins. Tichons »russische« Sicht auf das Verhältnis zwischen Ost und West hätte aus dem Mittelalter stammen können, doch sie klang erschreckend aktuell, sozusagen »postwestlich«: »Die angeblich bis heute gültige ›Lehre von Byzanz‹ ... besteht jedoch in der Erkenntnis des ewigen Hasses, den der wesensfremde Westen gegen die orthodoxe Welt hege.«[61]

In diesem Sinne soll Russland unter Führung des russischen Präsidenten in gerechter Gegnerschaft zum Westen die Mission des russischen »Gottesträgervolkes« erfüllen: Sich der politischen Hegemonie des Westens entgegenstellend, wird Russland wiedergeboren. Und soll opferbereit, »bereit für die Endzeit« sein.[62]

Der wesensfremde, hasserfüllte, dekadente Westen? In dieser russischen Welt zumindest gehört auch Deutschland dazu.

# IM LAND DER »WILDEN MOSKOWITER«

*Während das Moskauer Fürstentum langsam zur Großmacht aufstieg, erkundeten Reisende aus dem Westen das unbekannte Land. Es kam ihnen so »barbarisch« vor. Diesen üblen Ruf wurden die Russen im Grunde nie wieder los.*

Im Grunde waren es nur zwei Berichte, die über Jahrhunderte das Bild Russlands und seiner Menschen prägen würden, ihre »kognitiven Karten«. Zwei zunächst in der damaligen Standardsprache Latein verfasste Reiseberichte, avancierten sie rasch zu Bestsellern ihrer Zeit, bald mit Dutzenden Ausgaben in unterschiedlichen Sprachen. In den deutschen Ländern des 16. und 17. Jahrhunderts galten sie als Standardwerke über Russland und seine beängstigend fremden Menschen. Ein fernes Land jenseits von Europa. Ein Land – um Mitternacht gelegen.

Die Welt befand sich im Umbruch, eine widersprüchliche, hochgradig nervöse Epoche war angebrochen. Im anhaltinischen Wittenberg war der Mönch Martin Luther überzeugt, er werde das Ende der Welt noch erleben. Doch das Wissen um diese Welt wuchs jedes Jahr; Innovationen verbreiteten sich. Die Welt erweiterte sich auch geografisch, Land um Land. Amerika war entdeckt, die Geografen fügten ihren Landkarten immer neue, faszinierende Entdeckungen hinzu. Neugier, Wissensdurst und Forscherdrang kennzeichneten dieses Zeitalter der Entdeckungen, die immer auch Eroberungen waren. Wo aber Neues aufbrach, stürzten alte Gewissheiten ein, auch Hierarchien, politische Netzwerke und Wirtschaftskreisläufe.

In Mainz hatte der Patriziersohn Johannes Gutenberg um 1450 mit der Erfindung beweglicher Lettern die Grundlage für eine globale Informationsrevolution gelegt: Sie ermöglichten den schnellen und präzisen Druck auf Papier oder Pergament. Bald informierten sich die gebildeten Bürger in der Presse: Bücher und mit markanten Illustrationen versehene Flugschriften, Vorläufer der Zeitungen, lieferten die Welt quasi frei Haus. Und die Interpretation dieser neuen Welt gleich mit.

Was also machte Westeuropa damals im Vergleich zum Land der Russen aus? »Wichtigstes Merkmal war die Teilhabe am europäischen Mächtesystem, die Zugehörigkeit zu jener christlichen, überwiegend monarchisch verfassten Staatengesellschaft, die sich zur Abwehr der Türkengefahr herausgebildet hatte«, so der Osteuropa-Historiker Dietrich Geyer. »Die Glieder dieses Mächte-Europa pflegten in Krieg und Frieden nach den Regeln des Völkerrechts, des *ius publicum europaeum,* miteinander zu verkehren. ... Das zweite Kriterium berief sich auf die Einzigartigkeit der europäischen Völker in Bezug auf Kultur, Wissenschaft und Bildung ... – scharf geschieden von der wilden, barbarischen Völkerwelt. Europa (so die Quintessenz der herrschenden Meinung) wird von ›civilisierten‹, von ›policierten‹ Nationen bewohnt; es wird nicht durch Willkür, sondern durch Gesetze, nicht durch Tyrannen, sondern durch vernunftgemäß handelnde Herrscher regiert. ... Diesem ›policierten‹ Europa wurde Russland schlicht nicht zugerechnet.«[1]

In dieser »policierten« Welt war für die auf dem Kaiserthron sitzenden Habsburger ihre Herrschaft von einer furchterregenden Macht bedroht, dem Osmanischen Reich. Die Heere des Sultans hatten das östliche Mittelmeer erobert. Konstantinopel, das »zweite Rom«, war gefallen. Die Türken rückten anscheinend unaufhaltsam in Südosteuropa vor. Zugleich war Europas Zentrum durch Machtkämpfe zwischen Päpsten und Kaisern,

Dynastien und Staaten stark geschwächt. Und innerhalb des Reichs sorgte Martin Luther als Herausforderer der Kirche für Aufruhr mit dem Ergebnis, dass das Reich in protestantische und katholische Territorien zerfiel.

Durch Heirat, Verträge und Militärallianzen mussten die Habsburger neue regionale Bündnisse gegen das Osmanische Reich schmieden. Als potenzieller Verbündeter wurde auch das ferne Moscovien wieder interessant, jene anfangs Dutzende Fürstentümer im Nordosten Europas, die sich nach dem Untergang der Kiewer Rus in nahezu hundert Bürgerkriegen und Aufständen bekämpft und unter der Herrschaft der Moskauer Großfürsten zu einem Reich konsolidiert hatten. Nach beinahe 200 Jahren hatten sie schließlich auch die lockere Tributherrschaft der Mongolen abgeschüttelt, das »Tatarenjoch«.

Ab Ende des 15. Jahrhunderts stieg Russland zu einer Großmacht auf, Konkurrent um Territorium, Macht und Prestige. Es schickte sich an, ein *Imperium inter pares* zu werden.[2] Historiker bezeichnen diesen Prozess als »Wiedereintritt« Russlands nach Europa, seine »Wiederentdeckung« als rohstoffreiche, »halbperiphere« Gesellschaft.[3] Das aufstrebende Moskauer Fürstentum war vergleichsweise gut eingebunden in den Fernhandel, vielfältig die Verbindungen. Anstelle der Hanse, die bislang den Russlandhandel kontrolliert hatte, rückten nun Niederländer und Engländer vor. Auf der Suche nach einem nördlichen Seeweg nach China hatte ein Engländer das Nordkap umsegelt und die Mündung des Dwina-Flusses am Weißen Meer entdeckt. Mit der Gründung der »English Muscowy Company« war der Hanse eine erfolgreiche Konkurrenz erwachsen, die zollfrei mit wichtigen Gütern wie Wachs, Talg, Leder und Pelzen handeln durfte.[4] Bald folgten die Niederländer; und mit Archangelsk wurde die erste russische Hafen- und Handelsstadt am Weißen Meer gegründet.[5] Der Prozess der ökonomischen Integration Russlands in die damalige »europäische Weltwirtschaft« beschleunigte sich.[6]

Langsam geriet Russland in Europas Sichtfeld. Zu verdanken war dies auch dem Tübinger Kartografen Martin Waldseemüller und seiner *Carta marina navigatoria* von 1516. Galten die unerforschten Gebiete im Norden und Osten seit der Antike als von »Pferde- und Fichtenzapfenessern« bewohnt, fanden sich auf Waldseemüllers Weltkarte auch »Russia und Moscowia«. Hier waren russische Städte und Flüsse verzeichnet, Moskau gar mit einer Kontur des Kreml kenntlich gemacht.[7] So rückte er Russland in die Nähe der damals bekannten Welt.[8] Und doch: Russland blieb fremd, *terra incognita*.[9]

Auf der Suche nach einem Bündnispartner gegen das Osmanische Reich entsandten die Habsburger Kaiser Maximilian I. und später Ferdinand I. schließlich einen ihrer Spitzendiplomaten nach Moskau, einen Mann, der insgesamt vierzig Jahre lang als Sonderbotschafter für Dutzende heikle außenpolitische Missionen diente: Sigismund Freiherr von Herberstein, auch Sigmund genannt.[10] Ein Karrierebeamter und zugleich Gelehrter mit humanistischem Anspruch. Schon im Alter von 13 Jahren war er an der Wiener Universität immatrikuliert worden. Die boomenden Wissenschaften Geografie und Geschichte gehörten zu seinen Hauptfächern; mit Slowenisch beherrschte er auch eine slawische Sprache. Selbstbewusst und erfahren, ein durchaus »eitler Tropf« mit Drang zur Selbstdarstellung.[11]

Gleich zweimal, 1516 und 1526, wurde der kaiserliche Ministeriale nach Moskau entsandt, wo er jeweils rund sieben Monate blieb. Herberstein sollte so viele Informationen wie möglich über das Land der Russen sammeln. Er sollte zugleich im angespannten Verhältnis zwischen Moskau und Polen-Litauen vermitteln und damit eine mögliche Koalition der Willigen gegen das Osmanische Reich vorantreiben. Außerdem war das Moskauer Reich als möglicher strategischer Partner in einer auch reichspolitisch wichtigen Angelegenheit interessant: Eine Union zwischen der katholischen und der russischen orthodoxen Kirche würde die Spaltung der Kirche beenden und die Einheit der Christen unter katholischer Oberherrschaft wiederherstellen. Damit könnte man die revolutionäre Kraft der Reformation brechen: Martin Luther.[12]

Die politischen Missionen scheiterten, die russischen Zaren wollten von Bündnissen mit den Habsburgern nichts wissen. Doch die beiden Reisen machten Sigismund von Herberstein zu *dem* Russlandexperten seiner Zeit. Er war einer der wenigen seines Jahrhunderts, der Russland aus eigener Anschauung erlebte und darüber detailliert berichtete. 1549 erschien sein Russland-Reader. Eine gelungene Mischung aus Abenteuerbericht und Sachkunde, erreichte er innerhalb weniger Jahrzehnte zwanzig Auflagen in mehreren Sprachen: *Rerum Moscoviticarum Commentarii,*[13] »Notizen über die Moskauer Angelegenheiten«, auf Deutsch später schlicht: *Moscovia*. Es war das erste Russlandbuch im Westen.[14]

*Moscovia* umfasste Landeskunde, Topografie und Klima, aufgezählt wurden allein 132 Flüsse samt Fischbeständen. Herberstein erörterte Ethnografisches zu den »Reüßen«, auch die Frage, ob dieses »Moscavw« zu Europa gehöre – seine Antwort lautete: »Jein«. Vor allem aber lieferten die Moskauer Notizen allerhand Beschreibungen über die angebliche Unterwürfigkeit und Feigheit der Russen, das erbärmliche Leben der Leibeigenen und das noch erbärmlichere der unterdrückten Frauen: »Den Dienern und Arbeitern geht es wie den Weibern: Wenn sie ungeschlagen bleiben, meinen sie, ihre Herren lieben sie nicht.«[15] Damit begründete Herberstein einen Topos, der sich über Jahrhunderte festsetzte und noch heute bei einigen »Putin-Verstehern« als Argument zur Rechtfertigung autoritärer Herrschaft herhalten

*Russische Notizen: Im Auftrag des Habsburger Kaisers bereist Sigismund von Herberstein das fremde Land. Sein Reisebericht wird das erste Russlandbuch im Westen – ein Bestseller. Und er lässt sich in russischer Kleidung zeichnen.*

muss: dass Freiheit in Russland eigentlich keinen Platz habe. »Dises Volck hatt ein grösseren lust zu dienstbarkeit dann zu freyheit.«[16] Anders als viele Putin-Versteher heute fragte Herberstein allerdings auch nach den Gründen der vermeintlichen Freiheits-Abstinenz: »Es ist ein Zweifel, ob ein Volk eine solche schwere Herrschaft haben muss oder ob die grausame Herrschaft so untaugliches Volk macht. / Ich weiß nit eigentlich, ob ein solch unbarmherzig Volck eines solchen Tyrannen zu seinem Glücke bedürffe, oder ob durch des Fürsten Tyranney dies Volck also unmildt und grausamlich wird.«[17]

Unterdrückt und unterwürfig – ein Volk, in Sklaverei geboren. Diesen schrecklich »üblen Ruf« wurden die Russen seitdem im Grunde nicht mehr los: »Noch die notorische Rußlandfeindschaft des europäischen Liberalismus und der europäischen Arbeiterbewegung hat von den alten Stereotypen gezehrt.«[18]

Russland und das Reich teilten eine wichtige Grenze. Die Grenze zum Deutschordensstaat Livland markierte zugleich die Trennlinie der beiden christlichen Religionen. Die Kulturgrenze stand für den nach wie vor lukrativen Handel allerdings weiterhin ziemlich weit offen, und um den ökonomisch wichtigen Zugang zur Ostsee wurde über Jahrzehnte hinweg Krieg geführt.[19]

Der Krieg des 16. Jahrhunderts zwischen Deutschen und Russen, sozusagen der erste Teil des Livländischen Krieges, endete mit einem russischen Sieg 1561 – er bedeutete das Ende des Deutschordensstaates. Freigekommene Kriegsgefangene hatten Schreckliches zu berichten. Bald verbreiteten sich ihre Augenzeugenberichte und Pamphlete im Reich. Rund hundert Flugschriften der Zeit, meist mit Holzschnitten illustrierte achtseitige Nachrichtenblätter, beschäftigten sich allein mit den Gräueln der Russen im Livländischen Krieg sowie dem Terror Iwans IV. – des Zaren, der zunächst im Ausland und erst später in Russland der »Schreckliche« genannt wurde[20]: »Was der Moscoviter erobert, brennet er hinweg, das sich niemand darinn erhalten kann.«[21] Diese Flugschriften, Vorläufer der Boulevardpresse, nannten sich »wahrhaftige und erschröckliche Zeitungen«. Die Darstellung der Russen in diesen Flugschriften orientierte sich an den deutschen Türkendrucken, in denen die Türken als »Bluthunde« und »Erbfeinde« beschrieben wurden, als »Verderber der Christenheit«. So übertrugen sich mächtige Bilder der Angst und tief sitzende Vorurteile auf »den Moskowiter«[22]: »Das Zartum stand im Ruch der Barbarei, Moskowien galt als Hort der Despotie und Tyrannis.«[23]

So trat im Reich zur Türkengefahr bald auch die Russen-, die Moskowiterfurcht. Russen waren nun zuallererst: Barbaren, grausam und unberechenbar.

»Zumindest seit Herberstein bringt fast jeder Reisende ein gewisses ›Bild‹ mit nach Russland. Auf diese Weise haben sich einzelne Elemente des Russlandbildes über Jahrhunderte hinweg weitertradiert«, fasst die Schweizer Historikerin Gabriele Scheidegger die Ergebnisse ihrer Untersuchungen zur deutschen Meinungsbildung über Russland zusammen, für sie Ausdruck eines frühen Ethnozentrismus. »Die Wahrnehmung des Anderen ist geprägt durch das Eigene, was als Beobachtung interpretiert wurde, war in Wahrheit immer: Wertung.«[24]

Den Reisenden späterer Zeit war eines gemein: Als Vertreter des überlegenden (lateinisch-christlichen) Westens, aus dem im 19. Jahrhundert dann das »Abendland« wurde, erkundeten sie ein Land, das sie eigentlich als unterlegen und rückständig betrachteten. In diesem hierarchischen Verhältnis nahmen Russen den niederen Rang ein.

Und fast immer ging es dabei um Russland als negatives Gegenmodell: nicht um das, was Russland hatte oder war. Sondern um das, was Russland *nicht* hatte. Oder eben *nicht* war.

## »... unter die Barbaren zu rechnen«

Im Herbst 1633 machte ein damals 34-jähriger Mann sich aus Schleswig, einer heute kleineren Stadt in Schleswig-Holstein, auf den gefahrvollen Weg nach Osten. Seine abenteuerliche Reise über Moskau bis nach Isfahan ins Persische Reich würde beinahe sieben Jahre dauern. Der Leipziger Mathematiker und Gelehrte Adam Olearius hatte bei Friedrich III., dem Herzog von Schleswig-Holstein-Gottorf, als Sekretär einer Gesandtschaft angeheuert, die der Herzog nach Russland und Persien abfertigte. Der Herzog aus Schleswig wollte den Moskauer Zaren von einer für beide Seiten potenziell höchst profitablen Geschäftsidee überzeugen: Russland als Transitland für Waren aus Persien nach Schleswig-Holstein.[25]

Damit sollte das winzige Herzogtum zwischen Ost- und Nordsee zu einem Knotenpunkt des Welthandels werden, einer internationalen Handelsmetropole. Es klang verrückt – und das war es auch. Doch der Herzog, ein hochgebildeter Mann, der voller Leidenschaft Künste und Wissenschaften förderte, brauchte dringend neue Einkommensquellen zur Finanzierung der aufwendigen Hofhaltung am Gottorfer Schloss. Je prekärer die Finanzlage wurde, desto kühner des Herzogs Pläne. Schon 1621 hatte er mit Friedrichstadt eine neue Hafenstadt an der Nordsee gegründet. Sie sollte dem damaligen Spanien- und Mittelmeerhandel Konkurrenz machen, auf Dauer sogar Hamburg als Stapelplatz ersetzen. Damit nicht genug: Ein noch zu bauender Nord-Ostsee-Kanal würde West und Ost verbinden. Schon wurden in Kiel die ersten Lagerhäuser für Gewürze und Seidenstoffe gebaut, die Persianer-Häuser. Man erhoffte sich märchenhafte Profite von weit mehr als 100 Prozent.[26]

Russland sollte als sicheres Transitland für die erhofften endlosen Karawanen aus dem Orient dienen. Statt über den langen, teuren Schiffsweg um das Kap der guten Hoffnung herum oder den ebenso gefährlichen Landweg durch osmanisches Gebiet sollten die Waren von Persien durch das Kaspische Meer, dann die Wolga flussaufwärts und schließlich über die Ostsee oder Archangelsk am Weißen Meer nach Schleswig gelangen. Es gab nur ein Problem: Der Moskauer Herrscher hatte die »Durchzugsprivilegien« für den Transport durch Russland verweigert.

Im November 1633 segelte des Herzogs Gesandtschaft von Travemünde aus Richtung Riga, neben Adam Olearius als Sekretär und Chronist gehörten der rund hundertköpfigen Delegation in leitender Funktion ein Jurist an, ein Pastor, ein Hamburger Kaufmann sowie der Hofarzt des Herzogs. Der berühmte Dichter Paul Fleming sollte als Hofjunker die Reise in Versen preisen,[27] Kupferstecher waren für die visuelle Darstellung zuständig; daneben Schiffer, Uhrmacher, Köche, Silberdiener. Im August 1634 erreichten sie Moskau, 4000 Reiter sollen sie vor den Toren der Stadt empfangen haben.

Zwar gelang es den Gesandten des Herzogs, dem russischen Zaren gegen enorme finanzielle Zugeständnisse die begehrten Durchgangsprivilegien zu entlocken; zwar führte die Reise einer zweiten Gesandtschaft 1635 bis Persien; doch zu bindenden Handelsverträgen kam es nie. Das Verhältnis des Moskauer Reiches zu Europa blieb ambivalent. Russland wollte eine eigene Welt bilden. In dieser *terra orthodoxa* fühlte man sich vom Westen bedroht und »den Lateinern« zugleich – religiös jedenfalls – überlegen. Man wollte Europa näherkommen und doch an seinem Rand bleiben, auch kulturell.[28]

Die kühnen Welthandelsträume des Gottorfer Herzogs zerplatzten – doch es blieb ein Reisebericht mit weitreichenden Folgen: Olearius' *Moscowitische und Persianische Reisebeschreibung*.[29] Die bis dahin umfassendste Darstellung Russlands erschien 1647 auf Deutsch in Schleswig – und war bald vergriffen.

Dem aufkommenden Ideal einer objektiven Wissenschaft

verpflichtet, verfasste Olearius eine Art russischer Enzyklopädie; sie begründete auch seinen eigenen Ruhm. Das Buch wurde eine »offt begehrte Beschreibung«, wie es damals hieß, 18 Ausgaben in fünf Sprachen und überreich illustriert – die Arbeiten der mitreisenden Kupferstecher wurden hier publiziert.[30] Hier fand man alles Wissenswerte über Russland – von Bodenbeschaffenheiten über die Darstellung kirchlicher Riten bis zur Beschreibung von Tischsitten am Hofe des Zaren.

Adam Olearius wollte eine authentische Darstellung Russlands fertigen. Doch viele seiner Einschätzungen beruhten auf Hörensagen und Gerüchten. Gleich über Dutzende Seiten wurde der verwerfliche Charakter der Russen beschrieben, wie arglistig und unverschämt sie seien; »zur Sclaverey gleichsam geboren«. Auf Gerüchte gestützt, entwarf Olearius nachgerade eine »Pathologie des russischen Sexuallebens« – voller »Laster, Geilheit und Unzucht«.[31] Sein Werk sollte ein leuchtendes Beispiel der frühen Aufklärung werden – doch der Bestseller verstärkte wie ein Lautsprecher das negative Russlandbild in deutschen Landen. Die Russen waren – und blieben von ihrer Natur her – »unter die Barbaren zu rechnen«.[32]

Allein der mitreisende junge Dichter, den zartfühlenden Idealen des Barock verpflichtet, wagte sein eigenes Urteil über alle kulturellen Missverständnisse hinweg. Dem Morden und Elend des Dreißigjährigen Krieges entronnen, machte sich Paul Fleming »vergnüget«[33] auf die Reise durch Russland. Für den Dichter verlor das Unbekannte in der Begegnung mit dem Anderen seine Fremdheit. Paul Fleming traute seinen Augen:

*Denkt, daß in der Barbarei*
*Alles nicht barbarisch sei.*[34]

## Modernisierungsbeschleuniger: Deutsche in Moskowien

Sie galten als »unrein« – aber sie waren zugleich »intelligent«. Sie waren »ungläubig« – aber auch »fleißig« und »furchtlos«.[35] Mithilfe deutscher Experten wollten die Moskauer Herrscher die relative Rückständigkeit ihres Reiches überwinden. Gezielt hatten die Moskauer Großfürsten bereits im 15. Jahrhundert deutsche Fachleute anwerben lassen, Spezialisten für Bergbau und Hüttenwesen, auch Wunddoktoren und echte Ärzte sowie Experten für Waffenproduktion und Militärausbildung. Begehrt waren vor allem deutsche Kanonengießer und Büchsenmeister. Eines der russischen Werbekontore für deutsche Gastarbeiter wurde in Goslar am Harz eröffnet,[36] ein frühes Beispiel des Wissenstransfers durch technische Eliten. Zar Iwan IV. heuerte ausländische Söldner an, später wurden ganze Regimenter furchterregender deutscher Landsknechte ausgehoben.[37]

Im 17. Jahrhundert gehörten die Deutschen zu den ersten Modernisierungsbeschleunigern in Russland. Sie gossen Kanonen, besaßen Tuchfabriken und Papiermühlen, einem Deutschen wurde die Organisation der ersten russischen Post übertragen, ein Quantensprung in der Übermittlung von Nachrichten.[38] Der Merseburger Johann Gottfried Gregorij, Pastor an der Offizierskirche der Moskauer Vorstadt, wurde zum Begründer des weltlichen Theaters in Russland. Der als »Westler« geltende Moskauer Außenminister hatte dem streng religiösen Zaren empfohlen, eine »Dramenaufführung« unter Leitung des Deutschen[39] zu erlauben, ein nahezu revolutionär-weltlicher Akt.[40] Die von Gregorij verfasste Komödie über den biblischen Esther-Stoff wurde von deutschen Schauspielern in einem eigens erbauten Bühnenhaus in Gegenwart des Zarenhofes in einem ebenso kreativen wie schwer verständlichen Mischmasch aus Russisch und Deutsch 1672 uraufgeführt.[41]

In Moskau wuchs der Ausländerbezirk, aus dem ab 1652 die (neue) *nemezkaja sloboda* wurde, die Freistatt: quirlige Vorstadt der nichtorthodoxen Fremdsprachigen. Hier lebten rund tausend Westeuropäer, die damals vor allem Deutschsprachige waren oder Deutsch als Umgangssprache pflegten. Von hohen Zäunen begrenzt und streng bewacht, war die Siedlung mit ihren hübsch gepflegten Gärten vor den Toren der Stadt ein Ausländerghetto.[42] Russen war Zutritt verboten – die Behörden und die orthodoxe Kirche fürchteten die Verbreitung vermeintlich verderblicher, gar freiheitlicher Ideen. Die »Lateiner«, die westlichen Christen, galten als unrein – »feist und fett wie ein Deutscher«.[43] Noch immer weigerten sich manche der »wilden Moskowiter«, einem Ausländer die Hand zu geben; und wenn der Zar einen ausländischen Botschafter empfing, stand ein Wasserkrug in seiner Nähe, angeblich, damit er sich danach die Hände säubern konnte.[44] Kontakte waren streng reglementiert. Zensur fand statt.[45]

Wie begehrenswert frei schien diese deutsch-europäische Stadt einem jungen Mann aus höchsten Moskauer Kreisen. Wieder und wieder kam er hierher, meist inkognito, aber ob seiner hünenhaften Größe nicht zu übersehen: Hier, in der quirligen Moskauer Freistatt, fand der junge Zar die ausländischen Fachleute, die seine fast manische Wissbegierde befriedigten, Ärzte, Kaufleute und vor allem Militärexperten. Es gilt als sicher, dass er Deutsch sprach, damals eine Mischung aus Deutsch und Niederländisch.

Hier fand er Freunde, mit denen er bis zum Umfallen trank. Höchstpersönlich verfasste er die blasphemischen Regeln für seine »trunkene Synode«.[46] Diese mehr als zotige Saufkumpanei mit ihren endlosen Gelagen und Rollenspielen parodierte seine Selbstherrschaft – er selbst hatte ja das Recht dazu. Sie bestand aus Riesen, Zwergen, Nubiern und anderen »Exoten«. Auch die deutsche Kaufmannstochter Anna Mons gehörte zu diesem Kreis, sie war 17 Jahre alt, als sie seine Mätresse wurde.[47]

In der deutschen Freistatt wurde er erwachsen. Er würde seine Untertanen »aus der Finsternis der Unwissenheit« in die Aufklärung und damit in die »Gemeinschaft der policierten Völker« zwingen. Er würde seinen Russen die »Barbarei« austreiben – falls nötig, mit barbarischen Mitteln: Zar Peter I., der sich am 22. Oktober 1722 den Beinamen »der Große« und den Titel »Imperator« gab.

# »SEGELT, DENN NIEMAND WEISS, WO ES ENDET«

*Eine neue Elite für ein neues Russland: Deutsche setzten die radikalen Reformen um, die Zar Peter der Große seinem Land aufzwang. Das russische Reich präsentierte sich als Land der unbegrenzten Möglichkeiten. Und im Osten Sibiriens wurde ein ungestümer Theologe aus Wittenberg zu einem der größten Entdecker seiner Zeit.*

»Das Fenster nach Europa«,[1] »verordnete Aufklärung«, »Modernisierung von oben« oder »Fortschritt durch Zwang«[2] – mit diesen oder ähnlichen Begriffen wird der radikale Reformprozess beschrieben, den Zar Peter I. seinem Reich aufzwang, dieser schroffe, oft so grausame, aber vorurteilsfrei freidenkende und exzessiv lebende Mann.[3] In einem nie gekannten Prozess der Umwälzung katapultierte er Russland aus der Isolation heraus und in die Neuzeit hinein.

Am Ende seiner Revolution von oben sollte sich eine »gut überwachte« Gesellschaft gehorsam lernender Untertanen entwickeln, ein Land, *bien policé*, wie es hieß.

Der Gedanke, dass Fortschritt durch Zwang zu erwirken sei, folgte vor allem deutschem Muster. Deutsche hatten einen wesentlichen Anteil an der erzwungenen Europäisierung des russischen Reiches. In den ersten Jahrzehnten des 18. Jahrhunderts formte sich das oft so verkrampfte Verhältnis zwischen Russen und Deutschen – ein Verhältnis, in dem die Russen die eher schwer erziehbaren »Lehrlinge« waren und die Deutschen die »Lehrmeister«, bewundert und gefürchtet zugleich, auch verachtet. In keinem Land spiegelten sich russische Sehnsüchte, Komplexe und die Suche nach einem Platz in Europa so sehr wie in den damaligen deutschen Ländern. Das erzeugte Nähe – und misstrauische Distanz zugleich.

Der von einem absolutistischen Herrscher erzwungene neue Staat musste seinen Gegnern als viel zu deutsch geprägt erscheinen. Denn der Zar orientierte sich an den Praktiken eines »ordentlichen Policeystaats« wie in den deutschen Ländern.[4]

Er verbot Rituale, schwächte gezielt die Macht alter Institutionen: Er gewährte faktisch Religionsfreiheit, ersetzte das mächtige Kirchenpatriarchat durch eine Synode und ließ Kirchenglocken zu Kanonen umschmelzen. Der Zar verordnete eine neue Jahreszählung, das Jahr begann dazu im Januar und nicht mehr im September. Er heiratete seine langjährige Geliebte Marta Skawronskaja, eine Magd aus Litauen, die im Haushalt des deutschen Pastors Ernst Glück im livländischen Marienburg aufgewachsen war. Dort hatte Glück mit der Einrichtung von Schulen für die Landbevölkerung begonnen. Marta wurde Zarin Katharina I. – und der Pastor baute das »Deutsche Zarische Gymnasium« in Moskau auf.[5]

Er ließ deutsche Wandertheater in Moskau spielen, ihnen ein Komödienhaus am Roten Platz errichten. Sie gaben *Don Juan* und *Der eingebildete Kranke*, Dolmetscher übersetzten quasi live, und aus dem »deutschen Hanswurst« wurde der russische »Hasenspeck«.[6]

Er schickte junge Russen zur Ausbildung in die deutschen Länder; er befahl, sie sollten dort »ihre Künste erlernen«.[7]

Angelehnt an deutsches Stadtrecht, plante ein Hamburger, Heinrich Fick, die russische Verwaltungsreform. Auch im Zuge der nach deutschem Vorbild vollzogenen Militärreform mussten die Russen viele neue Begriffe lernen, sie klangen deutsch, viel zu deutsch: *zal-kommissar* etwa, *fligel-adjudant* oder *general-krigs-kommissar*.[8]

Brutal trieb der Zar eine erste Industrialisierung voran – die Rückständigkeit der russischen Armee war nur durch die Modernisierung der Wirtschaft zu überwinden. Erbarmungslos forcierte er auch den Bau seiner neuen Hauptstadt Sankt Petersburg, seine strahlende europäische Metropole, die auch ein Sklavenwerk war.

Für all das brauchte er Experten, eine neue Elite für ein neues Russland: Ingenieure, Offiziere, Verwaltungsfachleute, Architekten, Ärzte, Schiffsbauer, Geografen und Handwerker. Die Gastarbeiter aus dem Westen Europas ließ er vor allem in den Fürstentümern und kleinen Königreichen anwerben, die später Deutschland wurden.

Schon damals gehörte zur eher traurigen Wahrheit deutschrussischer Beziehungen: Während auf der anderen Seite des Ozeans, in Amerika, die Bewohner britischer Kolonien ihre Freiheit suchten, traten Spitzenkräfte der deutschen Wissenschaft in den Bund mit einem despotischen Modernisierer, um den sich schon zu seinen Lebzeiten viele Gerüchte rankten – die von ihm beauftragte Ermordung seines Sohnes Alexej gehörte dazu.

Doch für Gelehrte und Experten in den deutschen Ländern schien das Russland Peters des Großen durchaus ein Reich nahezu unbegrenzter Möglichkeiten.

In der Bibliothek zu Hannover träumte der Philosoph, Mathematiker, Jurist und Physiker Gottfried Wilhelm Leibniz in diesen Jahren davon, Wissenschaft und Künste auch über Deutschland hinaus zu verbreiten. Die Globalisierung von Vernunft, Toleranz und daraus folgender Erkenntnis könne der Unvernunft grenzenlos zu Leibe rücken. Leibniz galt als Universalgelehrter, einer der wirklich Großen seiner Zeit, der Fürsten beriet und im Laufe seines Lebens auf mehr als 200 000 Zetteln notierte, was ihn interessierte, was er wissen und durchdringen wollte.

Russland sei »Tabula rasa und gleichsam ein frisches Feld«, schrieb er in echter oder vermeintlicher Verkennung russischer Realität in einer Denkschrift an den Zaren. Russland bot sich ihm als Leerstelle dar, die man mit Erkenntnis füllen konnte, gar musste. Nicht um Russland allein ging es Leibniz – er wollte eine Brücke zwischen den geistigen Welten des Westens und des Ostens errichten, eine Brücke zu China.[9] Die Zivilisierung der »Czarischen Lande« war dabei ein wichtiges Zwischenziel. Und in Peter dem Großen fand Leibniz einen entschiedenen Förderer.

Der Zar und der Gelehrte hatten sich im Herbst 1711 persönlich kennengelernt. Der Russe war auf Westreise in Torgau, tätig im politischen Heiratsgeschäft: Er verheiratete gerade seinen Sohn mit einer Prinzessin von Braunschweig-Wolfenbüttel. Zweimal saßen sie während dieser Reise zusammen, später trafen sie sich noch zwei weitere Male. Leibniz unterbreitete konkrete Vorschläge zur Einrichtung eines »Collegium« zum Studium der Künste und Wissenschaften, einer Akademie der Wissenschaften also, Nukleus der Welterkenntnis. »Ich gehe auf den Nutzen des ganzen menschlichen Geschlechts«, schrieb er dem Zaren, »denn ich halte den Himmel für das Vaterland und alle wohlgesinnten Menschen für dessen Mitbürger und es ist mir lieber, bei den Russen viel Gutes auszurichten, als bei den Deutschen oder anderen Europäern wenig. ... denn meine Neigung und Lust geht aufs gemeine Beste.«[10]

In der Folge ergoss sich eine regelrechte Flut Leibniz'scher Denkschriften, Vorschläge, Projekte und Finanzierungsmodelle in die Kanzleien des Zaren, darunter Vorschläge zu Kanalbauten ebenso wie zu einer Schulreform und der Einberufung eines christlichen Weltkonzils.[11] Bis zu seinem Tod 1716 diente Leibniz dem Zaren als Berater. Nach Russland selbst aber reiste er nie.[12] Diesen Zaren bewunderte er lieber aus gebührender Ferne.

### Ein Paradies der Gelehrten

Die Russische Akademie der Wissenschaften samt »Akademischem Gymnasium« wurde von Peter dem Großen 1724 nach dem Vorbild westlicher Akademien wie in Paris und vor allem in Berlin gegründet. Der Zar starb, qualvoll,[13] wenige Monate vor der Fertigstellung des Gebäudes am Newaufer. Die Akademie der Wissenschaften war sein wichtiges Vermächtnis: ein Zentrum europäischen Wissenstransfers, in dem die Besten ihrer Zeit den Nachwuchs für die – noch zu gründenden – russischen Universitäten ausbilden sollten. Auch dies eine der »petrinischen« Revolutionen: Bis dahin waren Universitäten oder andere höhere Bildungseinrichtungen, gar wissenschaftliche Forschungen aus religiösen Gründen verboten gewesen.[14]

Überall an deutschen Universitäten warb man um Fachkräfte für die Akademie in Sankt Petersburg, die man als »Paradies der Gelehrten« pries.[15] »Nach Osten« drängte es vor allem junge, protestantische Wissenschaftler der Universitäten Wittenberg, Halle und Leipzig, später kamen Göttingen und Tübingen dazu. Viele deutsche Fürstentümer steckten nach dem Großen Nordischen Krieg in der Wirtschaftskrise. Die Fürsten kürzten Budgets, schlossen Universitäten. Russland aber lockte mit Karrierechancen und vergleichsweise hohen Gehältern für junge Arbeitsmigranten: Neun der ersten 13 Akademiemitglieder waren Deutsche, im Laufe eines ganzen Jahrhunderts bildeten sie den Kern einer europäischen Wissensgesellschaft. Die Akademie übernahm Reisekosten, stellte Unterkunft, Brennholz und Kerzen.[16] Man durfte forschen, lehren, Bücher und Abhandlungen verfassen – musste sich dafür allerdings auf strenge Geheimhaltung verpflichten.

Deutsche Historiker schrieben Russlands Geschichte. Der von der Universität Göttingen angeworbene August Ludwig Schlözer etwa lernte eilig Russisch, dann verfasste er ebenso eilig eine – fehlerstrotzende – historische Grammatik der russischen Sprache. Sein Leben lang aber beschäftigte sich Schlözer skrupulös mit der ältesten russischen Chronik, jenen Aufzeichnungen, die unter anderem vom Kiewer Mönch Nestor verfasst wurden. Die Nestorchronik gilt als russische Gründungsgeschichte.[17] Und schon damals disputierte man erbittert über die – aus russischer Sicht vollkommen abwegige – These der entscheidenden Rolle der Normannen an der Gründung der Kiewer Rus. Ob es eine Regel sei, »dass man verschweigen soll, was nicht zum Ruhm beiträgt?«, schleuderte der aus Herford stammende Historiker Gerhard Friedrich Müller den russischen Kritikern entgegen.[18]

Der Prozess des Bildungs- und Wissenstransfers in die russische Gesellschaft hinein würde Generationen dauern.[19] Der Glanz der Russischen Akademie strahlte nach Westeuropa – »und Russland blieb dunkel«, wie es später treffend hieß.[20] Noch 1917 galten 70 Prozent der russischen Bevölkerung als Analphabeten.

Ein Kupferstich aus dem Jahr 1725 zeigt Peter den Großen als visionären »Zivilisator«[21]. Vor ihm ein Tisch mit dem Werkzeugkasten der Modernisierung: Landkarten, Bücher, Winkelmesser. Im Hintergrund ein Dreimaster, eines der modernsten Schiffe seiner Zeit; im Vordergrund aber »Mütterchen Russland« als allegorische Frauengestalt – die Augen geschlossen, sich von ihm abwendend. Als ob ein modernes, europäisches Russland zwar sein Wunsch und Wille sei, aber niemals Realität werden könne.

Die Reaktion der um Privilegien kämpfenden Elite in Staat und Kirche machte sich bald nach seinem Tod 1725 bemerkbar, als eine Welle des Deutschenhasses das Land erfasste. In den dynastischen Wirren herrschten drei Deutsche jahrelang faktisch über Russland, darunter der zum Regenten ernannte kurländische Herzog Ernst Johann von Bühren, der sich zu »Biron« russifiziert hatte. Man sagte ihm Gier und Grausamkeit nach. Bald war von der »deutschen Zwangsherrschaft« die Rede, der *bironowschtschina*[22], dem »bösen Tyrann Biron aus Deutschland«. Selbst Peter der Große sei kein rechtmäßiger Zar gewesen, hieß es, vielmehr ein »deutsches« Kuckuckskind oder gar: der Antichrist in deutschem Gewand. »Die Feinde Russlands«, predigten die Popen, »haben unsere Heimat in ihre Hände genommen«[23] – und diese Ablehnung angeblicher »Verwestlichung« klang schon vor 300 Jahren kaum anders als später in Putins Russland: Propaganda, auf dumpfem Nationalismus gebaut.

## Im Auftrag der Zaren ans russische Ende der Welt

Und doch: Im Auftrag der Zaren wagten sich Deutsche bis ans russische Ende der Welt. Sie erforschten Sibirien, drangen als faktische Kolonisatoren immer weiter nach Osten vor.[24]

Geschichte schrieb das wohl größte wissenschaftliche Unterfangen des 18. Jahrhunderts, bis heute die größte Landexpedition der Geschichte: die »Große Nordische Expedition« unter Leitung des Dänen Vitus Bering, auch »Zweite Kamtschatka-Expedition« genannt.[25]

Noch kurz vor seinem Tod hatte der Peter der Große den in russischen Diensten stehenden dänischen Kapitän 1724 mit der Erkundung des Nordost-Pazifik-Raums beauftragt: »Segelt ... auf Euren Schiffen nach Norden, denn niemand weiß, wo es endet.« Bering sollte herausfinden, ob wirklich eine Landverbindung zwischen Russland und Amerika existierte. Die Frage einer möglichen Landverbindung zwischen Asien und Amerika war von militärstrategischer wie ökonomischer Bedeutung: Falls, wie vermutet, auch eine Nordostpassage existiere – ein Schifffahrtsweg durch das Eismeer entlang der Nordküste Sibiriens – könnte der Handelsweg von Europa nach China und eventuell auch nach Amerika um Wochen, vielleicht Monate verkürzt werden. Eine erste Reise Berings 1727 war erfolglos geblieben.

1733 wurde Vitus Bering feierlich in seine zweite, die »Große Nordische Expedition« abgefertigt. Sie würde zehn Jahre dauern, über fast 34 000 Kilometer über Land, auf Flüssen und über Meer führen. Sie würde den Nachweis der Meerenge zwischen Russland und Amerika erbringen und Alaska von Westen her entdecken. Außerdem wurden im Verlauf der Expedition die sibirischen Flüsse und Küstenverläufe topografisch exakt vermessen sowie eine regelmäßige Post durch ganz Sibirien eingerichtet. Es galt, mögliche Wirtschaftszentren und neue Rohstoffvorkommen zu erkunden.

Sibirien sollte der russischen Zentralregierung unterworfen werden.

Der Herforder Historiker Gerhard Friedrich Müller und der aus Tübingen stammende Chemiker und Botaniker Johann Georg Gmelin wurden mit der Durchführung umfangreicher wissenschaftlicher Aufgaben beauftragt. Allein die »Akademie-Gruppe« der Expedition reiste in 62 Kutschen und Fuhrwerken, deutsche Pioniere in einem unbekannten Land mit endlos scheinender Wildnis, von fremden Völkern durchwandert.

Fast 3000 Menschen waren mit der Großen Nordischen Expedition unterwegs, eine reisende Kleinstadt, Männer, Frauen und Kinder. Rücksichtslos requirierte Vitus Bering unterwegs Dutzende Boote, Proviant, Kleidung, Werkzeug und Eisen, aber auch Hunderte Handwerker und Soldaten, Bauern, Kosaken und Verbannte.

Nach vier Jahren erreichte die Expedition die Pazifikküste; nach weiteren vier Jahren stachen zwei neu gebaute Segelschiffe

Neue Welt: Die 1754 veröffentlichte Landkarte der großen russischen Expeditionen verbreitet sich schnell und wird sogar ins Englische übertragen. Sie zeigt auch die Schiffsrouten der »Großen Nordischen Expedition« von der Kamtschatka nach Alaska.

von der Halbinsel Kamtschatka aus in See Richtung Nordosten: die Paketboote St. Peter und St. Paul.

Der Expedition angeschlossen hatte sich ein junger, ungestümer Theologe aus Wittenberg, der seinen Nachnamen rasch russifiziert hatte: Georg Wilhelm Stöller, genannt Steller. Geboren als Sohn eines Kantors in einem Städtchen westlich von Nürnberg, hatte er, wie viele andere junge Akademiker, die an deutschen Universitäten nicht unterkommen konnten, Karriere und Fortkommen in Russland gesucht. In Sankt Petersburg lernte der leidenschaftliche Naturforscher rasch Russisch, wurde 1737 als »Adjunct«, wissenschaftlicher Assistent, für die Große Nordische Expedition bestimmt.

1740 traf Steller auf der Kamtschatka ein. Unterwegs hatte er ein Manuskript mit der Beschreibung von 1150 Pflanzen des Gebietes Irkutsk und des Baikalsees verfasst. Außerdem war er zur Beschaffung des zum Einlegen von Pflanzen erforderlichen Spezialpapiers noch bis an die chinesische Grenze gereist. Als Erster beschrieb er die Ureinwohner im fernen Osten Sibiriens und auf der Kamtschatka, auch das Leben der großen Walfänger, der Tschuktschen. Er untersuchte Fische und Vögel, zeichnete die Vulkane der Kamtschatka, atemlos neugierig und fröhlich, ohne Verdruss.

Im Frühjahr 1741 segelte er als Expeditionsarzt auf Berings Paketboot St. Peter[26] Richtung Amerika. Mitte Juli sichtete man Land und ankerte vor der heutigen Aleuteninsel Kayak vor der Südküste Alaskas. Damit war Alaska von Westen her entdeckt. Doch Bering gewährte nur zehn Stunden für einen Landgang. Steller kämpfte sich durch wilde Himbeeren, botanisierte hastig, wütend über den »trägen Eigensinn«[27] des Kapitäns: »... zehn Jahre währte die Vorbereitung zu diesem großen Endzweck, zehn Stunden wurden zur Sache selbst gewidmet«.[28]

Bering hatte es eilig: Die Lage an Bord des Schiffs war prekär, die meisten Männer litten unter Skorbut. Zwieback- und Branntweinvorräte gingen zu Ende; dann gab es nur noch Brackwasser zu trinken. Die ersten Besatzungsmitglieder starben. Im November 1741 landeten sie schließlich an einer kleinen Insel im Meer zwischen Amerika und Sibirien. Ein Sturm setzte die »St. Peter« auf den Strand, die Besatzung musste in winzigen Erdhütten überwintern. Fast jedes zweite Besatzungsmitglied starb – auch Kapitän Vitus Bering, von »Läusen zerfressen«, wie Steller schrieb.

Im Frühjahr 1742 fand Steller die vitaminreichen Kräuter und Wurzeln, die den Skorbut der Männer heilten; er entdeckte auch ein gewaltiges Tier, in großen Herden lebend, friedlich und leicht zu jagen: die nach ihm benannte »Stellersche Seekuh«, *Rhytina stelleri*. In einem unter Stellers Anleitung aus den Resten der St. Paul gezimmerten Schiff erreichten die Überlebenden im August 1742 wieder die Kamtschatka.

Nach Vitus Bering wurde die Meeresenge zwischen Sibirien und Alaska benannt; auch die Insel, auf der er starb, trägt seinen Namen.

Bald nach Berings Reise erklärte das Russische Reich Alaska zur einzigen überseeischen Kolonie, richtete Posten für Jagd und Handel ein. Widerstand der Aleuten und anderer Ureinwohner in »Russisch-Amerika« wurde brutal niedergeschlagen. Eine Weile hielt die »Russisch-Amerikanische-Kompagnie« das Monopol auf den Pelzhandel, doch durch intensive Jagd und steigende Transportkosten sanken die Profite; auch Vorstellungen eines transkontinentalen russischen Imperiums erwiesen sich als illusionär. 1867 wurde Russisch-Amerika für 7,2 Millionen Dollar an die USA verkauft.

Auf der Reise durch Sibirien besuchte das Expeditionsmitglied Gerhard Friedrich Müller jedes Archiv. Der deutsche Historiker sah die Bestände durch, nahm Abschriften vor. So trug er unschätzbar wertvolle Quellen über die Geschichte Sibiriens und seiner Kolonisierung zusammen. Das von ihm gesammelte ethnografische Material verstaubte in russischen Archiven, erst seit den neunziger Jahren wird es wieder erschlossen.[29]

Dem Botaniker Johann Georg Gmelin gelang es immerhin noch zu Lebzeiten, Ergebnisse der Großen Nordischen Expedition zu veröffentlichen. Er publizierte die vierbändige *Reise durch Sibirien* sowie erste Bände seiner *Flora Sibirica*. Um die Veröffentlichung seiner Forschungsergebnisse war Gmelin in erbitterten Streit mit der Petersburger Akademie geraten, die auf der vereinbarten Geheimhaltung bestand. Er siedelte nach Tübingen um. Seine *Flora Sibirica* gilt noch immer als Standardwerk.[30]

Georg Wilhelm Steller erlebte die Veröffentlichung seiner Forschungsergebnisse nicht mehr. Zurück auf der Kamtschatka, äußerte er sich kritisch über den brutalen Umgang der Russen mit den Ureinwohnern. Während seiner Rückreise nach Sankt Petersburg wurde er aufgrund falscher Beschuldigungen mehrfach festgesetzt. Schwer erkrankt, schaffte er es noch ins westsibirische Tjumen. Dort starb Georg Wilhelm Steller im November 1746 im Alter von 37 Jahren. Als Lutheraner durfte er nicht auf dem orthodoxen Friedhof beigesetzt werden. Man beerdigte ihn außerhalb der Stadt. Sein Grab wurde im Lauf der Zeit vom Fluss Tura weggeschwemmt, mitgenommen von seinen hohen Gewässern im Rauschen eines stürmischen Frühlings oder eines Herbstes.

Steller zu Ehren wurden die Scheckente *Polysticta stelleri* sowie der amerikanische Diademhäher *Cyanocitta stelleri* nach ihm benannt. Auch zwei Berge in Alaska sowie die höchste Erhebung der Beringinsel, der 757 Meter hohe Berg Steller, tragen seinen Namen. Die von ihm entdeckte Stellersche Seekuh wurde leichte Beute der Robbenjäger und rasch ausgerottet.[31]

Schlagzeilen machte rund hundert Jahre später die Russlandreise des preußischen Naturforscher-Superstars Alexander von Humboldt, der in den Bergen des Ural Diamanten für die Zarin fand und Seespiegelschwankungen des Kaspischen Meeres untersuchte. Nach seiner Rückkehr richtete man ihm in Sankt Petersburg pompöse Feierlichkeiten aus. Die unerträgliche Armut und Unterdrückung der Menschen sprach von Humboldt nicht an, er blieb machtpolitisch korrekt.[32]

Georg Wilhelm Steller aber wurde vergessen. Nur noch wenige[33] erinnern es, das russische Leben eines deutschen Naturforschers, einer der mutigen Entdecker seiner Zeit.

# »... ETWAS GRÖSSRES ERKENNEN LERNEN ...«

*Der Gottorfer Globus vermaß die Welt: Die Geschichte eines deutsch-russischen Wunders.*

Sie fuhren mit dem ICE ab Bahnhof Hamburg-Dammtor, der Kanzler und der Präsident; das Wetter war zu schlecht für einen Flug. Der 22. Dezember 2004, kurz vor Weihnachten, eigentlich kein Tag für Regierungsgespräche. Doch Wladimir Putin hatte den ursprünglich für September geplanten Termin für die 7. Deutsch-Russischen Regierungskonsultationen verschieben müssen. Es gab Probleme zu Hause. Sein bislang so glattes Image als europäischer Modernisierer hatte Kratzer bekommen.

Nach der Beendigung der Geiselnahme von mehr als 1100 Schulkindern und Erwachsenen im kaukasischen Beslan durch tschetschenische Extremisten Anfang September 2004 waren während des brutalen Einsatzes der russischen Spezialkräfte offenbar mehr als hundert Kinder im Kugelhagel der russischen Soldaten gestorben. Auch die fortgesetzte Inhaftierung des Oligarchen und damals reichsten Mannes Russlands, Michail Chodorkowskij, sowie die undurchsichtige Auktion seines Ölkonzerns Yukos hatten kritische Fragen aufgeworfen.

In dieser Lage traf Wladimir Putin Ende Dezember 2004 in Hamburg ein, vier Flugzeuge transportierten seine Delegation. In einer fein orchestrierten Politshow demonstrierten Gerhard Schröder und Wladimir Putin ihre Beziehung einträchtig wie selten, fast überschwänglich zelebrierten sie ihre junge Freundschaft. Die Eintragung im Goldenen Buch der Stadt Hamburg; Weinproben, überreicht von Weinkönigin Petra; ein Abendessen im holzgetäfelten Restaurant »Deichgraf«; später sang ein Shanty-Chor auf dem Dreimaster »Rickmer Rickmers« deutsche und russische Lieder. Rotwein, Kirschwasser, Malteser und Käsestangen; draußen Minustemperaturen und klarer Sternenhimmel; und nach Mitternacht trafen die beiden vor dem Kamin im Hotel Atlantic auch noch Udo Lindenberg samt Zigarre und Eierlikör. Ständig Umarmungen und Schulterklopfen, Armgetätschel und Getuschel – als ob man die Probleme einfach wegknuffen könnte.[1]

Wie war der Bundeskanzler kurz zuvor wegen seiner Äußerung über Wladimir Putin von den deutschen Medien abgewatscht worden! Hatte sich in der Sendung »Beckmann« am 23.11.2004 doch folgender Dialog entsponnen: Beckmann: »Ist Putin ein lupenreiner Demokrat?« Gerhard Schröder: »Das sind immer so Begriffe. Ich glaube ihm das, und ich bin davon überzeugt, dass er das ist. Dass in Russland nicht alles so ist, wie er sich das vorstellt und gar wie ich oder wir uns das vorstellen würden, das, glaube ich, sollte man verstehen. Dieses Land hat 75 Jahre kommunistische Herrschaft hinter sich, und ich würde immer gerne die Fundamentalkritiker daran erinnern, mal darüber nachzudenken, ab wann denn bei uns alles so wunderbar gelaufen ist.«[2]

Ein »lupenreiner Demokrat« – Putin würde wahrscheinlich selbst darüber lachen. Dieser Satz, der so nie gefallen und doch so gemeint war, würde Gerhard Schröder über Jahre verfolgen.

Am Ende dieses Besuches jedenfalls sollte deutsch-russische Harmonie allenthalben herrschen: Putin – »ein Sympathieträger«, jubelte pflichtgemäß die *Bild*-Zeitung, langjähriger Arbeitgeber des damaligen Regierungssprechers Béla Anda und PR-Geschütz des Kanzlers: »Sie dürfen uns gern wieder besuchen.«[3]

Putins Russland schien im Westen fest verankert.

Wladimir Putin hatte einige Weihnachtsgeschenke mitgebracht. Er versprach einen Vertrag über die gemeinsame Produktion eines Hochgeschwindigkeitszuges mit Siemens. Er stellte die vorzeitige Rückzahlung der russischen Altschulden in Aussicht, einen stattlichen Milliardenbetrag. Nach dem faktischen Staatsbankrott nur wenige Jahre zuvor war diese Geste als großer Erfolg russischer Politik zu werten, ein weiterer Schritt Putins auf dem Weg in Russlands neue Unabhängigkeit. Tatsächlich würde sich mit der endlich erreichten »finanziellen Souveränität« ab 2006 auch Putins Außenpolitik substanziell verändern – allen Freundschaftsbekundungen zum Trotz.

Das eigentliche Geschenk des russischen Präsidenten für den deutschen Kanzler aber, an Symbolkraft kaum zu überbieten: eine Einladung nach Moskau, um dort am 9. Mai 2005 an den Feierlichkeiten zum 60. Jahrestag des Kriegsendes teilzunehmen. Von einem »Ereignis der europäischen Versöhnung« sprach Putin. »Unsere Beziehungen haben eine Breite und Tiefe erreicht wie niemals zuvor in unserer Geschichte«,[4] erklärte der Kanzler mit gewissem Stolz.

An diesem winterlichen Dezembertag 2004 saßen sie im ICE von Hamburg nach Schleswig, ruck, zuck zum »Deutschland-Russland-Express« getauft; es gab Tee und Bonbons, Schloss Gottorf in der kleinen Stadt Schleswig das Ziel. In Deutschland war die Bedeutung dieses freundlichen Ortes für die deutschrussische Geschichte kaum bekannt. In russischen Geschichtsbüchern allerdings hatten Schloss Gottorf und die wechselvolle Geschichte seiner Herzöge durchaus ihren Platz.

Einst Stammsitz der Herzöge von Schleswig-Holstein-Gottorf, war das Herzogtum oft unabhängig-neutral, mal Vasall, mal vom Königreich Dänemark erobert; man pflegte Verbindungen auch zum einst so mächtigen Ostseereich Schweden.[5] Aufgrund einiger verrückter Wendungen des Schicksals, aber auch wegen machtpolitischen Kalküls wurde mithilfe dieses winzigen Herzogtums gut hundert Jahre auch russische Geschichte geschrieben. Einmal diente die »Gottorfer Frage« als Vorwand für eine Kriegserklärung.[6] Später schaffte es einer seiner Herzöge sogar auf den russischen Zarenthron, eine Weile zumindest. Peter III. fand ein unrühmliches Ende: Im Auftrag seiner Frau – einer Deutschen übrigens – wurde er wohl erdrosselt.

Herzog Friedrich III., ein schwergewichtiger Mann mit großer Nase, träumte Anfang des 17. Jahrhunderts von einer großartigen Zukunft für sein von Finanznöten geplagtes Herzogtum. Humanistischen Idealen verpflichtet, förderte der Herrscher die schönen Künste und die Wissenschaften, vor allem Geografie und Astronomie. Die Erforschung der Natur mithilfe exakter Wissenschaften mache die Natur beherrschbar – die beherrschte Natur aber würde nur einen preisen: den absoluten Herrscher.[7]

Schloss Gottorf war ein kulturelles Zentrum der frühen Neuzeit.

In dieser neuen Zeit gründeten die Herrscher »Wunder«- und »Kunstkammern«, Horte der Gelehrsamkeit und Vorläufer der heutigen Museen. Die fürstlichen Inventoren ließen »staunenswerte Besonderheiten der Natur« sammeln: Pflanzen, ausgestopfte Tiere, Mineralien, aber auch Missgeburten, Skelette und ethnologisches Material. Als »Wissensräume«, dienten Kunstkammern als frühe »Modelle der Weltaneignung«.[8] Die Gottorfer Kunstkammer zählte zu den bedeutendsten ihrer Zeit, geleitet vom Russland-Reisenden und Mathematikus am Hofe Adam Olearius.[9]

Im Auftrag seines Herzogs konstruierte Olearius ein Wunder, wie es die Welt noch nicht gesehen hatte: einen sich drehenden, begehbaren Riesenglobus, der Erde und Gestirne ver-

*Weltenwunder: Der begehbare Gottorfer Riesenglobus gilt als erstes Planetarium der Geschichte. Gebaut im kleinen Herzogtum Schleswig-Holstein-Gottorf, wird er von Zar Peter dem Großen als Geschenk konfisziert und in seine neu gegründete Hauptstadt verbracht, seinen Traum: Sankt Petersburg. Im Bild das Duplikat: die Rekonstruktion an historischer Stätte auf Schloss Gottorf.*

einen sollte. Ein durch Mathematik und Mechanik erzeugter Anblick des Himmels über Gottorf – ein Symbol für Erforschung und Beherrschbarkeit der Welt: Gott und dem Gottorfer Fürsten zu ewigem Ruhm.

Das 1664 fertiggestellte erste Planetarium der Welt war auch politisch ein kühnes Unterfangen: Nur wenige Jahrzehnte nach der Verurteilung des Galileo Galilei durch die katholische Kirche stellte der Gottorfer Riesenglobus die Erde als Kugel dar. Hier drehte sich die Erde nach Kopernikus um die eigene Achse und umkreiste die Sonne.[10]

Der Globus war mit 3,11 Metern Durchmesser der größte seiner Zeit, für ihn wurde im Schlossgarten ein eigenes Haus errichtet. Mithilfe wassergetriebener Mechanik drehte er sich in 24 Stunden einmal um seine Achse. Am erstaunlichsten aber: In seinem Inneren fanden zwölf Personen auf einer kleinen Bank

Platz, mithilfe einer Kurbel konnten sie den Lauf der Sternbilder beschleunigen. Die Position der Sterne war durch kleine, fein geschliffene Stifte markiert. Staunend drehte man sich im Licht zweier Kerzen unter funkelndem Sternenhimmel ... der Gottorfer Globus, ein Wunder der Welt.

## Ein himmlisches Werk der Aufklärung

Einige Jahrzehnte später, 1700, erklärte in Russland ein junger Zar dem mächtigen Königreich Schweden den Krieg. Im mehr als zwanzig Jahre dauernden »Großen Nordischen Krieg« kämpfte Peter I. um die Vorherrschaft im Ostseeraum. Erst ein dauerhaft gesicherter Zugang zur Ostsee und ihren eisfreien Handelshäfen würde ihn zum Herrscher einer wahrhaft europäischen Großmacht erheben, auch ökonomisch. Denn die schwedischen Könige blockierten die Zugänge zur Ostsee und wollten den Zaren so zwingen, den russischen Westhandel über schwedisch kontrollierte Häfen abzuwickeln.[11] Dänemark bot sich dem Zaren als Verbündeter an. Mithilfe russischer Truppen wollte der dänische König endlich die seit Jahrzehnten schwelende »Gottorfer Frage« lösen, sich das Gebiet der Schleswiger Herzöge untertan machen.[12] Erst 1721 endete der Große Nordische Krieg in einem »ewigen Frieden« zugunsten Russlands: Schweden trat Estland und Livland an Russland ab, verzichtete endgültig auch auf Gebiete an der heutigen Grenze zu Finnland. Die schwedische Vorherrschaft im Ostseeraum war für immer gebrochen. Russlands Aufstieg zur europäischen Großmacht begann.

Eine neue Stadt wuchs nahe der kleinen schwedischen Festung Nyenschanz, die der Zar 1703 eingenommen hatte. Bald stand eine neue Festung auf einer kleinen Insel im Mündungsdelta der Newa nahe der Ostseeküste; die Kirche erhielt den Namen der Apostel Peter und Paul. Nach dem Willen des Zaren sollte hier Russlands neue Hauptstadt errichtet werden, modern und europäisch würde sie sein: Sankt Petersburg. Er selbst zog bald in die Stadt, die zeit seines Lebens eine gigantische Großbaustelle war. »Mein Paradies ... mein Liebstes. Wir leben hier wirklich wie im Himmel«, schrieb er in maßloser Übertreibung.[13]

Allein beim Bau seiner Stadt, in einem Sumpfgebiet auf »Schlamm und Knochen« errichtet, müssen Zehntausende elendig gestorben sein. Bis zu 40 000 Bauarbeiter wurden jedes Jahr überall im russischen Reich ausgehoben. Viele flohen vor der Fron, dem eisigen Winter und den Myriaden Stechmücken des kurzen Sommers und verheerenden Überschwemmungen. Zwangsarbeiter, Strafgefangene, auch schwedische Kriegsgefangene wurden eingesetzt. Bald zog diese neue Stadt – Fenster nach Westen und nach Russland zugleich – überdurchschnittlich viele Deutsche an: Handwerker, Kaufleute, Verwaltungsexperten. Und in Russland lernte man neue, deutsche Worte: »Schlagbaum« etwa, »Marschroute« oder: »Zuchthaus«.[14]

So exzentrisch und erbarmungslos der Zwei-Meter-Mann war, Zar und Kaiser,[15] so scharfsinnig diagnostizierte er die tödlichen Schwächen seines Reichs, das im Vergleich zum Westen Europas vor allem militärisch rückständig war, gefangen in orthodoxen Ritualen. Er hatte die innere und äußere Blockade gebrochen, als er in seiner 250 Personen, 228 Wagen, 500 Pferde und einen Affen[16] zählenden »Großen Ambassade« 1697 durch Westeuropa reiste. Zum ersten Mal hatte ein Zar sein Reich verlassen. Die Reise hatte ihn durch die Krönungs- und Hauptstädte Europas geführt: nach Königsberg, durch die deutschen Fürstentümer in die Niederlande und nach England. Er arbeitete hart, befasste sich intensiv mit Schiffsbau und Nautik. Zugleich war es eine Reise voller hochnotpeinlicher diplomatischer Zwischenfälle, berüchtigter Wutanfälle und Alkoholorgien dieses »Peter Michailow« und seiner Gesandten,[17] die Gemälde eines englischen Palastes als Zielscheiben für ihre Schießübungen nutzen.[18]

Zwar wurde sein Wunsch nach Lieferung Dutzender Kriegsschiffe und Galeeren von den Niederländern abgelehnt – doch mit seiner »Großen Gesandtschaft« signalisierte der Zar, was Europas Mächte schon seit Langem forderten: Russland war bereit für ein Engagement in einer Heiligen Liga gegen das Osmanische Reich, wollte zum berechenbaren Faktor europäischer Politik werden.[19]

Westeuropa, darunter vor allem die deutschen Länder, war sein Reformmodell. Seine Reformen setzte der Autokrat in despotischer Gewaltausübung durch: »Sein Umgang mit Menschenleben war bedenkenlos, das Ausmaß an Opfern ungewöhnlich.«[20] Dazu gehörten vor allem umfassende Militärreformen sowie der hastige Umbau von Regierung und Verwaltung nach dem deutschen Muster der »Register«, um fortan möglichst effizient Steuern eintreiben zu können. Er entfesselte eine Kulturrevolution, verordnete eine neue höfische Festkultur. Die Männer hatten die langen, orthodoxen Bärte zu rasieren; und der Elite befahl er, sich nach europäischer Mode zu kleiden – sächsisch, französisch oder eben nach: »deutscher Art«. Russland wurde zum »imperialen Labor« der Europäisierung«.[21]

1713 kam der Zar nach Schleswig. Als Verbündeter Dänemarks im Nordischen Krieg marschierte er in das kleine Herzogtum ein, inspizierte auch das Gottorfer Schloss. Er stieg in den Großen Globus, betrachtete staunend die Sterne – und requirierte ihn als Geschenk.[22]

Allein der Transport des Beute-Geschenks wurde zur Staatsaktion: Eine Verschiffung war wegen des andauernden Nordischen Krieges nur teilweise möglich; das in zwei riesige Kisten verpackte Monstrum musste über weite Strecken auf dem Landweg transportiert werden. Auf gewaltigen Schlitten wurde es schließlich im Winter von Hunderten leibeigener Bauern vom heutigen Tallinn über 300 Kilometer nach Sankt Petersburg gezogen. Die Reise des Gottorfer Globus dauerte dreieinhalb Jahre, die Kisten wurden zunächst im Petersburger Elefantenhaus untergebracht. Der Globus sollte das Prachtstück einer umfassenden wissenschaftlichen Sammlung werden, des Zaren »anatomisches Theater«. Zeichen imperialer Machtentfaltung, war sie Peters neueste Leidenschaft: eine Kunstkammer nach westeuropäischem Vorbild.

Seine *kunstkamera* würde alle anderen übertreffen. In einem eigens errichteten dreiflügeligen Gebäude direkt am Ufer der Newa untergebracht, sollte ein eleganter Turm in seiner Mitte den Gottorfer Globus beherbergen.

Über der Fertigstellung der Kunstkammer starb Peter der Große; der Gottorfer Globus geriet in Vergessenheit. Jahrelang stand er in einem Raum ohne Fenster und Treppen, sein Drehmechanismus kaputt. Während eines verheerenden Brandes wurde er 1747 – wie große Teile der Sammlung, fast vollständig zerstört. Allein die bemalte Einstiegsluke ins Innere blieb zufällig erhalten, man hatte sie im Keller gelagert. Später von einem englischen Experten nachgebaut, stand der Globus gut hundert Jahre in einem eigens konstruierten Globushaus auf der Basiliusinsel. Eine Weile diente er als Petersburger Attraktion. Anfang des 20. Jahrhunderts schaffte man ihn in die Vorstadt Zarskoje Selo, Zarendorf. Er war ein restaurationsbedürftiges Stück Vergangenheit. Die Welt wurde anders vermessen.

Im Herbst 1941 standen die Truppen der Wehrmacht vor Leningrad, sie eroberten auch das damals Puschkin genannte Zarskoje Selo mit dem Katharinenpalast. Dort entdeckten sie den Globus in einem verstaubten Dachzimmer. Die in Puschkin eingesetzten Kunsträuber der Nazis, euphemistisch als »Kunstschutzgruppen« bezeichnet, standen unter dem Befehl von Helmut Perseke, einem Denkmalpfleger aus Schleswig. Der wandte sich an einen Landsmann: Hinrich Lohse, von 1925 bis 1945 NSDAP-Gauleiter von Schleswig-Holstein, der nach dem Überfall auf die Sowjetunion 1941 zum »Reichskommissar für das Ostland« mit Sitz in Riga ernannt worden war. Lohse war einer der Hauptverantwortlichen für die Politik der Vernichtung im Baltikum und den Völkermord an den Juden. Er organisierte auch den Raub von Kunstschätzen aus den besetzten Gebieten der Sowjetunion.[23]

Großzügig half der Reichskommissar beim Transport des Gottorfer Globus auf einem der Sonderzüge, die geraubte Kunst und andere Schätze ins Reich schafften. Britische Kunstschutzoffiziere beschlagnahmten ihn 1946 in einem Krankenhaus in Neustadt, übergaben ihn der sowjetischen Hauptverwaltung für Reparationen. Im Juli 1947 wurde der Globus auf der »Stalinabad« nach Leningrad verschifft,[24] fand seinen neuen Platz im wiederaufgebauten Turm der alten Kunstkammer. Wie die Blockade-Stadt und ihre Menschen kriegsversehrt, seine Bemalung voller Wasserflecken.

Während der Stalin'schen Kampagne unter der Bezeichnung »Kampf gegen die Verbeugung vor dem Ausländischen« musste das Gottorfer Werk der Aufklärung Ende der vierziger Jahre dann auch noch als Instrument der Propaganda herhalten. In diesem »Kampf« sollte die allseitige Überlegenheit des sowjetischen Menschen hervorgehoben werde. Flugs wurde der Globus sowjetisiert, als »sogenannter Gottorfer Globus« bezeichnet: Sei er doch von Sowjetbürgern neu erschaffen worden. Insofern war es schon ein erklecklicher Sieg, dass der mit deutscher finanzieller Unterstützung hergerichtete Globus zu den Feierlichkeiten des 300-jährigen Gründungsjubiläums der Stadt Sankt

Petersburg 2003 auch offiziell wieder seinen richtigen Namen annehmen durfte.[25]

Er schwebt über dem Boden, einsam, hinter verschlossener Tür im Turm der heute offiziell Völkerkundemuseum genannten *kunstkamera* am Petersburger Universitätsufer Nr. 3. Wer ihn sehen möchte, muss eine »Sonderführung« erfragen, 1500 Rubel – umgerechnet rund 25 Euro für russische Staatsbürger, 2600 Rubel für Ausländer; der Rest ist Verhandlungssache. Dann darf man der resoluten Führerin eine schmale, stählerne Wendeltreppe hinauf in die Kuppel folgen, in eine vergangene, stille Welt. Wie zu sowjetischen Zeiten hängen weiße Raffgardinen in bodentiefen Fenstern, sie versperren den Blick weit über die Stadt, am anderen Newa-Ufer die goldglitzernde Turmspitze ihrer Admiralität. Schon eilen an diesem kalten Novembertag die ersten Eisschollen Richtung Ostsee. Nein, sagt die Führerin, es hätten sich keine weiteren Besucher angemeldet. Auch an diesem Tag nicht.[26]

Und doch: Diese deutsch-russische Geschichte fand ein glückliches Ende, irgendwie. Denn der Große Gottorfer Globus, dieses Weltwunder voller Narben der Geschichte, fand in zwei Ausgaben zwei Heimatorte: einen russischen in Sankt Petersburg, einen deutschen im Gottorfer Schloss. Dort rekonstruierte man ihn vor einigen Jahren originalgetreu. »... darinne studiren und dadurch etwas grössres erkennen lernen...«, beschrieb einst sein Konstrukteur Adam Olearius Sinn und Zweck der Weltenmaschine.[27]

Auch Bundeskanzler Schröder und Präsident Putin statteten dem neuen-alten Globus während ihres Aufenthalts auf Schloss Gottorf im Dezember 2004 einen kurzen Besuch ab. Sie kletterten hinein, saßen gemeinsam unterm Himmelszelt. Sie drehten sich nicht. Angeblich wurde es aus Sicherheitsgründen nicht erlaubt.

Das wünscht man den beiden Großen Gottdorfer Globen, Wunder der Welt, in Russland wie Deutschland: viele Besucher – ob Kanzler, ob Präsident, staunend. Beglückt und dankbar vielleicht gar darüber, etwas Größeres, Gemeinsames erkennen zu dürfen.

# SIE BELOHNTE IHRE FREUNDE, UND IHRE GEGNER BESTRAFTE SIE NICHT

*Katharina die Große vollendete Russlands Aufstieg zum europäischen Imperium. Russlands deutsche Kaiserin herrschte Jahrzehnte unangefochten. Und welch einen lebenstrunkenen Mann sie liebte!*

Wie es wohl gewesen sein mag, damals, als zehnjähriges Mädchen, Prinzessin zwar, aber kaum den Titel wert, den sie trug? Ungeliebte Erstgeborene; ihre Mutter war selbst gerade einmal 16 Jahre alt gewesen, als sie das Kind im Mai 1729 zur Welt gebracht hatte, eine Tochter eben nur.[1] Sie stammte aus dem verarmten Fürstenhaus Anhalt-Zerbst; ihr Vater diente dem preußischen König Friedrich II. als Kommandant der Hafenstadt Stettin. Eine Prinzessin aus unbedeutendem Hause, unansehnlich dazu, mit spitz hervorstehendem Kinn. »Man sagte mir oft, ich sei hässlich«, schrieb sie, »und müsse daher innere Werte und Klugheit zeigen«.[2]

Dabei hatte sie schöne dunkelblaue Augen, blitzend vor Intelligenz, dazu langes, dunkles Haar. Sie war furchtlos und lachte viel.

Als zehnjähriges Mädchen war Sophie Auguste Friederike von Anhalt-Zerbst bereits Ware für den Heiratsmarkt der unersättlichen »europäischen Fürstenfamilie«, in der Verwandtschaft vor allem Machterhalt und Expansion diente.[3] Zu diesem

Zweck wurde sie von ihrer ehrgeizigen Mutter, selbst geborene Fürstin von Schleswig-Holstein-Gottorf, durch die norddeutschen Lande gezerrt, von Herzogtum zu Fürstentum.

Wie mag es das Mädchen empfunden haben, in diesen rauen Zeiten ausgerechnet mit einem Cousin zweiten Grades aus diesem kriegsgebeutelten norddeutschen Herzogtum verbandelt zu werden, einer Vollwaise, nur ein knappes Jahr älter als sie? Karl Peter Ulrich, ein Junge mit schulterlangem, dünnen, blonden Haar, ihr gegenüber freundlich zwar, aber ängstlich, einsam und kränkelnd. Seine Mutter Anna, Tochter des russischen Zaren Peter des Großen, war nur drei Monate nach seiner Geburt gestorben; sein Vater starb, als er elf war. Gnadenlos wurde Karl Peter von einem ehemaligen Kavallerieoffizier gedrillt, verprügelt und erniedrigt. Manchmal musste er zur Strafe stundenlang auf Erbsen knien, manchmal mit einem Esels-Bild um den Hals zur allgemeinen Belustigung an der Tür stehen.[4] Offenbar hatte er schon als Kind begonnen zu trinken. Er quälte seine Haustiere. Aber der schwächliche Junge war nun einmal, einerseits, der Neffe von Zarin Elisabeth. Und aufgrund komplizierter politischer wie verwandtschaftlicher Konstellationen zugleich Anwärter auf den schwedischen Thron.[5]

Alles in allem muss die zehnjährige Sophie Auguste diesen Karl Peter als ihre beste Option empfunden haben, vielleicht gar als Karrieremöglichkeit. Sie hatte verstanden: Fürstenheirat war hohe Politik, und diese Lebenschance würde sie nutzen.

Sie selbst schrieb später in ihren Memoiren, die so ehrlich waren, wie es Memoiren der damals wohl mächtigsten Frau der Welt sein durften: »Ich wusste, dass er eines Tages König von Schweden würde. Und der Titel Königin gefiel mir wohl.«[6]

Aber nach Schweden kam Sophie nie. Stattdessen schrieb das energische Mädchen aus Stettin als Zarin Katharina II. Geschichte. Sie herrschte 34 Jahre lang. Keine Zarin, kein Zar, kein kommunistischer Generalsekretär, kein russischer Präsident war länger an der Macht als sie, die Deutsche.

Dabei war sie eine Zaren- und Gattenmörderin, die sich an die Macht putschte. »Sie war eine deutsche Ursupatorin«, so ihr Biograf Simon Sebag Montefiore, »erstaunlicherweise erwarb sie sich nicht nur als russische Kaiserin und erfolgreiche Imperialistin Renommee, sondern auch als aufgeklärte Herrscherin und Liebling der philosophes.«[7] Kein russischer Herrscher, keine Herrscherin war – und ist – so unangefochten wie sie: Zarin Jekaterina II. Die einzige Herrscherin, die je den Beinamen »die Große« trug.

Der Junge, den sie heiraten sollte, der blässliche Karl Peter, wurde Objekt der dynastischen Händel der Zeit. Aus machtpolitischen Gründen[8] bestimmte die kinderlose[9] Zarin Elisabeth ihren Neffen vom platten Land – aus russischer Sicht aber aus Westeuropa – zu ihrem Nachfolger. Karl Peter war 13, als er seine norddeutsche Heimat verlassen musste, um von der Zarin 1742 umgehend adoptiert zu werden. Er hieß nun Großfürst Pjotr Fjodorowitsch. Ein Gemälde zeigt ihn als 15-Jährigen in russischer Gardeuniform. Ein schmales Gesicht, zweifelnd der Blick, noch immer ein Kind. Er hasste alles Russische: die Sprache, die Religion, die komplizierte Politik mit ihren Palastintrigen. Er spürte, wie man ihm, dem Deutschen, misstraute.

Aus Sophie wurde Jekaterina Alexejewna. Sie war 14 Jahre alt, als sie im Winter 1744 über Berlin und Riga nach Sankt Petersburg reiste. Die Zarin hatte ihre Zustimmung zum Heiratsarrangement gegeben; auch der preußische König Friedrich II. – Dienstherr ihres Vaters – war einverstanden. Er hatte den Teenager während eines Abendessens eigens geprüft. Sie saß neben ihm platziert; und er war recht angetan von so »überraschend viel Witz und Intelligenz«.[10] Friedrich hatte allerdings sehr handfeste Gründe für die Begeisterung: Er wollte Russlands

Neutralität während seiner Kriege gegen das österreichische Schlesien. Dass er mit dem jungen Mädchen von einst später einmal Polen zwischen Russland und Preußen aufteilen würde, konnte er sich damals sicher nicht vorstellen.

Im August 1745 wurden Karl Peter und Sophie Auguste nach orthodoxem Ritus getraut, zwei deutsche Kinder. Er war 17 Jahre alt und Anwärter auf den Zarenthron, sie war 16 und – nahm ihr Leben in die eigenen Hände. Er sehnte sich nach Hause; sie gebar Thronfolger – allerdings nicht von ihm, sondern von ihren Liebhabern. Er verspottete die orthodoxen Riten – sie erfüllte alle Pflichten und lernte beflissen Russisch, die Hofsprache Französisch sprach sie sowieso. Er soll noch als Erwachsener mit Zinnsoldaten und Puppen gespielt und – für einen Mann damals völlig unpassend – Liebesromane gelesen haben, während sie die politischen Bestseller der französischen Aufklärung studierte, Diderot und Voltaire. Er trank, verbrachte seine Zeit mit Dienstboten und kommandierte eine persönliche Garde herum, die er extra aus Holstein kommen ließ; sie galten als »verfluchte Deutsche«.[11] Sie aber gewann das Vertrauen der Zarin. Manchmal spielte er Geige für sie, schrecklich falsch. Noch als 33-Jähriger ließ er sich abends seine Puppen ins Ehebett bringen, hieß es. So verängstigt – so beängstigend.[12]

Im siebzehnten Jahr ihrer Ehe wurde der Junge aus Schleswig im Dezember 1761 als Peter III. zum Zaren gekrönt. Seine Herrschaft sollte nur sechs Monate dauern und als eine Mischung aus Katastrophe und absurdem Theater wahrgenommen werden. Seit einigen Jahren mühen sich Historiker um seine Rehabilitierung: Er habe sich immerhin um Reformen bemüht. Tatsächlich löste Peter III. die Geheimkanzlei auf, den damaligen Geheimdienst; Verbannte durften aus Sibirien zurückkehren. Er senkte die Salzsteuern – ein Geschenk an die Bevölkerung – und enthob den Adel der verhassten Dienstpflicht für den Zaren.

Doch vor allem seine Unterstützung für den preußischen König Friedrich II. führte zu seinem raschen Ende. Und seine Gemahlin hatte längst ihre Fäden gesponnen.

Im Siebenjährigen Krieg stand Friedrich II. 1761 kurz vor der Niederlage – entgegen seiner Annahme hatte sich Russland nicht mit ihm, sondern gegen ihn verbündet. Die russischen Truppen – »wilde und niederträchtige Räuber«, so der König, »ein Volk, faul, dumm, trunksüchtig, abergläubisch und unglücklich«[13] – hatten, nach anfänglichen Niederlagen, glänzende Siege errungen. Ostpreußen schien verloren; die russische Armee war in Berlin einmarschiert, die dortige Bürgerschaft hatte sich in letzter Sekunde von einer Plünderung freigekauft.[14] Sein negatives Urteil über die Russen sollte Friedrich II. nie ändern – allerdings war dem auch durch Spione immer gut informierten »alten Fritz« die wachsende Macht im Osten Europas nicht nur Gegner, sondern auch Bundesgenosse: »Wenn ich mit Russland verbunden bleibe, werden mich alle unversehrt lassen, und so bewahre ich den Frieden.«[15]

Zar Peter III. trat in ein Bündnis mit dem von ihm bewunderten Friedrich II. ein. Damit rettete er Preußen vor dem Untergang – und schrieb sein eigenes Todesurteil.[16]

Mit Katharinas Wissen und Unterstützung putschten am 28. Juni 1762 die Regimenter der Petersburger Garde gegen den »deutschen Zaren«, draufgängerische Offiziere wie Grigorij Orlow voran, ein Liebhaber Katharinas und Vater ihres Sohnes. Ein Offizier eilte zur Sommerresidenz Peterhof, wo sich Katharina aufhielt, und weckte sie mit den Worten: »Matjuschka, Mütterchen, es ist Zeit aufzustehen, alles ist bereit, Euch zur Kaiserin auszurufen.«

Sie ließ sich nach Petersburg kutschieren. Auf der Hälfte des Weges, so will es die Legende, traf sie zufällig ihren Friseur. Sie brauche ihn heute nicht, soll sie gerufen haben.

Die Garderegimenter huldigten ihr, der Deutschen, dann holte man sich rasch kirchlichen Segen sowie die Unterstützung der Regierung.[17] Am Abend noch setzte sie sich an die Spitze der Garderegimenter, um den Zaren zu verhaften; Hollywood könnte kein besseres Drehbuch eines Coup d'État schreiben: 12 000 Gardeoffiziere, die Zarin auf weißem Hengst voran, auch sie in der flaschengrünen Uniform der Garde, verwegen mit feschem Dreispitz auf dem Kopf und blankem Säbel in der Hand. Einzig die *dragonne* fehlte, das Portepee, um den Säbel während des Ritts zu halten.

Aus den Reihen der Gardeoffiziere löste sich ein Reiter, so will es die Legende, brachte ihr das fehlende Utensil. Der Reiter, hünenhaft und sinnlich, hieß Grigorij Potemkin. Er würde der wichtigste Mann in ihrem Leben werden, die Liebe ihres Lebens.

Peter III. ließ sich verhaften und unter Hausarrest stellen. Er bat Katharina um seinen Hund, seine Geige und darum, mit seiner Mätresse nach Schleswig ausreisen zu dürfen.[18] Hund und Geige wurden gewährt. Am 6. Juli starb er – angeblich durch eine »hämorrhoidale Kolik«, wie Katharina in einem Brief schrieb. Die wahre Todesursache wurde nie geklärt; womöglich wurde er erdrosselt. Eine Weile scherzte man an Europas Fürstenhöfen: Wer zu Hämorrhoiden neige, solle besser nicht nach Russland reisen.[19]

Seit 2014 steht eine Statue in der Kieler Innenstadt, errichtet vom »Kieler Zarenverein«. Sie zeigt einen schmächtigen Mann neben einem mächtigen Thron, beinahe größer als er. Peter III. hält eine Schriftrolle in der Hand: »Frieden«.[20] Man wolle dem Sohn der Stadt historische Gerechtigkeit widerfahren lassen, heißt es: Vielleicht war er tatsächlich ein infantiler Nichtsnutz – vielleicht aber auch ein missverstandener Reformer und Opfer politischer Propaganda und einer durchaus skrupellosen Frau.

Seine an den europäischen Fürstenhäusern sträflich unter-

*Die Große: Zarin Katharina II. in der Uniform der Petersburger Garde 1762, am Tag des Putsches gegen ihren Mann, Zar Peter III. Die Deutsche wird mehr als dreißig Jahre lang unangefochten herrschen und Russlands Aufstieg zum Imperium vollenden.*

schätzte[21] Witwe ließ sich am 22. September 1762 in der Moskauer Himmelfahrtskirche zur Zarin krönen. 33 Jahre alt, war sie nun Alleinherrscherin über 20 Millionen Untertanen, davon zehn Millionen Leibeigene – über Armut, Hunger und ein gigantisches Reich. Sie wolle, schrieb sie, »das Glück dieser Nation« bewirken.[22]

Eine Weile zumindest stand ein kleines Porträt dieser ungewöhnlichen Frau auf dem Schreibtisch im Büro der Bundeskanzlerin. Auch Angela Merkel wollte sich als aufgeklärte Dienerin des Staates – und starke Frau – verstanden wissen. Anpassungsfähigkeit und Durchsetzungskraft jedenfalls teilt Merkel mit ihrem russischen Vorbild.[23]

Konnte es ein ungewöhnlicheres Frauenleben geben, eine Emanzipation, vielen Konventionen zum Trotz?[24] Denn sie ritt ja wie ein ... Mann und machte Politik wie Männer; sie liebte es, Uniformen zu tragen und schrieb sogar, wenn auch wohl überlegt, über ihre Sexualität.

Sie hatte ein gutes Gespür für die Nuancen des Möglichen. Sie belohnte ihre Freunde, und ihre Gegner bestrafte sie nicht.

### Katharinas Paradox: Eine absolute Herrscherin als Dienerin des Volkes

Sie arbeitete diszipliniert, als aufgeklärte Monarchin im Dienste des Volkes teilte Katharina ihre Zeit exakt ein. Staatsgeschäfte waren in der Zeit zwischen 9 und 13 sowie zwischen 15 und 18 Uhr zu erledigen, abends Empfänge und Treffen mit Diplomaten. Morgens ab fünf Uhr und in der Mittagszeit schrieb sie, jeden Tag. Briefe, Tagebücher, autobiografische Aufzeichnungen, Theaterstücke, drei davon auf Russisch.[25]

Sie wollte eine vernünftige und gerechte Monarchin in französischem Sinn sein: dem allgemeinen Wohl ihres Volkes dienen, dieses Wohl durch gerechte Gesetze erwirken. Doch »die Paradoxie des aufgeklärten Absolutismus« löste auch sie nicht: »Der Geist der Aufklärung machte sich unter Katharina weniger darin bemerkbar, dass den Untertanen mehr Freiheit oder politische Rechte gewährt würden, aber in jedem Fall darin, *wie* ihnen die absolute Notwendigkeit des Gehorsams und des Vertrauens in die absolute Gerechtigkeit der Monarchin vermittelt wurde. Anstelle des Prinzips der Strafe trat zunehmend das Prinzip der Erziehung der Untertanen. Die Theorien der Aufklärung konnten von ihr nicht konsequent in die Tat umgesetzt werden, ohne die Grundfesten ihrer Herrschaft zu erschüttern.«[26]

Auch die Presse diente der von ihr verordneten Eroberung von Freiheit in engen Grenzen. Die Lektüre der »moralischen Wochenschriften« und der monatlich erscheinenden »dicken Journale«, war *die* intellektuelle Mode der Zeit. In Sankt Petersburg gründeten vor allem deutsche Unternehmer Druckereien,[27] Verlage und Buchhandlungen. Nirgends ließe sich »leichter Fortune machen«, hieß es. Goethe, Lessing und Kleist wurden übersetzt, politische Reiseberichte fanden reißenden Absatz.[28] Die Zarin selbst initiierte die Gründung einer Satirezeitung, »Allerlei Dinge« hieß die; und manchmal schien es, als habe sich die Zensurbehörde selbst abgeschafft.

In ganz Westeuropa kaufte die Zarin Gemälde und Zehntausende Bücher zusammen, darunter den Nachlass des Astronomen Johannes Kepler. Als Denis Diderot, Verfasser der *Encyclopédie,* in Geldnöte geriet, erwarb sie seine gesamte Bibliothek und ließ sie ihm lebenslang als Leihgabe. Sie zahlte ihm fortan ein jährliches Gehalt als Bibliothekar der Zarin. Europa war entzückt, Diderot besuchte die Zarin, er blieb fünf Monate und sechzig belehrende Gespräche lang.[29] Auch ihre öffentliche Brieffreundschaft mit dem französischen Aufklärer Voltaire war eine frühe Form der Polit-PR, *soft power*: Die Zarin positionierte ihr Reich als kultivierte Macht; als Reich, das im Süden gegen die Osmanen und für das christliche Europa kämpfte.

Katharinas *Nakas*, die »Instruktion an die Große Gesetzgebende Versammlung« von 1767, sollte ihren umfangreichen Reformbemühungen einen rechtlichen Rahmen geben. In den von ihr selbst verfassten mehr als 500 Artikeln führte sie aus, wie der Staat unter einem aufgeklärten Herrscher regiert werden sollte. Mehr als die Hälfte davon hatte sie aus Montesquieus *Vom Geist der Gesetze* abgeschrieben und auf russische Verhältnisse übertragen.[30] Die Instruktion wurde den 500 Delegierten einer Art Volksvertretung vorgelegt.[31] Zum ersten Mal kamen damit gewählte Vertreter aller Teile des Landes – mit Ausnahme der leibeigenen Bauern – zusammen, um der Kaiserin von Klagen und Hoffnungen ihrer Untertanen zu berichten und den Entwurf zu einem neuen Gesetzbuch vorzulegen.[32]

Hinter einem Vorhang verborgen, hörte Katharina den Diskussionen zu. Nach gut zwei Jahren wurde die Versammlung vertagt – für immer. Ihre »Instruktion« war nie eine echte Reform. Denn Katharina, zwar voll des sentimentalen Mitgefühls über das Leid der Bauern, stellte die Leibeigenschaft nie infrage, im Gegenteil: Sie sprach sich ausdrücklich gegen ein Verbot der Leibeigenschaft aus. Unter ihr war sie sogar am schärfsten ausgeprägt.[33]

Aufklärung blieb eine »staatliche Veranstaltung«.[34] Auch deswegen fasste sie nie wirklich Fuß in Russland.

## Die Eroberung des Südens: Die Krim als Perle des Imperiums

Ein Satz ihrer Instruktion aber, der erste Satz, blieb stehen, wie in Stein gemeißelt: »Russland ist eine Europäische Macht.«

Die deutsche Zarin vollendete Russlands Expansion nach Süden. »Ich kann meine Grenzen nur verteidigen, indem ich sie ausdehne«, sagte sie.[35] Dieses Leitmotiv russischer imperialer Außenpolitik klang noch gut 200 Jahre später an: Mit der Annexion der Krim widerlegte Wladimir Putin dabei allerdings die langjährige Prämisse westlicher Politiker, wonach von Russland keine Bedrohung mehr ausginge.

Katharina II. errichtete ein neues Bollwerk gegen das Osmanische Reich: *Noworossija*, »Neurussland«. Die weiten Steppen mit der fruchtbaren Schwarzerde, jene grenz- und grenzenlosen Gebiete im Süden, darunter auch jene im Donbass, die heute als »Volksrepubliken« von Moskaus Gnaden existieren.

Der größte Preis im wilden Süden aber war das von Tataren beherrschte Chanat der Krim. Erst die Eroberung der Krim würde den strategisch wichtigen Zugang zum Schwarzen Meer sichern und Neurussland vollenden. Zum Feldherren dieser außerordentlich wichtigen Eroberung ernannte die Zarin Fürst Grigorij Potemkin, einen Mann ganz nach ihrem Geschmack.

Potemkin: ein löwenhafter Abenteurer und verschwendungssüchtiger Lebemann, »schlau wie der Teufel«[36], der gern gesalzene Gänse aus Hamburg kommen ließ und mit Unmengen Wein vertilgte, seine Mätressen mit Kleidern aus Frankreich ausstattete und nachts mit viel Geld um sein Glück spielte. Potemkin war Feldmarschall, Oberbefehlshaber der Armee und Großhetman der Kosaken. Er war Höfling und Intellektueller, Diplomat und Politiker. Und der Zarin Liebe ihres Lebens.

Als er ihr Favorit am Hofe geworden war, schrieb sie: »Oh, Herr Potemkin, was für ein Wunder hast Du vollbracht, indem Du jemandem den Kopf so sehr verdrehtest, einen Kopf, der bisher in der Welt als einer der besten Europas berühmt war.« Sie nannte ihn Bijou und Goldfasan – für ihn, zehn Jahre jünger als sie, war sie *matjuschka*, Mütterchen. In türkischem Morgenrock und Pantoffeln wandelte er durch ihre Gemächer, an einem Rettich kauend.[37]

Beide pflegten weiterhin Liebhaber und Mätressen. »Wir streiten über die Macht, nicht über die Liebe«, beschrieb die Zarin die Beziehungslage. Sehr wahrscheinlich heirateten sie auch, heimlich, an einem späten Sonntagabend im Juni 1774 in einer entlegenen Kirche auf der Wyborger Seite der Stadt.[38]

Er schrieb und sang ein Liebeslied für sie: »Alles, was zählt, bist Du«.[39]

Und er, der Serenissimus, legte seiner Zarin das Paradies zu Füßen: die Krim, sagenumwobene Halbinsel am nördlichen Ufer des Schwarzen Meeres. Seit der Antike Raum der Mythen und Legenden, »Kontaktzone zwischen Islam und Christentum« soll sie einst auch Tauris gewesen sein.[40] In dem Gebiet vieler Völker lebten Griechen und Tataren, Russen und Italiener, hier herrschten Goten und Skythen, Truppen der Goldenen Horde, Genuesen und Venezianer.[41] Von hier aus führten Tataren Beutezüge gegen das Moskauer Reich. Über die Krim lief der Handel mit Seide und Gewürzen aus dem Orient und lange auch der Handel mit Sklaven.[42]

Die Krim galt als russischer Traum, Perle des Imperiums: In der antiken Landschaft des Taurischen Gouvernements verbrachten die Zaren ihre Sommerfrische, und Alexander Puschkin dichtete über die Rosen am »Brunnen der Tränen« von Bachtschissaraj. Die Krim war immer das begehrteste der sowjetischen Urlaubsziele. Jahrelang warteten Arbeiter auf eine *putjowka*, eine Art Pauschalreise in ein fabrikeigen-proletarisches Sanatorium. Man fuhr mit dem Zug in Simferopol ein, palastähnlich die Hallen des Bahnhofs. Oder reiste als *dikari* – »Wilde« – und mietete sich in den kleinen Sommerhäuschen der Ortsansässigen ein oder stellte neben Pfirsichbäumchen Zelte in den immergrünen Gärten auf. Nur die Besten der Pioniere durften ins Jugendlager »Artek«. Und im dunklen russischen Winter träumte man sich an die Gestade der Krim, diesen süßlichen Sehnsuchtsort.

Im 19. Jahrhundert führten die Großmächte Krieg um die subtropische Halbinsel: Der Krimkrieg zwischen Russland und dem Osmanischen Reich sowie dessen Verbündeten Großbritannien und Frankreich 1853–1856 ging als erster imperialistischer Krieg in die Geschichte ein. Nach der verheerenden russischen Niederlage und einer kritischen öffentlichen Debatte um die eigene Rückständigkeit[43] begannen zunächst umfangreiche Militärreformen, 1861 wurde die Leibeigenschaft aufgehoben.

Der Krimkrieg begründete den Mythos der »Heldenstadt« Sewastopol, die nach einjähriger Belagerung fiel. Er markierte den Beginn der modernen Kriegsberichterstattung, erster Fotos und der Nachrichtenübermittlung per Telegrafie. Monatelang war die hart umkämpfte Sewastopoler Festung Malakoff das wichtigste Gesprächsthema in den europäischen Hauptstädten. Ein junger Deutscher berichtete damals für die amerikanische Zeitung *New York Daily Tribune* über den Krieg. Er stammte aus Trier und hieß Karl Marx. Der Krieg prägte sein negatives Russlandbild über die »halbasiatische Despotie« für immer.

Zuletzt musste die Krim auch noch als »geistiger Ursprung der altüberlieferten Einheit der russischen Nation und des russischen Zentralstaats« herhalten. »Auf diesem Boden war es, wo sich unsere Vorfahren bewusst wurden, dass sie ein einziges Volk bildeten, ein für alle Mal«, begründete Präsident Putin die Annexion der Halbinsel 2014, ihre »Aufnahme in den Bestand der russischen Föderation von nun an und für immer«. Ausdrücklich verwies er auf die »sakrale Bedeutung« der Krim für Russland, verglich sie mit dem »heiligen Tempelberg« in Jerusalem. Die Krim wurde geschickt als heiliger Ort russischer Wiederauferstehung positioniert: »Russland wird sich der Unterwerfungspolitik des Westens nicht beugen!« So vollzog Putin die »Rückkehr« der Krim in den russischen »spirituellen Raum«.[44]

»Stell dir vor, die Krim gehört Dir, und die Warze an Deiner Nase ist nicht mehr«, machte Fürst Potemkin seiner deutschen Zarin die Annexion der Krim schmackhaft. »Gnädigste

Dame ... Du musst den russischen Ruhm erhöhen! Glaub mir, durch diese Tat wirst Du größeren, unsterblichen Ruhm erringen als jeder andere russische Monarch zu irgendeiner Zeit. Dieser Ruhm wird zu einem noch größeren Ruhm führen, denn durch die Krim wird die Herrschaft über das Schwarze Meer erlangt werden ... Russland braucht das Paradies.«[45]

1783 ließ die Zarin das Chanat der Krimtataren annektieren. Wichtige Festungen waren nun in russischer Hand, russische Schiffe erhielten freie Fahrt auf dem Schwarzen Meer und durch den Bosporus. Damit schwand der Einfluss des Osmanischen Reiches in der Region weiter. Per Manifest erklärte die Zarin, die Krim werde »auf ewig« zum russischen Reich gehören.[46] So erklärte sie das Zarenreich zum Hüter des Erbes der Antike. Mit der Beherrschung der Krim würde Russland seine zivilisatorische Bestimmung als Teil Europas erfüllen. Es gleicht durchaus einer Tragödie, dass die erneute Annexion der Halbinsel 2014 zum Symbol für eine russische Trennung von Europa wurde.

### Potemkins Dörfer

Der Architekt des neuen kolonialen Raumes würde Potemkin, ernannt zum »Kaiser des Südens« und »Fürsten von Taurien«.[47] Fortan verbrachte er sein Leben vor allem auf der Krim und in den Gebieten, die zur russischen Provinz *Noworossija* wurden. Atemberaubend allein der Hofstaat, mit dem er reiste: »Bestehend aus Aristokraten und Abenteurern, Engländern, Amerikanern, Franzosen, einem Harem an Mätressen, einem italienischen Komponisten, englischen Gärtnern und ihrem Gewächswagen, einem eigenen Orchester und einer ganzen Bischofssynode, Mullahs und dem jüdischen Rabbiner und Armeelieferanten Joshua Seitlin.«[48]

Potemkin ließ Siedlungen und ganze Städte aus der Steppe stampfen, warb »Kolonisten« an, Bauern und Handwerker aus

Deutschland und Griechenland, er gewährte auch jüdischen Siedlern Schutz – all dies im pragmatisch orientierten Geist eines aufgeklärten Absolutismus, in dem es allerdings für die potenziell »gefährlichen« muslimischen Tataren so gut wie keinen Platz mehr gab.[49]

Potemkin ließ Häfen bauen und Werften gründen, er heuerte Tausende Arbeiter für den Bau der russischen Flotte an. Alles geschah innerhalb weniger Jahre, es muss gewesen sein wie ein Rausch. »Jekaterinoslaw«, Katharinas Ruhm, hieß die Hauptstadt seines neuen Reiches. Mit Säulen und Tempeln sollte sie dem antiken Rom gleichen. Es war eine der wenigen Unternehmungen, die dem Fürsten nicht gelangen. Als Dnipropetrowsk, russisch Dnepropetrowsk, wurde die Stadt später Zentrum der Rüstungsindustrie und ukrainische Machtbasis sowjetischer Generalsekretäre.

Die sechsmonatige Reise der Zarin durch *Noworossija* wurde zu ihrem wohl größten Triumph.[50] Immerhin schon 58 Jahre alt, machte sie sich Anfang Januar 1787 auf den beschwerlichen Weg durch ihr Reich, die längste Reise ihres Lebens. 14 Kutschen und 124 Schlitten transportierten die Zarin und ihr Gefolge; in ihrer Riesenkutsche reisten der französische und der britische Botschafter, auch dies der Zarin europäisches Statement. Man reiste durch die früh einbrechende Winterdunkelheit, die an den Wegesrändern brennenden Feuer bildeten regelrechte »Flammenalleen«. Ende des Monats war Kiew erreicht, dort wartete Potemkin. Und nach der Eisschmelze steuerte »Kleopatras Flotte« im April mit Hunderten Booten und gigantischen Galeeren den Dnjepr flussabwärts Richtung Süden: Feuerwerke am Ufer, Bälle, jubelnde Bauern, mit Blumengirlanden geschmückte Häuser. Von der Hafenstadt Cherson aus reiste man durch die »tatarische Wüste« Richtung Krim. Seiner Zarin zu Gefallen ließ Potemkin auf dem Weg siegreiche russische Schlachten nachstellen, Tausende Donkosaken und wilde Kalmücken spielten mit, tatarische Reiter mit juwelenbesetzten Pistolen; später gar »Amazonen«, junge Frauen in purpurroten Samtröcken und mit weißen Straußenfedern geschmückten Gazeturbanen. Auf der Krim residierte die Zarin im alten Khan-Palast zu Bachtschissarai: Orangenbäume und Granatäpfel, arabische Tänzerinnen. Und am Ende legte er unter dem Kanonendonner der innerhalb von nur zwei Jahren gebauten Kriegsflotte seiner Zarin den neuen Hafen Sewastopol zu Füßen – Russlands imperiale Zukunft.

Mitreisende westliche Diplomaten mokierten sich erneut über die »Potemkinschen Dörfer«: angeblich nur bunt bemalte Pappkulisse, um die Zarin zu täuschen. Schon seit Jahren gab es Gerüchte über Potemkins angebliche Betrügereien. Den Begriff hatte ein Deutscher geprägt: Der sächsische Gesandte am Zarenhof Georg von Helbig benutzte ihn so oft in diplomatischen Depeschen und Veröffentlichungen, dass die »Potemkinschen Dörfer« vor allem in Preußen rasch zum Synonym für russische Misswirtschaft und politische Tricksereien wurden.[51]

Doch Potemkins Dörfer waren keine Chimäre. Die meisten von ihnen wurden Wirklichkeit, Städte, die heute zur Ukraine gehören. Charkiw gehört dazu, auch Odessa, diese quirlige Neustadt, die im 19. Jahrhundert als polyglotte Handelsstadt am Schwarzen Meer Karriere machte. Tatsächlich betrieb Potemkin in seinem Königreich eine systematische Siedlungspolitik. In »Neurussland« durften auch Nichtadelige Land besitzen. Bäuerliche Einwanderer erhielten persönliche Freiheit – so »gab es im südrussischen Kolonialgebiet fast keine Leibeigenen«.[52]

Bis 1917 existierte *Noworossija* als russisches Gouvernement in wechselnden Grenzen. Ein Zentrum russischer Industrialisierung des 19. Jahrhunderts, galt das Donbass im 20. Jahrhundert als Leuchtfeuer der sowjetischen Moderne. Und so wie

*Noworossija* immer freier, toleranter und moderner geprägt war als der Rest des Zarenreiches – so blieb das Donbass immer sowjetischer geprägt als der Rest der Ukraine.

Während Katharina II. ihre Triumphreise durch den eroberten Süden als Geburt eines europäischen Imperiums zelebrierte, gärte in Frankreich die Revolution. Instinktsicher spürte sie die Gefahr, die von der Erstürmung der Bastille in Paris auch für ihren Thron ausging. Freiheit, Gleichheit und Brüderlichkeit – diese großen Versprechen mussten ihr wie eine »Farbenrevolution« erscheinen.[53] Und das »französische Gift«, wie sie es nannte, diese »französische Infektion«,[54] breitete sich auch in Russland aus.

1790 lag in den Petersburger Buchhandlungen eine Schrift mit dem Titel *Eine Reise von Petersburg nach Moskau* zum Verkauf aus. Der Autor wollte anonym bleiben – aus gutem Grund. Denn dieser Reisebericht war eine Generalabrechnung mit Katharinas Herrschaft: dem unmenschlichen System der Leibeigenschaft; der Armut, Korruption und Ungerechtigkeit. Ihr Machtsystem sei dem Tode geweiht.[55]

So hatte sich die Zarin »Aufklärung« allerdings nicht vorgestellt. Sie setzte ihre geheime Staatspolizei in Marsch, die *tajnaja expedizija*. Im Verhör gestand der Buchhändler bald, dass es sich beim Autor der Schrift um Alexander Radischtschew handelte, einen Adeligen in kaiserlichen Diensten, der auf ausdrücklichen Wunsch Katharinas einst in Leipzig Rechtswissenschaften studiert hatte. Er wurde unter anderem wegen Unruhestiftung unter der Bevölkerung zum Tode durch Enthauptung verurteilt. Die Zarin begnadigte ihn zu zehn Jahren Verbannung in Sibirien.[56]

Mehr als hundert Jahre lang konnte seine aufrührerische *Reise von Petersburg nach Moskau* in Abschriften nur unter der Hand verbreitet werden. Nationenbildung und bürgerlich-revolutionäre Bestrebungen im Westen Europas blieben eine Herausforderung für die russische Autokratie, auf die man mit zunehmender Abgrenzung reagierte.

Der Zarin Serenissimus, ihr Fürst, Staatsmann und Liebe ihres Lebens starb im Oktober 1791 nach einem übervollen Leben – wahrscheinlich an Malaria sowie Leberinsuffizienz und Lungenentzündung leidend – im Alter von 52 Jahren auf einer Reise in der heutigen Republik Moldau. Für die letzten fiebrigen Stunden seines Lebens ließ sich Grigorij Potemkin auf das offene Feld der bessarabischen Steppe legen, er soll um seine Zarin geweint haben. Bald hieß es an den Höfen überall in Europa: »Er lebte auf Gold und starb auf Gras.«[57]

Als man ihr die Todesnachricht sieben Tage später durch einen berittenen Kurier überreichte, wurde sie ohnmächtig. Ihr Sekretär verzeichnete »Tränen und Verzweiflung«. Ihre Ärzte ließen sie zur Ader.

Sie überlebte ihn um fünf Jahre. Katharina die Große starb im Alter von 67 Jahren am 6. November 1796 gegen 21.45 Uhr an den Folgen eines massiven Schlaganfalls. Ihre Kammerzofe hatte sie 36 Stunden zuvor in ihrer Toilette gefunden. Sie war an der Tür zusammengesackt, ihr Gesicht blau, sie rang nach Luft. Sie kam nicht wieder zu Bewusstsein.

Ihr ungeliebter Sohn und Nachfolger auf dem Thron Paul I. ließ Potemkins »Taurischen Palast« in Petersburg in eine Kavalleriekaserne umwandeln; Potemkins Gruft in Cherson wurde zerstört. Sein Herz aber soll in einer goldenen Urne aufbewahrt worden und auf geheimnisvollen Wegen in das Dorf Tschischowo bei Smolensk im Westen Russlands gelangt sein. In jene kleine Kirche, in der er einst lesen lernte und singen und die heute eine Ruine ist.[58]

Im Hafen der von ihm gegründeten Stadt Odessa meuterten 1905 die Matrosen des Panzerkreuzers, der seinen Namen trug:

»Fürst Potemkin von Taurien«. Damit lösten sie die erste russische Revolution aus. Sergej Eisenstein setzte ihnen mit *Panzerkreuzer Potemkin* 1925 ein Denkmal der Kino-Avantgarde; die durch seinen Film berühmt gewordene lange Treppe in Odessa wurde in »Potemkin-Treppe« umbenannt. So wurde, welch eine Ironie der Geschichte, einer absoluten Herrscherin lebenstrunkener Günstling, ihr maßloser König des Südens auch noch zum Symbol der Revolution.

Katharina II. hatte für vieles vorgesorgt, auch für ihren eigenen Tod. Sie hatte eine Inschrift für ihren Grabstein verfasst. So verfügte sie per Epitaph auch noch, wie die Nachwelt sie würdigen sollte:

*Sie trachtete danach, ihren Untertanen Glück, Freiheit und Wohlstand zu verschaffen. ...*
*Sie hatte eine republikanische Seele und ein gutes Herz. ...*
*Sie hatte viele Freunde. ...*
*Sie liebte die Künste.*[59]

Ihr Denkmal steht vor dem Alexandrinski-Theater in einem kleinen Park am Petersburger Prachtboulevard Newskij Prospekt, einem Treffpunkt für Verliebte. Eine Frau, aufrecht stehend, selbstbewusst, mächtig und frei blickt sie in die Zukunft. Am Sockel unter ihr der Kreis ihrer Männer. Feldherren, Fürsten und Dichter, die Großen ihrer Zeit, auch Potemkin. Sie debattieren, lässig und elegant, einer neuen russischen Welt zugewandt, die sie gestaltet: Sophie Auguste Friederike von Anhalt-Zerbst; Katharina die Große, Russlands Kaiserin.

Sie war nie wieder nach Deutschland zurückgekehrt.

# »ZIERLICHE MÄDCHEN TRANKEN MUTIG AUS WODKAFLASCHEN«

*Ein Zar als Befreier Europas – nach dem Sieg Russlands über Napoleon 1813 brach in den deutschen Ländern eine regelrechte Russlandverzückung aus. Doch die Euphorie verflog rasch: Die Zaren bekämpften die nationalen Bewegungen. Der deutschrussischen Annäherung folgte erneute Ablehnung.*

Es war eine Sensation, ein großartiges Spektakel, ein Medienereignis ersten Ranges. Der Mann hielt, was sein berühmter Name versprach. Karl Friedrich Schinkel, Baumeister, Maler und Architekt des preußischen Königs, stellte zu Weihnachten 1812 ein neues Werk aus: ein hochaktuelles Schaubild. Vor dem fasziNierten Berliner Publikum entfaltete sich ein mehr als sieben Meter breites, in kräftigen Farben bemaltes Transparent. Darauf der Untergang einer Stadt, ein loderndes Flammenmeer unter mächtigen, dunklen Wolken. Flüchtende Menschen, marschierende Soldaten. Den staunenden Berlinern vermittelte sich der Eindruck, fast live dabei zu sein, beinahe wie in einem Kino. Denn hinter dem Transparent standen Gaslaternen, deren Licht das Gemälde leuchten, fast lebendig erscheinen ließ. Man konnte es nahezu hören, das Knistern der Flammen; brechende Balken, das Wehklagen der Menschen: der Brand von Moskau!

Gerade war die Transparentmalerei modern geworden, eine frühe Form der Bildberichterstattung. Bis zu zehn Meter hoch, bestanden die Schaubilder aus ölgetränkter bemalter Seide oder Gaze, manchmal aus dünn geschabtem Leder. Dahinter Lichtquellen in verschiedenen Größen, sie leuchteten durch das Transparent. Die so entstehenden Effekte vermittelten tatsächlich den Eindruck bewegter Bilder. Die auch Diaphanien oder Dioramen genannten Transparentbilder wurden wie Theatervorführungen inszeniert, oft mit Schauspiel und Musik. Heute würde man wohl von einer »multimedialen Show« sprechen.[1]

Für seine Transparentschau hatte Schinkel ein Ereignis gewählt, das gerade einmal drei Monate zurücklag. Es war *das* Ereignis des Jahres, Symbol einer Zeitenwende: der Brand von Moskau!

Tatsächlich markierte das Flammenmeer, das im September 1812 die alte Hauptstadt des Zarenreiches zerstörte, einen europäischen Wendepunkt. Die sich abzeichnende Niederlage der Grande Armée bedeutete den Anfang vom Ende Napoleons. Auch wenn Napoleon erst im Juni 1815 in Waterloo endgültig geschlagen würde – der Brand von Moskau war ein Menetekel: Mit ihm begann die Befreiung von der französischen Hegemonie über Europa.

Mit der bis dahin größten Landstreitmacht der Geschichte hatte der selbst ernannte Kaiser der Franzosen am 24. Juni 1812 die russische Grenze überschritten.[2] Mit der Eroberung Moskaus wollte Napoleon den Zaren zur endgültigen Anerkennung seiner Vorherrschaft über Europa zwingen. Die aus Soldaten vieler unterworfener Nationen bestehende Grande Armée zählte bis zu 600 000 Mann und mehr als 150 000 Pferde, sie galt als schlagkräftigste Armee ihrer Zeit. Doch dieses Mal ging Napoleons bislang erfolgreiche Strategie nicht auf: ein rascher Vormarsch der Armeen, die Eroberung der Hauptstadt, Verhandlungen, Friedensschluss, Triumph. Denn trotz miserabler Ausrüstung und hoher Verluste – dieses Mal ergab sich der Gegner nicht. Die russische Armee der Bauern und Leibeigenen griff immer wieder an. Mit mindestens 70 000 Toten wurde die

*Menetekel: Der Brand von Moskau 1812 – hier als Entwurf für ein Transparentgemälde von Karl Friedrich Schinkel – symbolisiert den Anfang vom Ende Napoleons. Ausgerechnet ein autokratischer Zar wird in Berlin als Befreier der Völker bejubelt.*

Schlacht von Borodino zu einem der grausamsten Kriegsgemetzel des 19. Jahrhunderts, beide Seiten reklamierten den Sieg. Am 14. September 1812 nahm Napoleons Armee Moskau ein.

Der russische Oberbefehlshaber General Michail Kutusow hatte die Stadt aufgegeben. Munitionsdepots wurden gesprengt, Ausrüstungsgüter verbrannt, die Insassen der Moskauer Gefängnisse freigelassen. Plündernd zogen sie durch die Stadt. Die Feuerwehr hatte Befehl, Moskau zu verlassen.[3]

»Das ist sie also endlich, diese berühmte Stadt«, sagte Napoleon, als er am 14. September in Moskau, der Stadt mit den goldenen Kuppeln, einzog. Während er sein Hauptquartier im Kremlpalast errichtete, brannte die Stadt schon. Kosakeneinheiten der russischen Armee hatten mindestens ein Stadtviertel in Brand gesetzt.[4]

Die Stadt brannte mehrere Tage lang. Die Flammen reckten sich bis zum Himmel. »Was für ein Volk!«, rief Napoleon, tobend vor Zorn und voller Respekt zugleich. »Was für eine Entschlossenheit! Diese Barbaren!«[5]

In Moskau würde Napoleon nicht triumphieren, würden seine Armeen weder Unterkunft noch Nachschub finden, sondern nur Schrecken und Zerstörung. Die russische Strategie des Zermürbungskrieges würde sich erfolgreicher erweisen als Napoleons Feldherren-Genialität. Als er Mitte Oktober 1812 den Rückzugsbefehl gab, war es zu spät. Im November lag hoher Schnee.[6] An Hunger und Kälte leidend, schmolz die Grande Armée rasch zusammen. In Lumpen gehüllt, von Ungeziefer zerfressen, schleppten sich die Soldaten Richtung Westen.[7] Sterbende säumten die Straße. Am Ende überlebte nur etwa ein Sechstel der über 600 000 Soldaten den »Feldzug des Grauens, eines der größten militärischen Desaster der Weltgeschichte«.[8]

Die Ereignisse im fernen Russland waren wichtigster Gesprächsstoff der Menschen in ganz Europa. Sie konnten Napoleons militärisches Desaster quasi aktuell in Zeitungen und Journalen verfolgen. Bald stand »1812« nicht nur als Chiffre für Napoleons Hybris, sondern auch für die unbedingte Opferbereitschaft des russischen Volkes. Zum ersten Mal in der Geschichte schien es, als trage ein Zar die Fackel der Freiheit in das unterjochte Europa. »Das von der Knechtschaft befreite Europa wird den Namen Russlands rühmen«, hatte Alexander I. seine Untertanen im Juli 1812 auf den Krieg eingeschworen.[9]

In Russland als »Vaterländischer Krieg« verklärt und in seiner Bedeutung nur vom »Großen Vaterländischen Krieg« 1941– 1945 überlagert, dient auch der Mythos von 1812[10] zur patriotischen Mobilisierung des neuen russischen Menschen in Putins Reich. So wurde zur 200-Jahr-Feier 2012 die Schlacht von Borodino an historischer Stelle als »Reenactment« ausgetragen; Präsident Putin nutzte das »Jahr der russischen Geschichte«, um im damaligen Präsidentenwahlkampf an russischen Kampfgeist zu appellieren. Mochten in Moskau Zehntausende gegen ihn demonstrieren und seinen Abtritt fordern – Putin zeichnete die Vision eines starken Russland und seines Herrschers, der sich niemals beugt: »Die Schlacht um Russland geht weiter, der Sieg wird unser sein.«[11]

### Als käme das Gute aus dem Osten

Napoleons Niederlage in Russland führte zu einer Neuordnung des Kontinents. In der »Schlacht um Europa« befreiten sich das russische Imperium und dessen Alliierte von Frankreichs politischer wie ökonomischer Dominanz.[12] Die Befreiungskriege wurden maßgeblich von Russen und Deutschen ausgefochten; die Konvention von Tauroggen ihr gemeinsames Manifest.[13] Russlands Armeen befreiten Preußen, siegten in der Völkerschlacht bei Leipzig.

Am 31. März 1814, es war ein sonniger Frühlingstag, hielt der Zar, beschützt von den schneidigen Kosaken seiner Leibgarde in ihren roten Uniformröcken und blauen Pluderhosen, Einzug in Paris. »Ich komme nicht als Feind«, rief Alexander den Menschen großmütig zu.[14]

In Sankt Petersburg berauschte man sich so an des Zaren Siegen, dass man vorschlug, ihm den Titel »Alexander von Germanien« zu verleihen.[15]

Hatte Alexander I. nicht wenige Jahre zuvor höchstpersönlich Preußen vor dem sicheren Untergang gerettet? Zwar war der Frieden von Tilsit im Juli 1807 zwischen Zar und Napoleon ein Kompromiss zugunsten des Franzosen, der das preußische Territorium halbierte – doch wenigstens bestand das Königreich Preußen fort.[16] Als »Schutzengel« pries ihn die preußische Königin Luise;[17] und zur preußisch-russischen Verbundenheit gehörten wohl auch die Gerüchte über romantische Gefühle, die der damals 29-jährige Alexander gegenüber der zarten Luise gehegt haben soll.

Preußische Generäle und Politiker hatten sich in den Dienst des Zaren gestellt, um gegen Napoleon zu kämpfen. Als politischer Berater des Zaren versuchte der preußische Reformminister Reichsfreiherr Heinrich vom und zum Stein aus Gefangenen und Überläufern der Grande Armée eine »Deutsche Legion« gegen Napoleon zu bilden.[18] Major Carl von Clausewitz hatte im Frühjahr 1812 den preußischen Militärdienst quittiert, um auf russischer Seite gegen Frankreich zu kämpfen. Für seine militärischen Leistungen vom Zaren mit Orden überhäuft und einem goldenen Degen ausgezeichnet,[19] nutzte Clausewitz die Erfahrungen des Russlandfeldzuges für sein militärtheoretisches Werk *Vom Kriege*, in dem er vor allem die »ungeheure Ausdehnung des Landes« als entscheidenden Faktor des Sieges über Napoleon beschrieb: Solange Russland nicht an eigener Schwäche zerbreche, sei es unbesiegbar.[20]

Im Bündnis der »Befreier« gegen Napoleon und die Französische Revolution gründete der brisante Topos einer deutsch-russischen Waffenbrüderschaft, die naturgemäß eine Brüderschaft der Machteliten war: Die neuen preußischen Uniformen jedenfalls waren nach russischem Vorbild geschneidert. Von der Konvention von Tauroggen 1812 führte eine direkte Linie der »Ostorientierung« über Bismarcks Rückversicherungsvertrag 1887 bis zum Abkommen von Rapallo 1922. Diese deutsch-russischen Sonderwege führten aber in die politische Sackgasse. Oder – im schlimmeren Fall – auf die Schlachtfelder des Krieges.

Ein Autokrat als Befreier Europas: Zar Alexander I. war überzeugt, von Gott auserwählt zu sein, um mit einer »Heiligen Allianz« den »Frieden auf Erden zu schaffen«. Einmal reiste er sogar eigens nach Heilbronn, um sich in spiritistischen Séancen bei der religiös erweckten Baronin Julie von Krüdener göttlicher Unterstützung zu versichern.

In deutschen Landen brach eine regelrechte Russlandbegeisterung aus. Glück und Freiheit – aus Russland kommend, jubilierte die Schriftstellerin Annette von Droste-Hülshoff:

*Und sie nahn, sie nahn, die Retter kühn,*
*Her vor ihnen Glück und Freiheit ziehn.*[21]

»Juchheirassa, Kosacken sind da!« Euphorisch begrüßte man im März 1813 die einmarschierenden Kosaken in der preußischen Hauptstadt Berlin. »Seit einem Jahrhundert hat Berlin nichts Vergleichbares erlebt!«, schrieb eine Zeitung. »Zierliche Mädchen küssten bärtige Kosaken und tranken mutig aus Wodkaflaschen, die ihnen gereicht wurden.«[22]

Selbst die Hamburger vergaßen kurzzeitig ihre kühle Zurückhaltung, als der russische General Friedrich Karl von Tettenborn – geboren in Baden – mit Kosaken und Kavallerie im März 1813 einrückte. Die einst reiche Hansestadt hatte unter der französischen Herrschaft und der Kontinentalsperre sehr gelitten.[23] Jetzt erstaunten Kosaken und Kirgisen, Baschkiren und Kalmücken die Hamburger mit exotischen Gebräuchen: rieben sich Butter in die langen Haare und verzehrten angeblich sogar Talglichter.[24] Russische Offiziere zeigten sich allerdings weniger begeistert über die Hamburger: Sie betrachteten diese als gierige Geizhälse, sparsam bis zur Niedertracht. »Aufrichtige Fröhlichkeit« sei ihnen »unbekannt.[25]

Man entdeckte erste deutsch-russische Wahlverwandtschaften. War doch Zar Alexander I. – Sohn einer Prinzessin von Württemberg und verheiratet mit Luise Prinzessin von Baden – wie so viele russische Herrscher vor (und nach) ihm in gewisser Weise deutsch. Auch seine Geschwister heirateten Mitglieder deutscher Fürstenhöfe, von Holstein-Oldenburg über Mecklenburg-Vorpommern bis Sachsen-Weimar. Sein Bruder und Nachfolger auf dem Thron Nikolaus I. etwa war mit Prinzessin Charlotte von Preußen vermählt worden, sieben Kinder, die Ehe soll glücklich gewesen sein.

Propagierte Wahlverwandtschaften und Waffenbrüderschaft aber konnten den wachsenden deutsch-russischen Konflikt nicht überdecken: Auch in den deutschen Ländern förderte das Ende Napoleons patriotische Stimmungen, aus denen »begeisternde und zugleich prekäre Nationalbewegungen entstanden«.[26] Die nationale Selbstfindung war mit der Hoffnung auf eine Umgestaltung von Staat und Gesellschaft und auf demokratische Reformen verbunden – und mehr noch: In deutschen Ländern formulierten die national begeisterten Studenten das Ziel eines geeinten deutschen Verfassungsstaates.

Die russischen Befreier von 1813 erwiesen sich bald als Freiheitsverhinderer. Ein Dolchstoß sorgte früh für Ernüchterung.

Das 1813 in Berlin erscheinende *Russisch-Deutsche Volks-Blatt* war eine Zeitung, die man heute als Propagandaprodukt bezeichnen würde. Vom Befehlshaber des russischen Korps in Berlin herausgegeben, lasen die Berliner dreimal in der Woche Berichte über den edlen Zaren und seine Feldherren, über verwegene Kosaken und gutmütige Russen. Redakteur des *Volks-Blattes* war der bekannte Schriftsteller und Dramatiker August von Kotzebue. In russischen Staatsdiensten stehend, trommelte er auch publizistisch für die heilige Sache der Autokratie. Er pries das Zarenreich als Vorbild. Am 23. März 1819 wurde Kotzebue vom radikalen Burschenschafter und Theologiestudenten Karl Ludwig Sand in seiner Mannheimer Wohnung erstochen – Sand sah ihn als »Verräter des Vaterlandes«. Kotzebue wolle die »teutsche Freiheit unter die Russen stellen«.[27]

Kotzebues Ermordung verschärfte das politische Klima in den deutschen Ländern massiv: Der politische Mord diente den Kräften der Reaktion als Vorwand zur Unterdrückung der liberalen demokratischen Kräfte. Sand wurde zum Tode verurteilt. Mit den »Karlsbader Beschlüssen« wurden Burschenschaften verboten, die Freiheit der Universitäten beschnitten, die Zensur drastisch verschärft.

Kotzebues Ermordung trug zu einer tiefen Entfremdung zwischen Russen und Deutschen bei. Den Liberalen und demokratisch Gesinnten stellte sich Russland als Hort der Reaktion dar, ein »Reich der Sklaverey«, in dem ein Autokrat herrschte, der die Menschen in tiefer Armut und Rückständigkeit hielt.[28] Der Zar war Unterdrücker des nationalen Freiheitswillens der Völker.

Die Konservativen hingegen priesen das Russische Reich als Bollwerk der monarchischen Konterrevolution gegen liberale Tendenzen aller Art. So verschob sich das ideologische Koordinatensystem: »Russen-«, sprich »Zaren-Versteher« waren fortan vor allem auf der konservativen und adelig-großbürgerlichen Seite zu finden: Für sie blieb Russland die mächtige Monarchie, Garant der »Heiligen Allianz«, die revolutionären Gewalten trotzte.

Für die nationalpatriotisch aufbegehrenden Menschen in den deutschen Ländern aber war der Zar nicht mehr umschwärmter »Retter«, sondern gefürchteter »Gendarm Europas«. In den beiden fiebrigen Revolutionsjahren 1848/1849, als der »eiserne« Zar Nikolaus I. in panslawistisch überhöhter »konterrevolutionärer Solidarität«[29] mit dem Habsburger Monarchen den Aufstand in Ungarn blutig niederschlagen ließ, wurde aus der Ablehnung regelrechte Feindschaft.

Beinahe fanatisch russophob, sahen auch Karl Marx und Friedrich Engels Russland als Hauptfeind schlechthin. Dort warteten »bewaffnete Barbaren nur darauf, über Deutschland herzufallen«, wie Engels schrieb.[30] Als »halbasiatische Despotie« stellte Karl Marx Russland jedenfalls weit außerhalb eines modernen Europas – und hoffte wie Friedrich Engels auf einen revolutionären Kreuzzug des »Westens gegen den Osten, der Zivilisation gegen die Barbarbei«.[31] Erst wenige Jahre vor seinem Tod wandelte sich Marx' Russophobie in eine »widerwillige Affinität« zu Russland als zukünftigem Zentrum der Weltrevolution.[32]

## Von Deutschen unterdrückt und übervorteilt

Liberal gesinnte Russen wiederum fühlten sich von Deutschen und deutschen Einflüssen zunehmend unterdrückt und übervorteilt. »Deutsche auf dem Thron, Deutsche neben dem Thron, die Feldherrn Deutsche«, fasste der Publizist und Schriftsteller Alexander Herzen als einer der ersten russischen Sozialisten sarkastisch die Kritik an den deutschen »Zarenknechten« zusammen. »Die Außenminister Deutsche, die Bäcker Deutsche, die Apotheker Deutsche, überall Deutsche bis zum Überdruss. Deutsche Weiber besetzen fast ausschließlich die Posten der Kaiserinnen und Hebammen.«[33] In einem damals kursierenden Witz bat ein russischer General Seine Majestät darum, ihn »zum Deutschen zu ernennen«.

Als hätten Deutsche in Russland die Macht übernommen.

Tatsächlich nahmen Deutsche im Lauf des 19. Jahrhunderts Schlüsselposten am Zarenhof, in Verwaltung und Militär ein; besetzten Ministerposten, stiegen auf zu Wirtschaftskapitänen.

So viele waren es, dass bei manchen Empfängen am Zarenhof nicht mehr Russisch gesprochen wurde, sondern gleich Deutsch. Den erzkonservativen Zaren Nikolaus I. verspottete man als »russischen Deutschen«. Vom Deutschbalten und späteren Grafen von Lambsdorff von Kindesbeinen an militärisch gedrillt und mit einer preußischen Prinzessin verheiratet, schwärmte er leidenschaftlich für den preußischen Polizeistaat und dessen

Militär, bewunderte dessen »unbedingte Gesetzlichkeit«[34], wie er sagte: »In Preußen bin ich erst Mensch geworden.«[35] Seinen Schwiegervater, den reaktionären preußischen König Friedrich Wilhelm III., sah er als »Vater« einer gemeinsamen heiligen Streitmacht für das autokratisch-monarchische Prinzip. Konstitutionelle Monarchie, gar Verfassungen? Für diesen Zaren waren das nur absurde Erfindungen von Intriganten.

Russische Beamte dienten dem Staat, soll Nikolaus I. gesagt haben, »deutsche – mir«. Auch in diesem wohl erfundenen Zitat steckte Wahrheit: Denn des Zaren Deutsche dienten der »dynastischen Diktatur«[36] treu und loyal. Vor allem der deutschbaltische Adel verkörperte für Nikolaus I. die Tugenden, die er so verehrte: Disziplin, Tüchtigkeit und Gehorsam. Berühmt-berüchtigt wurde der im baltischen Reval geborene General Alexander von Benckendorff, Chef der Dritten Abteilung, der 1826 neu gegründeten Geheimpolizei. Der suchte – und fand – angebliche Feinde überall.

Es gab eben »russifizierte Deutsche«, sie dienten dem Zaren. »Germanisierte Russen« dagegen trugen das Virus einer hochansteckenden »deutschen Krankheit«: der Revolution.

Erbittert bekämpfte Nikolaus I. die deutschen Einheitsbestrebungen, die sich nach 1845 verstärkt auch in Preußen verbreiteten, plante gar eine militärische Intervention. Auch in Großbritannien[37] und Frankreich sprach man nun von der »russischen Bedrohung«. Die Öffentlichkeit verfolgte mit wachsender Empörung, wie brutal der »Tyrann« Nikolaus I. gegen die Aufständischen in Polen 1831 und vor allem 1849 in Ungarn und Rumänien vorging.[38] In Frankreich[39] und den deutschen Ländern rechnete man damit, dass Russlands Armeen erneut nach Europa marschieren würden. In Frankfurt plädierten die Abgeordneten der Nationalversammlung, des ersten deutschen Parlaments, für die Bildung eines europäischen Heeres gemeinsam mit Frankreich. Nur so könne man Europa gegen eine russische Invasion verteidigen.[40]

Als Chiffre der Befreiung war »1812« auch in Russland nur noch ferne Erinnerung. Imperialer Kanonendonner übertönte die Freiheitslieder. Nach dem Zerfall der »Heiligen Allianz« beschwor man eine schicksalhafte Auseinandersetzung zwischen Russland und Europa, zwischen Ost und West. In Russland lieferten slawophile Denker den philosophischen und ideologischen Unterbau für Theorien vom Zusammenprall zweier Zivilisationen, erschreckend vertraut noch heute ihre Parolen: Russlands Bestimmung liege in der Abkehr von der angeblich geistig absterbenden westlichen Welt. Dem zersplitterten Europa stehe das heilige, imperiale, nationale und volkstümliche Russland gegenüber. Und war noch 1812 Frankreich der Gegner, übertrugen sich die russischen Phobien zunehmend auf das erstarkende, seit 1871 vereinigte Deutschland.[41]

Affinitäten und Aversionen auf beiden Seiten, Hoffnungen und Enttäuschungen, aufeinander projizierte Fantasien und Phobien, gewaltige nationale Emotionen – es gab kein Entrinnen. Unentwirrbar waren diese Widersprüche fortan in den Beziehungen zwischen Deutschen und Russen miteinander verknotet.

Den damaligen deutschen Blick nach Osten fasste wohl kaum jemand prägnanter zusammen als der Deutschen rebellischer Lieblingsliterat, Heinrich Heine. Im revolutionären europäischen Jahr 1830 schrieb er:

*Rußland, dieses schöne Reich,*
*Würde mir vielleicht behagen,*
*Doch im Winter könnte ich*
*dort die Knute nicht ertragen.*[42]

Und Russland wurde zu einem »furchtbaren Riesen«.[43]

# DIE ERFINDUNG DER RUSSISCHEN SEELE

*Es waren Jahrzehnte voller Widersprüche. Zum ersten Mal begeisterten sich Deutsche und Russen aneinander. Mit seinen atemberaubend tiefgründigen Schriftstellern präsentierte sich Russland als echte Kulturnation. Im 19. Jahrhundert entdeckten die Deutschen die »russische Seele« – oder das, was sie dafür hielten, und deutsche Unternehmer stiegen in Russland zu Oligarchen ihrer Zeit auf. Doch mit dem übermächtigen Anspruch des deutschen Kaisers auf Weltpolitik verschärfte sich der politische Gegensatz zu Russland rasch. 1914 standen sie einander als Todfeinde gegenüber.*

Etwas Merkwürdiges vollzog sich in diesem 19. Jahrhundert; ein langsamer, doch unaufhaltsamer Prozess. Als ob sich tektonische Platten in Bewegung gesetzt hätten: Russland verschob sich. Jahrhundertelang hatte man das Zarenreich im »Norden« verortet, geografisch wie mental. Russland war ein »mitternächtliches«, also nordisches Reich, in dem sich Sankt Petersburg als »Palmyra des Nordens« entfaltete. Doch Mitte des 19. Jahrhunderts mutierte der »Koloss des Nordens« zur »Bedrohung aus dem Osten«.[1]

Die Gründe für die neue russische Lage sind vor allem in der imperialen Konkurrenz zwischen dem nunmehr östlich-autokratischen Zarenreich und den »westlichen« Mächten Großbritannien und Frankreich zu suchen.[2] Die liberalen Enthusiasten der gärenden Nationalbewegung in den deutschen Ländern wiederum nahmen Russland als »Eiskeller der Despotie« wahr, fernab liegend in einer anderen, halb asiatischen Welt.

Aber auch in Russland selbst hatte eine Debatte über die historische Bestimmung des gewaltigen Landes begonnen. Der erbitterte Grundsatzstreit zwischen (liberalen) »Westlern« und (konservativen) »Slawophilen« definierte zunehmend das Verhältnis zu Europa. Auch in der Wahrnehmung der russischen Eliten entfernte sich Russland nahezu zwangsläufig vom Westen, von Europa. Zog sich nicht im Süden und Osten des Zarenreiches die »Frontier« eines Vielvölkerimperiums hin, das bis ans Ende des asiatischen Kontinents reichte? »In Europa waren wir nur Gnadenbrotempfänger und Sklaven«, notierte Fjodor Dostojewskij, »nach Asien aber kommen wir als Herren. In Europa waren wir nur Tataren, in Asien aber sind wir Europäer.«[3]

Nur ein halbes Jahrhundert nach den umjubelten gemeinsamen Befreiungssiegen von Leipzig und Waterloo standen sich Deutsche und Russen in wachsender Abgrenzung als »Westen« und »Osten« gegenüber. Nach der katastrophalen Niederlage im Krimkrieg suchte das imperiale Russland nach neuem Sinn. Wie im Deutschen Reich wurden Patriotismus und nationale Gefühle auch in Russland zunehmend in antidemokratische und in imperialistische Ideologien kanalisiert und überhöht. 1914 schließlich standen sich Deutsche und Russen als Todfeinde gegenüber. Dabei waren sich Deutsche und Russen bis dahin kulturell und ökonomisch nahe gekommen, miteinander verflochten wie nie zuvor.

Die Großmacht Russland war – und blieb – bis zum Ende des Jahrhunderts ein ökonomischer Zwerg. Zwar war das Russische Reich schon lange ein wichtiger Lieferant von Rohstoffen für Westeuropa – darunter auch für die Handels- und Kriegsschifffahrt. Freiwillig-unfreiwillig rüstete Russland seine Konkurrenten aus, nutzte die Einkünfte aber nicht, um die eigene Wirtschaft zu reformieren. Während Adel und kaiserlicher Hof Luxuswaren aller Art importierten, feinstes Meißner Porzellan, chinesische Seidenstoffe und Kamisol, italienische Trüffeln in Öl und moussierenden Champagner aus Frankreich, wurde der technologische Abstand zu Europa immer größer. Russland drohte zum Verlierer der Industrialisierung zu werden.

Daher war wieder einmal deutsches Fachpersonal gefragt. Vor allem Bergbau- und Militärexperten, aber auch Handwerker und Spezialisten, die westliche Produktionsmethoden nach Russland brachten: Kanonengießer, Bierbrauer oder Buchhalter. Die rund 20 000 Deutschen oder Deutschstämmigen bildeten Ende des 19. Jahrhunderts die größte Gruppe der »Ausländer« in Russland.[4] Einige unter ihnen stiegen zu Großunternehmern auf, zu Russlands mächtigsten Bankiers auch. Ihre Firmen und Reedereien wuchsen zu weltumspannenden Handelsimperien; sie verbanden die russischen Märkte mit denen der neuen Welt; mit Südamerika, dem Nahen Osten und Asien. Und mithilfe ihrer Banken besorgten sie – gegen viel Provision – auch das notwendige Kapital für die technologische Modernisierung des Landes.

Nur wenige interessierten sich dabei für die soziale Frage, die katastrophalen Arbeitsbedingungen der russischen Lohnarbeiter etwa. Eher die Ausnahme war der brandenburgische Zuckerbäcker Ferdinand Einem, der den Arbeitern seiner Schokoladenfabrik »Einem & Co« Krankenversorgung und Betriebsrente gewährte. Gleich gegenüber dem Kreml stand die Fabrik auf einer Insel im Moskwa-Fluss, weithin sichtbar das Firmenzeichen, manchmal roch es in den nahegelegenen Straßen wunderbar nach Schokolade.

In den eleganten Läden von Einem & Co türmten sich Berge von Bonbons und Konfekt in verspiegelten Vitrinen; dazu Lampen im Jugendstil. Nach der Revolution 1917 verstaatlicht, war die Fabrik unter dem sozialistischen Ehrentitel »Roter Oktober« mit den Marken »Aljonka« und »Mischa, der tapsige Bär« noch für Generationen sowjetischer – und postsowjetischer – Kinder ein Schokoladentraum, für Erwachsene sowieso. Sinnbild einer heilen sowjetischen Welt, avancierten die bunten Einwickelpapiere zu begehrten Sammlerstücken und gelten noch heute als *brand,* auch wenn das nunmehr patriotische Konfekt meist teurer ist als Importschokolade.[5]

Bereits in den ersten Jahrzehnten des 19. Jahrhunderts betrieben die drei aus dem hessischen Arolsen nach Sankt Petersburg eingewanderten Gebrüder Stieglitz die Niederlassungen ihrer Im- und Exportfirma Stieglitz & Co so erfolgreich, dass Ludwig Stieglitz bald auch die größte mechanische Baumwollspinnerei besaß. Sein Sohn Alexander stieg zum »russischen Rothschild« auf, *der* Banker des Zaren, der russische Staatsanleihen für den Bau der Eisenbahnlinie Sankt Petersburg-Moskau auflegte und auch an den Auslandsanleihen verdiente, mit denen die russische Regierung den Krimkrieg finanzierte. »Mit seinen Wechseln konnte man, wie mit Bargeld, ganz Europa bereisen, Amerika und Asien besuchen«, hieß es in der russischen Fachzeitschrift »Der Industrieanzeiger«.[6] Gegen eine Spende von 300 000 Silberrubeln verlieh der Zar Stieglitz den Titel »Wirklicher Staatsrat«. Er wurde Direktor der 1860 gegründeten russischen Zentralbank.

Ludwig Knoop kam 1840 als Gehilfe eines englischen Firmenrepräsentanten nach Moskau; er revolutionierte die Produktion von Baumwollstoffen und Textilien, neben Getreide eines der wichtigsten Exportgüter der russischen vorindustriellen Wirtschaft.[7] Seine Fabrik auf der Flussinsel Krähnholm bei Narwa[8] gehörte mit bis zu 7000 Beschäftigen zu den größten Textilfabriken der Welt. Vom Zaren zum Baron geadelt, avancierte von Knoop zu einem der mächtigsten Unternehmer des

19. Jahrhunderts. Am Ende hielt der »russische Baumwollkönig« Anteile an rund 200 Firmen, darunter in New York, New Orleans, Kairo und Bombay. »Der erste Toast auf das Wohl des Kaisers. Der zweite galt mir«, berichtete er seinem Bruder über die Festlichkeiten zu seiner Nobilitierung 1877, »der Jubel wollte nicht enden«.[9]

Die ein Jahrhundert später in die Familie eingeheiratete ehemalige Historikerin Alexandra von Knoop war noch im Jahr 2017 eine der hartnäckigsten Lobbyistinnen der deutschen Wirtschaft in Putins Russland, eine personalisierte *pressure group*. Als langjährige Vorsitzende und Ehrenpräsidentin der Deutschen Außenhandelskammer in Moskau erhielt sie von Präsident Putin 2016 die russische Staatsbürgerschaft verliehen; eine seltene Ehre. Sie war durchaus stolz darauf, eine Putin-Versteherin zu sein.[10]

Sie waren Oligarchen ihrer Zeit, und manche machten unglaubliche russische Karrieren.

Gerade einmal 24 Jahre alt, begann der mecklenburgische Pastorensohn und Kaufmannslehrling Heinrich Schliemann 1846 sein russisches Leben als Handelsagent in Sankt Petersburg. Machte sich selbstständig, handelte mit Kaffee, Tabak und Zucker, importierte Rohstoffe für die boomende russische Textilindustrie, vor allem den blauen Farbstoff Indigo.

Die vom Zaren verliehene russische Staatsbürgerschaft verschaffte Schliemann Zugang zu den Hinterzimmern der Macht. Während des Krimkriegs schmuggelte er die kriegswichtigen Munitionsrohstoffe Blei, Schwefel und Chile-Salpeter über die grenznahen Städte Memel und Königsberg nach Russland – und verdiente so viel am auch damals schon schmutzigen Geschäft mit dem Krieg, dass er bald zu den reichsten Männern Russlands gehörte, der sein Kapital auch mit Immobilienspekulationen und Zinswucher mehrte. »Ich gelte hier als

Oligarchen: Deutsche steigen zu den mächtigsten Industriellen in Russland auf. Der mecklenburgische Pastorensohn Heinrich Schliemann, der sich 1861 in hochherrschaftlicher Pose fotografieren lässt, zählt zu den reichsten Männern Russlands. Später frönt er seiner anderen Leidenschaft, der Archäologie. Und entdeckt das Gold von Troja, den Schliemann-Schatz.

der schlaueste, durchtriebenste und fähigste Kaufmann«, tönte Schliemann, ließ sich im schweren Pelzmantel fotografieren, einen modischen Zylinder auf dem Kopf.[11]

Ab 1864 liquidierte der Vielfachmillionär seine russischen Geschäfte und investierte in eine andere Leidenschaft, die Archäologie. Er lernte Altgriechisch und Latein, und dann grub er das antike Troja aus, den sagenumwobenen »Schatz des Priamos«. Als »Troja-« oder »Schliemann-Gold« im Berliner Museum für Vor- und Frühgeschichte ausgestellt, war es Anfang

Mai 1945 im Flakbunker am Zoologischen Garten ausgelagert, in einer unscheinbaren Kiste verpackt. Nach der Übergabe des Flakturms an die Rote Armee wurde die auf einen Lastwagen geladen, das Schliemann-Gold verschwand. Ein halbes Jahrhundert lang wusste kaum jemand, dass die Trophäe in einem der Geheimdepots des Moskauer Puschkin-Museums lag, einen Steinwurf vom Kreml entfernt. Erst 1996 wurde Schliemanns Gold wieder der Öffentlichkeit präsentiert. Es wird als Eigentum des russischen Staates reklamiert.[12]

Zu Beginn des 20. Jahrhunderts war das Deutsche Reich zum wichtigsten Handelspartner und größten Kapitalgeber Russlands geworden. Deutschland war größter Importeur russischer Agrarprodukte, deren Erlöse wiederum zu großen Teilen den russischen Staatshaushalt finanzierten. »Reichsdeutsche Firmen« wie Siemens und BASF, Daimler, Krupp und Mannesmann produzierten Lokomotiven und Schienen für die Transsibirische Eisenbahn, das imperiale Großprojekt des Zaren. Sie bauten den russischen Telegrafendienst auf, elektrifizierten die russischen Städte, errichteten Chemiewerke und Metallhütten. Nach jahrelangen Scharmützeln um Zolltarife und Finanzfragen und trotz wachsender politischer Spannungen hatten die Regierungen beider Länder noch 1894 einen umfassenden Handelsvertrag von zunächst zehnjähriger Dauer abgeschlossen, der 1904 verlängert wurde.[13]

Der Erste Weltkrieg setzte dem Wirken der meisten »inneren Deutschen« ein Ende. Obwohl sie zum Teil seit Generationen in Russland lebten, verloren sie ihre Fabriken und Geschäfte, viele verließen das Land. Die großen reichsdeutschen Unternehmen überlebten den Krieg und auch die bolschewistische Revolution. Bald waren sie wieder privilegierte Geschäftspartner. Sie machten dann auch mit Stalin Geschäfte, dem Menschenschlächter.

## Ein Land leuchtet: Das silberne Zeitalter der russischen Kultur

Es gehört zu den unauflösbaren Widersprüchen dieser gedrängten Zeit, dass Deutsche und Russen einander erst gegen Ende des 19. Jahrhunderts wirklich entdeckten; zumindest schien es so. Deutsche verliebten sich in den vor allem von russischen Slawophilen erfundenden Mythos der »russischen Seele« – oder das, was sie dafür hielten: ursprünglich und unergründlich, naturnah und gottergeben. Russen wiederum ergötzten sich an der Legende deutscher schöpferischer Erhabenheit und tiefgründiger Sinnsuche der Kulturnation:

*… wo Du doch, Deutschland, meine Liebe,*
*wo Du doch, Deutschland, bist mein Wahn*

schrieb die große russische Poetin Marina Zwetajewa noch im Kriegsjahr 1915 über ihr Deutschland.[14]

Immer ging es dabei um das Große, das Absolute, Endgültige. Das machte die Annäherung faszinierend, aber auch anstrengend: Wahrheit, Sinn, Genius, Gott, universelle Berufungen. Deutsche und Russen – Russen und Deutsche betrachteten einander im Zauberspiegel.[15] Der aber war immer auch ein Zerrspiegel.

Über Jahrhunderte war der Transfer von Wissen und Kultur einseitig von West nach Ost verlaufen. Europäische Bildung galt in Russland als Ideal der oberen Schichten. Man verbrachte mehrere Monate im Jahr in Europa, kurte in Baden-Baden und an der Côte d'Azur. Grundlegende Begriffe und Gefühlsbeschreibungen aus der Gedankenwelt der Aufklärung konnten lange nicht auf Russisch ausgedrückt werden: Worte wie »Mitgefühl« etwa oder »Einbildungskraft«. »Echtes« Russentum war lange identisch mit der Zugehörigkeit zu einer angeblich erhabeneren, modernen europäischen Zivilisation. Wer nach Europa reiste, an seinen Universitäten in Paris und Göttingen studierte, »unternahm gleichsam eine Wallfahrt«.[16] Der russische Nationaldichter Alexander Puschkin brachte dies charmant auf den Punkt, als er in seinem Versdrama *Eugen Onegin* den geneigten Lesern den »germanisierten« russischen Studenten Wladimir Lenskij vorstellte:

> *... hatte eine echt Göttingianische Seele....*
> *Aus dem nebligen Deutschland*
> *brachte er Früchte der Gelehrsamkeit:*
> *freihheitsliebende Träume,*
> *einen ungestümen und ziemlich seltsamen Sinn, ...*
> *und schwarze Locken bis zu den Schultern.*[17]

Zum Ende des 19. Jahrhunderts trat Russland zum ersten Mal als eigenständiger kultureller Akteur auf die europäische Bühne.[18] Verlage waren gegründet, der Buchdruck industrialisierte sich, Journale vermittelten die Chronik fortlaufender Ereignisse. Wissen und Musik, Literatur und Philosophie – zeitweise schien es, als werde Russland zum Zentrum einer leuchtenden, grenzenlos neuen Welt. Das »Silberne Zeitalter der russischen Kultur« fand seinen Höhepunkt Anfang des 20. Jahrhunderts.[19]

Auf einmal waren sie da, spektakulär, die selbstbewussten russischen »Kinder von 1812«.[20] Künstler und Schriftsteller und die Übersetzungen ihrer abgründigen Werke aus einem fernen und doch so nahen Land. Russland hatte dem Westen so viel zu geben – vielleicht gar Erlösung! Welche Charaktere, welche Lebenswelten, grandiose Inszenierungen der Realität eines gewaltigen Landes und seiner zerrissenen Gesellschaft! Da war der beherzt realistische Iwan Turgenjew, der in Deutschland studiert hatte, lange in Berlin und Baden-Baden lebte und so gern abtauchte im »deutschen Meer«, wie er sagte. Er brachte den deutschen Lesern das wahre russische Leben näher: die Provinz, die Armut, Gläubigkeit und Großherzigkeit. Da war Lew Tolstoj, der Schriftstellergott im Bauernkittel mit seinem Moralepos von »Krieg und Frieden«. Und natürlich Fjodor Dostojewskij, ehemaliger Häftling, leidenschaftlicher Spieler und ständig verlierender Dauergast im Casino zu Baden-Baden; dieser düstere, hagere Mann mit seinem Faible für die sündigen Abgründe der Seele. Schon 1864 erschien seine Anklage *Aus dem Totenhaus* auf Deutsch, bald folgte *Verbrechen und Strafe*, lange übersetzt als »Schuld und Sühne«.

Für viele aus der russischen »Intelligenzija« stellte Deutschland das geistige Zentrum Europas dar. Sie wollten sich messen an deutschen Schriftstellern und Dichtern. Hatten ihren Schiller, Heine und Rilke gelesen; Kant, Hegel natürlich und Nietzsche. Sie studierten an den technischen Universitäten Darmstadt und Karlsruhe oder der Bergakademie Freiberg. Sie wählten München, Berlin und vor allem Heidelberg, das »Weltdorf« mit seinen berühmten philosophischen und juristischen Fakultäten. Gründeten die »Russischen Lesehallen«, Treffpunkte und Debattierclubs, in denen man auch mit renommierten deutschen Professoren wie Max Weber nächtelang über Russlands demokratische, vielleicht gar sozialistische Zukunft diskutierte – und ansonsten eine supranationale »Kulturmenschheit« propagierte, in der jede Kultur mit ihren eigenen Werten vertreten sei.[21]

Mit ihrer Musik ließen sie die Welt erklingen. Der Virtuose Anton Rubinstein, die Komponisten Pjotr Tschaikowsky und Igor Strawinskij und vor allem der Impresario Sergej Djagiljew. Wie der das russische Ballett revolutionierte, ihm Seele, Erotik, Leidenschaft und Ekstase gab, aber auch Ironie und Leichtigkeit. Die Gastspiele seiner 1909 in Paris gegründeten »Ballets Russes« kamen bis zum Ersten Weltkrieg in Berlin vor begeistertem Publikum zur Aufführung. Der Tänzer Vaslav Nijinskij schien aus einer anderen Welt herabgekommen. So voller Hingabe, kraftvoll. Eine Offenbarung, nein, eine Erlösung. »Um diesen Körper ist ein Schwingen wie atmosphärisches Strömen.«[22]

Doch bei aller Begeisterung über dieses reine, »wahre« Russland – immer schwang etwas anderes mit, eine nervöse Grundspannung, einem Zittern gleich. Etwas Fremdes. Eine Grundruhe, ein wohlwollendes Miteinander existierte in dieser deutsch-russischen Beziehung eigentlich nie.

Vielleicht hatte es auch damit zu tun, dass Russland in einem »Nichts« zwischen West und Ost feststeckte und sich schon früh von einem Westen enttäuscht fühlte, der seine eigenen Werte ständig verriet. Bereits das imperiale Russland des 19. Jahrhunderts definierte sich weniger als Nachbar, sondern zunehmend als Alternative des Westens, legte der Philosoph Boris Groys in seinem Aufsatz *Die Erfindung Russlands* dar: »Die russische Kultur besitzt eine extreme Empfindlichkeit für die Unzufriedenheit des Westens mit sich selbst, für die Sehnsüchte und Wünsche, die im westlichen kulturellen und politischen System keine Befriedigung finden können – und immer wieder hat die russische Kultur sich selbst als Realisierung dieser westlichen Träume angeboten.«[23]

Selbst auf der Suche nach einer Identität im Niemandsland zwischen Ost und West, musste sich Russland in Abgrenzung von dem »Anderen« immer wieder neu erfinden. Zur Konstruktion einer auf Putin zugeschnittenen postsowjetischen Mischmasch-Identität mit eurasischen Zügen nutzen russische »Polittechnologen« jenen vermeintlich geschichtslosen Zustand, den Pjotr Tschaadajew schon 1829 als »außerhalb der Zeit« stehend beschrieb, ein Land ohne inneren Halt, in dem »alles fließt«: »Wir gehören weder zum Osten noch zum Westen.«[24]

Russland richtete sich zwar auf den Westen aus, schloss sich dem Westen aber nicht an:

*Mit der Vernunft ist Russland nicht zu begreifen,*
*nicht zu messen mit dem allgemeinen Maß:*
*Sein Wesen ist ganz besonders;*
*An Russland kann man nur glauben.*[25]

Noch heute berufen sich – vornehmlich deutsche – »Russland-Versteher« ebenso verklärend wie kritiklos auf diese Zeilen, wenn es um die Rechtfertigung russischer Politik etwa in der Ukrainekrise geht. Das Missverständnis könnte größer kaum sein: Was als Aufruf zum Miteinander interpretiert wird, war in Wahrheit die Kurzfassung eines Manifestes der Abwehr. Der Verfasser dieses im slawophilen Überschwang geschriebenen Vierzeilers, der Diplomat und langjährige Leiter der Behörde für die Zensur ausländischer Literatur Fjodor Tjutschew, hatte in einer Denkschrift die Auseinandersetzung mit dem »ungläubigen« Westen zur zivilisatorischen Mission Russlands erklärt. Sie wurde als »Kriegserklärung gegen ganz Europa« aufgefasst.[26]

Es gebe eine »lakaienhafte« Furcht und eine Scham, für »asiatische Barbaren« gehalten zu werden, schrieb Fjodor Dostojewskij in seinem *Tagebuch eines Schriftstellers*. Diese Furcht habe Russland mit dem Verlust der »geistigen Selbstständigkeit« bezahlt. Seine Grundsatzkritik an der westlichen Zivilisation, einer »Menschenfressergesellschaft«[27], die sogar noch den Überlebenskampf der durch die Industrialisierung verarmten Massen zum Fortschritt erkläre, wurde auch in Deutschland publiziert und erreichte ein breites Publikum.[28] Der Welt werde von Russland das letzte Wort gesprochen, schrieb er – als ob die Welt am russischen Wesen genesen solle.[29] Um Russlands Zukunft und

Europas Erlösung willen gelte es, ein »ewiges« Bündnis mit Deutschland zu schließen. »Zwei großen Völkern ist es auf diese Weise bestimmt, das Antlitz dieser Welt zu verändern.«[30]

## Der Weg in den Ersten Weltkrieg: Imperiale Ambitionen und Endkampfvisionen

Die letzten Jahrzehnte des »langen 19. Jahrhunderts« waren von nationalen Hysterien und einer politischen Dauerkrise geprägt, zu der die imperialen Ambitionen des 1871 gegründeten Deutschen Reichs und Russlands maßgeblich beitrugen. Am Ende marschierte die Welt in den Abgrund des Krieges.

Gedemütigt war das Russische Reich aus dem Krimkrieg hervorgegangen, deklassiert, bestenfalls noch eine Großmacht zweiten Ranges. Der junge Zar Alexander II. beugte sich dem Zwang zur Modernisierung. Er initiierte eine umfangreiche Militärreform, hob die Leibeigenschaft auf, ein quälend langsamer Prozess in einem immer noch quälend rückständigen Reich.

Die Machtverhältnisse verschoben sich radikal zugunsten des Deutschen Reiches. Unter Führung des Realpolitikers Otto von Bismarck etablierte es sich innerhalb weniger Jahre als kontinentale Vormacht, seit der Entlassung des ersten Reichskanzlers 1890 mit wachsenden imperialistischen Ansprüchen. Bismarcks Verhältnis zu Russland war widersprüchlich, gespalten. Einerseits förderte er monarchische Gemeinsamkeiten zur Abwehr republikanischer, gar sozialistischer Bewegungen. Andererseits fürchtete er den russischen Nationalismus, der sich auch in panslawistischen Ansprüchen auf dem Balkan ausdrückte. Bismarck wollte Russland einbinden und zugleich die »russische Gefahr« abwehren.[31] Vor allem aber diente sein System »fein abgestufter Verträge und Allianzen dem obersten Zweck, das Deutsche Reich ... gegen französische Revanchegelüste abzuschirmen – und den Zaren gegen »französische Ansteckung zu impfen«.[32]

Mochte sich Bismarck auf dem »Berliner Kongress« im Juli 1878 noch so erfolgreich als »ehrlicher Makler« zur Klärung der hochbrisanten Balkanfrage inszenieren – für Zar Alexander III. und die russische politische Elite bedeuteten die dort beschlossenen territorialen Regelungen zu Ungunsten Russlands eine unerträgliche Demütigung, nationale Schande und Schmach, einen Berliner Oktroi.[33] Letztlich konnten auch Bismarcks Folgeverträge mit Russland Misstrauen und Gegensätze nicht abbauen, weder der Dreikaiserbund 1881 noch der hochgeheime Rückversicherungsvertrag zwischen dem Russischen und dem Deutschen Reich 1887. Der galt zwar als Bismarcks realpolitisches Meisterstück, war aber letztlich nur ein fragiles »Verlegenheitsmoratorium«, das eine russische Annäherung an Frankreich verhindern sollte.[34] Der hochgefährliche Dauerkonflikt um Einfluss und Kontrolle auf dem Balkan aber blieb ungelöst.

Schon 1890 verlängerte Kaiser Wilhelm II., ein damals 30-jähriger Mann mit ungehemmtem Ehrgeiz, den Rückversicherungsvertrag nicht mehr – er zwang Bismarck zum Rücktritt. Der politische Gegensatz zu Russland verschärfte sich mit Wilhelms Anspruch auf »Weltpolitik« rasch. Nur vier Jahre später schloss Zar Alexander III. ein festes Bündnis mit Frankreich, aus dem 1907 schließlich ein Dreierbündnis mit England wurde, die »Triple Entente«. Russland war nun nicht mehr auf das Deutsche Reich als europäischen Partner zur Absicherung seiner strategischen Interessen auf dem Balkan und am Bosporus angewiesen. Vor allem in Bezug auf die ungelöste »Balkanfrage« wuchs der innenpolitische Druck durch Slawophile und Panslawisten, die Russland in einer schicksalhaften Konfrontation mit der »germanischen Zivilisation« sahen.[35]

Dabei kannten sich die beiden dynastisch verbandelten Kaiser gut. Wilhelm II. und Nikolaus II. – »ein Schwächling mit infantilen Zügen und angenehmen Manieren«[36] – waren miteinander verwandt, darüber hinaus war der Zar mit einer entfernten Cousine des deutschen Kaisers verheiratet, Alix von Hessen. Die Familien trafen sich regelmäßig, verbrachten viele Jahre lang gemeinsame Sommerferien. Doch auch persönliche Nähe half nicht, zu einer Verständigung zu kommen, einer Entspannung der hochgefährlichen Krise um Bosnien-Herzegowina. Ebenso machthungrig wie psychisch labil fühlte sich Wilhelm II. von seinem Cousin hintergangen, die Russen verachtete er ohnehin. Die Balkankrise[37] war zu einer Konfrontation zwischen zwei Großmächten geworden, die sich noch wenige Jahre zuvor zu strategischen Partnern erklärt hatten. Für die politische Elite, seine Generäle und wohl auch für den Zaren selbst wurde das Deutsche Reich zur geopolitischen Konkurrenz um die Hegemonie auf dem Balkan und am Bosporus. Dem Sog wachsenden Misstrauens und religiös verbrämter Endkampfvisionen zwischen Slawen und Germanen konnte – und wollte – sich der bis zuletzt zögernde Zar nicht mehr entziehen.

Natürlich wusste Nikolaus II. um die ökonomische und militärische Schwäche seines Reiches. Der verlorene Krieg gegen Japan und vor allem die erste russische Revolution 1905 waren Beweis und Menetekel genug. Noch wenige Wochen vor Kriegsausbruch 1914 hatten Streiks die russische Hauptstadt lahmgelegt, es kam zu Straßenschlachten zwischen Arbeitern und der Polizei.

Der Krieg, so die Kalkulation, könnte das zerrissene, revolutionär gestimmte Land wenigstens patriotisch hinter dem Zaren vereinen. »Dabei gab es in der Petersburger Regierung keine eigentliche Kriegspartei, niemand war zu sehen, der den großen Knall herbeiwünschte.«[38]

Doch weil es im Endkampf um imperiale Ehre auch um das

Überleben des Systems ging, in Russland wie in Deutschland, gab es irgendwann kein Zurück mehr. Nach der Kriegserklärung Österreich-Ungarns an Serbien am 28. Juli 1914 kündigte Russland erst eine Teil-, dann die Generalmobilmachung an. Nicht Habsburg, sondern Deutschland verantworte die dramatische Entwicklung nach dem Attentat auf den österreichischen Thronfolger in Sarajevo, hieß es in Sankt Petersburg. Deutschland treibe Europa in den Krieg – falsch war das nicht.[39] Zögernd, zweifelnd, schickte der Zar seinem deutschen Cousin kurz hintereinander zwei Telegramme, in denen er um Vermittlung bat; hoffte nach dessen vermeintlich beruhigender Antwort auf eine lokale Begrenzung des Krieges auf Österreich und Serbien, stoppte die bereits angeordnete Generalmobilmachung. Schon länger hatten die Cousins mithilfe der damals hochmodernen Telegramme korrespondiert, sie schrieben einander auf Englisch. Der Zar unterschrieb geflissentlich mit »Nicky«, der deutsche Kaiser mit »Willy«.[40]

Die Telegramme blieben ohne Erfolg. Denn der deutsche Kaiser, die Generalität und der Reichskanzler konnten erklären, sie stünden mit dem Rücken zur Wand. Am Ende war Krieg das Mittel der Wahl, um die deutsche Vorherrschaft in Europa zu erkämpfen, ein und für allemal den Ring der Eindämmung zu sprengen, den Frankreich, England und Russland um das Deutsche Reich gelegt hätten.[41] Er würde zehn Millionen Tote fordern.

Alle Akteure in dieser Krise waren sich der Gefahr bewusst. Blind und taub für den Horror des Krieges, verstanden sie nicht, was sie entfesseln würden. Doch alle Akteure, auch der deutsche Kaiser und der russische Zar,[42] kalkulierten ihre gefährlichen Schritte, reflektierten ihre Entscheidungen, sie kommunizierten. Obwohl man schon seit Jahren von der Unvermeidbarkeit eines großen Krieges sprach[43] – »unvermeidbar« war der Erste

Weltkrieg nicht. Die meisten Akteure waren kriegswillig. Das Attentat von Sarajevo war nicht Ursache, sondern Gelegenheit.[44]

Begleitet von heftiger antirussischer Propaganda erklärte das Deutsche Reich der »barbarischen Despotie« Russland am 1. August 1914 den Krieg. »Und nun ist man erschreckt darüber, was man angerichtet hat«, berichtete der damalige deutsche Militärbevollmächtigte am Zarenhof über die russische Reaktion.[45]

Für eine kurze Zeit wurde Russland von einer Welle patriotischer Begeisterung erfasst. Man werde die slawischen Brüder auf dem Balkan verteidigen, hieß es. Russland werde Europa erneut befreien – aber diesmal nicht von den Franzosen, sondern von den Deutschen! Die Zeit der Abrechnung sei gekommen, endlich habe es ein Ende mit den Demütigungen durch die Deutschen. Eine Weile hielt das patriotische Band aus »Glauben, Zar und Vaterland«.[46]

Je länger der Krieg dauerte, je fester sich die deutschen Besatzer in den eroberten Gebieten des »Landes Ober Ost«[47] etablierten, um dort eine neue deutsche Welt zu errichten, desto größer wurde die Angst vor den Deutschen. Man fürchtete sie nun als »Horde aus dem Westen«, den »Tschingis Khan mit Telegraph«. Gerüchte über deutsche Gräueltaten machten die Runde, man vermutete deutsche Spione in der Zarenfamilie und unter den deutschstämmigen Offizieren der russischen Militärführung, den »Verrätergenerälen«. Der Erste Weltkrieg – in Russland nannte man ihn den »deutschen Krieg«.

In gewisser Weise stimmte das sogar. Denn das Deutsche Reich setzte die wirksamste Waffe im Krieg gegen Russland ein. Einen ehemals bürgerlichen Rechtsanwalt, nun Berufsrevolutionär: Wladimir Uljanow, genannt Lenin. Und er kannte keine Skrupel.

## »DEKOMPOSITION« ODER: DIE GEKAUFTE REVOLUTION

*Welch eine Waffe! Während des Ersten Weltkriegs organisierte die kaiserliche deutsche Regierung die Reise eines kommunistischen Berufsrevolutionärs aus dem Exil zurück nach Russland. Finanziert mit deutschen Geldern, sollten Wladimir Lenin und seine Bolschewiki dort eine Revolution anzetteln und rasch einen Separatfrieden mit den Deutschen schließen. Tatsächlich gelang ihm ein Staatsstreich – die »Große Sozialistische Oktoberrevolution«.*

Am Vormittag des 9. April 1917, es war Ostermontag, versammelte sich eine russische Reisegesellschaft in der Lobby des Traditionshotels und Restaurants Zähringer Hof, gleich gegenüber dem Züricher Bahnhof. In wenigen Stunden würden 32 Erwachsene und zwei Kinder auf die Reise ihres Lebens gehen. Diese Reise, davon waren sie überzeugt, würde die Welt verändern. Stimmengewirr, Zigarettenrauch, ein letztes Schweizer Mittagessen, Abschiedsreden auf Deutsch und auf Russisch. Jeden erfasste die Aufregung, die historische Dimension des Moments.

Abgesehen von den Tausenden Emigranten aus Russland war in der neutralen Schweiz nur wenig zu spüren von dem Weltenkrieg, der bereits seit fast drei Jahren wütete. In diesem grausamen Abnutzungs- und Stellungskrieg waren bereits Millionen gestorben. Keine Seite schien noch bedeutende militärische Erfolge zu erzielen – weder die Mittelmächte Deutschland und Österreich-Ungarn noch die Entente Russland, England und

Frankreich. Drei Tage alt erst war jedoch die Meldung über den Kriegseintritt der USA, der aufsteigenden Macht jenseits des Atlantik. Umso dringlicher brauchte die deutsche Militärführung Entlastung an der Ostfront. Russland sollte zu einem Separatfrieden mit dem Kaiserreich gezwungen werden – und zwar mithilfe einer kommunistischen Revolution.

Kaiser Wilhelm II. selbst hatte einem fantastisch anmutenden Plan zugestimmt: Deutschland würde einem im Schweizer Exil lebenden kommunistischen Politiker die Reise durch Deutschland ermöglichen. Der solle über Schweden und Finnland nach Russland gelangen, dort mithilfe finanzieller Unterstützung aus Deutschland eine Revolution anzetteln und rasch Frieden mit den Deutschen schließen.

Über Wochen hatten sich die schwierigen Verhandlungen über den »Russentransport« hingezogen. Telegramme schwirrten zwischen der Berliner Reichskanzlei, der Obersten Heeresleitung, dem Auswärtigen Amt und der deutschen Gesandtschaft in Bern hin und her. Die wiederum hielt über Gewährsleute Kontakt zu den russischen Emigranten, denen man grundsätzlich »mißtrauischen Charakter« attestierte.[1] Einer von ihnen, »Lehnin«, habe allerdings »großen Einfluss auf die Massen«.[2] Am 5. April 1917 war man sich schließlich einig geworden. »Emigranten haben jeder etwa drei Körbe Gepäck und wünschen, dritter Klasse zu fahren«, hieß es. Und sie bestünden darauf, selbst zu zahlen.[3]

Eigentlich sollte das Unternehmen möglichst geheim bleiben. Aber als »das Emigrantentrüppchen«[4] am frühen Nachmittag des 9. April gegen 13.30 Uhr den Züricher Bahnhof erreichte, hatten sich zum Abschied Befürworter und Gegner des Vorhabens eingefunden. Noch auf dem Bahnsteig debattierte man erregt über das Für und Wider dieser historischen Fahrt. Man brüllte, versuchte einander niederzuschreien. Worte wie »Provokateur«, »Lump« und »Spitzel« flogen hin und her, während andere die »Internationale« anstimmten.[5] Denn begleitet von seiner Frau Nadeschda Krupskaja, seiner Muse und heimlichen Liebe Inès Armand, genannt Inessa, sowie knapp drei Dutzend Genossen – wie etwa dem ebenso munter-ironischen wie zu allem entschlossenen Karl Radek – machte sich an jenem Ostermontag 1917 kein Geringerer auf den Weg Richtung Russland als der Berufsrevolutionär Wladimir Iljitsch Uljanow, genannt Lenin. Die Deutschen richteten »die grausigste aller Waffen auf Russland«, schrieb Winston Churchill später. »Sie beförderten Lenin wie einen Pestbazillus in einem plombierten Waggon aus der Schweiz nach Russland.«[6]

Nach anderthalb Jahrzehnten im europäischen Exil, einem ganzen politischen Leben fast, schien Lenin jetzt endlich nach Russland zurückkehren zu können. Er war eisern entschlossen, seine vielleicht letzte revolutionäre Chance zu nutzen. Und tatsächlich würde er nach acht Tagen und 3600 Kilometern sein Ziel erreichen: den Finnischen Bahnhof in Petrograd. Eine jubelnde Menge würde ihn empfangen.

So begann unter maßgeblicher deutscher Beteiligung eines der dramatischsten Kapitel der Geschichte. Denn in dem propagandistisch zur Revolution erhöhten Staatsstreich ging 1917 nicht nur das alte Russland endgültig unter, sondern auch das neue Russland der Februarrevolution wenige Monate zuvor; ein Russland erster, vorsichtiger Reformen, einer gewissen demokratischen Entwicklung gar. Mit dem »Roten Oktober« der Bolschewiki begann die sowjetische Zeitrechnung: Der Aufstieg eines Landes zur Weltmacht, begleitet von Jahrzehnten der Gewalt, des Terrors und des Krieges.

Hundert Jahre später, 2017, suchten Putins Polittechnologen einen ideologisch möglichst herrschaftssichernden Umgang mit dem komplizierten Problem »Revolution«. Nicht Veränderung, gar Aufbegehren sollten thematisiert werden, sondern das Ideal des mächtigen russischen Staates, der sowohl an das starke Russland der Zaren als auch an die siegreiche Sowjetunion Stalins anknüpft. Die Revolutionen 1917 wurden als kurze Verirrung auf dem patriotischen Weg dargestellt. In der großen Moskauer Dauerausstellung »Russland – meine Geschichte« wurde überdies Schulklasse um Schulklasse historisch in einer Art russischer Dolchstoßlegende ertüchtigt: Die Revolutionen hätten den (westlichen) Feinden Russlands in die Hände gespielt, habe doch das Zarenreich kurz vor dem Sieg im Ersten Weltkrieg gestanden.[7]

Das polit-historische Narrativ des Jubiläumsjahres 2017 widmete sich ganz dem Thema der Wiederherstellung und Sicherung russischer Staatlichkeit. Einig soll das Volk sein; miteinander und mit seinem Herrscher versöhnt.

Zwar hatte sich Präsident Putin Anfang 2016 kritisch über Lenin geäußert: Er habe durch willkürliche Grenzziehungen durch das sowjetische Territorium das »historische Russland« zerstört. »Unter das Gebäude, das Russland hieß, legte man eine Atombombe, die dann in die Luft ging. Wir brauchten keine Weltrevolution.«[8] Das Lenin-Mausoleum auf dem Roten Platz in Moskau aber blieb auch 2017 geöffnet – man wollte die zahlenmäßig immer noch starke – und politisch nützliche – Kommunistische Partei nicht verprellen.

Es galt vielmehr, Einheit, Einigkeit und Konsens zu einem nationalen Projekt zu erhöhen. Ein nach innen mit dem Präsidenten eines starken Staats versöhntes Russland würde außenpolitisch seine nationalen Interessen durchsetzen und eine globale Führungsrolle in einer postwestlichen Ordnung übernehmen können.

In diesem staatstragenden Sinn hatte Putin ein »Denkmal der Versöhnung« angeregt. Es soll im – neuen – russischen Süden errichtet werden, auf der Krim, gleich neben der neuen Brücke zum russischen Festland. Das Denkmal würde einen doppelten Zweck erfüllen: Auf der Krim entschied sich 1920 der Bürgerkrieg mit dem Sieg der Roten Armee. Zugleich würde sich so der ewige russische Anspruch auf die Krim manifestieren.[9]

In diesem Putin'schen Sinne war Lenin eine historische Verirrung – so wie auch Gorbatschow wohl nur eine historische Anomalie darstellte, eine Abweichung vom »russischen Weg«.

## Permanente Revolution

An jenem 9. April 1917 schleppten sie Körbe voller warmer Kleidung zum Zug, Decken und Bücher; auch Brot, Käse, Wurst und hart gekochte Eier, Proviant für eine Woche. Pünktlich nach Fahrplan um 15.10 Uhr verließ der Nahverkehrszug den Züricher Bahnhof Richtung Schaffhausen, hielt an der deutschschweizerischen Grenzstation Gottmadingen. Dort wurden die Reisenden von zwei Offizieren der Reichswehr erwartet. Streng und überkorrekt forderten sie die Russen auf, zwei Reihen zu bilden, Männer und Frauen getrennt; dann wurden sie in einem bereits wartenden Sonderzug »einwaggoniert«[10]. Nur ein einziger Waggon war an die Dampflokomotive gekoppelt, acht Abteile darin, dazu ein Coupé für das Gepäck. Drei Abteile – die der zweiten Klasse – waren mit etwas weicheren Polstersitzen ausgestattet, die der übrigen – dritte Klasse – bestanden aus Holz.

Lenin, wie immer korrekt gekleidet im schwarzen Anzug mit Weste, hatte auf preiswerten, proletarisch harten Sitzen bestanden.

Im hinteren Teil des Waggons hatte jemand eine Linie aus weißer Kreide gezogen. Wie eine Grenze – allerdings »ohne neutrale Zone«, wie einer der Mitreisenden bemerkte[11] – trennte sie die beiden deutschen Begleitoffiziere von den Russen. Lenin hatte gefordert: Das »russische Gebiet« solle extraterritorial sein. Und so gab es während dieser Zugfahrt auf dem jeweiligen »Hoheitsgebiet« auch eine »deutsche« sowie eine »russische« Toilette. Vor der russischen stets eine längere »Volksansammlung«, wie der Mitreisende Karl Radek notierte, denn nur dort durfte geraucht werden.

Bürokratisch penibel hatte die deutsche Heeresleitung Lenin und seine Mitreisenden vor Reiseantritt eine Erklärung unterzeichnen lassen. Damit nahmen die alle Risiken auf sich. Es sei bekannt, dass die »russische provisorische Regierung die durch Deutschland Reisenden als Hochverräter zu behandeln drohe«.[12]

Auch wenn mindestens eine Waggontür stets unverschlossen blieb, galt der Waggon offiziell als »plombiert«. Unbedingt wollte Lenin den Eindruck vermeiden, die russischen Revolutionäre reisten unter Kontrolle Deutschlands, gar im Auftrag des Kriegsgegners und Feindes.

Genau das aber war es, Lenins Zugfahrt durch Deutschland: eine mit Zustimmung des Kaisers[13] von der deutschen Regierung geplante, organisierte und finanzierte Operation mit dem Ziel, im ohnehin revolutionär gärenden Russland weitere Unruhe, vielleicht gar einen Umsturz zu provozieren und den Kriegsgegner in der Folge in einen Frieden zu deutschen Bedingungen zu zwingen. »Kein Geschoss war weittragender und schicksalsentscheidender in der neueren Geschichte als dieser Zug, der, geladen mit den gefährlichsten, entschlossensten Revolutionären des Jahrhunderts, in dieser Stunde von der Schweizer Grenze über ganz Deutschland saust, um in Petersburg zu landen und dort die Ordnung der Zeit zu zersprengen«, schrieb Stefan Zweig.[14]

Gut möglich, dass die Sowjetunion ohne diese deutsche Zugfahrt erst gar nicht entstanden wäre.

Lenin hatte es eilig. So rasch als möglich wollte der Anführer der Bolschewiki zurück nach Russland, um dort die Ereignisse zu beeinflussen. Was wusste er denn noch von der Realität in seinem Land? Seit 15 Jahren lebte er fast ununterbrochen im politischen Exil, in Paris, in London sowie insgesamt sieben Jahre in der Schweiz. Zwei Jahre, 1900 bis 1902, hatte er unter der Tarnidentität »Mayer« in München als Redakteur gearbeitet bei der von ihm gegründeten Zeitung *Iskra*, der Funke. In München hatte er zum ersten Mal einen Brief mit dem Decknamen »Lenin« unterschrieben.[15] Seit Juli 1903 war er nach der von ihm gezielt betriebenen Spaltung der Russischen Sozialdemokratischen Arbeiterpartei Führer der kleinen, radikal-militanten Fraktion der Bolschewiki. Obwohl sie sich »Mehrheitler« nannten, waren sie zahlenmäßig in der Minderheit.

Immer wieder kam Lenin in die Schweiz, er mochte die Berge, die Seen. Im Februar 1916 hatte er sich in Zürich niedergelassen. Während des Krieges war die Schweiz sozusagen zur Europazentrale der russischen politischen Emigration geworden, mindestens 7000 Russen lebten hier.[16] Lenin aber schien sein Schweizer Leben ohne Perspektive. Das winzige, stickige Zimmer in der engen Spiegelgasse Nr. 14, in dem er mit seiner Frau bei einem Schuster zur Untermiete wohnte – drumherum das wohlhabende Leben der Schweizer Bourgeoisie mit ihren Patisserien und Geschäften für feine Wäsche; auch das nur ein paar Häuser weiter gelegene dadaistische »Cabaret Voltaire« schien ihn nur mäßig zu begeistern. Lenin verbrachte seine Tage in der Bibliothek der Zentralstelle für soziale Literatur, gute fünf Minuten Fußweg von der Spiegelgasse entfernt. Diszipliniert arbeitete er jeweils von neun bis zwölf Uhr, eine Mittagspause zu Hause, dann wieder der Lesesaal, bis 18 Uhr. Abends debattierte er mit den Genossen im Exil, leidenschaftlich, haarspalterisch.[17] Diese Gedanken würden sich auch in seinen berühmten »Aprilthesen« niederschlagen, die er nur einen Tag nach seiner Rückkehr nach Petrograd verkünden würde, seiner endgültigen Abkehr von der Stufentheorie Karl Marx': Der Weltkrieg sei eine gewaltige revolutionäre Chance. Die Phase einer bürgerlichen Revolution müsse nicht mehr durchlaufen werden, Vorstufe zur letzten, großen Revolution des Proletariats. Vielmehr gehe es jetzt um den proletarischen Umsturz, den Bürgerkrieg, der direkt zur der Diktatur des Proletariats führe. Im schwächsten der imperialistischen Staaten könne es gelingen: in Russland.

Von Russland ausgehend werde die permanente Revolution ganz Europa erreichen – natürlich auch das verrottete kaiserliche Deutschland.

Doch es schien, als fände die Revolution ohne ihn statt. Denn Anfang 1917 brannte Russland von innen. Bereits mehr als fünf Millionen Soldaten waren an der Front gefallen oder verwundet worden, katastrophal die Versorgungslage, Moral und Disziplin zerfielen rasend schnell. Längst war das einigende antigermanische Band von 1914 zwischen Zar und Volk zerrissen. Wie die Bauernsoldaten an der Front waren auch die Menschen im Hinterland hungernd und kriegsmüde. In Sankt Petersburg, das im August 1914 patriotisch in Petrograd umgetauft worden war, wurden die endlosen Schlangen um Brot zu politischen Nachrichtenbörsen. Der eisige Winter brachte Proteste. Allein in den ersten beiden Monaten 1917 kam es in Petrograd zu Hunderten Streiks, Schlägereien, Plünderungen der Brotgeschäfte.

Am 23. Februar, dem Internationalen Frauentag, führte ein Marsch der Arbeiterinnen zu weiteren Demonstrationen, die wenig später in einen Generalstreik mündeten. Soldaten schossen in die Menge, Hunderte starben. Am Tag darauf meuterten auch die Soldaten. Die Februarrevolution[18]: Das Volk lehnte sich auf; eine provisorische Regierung, bestehend aus Abgeordneten der Duma, übernahm die Macht.

Eine Woche später verzichtete Zar Nikolaus II. auf den Thron. »Es herrschte Frost, und starker Wind wehte«, notierte er. »Mein

Herz ist schwer, traurig und voller Furcht.«[19] Es war das klägliche Ende einer 300-jährigen Dynastie.

Man weinte dem Zaren keine Träne nach. Ihn – und all die deutschstämmigen Minister und Berater in seinem Umfeld – machte man für die militärischen Niederlagen verantwortlich. Wegen seines deutschen Cousins Kaiser Wilhelm II. verdächtigte man Nikolaus II. der geheimen Zusammenarbeit mit den Deutschen, so wie auch seine Frau Alexandra, geborene Prinzessin von Hessen. Im Verlauf des Krieges war »die Deutsche« immer ambitionierter geworden, galt manchen als eigentliche »Autokratin« im Palast – und viele hielten sie für eine deutsche Spionin.[20]

Die Zarenfamilie wurde zunächst in Zarskoje Selo außerhalb der Stadt unter Hausarrest gestellt. Eine Ausreise nach Großbritannien – immerhin war auch König Georg V. Cousin des Ex-Zaren – scheiterte an der kleinmütigen Unentschlossenheit des britischen Königs.[21] Ende 1917 wurde die Familie als Gefangene in Jekaterinburg im Ural festgesetzt und im Juli 1918 von Lenins Schergen – wahrscheinlich auf dessen Befehl – brutal ermordet. Der chronisch kranke Zarensohn Aleksej war das jüngste Opfer des Massakers, er starb mit 14 Jahren. Die Leichen wurden im Wald verscharrt. Die Familie galt als verschollen, Akten über das Komplott wurden zum Staatsgeheimnis erklärt. Erst in den 1990er-Jahren wurden die Jahre zuvor gefundenen sterblichen Überreste der Ermordeten von einem Moskauer Gerichtsmediziner identifiziert.[22]

Im Februar 1917 plante die Provisorische Regierung, eine Verfassung ausarbeiten zu lassen. Das Recht auf Streiks und Demonstrationen wurde festgeschrieben; es herrschte Presse- und Meinungsfreiheit. Zum ersten Mal schien es, als sei Russland auf dem Weg in eine parlamentarische Zukunft. Und zwar ohne Lenins Bolschewiki.

Von den Ereignissen im fernen Petrograd hatte Lenin zum Teil erst aus der Zeitung erfahren. Noch kurz zuvor hatte er geklagt, er werde die Revolution wohl kaum mehr erleben. Und jetzt war er gefangen in seinem Züricher Exil. Theoretisch konnte er die Schweiz zwar über Frankreich und Großbritannien Richtung Norden verlassen, um über Schweden und Finnland nach Russland zu gelangen – aber weder die französische noch die britische Regierung würden ihre Erlaubnis erteilen. Dort wusste man, Lenins Priorität war die Revolution, nicht der Krieg. Frankreich und Großbritannien aber wollten Russland unbedingt als Verbündeten im Krieg halten.

Und eine Passage über die Nordsee war wegen des U-Boot-Kriegs hochgefährlich. In dieser verzweifelten Lage dachte Lenin kurzzeitig sogar daran, in die USA auszuwandern.

Völlig überraschend aber machten ihm die Deutschen ein Angebot, das Lenin nicht ablehnen wollte: Transit durch Deutschland. Und mehr, viel mehr: Geld und Waffen für eine Untergrundorganisation in Russland sowie mögliche weitere finanzielle Unterstützung nach einer erfolgreichen Rückkehr.

### »Der erste Platz in der Welt ist aber unser«

»Dekomposition« – die »Zersetzung des Feindlandes von innen«[23] gehörte von Anfang an zur deutschen Kriegsstrategie. Bereits seit 1914 nutzte das Oberkommando der Reichswehr all die schmutzigen Mittel, die ein Jahrhundert später als »Fake News« und »hybride Kriegsführung« bezeichnet wurden. Dazu gehörten auch Agenten und subversive Aktionen aller Art: Propaganda-Flugblätter, Streiks und Demonstrationen, Attentate. Beim Auswärtigen Amt wurde ein Sonderfonds für »Propaganda und Sonderexpeditionen« eingerichtet. Für den »Reptilienfonds« wurden bis 1918 immerhin 382 Millionen Mark aufgewendet. Die Strategie der »Dekomposition«[24] schloss auch die

Revolutionierung Russlands ein, die gezielte Schwächung des Zaren.[25] Die Zersetzung von innen sollte einerseits durch die Unterstützung nationaler Unabhängigkeitsbewegungen im Vielvölkerreich, andererseits durch gezielte Förderung revolutionärer Antikriegsbewegungen erreicht werden. Welch eine Ironie der Geschichte: Die kaiserliche Regierung unterstützte und finanzierte radikale Gegner der Monarchie – und trug damit nicht nur zum Untergang eines engen Verwandten, sondern auch zu ihrem eigenen bei.

»Dieser schwache und unaufrichtige Herrscher ... hat das Recht auf Schonung von unserer Seite verwirkt«, skizzierte der für antirussische Maßnahmen zuständige deutsche Gesandte in Kopenhagen, Ulrich von Brockdorff-Rantzau, im Dezember 1915. »Der Sieg und als Preis der erste Platz in der Welt ist aber unser, wenn es gelingt, Russland rechtzeitig zu revolutionieren und dadurch die Koalition zu sprengen.«[26]

Im Verlauf des Jahres 1917 sollte dabei ein Millionär mit radikaler Gesinnung und guten Beziehungen zu deutschen Behörden wie Geheimdiensten eine entscheidende Rolle spielen; ein großer, schwerer Mann, ein begnadeter Geschäftemacher, furchtloser Wanderer zwischen vielen Welten, Sozialist, Kapitalist und Lebemann: Alexander Helphand alias »Parvus«, der Kleine, ein Internationalist im wahrsten Sinn des Wortes. In Weißrussland als Sohn eines jüdischen Handwerkers geboren, wuchs Helphand im quirlig internationalen Odessa auf und kam 1891 sozialistisch gesinnt nach Deutschland. Er arbeitete als Journalist, verlegte linke Zeitschriften wie *Die Glocke*. Seine Münchner Wohnung wurde zum Anlaufpunkt für russische Emigranten, hier lernte er 1899 auch Lenin kennen. Die Zeitung *Iskra* entstand in Parvus' Wohnung in der Münchner Ungererstraße 80.[27]

Während des Krieges machte Parvus im osmanischen Konstantinopel viel Geld mit ziemlich undurchsichtigen Geschäften. Über die deutsche Botschaft hatte er sich schon im März 1915 der kaiserlichen Regierung als Mittelsmann für die Organisation eines Umsturzes in Russland angeboten: durch Massenstreiks und Pressekampagnen, durch die Finanzierung von Unabhängigkeitsbewegungen etwa in Finnland, auch durch die Sprengung von Brücken und Gebäuden. Die Revolution realisiere sich durch den »Zweibund von preußischen Bajonetten und russischen Proletarierfäusten«.[28]

Ein Mann, so Parvus, solle dringend eingebunden werden, durchsetzungsfähig und bereit, den Krieg zu beenden: Wladimir Iljitsch Lenin.[29] Für den Sieg der Revolution würde Lenin eine Niederlage Russlands im Krieg in Kauf nehmen. Auch wenn er dies offiziell leugnete – Lenin würde einen »Separatfrieden« abschließen.

Umgehend, noch im März 1915, erhielt Parvus zwei Millionen Mark zur »Unterstützung russischer revolutionärer Propaganda«. Im September nahm er in Zürich Kontakt zu Lenin auf. Lenin behandelte ihn mit äußerster Vorsicht und nur mühsam gezügeltem Widerwillen – vielen russischen Emigranten galt Parvus als Agent des deutschen Kaisers und »Zuhälter des Imperialismus«. Dazu sein opulenter Lebensstil: wie er in einer Suite im Luxushotel Baur au Lac residierte, Champagner zum Frühstück bestellte, die dicken Zigarren, seine Vorliebe für ausladend-blonde Frauen.[30]

Doch er konnte hilfreich sein. Bald gründete Parvus in Kopenhagen ein Handelskontor für Im- und Exportgeschäfte. Zu den Miteigentümern gehörten der deutsche Schmuggler und Agent der Abteilung Militärische Aufklärung des deutschen Generalstabs Georg Sklarz sowie Jakob Fürstenberg, ein enger Vertrauter Lenins. Fürstenberg war Lenins Mann für heikle – auch finanzielle – Angelegenheiten. Die Firma »Handels- og Exportkompaniet A/S« florierte. Über die ebenso illegalen wie lukrativen Exporte von Embargowaren aller Art nach Russland dürften »die Finanzierungen der Leninisten bis zur Machtergreifung gelaufen sein«.[31]

Und es war Parvus, der Anfang 1917 schließlich auch den direkten Kontakt zwischen Lenin und Vertretern der deutschen Regierung vermittelte: Deutsche Unterstützung für »extremistische Elemente« könne innerhalb von drei Monaten zum Kriegsende an der Ostfront führen, behauptete er.[32] Nach wenigen Wochen angespannter Verhandlungen, die über Mittelsmänner liefen, stimmten die Deutschen Anfang April Lenins Forderungen über den »extraterritorialen Status« einer Zugfahrt durch das Reich zu.

So kauften sich die Deutschen den russischen Berufsrevolutionär Lenin. Man glaubte wohl, ihn unter Kontrolle halten zu können. Man unterschätzte, wie entschlossen er war – und wie skrupellos.

Deutsche Millionenzahlungen finanzierten wohl die erfolgreiche politische Offensive der Bolschewiki im Sommer und Herbst 1917. Bereits am 1. April 1917 – kurz vor Lenins Abreise aus Zürich – hatte das Auswärtige Amt weitere fünf Millionen Mark für »politische Propaganda in Russland« beantragt, die umgehend angewiesen wurden. Sehr wahrscheinlich kauften die Bolschewiki mit diesen Geldern eine moderne Druckerei in Petrograd; verlegten Dutzende Zeitungen, darunter auch die *Prawda*; druckten hunderttausendfach Plakate und Broschüren, darunter tägliche Nachrichten für die Soldaten und Matrosen an der Front.[33] Die Mitgliederzahl der Partei der Bolschewiki stieg in diesem Sommer 1917 sprunghaft an.

Die Propagandaoffensive sollte entscheidende Bedeutung haben. Denn Lenin nutzte erfolgreich Not, Hunger, Kriegsmüdigkeit, Verzweiflung – diese ungemein gewaltbereite Wut –; er nutzte die Schwächen der Provisorischen Regierung und ihre Entscheidung, den Krieg weiterzuführen; er nutzte ideologische Streitereien, Machtkämpfe und die Hoffnung der Menschen auf Frieden, um nur ein halbes Jahr nach seiner Rückkehr in einem eiskalt geplanten Staatsstreich die Macht an sich zu reißen. Diese Machtergreifung wurde später zur »Großen Sozialistischen Oktoberrevolution« verklärt. Nichts könnte unzutreffender sein.

Seiner Machtergreifung folgte Lenins Roter Terror[34] und ein mehrjähriger Bürgerkrieg, der selbst die Grausamkeiten des Weltkriegs in den Schatten stellte. Ihr folgten bewusst in Kauf genommene Hungersnöte mit Millionen Toten und der Aufstieg eines Massenmörders an die Macht, Iossif Stalin. Dem Terror dieser Revolution würden auch einige der Mitreisenden in Lenins Zug zum Opfer fallen.

Der machtpolitische Handel eines antiimperialistischen Berufsrevolutionärs mit der Regierung des imperialistischen deutschen Kaiserreichs zählt zu den größeren Tragödien der deutsch-russischen Geschichte. Lenin arbeitete zwar mit dem Geld, aber nicht im Interesse Deutschlands. Seine Kaderpartei wurde von Deutschland finanziert, aber Lenin war kein Agent der Deutschen. Er arbeitete für sich, seine Macht und die Weltrevolution. Russland war nur der Anfang. Deutschland würde unweigerlich folgen.

Langsam setzte sich an diesem 9. April 1917 von der deutschschweizerischen Grenzstation Gottmadingen der deutsche Sonderzug Richtung Norden in Bewegung. Zum großen Kummer des Schweizer Mitreisenden, Lenin-Parteigängers und Organisators der Reise, Fritz Platten, debattierten die Reisenden nicht nur lärmend, sondern sangen laut die Marseillaise und die Carmagnole – sodass ausgerechnet die Sprache des Kriegsgegners Frankreichs erklang! In den folgenden drei Tagen durchquerte der Zug den Schwarzwald, stoppte in Mannheim und Frankfurt. Zeitungen berichteten über den Sonderzug nach Norden; auf einigen Bahnhöfen warteten Menschen, um einen Blick auf die Russen zu werfen. So wohlgenährt schienen die im Vergleich zu den ausgezehrten Deutschen, die apathisch dastanden, meist Frauen und Kinder und Alte, hungrige Menschen im vierten Jahr des Krieges.

Am frühen Morgen des 11. April traf der fahrplanmäßige Zug aus Frankfurt am Potsdamer Bahnhof in Berlin ein. Lenins grüner D-Zug-Waggon war angehängt, nun allerdings mit Sichtblenden versehen. Dieses Mal war der Bahnsteig abgesperrt, man hatte Stacheldraht ausgelegt. Vor allem in der potenziell unruhigen Hauptstadt sollte jeglicher Kontakt zwischen Russen und Deutschen vermieden werden.

Nach längeren Verhandlungen hatte das neutrale Schweden schließlich die Durchreise erlaubt.[35] Eine Fähre transportierte den Waggon von Stralsund nach Sassnitz auf der Insel Rügen; dort bestiegen die Russen das Salonschiff »Trelleborg« Richtung Malmö, die meisten wurden während der leicht stürmischen Überfahrt seekrank. Man machte Station in Stockholm, damals Europas wichtigster Horchposten für Spione, Sammelstelle für Sozialisten und Geschäftszentrum für Spekulanten. Seine Mitreisenden überzeugten den pausenlos arbeitenden Lenin, »wenigstens neue Stiefel zu kaufen. Er reiste in Bergschuhen mit ungeheuren Nägeln«, so Karl Radek in seinem Reisebericht. »Wenn er schon die Fußsteige der ekligen Schweizer Bourgeoisiestädte mit diesen Stiefeln verderben wollte, ... müsse es ihm doch sein Gewissen verbieten, mit diesen Zerstörungswerkzeugen nach Petrograd zu fahren, wo es vielleicht überhaupt kein Trottoir mehr gab.«[36]

Von Stockholm aus ratterte ein Nachtzug nach Norden zur schwedisch-finnischen Grenzstation Haparanda-Tornio. Finn-

*Im plombierten Wagen: Lenins Gefolgsmann, der Schweizer Kommunist Fritz Platten, veröffentlicht 1924 ein Buch über eine weltverändernde Zugfahrt.*

land gehörte damals als Generalgouvernement zum Russischen Reich; die Hafenstadt Haparanda und das nahegelegene Grenzstädtchen Tornio zu den wichtigsten Übergängen zwischen Ost und West. Tornio war eine Art Checkpoint Charlie, eine politische Clearingstelle. Hier wimmelte es von Spionen, Geheimagenten und militärischen Verbindungsoffizieren; Hilfsorganisationen kümmerten sich um Kriegsversehrte und Flüchtlinge; Schmuggler machten ihre Geschäfte mit Konterbande aller Art.

Ein an der Grenze stationierter britischer Geheimdienst-Offizier verhörte Lenin, durchsuchte sein Gepäck, die Prozedur zog sich stundenlang hin. Der Brite sollte Zeit schinden. London hatte die Provisorische Regierung in Petrograd vor der Einreise von Revolutionären gewarnt, die die Regierung stürzen wollten. Doch dort unterschätzte man Lenins gnadenlose Entschlossenheit. Vielleicht glaubte man, Zeitungsberichte über »deutsche Millionengelder«[37] an Lenin sowie bereits kursierende Gerüchte über dessen Reise durch das feindliche Deutschland würden ihn von selbst diskreditieren. Zudem hatte Parvus offenbar seine Beziehungen spielen lassen.[38] Ein demokratisches Land werde seinen Staatsbürgern die Heimkehr aus dem Exil nicht verweigern, hieß es aus dem russischen Justizministerium. Eine selbstbewusste Geste – auch sie eine tragische Fehlkalkulation.

Am 16. April 1917 schließlich, kurz vor Mitternacht, fuhr ein Zug, aus Wyborg kommend, langsam im Finnischen Bahnhof von Petrograd ein. Tausende hatten sich eingefunden. Jubel, Blumen, Trompetenfanfaren, die Marseillaise, Matrosen standen stramm und präsentierten ihre Waffen. Noch auf der Plattform des Zuges stehend rief Lenin den Genossen zu: Die Provisorische Regierung betrüge die Menschen![39]

Die Reichsregierung »hatte sich auf ein Spiel mit dem Feuer eingelassen, dessen Flammen anderthalb Jahre später auch auf Deutschland überzugreifen drohten«.[40] Lenin ließ keinen Zweifel an seiner Überzeugung: Der Krieg der Imperialisten werde durch die proletarische Revolution in Bürgerkriege gegen die Imperialisten verwandelt.

»Lenins Eintritt nach Russland geglückt«, meldete der Stockholmer Resident des deutschen Geheimdienstes telegrafisch nach Berlin. »Er arbeitet völlig nach Wunsch.«[41]

**Die Menschen sollen »zittern vor Angst«**
Wer mochte in der triumphierenden Erregung dieser Nacht eines frühen Frühlings auch ahnen, was dieses Fanal einer Revolution, seiner Revolution, wirklich bedeuten würde? Konsequent verfolgte Lenin in den kommenden Monaten sein Ziel: die Macht. Er nutzte das Chaos des Krieges, die Not von Millionen Flüchtlingen.[42] Es gelang ihm, mit deutscher finanzieller Unterstützung die Massen gegen die nach der Februarrevolution eingesetzte Provisorische Regierung zu mobilisieren. Er wartete die mörderische Sommeroffensive der russischen Armee ab, die in einem Desaster endete. Die Regierung unter Premierminister Alexander Kerenskij setzte den Krieg fort, führte an der Front gar die Todesstrafe wieder ein. Allein die Bolschewiki präsentierten sich als Partei des Friedens. Er nutzte die Handlungsunfähigkeit der Provisorischen Regierung und das Chaos der »Doppelherrschaft« mit den Arbeiterräten, den Sowjets, um die Regierung zu stürzen.

Auf Befehl des »militärisch-revolutionären Komitees« MRK[43] besetzten Arbeiter, desertierte Soldaten und Rotgardisten im Verlauf des 25. Oktober 1917 Brücken, Telegrafenämter, die Telefonzentrale, Bahnhöfe und Lebensmitteldepots der Hauptstadt, der Panzerkreuzer »Aurora« feuerte eine Platzpatrone aus der Bugkanone ab. Sie stießen auf keinen nennenswerten Widerstand. Die Theatervorstellungen wurden nicht unterbrochen, die Straßenbahnen fuhren weiter, man saß in den Restaurants. Allein deswegen schon führt der Begriff »Große Sozialistische Oktoberrevolution« in die Irre – denn es stürmten keine Volksmassen in den vor allem von einem winzigen Frauenbataillon verteidigten Winterpalast, den Sitz der Übergangsregierung. Das Volk kam erst später – als Plünderer.[44] In der Tageszeitung *Wolnost* hieß es ahnungsvoll: »Die Februarrevolution ist tot. Doch über (ihrem) Kopf hat sich bereits der Tod erhoben.

Wir haben nur noch sehr wenig Grund zu hoffen, dass dieser Wahnsinn auf Widerstand stoßen wird.«[45]

Das von Lenin entworfene »Dekret über den Frieden« vom 8. November 1917 war ein Appell. Es beendete den Krieg nicht – war aber für Millionen russischer Soldaten Anlass, die Waffen niederzulegen.[46] Nach harten Verhandlungen ratifizierte der Allrussische Rätekongress am 16. März 1918 schließlich den Frieden von Brest-Litowsk mit den Mittelmächten. Der »annexionistische Separatfrieden«,[47] wie Lenin ihn nannte, war ein Frieden zu deutschen Bedingungen, er garantierte dem Deutschen Reich immense territoriale Gewinne. Es gehe darum, Zeit zu gewinnen, erklärte Lenin, eine Atempause. Im Grunde war ihm jeder Frieden recht, solange er seiner Revolution das Überleben sicherte.[48]

Eine kurze Weile schien es, als sei der Plan der deutschen Militärführung aufgegangen. Im Osten ruhten die Waffen.

In deutschen und russischen Zeitungen wurden Fotos veröffentlicht, die russische und deutsche Soldaten zeigten, lachend, miteinander im Schnee tanzend.

Doch Lenins »dreistes Husarenstück«[49], sein Putsch, die sogenannte Revolution bedeutete die Errichtung einer nie dagewesenen Diktatur. Sie vernichtete den alten russischen Staat und seine europäisierte Elite für immer, sie traumatisierte Generationen. Noch im Dezember 1917 gründete sich die »Außerordentliche Gesamtrussische Kommission zur Bekämpfung der Konterrevolution, Spekulation und Sabotage«, die berüchtigte Geheimpolizei Tscheka. Lenin selbst kündigte in einem Artikel mit dem beinahe zynischen Titel »Wie soll man den Wettbewerb organisieren?« die »Säuberung der russischen Erde von allem Ungeziefer« durch Erschießungen an.[50] Er befahl »schonungslosen Massenterror«, »gnadenloses« Vorgehen, »aufhängen«, Geiselnahmen. Die Menschen sollten »zittern« vor Angst;

und noch heute schwindelt dem, der diese Anweisungen und Telegramme liest, faktisch Mordbefehle: »Findet härtere Leute«.[51]

Die Zahl der Toten allein in der ersten Phase der Sowjetherrschaft dürfte in die Hunderttausende gehen, der Bürgerkrieg und eine erste Hungersnot forderten weitere zehn Millionen Tote. »Was ein Aufbruch in eine helle Zukunft hätte werden sollen, verwandelte sich in einen gewalttätigen Alptraum, der Russland, und mit ihm ganz Europa in den Abgrund riss. ... Russland war die Geburtsstätte der totalitären Versuchung, die ordnen wollte, was sich nicht unterwerfen ließ.«[52]

Die Väter der russischen Revolution waren Hass und Gewalt.

Noch im Mai 1918 – Lenins »Roter Terror« wütete bereits – stellte das deutsche Außenministerium bis zu 40 Millionen Reichsmark für die weitere Unterstützung der Bolschewiki in Aussicht.[53]

In hilfloser Traurigkeit beschrieb der spätere Literaturnobelpreisträger Iwan Bunin schon im Frühjahr 1919 das Gesetz der Straße, das Leben in dieser neuen, in Blut ertrinkenden russischen Welt: »Und sie können dich töten wie einen Hund.«[54]

## »RUSSLANDFIEBER« ODER: GEFÄHRLICHE SEELENVERWANDTSCHAFTEN

*Nach dem Ersten Weltkrieg verfestigte sich das verführerische Narrativ der deutsch-russischen Schicksalsgemeinschaft. Es bedeutete Aufbruch und Ausbruch zugleich: Deutsche und Russen – zwei große Völker, ausgestoßen und vereinsamt, aber zu gewaltiger Zukunft bestimmt. Es war eine Rebellion gegen die Moderne, gegen das Projekt des Westens.*

Aber was wusste man in diesen deutschen Kriegsjahren schon von russischen Realitäten, was wusste man von deutschen Geldern für Lenins Bolschewiki und davon, was sie wirklich bedeutete, diese verführerische, scheinbar so weltverbessernde Losung von der gerechten »Diktatur des Proletariats«? Konnte man ahnen, mit welcher Wucht diese Revolution auch auf Deutschland treffen würde? Nachrichten aus Russland kamen zunächst nur spärlich, auch diese Berichte meist ideologisch gefärbt.

Deutschen Intellektuellen stand Russland nah – trotz oder vielleicht gerade wegen des Weltkriegs, den die Herrscher beider Länder entfesselt hatten. Seit der Jahrhundertwende zeigte sich ihnen Russland als Kulturnation ersten Ranges, spektakulär seine Schriftsteller, verstörend modern seine Künstler, aufwühlend die Theaterinszenierungen, erschütternd tiefgründig seine Dichter.

Wie kaum ein anderer symbolisierte Rainer Maria Rilke diese

so merkwürdig tief empfundene deutsch-russische Seelenverwandtschaft. Noch im Jahr 2017 dient seine Russophilie als Beweis für die inneren Bande zwischen beiden Völkern, die auf immer fest geknüpft scheinen, allen politischen Spannungen zum Trotz.[1] 1897 lernte der gerade 22-jährige Dichter in München die Tochter eines russischen Generals kennen: Lou Andreas-Salomé, diese leidenschaftlich kluge Schriftstellerin von »gebieterischem, lebensfrohen und liebedurstigen Wesen«[2], sie war seine Geliebte und wurde für ihn zum Symbol Russlands. Rilke reiste zwar nur zweimal nach Russland und in die heutige Ukraine, doch die Begegnungen beeinflussten ihn so, dass er Russland verfiel. Er lernte Lew Tolstoj und den Maler Leonid Pasternak kennen. Dessen Sohn Boris, der spätere Literaturnobelpreisträger, sah gar sein gesamtes Werk im Zeichen Rilkes.[3]

Rilke lernte die Sprache, studierte russische Geschichte, schrieb Gedichte, auch Briefe auf Russisch. Er atmete Russland, es sei ihm »Heimat und Himmel« geworden, schrieb er.[4] Schwärmen, Tränen, »Hinhorchen auf das Herz Russlands«, dieses tief fromme Land aus vormoderner Zeit, das ihm in seiner Ursprünglichkeit einem Paradies glich: »Dieses ist das Land des unvollendeten Gottes.«[5]

Einer geistigen Zuflucht gleich, schien sich Russland als Alternative zu einer bedrohlich scheinenden Moderne zu entwickeln, dem Krieg und der Revolution und Blut und Terror zum Trotz. Dieses gottnah »demütige« Russland war ein Versprechen auf Erlösung – es musste verklärt werden, maßlos überstrapaziert. Noch immer spukt dieses Bild in den Herzen deutscher Russland-Begeisterter, einer unstillbaren Sehnsucht gleich. Dabei existierte dieses Russland nie.

»Ein neuer Russland-Mythos hatte Gestalt angenommen«, beschreibt der Historiker und kenntnisreiche west-östliche Tiefenforscher Gerd Koenen die gefährlich-romantisierte deutsche Hinwendung nach Osten, »worin das unverbildete, tiefgläubige, naturnahe, vielseitig begabte, aber grausam beleidigte, zwischen Verbrechen und Buße, Aufruhr und Vergebung schwankende russische Volk und seine großen Dichter und Künstler das ›wahre Russland‹ repräsentierten, das seine Zukunft und Entfaltung erst noch vor sich hatte.«[6] Noch nicht einmal die heftige antirussische Propaganda seit Kriegsbeginn 1914 änderte dies. Im Gegenteil: Je länger sich der Krieg zog, je hoffnungsloser die Lage an der Westfront wurde, je mehr man sich also vom »Westen« verlassen, gar verraten fühlte, desto mehr drängte es deutsche Intellektuelle Richtung Osten. Denn in Russlands unergründlichen und unberührten Weiten, in diesem ewigen, heiligen Russland könne endlich auch die traurige deutsche Seele genesen.

Die viel beschworene deutsch-russische Seelenverwandtschaft war auch, und nicht zuletzt, Ausdruck einer Rebellion gegen den Westen.

Durch die Kriegsniederlage der vermeintlich »im Felde unbesiegten« Deutschen, die Erschütterungen der Novemberrevolution und vor allem den angeblichen »Diktatfrieden von Versailles« radikalisierten sich Linke wie Konservative und Nationalisten in Deutschland in ihrer Abkehr vom Westen; agitierten gegen das dekadente, bourgeoise »Westlertum«. Dies wurde anfangs durch Frankreich, bald aber auch durch die aufstrebende Weltmacht USA symbolisiert. Das entstehende Vakuum wurde zunächst mit einem regelrechten »Russenkult« gefüllt.

**»Ist nicht der Russe der menschlichste Mensch?«**
Am Ende des Ersten Weltkriegs, im Oktober 1918, erschienen die *Betrachtungen eines Unpolitischen* des damals bereits sehr bekannten Schriftstellers Thomas Mann. Er hatte sie im Dezem-

ber 1917 fertiggestellt, als die Waffenstillstandsverhandlungen zwischen Lenins Russland und dem Kaiserreich begannen. Bis zur letzten Zeile politisch, beschrieben die *Betrachtungen eines Unpolitischen* eine deutsch-russische »Wahlverwandtschaft«. Sie entwarfen ein ewiges Bündnis der beiden in der Welt vereinsamten Mächte, eine »weltpolitische Notwendigkeit«: »Deutschland und Russland gehören zusammen.«[7]

Die Begründung seiner Thesen hatte Thomas Mann vor allem bei Fjodor Dostojewskij gefunden. Der russische Großschriftsteller mit slawophilen Ambitionen hatte Deutschland als das »protestierende Reich« beschrieben: als einsames, zerrissenes Land, das letztlich immer gegen die westliche, die römische Welt protestiert habe und – wie Russland auch – sein »eigenes Wort« der Welt noch nicht habe sagen können.[8]

Moralische Nähe, Wahlverwandtschaft durch ein gemeinsames Schicksal, das in der Ablehnung des scheinbar so triumphierenden, bourgeoisen Westens, dem man bald darauf den »Diktatfrieden« von Versailles vorwarf – Thomas Manns *Betrachtungen* waren nicht untypisch für Denken und Fühlen in Deutschland zu Beginn dieses fatalen Jahrhunderts. Die »deutsche Kultur« werde sich der westlichen »Zivilisation« entgegenstellen: deutscher Idealismus statt Kommerz, Opferbereitschaft und sittliche Pflicht statt Dekadenz. Kultur gegen Zivilisation: Bot sich Russland da nicht als quasi natürlicher Verbündeter an? »Ist nicht der Russe der menschlichste Mensch?«, fragte Thomas Mann im Kriegsjahr 1917[9] – und lieferte 1921 seine Antwort: »Russland und Deutschland ... sollen Hand in Hand in die Zukunft gehen.«[10] Emphatisch fügte Thomas Mann hinzu: »Es gibt nichts seelisch Wahreres.«[11]

»Hand in Hand in die Zukunft«: So formierte sich das Bild eines neuen Deutschland und des neuen (Sowjet-)Russland als Gegenpol zum Projekt des Westens. Außerdem: Durch die

*Suche nach den tiefen Gründen: In der Weimarer Republik erreichen die Werke des russischen Schriftstellers Fjodor Dostojewskij Sensationsauflagen.*

Intervention der Siegermächte im russischen Bürgerkrieg 1918 befand sich das rote Russland ja im offenen Krieg mit dem Westen. Das nach dem »Diktat« von Versailles auferstandene Polen wurde in Russland wie Deutschland gleichermaßen verachtet und bekämpft; und die Dolchstoßlegende desavouierte die ohnehin brüchige Weimarer Demokratie. Da orientierte man sich gern Richtung Osten, autoritärer Versuchung erliegend.

Es war also ganz und gar kein Zufall, dass in den zwanziger Jahren in Deutschland – wie in keinem anderen europäischen Land – ein regelrechtes Russen- und Russlandfieber ausbrach. So intensiv, so gefühlsbesessen wie mit Russland und der Sowjetunion, diesem »Land der roten Zaren«, beschäftigte man sich in Deutschland mit keinem anderen Land. In diesen prägenden Jahren versprachen Russland und seine perfekte Melange aus christlicher Demut und revolutionärem Aufruhr Akteuren auf der rechten wie auf der linken Seite des deutschen politischen Spektrums eine Art Erlösung, eine »Sinnstiftung im Leiden«[12]. In Russland lag sozusagen alles: Zukunft, Revolution, die Moderne, neue nationale Größe, Überwinden der Kriegsschmach. Und natürlich Geistigkeit, die unverdorbene russische Seele, die innere Verbundenheit zwischen dem Volk und seinen Herrschern.

Projektionen verdrängten die Realität, die russischen Verwüstungen, die kaum jemand sehen wollte. So schlich sich eine gefährliche Heilserwartung in deutsche Seelen, der »Russland-Komplex«. Seit 1945 massiv aufgeladen mit Angst und Schuld, verstellt er noch immer den realistischen Blick auf ein Land der qualvoll zerrissenen Seelen.

Das Russlandfieber der Weimarer Republik äußerte sich auch in einem teilweise wahnhaft anmutenden Dostojewskij-Kult. Seine Bücher erschienen in hunderttausendfacher Auflage.[13] Erlebte man in seinen Werken nicht die Geburt eines neuen Menschen? Durch ihn entdeckte man diese schicksalhafte russische »Geistigkeit«, gar »Märtyrertum« – genau das machte ja angeblich auch das Wesen deutscher Kultur aus. Allenfalls der proletarische Maxim Gorkij konnte in der Gunst des Publikums noch mithalten und – eine kleine Weile – die avangardistisch-agitierende Sowjetkunst. Und bei fanatisierten Weltrevolutionären – rechts wie links – verfing die Dynamik der dröhnenden russischen Revolution, die Konstruktion der Zukunft und die Militarisierung des Lebens. Kommunisten wie Nationalsozialisten der ersten Stunde waren dabei wohl auch fasziniert von der effizienten Grausamkeit, mit der Lenins Geheimdienstoffiziere über ihre Feinde zu Gericht saßen, die Männer in den schweren, langen Ledermänteln, schwarz wie der Tod.

In den 1920er Jahren entstand das verführerische, unheilvolle Narrativ einer deutsch-russischen Schicksalsgemeinschaft. Es war Aufbruch und Ausbruch zugleich: Deutsche und Russen – zwei große, leidende Völker, vereinsamt in der Welt, aber zu gewaltiger Zukunft bestimmt. Ähnlich sahen es überzeugte Kommunisten in Sowjetrussland, auch der Germanist, spätere Dissident und große Völkerverständiger Lew Kopelew gehörte dazu: Gemeinsam mit den Deutschen, diesem verehrten Kulturträgervolk, könne man die gerechte rote Revolution in den Westen tragen. Schon damals zeichnete sich ab, mit welch fatalen Folgen die beiden Länder aufeinander bezogen sein würden, unauflösbar verknotet, Objekt gegenseitiger Begierde und Illusionen, die sich auch in Hass verkehren ließen.

Bei Nationalbolschewisten[14], deutschnationalen Politikern und Militärs der Weimarer Republik diente dieses Narrativ zur Legimitation eines deutsch-russischen Sonderwegs. Bei manchen mochte es sich auch in wahnwitzigen Vorstellungen gemeinsamer Weltherrschaft manifestieren: Noch Jahrzehnte später erinnerte Lew Kopelew, damals Propagandaoffizier der Roten Armee, an das Verhör des deutschen Generals Edmund Hoffmeister, der 1944 in Weißrussland gefangen genommen wurde. Hoffmeister schwärmte von deutsch-russischer Waffenbrüderschaft, einer gemeinsamen Front: Russland und Deutschland zusammen, das wäre die Weltherrschaft. Denn anders könne es nicht sein.[15]

Adolf Hitler drehte das Narrativ der schicksalhaften Verbundenheit auf perfide Weise ins Gegenteil, schürte jahrhundertealte Ängste vor »Barbaren« und fanatische deutsche Überlegenheitsfantasien. Auch für ihn lag die Zukunft im Osten: Seine rassenideologisch begründete »Ostpolitik«, wie er sie nannte, setzte auf Eroberung des gigantischen Raums und Vernichtung der in ihm lebenden Menschen.

Im Dezember 1917 beendete Thomas Mann seine *Betrachtungen eines Unpolitischen*, zufällig am Tag des russischen Waffenstillstands mit dem Kaiserreich: »Friede mit Russland! Friede zuerst mit ihm! Und der Krieg, wenn er weitergeht, wird weitergehen gegen den Westen allein, ... gegen die ›Zivilisation‹, die ›Literatur‹, die Politik, den rhetorischen Bourgeois.«[16]

Wie beunruhigend vertraut das noch hundert Jahre später klingt.

## STERNE, AN DEN HIMMEL GENAGELT

*Sie lebten in München, der Stadt mit den hohen Dächern. Deutsche und russische Avantgarde-Künstler begehrten die Welt mit den Mitteln der Kunst gemeinsam neu zu formen. Sie fanden einander: Der Blaue Reiter.*

Er hatte Jura und Nationalökonomie studiert und stand am Anfang einer Universitätskarriere, wie viele Söhne aus der großbürgerlichen russischen Oberschicht. Wie viele sprach auch er Deutsch. Von Kindesbeinen an war ihm die Sprache vertraut. Seine Großmutter, eine Deutschbaltin, hatte ihm deutsche Märchen vorgelesen.

1866 in eine wohlhabende Teehändlerfamilie in Moskau geboren, aufgewachsen in der multikulturellen Hafenstadt Odessa, fühlte er sich nie als »echter« Russe: »Ich bin kein Patriot, auch nur halber Russe. Die Russen halten mich für zu fremd und brauchen mich nicht ... Halb deutsch bin ich gewachsen; meine erste Sprache, meinen ersten Bücher waren deutsch.«[1] Und wie viele seiner Zeitgenossen litt auch Wassily Kandinsky[2] an den Widersprüchen einer repressiven Monarchie, die sich als mächtiges Imperium inszenierte, aber über ein schreiend armes, leidendes Land herrschte.

Vielleicht war es eine Flucht, vielleicht erste Station auf dem Weg in ein radikal neues Leben – jedenfalls überlegte Kandinsky bereits während seines Studiums, Anthropologe zu werden. Nach einer Erkrankung in seinem letzten Studienjahr reiste er 1889 zur Erholung für drei Sommermonate in die Region Komi.

Zwar nur 800 Kilometer nordöstlich von Moskau gelegen, fuhr noch nicht einmal eine Eisenbahn dorthin. Mit seinen undurchdringlichen borealen Urwäldern, Sümpfen und weiten Ebenen offenbarte sich das Land der Komi dem Moskauer Studenten als magische Welt. Hier war das Erbe heidnischer Kulturen lebendig. Hier ritten Schamanen auf ihren Steckenpferden, langen hakenförmigen Holzstöcken, in magische Unterwelten. Dieses »Wunderland«, wie er es nannte, sollte seine Kunst später maßgeblich beeinflussen. Wie hatten ihm Angehörige des Komi-Volkes berichtet? In ihrem Land waren die Sterne an den Himmel genagelt.[3]

Fasziniert vom »primitiven Habitat« der Komi, in dem er »etwas wahrhaft Erstaunliches« fand,[4] begann in jenem Sommer 1889 die Suche eines jungen Mannes nach dem inneren Zusammenhalt der Welt und ihrer Künste. Diese Suche würde ihn einige Jahre später zu einem Kunststudium nach München führen. Dort reifte er zu einem der größten Künstler des 20. Jahrhunderts. In München schrieb der deutsche und russische Maler Wassily Kandinsky – einige nannten ihn einen »russischstämmigen Wahldeutschen« – mit seiner expressiv-abstrakten Malerei Kunstgeschichte, eines der schönsten Kapitel im großen deutsch-russischen Beziehungsbuch. Auch dies aber endete eher traurig.

Bei der Betrachtung von Rembrandts Gemälden in der Sankt Petersburger Eremitage erlebte er innere Erschütterung; später, auf der Moskauer Ausstellung französischer Impressionisten, sah er zum ersten Mal »ein *Bild*«, wie er schrieb;[5] schließlich hörte er Wagners *Lohengrin* im Moskauer Hoftheater – neben seiner Reise zu den Komi-Schamanen Erweckungserlebnisse, die Kandinsky von der Macht und der allgegenwärtigen Kraft der Kunst überzeugten.[6] Er war 30 Jahre alt, als er 1897 in München mit dem Studium der Malerei und Kunst begann.

Nach München führten ihn eher praktische Gründe. Das Studium an der Sankt Petersburger Kunstakademie galt als langweilig und handwerklich miserabel. Paris war teuer. Das vergleichsweise beschauliche München galt neben Paris als *das* europäische Kunst- und Kulturzentrum. Da war die Königliche Akademie der Bildenden Künste mit dem vorbildlichen Zeichenstudium, es lockten Galerien, die Oper, hier lebten Schriftsteller und Maler, dazu die charmante, lässige Schönheit der Stadt: »München leuchtete«, schrieb der in München lebende Thomas Mann;[7] auch das Künstlerviertel Schwabing mit seinen zahlreichen Cafés erschien bereits Zeitgenossen nicht mehr nur Stadtteil zu sein, sondern ebenso Klischee wie »geistiger Zustand«.[8]

Angezogen vom Münchner Leuchten siedelte eine kleine, aber stetig wachsende russische Künstlerkolonie in der bayerischen Hauptstadt; man mietete Wohnungen mit angeschlossenem Atelier unter Schwabinger Dächern. Eine davon, in der Giselastraße gelegen, wurde als »Salon der Giselisten« zum Treffpunkt moderner Künstler. Man malte, philosophierte, trank: Alexej Jawlensky, Igor Grabar, Marianne von Werefkina. Im März besuchte man die Redouten, die Maskenbälle des Münchner Karneval und im Oktober die Wiesn.

»Paris ist eine Frau, München ist Bier«, erklärte der russische Maler Leonid Pasternak, Vater des Dichters Boris Pasternak, einem Bekannten. In jedem Fall sei München vorzuziehen.[9]

Man las den *Simplicissimus*. Fand die sensationell modernen Bilder der Impressionisten Manet, Monet und Degas in den Kunstzeitschriften. Im Empfinden einer Zeitenwende begann man sich von Altem, Überkommenen zu lösen. Die Avantgarde wuchs – das Begehren, die Welt mit den Mitteln der Kunst neu zu gestalten. In Abstraktion und Konstruktion fand sie neue Bildsprache. Trotz zunehmender politischer Entfremdung verband die Moderne Russen und Deutsche in einer Art »Zivilisationsnormalität«.[10] Damals, als Gustav Mahler in Sankt Petersburg dirigierte; als Rezensionen über Ausstellungen in München und Berlin ganz selbstverständlich in russischen Kunstzeitschriften veröffentlicht wurden. Als sich Robert Musil von Dostojewksij erschüttert fühlte, Marina Zwetajewa Hymnen über Deutschland dichtete und Rainer Maria Rilke sein heiliges Russland fand. Damals, als Osip Mandelstam in Heidelberg studierte und Ernst Barlach im Leben des Bauern in der tiefarmen russischen Provinz Motive seiner urgründigen Skulpturen fand.

In München lernte Kandinsky das Zeichnen. Im chemischen Labor des Malers Alexej Jawlensky experimentierte er mit Farben. Eher merkwürdig schien der immer so überakkurat Gekleidete den Schwabinger Russen, zurückhaltender, vergeistigter, strenger – und seine Bilder vielleicht etwas zu byzantisch-farbenprächtig, zu farbrein. In München malte Kandinsky sein erstes abstraktes Bild. Er organisierte eine Kunstschule, mäßig erfolgreiche Ausstellungen, kehrte nach mehrjährigen Auslandsreisen[11] 1908 nach München zurück.

Er liebte diese Stadt: die Au, die hohen Dächer am Promenadeplatz, die blaue Trambahn: »Die deutschen Märchen, die ich als Kind so oft hörte, wurden lebendig.«[12]

Vor seiner Rückkehr hatte Kandinsky ein Gemälde vollendet, das als Schlüsselwerk der Moderne gilt: »Das Bunte Leben«. Nostalgische Motive eines schönen russischen Lebens, längt vergangen. Kirchen und Popen in einer Flusslandschaft, rundliche Bäuerinnen, Musikanten, ein alter Wanderer mit türkisfarbenem Bart. Schutzheilige segnen, Verliebte setzen zum Kuss an, Kinder lachen. Ein Gemälde in glühend-leuchtenden Farben, ein Fest der Sinne, ein bunt getupftes Durcheinander des Lebens. Erst wer dem Gemälde nähertritt, bemerkt: Die Figuren lösen sich auf.[13]

Ihren Ort für das Freilichtmalen fanden Kandinsky und seine

Lebensgefährtin Gabriele Münter eher zufällig im Sommer 1908, auf einer Fahrt aus der Schweiz nach München: Murnau, das kleine Städtchen am Staffelsee nahe Garmisch mit seinen bunt gestrichenen Häusern und der Lage vor der »blauen« Alpenkette. Fasziniert von den Farben, der Landschaft und der Bäuerlichkeit, mieteten sie sich zunächst im Gasthof Griesbräu ein. Später fanden sie ein Haus, andere russische Maler kamen, bald nannte man es das »Russenhaus«. In Murnau entstand in diesem und dem folgenden Sommer eine neue, expressive Malerei, berauschend modern. Großflächig gesetzt die Farben, die bayerisch-russischen Motive bereits abstrahiert.

In der 1909 gegründeten »Neuen Künstlervereinigung München« (N.K.V.M.) schlossen sich russische und deutsche Maler zusammen, auch französische Künstler nahmen an den Ausstellungen teil. Dass die etablierten Kritiker Künstler und Ausstellungen als »unheilbar irrsinnig« beschrieben, nahmen die Mitglieder der Vereinigung als Kompliment und Ansporn. Auch ein junger deutscher Maler trat der Vereinigung bei: Franz Marc aus dem nahe Murnau gelegenen Sindelsdorf, vom ersten Tag an Kandinskys Gleichgesinnter.

Kandinsky abstrahierte; schuf Impressionen, Improvisationen, später Konstruktionen, seine insgesamt nur zehn Geometrien: »Es dampfte nur so!« Er suchte »synthetische Beziehungen«[14]: Jene seiner Ansicht nach tief verborgenen Gemeinsamkeiten zwischen Kunst, Märchen und »primitiver« Volkskunst, die er einst bei den Komi im Nordosten Russlands kennengelernt hatte; Gemeinsamkeiten mit der atonalen Musik Arnold Schönbergs auch. Ein Almanach würde Kunstwerke aus verschiedenen Zeiten und unterschiedlichen Gattungen zusammenfassen, neue Gedanken, eine »Neugeburt des Denkens« gar, nur von Künstlern geschrieben, dazu eine Ausstellung.

Die Bündelung der Vielfalt werde zurückführen zu den »tiefs-

*Almanach der Avantgarde: Ende 1911 begründen die Münchner Ausstellung und das dazugehörige Buch den Ruhm seiner Organisatoren, der Maler Wassily Kandinsky und Franz Marc.*

ten Dingen«: »Wir zeigten nur das Lebendige, das vom Zwang der Konvention Unberührte«, schrieb Franz Marc. »Allem, was in der Kunst aus sich selbst geboren wird, aus sich lebt und nicht auf Krücken der Gewohnheit geht, dem galt unsere hingebungsvolle Liebe.«[15]

Es war: Der Blaue Reiter.

Den Namen erfanden sie am Kaffeetisch in Franz Marcs Sindelsdorfer Gartenlaube. »Beide liebten wir Blau. Marc – Pferde, ich – Reiter. So kam der Name von selbst.« Blau, so Kandinsky, rufe den Menschen »in das Unendliche. Es ist die Farbe des Himmels.«[16]

**Eine Sprache für die tosende Zeit**

Am 18. Dezember 1911 öffnete die »I. Ausstellung der Redaktion des Blauen Reiters« in der Modernen Galerie Thannhauser in der Theatinerstraße;[17] im darauffolgenden Frühjahr veröffentlichte der Piper Verlag den Almanach mit 141 Reproduktionen, 19 Artikeln und drei Musikbeilagen in der Erstauflage von 1200 Exemplaren.[18] Die Ausstellung zeigte Werke unter anderem von Henri Rousseau, Robert Delaunay, August Macke, natürlich auch Kandinsky und Marc. In einer zweiten, umfassend erweiterten Ausstellung waren auch Paul Klee, Georges Braque, Pablo Picasso, Kasimir Malewitsch und die Maler der Brücke vertreten. Sie wanderte durch vierzehn Städte; doch nur wenige Bilder wurden verkauft, die Kritik überzog sie mit Häme.

Und doch war der Blaue Reiter eine »Symphonie des 20. Jahrhunderts« – ganz wie es sich Kandinsky erhofft hatte. Die im Blauen Reiter vereinten Künstler, Russen wie Deutsche, formten die moderne Welt. Sie spürten das Kommende. Sie fanden eine Sprache für die tosende Zeit. »Die Welt ist zum Ersticken voll«, schrieb Franz Marc wenige Monate vor Kriegsausbruch, als Russen und Deutsche Erzfeinde werden mussten. »Die Welt gebiert eine neue Zeit; es gibt nur eine Frage: ist heute die Zeit schon gekommen, sich von der alten Welt zu lösen? Sind wir reif für die vita nuova? Dies ist die bange Frage unsrer Tage.«[19]

Zu Beginn des Ersten Weltkriegs 1914 löste sich der Blaue Reiter auf. Franz Marc und August Macke meldeten sich direkt nach Kriegsausbruch freiwillig an die Front. Sie hofften auf die reinigende Wirkung des Krieges, der eine neue Welt gebären würde. Sechs Wochen nach Kriegsausbruch fiel August Macke auf den Schlachtfeldern von Frankreich; Franz Marc starb 1916 bei Verdun. Kandinsky wurde ein »feindlicher Ausländer«. Er musste Deutschland verlassen, kehrte nach Russland zurück.

Dort verschrieb er sich zunächst der revolutionären Kunst, dem wütenden Schaffen der sowjetischen Avantgarde. Doch weil im sowjetischen Russland die Kunst der Agitation zu dienen hatte, war es den sowjetischen Machthabern weder nach Kandinskys geistiger Freiheit noch nach seinem »Geistigen in der Kunst«. Ende 1921 verließ er das Land für immer. Er lehrte am Bauhaus in Weimar und Dessau; eng befreundet mit Paul Klee; er nahm die deutsche Staatsbürgerschaft an. 1933 musste Kandinsky erneut emigrieren. Er starb 1944 in Paris. Bis zuletzt malte er jeden Tag.

1937 beschlagnahmen die Nazis Dutzende[20] seiner Werke in deutschen Museen – von nun an war Kandinsky »entarteter Künstler«, so wie auch Macke und Marc und andere Blaue Reiter. In den Hofgartenarkaden Münchens, Hauptstadt der braunen Bewegung, inszenierten die Nazis 1937 die widerwärtige Propaganda- und Schmähausstellung »Entartete Kunst«, zu der sie auch Kandinskys Werke zählten.

Der von den Nazis mit der – wie es offiziell hieß – »Verwertungsaktion« betraute Kunsthändler Hildebrand Gurlitt[21] kaufte insgesamt sechzehn Werke Kandinskys für ein paar Reichsmark. Die meisten wurden ins Ausland weiterverkauft; Gurlitt verdiente viel Geld daran. Noch 1982 geriet ein Kandinsky-Aquarell in der Schweiz für 70 000 Franken unter den Auktionshammer, das bis 1937 im Museum Moritzburg in Halle gehangen hatte: »Abschluss«, verkauft von Gurlitts Sohn, dem 2014 verstorbenen Münchner Sammler Cornelius Gurlitt, der mehr als tausend Gemälde in seiner Münchner Wohnung und einer Salzburger Remise vor den Augen der Öffentlichkeit verbarg, darunter auch Raubkunst der Nazis.[22]

Im Keller ihres Murnauer Hauses, des »Russenhauses«, aber hütete die Malerin Gabriele Münter, Kandinskys Schülerin und langjährige Lebensgefährtin, den Blauen Reiter. Sie rettete mehr als tausend Werke durch Diktatur und Krieg und vermachte sie schließlich der Stadt München.

Dort leuchten die Werke des Blauen Reiter in der renovierten Städtischen Galerie im Lenbachhaus.[23]

Als ob sich eine Sehnsucht seines bayerischen Künstlerfreundes Franz Marc erfüllen durfte: »Kandinskys Bilder ... sehe ich in meiner Vorstellung ganz abseits der Straße in die blaue Himmelswand getaucht; dort leben sie in Stille ihr Feierleben. Sie sind heute noch da und werden bald ins Dunkle der Zeitenstille entweichen und strahlend wiederkommen wie Kometen.«[24]

Strahlend sind sie wiedergekommen. Welch ein Geschenk.

## »EIN TOLLES VOLK. SIE STERBEN WIE SIE TANZEN«

*Wie in keiner anderen europäischen Stadt verknoteten sich in den zwanziger Jahren in Berlin die russischen und die deutschen Wege. Hier traf der Westen auf den Osten – und umgekehrt. Wenige Jahre nur – eine schwindelerregend intensiv gelebte Zeit.*

»Eine friedliche Eroberung! Die Deutschen schert es nicht, sie haben sich daran gewöhnt. Und zum Jux sogar Charlottenburg in Charlottengrad umgetauft«, schilderte ein Besucher aus Moskau 1923 das »russische Leben in Berlin«, es muss ihn amüsiert und erstaunt haben. Jedem Besucher müsse es vor Augen flimmern. Überall nur Russisch! Russische Reklametafeln, Zeitungskioske, Buchhandlungen, Theater, Konzerthallen, Restaurants, Konditoreien ... »russische Friseure, es fehlt nur noch der Hühneraugendoktor!«[1]

Eine friedliche Eroberung. Berlin – russische Stadt, Petersburg am Wittenbergplatz![2] Für einen kurzen, kostbaren Augenblick wurde Berlin »Rußlands Dolmetscher in Europa«, schrieb der Slawist und intime Kenner russischer Literatur und Kultur Fritz Mierau.[3]

Berlin – russische Stadt! Welch eine Bereicherung. Wie in keiner anderen europäischen Stadt bündelte sich Anfang der zwanziger Jahre in Berlin das russische Leben, das leidenschaftliche Ringen um die Zukunft eines Landes, das viele für immer verlassen mussten. Intensiv wie in keiner anderen europäischen Stadt suchten russische Schriftsteller, Künstler und

Philosophen hier Selbstvergewisserung, einen Schutzraum gegen das Heimweh auch. Berlin war Übergangsheimat für Hunderttausende Flüchtlinge, Zentrum der russischen politischen Diaspora und Hauptquartier einer kommenden kommunistischen Weltrevolution zugleich. Hier sponnen russische Exil-Politiker ebenso wie sowjetische Diplomaten ihre Netzwerke; hier trafen verfeindete Welten aufeinander, »Weiß« und »Rot«. In Berlin agitierten radikalnationalistische Antikommunisten; hasserfüllte Emigranten aus dem Baltikum – und zugleich war hier das kommunistische Sowjetrussland zu Gast; man kam mit dem Direktzug Moskau – Berlin, Schlesischer Bahnhof. Und manchen schien es, als wisse man in Berlin mehr über Russland als in Moskau.[4]

Es waren nur wenige Jahre, eine schwindelerregend intensiv gelebte Zeit. In manchmal schier unerträglicher Anspannung verdichtete sich in Berlin alles: Avantgarde, Politik, Ideologie, Revolution. Zukunft. Hier saß der so kantig scheinende Sowjetdichter und »Weltreisende der Revolution«[5] Wladimir Majakowskij im Café Leon am Nollendorfplatz und debattierte mit dem sowjetischen Journalisten Ilja Ehrenburg und dem Dichter Boris Pilnjak über das Wesen proletarischer Kunst.

Ins Exil der Charlottenburger Kirchstraße 2 verlegt worden war 1921 mit ausgestopften Vögeln, Spielzeugtieren, Trillerpfeifen, einer geflügelten Eidechse, einem Gartenzwerg und ihrem Gründer Alexej Remisow die »Große und Freie Affenkammer« – eine Art Geheimgesellschaft freier russischer Geister, der rund hundert Literaten, Philosophen, Maler und Verleger angehörten. Ihr Manifest war Aufforderung zu Selbsterkenntnis und Freiheit: »Ziele – frei erklärte Anarchie, Absichten – unerforschlich, Mittel – keine«. Eine Kampfansage an die »schändliche menschliche Heuchelei« – ein Märchen aus Berlin.[6]

In diesem Berlin fand der spätere Literaturnobelpreisträger

Boris Pasternak nach Jahren quälenden Selbstzweifels endlich wieder zum »eigenen Ton« seines Schaffens. Der spätere Literaturnobelpreisträger Vladimir Nabokov lebte fünfzehn Jahre in Berlin, fühlte sich jedoch nie zu Hause. Er musste erleben, wie sein Vater in Berlin Opfer eines Attentats rechtsnationalistischer russischer Monarchisten wurde.

In der Berliner Neuen Galerie van Diemen, Unter den Linden, eröffnete nach zwei Jahren Vorbereitungszeit im Oktober 1922 die »Erste Russische Kunstausstellung«. Es wurden mehr als tausend moderne Werke präsentiert, auch Sowjetkunst: Futuristen und Konstruktivisten, verstörend und faszinierend zugleich. Eine ungeheuerliche Provokation der Suprematist Kasimir Malewitsch, der die reale Welt als Gegenstand künstlerischer Darstellung radikal negierte und ein Schwarzes Quadrat an die Wand hängte. Und immer, immer ausverkauft die Vorstellungen des russischen Kabaretts »Der Blaue Vogel« mit seinem kleinen Theater in einem Schöneberger Hinterhof. Welch einen Zauber es entfaltete. Es verwandelte das Tosen der Zeit in Melodien von angenehmer Ironie.

»Russki ist die große Mode«, hieß es, »Russki oben schwimmt wie Kork«.

Wie in keiner anderen Stadt und wohl zu keiner anderen Zeit verknoteten sich in Berlin die russischen und die deutschen Wege. Hier traf der Westen auf den Osten – und umgekehrt. Alle Welt habe damals auf dieses Berlin geblickt, schrieb der Berliner Dauergast Ilja Ehrenburg, »die einen aus Angst, die anderen voll Hoffnung: In dieser Stadt entschied sich das Schicksal Europas für die kommenden Jahrzehnte.«[7] Ihm war Berlin die »Stiefmutter unter den russischen Städten«.[8] Auch wenn er es hier ansonsten eher »langweilig und trübsinnig« fand.[9]

Das russische Berlin gründete sich in Krieg und Revolution. Es entstand infolge eines bis dahin nie da gewesenen Exodus.[10]

Schon bald nach der Revolution 1917 hatte in Russland der Bürgerkrieg begonnen. »Rote« und »weiße« Armeen zogen durch das ohnehin kriegszerstörte Land. Die Front war nun überall. Und überall der Tod, Gewalt und Willkür, Hunger. Rund zwei Millionen Menschen flohen aus Russland. Die nationalistischen »weißen« Generäle, ihre Offiziere und Teile ihrer marodierend-mordenden Bürgerkriegstruppen gehörten dazu. Es waren auch überzeugte Monarchisten und Angehörige der enteigneten Aristokratie sowie Baltendeutsche, die im Bürgerkrieg Kontakte zu den deutschen Freikorps aufgebaut hatten. Bald bediente sich die deutsche konservative und extreme Rechte aus dem Reservoir des Hasses, der aus dem Osten kam.

## Operation Philosophenschiff: Die Vertreibung der russischen Intelligenz

Gezielt vertrieben – und ermordeten – die neuen Herrscher in Moskau[11] den Großteil der technischen und kulturellen Elite Russlands: Ingenieure, Verwaltungsbeamte, Kaufleute, Politiker, Anwälte, Ärzte, Historiker, Philosophen – all die, die man dringend zum Wiederaufbau gebraucht hätte. Doch das Ziel der als fortlaufender Klassenkampf propagierten Revolution ließ die Integration alter Eliten nicht zu. Im Dezember 1917 erklärte Lenin die »Säuberung der russischen Erde von allem Ungeziefer«[12] zum machtsichernden Ziel der Revolution. »Roter Terror« und »Plünderung der Plünderer« lauteten seine knappen Direktiven; an den Gebäuden des Geheimdienstes Tscheka stand die Parole: »Tod der Bourgeoisie«.

Der Kampf gegen »Konterrevolutionäre« und ihre »Gehilfen« wurde verschärft. Dazu zählten auch Schriftsteller, Ärzte, Philosophen, Professoren, renommierte Mitglieder der Akademie der Wissenschaften, zum Teil international bekannt. »Fort aus Rußland mit ihnen allen«, notierte Lenin im Sommer 1922. »Einige hundert sind ohne Angabe von Gründen zu verhaften – und ab die Post, meine Herren!«[13]

Mit der Durchführung der Operation »Ausweisung« beauftragte Lenin seinen Geheimdienstchef Felix Dzerschinskij, auch Iossif Stalin wurde entsprechend instruiert. Dossiers wurden erstellt, Wohnungen durchsucht, Haftbefehle ausgestellt, »Verdächtige« in der Lubjanka verhört. Am Ende stand eine Resolution des Politbüros über die »Bestätigung der Liste der aus Rußland auszuweisenden Intellektuellen«.[14]

Die Liste umfasste mehr als 220 russische Intellektuelle und Wissenschaftler und ihre Familien. Dutzende Ärzte, Ingenieure, Ökonomen, Juristen, Schriftsteller, darunter elf Philosophen wie etwa Nikolaj Berdjajew, Iwan Iljin oder der berühmte Soziologe und Geschichtsphilosoph Fedor Stepun, der später in Deutschland unermüdlich für ein besseres Verständnis zwischen Russen und Deutschen arbeiten und zum Vorbild für die jungen Widerständler der Münchner »Weißen Rose« würde.[15] Im August 1922 begann ihre Deportation auf insgesamt fünf Fahrgastschiffen, die später als »Operation Philosophenschiff« bekannt wurde. Manche konnten nur ein paar Kleidungsstücke mit auf die Reise ins Exil nehmen. Die meisten von ihnen würden Russland nie wiedersehen. Für die Sowjetmacht waren sie nun, wie Hunderttausende andere, *byvschie ljudi,* die Gewesenen. Ihr Seelenweh nach Russland, *toska,* würde nie enden.

»Wir werden Russland für lange Zeit säubern«, sagte Lenin.[16] So trieb er Sowjetrussland die Intelligenz aus.[17]

Die »Philosophenschiffe« fuhren von Petrograd nach Stettin – für die meisten Zwangsexilierten wurde das nahe gelegene Berlin daher zum ersten Zufluchtsort.

In den Jahren 1922/23 lebten mindestens 360 000 russische Flüchtlinge in Berlin, rund 600 000 im gesamten Reichsgebiet.[18] Dass sie Berlin wählten, hatte of praktische Gründe. Berlin lag vergleichsweise nah und war durch die rasante Entwertung der Reichsmark eine vergleichsweise preiswerte Stadt – viel preiswerter jedenfalls als Paris. Andererseits kamen sie in ein Land, das sich faktisch in Auflösung befand: Hyperinflation, Putschversuche, radikalisierte politische Lager. Bedrückend der Alltag, oft hoffnungslos, das Leben – ein Überlebenskampf. »Deutschland war damals ein unglückliches Land«, erinnerte sich Nikolaj Berdjajew über seine Ankunft, »Berlin war voller Kriegsinvaliden. Der Wert der Mark sank ins Bodenlose. Die Deutschen sagten: ›Deutschland ist verloren.‹«[19]

Immerhin, die meist staatenlosen Emigranten fanden in Berlin ein gut funktionierendes Netzwerk vor, einen russischen Mikrokosmos. Griebens russischer Berlin-Führer listete Dutzende Hilfsorganisationen auf, dazu Vereine und Berufsverbände. Als Dachverband aller russischen Organisationen war die »Russische Delegation« eine Art Ersatz-Botschaft und Kontaktstelle zu deutschen Behörden, zuständig auch für Aufenthaltsgenehmigungen und Hilfe in materiellen Notlagen. Der grüne »Nansenpass« half bei der Suche nach Arbeit.[20] Viele fanden Arbeit in einem »Artel«, einer Art Handwerksgenossenschaft, oft mit angeschlossener Verkaufsstelle.

Berlin – russische Stadt. Skizzen aus den zwanziger Jahren: Verarmte Offiziersfamilien im Flüchtlingslager Wünsdorf südlich der Stadt; die Ehefrau als Ernährerin, ein paar Mark mit Kunststickerei verdienend. Mittellose Studenten im ungeheizten russischen Wohnheim Tempelhof, vom Ruhm als Schriftsteller träumend. Von Wohltätigkeitsorganisationen organisierte russische Tombolas und rauschende Maskenbälle, gesellschaftliche Großereignisse. Exilanten lebten zum Teil gut vom Verkauf ihrer Habe: Erst Pelze, dann der über alle Grenzen hinweg gerettete Schmuck. Die Erlöse investierte man vorzugsweise in lukrative Immobilien, die man zu inflationären Spottpreisen erstehen konnte. Diese Russen dinierten in den luxuriösen Restaurants auf dem Kurfürstendamm, schoben sich durch die Drehtüren des blitzenden KaDeWe. Andere betrieben erfolgreich Im- und Exportgeschäfte mit Sowjetrussland. Gelehrte hielten Vorträge am »Russischen Wissenschaftlichen Institut« am Schinkelplatz. Und abends stieg man in die »Russenschaukel«, den Linienbus vom Kurfürstendamm Richtung Halensee.

In keiner anderen Stadt gab es so viele russische Verlage, mehr als achtzig zählte man. Sie lieferten Bücher und Zeitungen in die ganze Welt – auch nach Moskau und Petrograd. Monarchisten und Sozialrevolutionäre publizierten ihre Blätter, die an den Kiosken neben denen der Menschewiki und denen der kommunistischen »Freunde Moskaus« auslagen; als eher überparteilich galt die erfolgreiche Tageszeitung *Rul,* das Ruder. Zeitungen und Bücher waren Heimatersatz, aber sie spiegelten auch die politische Zerrissenheit und Radikalisierung der Emigranten, die in der Enge des russischen Berlin aufeinanderprallten.

Das deutsche Publikum nahm allerdings eher all die russischen Restaurants und Kneipen wahr, die Theater, Nachtlokale, Kabaretts und die Schwarzhändler an der »russischen Meile« zwischen Gedächtniskirche und Wittenbergplatz, die Tauentzienstraße entlang. Fremd, exotisch, bezaubernd, verstörend; hier wehte der russische Geist; und ganz Berlin kannte den Spruch:

*Nacht! Tauentzien! Kokain!*
*Das ist Berlin!*[21]

Intensiv war in diesen Jahren die Kontaktaufnahme zwischen deutschen und russischen Schriftstellern, Malern, Schauspielern, Regisseuren. Man las die russischen Klassiker, Tolstoj und immer noch, immer wieder Dostojewskij. Man huldigte Maxim Gorkij, dem »mythischen Meister«, der im Herbst 1921 in Berlin eintraf. Er wolle sein Lungenleiden kurieren, hieß es. In Wahrheit wurde Gorkij ins Exil gedrängt, weil er sich für Verfolgte und zum Tode Verurteilte eingesetzt hatte. Zwei Jahre hielt er es in Deutschland aus, bevor er nach Italien weiterzog.[22] Deutsche Intellektuelle empfanden sich als dankbar Lernende, die vermeintliche Radikalität russischer Geistigkeit bewundernd.

### Testgelände einer nationalen Revolution

Berlin wurde aber auch zum politischen Testgelände der russischen nationalistischen extremen Rechten, dieser gefährlichen Zweckkoalition aus Monarchisten, »weißen« Offizieren und Baltendeutschen, die bereits nach dem Zusammenbruch der Kriegsfront 1917 Richtung Westen gezogen und während des Kapp-Putsches 1920 mitmarschiert waren. Zunächst Apologeten einer nationalen russischen Revolution, suchten und fanden Männer wie Alfred Rosenberg bald Gemeinsamkeiten mit der nationalsozialistischen Bewegung; bestätigten einander in den beiden radikalen Grundüberzeugungen: Antisemitismus und Antibolschewismus, dazu im Hass auf das Bürgertum. Die einen wollten gegen die Sowjetmacht kämpfen – die anderen gegen die Versailler Republik. Und beide gegen das »Weltjudentum«.[23] Russische Rechtsextreme lieferten den Nationalsozialisten ideologische Versatzstücke; nach Hitlers Machtergreifung 1933 gründete sich die – wenn auch nur kurzlebige – »Russische nationalsozialistische Bewegung in Deutschland«.[24]

*Das Neue Mittelalter* nannte Nikolaj Berdjajew, von Lenin vertriebener Passagier des »Philosophenschiffes«, seine 1924 in Berlin publizierte Abhandlung, in der er parlamentarische Demokratie und Bürgertum als Relikte einer zum Tode verurteilten Zeit beschrieb.[25] Der Philosoph Iwan Iljin unterrichtete am Berliner »Russischen Wissenschaftlichen Institut«; er sympathisierte noch nach 1933 mit dem militanten Antibolschewismus der Nationalsozialisten. Viel zu lange lobte er Hitler als Verteidiger Europas gegen die Barbarei der Bolschewisten. 1934 von den Nazis kurzzeitig verhaftet, emigrierte er vier Jahre später in die Schweiz.

Iljin propagierte die zentrale Bedeutung des christlich-orthodoxen Glaubens für Russland, den »wahren Nationalismus«: Das »geistige Feuer« der nationalen »russischen Idee« bringe »Menschen zum aufopfernden Dienst und das Volk zum geistigen Aufschwung«. Zu viel Freiheit hingegen habe nur zu Zügellosigkeit und Versklavung geführt.

Der Hoffnungslosigkeit ihres Exils ausgeliefert, fanden die russischen Philosophen in der politischen Dauerkrise der Weimarer Republik und ihrer nervösen Hauptstadt Berlin ja nahezu tagtäglich Begründungen ihrer antiwestlichen Zivilisationskritik.

Opferbereitschaft, gar Selbstaufopferung, Einzigartigkeit, die nationale Idee ... ideologische Versatzstücke dieser Art blitzten Ende 2012 in der Ansprache Wladimir Putins vor der Föderalen Versammlung auf. Von vielen Beobachtern anfangs nicht ernst genommen oder schlicht überhört, enthielt seine Rede offenbar eine Art codierte Botschaft an den engeren Zirkel der Macht, die an die im Exil entstandenen antiliberalen Ideen Berdjajews und Iljins anknüpft: Basierend auf Opferbereitschaft und »innerer Energie« der Nation werde Russland seiner Bestimmung als unabhängiger Führungsmacht in der Welt folgen. Zunehmend schien Putin auf einen patriotischen »russischen Weg« als höhere moralische Legitimation seines autoritären Herrschaftssystems sowie seiner geopolitischen Ambitionen zu setzen.[26]

### Kaviar beim Volkskommissar

In Berlin – und nur in Berlin – machte man in diesen Jahren auch Bekanntschaft mit Sowjetrussland, kulturell Weltzentrum der Moderne, ein neu konstruiertes Land. Mit der Wiederaufnahme diplomatischer Beziehungen 1922 wurde auch die ehrwürdige russische Botschaft Unter den Linden 7 wiedereröffnet.[27] Berlin war der sowjetische Vorposten in Europa, »Tor nach Westen«. Tausende Vertreter der Sowjetmacht strömten nach Berlin. Parteifunktionäre, Revolutionäre, Geheimdienstagenten, Militärs, die »roten Direktoren« der Staatsbetriebe.

Und wenn der Vertreter der revolutionären Sowjetmacht, Volksbildungskommissar Anatolij Lunatscharskij zu Besuch war und im prächtigen Palais der Botschaft einen seiner begehrten Empfänge gab, drängelte sich tout Berlin vor den mächtigen Kristallschalen voller Kaviar. Minister, Gesandte, Abgeordnete, Journalisten, Literaten, Kommunisten und Nationalisten – für einen Abend waren hier alle gleich und kämpften unter den wachsamen Augen von Offizieren der Roten Armee um den eisgekühlten, glasklaren Wodka, der in Kannen serviert wurde. Und so verschwenderisch mondän in ihrem Pariser Chic des Volkskommissars schöne Gattin Natalija, dass sie, mit Juwelen behängt, 1928 das Titelblatt des Magazins *Uhu* zierte – und Berliner Genossen mehr als irritierte.[28]

Und nur ein paar verschlossene Türen weiter: Die Kasse des Westeuropäischen Sekretariats der illegalen Kommunistischen Internationale Komintern. Denn aus der Botschaft Unter den Linden wurde natürlich auch die kommunistische Weltrevolution vorangetrieben, die Destabilisierung der ohnehin so instabilen Weimarer Republik durch den »deutschen Bolschewismus«: Berlin sollte das zweite Moskau werden. Regelrecht überflutet wurde Berlin mit preiswerten Büchern und Broschüren. Die Propagandaprodukte kamen direkt aus Moskau oder wurden in deutschen Verlagen publiziert, die über die Komintern oder die Kommunistische Partei finanziert wurden – heute würde man das Material wohl als »Desinformation« bezeichnen oder: »Fake News«.

Aber auch die zu Willi Münzenbergs Neuem Deutschen Verlag gehörende *Arbeiter-Illustrierte-Zeitung (AIZ)* – zweitgrößte Illustrierte im Land – lieferte die immer nur schönen Bilder des neuen Russland. Die konstruktivistischen Fotografien der *AIZ* zeigten Helden und Fortschritt. Der überzeugte Kommunist und Reichstagsabgeordnete Münzenberg organisierte die Internationale Arbeiterhilfe (IAH) für Moskau. Darauf gestützt, wuchs der Neue Deutsche Verlag zu einem kommunistischen Presseimperium an, dem zweitgrößten Verlag der Weimarer Republik. Und der ebenfalls zum »Münzenberg-Konzern« gehörende, eigens gegründete Filmverleih Prometheus[29] brachte im April 1926 im Berliner Apollo-Theater *den* Film aus der »roten Traumfabrik« zur deutschen Uraufführung: Sergej Eisensteins *Panzerkreuzer Potemkin*. Die Radikalität seiner Bildsprache machte »Potemkin«, wie man diesen »Russenfilm« bald nannte, zur kinematografischen Sensation. Und lag in den Szenen von Aufstand und Massengewalt nicht auch eine mitreißende revolutionäre Faszination? »Ein Film aus solchem Stoff, wie der, aus dem man jede Rebellion macht«, hieß es damals im *Film-Kurier*.[30] Wie die Kinofilme aus der »roten Traumfabrik« galt auch der – allerdings unabhängige – Malik-Verlag als Symbol der neuen Zeit. 1917 vom Grafiker John Heartfield (Helmut Herzfeld) und dem Maler George Grosz gegründet, avancierte Malik zu einem der renommiertesten Literaturverlage, publizierte die neue sowjetische Literatur, Poesie und Kunst, progressiv bis in die Typografie.

**Blaue Berliner Abende, ein Schatten unter Schatten**
Doch für die in der Enge der Berliner Emigration verharrenden russischen Schriftsteller und Künstler blieb Berlin eine fremde Stadt. Zwar schien es manchen, als dass sie erst durch die erzwungene Begegnung mit dem Westen zu wahrhaft russischen Gefühlen fanden. Aber immer blieb die Einsicht, fremd zu sein, entfremdet. Wladimir Majakowskij kam zweimal zu Besuch, rezitierte seine Verse. An der Sowjetmacht verzweifelnd, spürte er, dass auch seine Spielräume immer enger wurden. Der »gefangene Geist«[31] Andrej Belyj; ekstatischer Tänzer in Berliner Nachtlokalen, machte viele Frauen unglücklich – vielleicht auch, weil er nur an Russland litt. Der Formalist Wiktor Schklowskij, verfremdender Neuerfinder der Sprache, floh vor der Sowjetmacht, um zu erfahren, dass ihn in Berlin niemand brauchte. Am Ende eines langen Jahres kapitulierte er: Er bat die sowjetische Regierung um Rückkehr nach Russland. »Jetzt lebe ich unter Emigranten und verwandele mich langsam in einen Schatten unter Schatten.«[32]

Er kehrte nach Russland zurück – und blieb ein Gefangener. Sein Bruder würde im Gulag sterben.

An drei Berliner Orten konzentrierte sich das russische Leben: Im Café Prager Diele am Prager Platz trafen sich auch die, die sich in Russland wohl nie begegnet wären. Hier schrieb der Journalist und Schriftsteller Ilja Ehrenburg seine Rezensionen. Zwei kurze Jahre verbrachte er in Berlin, dieser »ekstatisch arbeitenden Stadt«,[33] gab in dieser Zeit vierzehn Bücher heraus. Zwanzig Jahre später würde er als führender Propagandist im Großen Vaterländischen Krieg zum Hass gegen die Faschisten aufrufen, gegen die Deutschen: »Töte!«

In zwei verrauchten Hinterzimmerchen des Café Leon am Nollendorfplatz etablierte sich das russische »Haus der Künste« mit seinen wöchentlichen Dichterlesungen und Debatten. Jeden

Freitag lauschten die Emigranten hier dem futuristischen Rauschen ihrer Zeit: Andrej Belyjs dunklen Ahnungen über den Aufstieg des Faschismus etwa. Und immer dabei: die Angst vor der Denunziation durch die Spitzel des sowjetischen Geheimdienstes.[34]

Vladimir Nabokov lebte in Berlin, ungern. Dabei blieb er fast fünfzehn Jahre lang. Erst 1937 verließ er mit seiner Frau die Nazi-Stadt Richtung Westen, in die USA. Er fürchtete die dumpfen Spießbürger in den Berliner Mietskasernen, ihre gewaltbereite faschistoide Wut. Nie lernte er Deutsch, er pflegte sein Desinteresse an der Stadt. Aber hier, in Berlin mit seinen »blauen Abenden, Verwirrungen, Armut, Liebe«[35], verfasste Nabokov den Großteil seiner russischen Romane, Vladimir Sirin sein Pseudonym.[36]

Sie alle teilten das Schicksal der Emigration, voneinander wissend um Heimatlosigkeit und Entwurzelung: »Sie verzehren sich in der Sehnsucht nach ihrer Heimat«, beobachtete der junge Emigrant Lew Lunz, »sie hassen die Deutschen nicht nur, sie sind ihnen physisch zuwider, und zwar alles Deutsche, von der Sprache bis zur Küche. Sie leben nur in der Erinnerung.«[37]

Ein echtes russisches Wunder aber entfaltete sich in Berlin, zwei Jahre lang verzauberte es die Stadt und vielleicht gar die Welt: das russische Kabarett Sinjaja Ptiza, »Der Blaue Vogel«, der eine Heimat in einem kleinen, farbenprächtigen Theater in der Goltzstraße Nr. 9 gefunden hatte. So gar nicht emigrantenschwermütig oder revolutionär manipuliert, sondern liebenswürdig, elegant, anmutig und skurril zugleich, die Sketche über russische wie deutsche Themen von feiner Ironie getragen. Russische Künstler der Avantgarde kreierten Bühnenbild und Kostüme. Tänze. Und die Lieder: nur auf Russisch. Doch Begründer und Conférencier Jakow Juschnyj plauderte in diesem wunderbaren Mischmasch aus Russisch und Deutsch, das er charmant

*Berlin, russische Stadt: Die meisten fliehen vor Bürgerkrieg und Terror, andere werden ausgewiesen. Russen bereichern Berlin – und im zauberhaften Kabarett »Der blaue Vogel« finden Deutsche und Russen zusammen.*

»Deutsch-nishninowgoroderisch« nannte – und jeder verstand: Farben, Poesie, Lebenslust, Abenteuer, Freude, ein Hauch von Glück: »Das Herrlichste, was man hier in der Welt sehen kann.«[38]

Hier, und nur hier, wurde die Grenze zwischen Russen und Deutschen wirklich aufgehoben, einen glücklichen, seelenberührenden Moment lang. »Rapallo mag unumgänglich gewesen sein«, schrieb ein verzückter Kritiker. »Aber der wahre deutschrussische Staatsvertrag wird Abend für Abend im Blauen Vogel abgeschlossen.«[39]

Innerhalb von nur zwei Jahren, bis Ende 1923, lud der »Blaue Vogel« zu 2000 ausverkauften Vorstellungen und absolvierte Gastspiele in 13 Ländern. Begeistert schloss der Schriftsteller Julius Meier-Graefe von den Künstlern des Blauen Vogel auf die Seele jedes Russen: »Sie haben ihr Nitschewo, füllen jedes doktrinäre Schema der Zivilisation mit ihrem Lachen, ihrem Tanz. ... Ein tolles Volk. Sie sterben wie sie tanzen.«[40]

Berlin – russische Stadt. Nach wenigen Jahren schon war es vorbei, eine leise Erinnerung, und auch die »Prager Diele« nur noch Touristenattraktion. Mit der Währungsreform und wirtschaftlichen Stabilisierung wurde das Leben in Berlin für viele Exilanten zu teuer. Man zog weiter, Richtung Prag, Paris und New York. Tausende aber kehrten im Lauf der Jahre in die Sowjetunion zurück, die meisten ahnend, was sie erwarten würde.

### Neue Russen für Russkij Berlin

Dieses russische Berlin, die manchmal unerträglich intensive Anspannung ist vergangen. Nach dem Fall der Mauer 1989 und dem Ende der Sowjetunion 1991 gab man sich eine Weile der Hoffnung hin, es könne einen Neubeginn geben. Damals entdeckten die (West-)Deutschen den sowjetischen Osten, der ihnen in Form von Pelzmützen und Militärabzeichen auf Berliner Flohmärkten angeboten wurde. Das fühlte sich zumindest irgendwie russisch an. Kurze Zeit schien es dann, als könne »Charlottengrad« wiederauferstehen: Man sah unerhört reiche Russen in goldglitzernden Restaurants, unerhört schöne Frauen, nerzbehangen. Doch die *nowye Russkie* konnten »Charlottengrad« bald besser in Moskau genießen. Dort waren die Restaurants noch glamouröser, die Geschäfte noch luxuriöser, die Diamanten noch größer. Man erwarb Luxuswohnungen im Grunewald – für alle Fälle. Ansonsten investierte man lieber im New York, London und Paris.

Das Russkij Berlin des 21. Jahrhunderts ist fragmentiert, Inseln in der Großstadt, es gibt kaum Berührungspunkte. Da ist der Marzahner Mikrokosmos der, ja, Deutschen, die man »Russen« nennt: Meist Anfang der neunziger Jahre nach Deutschland »remigriert«, zogen Tausende russlanddeutscher Spätaussiedler und ihre meist russischen Ehepartner in die preiswerten Mietwohnungen der Plattenbausiedlungen von Marzahn-Hellersdorf. Unter sich bleibend, werden sie als »Russen« verglichen mit anderen »Fremden«, Migranten, mit denen sie um Ausbildung und Jobs konkurrieren. Enttäuscht und deklassiert, sich einrichtend in der Opferrolle, wird ein Teil von ihnen anfällig für rechtspopulistische Versprechen.[41]

Da ist der Kosmos Zugezogener am Prenzlauer Berg und in Charlottenburg. Russen, die Emigranten sind und auch wieder nicht: Schriftsteller, Poeten, Künstler. Oft zwischen Moskau und Berlin pendelnd, zählen sie zur Generation der »Putin'schen Emigranten«: Sie entfliehen dem nationalistischen Furor der Propaganda, dem politischen Druck und der Zensur, der Enge der neurussischen Herzen. In Berlin können sie atmen. Sie basteln an einer besseren Welt, die nicht russisch ist und nicht deutsch; sondern auf wundersame Weise ein Zuhause dazwischen bietet. Dem interessierten Publikum jedenfalls ermöglichen sie ungeahnte Einsichten in Geschichte und Kultur aus dem Osten Europas, jedes Mal aufs Neue ein großartiges Geschenk. Alexander Delfinow mit seinen Poetryslams; die Schriftsteller Sergej Lebedew und die in Kiew geborene Katja Petrowskaja; Wladimir Sorokin natürlich, der in Charlottenburg eine Wohnung kaufte – auch weil ihm Putins Moskau zunehmend Angst bereitet.[42] In einem Atelier in Prenzlauer Berg lässt der Maler Dmitrij Wrubel seine sowjetische Vergangenheit wiederauferstehen: Die Welt der »Appartment-Kunst« dissidentischer Künstler der siebziger und achtziger Jahre, die ihre Bilder nur in Privatwohnungen ausstellen konnten, man flüsterte sich die Adressen zu. Wrubel kam Anfang der neunziger Jahre zum ersten Mal nach Berlin. Sein Graffiti-Porträt der sich küssenden

Generalsekretäre Leonid Breschnew und Erich Honecker an der Berliner Mauer erreichte weltweit Kultstatus: »Mein Gott, hilf' mir, diese tödliche Liebe zu überleben!«[43] Seit Jahren lebt Wrubel in Berlin. Für ihn ist es: das »ideale Moskau«.[44]

Am eingängigsten für das deutsche Publikum ist wohl der Schriftsteller Wladimir Kaminer und seine »Russendisko«. Das freudige Projekt begann schon in den neunziger Jahren in Berlin-Mitte: Tanznächte mit (post-)sowjetischer Popmusik verzückten mit dem Flair des wilden Ostens. Es war ganz einfach: Man kaufte eine CD und nahm ein Stück russischer Seele mit nach Hause. »Russendisko« entwickelte sich zum erfolgreichen Geschäftsmodell: erst die Disko im Café Burger, dann CDs, T-Shirts, ein Buch, ein Kinofilm, schließlich Wladimir Kaminer selbst; sein eigener *brand name*, der humorvoll-ironische Texte über russisches Leben in Deutschland schreibt und in seinem unverwechselbar weichharten Akzent den Deutschen immer wieder dringend nötigen Kulturunterricht in Sachen Russland erteilt: »Echte Russen mögen keinen Kaviar.«[45]

Wie sein Kollege, der Schriftsteller Boris Schumatsky, galt Kaminer lange als eine Art immer freundlicher Berufsrusse. Doch dann machte der nette Russe vom Dienst Schluss mit lustig: Er schäme sich für seine Heimat, kommentierte Kaminer die Annexion der Krim 2014, »die unverantwortlich ihrem sogenannten Präsidenten folgend, die Welt an den Rand des Krieges bringt«.[46] Eine europäische Zukunft für Russland werde es wohl nicht geben. Was er nicht versteht: Warum die Außenpolitik der Deutschen gegenüber Putin so demütig sei, so unterwürfig.[47] Warum, fragt bitter enttäuscht auch Boris Schumatsky, liefere das deutsche Establishment die treuesten Russland-Versteher? Vielleicht weil »diese Russlandliebhaber ihre guten Russen genau dort haben wollen, wo auch Putin seine Russen haben will«.[48]

Russkij Berlin. Vielleicht bedeutet es heute, was der Dichter Alexander Delfinow fordert: »Mehr Freiheit. Mehr Zorn. Mehr Vernetzung.«[49]

Russkij Berlin lebt.

## UNHEILVOLLE SONDERWEGE

*Aus einer Berliner Gefängniszelle heraus zettelte ein bolschewistischer Revolutionär eine neue deutsch-russische Allianz an. Bald symbolisierte der Vertrag von Rapallo die »Schicksalsgemeinschaft«. 1939 verbündeten sich Hitler und Stalin zu einem Weltkriegspakt.*

Wenig erinnert an diesen Bau aus fünf Flügeln an der Lehrter Straße in Berlin, einem gefallenen Stern gleich. Wer aus dem Ausgang Europaplatz des Berliner Hauptbahnhofs tritt und sich nach links wendet, stößt auf eine hohe Backsteinmauer mit einem dunklen Durchgang aus Beton, schmutzig und zugig, wer will hier schon verweilen. Nach erklärenden Hinweistafeln muss man eher suchen. Hinter den Mauern an der Ecke Lehrter und Invalidenstraße erstrecken sich auf pentagonförmigem Areal die Rasenflächen des »Geschichtsparks ehemaliges Zellengefängnis Moabit«, das 1958 abgerissen wurde. Mitte des 19. Jahrhunderts damals noch außerhalb der Berliner Stadtmauern errichtet und mit einem mittelalterlich anmutenden zinnenbewehrten Turm versehen, galt es als preußisches Mustergefängnis. Um die »Ansteckung« mit kriminellem Verhalten zu unterbinden, hatte man rund 520 Einzelzellen gebaut, dazu sogenannte Spazierhöfe angelegt. Im Zellengefängnis Moabit saßen schon die Revolutionäre von 1848 ein. Im »Dritten Reich« waren hier Widerständler, Sozialdemokraten, Kommunisten und auch einige der Verschwörer des 20. Juli eingesperrt; viele Gefangene wurden noch in den letzten Kriegstagen von den Nazis ermordet.

Nach dem Ersten Weltkrieg und der deutschen Novemberrevolution 1918 diente das Zellengefängnis als eine Art Auffanglager für echte wie vermeintliche Unterstützer eines Umsturzes der jungen Republik. Am 12. Februar 1919 wurde hier ein prominenter Häftling eingeliefert, ein Mann mit vielerlei Talenten, dessen Lebensgeschichte bereits zu diesem Zeitpunkt Romane hätte füllen können: Karl Radek, damals 33 Jahre alt, ein Journalist mit österreichisch-ungarischem Pass, russischer Berufsrevolutionär und überzeugter Parteigänger Lenins. Ein Intellektueller, der sein Leben so sehr der Weltrevolution verschrieben hatte, dass man ihn zum »Gehirn der Revolution« zählte.[1] Auffallend mit seiner schwarzgerahmten, runden Brille und dem bemerkenswerten Fusselbart, dazu meist eine Pfeife; charmant, spöttisch, lärmend und konspirativ zugleich. Nie wusste man, ob sein Zynismus nur gespielt war oder Ausdruck wahrer Verzweiflung.

Er war ein brillanter Agitator, ein geschickter Diplomat und Propagandist des Sowjetstaates, Täter und Opfer zugleich – wie so viele seiner Zeit. Befürworter des Roten Terrors, baute auch er an der Terrormaschine Stalins – und wurde von eben jener Terrormaschine als Schuldiger in einem der großen Schauprozesse des Terrorjahres 1937 verurteilt.[2]

Karl Radek kannte Deutschland gut, sehr gut sogar. 1885 geboren als Karl Sobelsohn, Kind einer jüdischen Familie im damals österreichisch-ungarischen Lemberg – heute Lwiw in Westen der Ukraine –, hatte er sich früh revolutionären Organisationen angeschlossen, ging 1907 ins Exil. Mehrere Jahre hatte er in Deutschland unter wechselnden Pseudonymen als Journalist gearbeitet, in Berlin, Leipzig, Bremen und Göttingen gelebt. 1915 zog er in die Schweiz, wo er Lenin kennenlernte. Im April 1917 gehörte Radek zu den Insassen des »plombierten« Eisenbahnwaggons, in dem die Reichsregierung Lenin durch Deutsch-

*Maulwurf der Revolution: Aus einer Berliner Gefängniszelle heraus knüpft der Kommunist Karl Radek Kontakte zur politischen und militärischen Elite der Weimarer Republik.*

land transportierte. Als Delegierter der Sowjetregierung nahm er an den Friedensverhandlungen von Brest-Litowsk teil. Er sprach Polnisch und Russisch, wenn auch fehlerhaft. Deutsch beherrschte er besser als jede andere Sprache.

Auf Lenins Geheiß war Radek im November 1918 nach Deutschland zurückgekehrt. Er sollte die deutsche Revolution vorantreiben, in sowjetische Bahnen lenken. Die neue Reichsregierung stand kurz vor dem Abschluss von Waffenstillstandsverhandlungen mit den siegreichen Westmächten. In Moskau fürchtete man, dass sich Deutschland gegen die Bolschewiki wenden könnte, um bessere Bedingungen für einen Friedensvertrag zu erreichen. Durch »Arbeit im Rücken des Feindes«[3] sollte Radek dies verhindern. Weil Radek offenbar während des kommunistischen Spartakusaufstands im Januar 1919 aktiv war, wurde er bald per Haftbefehl landesweit gesucht. Am

12. Februar 1919 verhaftete man ihn in einer Berliner Wohnung, lieferte ihn ins Moabiter Zellengefängnis ein. Radek wurde der Spionage und Beihilfe zum Aufruhr verdächtigt. Ihm drohte die Todesstrafe. Doch er hatte hochrangige Fürsprecher im Auswärtigen Amt. Denn der Bolschewik Radek war ein entscheidender Mittelsmann in den Sondierungen über eine neue deutsch-russische Allianz.

## Im Moabiter Salon

Es gehört zu den surrealen Widersprüchen dieser Jahre und hat doch eine bestechende Logik, dass der Moabiter Gefangene bald zu einem der wichtigsten Gesprächspartner der deutschen Politik und Wirtschaft wurde – all derer, die Deutschland durch den »Raubfrieden« (Lenin) von Versailles von den Westmächten unterjocht sahen. Ob aristokratisch-konservativ, erzreaktionär-nationalistisch oder großbürgerlich-kapitalistisch, Deutschlands Zukunft wähnte man im Osten, dort lag die einzig mögliche Rettung: ein Bündnis mit dem kommunistischen Russland.[4]

Radeks Gefängniszelle wurde zu einer begehrten Adresse, bald nannte er sie seinen »Moabiter Salon«. Die Tür stand offen. Er, der nur knapp einem Todesurteil entgangene Staatsgefangene, empfing hier die Spitzen des deutschen Staates, Vertreter von Militär und Wirtschaft. Hier schmiedete der bolschewistische Revolutionär ein Bündnis mit der deutschen Konterrevolution.

Als ob ihm tout Berlin die Aufwartung machen wolle. Es glich einem absurden Theaterstück: Radek, in seiner Gefängniszelle residierend, Besucher bekamen Passierscheine ausgestellt. Täglich kamen Briefe und Zeitungen aus aller Welt, auch Bücher, die er bestellt hatte. Radek korrespondierte umfänglich. Bald gewährte er regelrechte Audienzen: Schriftsteller kamen, Journalisten reisten aus England an, Genossen mit gefälschten Papieren erhielten gleich dutzendweise freien Zugang; auch nationalkonservative Freiherren und Berliner Großbürger sowie mindestens eine parfümierte Dame baten um eine Zusammenkunft. Wie fasziniert man von ihm war!

In Radeks Moabiter Salon wurde eine gewaltige politische Revision angezettelt. Die Allianz zweier Außenseiter könne das »Versailler Diktat« beenden. Denn weder das geschlagene Deutschland noch das revolutionäre Russland erkannten die staatliche und territoriale Neuordnung in Mitteleuropa an, die Wiederauferstehung Polens. Wirtschaftliche und militärische Zusammenarbeit bringe zudem beiderseitigen Nutzen über alle ideologischen Differenzen hinweg.

So stand eines Tages ein besonderer Besucher in Radeks Zellentür, Großunternehmer und eine der politisch bedeutsamsten Figuren der Weimarer Republik: Walther Rathenau, Präsident des Elektrokonzerns AEG. Zu Beginn des Weltkriegs hatte Rathenau die deutsche Kriegswirtschaft organisiert; 1922 würde er Außenminister werden. »Ein Bein über das andere geschlagen, bat er um die Erlaubnis, seine Auffassung über die Weltlage darzulegen ...«, schrieb Radek über diesen Besuch. »Sowjetrussland wird nicht besiegt werden ... Eine Rückkehr zur alten kapitalistischen Ordnung gebe es nicht.«[5]

Rathenau suchte den Kontakt, weil er Russland einbinden wollte. Dem Organisator von Volkswirtschaften schwebte eine Art Wiederaufbaupakt für den zerstörten europäischen Kontinent vor, von dem Deutschland und Russland profitieren würden. Der Bolschewik Radek schien dem Großindustriellen Rathenau geeigneter Überbringer seiner Botschaft von der »natürlichen Interessengemeinschaft« zwischen Russland und Deutschland, die sich auch aufgrund des »gemeinsamen Schicksals der Besiegten« ergebe.[6]

Als Leiter der Kriegsrohstoffabteilung hatte der AEG-Erbe faktisch die deutsche Kriegswirtschaft organisiert: Großraumplanung, zentrale Organisation, moderne Logistik, die Zusammenarbeit von Unternehmern und Arbeitern. Als eine Art oligarchischer Staatskapitalismus wurde das »System Rathenau« auch von Bolschewiken bewundert. Schon bald nach der Revolution hatte Rathenau Kontakte nach Moskau geknüpft. Es war für ihn daher nur folgerichtig, Karl Radek 1919 in seinem Moabiter Gefängnis aufzusuchen. Zu zwei weiteren Treffen brachte er den AEG-Generaldirektor Felix Deutsch mit. Seit Jahrzehnten im Russlandgeschäft engagiert und in der internationalen Bankenwelt bestens vernetzt, suchte der überzeugte Republikaner Felix Deutsch nach Wegen, deutsch-russische Wirtschaftskontakte wiederzubeleben und Projekte zu finanzieren.[7]

Überzeugt davon, dass Deutschland eine Schlüsselrolle bei der »Wiederverbindung des Ostens und des Westens« spielen müsse, hoffte Rathenau auf den Aufbau eines neuen Wirtschaftssystems in Lenins Russland[8] – mithilfe kräftiger deutscher Unterstützung. Deutschlands Ingenieure und Gelehrte seien dazu berufen, Russland neu zu erschließen. Beide Länder könnten so zum Aufbau einer integrierten Weltwirtschaft beitragen.[9]

Tatsächlich reiste eine AEG-Delegation schon im März 1920 nach Moskau. Vor allem Vertreter der Schwer- und Rüstungsindustrie wollten ja zurück ins »Russengeschäft«.[10] Bald verhandelte man über die Lieferung Hunderter Lokomotiven aus den Krupp- und Borsigwerken. 1921 schlossen beide Länder ein Handelsabkommen, das deutsche Unternehmen bei Auftragsvergabe durch die sowjetischen Staatskonzerne bevorzugte.[11] Der Grundgedanke war, wie schon seit Jahrhunderten in den deutsch-russischen Wirtschaftsbeziehungen: deutsches Geld und deutsches Know-how gegen russische Rohstoffe.

In Berlin war die Anklage gegen Karl Radek längst fallen gelassen worden. Auf Betreiben hochrangiger Vertreter im Auswärtigen Amt und höchster Stellen der Reichswehr wurde er im Dezember 1919 entlassen und zunächst in das Privathaus des Freiherrn Eugen von Reibnitz überführt. Der hatte einst mit dem Vater der Dolchstoßlegende General Ludendorff im Kadettenkorps gedient. In der Villa kam Radek mit führenden deutschen Militärs zusammen, bevor er im Januar 1920 Richtung Russland abgeschoben wurde.

### Rapallo: Die Allianz der Ausgestoßenen

Er kam bald wieder. Zunächst illegal als aufrührerischer »Bolschewisierer« deutscher Kommunisten,[12] ab 1922 auch in offizieller Mission, ein weltgewandter und zugleich skrupelloser Repräsentant der Oktoberrevolution. Als Lenins Frontmann sollte er eine neue deutsch-russische Allianz verhandeln. Vom Erfolg seiner Gespräche hing das ökonomische Überleben des jungen Sowjetrusslands ab. Es herrschte Bürgerkrieg, die Entente-Mächte Großbritannien und Frankreich hatten eine Wirtschaftsblockade gegen Russland verhängt. Auch in Deutschland hatte man Interesse an einem Bündnis: Man erhoffte sich politischen Spielraum und militärische Zusammenarbeit, die – nach dem Versailler Vertrag allerdings streng verbotene – Wiederaufrüstung Deutschlands.

Auf Initiative des Auswärtigen Amtes kam Karl Radek im Januar 1922 nach Berlin, um mit dem zuständigen Leiter der Ostabteilung, »Ago« von Maltzan, die Grundzüge eines Vertrages zwischen Russland und Deutschland auszuarbeiten. Radek leistete sich gleich mehrere Existenzen: Unter dem Namen »Konstantin Römer« verhandelte er als Beauftragter der Sowjetregierung mit der Reichsregierung – als »Karl Bremer« und Sekretär der Komintern wiederum instruierte er die deutschen Kommunisten.[13]

Erfolgreich knüpfte Radek an die Monate seines »Moabiter Salons« an: Er traf Großindustrielle, Diplomaten und hohe Militärs; AEG-Generaldirektor Deutsch gehörte ebenso zu seinen Gesprächspartnern wie der Chef des Heeresamtes General Hans von Seeckt. Im Frühjahr 1923 schließlich residierte Radek in der neu eröffneten prächtigen sowjetischen Botschaft Unter den Linden, empfing offizielle Gesprächspartner aus Wirtschaft und Politik, dazu Journalisten. Für die geheimen Verhandlungen mit Vertretern der Reichswehr stand ihm ein Raum in der etwas abseits gelegenen russischen Handelsvertretung zur Verfügung.

Deutschland und das sowjetische Russland – eine Partnerschaft der beiden Parias der Weltgemeinschaft schien ebenso surreal wie die Audienzen, die ein Pfeife rauchender Bolschewik dem Berliner Establishment in einer Moabiter Gefängniszelle gewährt hatte. Doch in diesen Jahren verschob ein neues Arrangement das politische Koordinatensystem auf dem europäischen Kontinent. Ein Wort wurde zum Symbol dieser fatalen »Modernisierungspartnerschaft« zweier Staaten, die sich gedemütigt und ausgeschlossen fühlten: Rapallo. Oder: der deutschrussische Sonderweg.

Bereits im Februar 1922 sprach Karl Radek mit General Hans von Seeckt über konkrete militärische Zusammenarbeit.[14] Die nationalkonservativen Eliten der Reichswehr unterstützten eine mögliche deutsch-russische Kooperation nicht aus Solidarität mit dem bolschewistischen Sowjetstaat – vielmehr galt ihnen die »Ostorientierung« als Vehikel, um Frankreichs Verbündeten Polen den Garaus zu machen. In einem geheimen Telegramm an das Politbüro in Moskau berichtete Radek über sein Treffen mit von Seeckt: »... seine Augen funkelten wie bei einem Tier, und er sagte: Es (Polen) muss zerschmettert werden, und es wird zerschmettert, sobald Russland und Deutschland erstarkt sind.«[15] Man traf sich zu Bierabenden – mit der Entente trinken die Deutschen Champagner, bemerkte Radek spitz –, überall die gleiche Hoffnung: Allein die Verbindung mit Russland ermögliche Deutschlands »Rettung«.[16] Und im eng mit der russischen Welt verbundenen Staatssekretär des Auswärtigen Amtes, »Ago« von Maltzan, dem aristokratischen deutschen Botschafter in Moskau, dem »roten Grafen« Ulrich von Brockdorff-Rantzau[17], sowie dem als germanophil geltenden bolschewistischen Außenminister Georgij Tschitscherin, einem hervorragenden Pianisten und ausgewiesenen Mozart-Kenner, der lange im Exil in Berlin-Zehlendorf[18] gelebt hatte, fand die deutsch-russische »Schicksalsgemeinschaft« weitere aktive politische Unterstützer.

Die Grundzüge einer Vereinbarung standen, als Außenminister Rathenau im April 1922 zur Weltwirtschaftskonferenz nach Genua reiste. Zum ersten Mal nach Kriegsende waren Deutschland und Sowjetrussland zu einer internationalen Konferenz eingeladen. Sie sollte Reparationsansprüche und Entschädigungen endgültig regeln und das Fundament einer friedlichen Nachkriegsordnung legen. Rathenau hatte dafür einen kühnen Plan ausgearbeitet: Ein internationales Aufbauprogramm für Russland solle das von Reparationszahlungen und Inflation gebeutelte Deutschland miteinbeziehen. Die Lieferung deutscher Industriegüter nach Russland würde die finanziellen Mittel erlösen, mit denen Rohstoffe aus Russland importiert und damit die Reparationsforderungen der Alliierten bezahlt werden sollten. Dies war der Kerngedanke des »Russland-Konsortiums«, den Rathenau den Konferenzteilnehmern vorstellte.[19] Doch zu seiner Enttäuschung endete die Konferenz von Genua ohne konkretes Ergebnis. Sie scheiterte vor allem am Misstrauen der russischen Regierung und am Widerstand Frankreichs sowie Großbritanniens. Nur zögernd ließ sich Rathenau auf die Alternative ein: ein Separatabkommen mit Russland.

Es war eine Sensation, ein Durchbruch und zugleich der größte Erfolg Radeks, des unermüdlichen »Maulwurfs der Revolution«[20]: das von ihm in Berlin vorbereitete bilaterale Abkommen, das in dem kleinen Ausflugsort Rapallo nahe Genua besiegelt wurde. Im dortigen »Imperiale Palace Hotel« hatte die russische Delegation während der Konferenz ihr Quartier.

Mit dem Vertrag von Rapallo[21] stellten Russland und Deutschland ihre diplomatischen Beziehungen wieder her. Beide Seiten verzichteten gegenseitig auf alle Ansprüche und Reparationen infolge von Krieg und Revolution. Die Handelsbeziehungen wurden wiederaufgenommen, eine Meistbegünstigungsklausel vereinbart. Mit Rapallo beendete die Sowjetregierung die befürchtete ökonomische Abhängigkeit von Großbritannien für den russischen Wiederaufbau. Sie neutralisierte Deutschland als potenziell kapitalistischen – gar imperialistischen – Konkurrenten im Kreis der Westmächte und eröffnete die Möglichkeit, das deutsche Industrie- und Militärpotenzial für den eigenen Wiederaufbau zu nutzen. Die Sowjetregierung gewann also enormen politischen Spielraum.

Für Deutschland war die Bilanz weitaus gemischter: Die Westmächte reagierten misstrauisch, kritisierten den deutschen Revisionismus; Entgegenkommen in der Reparations- und der Währungsfrage war erst einmal nicht zu erwarten. Auch in Deutschland wurde Kritik laut: Man habe sich in zu große Abhängigkeit von Russland begeben.

Für mehr als ein Jahrzehnt bildete »Rapallo« den Rahmen für die Zusammenarbeit zwischen den beiden Ländern. Als Walther Rathenau nur wenige Wochen nach der Unterzeichnung in seinem Wagen erschossen wurde, speiste sich der Hass der Attentäter auf den »Erfüllungspolitiker« auch aus der Ablehnung einer Annäherung an das bolschewistische Russland.[22]

Was Rapallo so gefährlich machte: Teile der deutschen Eliten sahen in dem Vertrag die revisionistische Chance auf den ersehnten Befreiungsschlag gegen den »Würgegriff« der französisch-polnischen Allianz.

Bald war Deutschland – neben den USA – einer der wichtigsten Handelspartner und größter Warenlieferant der Sowjetunion; zur Realisierung des ersten Fünfjahresplans importierte das Land massenweise Industrieanlagen und technisches Knowhow. Das in Teilen von Siemens errichtete Wasserkraftwerk am Dnjepr gehörte dazu; auch Anlagen für das gigantische Stahlwerk von Magnitogorsk kamen aus Deutschland. Stalins auf Massenterror und Zwangsarbeit basierende Modernisierung wurde auch durch deutsche – und amerikanische – Lieferungen möglich.

## Waffenbrüderschaft

Die strategische Annäherung fand 1925 ihre Fortsetzung in einem weiteren Handelsvertrag sowie im Berliner Vertrag von 1926, einem Neutralitätspakt für den Kriegsfall gegen einen Dritten.[23] Der »Geist von Rapallo« richtete sich da allerdings schon gegen den »Dritten«, gegen Polen und seinen Verbündeten Frankreich. Denn die Generäle im Reichswehrministerium suchten nach Wegen, den »Knebelfrieden« von Versailles auszuhebeln und Deutschland wiederaufzurüsten. Sie hofften, in der russischen Ferne heimlich all jene Waffen zu testen und zu produzieren, die ihnen nach dem Versailler Friedensvertrag verboten waren. »Nur im festen Anschluss an ein Groß-Rußland hat Deutschland die Aussicht auf Wiedergewinnung seiner Weltmachtstellung«,[24] so von Seeckt schon 1920.

Eine Aufrüstung Deutschlands entsprach auch dem von Verschwörungstheorien geprägten, verqueren politischen Kalkül der sowjetischen Führung, in der sich Iossif Stalin durchsetzte: Ein wiedererstarktes Deutsches Reich in der Mitte Europas werde die Spannungen zwischen den imperialistischen Staaten – den Feinden der Sowjetunion – zwangsläufig erhöhen und damit die Position der Sowjetunion stärken. Durch Wirtschafts- und Rüstungskooperation werde man die deutschen Ressourcen wie Kapital, Bildung und Maschinen nutzen und Deutschland fester an die Sowjetunion binden. Die proletarische Weltrevolution werde ohnehin bald über Deutschland hinwegfegen. Vorangetrieben durch die Arbeit der Komintern und scharfe Agitation gegen die Sozialdemokratie werde der deutsche Pfeiler im bourgeoisen Herrschaftsgebäude von Versailles dann quasi von selbst zusammenbrechen.[25]

Mit »normaler« wirtschaftlicher Kooperation war es allerdings nicht weit her, trotz grandioser Pläne und Delegationsreisen deutscher Industriekapitäne nach Moskau. Weder die bankrotte sowjetische noch die bankrotte deutsche Regierung hatten die Mittel, die ohnehin meist illusionären kommunistischen Großprojekte zu finanzieren. Dazu kamen die Probleme mit den monströsen Bürokratien der sowjetischen Staatsmonopole, dem notorischen Misstrauen der Parteifunktionäre und der Überwachung durch den allmächtigen Geheimdienst.

Die praktische Umsetzung von Rapallo bestand vor allem in militärischer Zusammenarbeit. Die geheime Kooperation mit der Roten Armee war für die Reichswehr von doppeltem Nutzen: In Russland testete sie moderne Waffentechnik und bildete Personal aus, die zukünftige Elite der deutschen Wehrmacht. Und deutsche Rüstungskonzerne hatten sich zur Produktion von Prototypen verpflichtet – auch dies eine lukrative Form des – völkerrechtswidrigen – »Russengeschäfts«.

Die Rote Armee erhoffte sich deutsche Technik, Know-how, Militärstrategie. Schon wenige Monate nach dem Abschluss des Rapallo-Vertrages schickte die sowjetische Regierung ihre Wunschliste an die eigens gegründete Sondergruppe R (Russland) nach Berlin. Man erwarte die Beteiligung Deutschlands etwa bei der Produktion von Kampfflugzeugen, Panzerfahrzeugtechnik sowie dem Bau von Senfgasfabriken.

Noch 1922 unterschrieb man einen Vertrag über eine Art Joint Venture im Flugzeugbau: das Junkers-Projekt in Fili. In einer einst als Autofabrik geplanten Industrieanlage im Moskauer Vorort Fili sollten fortan jährlich mehrere Hundert Junkers-Flugzeuge produziert werden – vor allem für militärische Zwecke. Hunderte deutscher Ingenieure und Facharbeiter trafen ein. Doch die Produktion blieb weit unter den anvisierten Stückzahlen – nach nicht einmal drei Jahren wurde das Projekt Junkers aufgekündigt.[26]

Als Erfolgsmodell galt hingegen die deutsche Fliegerschule in Lipezk bei Woronesch, etwa 500 Kilometer südlich von Moskau. Im Juli 1925 nahm sie ihren Betrieb auf. In den folgenden acht Jahren erhielten hier rund 200 Kampfpiloten und Beobachter ihre Ausbildung an Jagdflugzeugen vom Typ Fokker D.XIII.

Der Großindustrielle Hugo Stinnes hatte dafür fünfzig Flugzeuge in den Niederlanden gekauft. Offiziell für die argentinische Luftwaffe bestimmt, wurden sie unter strengster Geheimhaltung zerlegt, in Kisten gepackt und von einer eigens zu diesem Zweck gegründeten Handelsfirma nach Lipezk transportiert. Die Piloten reisten als Touristen ein.[27] In Lipezk wurden jene Offiziere ausgebildet, die wenige Jahre später in Hitlers Generalstab die Luftangriffe auf die Sowjetunion planen und befehligen würden. Und in Lipezk wurden auch jene Flugzeugprototypen getestet, die in Deutschland ab 1934 rasch in Serie produziert wurden: »Hitler musste nur noch auf den Knopf drücken.«[28]

In der Panzerschule »Kama« bei Kazan an der Wolga trainierten deutsche Panzerfahrer, mindestens 14 von ihnen stiegen später zu Generälen der Wehrmacht auf. Die als »Traktoren«

deklarierten Panzer wurden selbstredend von deutschen Firmen geliefert. Und die deutsch-sowjetische »Gesellschaft zur Herstellung von Giftgas« richtete ihr als »Wissenschaftszentrum« getarntes Testgelände »Tomka« in der Steppe bei Wolsk in der südlichen Region Saratow ein. Hier wurden ab 1928 chemische Kampfstoffe erprobt.[29]

So lernte die spätere Elite in Hitlers Wehrmacht die Sowjetunion und ihre militärische Führung aus eigener Anschauung kennen. So intensiv war der Austausch, dass man den Eindruck gewinnen konnte, es handle sich um Routinebesuche. Deutsche Offiziere beobachteten russische Manöver, man hielt gemeinsame Lagebesprechungen ab, unterwies junge Offiziere der Roten Armee in Militärstrategie. Deutsche Generäle reisten als Gast der russischen Regierung in luxuriösen Salonwagen durch russische Weiten. Man bekomme »alle Wünsche erfüllt«, berichtete Generalmajor Werner von Blomberg über seine Russlandreise 1928. »Ein vollkommener Einblick konnte gewonnen werden. ... Die aufstrebende Rote Armee ist ein Faktor, mit dem gerechnet werden muss.«[30]

Die Offiziere der Roten Armee profitierten vom hohen Ausbildungsstand der Reichswehr. Weit über die Hälfte des 1934 im sowjetischen Militärrat zusammengefassten Führungspersonals pflegte zuvor Kontakte zur Reichswehr. Sie hatten an der deutschen Militärakademie in Berlin studiert, Manöver in Bad Saarow beobachtet, die Krupp-Werke in Essen besucht – und zum Programm gehörte auch eine Fahrt auf dem Mittelrhein samt Blick auf die Loreley.[31]

Fast alle dieser so »deutsch« ausgebildeten Offiziere der Roten Armee fielen Stalins Säuberungen zum Opfer – dabei lieferten ihre langjährige Zusammenarbeit und ihre persönlichen Beziehungen mit deutschen Militärs meist den »Beweis« für »antisowjetische Verschwörung«, »Spionage« und »Hochverrat«. So erging es auch Marschall Michail Tuchatschewskij, diesem unbestechlichen, ehrgeizigen Mann mit hervorragenden Deutschkenntnissen. Noch 1935 versprach er sich Weltrevolutionäres von der »Freundschaft der Roten Armee zur Reichswehr«: Wenn Deutschland und die Sowjetunion nur in guten Beziehungen stünden, dann »könnten wir der Welt jetzt den Frieden diktieren«.[32]

Am 22. Mai 1937 verhaftet, »gestand« er bald. Das Todesurteil wurde wenige Wochen später vollstreckt. Auch Tuchatschewskijs Frau und seine Tochter wurden ermordet. Stalins Säuberungen betrafen mindestens 50 000 Militärkommandeure – darunter drei der vier höchsten Befehlshaber, sämtliche Chefs der Militärbezirke und so gut wie alle, die zuvor mit Deutschen in Kontakt gestanden hatten. Stalin ging mit einer faktisch führungslosen, »enthaupteten«[33] Armee in den Krieg.

Doch das Chaos der Weimarer Republik, die Wirtschaftskrisen, rechtsextreme Verschwörer, linksextreme Revolutionäre und das um sich greifende Gefühl einer unheilbringenden Unordnung spülte tief sitzende deutsche Ressentiments nach oben. Jetzt aber mischten sich Ängste und Vorurteile über die »russische Gefahr« und die »bolschewistische Pest« mit Antisemitismus. Populär in rechtsnationalen Kreisen waren Berichte und Bücher von Deutschbalten und russischen Emigranten, die nach 1917 geflohen waren, in denen die Grausamkeiten der russischen Revolutionäre in schlimmsten Farben ausgemalt wurden, Terror und Hunger. Sie verstärkten das Gefühl germanischer Überlegenheit gegenüber all dem, was sich da im Osten angeblich gegen die (»abendländische«) europäische Kultur zusammenrottete: Kommunisten, Bolschewisten, Juden, Sowjets; unzivilisiert, hungernd ... »der Russe« eben, von einem Haufen »jüdischer Börsenbanditen« beherrscht, wie Hitler hetzte.[34] Von solchen deutschherrischen Höhen aus war es nicht mehr weit zu den Niederungen der russischen Ebene, in denen der Endkampf »Rasse gegen Rasse« ausgetragen werden sollte.[35]

Es bleibt, vom Ende eines Weltenwanderers zu berichten, Karl Radek. Dem schillernden Mann, »Prototyp eines Revolutionärs«,[36] bewundert und verabscheut, der in seinem Moabiter Gefängnis-Salon den Aufbruch in eine neue Ära deutsch-russischer Beziehungen verhandelt hatte.

Die Zeichen standen an der Wand, er musste es wissen, er selbst hatte ja den Roten Terror befürwortet. Als Parteigänger des inzwischen verfemten Leo Trotzkij isoliert, hielt Radek mit seiner spöttischen Verachtung für Stalin dennoch nicht hinter dem Berg.

1927 musste er seine Wohnung in der Moskauer Innenstadt räumen, wurde aus der Partei ausgeschlossen und nach Sibirien verbannt. 1936 verhaftet, wurde er 1937 des Verrats angeklagt. Während des Schauprozesses denunzierte er seine Mitangeklagten und spielte die Rolle des Geständigen. Er belastete sich und andere mit abenteuerlichen, zum Teil vollkommen absurden Beschuldigungen – das Drehbuch für den Prozess hatte er in der Lubjanka offenbar selbst geschrieben. Wenn dies als Possen und verrückte Ausfälle getarnte Warnungen vor Stalin waren – der deutsche Schriftsteller Lion Feuchtwanger jedenfalls verstand sie nicht. Er durfte dem Schauprozess auf Einladung Stalins als Beobachter beiwohnen; in seinem Buch *Moskau 1937* äußerte er furchtbar viel Verständnis für die »historische Gesetzmäßigkeit« politischer Säuberungen.[37]

Radek entging – zunächst – der Todesstrafe. Zu zehn Jahren Lagerhaft verurteilt, wurde er am 19. Mai 1939 im Gefängnis von einem gedungenen Mithäftling im Auftrag des NKWD erschlagen.

## Der Pakt: Als Stalin zum Verbündeten Hitlers wurde

Wenn das angespannte Leben in dieser Zwischenkriegszeit von den Menschen als Zustand einer »großen Angst« empfunden wurde,[38] wie konnte dann überhaupt irgendjemand mit pragmatischer Vernunft nach Osten blicken? Die deutsche Gefühlslandschaft dieser Jahre war von übertriebenen Erwartungen an eine deutsch-russische »Schicksalsgemeinschaft« samt »Sonderweg« ebenso geprägt wie von tief sitzenden Ressentiments. Russland war Zukunftsversprechen und Gefahr zugleich. So blieb man im rechten wie im linken Milieu gefangen in Furcht und Faszination, in Abwehr und Annäherung. Die deutsche »Ostorientierung« nährte die gefährlichen Träume eines Aufstiegs Deutschlands als neuer Weltmacht. Ob Russophilie oder Sowjetophobie – beide Attitüden waren letztlich Ausdruck eines ebenso antidemokratischen wie antiwestlichen deutschen Gesamtgemütszustands.

Dem kurzen Flirt einiger Nationalsozialisten[39] mit einem (deutsch-)»nationalen« Bolschewismus hatte Adolf Hitler früh ein Ende gesetzt. Sein rassistisches Weltbild reicherte er mit militantem Antisemitismus und Antibolschewismus sowie dem gängigen Stereotyp des minderwertigen Russen zu einem allesdurchdringenden »Feindbild-Konglomerat« an, das sowohl tief sitzende Ängste bediente als auch rassenideologische Überlegenheits- und Vernichtungsfantasien perpetuierte und mit hemmungslosem Hass auflud.[40] Bereits Anfang der zwanziger Jahre bezeichnete Hitler Russland als »germanischen Siedlungsraum« und den Bolschewismus als letzte Waffe des »internationalen Finanzjudentums«. Als früher Anhänger der in Deutschland konzipierten »Geopolitik«, der Politik des (Lebens-)Raums, malte Hitler in *Mein Kampf* die »Bodenpolitik der Zukunft« aus, an der das deutsche Wesen endgültig genesen werde. Er nannte es, ja, »Ostpolitik«: »Wir stoppen den ewigen Germanenzug nach dem Süden und Westen Europas und weisen den Blick nach dem Land im Osten.«[41]

Auch wenn diese Thesen bei der Machtübernahme der Nazis Anfang 1933 zunächst eine eher untergeordnete Rolle spielten – die Grundkonstanten änderten sich nicht. Die Eroberung und Kolonisierung Russlands war und blieb Hitlers wichtigstes außenpolitisches Ziel, die »vielleicht entscheidenste Angelegenheit der deutschen Außenpolitik überhaupt«.[42] Schon wenige Tage nach der Machtergreifung erklärte Reichskanzler Hitler am 3. Februar 1933 im Gespräch mit Generälen der Reichswehr und der Reichsmarine, es gehe nun um »Lebensraum im Osten und dessen rücksichtslose Germanisierung«.[43]

Die deutsch-russischen »Sonderbeziehungen« der zwanziger Jahre wurden ausgesetzt, auch die militärische Zusammenarbeit fand – zunächst – ein abruptes Ende. In den folgenden Jahren wurden sowjetische Avancen über eine Verbesserung der politischen Beziehungen abgelehnt, ebenso sowjetische Sondierungen über eine Kreditvereinbarung. Militanter Antibolschewismus diente der innenpolitischen Legitimierung eines zunehmend radikalen deutschen Nationalismus und der rassistischen Ideologisierung.

Umso sensationeller schienen die Nachrichten, die im August 1939 aus Moskau kamen. Nachrichten über einen diplomatischen Coup, einen wahren »Teufelspakt«[44], der die politische Weltkarte verändern würde.

»Anschließend wurde im selben Raum, es war das Arbeitszimmer Molotows, ein kleines einfaches Abendessen zu viert serviert. Gleich zu Anfang gab es eine kleine Überraschung: Stalin stand auf und hielt eine kurze Ansprache, in der er von Adolf Hitler als dem Manne sprach, den er schon immer außerordentlich verehrt habe. In betont freundschaftlichen Worten drückte

Stalin die Hoffnung aus, dass mit den jetzt abgeschlossenen Verträgen eine neue Phase in den deutsch-sowjetischen Beziehungen eingeleitet sei.«[45]

So beschrieb der damalige Reichsaußenminister Joachim von Ribbentrop den frohgemuten Abend jenes historischen 23. August 1939, an dem mit einem Nichtangriffspakt zwischen Hitlers Deutschland und Stalins Sowjetunion eine »neue Phase« in den deutsch-sowjetischen Beziehungen eingeleitet wurde. Sie endete sechs Jahre und 55 Millionen Tote später.

Fast zwei Jahre lang agierten die beiden erklärten Gegner nun als Verbündete einer Kriegs-Allianz;[46] und dabei ging es um mehr als »nur« um die Aufteilung von Einflusssphären. Der Hitler-Stalin-Pakt sowie sein geheimes Zusatzprotokoll führten zur faktischen Zerstörung Polens und der Okkupation der baltischen Staaten. Er machte den Weg frei für den organisierten Massenmord an den Juden und Völkermord an nationalen Minderheiten. Und: Die im Hitler-Stalin-Pakt vorgenommene territoriale Aufteilung Ostmitteleuropas wurde Anfang 1945 im Abkommen von Jalta in weiten Teilen bestätigt. Erst mit der Unterzeichnung der Charta von Paris 1990 wurde sie für überwunden erklärt – eine Weile zumindest.

Dass der Weltkrieg für die Sowjetunion nicht erst am 22. Juni 1941 begann, sondern mit dem Tag des sowjetischen Einmarsches im Osten Polens bereits am 17. September 1939; dass Wehrmacht und Rote Armee eine gemeinsame Siegesparade abhielten und auch, dass die Terror-Geheimdienste Gestapo und NKWD dort ihr Vorgehen koordinierten – all das gehört nicht zum offiziellen russischen Geschichtsbild, einem pompös inszenierten Siegesnarrativ, in dem auch Stalin als Feldherr und Wirtschaftsmanager einen Ehrenplatz erhält. Ob solch staatlich geförderter Legendenbildung ist es kein Zufall, dass der Hitler-

Stalin-Pakt in Russland noch immer als »Molotow-Ribbentrop-Pakt« bezeichnet wird.[47]

Ideologie jedenfalls stellte im August 1939 kein Hindernis dar, als sich die Außenminister der beiden Diktatoren im sommerlichen Moskau trafen, Joachim von Ribbentrop und der kurz zuvor von Stalin eingesetzte Wjatscheslaw Molotow, den man auch »Eisenarsch« nannte. Molotow war auf den weltgewandten, westlich orientierten sowjetischen Juden Maxim Litwinow gefolgt, den Stalin im Mai 1939 abgesetzt hatte – offenbar ein Signal an den pathologischen Antisemiten Hitler.[48] Sie verstanden einander gut, Molotow und Ribbentrop, zwei brutale, selbstverliebte Emporkömmlinge ohne jeden Skrupel; sie sprachen ja auch die gleiche neue deutsch-russische Sprache einer »Diplomatie der Diktatoren«.[49] Aber die Manieren – stets tadellos.

Die Initiative war von Hitler ausgegangen. Er hatte es eilig – die Planungen für den »Fall Weiß«, den Angriff auf den westlichen Alliierten Polen, liefen bereits seit Ende März. Hitler wusste auch von Stalins Verhandlungen mit Großbritannien und Frankreich über eine Art militärischen Beistandspakt. Einer möglichen Einigung Stalins mit den Westmächten wollte Hitler unbedingt zuvorkommen. Ein Vertrag mit Moskau würde Polen isolieren und zugleich das Risiko eines Zweifrontenkrieges minimieren: ein taktisches Arrangement zur Erreichung seiner Blut-und-Boden-Ziele – zu denen ja auch die Eroberung der Sowjetunion gehörte, wenn auch zu einem späteren Zeitpunkt. Der Pakt war ihm nur eine Zwischenstation.

Zum Auftakt einer beispiellosen Blitzoffensive durfte von Ribbentrop schon Anfang August die Herren im Kreml wissen lassen: »Von der Ostsee bis zum Schwarzen Meer liegt kein Problem vor, das nicht zur beiderseitigen Zufriedenheit gelöst werden kann.«[50] Unmissverständlicher konnte die landräuberische

Botschaft nicht sein. Ab Mitte August wurde der Kreml fast stündlich mit Telegrammen aus Berlin bombardiert. Hitler persönlich schickte eine Botschaft an »Herrn Stalin«. Am 23. August traf der Reichsaußenminister dann mit unterschriftsreifen Entwürfen in Moskau ein, am Flughafen flatterte die Hakenkreuzfahne neben der Roten Fahne mit Hammer und Sichel.[51] Innerhalb nur weniger Stunden besiegelten die beiden Außenminister dann den Nichtangriffspakt, der den Krieg gegen Polen bedeutete.[52] Eine Tragödie für Millionen Menschen, war er doch ein Muster »totalitärer Außenpolitik, der nicht *trotz* der Unterschiede zwischen den ideologisch verfeindeten Diktaturen zustande kam, sondern *aufgrund* der vielen Gemeinsamkeiten«.[53]

Hitler und Stalin: Sie waren nun Verbündete einer von ihnen geschaffenen Weltkriegsallianz.

Zur Feier des Tages erhob Stalin am Abend des 23. August sein Glas auf Hitler: »Ich weiß, wie sehr das deutsche Volk seinen Führer liebt, ich möchte deshalb auf seine Gesundheit trinken.«[54] Und Hitlers Leibfotograf Heinrich Hoffmann machte Schnappschüsse eines jovial lächelnden Generalsekretärs.[55]

Offenbar waren die beiden Massenmörder durchaus voneinander beeindruckt. Stalin erkannte in Hitler »ein außerordentliches Genie« – und auch Hitler pries Stalin als »genialen Kerl«.[56]

## Die Entfesselung des Krieges

Radikaler konnte die Wende der sowjetischen Außenpolitik kaum sein. Noch siebzig Jahre später debattieren Historiker die Frage, was Stalin wirklich bewog, sich auf einen Handel mit seinem größten Feind einzulassen. Es ging ihm offenbar nicht primär darum, Zeit gegen Hitler zu gewinnen oder ein territoriales Glacis gegen einen möglichen deutschen Angriff zu sichern. Vielmehr schien der Pakt mit Hitler für Stalin zu diesem Zeitpunkt der bessere »Deal«. Die mögliche Alternative nämlich, ein sowjetisches Bündnis mit den Westmächten gegen Hitler, war weggebrochen: Frankreich und Großbritannien verhandelten nur halbherzig über eine »große Koalition«. Zu groß war das Misstrauen auf beiden Seiten. So hatten die Westmächte das Münchner (Appeasement-)Abkommen 1938 ohne Beteiligung der Sowjetunion geschlossen. Damit war die von Stalin propagierte »internationale Friedensfront« gegen Deutschland faktisch zusammengebrochen. Andererseits hatte Stalin Forderungen aufgestellt, auf die weder Briten noch Franzosen eingehen wollten – etwa die, seine Truppen jederzeit nach Polen verlegen zu können.

Stalin fürchtete nun, dass die Sowjetunion aufseiten der Westmächte in den unvermeidlich kommenden »imperialistischen« Krieg der Westmächte gegen Hitlers Deutschland hineingezogen werden könnte: »Wir lassen unser Land nicht von den Kriegsprovokateuren, die gewohnt sind, andere für sich die Kastanien aus dem Feuer holen zu lassen, in die Konflikte hineinziehen«, erklärte er in seiner als »Kastanienrede« berühmt – und berüchtigt – gewordenen Ansprache vor dem Parteikongress im März 1939.[57]

Letztlich hatte Stalin sich gegen ein Bündnis mit den Westmächten entschieden: »Die Engländer und Franzosen wollten uns als Kulis haben und nichts dafür bezahlen«, erklärte er am 7. September 1939 in einem eher privaten Gespräch. Jetzt gelte es, die kapitalistischen Länder zu schwächen, indem sie sich in einen Krieg gegen Deutschland hineinziehen lassen würden, den dann alle verlieren würden, auch Deutschland. »Wir können die eine Seite gegen die andere anstacheln, damit sie sich besser in Stücke reißen können. ... Was wäre schlecht daran, wenn wir nach der Zerschlagung Polens das sozialistische System auf neue Gebiete und Menschen ausdehnen?«[58]

Stalin hatte nach anderen Optionen gesucht, zu denen auch ein möglicher »Deal« mit Deutschland gehörte.[59] Spätestens ab März 1939 gewann »das Abkommen mit Nazi-Deutschland Priorität«.[60] Wie hieß es wenig später in der Zeitung *Iswestija*: Zustimmung oder Ablehnung des »Hitlerismus« sei schließlich nur eine »Frage des Geschmacks«.[61]

Und Hitler machte ihm am Ende ein Angebot, das er nicht ablehnen wollte, viel zu verlockend war der mögliche Gewinn. Stalin erreichte maximale Zugeständnisse der deutschen Seite. Denn mit dem Nichtangriffspakt wurde in einem geheimen Zusatzprotokoll, dem nur einen Monat später mit dem »Grenz- und Freundschaftsvertrag« weitere geheime Absprachen folgten, die Aufteilung der »Interessensphären in Osteuropa« festgelegt: Demnach fiel der Osten Polens an die Sowjetunion, desgleichen Finnland, Litauen, Estland, Lettland sowie, im Südosten, Bessarabien. Die neue Grenze würde durch Polen verlaufen. Es geschah, was der *Völkische Beobachter* als die »Wiederherstellung eines natürlichen Zustandes«[62] pries: die Zerschlagung der jungen Nationalstaaten Ostmitteleuropas.

Mit dem deutschen Überfall auf Polen begann nur neun Tage später der Zweite Weltkrieg; am 17. September marschierten sowjetische Truppen im Osten Polens ein. Auf dem »Schlachtfeld der Diktatoren«[63] wurden Millionen Menschen vertrieben, deportiert, versklavt, ermordet. Stalin annektierte die mehrheitlich ukrainisch oder weißrussisch besiedelten Gebiete in Polen, die im 19. Jahrhundert zum Zarenreich gehört hatten. Zehntausende Polen und mehr als 100 000 Menschen aus den baltischen Republiken wurden deportiert oder ermordet. Für die Menschen in diesen Ländern hörte die Gewaltherrschaft 1945 nicht auf, im Gegenteil: In der nun herrschenden »Ordnung von Jalta« wurde die Vernichtung der lokalen Eliten, echter und vermeintlicher Gegner, zu Ende geführt.

Bereits der Hitler-Stalin-Pakt bedeutete Völkermord und Klassenmord.[64] An der Entfesselung des Krieges war, so kann man es sagen, auch die Sowjetunion beteiligt.

Schon im September 1939 reiste Reichsaußenminister von Ribbentrop erneut nach Moskau, ein weiterer Besuch in freundschaftlicher Atmosphäre. Der am 28. September 1939 unterzeichnete »deutsch-sowjetische Grenz- und Freundschaftsvertrag« wurde als Dokument der neuen »Zusammenarbeit« in der Parteizeitung *Prawda* veröffentlicht. Geheim blieb natürlich, dass die territoriale Aufteilung Osteuropas in weiteren Zusatzprotokollen modifiziert und der Grenzverlauf des nunmehr geteilten Polens endgültig festgelegt wurde.[65]

»Bei dem sehr herzlichen Abschied sprach der Herr Reichsaußenminister die Hoffnung aus, ... daß sich auch bald Gelegenheit für eine Zusammenkunft zwischen dem Führer und Stalin ergeben würde«, protokollierte der damals anwesende Mitarbeiter der deutschen Botschaft, Gustav Hilger. »... Stalin (sagte), daß, wo ein Wille sei, sich auch eine Möglichkeit ergeben würde.«[66]

Den neuen europäischen Grenzverlauf mitten durch Polen fixierten die beiden Außenminister mit rotem Stift auf einer Landkarte. Am Ende kam Stalin dazu und zeichnete sie mit seiner Unterschrift ab – sie zog sich über die von Ribbentrops. Eine Karte, 126 × 110 Zentimeter groß, darauf diese Signatur über beinahe 60 Zentimeter, dunkelblau der Stift, kühn der Schwung, mächtig und triumphal. Das Zeugnis[67] der Beutenahme verschwand für mehr als ein halbes Jahrhundert in den sowjetischen Archiven, so wie die russische Ausfertigung der drei geheimen Zusatzvereinbarungen des Freundschaftsvertrags und des Geheimen Zusatzprotokolls zum Nichtangriffspakt vom August 1939. Die deutschen Originale wurden in den letzten Kriegsmonaten vernichtet. Doch eine Sicherungskopie blieb erhalten: Ein

*Kriegsallianz: Am 23. August 1939 schließen das Deutsche Reich und die Sowjetunion einen Nichtangriffspakt. Iossif Stalin empfängt Hitlers Außenminister Joachim von Ribbentrop im Kreml. Mit dem Hitler-Stalin-Pakt teilen zwei Diktatoren Ostmitteleuropa untereinander auf. Nur wenige Tage später beginnt der Zweite Weltkrieg.*

beherzter Dolmetscher rettete sie, indem er sie vergrub und nach Kriegsende der US-Armee übergab.[68] Während des Nürnberger Kriegsverbrechertribunals 1945/1946 trotz sowjetischen Protestes zum ersten Mal erwähnt und im Mai 1946 in einer US-Tageszeitung veröffentlicht, wurde die Existenz des Geheimen Zusatzprotokolls von der Sowjetunion schlicht geleugnet und noch Jahrzehnte später zur »Fälschung« erklärt.[69]

Stalin gab der Kriegsallianz auch seinen offiziellen Segen: Nur einen Tag nach der Vertragsunterzeichnung ließ er einen von ihm verfassten Leitartikel samt Foto in der *Prawda* veröffentlichen, in dem er die Freundschaft zwischen den beiden Völkern pries. Fortan wurde die deutsch-russische Verbundenheit bejubelt, wurden Tauroggen und Rapallo bemüht, auch der gemeinsame Kampf gegen das internationale Finanzkapital. Das Wort »Faschist« verschwand schon Ende August aus der sowjetischen Presse; Antifaschismus existierte fortan nicht mehr. In der Bibliothek für ausländische Literatur lagen NS-Zeitungen zur Lektüre aus. Der berühmte Regisseur Sergej Eisenstein durfte – oder musste – Wagners *Walküre* im Moskauer Bolschoj-Theater zur Aufführung bringen. Auch Stalins Antwort auf ein Geburtstagstelegramm Hitlers im Dezember 1939 – drei Monate nach dem beiderseitigen Überfall auf Polen – wurde in der *Prawda* abgedruckt, ein klarer Befehl: »Die Freundschaft zwischen Deutschland und der Sowjetunion wurde mit Blut besiegelt und hat alle Voraussetzungen, dauerhaft und stabil zu sein.«[70]

Im Zentrum von Rostow am Don hing nun eine riesige mit Hakenkreuzfähnchen geschmückte Europakarte. Mit den Fähnchen markierte man noch im Frühjahr 1941 das jeweilige Vorrücken der Wehrmacht; die Menschen diskutierten die Kriegserfolge der schlauen Deutschen, Unsicherheit schwang mit und Furcht.[71]

Die neue deutsch-russische »Waffenbrüderschaft« ermöglichte es Hitler, Versailles endgültig zu revidieren, die Wehrmacht aufzurüsten und gleichzeitig die Kriegsplanungen gegen die Sowjetunion voranzutreiben. Sie ermöglichte es Stalin, großmachtpolitische Erfolge durch Expansion im Schatten des Krieges zu erzielen, den die Westmächte nun mit Hitler ausfochten. Trotz aller Warnungen: Noch 1941 ging Stalin in fast schon »systematischer Ignoranz«[72] davon aus, dass Hitler keinen Zweifrontenkrieg riskieren werde.

Vor allem aber begann eine bislang beispiellose wirtschaftliche Zusammenarbeit.

Die Abhängigkeit von Importen strategischer Rohstoffe bei gleichzeitiger Blockade durch die Westmächte gehörte zu den größten Schwächen der deutschen Kriegswirtschaft. Das Problem wurde nun dank sowjetischer Lieferungen gelöst: »Der Osten liefert uns Getreide, Vieh, Kohle, Blei, Zink«, erklärte Hitler im August 1939.[73] Hinzu kamen vor allem Erdöl, Kupfer, seltene Metalle. Und Stalin lieferte innerhalb eines Jahres fast eine Million Tonnen Getreide aus dem Land, in dem noch wenige Jahre zuvor Millionen Menschen verhungert waren; bald gingen mehr als 50 Prozent aller sowjetischen Exporte nach Deutschland. Als Gegenleistung lieferte Deutschland Rüstungstechnologie, vor allem für Luftwaffe und Flotte. Ein im Februar 1940 unterzeichnetes Wirtschaftsabkommen wurde als »Jahrhundertgeschäft« gefeiert. Noch im späten Frühjahr 1941 waren die sowjetischen Lieferungen so umfangreich, dass sich an den Grenzbahnhöfen die sowjetischen Züge stauten, weil man mit dem Umladen auf Waggons anderer Spurbreite nicht hinterherkam: Erdöl, Phosphate, Zink, Nickel, Kupfer, Asbest, Mangan, Platin, Weizen, Baumwolle, Gerste, Roggen und Hafer, dazu Transitlieferungen von kriegswichtigem Kautschuk per Sonderzug aus Ostasien, Tausende Tonnen. Damit wurde »noch in letzter Minute der deutsche Engpass bei der Reifenproduktion für das Unternehmen Barbarossa« – den Überfall auf die Sowjetunion – beseitigt.[74] Ohne Stalins Lieferungen hätte Hitler den Krieg gegen Frankreich kaum so schnell und effizient führen können. Und erst die umfangreichen Treibstofflieferungen aus der Sowjetunion würden es der Wehrmacht ermöglichen, 1941 bis kurz vor Moskau vorzustoßen.

Stalin rüstete die deutsche Kriegsmaschinerie noch auf, als die Armeen der Wehrmacht bereits an der deutsch-sowjetischen Demarkationslinie aufmarschiert waren.[75] Bis zuletzt hoffte er, auch mithilfe dieser »ökonomischen Beschwichtigungspolitik« auf Hitler einwirken zu können.[76] Es war: Stalins Appeasement.

Noch in der Nacht vom 21. auf den 22. Juni 1941 passierte der letzte sowjetische Getreidezug die Demarkationslinie in Polen.

Er wollte es nicht wahrhaben[77] – Dutzender Warnungen zum Trotz, die er offenbar als »Desinformation« und »Provokation« betrachtete. Noch im Juni 1941 lehnte er eine Mobilmachung ab: »Ich bin sicher, dass Hitler es nicht riskieren wird, durch einen Angriff auf die Sowjetunion eine zweite Front zu eröffnen.«[78]

Die Wucht des deutschen Angriffs traf das Land und die Rote Armee nahezu unvorbereitet.

### Das Schwarzbrot der Wahrheit

Jahrzehnte später versuchte man sich in einer neuen Sowjetunion den Fragen über dieses entscheidende Kapitel der Geschichte zu stellen. Im März 1989 hatte Generalsekretär Michail Gorbatschow den Volksdeputiertenkongress als Vehikel der Perestroika eingesetzt. Die immerhin zum Teil demokratisch gewählten Volksdeputierten tagten wochenlang, ein faszinierendes Lehrstück über Stärken und Schwächen der Demokratisierung. Auch wir, die ausländischen Korrespondenten, besuchten den Kongress im Großen Kremlpalast, wir hörten Michail Gorbatschow und den aus der Verbannung heimgekehrten Menschenrechtler Andrej Sacharow, hörten Kommunisten und KGBler. Stundenlang debattierte man über die Zukunft eines Landes, das erst noch mit seiner Vergangenheit ins Reine kommen musste.

Schon während der ersten Sitzungsperiode im Juni 1989 kamen der Hitler-Stalin-Pakt sowie das Geheime Zusatzprotokoll zur Sprache. Abgeordnete aus den drei baltischen Sowjetrepubliken forderten Gorbatschow auf, das Original des Protokolls vorzulegen. Die meisten Menschen in Estland, Lettland und Litauen wussten von der Existenz des Geheimen Protokolls, ein Jahr zuvor hatten baltische Zeitungen es veröffentlicht.[79] Für sie war es das Symbol des Verlustes ihrer Unabhängigkeit. Die Abgeordneten forderten, das Dokument »offen als widerrechtlich« einzustufen. Einer von ihnen verlas den Text des Geheimen Protokolls laut und öffentlich – eine Sensation, über die in der Presse ausführlich berichtet wurde.[80]

Gorbatschow lavierte, erklärte, das Original sei weder in Deutschland noch in Moskau aufgefunden worden.[81] Dabei lag es im Archiv des Zentralkomitees der KPdSU und war Gorbatschow offenbar auch bekannt: Nach den Erinnerungen seines langjährigen Büroleiters Walerij Boldin hatte er es zuvor in den Händen gehalten und soll ihn angewiesen haben, darüber Stillschweigen zu bewahren[82]. Keinesfalls wollte er den ihre Unabhängigkeit fordernden Menschen in den baltischen Republiken weitere Argumente liefern – und denen in anderen Sowjetrepubliken schon gar nicht.

Die Balten antworteten ihm mit einer Kette aus Menschen, mehr als 600 Kilometer lang. Am 23. August 1989 – ein halbes Jahrhundert nach Unterzeichnung des Hitler-Stalin-Paktes – standen bis zu zwei Millionen Menschen auf dem »Baltischen Weg« von Tallinn über Riga nach Vilnius, friedlich. Sie hielten einander an der Hand, sangen Lieder und forderten die Wiederherstellung ihrer Unabhängigkeit. So gesehen brachte der Pakt zweier Diktatoren am Ende auch noch die Sowjetunion ins Wanken.

Im April 2009 erklärte das Europaparlament den 23. August zum »Europäischen Tag des Gedenkens an die Opfer von Stalinismus und Nationalsozialismus«. Doch zum europäischen Gedenktag wurde er nicht – denn eine gemeinsame Erzählung dieses Tages und seiner Folgen existiert bis heute nicht.[83]

Ein halbes Jahr dauerte die Arbeit der vom Volksdeputiertenkongress eingesetzten Kommission unter Vorsitz von Alexander Jakowlew. Der ehemalige Chefideologe der KPdSU war einer der wenigen aus dem sowjetischen Führungspersonal, der verstand, dass man sich selbst und den Menschen die furchtbaren Wahrheiten über die Geschichte zumuten musste.[84] Ende Dezember 1989 legte die Kommission ihren Bericht vor: Die geheimen Zusatzprotokolle wurden nach zweitägiger erregter Debatte für unrechtmäßig und ungültig erklärt.[85]

Erst im Oktober 1992 wurde das Geheime Zusatzprotokoll in einem russischen Archiv »entdeckt«, insgesamt 26 Blätter, deutsche und russische Ausfertigungen. Die Mappe trug den Vermerk »Streng geheim – Sondermappe«.[86]

Und zum 50. Jahrestag des sowjetischen Sieges im »Großen Vaterländischen Krieg« 1995 wagte man es schließlich: Das »Zentralmuseum des Großen Vaterländischen Krieges« lud zu einer Ausstellung in seinen sowjetpatriotischen Kuppelbau im Siegespark am Moskauer Poklonnaja-Hügel. Dort hing sie hinter Glas: die Landkarte, ein roter Strich mitten durch Polen, darauf eine mächtige Signatur in Blau: I. Stalin. Auch eine kleine Grenzberichtigung zugunsten eines Jagdgebiets von Hermann Göring hatte er mit seiner Unterschrift noch einmal eigens abgezeichnet.

Die Karte hing nur kurze Zeit. Ich sah sie nie wieder. Die Museumswärterinnen antworteten auf meine Fragen stets freundlich. Nein, eine solche Karte sei ihnen nicht bekannt.[87]

### Geschichte, in den Dienst des Kreml gestellt

In den Dienst des Kreml gestellt, hat Geschichte der Legitimation russischer Außenpolitik zu dienen. Das, was war, verflüchtigt sich wie in einem Nebel. Auch Präsident Putin trug faktisch zu einer Teilrehabilitierung des Diktatorenhandels bei, dieser manipulierten Erinnerung, aus der sich alte Vorurteile wiederbeleben und neue Vorbehalte konstruieren lassen. Zwar bezeichnete er den Pakt als »unmoralisch« – eine Forderung der baltischen Staaten nach einem offiziellen Ausdruck des Bedauerns aber wies Putin 2005 zurück, vielleicht auch unter dem Eindruck der zunehmenden Verharmlosung nationalsozialistischer Besatzungspolitik und der Kollaboration im Baltikum: »Was will man denn noch?«, fragte er. »Sollen wir das jedes Jahr neu verurteilen? Man darf nicht zulassen, dass die Toten den Lebenden dauernd in die Arme fallen und sie daran hindern, vorwärtszugehen.«[88]

Die Sowjetunion habe nun einmal ihre Interessen und ihre Sicherheit an den Westgrenzen garantieren müssen, erklärte der Präsident schon damals[89] – als ob der Pakt lediglich eine notgedrungene Entscheidung Stalins gewesen wäre. Ein taktisches Manöver, um Zeit zu gewinnen – als ob der Zeitgewinn nicht auch für Hitler gegolten hätte. Mit einer seiner fein ziselierten Halbwahrheiten, wie immer garniert mit einem Schuss Verschwörungstheorie, behauptete Wladimir Putin noch 2015 – pikanterweise auf einer gemeinsamen Pressekonferenz mit Bundeskanzlerin Merkel –, Stalin habe sich erst auf den Pakt eingelassen, als der Westen die Sowjetunion in ihren friedlichen Bemühungen im Stich gelassen habe, einen »antifaschistischen Block« gegen Hitler-Deutschland zu bilden[90] – als ob Stalin nicht de facto und de jure dazu beigetragen hätte, dass sich Hitler den Großteil Europas unterwerfen konnte.[91] Noch immer – oder schon wieder – betonen einige russische Historiker, dass sich die Sowjetunion damals lediglich Gebiete zurückgeholt habe, die schon zum russischen Zarenreich gehört hätten. Auch seien Geheimabkommen über die Aufteilung fremden Territoriums durchaus internationale politische Praxis, damals wie heute.[92]

Was denn so schlecht daran gewesen sei, dass die Sowjetunion »nicht kämpfen wollte«, fragte Präsident Putin rhetorisch in einer Rede vor jungen russischen Historikern und gab damit in bester sowjetischer Polittechnologie die Linie für künftige Interpretationen vor. Ein Kriegspakt als quasi friedenssichernde Maßnahme: »Was war so schlecht daran?«[93] Kulturminister Wladimir Medinskij durfte in der Konstruktion der neuen historischen Wahrheit noch einen geschichtsrevisionistischen Schritt weitergehen: Er wertete den Pakt als »kolossalen Erfolg der Stalin'schen Diplomatie«.[94]

Der Westen habe Russland eben keine Wahl gelassen – so bietet sich die Kontinuität der Geschichte von den ideologischen Kommandohöhen des Kreml dar. Wie immer habe sich Russland nur gegen den Westen verteidigt – 1939 und wohl auch 2014, in der Ukraine. Der Feind jedenfalls steht wieder im Westen.[95]

Man mag beklagen, wie erschreckend tief die Kluft deutsch-russischer Erinnerungskonflikte wieder reicht.

Andererseits: Es schärft den Blick für das, was wirklich ist.

## *BLOKADA:* DIE BLOCKADE DER ERINNERUNG

*Jahrzehnte blieben die monströsen Verbrechen der Deutschen im Vernichtungskrieg gegen die Sowjetunion eine Leerstelle der deutschen Erinnerungskultur. In der Sowjetunion wiederum wurden die Wahrheiten des Krieges unter pompös inszenierten Siegesmythen begraben. Noch mehr als siebzig Jahre nach Kriegsende fällt es schwer, sich trauernd der eigenen Geschichte zu stellen. Und einen Schriftsteller quälte die Frage, ob Wahrheit zu Gerechtigkeit führt.*

Der Krieg, er erzählte es immer gern und mit dem Anflug eines Lächelns, der Krieg kam, als er mit einem Mädchen im grünen Gras lag. Ein früher Sommersonntag, dieser 22. Juni 1941, halb Leningrad war draußen auf dem Land. Datscha-Gefühl, fast Ferienstimmung. Auf einmal standen sie vor ihm, zwei Rotarmisten. Forderten ihn barsch auf, sofort in die Stadt zurückzukehren: Krieg mit den Deutschen. »Und ich dachte mir noch: Was für ein Blödsinn!«[1]

Nichts, aber auch gar nichts, ahnte der damals gerade 22-jährige Elektroingenieur Daniil German, der sich später den Namen Daniil Granin gab. Dieser Krieg brach wie eine Explosion über ihn, sein Land, herein. Krieg mit den Deutschen, ausgerechnet den Deutschen? »So grob und so entsetzlich ungerecht.« Die Deutschen waren doch wieder Freunde! Jedenfalls war das Wort »deutscher Faschist« schon eine ganze Weile aus dem offiziellen Sprachschatz gestrichen.

Doch dann, im überfüllten Vorortzug zurück nach Leningrad, schwirrte dieses Wort von Passagier zu Passagier, verdichtete sich zu einem Summen. *Wojna!* Der Krieg! *Wojna!*

Der deutsche Überfall, das »Unternehmen Barbarossa«, mobilisierte in nie da gewesener Weise sowjetischen Patriotismus. Auch Daniil German meldete sich sofort. Nach einer Woche Ausbildung wurde er als Freiwilliger in der 1. Leningrader Volkswehr-Division Richtung Front geschickt. »Wir waren so sicher, dass wir die Faschisten rasch besiegen würden. Wir sangen Lieder und malten uns bereits aus, wie uns die Mädchen zu unserer Rückkehr mit Blumen begrüßen würden.«

Er zog ohne Gewehr in den Krieg – denn es gab nicht genügend Gewehre für die Soldaten. Gleich am ersten Tag geriet er in den Bombenhagel eines deutschen Luftangriffs. Er starb fast vor Angst. Angst – und was sie aus den Menschen macht – wurde zu einem der Lebensthemen des Schriftstellers und Essayisten Daniil Granin.[2]

Sehr langsam tastete sich im frühen Winter 2016 ein 97-jähriger Mann an zwei Krücken durch sein Arbeitszimmer; schlohweiß das Haar. »Kommen Sie bald«, hatte Granin in unserem Telefonat gebeten. »Warten Sie nicht zu lange. Das Leben ist ja eine ziemlich zerbrechliche Angelegenheit.« Als ob er geahnt hätte, dass dies eines seiner letzten Gespräche werden würde.

Eine altehrwürdige Petersburger Wohnung auf der Petrograder Seite der Stadt, großzügige Räume mit hohen Decken, in der Küche werkelte seine Tochter. Eine Bücherwohnung. Überall stapelten sie sich, auf Tischen und wackeligen Regalen, auch Werke von Grass und Böll. Vorhänge aus schwerem Stoff schützten vor der Kälte, die durch die undichten Fenster drang. Granin tastete sich an einen mächtigen Stuhl heran, dessen Lehnen Löwenköpfe schmückten. Eine kleine Tischlampe nur, fast unwirklich dunkel der große Raum.

Er sprach langsam und leise. Die Augen aber, wach und gnadenlos, blau.

Über Generationen gehörte Daniil Granin zu den bekanntesten Schriftstellern der Sowjetunion und des späteren Russlands, vielfach ausgezeichnet, beinahe schon intellektuelles Inventar. Ein vorsichtiger Mahner. Kritisch, aber nie ein Dissident, der dem System bedrohlich wurde – oder werden wollte. Halb fiktional, halb dokumentarisch verarbeiten seine Erzählungen und Romane die sowjetische Vergangenheit. Das Überleben im Krieg, das Überleben unter Stalin. Lüge und Anpassung, verdrängte Vergangenheit und geschönte Biografien – darunter wohl auch seine eigene. Denn Daniil German alias Granin war wohl nicht nur einfacher Frontsoldat, sondern verdiente seine militärischen Orden als *politruk*, als Politoffizier hinter der Front, zuständig für kommunistische Erziehung und Gesinnung.[3]

In den siebziger Jahren hatte Granin den Mut, Überlebende eines der größten Kriegsverbrechen der Wehrmacht aufzusuchen. Ihren Erinnerungen gab er in seinem *Blockadebuch*[4] eine Stimme: den Überlebenden der Blockade seiner Heimatstadt Sankt Petersburg, damals Leningrad. Ja, es gehörte damals eine Menge Mut dazu, nach der Wahrheit zu fragen: Die Realität der Blockade wurde auch in der Sowjetunion beschwiegen. Sie lag unter Heldenmythen begraben.

Es hatte ihn gewundert, dass er in den vergangenen Jahren eine Art gesamtdeutsch-russisches Symbol der Erinnerungskultur geworden war, eine moralische Instanz für Schuld, Sühne und Vergebung. Zwar hatte Granin in der DDR zu den beliebteren sowjetischen Schriftstellern gehört; war seit den fünfziger Jahren immer wieder nach Ost-Berlin gereist, hatte dort auch mit Jurek Becker über Krieg und Frieden diskutiert. In der Bundesrepublik aber war Daniil Granin lange kaum bekannt.

So empfand er den Brief des damaligen Bundestagspräsidenten Norbert Lammert als überraschende Geste: eine Einladung nach Berlin mit der Bitte, am 27. Januar 2014 im Deutschen Bundestag die Rede zum »Tag des Gedenkens an die Opfer des Nationalsozialismus« zu halten.

Dass am 27. Januar 1945 das Vernichtungslager Auschwitz-Birkenau durch die Rote Armee befreit wurde, gehört mittlerweile zu den festen Daten im deutschen Erinnerungskalender. Aber wer weiß schon, dass ein Jahr zuvor, am 27. Januar 1944, nach 872 Tagen die Blockade der Millionenstadt Leningrad durch die deutsche Wehrmacht endete? Während dieser 872 endlosen Tage kamen in der eingeschlossenen Stadt mehr als eine Million Menschen zu Tode.

Die allermeisten verhungerten.

Wer weiß schon, dass allein in Leningrad doppelt so viel Zivilisten starben, wie während des gesamten Weltkriegs deutsche Zivilisten den alliierten Luftangriffen zum Opfer fielen? Die Blockade von Leningrad lag lange im Schatten der deutschen Erinnerung.

Ja, die Einladung nach Berlin war ihm eine große Ehre, sagte Granin während unseres Gesprächs; er verzog keine Miene. Und doch sei ihm die Entscheidung schwergefallen: im Reichstag zu sprechen, in dem Gebäude, das 1945 zum Symbol für den ersehnten Sieg über die Deutschen wurde. Er wollte sich nicht rechtfertigen für seinen Stolz und seinen Hass: »Ich habe gekämpft. Ich habe das Recht, erhobenen Hauptes zu gehen. Doch ich habe immer wieder darüber nachgedacht, ob es wirklich Sinn macht, darüber zu berichten, was ich im Krieg erlebt habe. Dass ich die Deutschen hasste. Denn ich sah, wie ihr Menschen aufgehängt und dabei auch noch Witze gemacht habt. Ich sah, wie ihr Menschen lebendig verbrannt habt. Und wie ihr einfach nur abgewartet habt, dass in meiner Stadt, Leningrad, die

Menschen an Hunger verreckten. Wir haben gesehen, was ihr angerichtet habt. Verbrannte Dörfer; und alles, alles zerstört! Und ich hasste euch immer mehr. Denn ihr wolltet uns vernichten, wie Ungeziefer, eines Lebens nicht würdig! Das war euer Krieg, euer Krieg kannte keine Ehre. Ihr wolltet nur eins: Vernichtung.«

Leicht beugte er sich vor, stählern die Augen, blau: »Es gibt keine Vergebung. Was wollen Sie noch von mir wissen?«[5]

Und doch: Wie Millionen anderer Sowjetbürger hatte sich auch Daniil Granin irgendwann dazu gezwungen, sich vom Hass auf die Deutschen zu befreien und ihnen zu verzeihen. Es war ein langer Weg, sagte er, ein Weg, der ihn viel mehr Jahre kostete als der Krieg und vielleicht genauso viel Kraft. Deutsche halfen ihm dabei; Übersetzerinnen und Redakteure des Verlags Volk und Welt etwa, die seine Bücher verantwortungsvoll ins Deutsche übertrugen. Aber auch Passanten auf den Ost-Berliner Straßen, als er zehn Jahre nach Kriegsende zum ersten Mal ins »demokratische Deutschland« kam. »Meine Freunde hatten mich für verrückt erklärt: Wie kannst du ohne Gewehr nach Deutschland fahren? Ich kam voller Groll und Hass. Und dann sah ich die Männer meines Alters auf den Straßen von Berlin und dachte: Hier treffen wir uns, all jene, die vorbeigeschossen haben.« Bei späteren Besuchen lernte er Heinrich Böll und Günter Grass kennen. Sie sprachen über Krieg und Schuld, sie wurden Freunde – auch wenn Günter Grass nie ein einziges Wort über seine eigene Nazi-Mitläufervergangenheit verlor.

Am schmerzhaftesten aber war, dass sich Daniil Granin – wie Millionen andere Sowjetbürger – dazu durchringen musste, sich selbst zu verzeihen. War nicht auch er gehorsamer Untertan eines totalitären Gesellschaftssystems? War der Sieg im Großen Vaterländischen Krieg nicht auch ein Sieg des Stalinismus? Hatte nicht auch er sein Leben auf den verordneten sowjetischen

Illusionen gebaut, auf Propaganda und Lügen? »Ich musste lernen zu verstehen, dass der Sieg uns auch geschadet hat. Er verhinderte, dass wir uns mit Stalins Verbrechen auseinandersetzten und einander vergeben konnten.«[6]

So stand Daniil Granin am 27. Januar 2014 im Deutschen Bundestag und sprach über den Krieg, seine Stadt und den Tod. Eine Mahnung gegen das Vergessen und eine Selbstvergewisserung zugleich. Als ob er noch einmal in sich hineinhorchen musste, ein letztes Mal vielleicht.

### Dimensionen des Exzesses

Am 30. März 1941 hatte Adolf Hitler den in die Neue Reichskanzlei geladenen Befehlshabern des »Unternehmens Barbarossa« noch einmal im Detail erläutert, was er mit dem Angriff auf die Sowjetunion wirklich erreichen wollte: Im darwinistischen »Vernichtungskampf« um das deutsche »Dasein« und dessen »Lebensraum« sollte die Sowjetunion nicht nur militärisch besiegt, sondern der sowjetische Staat und die slawischen »Untermenschen« insgesamt zerstört werden. So war den Befehlshabern der Wehrmacht zu einem frühen Zeitpunkt klar, dass es sich beim »Unternehmen Barbarossa« um einen rassenideologisch begründeten Vernichtungs- und Ausbeutungskrieg handeln würde, in dem ein ganzes Land ausgeplündert und Millionen Zivilisten sterben würden.[7]

Die Mehrheit der Generäle machte sich zu Komplizen, als sie diesen Kriegszielen zumindest teilweise zustimmten. Mehrheitlich teilten die hochrangigen Offiziere die Feindbilder von angeblich »verjudeten Bolschewisten« und des ebenso verdreckten wie heimtückisch-asiatischen »Iwan«, der erbarmungslos bekämpft werden müsse. Die verbrecherischen Befehle wie der Kriegsgerichtsbarkeitserlass zur Ausübung »kollektiver Gewaltmaßnahmen«, der »Kommissar«- sowie der »Reichenau-Befehl«

über »missverstandene Menschlichkeit« im Umgang mit der Zivilbevölkerung lieferten Legitimation und Instrumente dieses, wie es bald auch hieß, »Kreuzzuges« zur Eroberung eines gigantischen Raumes, der »germanisiert« werden sollte.[8]

Im Krieg gegen die Sowjetunion manifestierte sich die »verbrecherische Essenz des Nationalsozialismus«, so der Historiker Jürgen Zarusky vom Münchner Institut für Zeitgeschichte: »Je intensiver man sich mit diesem Krieg beschäftigt, umso fassungsloser ist man über die Dimension dieses zweckrationalen Vernichtungskrieges. Es ist, als ob es nie aufhört. Und es hört nicht auf.«[9]

Was im Juni 1941 begann, war eine im wahrsten Sinne des Wortes vollkommen neue Dimension des Exzesses: ein totaler Krieg gegen einen immer entschlosseneren, opferbereiten Gegner; ein Krieg in einem sich scheinbar endlos dehnenden Raum, der bald auch ein Krieg gegen die Kälte wurde, gegen Hunger und Dreck und Schlamm. In diesem Krieg wurde »Todesangst durch Tötungsmacht« und schrankenlose Gewaltbereitschaft überwunden.[10]

Der größere Teil des ab Sommer 1941 rasend schnell eroberten sowjetischen Raumes blieb unter vollziehender Gewalt der Oberbefehlshaber der Wehrmacht. Die besetzten Gebiete konnten weder an eine Militär- noch an eine wie auch immer geartete Zivilverwaltung übergeben werden. Befehle, die Vergewaltigungen und Plünderungen ganzer Dörfer durch deutsche Soldaten verhindern sollten, relativierten sich mit dem fortschreitenden Krieg, der sich verschlechternden Versorgungslage und dem einsetzenden Winter rasch. So wurde auch in den Gebieten hinter der Front eine Gewaltspirale ungeahnten Ausmaßes in Gang gesetzt: Mord und Plünderungen durch Angehörige der Wehrmacht waren an der Tagesordnung. Die ohnehin durch den Terror der Zwangskollektivierung traumatisierten und verarmten Bauern wurden erneut Terror, Hunger und Verelendung preisgegeben. Man raubte ihnen Vieh, Saatgut, sogar noch die Winterkleidung. Dass die radikale Ausplünderung der besetzten Gebiete die Lebensgrundlagen der Bevölkerung zerstören und zu Hungersnöten mit möglicherweise Millionen Toten führen würde, wurde einkalkuliert.[11]

Den vorrückenden Armeen folgten die vier Einsatzgruppen der Sicherheitspolizei und des SD. Den zum Teil durch Polizeibataillone aufgestockten mobilen Mordverbänden gehörten auch Männer der Waffen-SS an. Unterstützt von der Wehrmacht, verübten sie den Völkermord an den sowjetischen Juden. »Ein großer Teil dieser Opfer des Holocaust war bereits vernichtet, vornehmlich durch Erschießen, als im Verlauf des Jahres 1942 die fabrikmäßige Ermordung in den Vernichtungslagern anlief.«[12] Die Zahl der insgesamt auf sowjetischem Territorium ermordeten Juden lässt sich nur schätzen – es waren etwa 2,8 Millionen Menschen.[13]

Millionen Menschen wurden deportiert, um zur Zwangsarbeit zunächst im Operationsgebiet der Armeen, später auch im Reich eingesetzt zu werden. Vom Frühjahr 1942 bis 1944 wurden insgesamt rund 2,8 Millionen Zivilisten zur Zwangsarbeit für die Kriegswirtschaft nach Deutschland abtransportiert: die »Ostarbeiter.«[14]

Bis zu 5,7 Millionen[15] Soldaten der Roten Armee gerieten in deutsche Kriegsgefangenschaft. 3,3 Millionen starben in deutschem Gewahrsam: »Nicht arbeitende Kriegsgefangene in den Gefangenenlagern haben zu verhungern«, notierte Generalquartiermeister Eduard Wagner im November 1941 knapp.[16] Bereits im Dezember 1941 waren 1,4 Millionen Rotarmisten tot, gestorben auf den Todesmärschen, auf gefrorenem, nacktem Boden dahinsterbend an Seuchen wie Fleckfieber, Ruhr und Typhus, elendig verhungert, erschossen, auf sadistische Weise ermordet; an sowjetischen Kriegsgefangenen testete man auch die Wirkung des Giftgases Zyklon B.[17]

Die sowjetischen Großstädte stellten eines der größten Probleme für die deutschen Eroberer dar: Millionen Menschen müssten versorgt, verwaltet und vor allem kontrolliert werden. Dies würde zu viele Armeeeinheiten binden. Schon früh hatte Adolf Hitler entschieden: Moskau und Leningrad, die »Bolschewistenhauptstädte« voller »Großstadtgesindel«, sollten dem »Erdboden gleichgemacht werden«. Damit solle verhindert werden, dass Menschen darin blieben, »die wir dann im Winter ernähren müssen«.[18]

Pläne zur Eroberung Leningrads wurden bald aufgegeben.[19] Vielmehr sollten die mehr als drei Millionen Einwohner der »Geburtsstätte« des »jüdischen Bolschewismus« durch »Hunger als Bundesgenossen«[20] vernichtet werden. »Ein Interesse an der Erhaltung auch nur eines Teiles dieser großstädtischen Bevölkerung besteht in diesem Existenzkrieg unsererseits nicht«, hieß es in einer Anweisung an das Oberkommando der 18. Armee, deren Panzerverbände den Belagerungsring um Leningrad am 8. September 1941 geschlossen hatten.[21] Am 22. September erging der Befehl an die 18. Armee, die Stadt »nur abzuschließen, durch Artilleriefeuer und Fliegerangriffe (zu) vernichten. Alle Vorbereitungen zum Besetzen und Ausnutzen der Stadt können eingestellt werden.«[22]

Die 872 Tage dauernde Blockade Leningrads zählt zu den monströsesten der zahllosen Kriegsverbrechen der Wehrmacht. Es war »Völkermord mit Ansage«.[23]

Dies sollte die Zukunft Leningrads sein, auf die sich die Heeresgruppe Nord unter Generalfeldmarschall Wilhelm Ritter von Leeb sowie vor allem das Oberkommando der 18. Armee unter dem erfahrenen Artilleristen Generaloberst Georg von Küchler bald ohne größere Skrupel[24] einstellten: Vernichtung eines Großteils der Bevölkerung durch Hunger, Artilleriebeschuss und Luftwaffenangriffe; danach Gefangennahme und Vertreibung der Überlebenden; am Ende die vollständige Zerstörung der Stadt.[25]

### Leningrad: Hunger als Waffe im Vernichtungskrieg

Das Verhungern einer Millionenstadt. Notizen aus dem Grauen, aus den Berichten Überlebender zusammengestellt.[26] Annäherungen an die Realität, »ohne Retusche und ohne Übertreibungen«, wie es Daniil Granin 2014 im Bundestag beschrieb: »Die Blockade kam unerwartet. Sie traf die Stadt unvorbereitet, in Leningrad gab es keine Vorräte, weder Nahrungsmittel noch Brennstoff. ... Die Stadt konnte nicht mehr versorgt werden. Nach und nach brach alles zusammen: Wasser, Kanalisation, Verkehr, auch die Straßenbahn, Licht und Heizung. Die Frontlinie rückte unmittelbar bis an die Stadt heran. Zu den Schützengräben konnte man mit der Straßenbahn fahren, von der Hauptkampflinie bis zum Armeestab war es nur ein Fußweg. Der Winter stand vor der Tür, zu allem Unglück ein furchtbar eisiger mit Frösten unter 30 bis 35 Grad. Schritt um Schritt setzten alle Systeme aus, die die Großstadt Leningrad zum Leben brauchte.«[27]

Bereits seit dem 26. Juni 1941 wurden die Radios nicht mehr ausgeschaltet, weder in den Wohnungen noch auf den Straßen und Plätzen, wo große Lautsprecher standen. Tagsüber ertönten Propaganda-Botschaften, die an den Patriotismus des russischen Volkes appellierten.

Nachts aber, wenn nicht gesendet wurde, schlug das Metronom. Langsam und ruhig blieb es, wenn kein Angriff drohte. Kurz vor jedem Angriff aber begann es schnell zu schlagen. Flatternd wie ein ängstliches Herz.

Der Winter brachte eisige Kälte und Dunkelheit in die Stadt

im Norden. Auch tagsüber war es nun beinahe dunkel. Das Leben wurde schwarz. Kein Lichtschein, nirgends. Aus den Wohnungen durfte kein Licht nach außen dringen und der deutschen Artillerie Ziel bieten. Fenster und Türen waren mit Sperrholz und Brettern vernagelt. Drinnen leuchtete, schwach, das Licht von Kienspänen.

In der Dunkelheit wurden die Menschen unsichtbar. Sie erkannten einander buchstäblich nicht mehr. Zu hören nur ihr angestrengtes Atmen. Später schafften kleine, kreisrunde Leuchtplaketten Abhilfe. Die Menschen hefteten die phosphoreszierenden »Luminophore« an die Brust. Wie langsam verendende Glühwürmchen schienen sie nun durch die Stadt zu schweben.

Stundenlang das Schlangestehen vor den Brotausgabestellen. Bereits ab 13. November 1941 wurde die Lebensmittelration auf 300 Gramm Brot pro Arbeiter und 150 Gramm pro Haushaltsmitglied, ab 20. November auf 200 und 125 Gramm verringert.

125 Gramm – das ist eine kleine Handvoll Brot. Brot, mit Zellulose, Tapetenstaub und anderem versetzt. Das andere – Hunde, Katzen, Ratten.

Aus Tischlerleim kochte man Sülze. Für die Mitarbeiter der Eremitage wurde ein Stückchen Störleim aus den Werkstätten der Restauratoren zum begehrten Luxus.

Vielerorts war es verboten, über Essen zu sprechen.

Auf dem Schwarzmarkt tauschten Menschen alles für einige trockene Erbsen. Pelze, Schmuck, Bibliotheken. Sie tauschten ihre Wohnungen ein.

Kinderschlitten wurden zum wichtigsten Transportmittel. Auf ihnen zog man die Särge; und später, als es keine Särge mehr gab, die in Laken und Lumpen eingewickelten Leichen.

Natürlich wurde die Kantine der Stadtverwaltung im Smolnyj-Institut mit qualitativ besseren und vor allem mit mehr

*Mit letzter Kraft: Im Leningrader Todeswinter 1942 schöpfen die verhungernden Menschen Wasser aus einer gebrochenen Leitung.*

Lebensmitteln beliefert. Hier versorgte sich die Parteiführung der Stadt. Die Genossen ließen sich Schokolade, körnigen Kaviar und Konserven liefern, Zigaretten und Kuchen.[28] Natürlich wurden entsprechende Dokumente jahrzehntelang unter Verschluss gehalten.

Menschen schwankten durch die vereisten Straßen. Sie fielen in Schneehaufen, dort erfroren sie rasch. Die Toten wurden von den jungen Frauen der »Sanitärkommandos« in Kellern, Toreinfahrten oder am Straßenrand gestapelt. Monatelang lagen Tote in den Wohnungen. Die Hinterbliebenen versuchten, die Bekanntgabe des Todes so weit als möglich herauszuzögern, um die zusätzliche Lebensmittelkarte weiter beziehen zu können.

Wladimir Putin, Arbeiter in einem Rüstungsbetrieb, kämpfte in einem Diversionstrupp des Geheimdienstes NKWD hinter der Front. Schwer verwundet, schaffte er es in ein Leningrader Lazarett. Dort besuchte ihn sein Frau Marija, auch sie Arbeiterin. Ihr Sohn Oleg war damals drei Jahre alt, ihr zweites Kind. Das erste war noch als Baby gestorben. Oleg überlebte mithilfe der Essensrationen, die ihm der Vater heimlich aus dem Lazarett zukommen ließ. »Und dann wurde ihr das Kind weggenommen. Man tat das, wie sie später erklärte, um die Kinder vor dem Hunger zu retten. Sie kamen in Kinderheime und sollten evakuiert werden. Die Eltern wurden nicht gefragt. Der Kleine erkrankte dort – meine Mutter sagte, an Diphtherie – und überlebte nicht. Man teilte ihnen nicht einmal mit, wo er begraben wurde. … Als meinem Vater wieder erlaubt war zu gehen, ging er auf Krücken nach Hause. Als er ankam, sah er, wie Sanitäter Leichen aus der Eingangstür trugen, unter ihnen meine Mutter. Er trat näher heran, und ihm schien, als atmete sie noch. Er sagte den Sanitätern: ›Sie lebt doch noch!‹ ›Den Transport‹, bekam er zur Antwort, ›wird sie nicht überleben.‹ Da ging er mit den Krücken auf die Sanitäter los und zwang sie, sie in die Wohnung zurückzutragen.«

Der das siebzig Jahre nach Kriegsende 2015 in einem Zeitschriftenartikel berichtete – oder berichten ließ –, wurde im Oktober 1952 als drittes Kind des Ehepaares Putin geboren, ein über alles geliebtes Kind: Wladimir Putin, Präsident der Russischen Föderation. »Sie empfanden keinen Hass gegenüber dem Feind«, schrieb er über seine Eltern. »Ich kann das, ehrlich gesagt, bis heute nicht ganz begreifen.«[29] In gewisser Weise ist wohl auch Wladimir Putin ein Kind der Blockade.[30]

## »Niemand ist vergessen, nichts ist vergessen«

Literatursendungen im Radio, über Lautsprecher verbreitet. Zwischen den Artillerieangriffen hörte Leningrad Puschkin, Dostojewskij und Tschechow.

Und sehnte sich nach der Stimme seiner Dichterin Olga Berggolz:

> *In Schmutz und Dunkelheit, in Hunger, Trauer,*
> *Als uns der Tod schon auf den Fersen war,*
> *Dort waren wir oft so glücklich,*
> *Dort atmeten wir solche Freiheit,*
> *Sie wären neidisch – die, die nach uns kamen.*[31]

Sie sandte lebensrettenden Trost, aber auch eine Ahnung von der Freiheit in die Seelen der *blokadniki*. Etwas, das größer war als die Angst vor Stalins Häschern, vor Terror und Tod. Ein fast surreales Gefühl patriotisch gesinnter Freiheit – auch das war die Blockade von Leningrad.[32]

Olga Berggolz' erster Mann war während Stalins Säuberungen als Staatsfeind erschossen worden. Sie selbst wurde verhaftet, verlor nach brutalen Verhören ihr ungeborenes Kind. Ihr zweiter Mann starb 1942. Berggolz hätte die Stadt verlassen können. Doch sie blieb und wurde als Radiosprecherin zur »Muse der Blockade«. Glühend patriotisch, aber nie propagandistisch-sowjetisch sprach sie den verzweifelten Menschen Mut zu. Zwischen den Zeilen hörten sie das, was wirklich war. Was in der Propaganda nicht existieren durfte: die Dunkelheit, all die Toten, verhungert und erfroren in nackten Wohnungen liegend; denn jedes Möbelstück, jede Parkettleiste war verfeuert oder gegen ein Stück Würfelzucker auf dem Schwarzmarkt getauscht worden.

Olga Berggolz war nur in der Stadt zu hören. Dabei sendete

Radio Leningrad landesweit. In diesen Sendungen aber ging es nur um Heldentum und die – vermeintlichen – Erfolge der Roten Armee.

*Aber wisse, wenn du diesen Steinen zuhörst,*
*Niemand ist vergessen, nichts ist vergessen.*

Ihre Zeilen, in Stein gemeißelt, mahnen am Eingang des zentralen Petersburger Piskarjowskoje-Gedenkfriedhofes. Doch als Olga Berggolz 1975 vollkommen vereinsamt starb, verbot die Stadtverwaltung, sie auf diesem, ihrem, Friedhof zu begraben.[33]

Am 9. November 1941 spielte das Leningrader Rundfunkorchester bei eisiger Kälte Beethovens Neunte in der Philharmonie. Die Neunte gegen Hitler! 120 Chorsänger hatten sich zusammengefunden »Und in dieser Stadt, die erfriert und schon hungert, sind alle Lautsprecher eingeschaltet«, erinnerte sich der 2011 verstorbene Radiojournalist Lew Marchasjow, der damals elf Jahre alt war. »Und es ertönt Beethovens Neunte über der ganzen Stadt, und es ertönen auf Russisch Schillers Worte: ›Seid umschlungen, Millionen.‹«[34]

Wenige Wochen nach Beginn der Blockade ließ sich der berühmte Komponist Dmitrij Schostakowitsch auf dem Dach des Konservatoriums in der Uniform eines Feuerwehrmannes fotografieren – heldenhaft die Pose eines Mann auf Kriegswache. Zu diesem Zeitpunkt hatte Schostakowitsch die Arbeit an seiner Siebten Symphonie begonnen, der »Leningrader«. Im Radio sprach er über seine patriotische Pflicht: »Und je besser, je schöner unsere Kunst sein wird, desto mehr wird das Vertrauen wachsen, dass niemand sie je zerstört.«[35]

Anfang Oktober 1941 wurde Schostakowitsch aus der Stadt ausgeflogen. Seine »Leningrader Symphonie« diente als Symbol sowjetischen Durchhaltewillens.[36]

Am 9. August 1942 und an fünf weiteren Tagen wurde die Siebte im Großen Saal der Leningrader Philharmonie aufgeführt. Das Orchester war zu diesem Zeitpunkt auf fünfzehn Mann geschrumpft. Ersatzmusiker wurden von der Front abkommandiert, den Dirigenten holte man aus dem Krankenhaus. Und auch an diesem Abend waren alle 1500 Lautsprecher der Stadt eingeschaltet, alle verfügbaren Radios. Ein nordischer Sommerabend, hell. Eine Stadt hörte Schostakowitsch. Und trotzte dem Tod.

Doch der Tod war allmächtig. Schweigend verrichtete er sein Handwerk.

Die Gesichter, Bäuche, aufgedunsen vom Hunger. Wie Irina Kurejewa, damals ein junges Mädchen, die Leiche ihrer geliebten Kinderfrau – einer Deutschbaltin – in der Dunkelheit in ein Laken einnähte. Wie sie selbst später im Krankenhaus lag, neben ihr ein sterbendes Mädchen, es hielt ein winziges Stückchen Brot in der Hand. »Iss, sagte sie, ich sterbe sowieso. Aber wie konnte ich denn ihr Stück Brot essen?«[37]

Der Geheimdienst NKWD meldete Fälle von Kannibalismus nach Moskau. Leichen verschwanden von den schlecht bewachten Friedhöfen, auf den Straßen liegenden Toten fehlten das Gesäß oder andere Körperteile. Sie wurden zu Buletten verarbeitet oder gegen Zigaretten getauscht. In einer Schule wurden elf Schüler wegen Kannibalismus verhaftet. Sie alle bekannten sich schuldig.[38]

Mitleid und Gleichgültigkeit, Hass. Wie schwer es für die *blokadniki* wurde, diese Gefühle zu unterscheiden; wie sie sich quälten, ihre Würde zu bewahren. »Sich windend vor Mitleiden oder Fluchen, teilten diese Menschen ihr Brot«, notierte die Literaturwissenschaftlerin Lidija Ginzburg. »Sie teilten fluchend und starben teilend.«[39]

Denn »häufig war es so, dass diejenigen überlebten, die anderen beim Überleben halfen«, sagte Daniil Granin 2014 im Bundestag. »Ein Kind stirbt, gerade mal drei Jahre alt. Die Mutter legt den Leichnam in das Doppelfenster und schneidet jeden Tag ein Stückchen von ihm ab, um ihr zweites Kind, eine Tochter, zu ernähren. Und sie hat sie durchgebracht. Ich habe mit dieser Mutter und ihrer Tochter gesprochen. Die Tochter kannte die Einzelheiten nicht. Aber die Mutter wusste alles. Sie hat sich selbst gezwungen, nicht zu sterben und nicht wahnsinnig zu werden, weil sie ihre Tochter retten musste. Und gerettet hat.«[40]

Natürlich wurden die furchtbaren Wahrheiten verschwiegen. Tabu auch Nachrichten über Plündererbanden oder jene vor Hunger wahnsinnig gewordenen Jugendlichen, die ihre Eltern mit dem Beil ermordeten, um deren Lebensmittelkarten zu nutzen. Auch Informationen über Streiks und Proteste gegen Partei und Regierung wurden streng geheim gehalten, sogenannte »antisowjetische Stimmungen«: Nicht ein einziges Land der Welt habe sein Volk einem solchen Hunger ausgesetzt wie die Sowjetmacht, erklärte etwa ein Dreher im Lenin-Betrieb. Er wolle aus der Partei austreten.

Sogar im Hungerwinter 1941 »säuberte« der NKWD die Stadt von angeblichen »Spionen« und »Konterrevolutionären«.

In den »Ereignismeldungen UdSSR« der Wehrmacht wurde das Massensterben detailgenau dokumentiert. »Ein im Hof eines zerstörten Wohnblocks angelegter Leichenstapel war etwa 2 m hoch und 20 m lang«, meldeten Informanten etwa im Februar 1942. »In besonderem Maße sollen Kinder Opfer des Hungers werden, namentlich Kleinkinder, für die es keine Nahrung gibt.«[41]

Leningrad war zum Friedhof geworden.[42] Doch die Überlebenden hielten stand. Am 27. Januar 1944 durchbrachen Einheiten der Roten Armee die deutschen Linien.

872 Tage. Die Dunkelheit. Wahnsinnig werden vor Hunger. Eine Million Tote.

Die für dieses Kriegsverbrechen mitverantwortlichen Generäle Wilhelm Ritter von Leeb und Georg von Küchler wurden 1948 in Nürnberg angeklagt. Von Leeb wurde zu drei Jahren Haft verurteilt, die durch seine US-Kriegsgefangenschaft als verbüßt galten. Er starb 1956. Von Küchler – dessen Dienststellen auch die Morde der Einsatzgruppe A unterstützten[43] – wurde 1949 zu zwanzig Jahren Haft verurteilt, jedoch bereits 1953 entlassen. Er starb 1968.[44] Nach Ritter von Leeb wurde 1965 in Landsberg am Lech eine Kaserne benannt. Eine deutsche Entschädigung für die *blokadniki* gab es nicht. Einigen jüdischen Überlebenden wurde im Rahmen der Wiedergutmachung nationalsozialistischen Unrechts 2008 eine Einmalzahlung von 2556 Euro zugestanden. Zu anderen Zahlungen sei die Bundesrepublik nicht verpflichtet, entsprechende Regelungen seien in Reparationsvereinbarungen mit der Sowjetunion getroffen worden.

### Verdrängte Wahrheiten, Gedenkdefizite

Die *blokadniki* mussten fortan sowjetische Helden sein; stoisch und opferbereit. Das erlebte Grauen wurde unter dem Siegesmythos des »Großen Vaterländischen Krieges« begraben. Zwar begann die Sammlung von Augenzeugenberichten durch Parteihistoriker noch während des Krieges – doch das noch 1944 eröffnete Gedenkmuseum wurde während der Stalin'schen Säuberungen 1949 geschlossen, die meisten Exponate vernichtet. Erst 1989 wurde es neu eröffnet. Bis Ende der achtziger Jahre blieb das Thema *blokada* durch Zensur eingeschränkt.[45]

Die Erinnerung blieb in den »Fesseln des Sieges«[46] gefangen.

Dreißig Jahre nach Ende der Blockade fasste der belorussische Schriftsteller Ales Adamowitsch 1974 einen Plan. Er wollte

Leben und Sterben in Leningrad durch die Berichte und Erzählungen der Überlebenden festhalten. Einem Archäologen gleich, wollte er eine neue Schicht der Wahrheit freilegen, dem Schmerz und der Trauer endlich Stimmen geben, individuelle Erinnerung. Adamowitsch wandte sich an seinen Leningrader Kollegen Daniil Granin. »Ich lehnte ab. Ich dachte, ich wüsste alles über die Blockade.«

Doch schließlich ließ er sich überzeugen. Es dauerte lange, bis *blokadniki* Vertrauen fassten und die Kraft fanden, sich ihren Erinnerungen zu stellen. Am Ende hatten Adamowitsch und Granin die Protokolle von 200 Überlebenden aufgezeichnet. Zwei Stenotypistinnen brachten jedes einzelne Wort säuberlich zu Papier; Tausende Seiten. So entstand eine epische Erzählung »nicht über 900 Tage Heldentum, sondern über 900 Tage unerträglicher Qualen«, so Granin: *Das Blockadebuch*.[47]

Sie versuchten es in Leningrader Zeitschriften zu veröffentlichen. Die Manuskripte wurden ohne Erklärung abgelehnt; dann bekamen die Autoren massive Probleme mit der Zensur. 1977 durften schließlich Teile in der Moskauer Literaturzeitschrift *Nowyj Mir,* »Neue Welt«, erscheinen. Erst 2013 erschien eine unzensierte Buchfassung in Russland,[48] und es mochte eine späte Genugtuung für Daniil Granin gewesen sein: 2017 gehörte das *Blockadebuch* zu den hundert russischen Büchern, die Schülern zur »selbstständigen« Lektüre empfohlen werden – eine Initiative von Präsident Putin, wie es hieß.[49]

Eine deutsche Übersetzung erschien 1984 und 1987 in der DDR, sie beruhte auf der zensierten Version.[50] Weil es bald zum Pflichtlesestoff der polytechnischen Oberschule erklärt wurde, war es ohne Probleme erhältlich.[51] Doch weder in der Bundesrepublik noch im wiedervereinigten Deutschland wurde das Blockadebuch zu Granins Lebzeiten publiziert.

Die deutsche Erinnerung an den »Krieg im Osten« wurde

durch die Mythisierung der Schlacht von Stalingrad geprägt.[52] Das galt für die Bundesrepublik ebenso wie für die DDR. Während »Stalingrad zu einer Metapher des Krieges im Osten wurde«,[53] blieb die Blockade von Leningrad ein »Nebenkriegsschauplatz der Erinnerung«.[54] Die beispiellose militärische Niederlage in Stalingrad, das in Feldpostbriefen verewigte Elend und Sterben der Landser sowie der »Opfergang« der Überlebenden in sowjetische Kriegsgefangenschaft bestimmten das Bild in der Bundesrepublik. In der DDR wiederum wurde »Stalingrad« zum Ort politischer Läuterung – wo sich kapitulierende Soldaten und Wehrmacht-Generäle zu Antifaschisten und Mitgliedern des für die sowjetische Sache agitierenden Nationalkomitees Freies Deutschland wandelten, allen voran Feldmarschall Friedrich Paulus, Oberkommandierender der 6. Armee. Paulus siedelte nach Ende seiner zehnjährigen Kriegsgefangenschaft in die DDR über. In die hochpolitische Aktion war Parteichef Walter Ulbricht persönlich involviert. Bis zu seinem Tod 1957 lebte Paulus in Dresden, von der Stasi rund um die Uhr überwacht.

Trotz erster aufrüttelnder Werke über die Verbrechen der Wehrmacht im Vernichtungskrieg gegen die Sowjetunion[55] wurde die Blockade Leningrads bis weit in die achtziger Jahre hinein als mehr oder weniger normales Kriegsgeschehen interpretiert, eine durchaus »unbestrittene Methode der Kriegsführung«.[56] Das systematische Aushungern einer Millionenstadt als Strategie der Kriegsführung hätte das immer noch verbreitete Bild der vermeintlich »sauberen«, von Hitler verführten Wehrmacht zerstört. Leningrad – das war nicht Massenmorden durch die Waffe Hunger, sondern: die »Schlacht an der Newa«.

Erst Mitte der neunziger Jahre beendete die anfangs massiv kritisierte und bekämpfte »Wehrmachtsausstellung« das jahrzehntelange Verdrängen und thematisierte die wahre Dimension der Beteiligung der Wehrmacht am Vernichtungskrieg gegen die Sowjetunion auch für eine breitere Öffentlichkeit. Auch die Hungerblockade Leningrads rückte nun mehr in den Fokus;[57] und im April 2001 schließlich legten der damalige Bundeskanzler Gerhard Schröder und Russlands Präsident Wladimir Putin in einem symbolischen Akt gemeinsam einen Kranz auf dem Petersburger Piskarjowskoje-Friedhof nieder. Dort liegen 470 000 Opfer der Blockade begraben.

## Der doppelte Leidensweg der sowjetischen Kriegsgefangenen

In Deutschland debattierte man nun endlich über die Täter. Doch die sowjetischen Opfer ihrer Verbrechen blieben weiterhin auf merkwürdige Art unsichtbar. Es dauerte weitere zehn Jahre, bis der Deutsche Bundestag im Juni 2011 dem Überfall Deutschlands auf die Sowjetunion zum ersten Mal einen eigenen Tagesordnungspunkt zugestand; für die Aussprache zum 70. Jahrestag des Überfalls waren 45 Minuten vorgesehen. Abgeordnete aller Parteien bekannten sich zu Aufarbeitung und »Erinnerungskultur«.[58]

Zum ersten Mal sprachen die Abgeordneten auch ein weiteres verdrängtes Massenverbrechen der Wehrmacht an: das Schicksal der sowjetischen Kriegsgefangenen. Die Wehrmacht ließ mehr als drei Millionen der weit mehr als fünf Millionen gefangen genommenen sowjetischen Soldaten elendig zugrunde gehen. Wissenschaftler errechneten eine »Verlustquote« von 60 Prozent – während sie bei Kriegsgefangenen aus westlichen Ländern in deutschen Lagern 3,5 Prozent nicht überstieg.

Sie waren überall, nicht nur in den riesigen Lagern in den von der Wehrmacht besetzten Gebieten der Sowjetunion. Auch die zur Zwangsarbeit ins Reich deportierten Kriegsgefangenen waren sichtbar. Sie schufteten in Fabriken und Bergwerken, bei Bauern. Überall im Land die Stammlager, in denen so viele starben. Bald nach Kriegsende vergaß man sie oder rechnete ihr Leid gegen das der deutschen Kriegsgefangenen in sowjetischen Lagern auf. So funktionierte Geschichtspolitik nach westdeutscher Art.

Eine Anerkennung ihres doppelten Leidensweges blieb den »Opfern zweier Diktaturen« noch lange verwehrt.[59] Die im Jahr 2000 gegründete Stiftung »Erinnerung, Verantwortung und Zukunft« leistete bis 2007 Auszahlungen in Höhe von 4,4 Milliarden Euro an rund 1,6 Millionen Opfer des Nationalsozialismus in 100 verschiedenen Ländern.[60] Die vergleichsweise bescheidenen Entschädigungen wurden hauptsächlich an Menschen ausgezahlt, die als Zwangsarbeiter für Deutschland gelitten hatten – ausdrücklich aber nicht an die sowjetischen Kriegsgefangenen. Die Bundesregierung argumentierte formal: Kriegsgefangene seien Opfer des »allgemeinen Kriegsschicksals«. Entschädigung sei Sache ihrer Herkunftsländer, die dafür Mittel aus – geleisteten – Reparationszahlungen nutzen müssten. Die Reparationsfrage in Bezug auf die ehemalige Sowjetunion sei mit der Unterzeichnung des Zwei-plus-Vier-Vertrages 1990 gelöst. »66 Jahre nach Ende des Zweiten Weltkrieges hat sich die Reparationsfrage endgültig erledigt«, hieß es 2011 in der Antwort der Bundesregierung auf eine Anfrage der Fraktion »Die Linke«. Dabei waren auch die sowjetischen Kriegsgefangenen Opfer einer zweckrational »kalkulierten Vernichtungsstrategie« der Deutschen.[61]

Erst siebzig Jahre nach Kriegsende ließ sich die Bundesregierung 2015 auf eine symbolische Geste ein: Mit einer sogenannten »Anerkennungsleistung« von jeweils 2500 Euro durften ehemalige sowjetische Kriegsgefangene nun entschädigt werden. Bis Anfang 2017 hatten 1634 der geschätzt 4000 noch Lebenden[62] einen Antrag gestellt. 912 Überlebende hatten die »Anerkennung« erhalten. Die Antragsfrist sollte am 30. September 2017 enden.[63]

Zugleich machen sich lokale Initiativen um das Gedenken an sowjetische Kriegsopfer verdient. Zum Teil gegen hinhaltenden Widerstand von Amtsträgern informieren sie, tragen Namen für Totenbücher zusammen. Sie gedenken der sowjetischen Soldaten, der Kinder und Jugendlichen, die man mitten in Deutschland verhungern ließ, nackt in riesigen Massengräbern verscharrte, übereinander gestapelt – und wer auch nur eine Ahnung davon bekommen will, was ihnen angetan wurde, der kann die Dokumentationsstätte Stalag 326 (VI K) Senne besuchen[64] oder den ehemaligen Schießplatz des KZ Dachau oder auch die Massengräber des ehemaligen Stalag 304 (IV H) Zeithain bei Riesa. Allein dort liegen bis zu 30 000 sowjetische Kriegsgefangene begraben. Mit großem Engagement gelang es Bürgern dort, 23 000 Namen auf Stelen zu verewigen.[65]

Ein zentraler, sozusagen offizieller Ort der Erinnerung an die Opfer des deutschen Vernichtungskriegs gegen Osteuropa und gegen die Sowjetunion fehlt. Während man im fortschreitenden Prozess der Memorialisierung der deutschen Hauptstadt an prominenter Stelle mitten in Berlin sogar den Platz für ein mehr als umstrittenes Denkmal zur deutschen Wiedervereinigung festlegte, der »Einheitswippe«, existierte weder ein eigenes Museum zur Geschichte des Zweiten Weltkriegs noch ein Denkmal für die Opfer des deutschen Vernichtungskriegs gegen die Sowjetunion.[66]

Immerhin konnte man im Ukraine-Krisenjahr 2016 ein von den Außenministern Steinmeier und Lawrow verabredetes erstes gemeinsames Dokumentationsprojekt über die Erschließung von Daten über »Sowjetische und deutsche Kriegsgefangene und Internierte« als Geste guten historischen Willens und als politisches Versöhnungssignal verstehen. Denn trotz jahrelanger Suche vor allem auf deutscher Seite[67] gingen die Zahlen noch immer weit auseinander. Nach Schätzungen des deutschen Historikers und Projektleiters Andreas Hilger waren 2017 »noch weit mehr als eine Million«[68] ehemaliger sowjetischer Kriegsgefangener namentlich nicht erfasst und damit: unbekannt. Weit mehr als eine Million Schicksale, Geschichten, Todesorte, vielleicht gar Gräber. Alle recherchierten Informationen sollen in eine Datenbank einfließen, in der auch Hinterbliebene nach Familienmitgliedern suchen können. So könnte ein echtes deutsch-russisches Versöhnungswerk wachsen.

### Erinnerung als Herrschaftsinstrument

Denn auch im eigenen Land, in der Sowjetunion und ihren Nachfolgestaaten, erfuhren die Heimkehrer, ob ehemalige Kriegsgefangene, Zwangsarbeiter oder Frontsoldaten, nie echte Anerkennung, gar Unterstützung. Man internierte und verhörte die »Repatriierten« in insgesamt 200 Filtrationslagern, ächtete und diskriminierte sie als Kollaborateure und »deutsche Schweine«. Wie die ehemaligen »Ostarbeiter« wurden auch die überlebenden Kriegsgefangenen in vielen Fällen strafrechtlich verfolgt und als »Vaterlandsverräter« in Strafkompanien oder Straflager geschickt.[69] Was heute unverständlich erscheint, hatte in Stalins Welt eine zynische Logik: Als jederzeit instrumentalisierbare »innere Gegner« lieferten sie einem zunehmend militarisierten Herrschaftssystem ein willkommenes Feindbild. Jeder Heimkehrer brachte potenziell gefährliche Eindrücke aus den eroberten, besiegten und befreiten Ländern Europas mit: Hatten sie doch trotz aller Kriegsverwüstungen den vergleichsweise hohen Lebensstandard bemerkt, vielleicht gar von gewissen politischen Rechten gehört, Freiheiten erahnt.

»Ich erinnere mich an den Bahnhof Wspolje in Jaroslawl ein Jahr nach dem Krieg und an das Gerücht, dass ein Zug mit einigen unserer Soldaten aus deutschen Kriegsgefangenenlagern durchfahren würde«, schrieb Alexander Jakowlew, Vater der

Perestroika, über die Atmosphäre der Nachkriegszeit. »Eisenbahnwaggons, kleine Fenster mit Eisenstangen, schmale, blasse verstörte Gesichter an den Fenstern. Und auf dem Bahnsteig weinende und jammernde Frauen. ... Die Posten wagten nicht, die ohrenbetäubende Menge zurückzudrängen, doch fortan fuhren die Züge nachts durch den Bahnhof. Die Menschen auf dem Bahnhof warteten und warteten. Sie konnten nicht begreifen, weshalb diese Jungen wie Verbrecher zum Ural und nach Sibirien transportiert wurden. ... Und doch schrien sie eine Zeit lang, weinten, bis die Tränen versiegten, und dann war es vorbei.«[70]

Man musste an Stalins Sieg glauben.

Als ich zum 50. Jahrestag des Sieges über Nazi-Deutschland 1995 für eine *Stern*-Reportage sowjetische Veteraninnen und Veteranen aufsuchte, erinnerten sich die meisten voller Bitterkeit an die hehren Versprechen, mit denen sie nach ihrer Heimkehr abgespeist wurden. Lebenslang blieb die Angst, als Verräter oder Kollaborateur aus der Gesellschaft ausgestoßen zu werden. Am schlimmsten aber war für sie das jahrzehntelange Schweigen, zu dem sie sich zwangen. Die grausamen Wahrheiten des Krieges waren faktisch tabu: der Schlamm, das Blut, die hysterischen, oft trunkenen Angriffe. Die Sperrbataillone hinter der Front, die Rotarmisten am Rückzug hinderten. Für viele war ich – Journalistin aus Deutschland – die Erste, mit der sie über ihre Erlebnisse im besiegten Deutschland sprachen. Über dieses ordentliche Deutschland mit seinen sauber gezogenen Gartenzäunen und geteerten Straßen selbst in den Dörfern. Stromleitungen. Menschen, die sogar in der Niederlage besser lebten als die eigenen Bürger. »Erst staunten wir über diese Deutschen«, sagte mir damals etwa Generalleutnant a. D. Dmitrij Nawalkin, der nach Kriegsende in Wittenberge an der Elbe stationiert war. »Dann empfanden wir Wut darüber, dass es den Deutschen besser ging als uns. Am Ende mussten wir dieses Deutschland bewundern; es beschämte uns regelrecht. Wir waren die Sieger. Aber wir waren auch die Verlierer.«

Sie schütteten ihr Herz aus, übervoll mit Geschichten. Vor allem die Frauen hinterfragten den Sieg, indem sie den hohlen Patriotismus der Partei auf ihre Weise entlarvten: Sofija Galkina etwa, die sich im Alter von 16 Jahren an der Moskauer Front freiwillig in den Krieg gestürzt hatte. Als Aufklärerin einer Panzereinheit robbte sie sich nachts an die feindlichen Linien heran und wies den Panzern den Weg durch die Minenfelder. Sie war ein lebendes Suchgerät, wurde viermal schwer verwundet. »Glaube den Heldengeschichten der Männer nicht, mein Mädchen«, sagte sie mir. »Der Krieg war so endlos lang, mein Täubchen, und wir alle haben doch immer nur entsetzliche Angst gehabt. Und ich habe zu viele Menschen sterben sehen, um stolz zu sein auf den Sieg.«[71]

Nicht ich, die Deutsche, durfte sie um Verzeihung bitten. Im Gegenteil: Sie reichten mir die Hand. Immer und immer wieder erklärten sie mir, sie hegten keinen Argwohn mehr gegen die Deutschen. Und manchmal schien es in diesen Gesprächen, als ob sie hofften, dass die Deutsche ihnen den aufrichtigen Respekt und die individuelle Anerkennung ihres wahren Patriotismus entgegenbringen möchte, die ihnen in ihrer Heimat verwehrt blieben, meist ein Leben lang.

In der Sowjetunion war – und ist – die Erinnerung an den »Großen Vaterländischen Krieg« eine staatliche Veranstaltung. Sie war – und ist – Herrschaftsinstrument.

Bereits zwei Jahre nach Kriegsende war der 9. Mai, Tag des größten sowjetischen Sieges, als Feiertag abgeschafft worden und wieder ein gewöhnlicher Arbeitstag. Stalin verweigerte den Menschen Trauer und Gedenken. Das verhinderte auch Fragen und Zweifel. Auch die elende Nachkriegsexistenz der sowjetischen Menschen durfte keinen Platz in der kollektiven Erinnerung finden: die extreme Armut, Hunger und Wohnungsnot, die Millionen und Millionen Waisen, Witwen, Kriegsversehrten. Nur kurze Zeit bevölkerten sie die Straßen und Plätze der Städte, bettelnd. »Stümpfe« oder »Śamoware« nannte man die Invaliden, beinlos auf Rollbrettern, verkrüppelt. Bald verschwanden sie aus der Öffentlichkeit und der Erinnerung. Die sowjetische Zukunft sollte makellos sein. Der »Große Vaterländische Krieg« kannte nur Helden. Triumph – aber keine Tragödie.

Die Sakralisierung des Krieges begann erst in den sechziger Jahren unter Parteichef Leonid Breschnew. Nun unterstrich die heroische Kriegsvergangenheit die Stärke der Partei und des Sowjetmenschen. 1965 wurde der 9. Mai zum offiziellen Feiertag samt Militärparade erklärt.[72] Von nun an fanden Massenveranstaltungen statt, öffentliche Ordensverleihungen, wurden schwülstige Filme für Kino und Fernsehen produziert. Heldenhaft die Führer an der Spitze des Staates, heldenhaft die Generäle – und besonders heldenhaft auch Agenten des sowjetischen Geheimdienstes KGB im Kampf gegen Nazi-Deutschland. Tadellose Geheimagenten wie Max Otto von Stirlitz, der legendäre Spion aus der TV-Serie *Die 17 Augenblicke des Frühlings,* wurden sehr wahrscheinlich auch zu Helden eines Schülers aus Leningrad, der unbedingt KGB-Agent werden wollte: Wladimir Putin.

Erst mit Gorbatschows Glasnost erfuhren die Sowjetmenschen die ungeheuerliche Gesamtzahl der Kriegstoten: Es waren 26,6 Millionen Menschen, darunter 8,7 Millionen Angehörige des Militärs. Womöglich bis zu 18 Millionen Zivilisten. Gorbatschow selbst machte die Zahlen 1990 vor dem Obersten Sowjet öffentlich – als ob er das »Schwarzbrot der Wahrheit« ins kollektive Gedächtnis seiner Bürger einbrennen wollte, ein und für allemal.[73]

Ein halbes Jahrhundert nach Kriegsende unterzeichnete der damalige russische Präsident Boris Jelzin 1995 das Dekret zur »Wiederherstellung der gesetzmäßigen Rechte der russischen Kriegsgefangenen«. Erst jetzt erhielten die noch Lebenden wenigstens den Status von Kriegsteilnehmern. Damit durften sie einige bescheidene Vergünstigungen in Anspruch nehmen, etwa Freifahrkarten für die öffentlichen Verkehrsmittel oder kostenlose Behandlungen in staatlichen Polikliniken.[74] Doch einen angemessenen Platz in der russischen Erinnerungslandschaft durften die ehemaligen sowjetischen Kriegsgefangenen nie finden.

Weder die sowjetische noch die russische Erinnerung an den Krieg war je authentisch. Nicht individuelles Leid und Verluste wurden betont, nicht die »dunklen Seiten des Krieges«,[75] sondern der Sieg. Konstruiert und gelenkt wurde Erinnerung zu einem Produkt der Propaganda – eine staatliche Veranstaltung eben, in der Krieg vor allem als buntes Schlachtenpanorama inszeniert wurde.[76] Der von unangenehmen Fragen und Wahrheiten »bereinigte« Krieg und der Triumph formten schließlich ein erstickend übermächtiges Symbol kollektiver Identifikation, dessen sich auch Präsident Putin bedient. Erst durch *diesen* Sieg erfährt das ganze schreckliche russische 20. Jahrhundert einen Sinn: »Er ist faktisch die einzige Stütze für das nationale Selbstbewusstsein der postsowjetischen Gesellschaft.«[77]

Der wahre Preis des Sieges verblasst im martialischen Glanz der Paraden auf dem Roten Platz. Und was die Wahrheit ist, entscheidet noch immer zuerst und vor allem der Staat.

2015 veröffentlichte der damalige Leiter des russischen Staatsarchivs, Sergej Mironenko, einen Bericht der sowjetischen Militärstaatsanwaltschaft von 1948. Der damals natürlich geheime Bericht belegte, dass ein Artikel der Armeezeitung »Roter Stern« über 28 Männer frei erfunden war, die sich unter ihrem Kommandeur Iwan Panfilow angeblich selbstlos geopfert und quasi im Alleingang die Deutschen vor Moskau gestoppt hätten. Doch weil die *panfilowzy* über Jahrzehnte zu realen sowjetischen Kriegsheiligen stilisiert worden waren, die jedes Kind kannte, musste Mironenko Beschimpfungen und eine öffentliche Ermahnung des russischen Kulturministers Wladimir Medinskij über sich ergehen lassen. Zur Premiere eines staatlich geförderten Heldenkultfilms über die »28 Panfilowzy« kam 2016 auch Wladimir Putin. Der Film käme der Wahrheit am nächsten, versicherte der Kulturminister. Und Mironenko gab seinen Posten mehr oder weniger freiwillig auf.[78]

Wenn er in einer Vorlesung das Leben einfacher Frontsoldaten oder sowjetischer Zwangsarbeiter beschreibe, berichtete der russische Historiker Nikita Sokolow 2015, seien die meisten jungen Studenten verstört: »Wieso müssen Sie uns das alles erzählen?«, fragen sie. »Bislang war alles schön, die Paraden, die ruhmreichen Geschichten ...« Früher, so Sokolow, sei es eine Selbstverständlichkeit gewesen: »Nie wieder Krieg! Heute sind Erinnerungen an den wahren Krieg aus dem Bewusstsein getilgt.«[79]

Vielmehr sollen im Moskauer Kriegsspiel-Park »Patriot« junge Verteidiger des Vaterlandes in einem nachgebauten Berliner Reichstag möglichst authentisch den Sturm der Roten Armee nachspielen können. Der rund 300 Millionen Euro teure Park Patriot diene als »wichtiges Bindeglied im System der militärisch-patriotischen Arbeit mit der Jugend«, wie Wladimir Putin erklärte.[80] So festigt Geschichtspolitik die Vertikale der Macht. Auch in Putins russischer Welt bleibt jeder Mensch ein Soldat, Menschenmaterial.[81]

Ob es möglich sei, »eine europäische Erzählung vom blutigsten Jahrhundert in der europäischen Geschichte zu finden«, fragte Bundestagspräsident Norbert Lammert 2014 in seiner Begrüßungsrede für Daniil Granin: »Eine miteinander geteilte

Erinnerung, die unterschiedliche Erfahrungen nicht relativiert, nicht nivelliert, die Verantwortung nicht verdrängt, die keine wechselseitigen Rechnungen aufmacht, weil diese weder dem Leid der einzelnen Opfer noch der Schuld der Täter gerecht werden können?«[82] Weil es doch über alle Grenzen hinweg schlicht so ist, wie es die russische Historikerin Natalija Timofeeva aus Woronesch beschreibt: »Die Menschen suchen Spuren, sie suchen nach Wahrheit. Denn der Schmerz vergeht nie.«[83]

Daniil Granins Antwort auf diese Frage lautete: Er fand keine Antwort, sein langes Leben lang nicht. Er wusste nur: Anerkennung, die nur als Lippenbekenntnis daherkommt, entlarvt sich früher oder später als Lüge. »Mir ist eine Welt gegeben worden, die ständig kämpft, eine harte Welt, mit wenig Lächeln, mit viel Finsternis und wenig Sonne«, hatte er einmal geschrieben.[84] Wie gern würde er vieles vergessen, vielleicht auch Teile seiner eigenen Vergangenheit, sagte er während unseres Gesprächs an jenem Petersburger Abend. Doch er schulde es den Toten, sich zu erinnern, sich trauernd der eigenen Geschichte stellen.

Er wollte sich verabschieden, müde geworden. Doch dann fiel ihm noch ein, dass er während seines Besuchs in Berlin 2014 auch Bundeskanzler a. D. Helmut Schmidt kennengelernt hatte. Der ehemalige deutsche Soldat vor Leningrad war eigens nach Berlin gekommen, um den ehemaligen sowjetischen Soldaten aus Leningrad kennenzulernen. Sie sprachen über den Zufall des Überlebens und das Geschenk der Geschichte: dass sie sich als Freunde treffen konnten.[85]

Doch dann habe ihm Helmut Schmidt erklärt, dass die Deutschen den Krieg vor allem verloren hätten, weil Amerika in den Krieg eingetreten sei. Der alte Mann beugte sich vor, stählern die Stimme. »Amerika! Dabei haben wir euch befreit. Wir, die für euch nur slawische Untermenschen waren – ja, *wir* haben euch befreit!« Das hätte er »dem Herrn Schmidt« noch sagen sollen.

Doch Daniil Granin entschied sich, zu schweigen. »Die Wahrheit bringt keine Gerechtigkeit«, gab er mir zum Abschied mit auf den Weg. »Wir können nur versuchen, barmherzig zu sein.«

Der alte Mann beugte sich vor, hart seine Augen, so blau. »Noch Fragen?«

Daniil Granin starb am 4. Juli 2017 in Sankt Petersburg. Er wurde 98 Jahre alt.

## BALDINS KOFFER

*Geraubt und vernichtet – auch die Kunst wurde Opfer des Zweiten Weltkriegs. Ein russischer Soldat rettete Hunderte Kunstwerke aus dem Besitz der Bremer Kunsthalle. Ein Leben lang versuchte er sie zurückzugeben. Seine Geschichte erzählt von der Hoffnung auf Versöhnung durch Schönheit, die keine Grenzen kennt.*

Ein grauer Moskauer Winternachmittag Ende 2016, schon früh wird es dunkel draußen. Gern hat sie dem Treffen zugestimmt, noch rasch eine Pirogge in den Ofen geschoben.[1] Sie mag diesen Geruch nach Gebackenem, es erinnert sie an das Großfamilienzuhause ihrer Kindheit. Zwar teilt sie die Zweizimmerwohnung im Herzen der Stadt mit ihrer Schwiegertochter, aber schon lange lebt sie im Grunde allein. Sie ist nun beinahe 92 Jahre alt, eine kleine, schmale Dame mit glasklaren Augen und schwarzem Haar, munter und kerzengerade, zäh. Eigentlich wolle sie schon lange zu ihrem verstorbenen Mann, lacht sie und zeigt mit dem Finger nach oben, gen Himmel. Doch sie habe noch einen Auftrag zu erfüllen: die Rückgabe.

Also bleibt Julija Fjodorowna Baldina-Siwakowa einstweilen auf Erden.

Die Rückgabe: Es wäre ihr größter Sieg über die Geschichte, in deren Mahlwerk ihr Mann und sie gerieten. Ein gemeinsamer Sieg, über den Tod hinaus. Ein Beweis, dass Menschlichkeit und Schönheit stärker sind als Grenzen, Macht und Politik. Denn Menschlichkeit und Schönheit, sagt die alte Dame, rühren die Seele.

Julija Fjodorowna Baldina, Mädchenname Siwakowa, geboren im heißen Juli des Jahres 1925, ist die Witwe des 1997 verstorbenen Architekten und Kirchenrestaurators Wiktor Iwanowitsch Baldin. Seinen Namen wiederum trägt eine Sammlung von 362 zum Teil farbigen Zeichnungen sowie zwei kleinen Ölgemälden aus der Kunsthalle Bremen, die in den Wirren des Zweiten Weltkriegs in seinen Besitz gerieten. Man darf sagen: Er stahl sie, nahm sie als Beute. Man muss sagen: Wiktor Baldin rettete Kunstwerke vor der Zerstörung, darunter ein Gemälde und zwei Dutzend Zeichnungen Albrecht Dürers. Wie fein ihr Strich, wie ihre Farben leuchten.

Die Sammlung, einige nennen sie schlicht »362+2«, wäre heute wohl mehrere Hundert Millionen Euro wert. Sie wurde nur zweimal ausgestellt: einmal Anfang der neunziger Jahre sowie 2003, jeweils nur einige Wochen lang. Heute lagern die Blätter verschlossen in der Russischen Staatsbank. Und wie es aussieht, werden sie dort auch bleiben.

Jahrzehntelang hatte sich Wiktor Baldin um die Rückgabe der Sammlung an ihren rechtmäßigen Besitzer bemüht – die Kunsthalle Bremen. Das macht sie noch mehr als siebzig Jahre nach dem Zweiten Weltkrieg zu einer politischen Angelegenheit. Es geht um Raub und Beute, um Aufarbeitung und Aufrechnung, um nationalen Stolz und ganz grundsätzlich um die Frage: Existiert ein juristischer und moralischer Unterschied zwischen »Raubkunst« und »Beutekunst«? Darf sich der Sieger Kunst als rechtmäßige Beute nehmen? Und verwirkt ein Volk möglicherweise das Recht auf sein kulturelles Erbe, wenn es das kulturelle Erbe eines anderen Volkes systematisch raubt und zerstört?

Raubkunst. Während des Zweiten Weltkriegs hatte eine ganze Reihe nationalsozialistischer Organisationen nur einen Auftrag: in den besetzten Gebieten Kunstwerke aller Art zu beschlagnahmen und nach Deutschland zu bringen, »mit anderen Worten: im staatlichen Auftrag zu rauben«.[2] Vor allem in den besetzten Gebieten der Sowjetunion raubten und zerstörten die Deutschen Millionen Kunstwerke – darunter das Bernsteinzimmer. Sie rafften Kunst von unermesslichem Wert zusammen; auch für Hitlers geplantes »Führermuseum« in Linz und Görings Privatsammlung in seinem Landsitz Karinhall. »Sicherstellung« heißt es bagatellisierend.

Beutekunst, auch Trophäenkunst genannt. Dabei handelt es sich um jene Kunstwerke vor allem aus deutschen Museen, die 1945 unter teils abenteuerlichen Umständen von sowjetischen Trophäenbrigaden gesucht, beschlagnahmt und in die Sowjetunion verbracht wurden. Für russische Politiker, Juristen und Beamte handelt es sich dabei um inzwischen gesetzlich verbrieftes Eigentum des russischen Staates, eine De-facto-Kompensation für erlittene Verluste. Das Gold von Troja gehört dazu, der bronzezeitliche Goldschatz von Eberswalde und das Gold der Merowinger, aber auch Bibliotheken, Nachlässe, Archive. Und in gewisser Weise auch jene 362 Zeichnungen und die beiden Ölgemälde, die kurz nach Kriegsende in den Besitz Wiktor Baldins gerieten.

Deutsche Politiker, Juristen und Beamte definieren »Beutekunst« als organisierten Kunstraub und Verstoß Russlands gegen das Völkerrecht sowie die Haager Landkriegsordnung, die seit 1907 jede vorsätzliche Entfernung, Zerstörung oder Beschädigung von Werken der Kunst und Wissenschaft untersagt.

Seit Ende des Kalten Krieges verhandeln Deutsche und Russen in dieser Frage über Restitution und Entschädigung. Selbst Angela Merkel und Wladimir Putin kabbelten sich über der Frage »Beutekunst«. Verhärtet die Positionen auf beiden Seiten. Während sich die Deutschen jahrelang in bürokratischer Grundsatzhuberei übten und ebenso streng wie kleinmütig die Rückgabe der »Beutekunst« forderten, verabschiedete die Duma bereits

1996 ein Gesetz, das die meisten Kriegstrophäen zu Staatseigentum erklärt.[3] Es scheint, als ob eine große Chance auf Verständigung gründlich vertan wurde.

Die abenteuerliche Geschichte der Sammlung Baldin ist die Geschichte einer missglückten Wiedergutmachung. Aber sie ist auch die Geschichte einer Liebe und der Suche nach einem Leben in Ehrlichkeit. Sie erzählt vom Glück des Überlebens und von dem Unglück, überlebt zu haben. Sie erzählt von der Hoffnung auf Versöhnung durch die Schönheit der Kunst.

Ein grauer Moskauer Winternachmittag, sie schneidet die Pirogge an, gießt Tee in die Tassen, und sie erzählt.

### Deportiert und versklavt: Ostarbeiterinnen

Julija Siwakowa war 15 Jahre alt, als der Große Krieg begann; ein eher schüchternes Mädchen, drittes von acht Kindern. Ihr Vater hatte sich Lesen und Schreiben beigebracht und vom Schuhmacher zum Buchhalter in der regionalen Kolchosverwaltung emporgearbeitet. Die Familie lebte im winzigen Örtchen Mglin im Westen Russlands. Häuschen aus Holz entlang der unbefestigten Straße, der nächste Bahnhof rund 30 Kilometer entfernt. Nach dem Terror der Kollektivierung lebten die Menschen hier noch immer in tiefer Armut, selbst Milch war Mangelware. Tief gläubig die Mutter, die begabte Näherin fertigte auch die Totenhemden für die Verstorbenen des Ortes.

Im Juni 1941 hatte Julija gerade die achte Klasse beendet. Sie träumte davon, Ingenieurin oder Lehrerin zu werden. Am 16. August 1941 marschierten die Deutschen ein. In ihrem Haus nahmen fünf Offiziere Quartier, die zehnköpfige Familie kam in einem kleinen Schuppen unter. Im Januar 1942 folgten weitere Deutsche: das Mordkommando der SS, beauftragt mit dem Massenmord an den Juden sowie der Tötung von Kommunisten und Partisanen. Im März 1942 ließ das Sonderkommando 7 a der

Einsatzgruppe B die Juden aus Mglin und Umgebung zusammentreiben, Hunderte waren es allein hier. »Sie befahlen russischen Männern und Jugendlichen, eine große Grube auszuheben; in unserem Park, wo im Sommer sonst Tanzveranstaltungen und Kinovorführungen stattfanden. Dann erschossen die SS-Männer die Juden am Rand der Grube. Auch wir Kinder sollten den Erschießungen zusehen, man hatte uns extra dafür zusammengetrieben. Aber wir konnten uns im Gebüsch verstecken. Die Toten wurden in der Grube verscharrt.«[4]

Dem Mord an den Juden folgte die systematische Ausbeutung der slawischen »Untermenschen«. Ab 1942 wurden Millionen »Ostarbeiter« zur Zwangsarbeit ins Reichsgebiet deportiert. »Am 2. Mai 1942 holten die SS-Männer die Mädchen«, berichtet Julija Baldina-Siwakowa. »Sie ritten auf schönen Pferden, so sauber; wie sie von hoch oben auf uns herabschauten. Unser Ort musste 300 Mädchen stellen. Wir haben uns im Keller versteckt, aber Nachbarn haben uns verraten. Weil unsere Familie doch so viele Kinder habe ...«

Julija und ihre drei Jahre ältere Schwester Anna wurden zum nächsten Bahnhof getrieben, sie hatten noch nicht einmal eine Tasche dabei, was besaßen sie schon in dieser armen sowjetischen Zeit? Julija konnte wenigstens ein kleines Familienfoto mitnehmen. In Viehwaggons gepfercht, deportierte man sie nach Deutschland, Endstation Dresden. Auf der dortigen »Arbeitsbörse« wurden sie angeboten, als »Ostarbeiterinnen« nun rechtlose Sklavinnen zur Arbeit in Fabriken, Landwirtschaft und Privathaushalten.[5] Die Mädchen zitterten vor Angst und hörten Worte, die sie erst später verstehen würden: »russisches Schwein«.

Auf Knien flehten Julija und ihre Schwester Anna, sie nicht voneinander zu trennen. Man schaffte sie schließlich in ein Lager in der Dresdner Neustadt, das für die Zeiss-Ikon AG eingerichtet worden war. Der Weltmarktführer für Schmalfilmkameras und Fotoapparate hatte erfolgreich auf Kriegswirtschaft umgestellt und galt mit 6000 Arbeitern und mehreren Zweigstellen als größter Rüstungsbetrieb Dresdens.[6] Zeiss-Ikon beschäftigte Zwangsarbeiter aus vielen Ländern. In der perfiden Hierarchie standen die Ostarbeiter ganz unten. Sie mussten das Abzeichen »OST« tragen. Der Aufnäher mit weißen Buchstaben auf blauem Grund war wie ein Judenstern weithin sichtbar. Julija und ihre Schwester arbeiteten im Zeiss-Ikon-Werk in der Schandauer Straße. Sie produzierten Bombenzünder und Brandschrapnelle für Flakgeschütze sowie Präzisionsoptik und Zielgeräte für Panzer und Flugzeuge. Nach ihren Zwölf-Stunden-Schichten kehrten die Mädchen ins Lager zurück, eine gute Stunde Fußmarsch entfernt. Sie schufteten, sie hungerten, bald so müde und so schwach, dass sie sterben wollten. Pro Tag 100, vielleicht 150 Gramm Brot, am Abend eine »Suppe«, kaum mehr als warmes Wasser; manchmal Tannennadeln darin gekocht, selten ein paar Erbsen. Am Sonntag gab es zwei oder drei kleine Kartoffeln. Prügel gab es jeden Tag.

Manchmal wurden schmutzige Kleidungsstücke in den Baracken verteilt. »Einmal nahm ich mir einen Pullover von einem Haufen. Er leuchtete fast, so schön lila. Dann sah ich den Judenstern und das blutige Loch. Aber der Pullover war so schön. Ich flickte das Loch und entfernte den Stern.«

Als eines der Zentren der Rüstungsindustrie wurde Dresden Ziel von insgesamt sieben alliierten Bombenangriffen gegen die deutsche Zivilbevölkerung.[7] Am Dienstag, den 13. Februar 1945 wurde gegen 21.50 Uhr wieder einmal Fliegeralarm ausgelöst. Julija hatte Nachtschicht. Zum ersten Mal wurden jetzt auch die Ostarbeiterinnen in den Keller der Fabrik geschickt. »Bereits nach zehn Minuten war der Alarm vorbei. Als wir dann nach oben kamen, hörten wir die Menschen schreien. Die ganze Stadt brannte, Himmel und Erde brannten. Die Menschen liefen um ihr Leben. Aber wohin sollten sie laufen?«[8]

Der durch die Stabbrandbomben verursachte Feuersturm entfesselte apokalyptische Kräfte. Die Brände in der Innenstadt zogen Sauerstoff an, mit 100 Stundenkilometern fegte Luft durch die Straßen. Brennende Holzbalken flogen durch die Luft; Gartenlauben; Blumen. Sie selbst konnte jederzeit weggetragen werden von diesem Sturm, der war wie das Ende der Welt.

Die Mädchen hielten sich fest an den Händen, auch sie liefen um ihr Leben, zurück zu ihrem Lager, wohin sollten sie sonst? Die meisten Baracken waren zerstört. Am anderen Morgen fand Julija Siwakowa das Foto ihrer Familie, in kleine Stücke zerrissen.

Mehrere Wochen lang schlingerten Fuhrwerke an der Fabrik vorbei zu den Massengräbern, von erschöpften Pferden gezogen. Schwere, schwarze Haufen verkohlter Leichen darauf, ein endloser Zug, Tag um Tag. Es schien Julija wie eine Prozession zur Hölle.

Am 8. Mai 1945 um 10 Uhr morgens waren sie auf einmal da, die Soldaten der Roten Armee.

Sie hatte Angst vor ihnen. Tagelang machten die betrunkenen Rotarmisten Jagd auf Frauen und Mädchen, sie machten keinen Unterschied, ob Deutsche oder Polin, Ukrainerin oder Russin.

Ein halbes Jahr dauerte ihre Heimkehr von Etappe zu Etappe. Am 16. Oktober 1945 waren Julija Siwakowa und ihre Schwester Anna wieder zu Hause. Ausgehungert und krank, schwach und traumatisiert. Ein Wunder, dass sie noch lebten. Und auch, dass ihre Eltern noch lebten.

Nur wenige Tage später klopfte es, ein fremder Mann stand in der Tür. Man sah ihm an, dass er vom Geheimdienst NKWD war. »Nach Sibirien«, sagte er nur, zum Holzfällen. »Wie alle anderen Mädchen, die in Deutschland waren, galt ich als Verräterin. Ich hatte in Deutschland gelebt. Warum, war ganz egal. Aber hätten wir uns erschießen lassen sollen? Jetzt waren wir in unserem eigenen Land einer Zukunft nicht würdig. Das war das Schlimmste für mich.«

Nur durch einen Zufall konnte Julija Siwakowa dem Abtransport in Stalins Gulag entgehen. Von nun an aber war sie: niemand. In ihrem Pass war mit einem Zeichen vermerkt, dass sie in Deutschland gewesen war. Sie durfte die Schule nicht beenden, kein Studium absolvieren, fand keine feste Arbeitsstelle mehr. Eine Patentante nahm sie schließlich quasi heimlich in Moskau auf. Julija erzählte niemandem, dass sie in Deutschland gewesen war. Sie, eine Volksfeindin.

Sie schwieg fast ein halbes Jahrhundert lang. Teilte ihr Geheimnis nur mit ihrem zweiten Mann, Wiktor Iwanowitsch Baldin.

### Ein Schatz, im Kellergewölbe versteckt

Der Moskauer Architekturstudent Wiktor Baldin, geboren 1920, war ein hervorragender Zeichner, Kunst- und Kirchengeschichte seine Leidenschaft. Bei Kriegsausbruch absolvierte er gerade ein Praktikum im berühmten Dreifaltigkeitskloster in Sagorsk. Baldin meldete sich freiwillig, trat in die Partei ein. Der Offizier eines Pionier-Bataillons überlebte die Panzerschlacht bei Kursk, marschierte Richtung Berlin,[9] und abends zeichnete er die Porträts seiner Kameraden auf vergilbtes Papier.

Ende April 1945 wurde Baldin beauftragt, außerhalb von Berlin Standquartier für die rund 4000 Mann seines Bataillons auszumachen. Baldin beschlagnahmte Schloss Karnzow in der brandenburgischen Kleinstadt Kyritz.

Wer wusste schon, dass die Kunsthalle Bremen ab 1943 wichtige Werke aus ihrer Sammlung nach Kyritz ausgelagert hatte?[10] Zufällig war der Kustos des Bremer Kupferstichkabinetts mit dem Besitzer des Schlosses bekannt. 1715 Zeichnungen, 50 Gemälde und rund 3000 Blatt Druckgrafik wurden schließlich nach Schloss Karnzow transportiert und dort versteckt.[11]

Über Wochen plünderten Einheimische, aber vor allem Soldaten und Offiziere der Roten Armee das Schloss. Lastwagenweise schickten sie ihre Beute Richtung Sowjetunion: Teppiche, Bilder, Mobiliar, Antiquitäten, Silberware, Wäsche, Kleidung. Trophäen – ihr gerechter Anteil am Sieg.

Ein betrunkener Angestellter des Schlosses erzählte einigen Soldaten von einem geheimen Kellerverlies hinter einem großen Schrank. Es sei zum Teil schon geplündert. Dort lägen Bilder und Zeichnungen, viele Blätter. Man benachrichtigte auch Baldin, den begabten Zeichner. Das kleine Gewölbe war vollgestapelt mit Passepartouts aus schwerem Bristolkarton, in goldenen Lettern eingeprägte Signaturen darauf: Tizian, Rembrandt, Rubens, van Gogh, Goya und Dürer. Hunderte Zeichnungen, auf jedem Karton ein rundes Siegel: »Kunsthalle Bremen«. Baldin hatte einen Schatz gefunden.

Sein Kommandeur hatte wenig Interesse am Abtransport irgendwelcher Blätter. Es fehle der Platz auf den mit allerlei Beutegut vollgepackten Lastwagen. Es gelang Baldin schließlich, einige Hundert Zeichnungen aus ihren Passepartouts zu lösen und zusammen mit einem kleinen Ölgemälde von Goya in einem Koffer zu verstecken.

So machte sich Wiktor Baldin einerseits zum Dieb. Andererseits beging er durchaus eine Heldentat. Er rettete Kunstwerke, ein kulturelles Erbe der Menschheit – Schönheit, die allen gehört und niemandem zugleich.

Das Karnzower Kellergewölbe wurde bis zum letzten Blatt geplündert, vieles bis zur Unkenntlichkeit zerstört. Soldaten steckten sich verknüllte Zeichnungen als Wärmepolster in die Stiefel oder nutzten sie als Zigarettenpapier. Auch Deutsche aus den Nachbarorten beteiligten sich. Im Laufe der Jahre tauchte ein Teil des Diebesguts auf dem DDR-Schwarzmarkt wieder auf, meist in elendem Zustand. Am illegalen Kunstexport über schwarze Kanäle verdiente auch der Bereich Kommerzielle Koordinierung des DDR-Ministeriums für Außenhandel, kurz KoKo. So tauchten einige Ölbilder und Zeichnungen aus Karnzower Beständen im Westen auf.[12]

Wiktor Baldin reiste mit seinem Koffer von Etappe zu Etappe Richtung Heimat.[13] Unterwegs stieß er auf weitere Zeichnungen aus dem Schloss. Meist Darstellungen nackter Frauen, die sich Soldaten als Pin-ups an ihr Feldbett genagelt hatten. Baldin tauschte ein, was er bekommen konnte – Zeichnungen gegen Gürtel, Uhren und Geld; ein kleines Dürer-Gemälde gegen ein neues Paar lederner Stiefel. 362 Zeichnungen und zwei Gemälde waren es am Ende, darunter 28 Zeichnungen und ein Gemälde von Albrecht Dürer: »362+2«.

Anfang 1946 kehrte Baldin in die Nähe von Moskau zurück, er arbeitete an der Restaurierung des Dreifaltigkeitsklosters von Sagorsk. Dort lebte er in einem kleinen Zimmer im Kirchenturm, sein Koffer lag unter dem Bett. Abends öffnete er ihn und legte die Zeichnungen in seinem Zimmer aus, selten nur zeigte er sie Freunden.

Zwei Jahre lang katalogisierte er jedes einzelne Blatt, beschrieb es ausführlich. Ende 1947 übergab Baldin seine Sammlung an das Moskauer Architekturmuseum.[14] Man dankte ihm schriftlich für die »alten Meister«: Er habe sie vor sicherer Zerstörung gerettet – ein Mann, »der Kunst ergeben«. Mit diesem Widerspruch lebte Baldin: Er hatte sich unrechtmäßig Kunst angeeignet, um Kunst zu retten.

Später wurde Baldin selbst Direktor des Architekturmuseums. Inzwischen mit Julija Siwakowa verheiratet, die er als geschickte Bastlerin architekturhistorischer Modelle für seine

Projekte kennengelernt hatte, übte er Schlüsselgewalt über sein eigenes Geheimnis aus. An manchen Sonntagen gingen sie in sein Büro. Kochten Tee, saßen an seinem Schreibtisch, dann holte er die Zeichnungen aus dem Tresor, noch heute sieht sie es als Liebesbeweis. »Einmal bettelte ich, bitte schenk' mir nur eine einzige Zeichnung, eine ganz kleine nur. Er antwortete: ›Nein, sie gehören uns nicht.‹« Die Sammlung müsse ihrem Besitzer zurückgegeben werden.

### Die Organisation des deutschen Kunstraubs

Es gehörte zu den erklärten Zielen der nationalsozialistischen Eroberer, die kulturelle Identität der »slawischen Untermenschen« auszulöschen. Ein Netzwerk verschiedener, zum Teil miteinander konkurrierender Organisationen vollzog ab 1941 gezielt Kunst- und Kulturraub, die Verwüstung ganzer Kulturlandschaften.[15]

Für den organisierten Kunstraub war vor allem der »Einsatzstab Reichsleiter Rosenberg« unter NS-Ideologe Alfred Rosenberg verantwortlich. Die nach Fachgebieten eingeteilten Sondergruppen des »ERR« sollten in Zusammenarbeit mit der Wehrmacht »alle Kulturgüter sicherstellen, die zur Erforschung der Tätigkeit der Gegner des Nationalsozialismus sowie für die nationalsozialistische Forschung im allgemeinen geeignet« seien.[16] Was als »deutsch« galt, sollte ohnehin beschlagnahmt werden. Es war der Freibrief für einen gigantischen Raubzug, der über die beiden ERR-Zentralstellen in Riga und Kiew abgewickelt wurde, später auch über Königsberg.

Als Beuteorganisation des Auswärtigen Amtes konzentrierte sich das »Sonderkommando der Waffen-SS Künsberg« unter Leitung von SS-Obersturmbannführer Baron Eberhard von Künsberg auf die Plünderung von Archiven und Bibliotheken. Die von Heinrich Himmler persönlich geförderte »Forschungseinrichtung« »Ahnenerbe« der SS wiederum sollte mit vor- und frühgeschichtlichen Funden die angebliche Ausbreitung der »nordischen« Rasse auf dem Gebiet der Sowjetunion nachweisen.[17]

Bis heute fehlen genaue Zahlen. Inventarbücher gingen verloren, Evakuierungs- und Verlustlisten sind teilweise unvollständig, einige Archivbestände noch immer nicht zugänglich.[18] Doch allein die vier berühmten Petersburger Zarenschlösser,[19] bis 1944 von der Wehrmacht besetzt, verzeichnen Verluste von bis zu 70 Prozent – darunter auch die in ihre Einzelteile zerlegte und zuletzt in Königsberg gesichtete Wandbekleidung des legendären Bernsteinzimmers aus dem Katharinenpalast in Zarskoje Selo,[20] einst Zar Peter dem Großen vom preußischen König Friedrich Wilhelm I. geschenkt.

Ohne die Unterstützung zum Teil renommierter Experten »wäre der Kunstraub in diesem Ausmaß kaum durchführbar gewesen«.[21] Auch ist die Dunkelziffer »privater« Zerstörungen und des Diebstahls von »Souvenirs« durch Wehrmachtssoldaten deutlich höher, als bislang angenommen.[22]

Nach russischen Angaben zerstörten und raubten die Nazis rund 1,1 Millionen Kunstobjekte, betroffen waren allein 172 Museen. Dazu Kirchen, Klöster, Bibliotheken, Archive – das kulturelle Gedächtnis eines ganzen Landes.[23] Und dies in einem Staat, dessen Machthaber nach 1917 ohnehin schon Tausende russischer Kulturdenkmäler und Kirchen zerstört hatten.

## »Der Wille der Geschichte«: Kunst als sowjetische Kriegsbeute

Als Reaktion auf den Raubzug der Nazis hatte ab 1943 eine sowjetische Expertengruppe unter Leitung des Kunsthistorikers Igor Grabar begonnen, sogenannte Ziellisten mit rund 2000 Meisterwerken aus deutschen Museen und Sammlungen zu erstellen.

Sie sollten als eine Art Kompensation sowjetischer Verluste dienen: der Pergamonaltar etwa, Donatello-Skulpturen, Raffaels Sixtinische Madonna aus der Dresdner Sempergalerie ... Diese Werke sollten ursprünglich in einem sowjetischen Supermuseum in Moskau zusammengeführt werden, das vom »Ruhm der russischen Waffen« zeugen würde.[24]

Im Februar 1945 nahm in Moskau ein mit umfangreichen Vollmachten ausgestattetes Sonderkomitee die Arbeit auf, das die Reparationsfrage organisieren sollte. Ihm waren auch eigens gegründete Trophäenbrigaden[25] unterstellt. Den *trofejnye brigady* gehörten Kunsthistoriker und Museumsleute an, die unverzüglich an die Front befohlen wurden.[26] Darunter auch eine junge Frau im Rang eines Majors, die später mit eisernem Charme jahrzehntelang das weltberühmte Puschkin-Museum leiten, die Existenz dort lagernder deutscher Kulturgüter leugnen und eine der härtesten Gegnerinnen möglicher Rückgaben sein würde – Irina Antonowa. Die Offiziere der Trophäenbrigaden hatten die Aufgabe, Beutekunst ausfindig zu machen und ihren Abtransport in die Sowjetunion sicherzustellen.[27] Besonders betroffen von der flächendeckenden Beutenahme war die von der Roten Armee eroberte Hauptstadt Berlin.

Die meisten Kunstschätze der Berliner Museen waren noch im April 1945 aus der Stadt gebracht und in Schutzräumen[28] eingelagert worden; andere befanden sich in Räumen hinter den mächtigen Mauern des Flakleitturms Friedrichshain. Am 2. Mai wurde der Flakleitturm intakt an die sowjetische Militärverwaltung übergeben. Bald wüteten zwei Großbrände, die vermutlich von Rotarmisten gelegt worden waren. Offenbar verbrannte ein Großteil der ausgelagerten Werke.[29].

Im Flakbunker am Zoologischen Garten wiederum lagerten die Friese des Pergamonaltars von der Berliner Museumsinsel sowie jene drei unscheinbaren Kisten, die neben gut tausend anderen Kostbarkeiten das weltberühmte »Gold von Troja« enthielten, das »Schliemann-Gold«. Der Flakbunker wurde Anfang Mai 1945 der Roten Armee übergeben. Die Kisten mit dem Troja-Gold wurden auf Anweisung des sowjetischen Stadtkommandanten General Nikolaj Bersarin Ende Mai auf einen Lastwagen geladen und abtransportiert, Ende Juni erreichten sie Moskau.

In den folgenden Jahren fluteten die Trophäenbrigaden die Depots sowjetischer Museen mit ihren Beutestücken. Allein die Leningrader Eremitage erhielt den Inhalt von vier Sonderzügen, darunter auch den Pergamonaltar. Bis Ende der vierziger Jahre wurden über 2,5 Millionen Kunstwerke[30], mehr als 6 Millionen Bücher und ganze Archive in die Sowjetunion verbracht; »private« Mitnahmen – wie etwa Baldins Bremer Zeichnungen – nicht mitgerechnet.

Es war verboten, aus Deutschland verlagerte Kunstwerke in der Sowjetunion auszustellen. Alle Informationen über Trophäenkunst wurden 1948 als »Staatsgeheimnis« eingestuft. Die Sowjetarmee war schließlich Sieger und Befreier – kein schäbiger Kunstdieb. Millionen Kunstwerke verschwanden in den Geheimdepots.

Erst 1955, als nach Stalins Tod ein erstes politisches Tauwetter einsetzte, wurden in Moskau Stimmen laut, die sich für Rückgaben einsetzten. Nach der Gründung des Warschauer Paktes mit der DDR als Frontstaat im Kalten Krieg wollte die sowjetische Führung ein Zeichen setzen. Am 31. März 1955 veröffentlichten sowjetische Zeitungen eine Erklärung des Ministerrates über die Rückgabe von 750 »geretteten« und »der Menschheit bewahrten« Kunstwerken an die Dresdner Gemäldegalerie.[31] Es war politische Marketingmaßnahme und großzügige Geste zugleich. Zum ersten – und einzigen – Mal wurde die »Sixtinische Madonna« dem sowjetischen Publikum präsentiert. Vor dem Puschkin-Museum – dort hatte man das Gemälde zehn Jahre lang in einem Geheimdepot versteckt – bildeten sich Schlangen über mehrere Hundert Meter, die Ausstellung zählte 1,2 Millionen Besucher.[32] Das landesweit ausgebrochene Madonnenfieber wurde propagandistisch mächtig ausgeschlachtet, und manchmal ähnelte die »edle Freundestat« einer regelrechten »Verbrüderungsorgie«.[33]

Bertolt Brecht persönlich überreichte damals eine deutsche Freundschaftsadresse an die sowjetische Regierung, in der dem sowjetischen »Brudervolk« gedankt wurde.[34]

Die sowjetischen Brüder erwarteten allerdings durchaus eine Gegenleistung: Eine Liste des sowjetischen Kulturministeriums führte Hunderttausende verschollener Exponate auf. Daraufhin durchforsteten ab Januar 1957 alle DDR-Museen ihre Bestände auf mögliche sowjetische Kulturgüter – ohne Ergebnis. So musste sich Parteichef Nikita Chruschtschow bereits gegen heftigen Protest im Zentralkomitee der KPdSU durchsetzen, als er 1958 weitere umfangreiche Rückgaben an die DDR anordnete. Bis Mitte 1959 brachten 300 Güterwaggons insgesamt 1 571 995 Objekte sowie drei Millionen Archiveinheiten[35] in die DDR, darunter auch den Pergamonaltar. Es war ein bis dahin nie dagewesener Akt der Kunstheimkehr – einseitig, wie in der Sowjetunion zu Recht betont wurde. Und zugleich ein wichtiger Impuls für den Wiederaufbau der Berliner Museumsinsel, zu dem 1959 die glanzvolle Wiedereröffnung des Pergamonmuseums gehörte. Aber auch die Wiederauferstehung des Grünen Gewölbes im Dresdner Zwinger und der Potsdamer Schlösser sind im Wesentlichen den damaligen sowjetischen Rückgaben zu verdanken.

Trophäen aus westdeutschen Museen und privaten Sammlungen aber blieben als Geisel des Kalten Krieges in der Sowjetunion zurück, dazu Millionen Bücher und Archivgut. »Es ist der

Wille der Geschichte«, sagte viele Jahre später Irina Antonowa, Direktorin des Puschkin-Museums. »Die höchste Gerechtigkeit ist auf unserer Seite.«[36] Die ehemalige Majorin hatte stets geleugnet, dass in ihrem Museum auch das lange verschollen geglaubte »Schliemann-Gold« lag. Es war eine Sensation, als der Schatz 1996 zum ersten Mal wieder ausgestellt wurde.

Wiktor Baldin aber wollte sein Zeichen setzen: Kunst sollte weder Beute noch Mittel der Politik sein. Für ihn war es wohl eine Frage der Ehre. Sein Land hatte nicht nur Deutschland, sondern die Welt vom Faschismus befreit – und sein Land würde durch die noble Geste einer weiteren Rückgabe zu neuem Völkerverständnis beitragen. Die Rückgabe wäre Baldins Sieg über die Dämonen des Krieges. Ein Sieg über totalitäre Macht – und damit auch über das totalitäre System seines Landes. Er wollte »Frieden für seine russische Seele« finden, wie es seine Witwe beschreibt.

Der Wunsch nach Rückgabe wurde eine regelrechte Obsession für ihn.[37]

Es war natürlich aussichtslos, aber er versuchte es trotzdem: Seit den siebziger Jahren schrieb Baldin Briefe und Bittgesuche an die sowjetische Parteiführung, 1973 gar an Generalsekretär Leonid Breschnew. Später folgten drei Eingaben an Michail Gorbatschow mit der Bitte, die Bremer Zeichnungen nach Deutschland zurückzuführen.[38] Er schrieb Brief um Brief, Eingabe um Eingabe. Niemand antwortete ihm. Seine Bitte sei »verfrüht«, ließen ihn Wohlmeinende aus dem Kulturministerium wissen. Aber Gorbatschow denke über seine Vorschläge nach.

Im August 1989 reiste das Ehepaar zu einem privaten Besuch in die Bundesrepublik. Im Rahmen seiner Arbeit hatte Wiktor Baldin Bekanntschaft mit einer Familie aus der Nähe von Düsseldorf gemacht.[39] Dort brach er schließlich sein Schweigen, nahm Kontakt zur Bremer Kunsthalle auf. In einem Interview mit dem russischen Fernsehen, das am 9. Mai 1990 – dem Siegestag – ausgestrahlt wurde, bestätigte er: »Dies gehört nicht mir. Es muss zurückgegeben werden.«[40]

**Kunst als Geisel der Politik**
Raubkunst und Beutekunst, Restitution und Reparation, Eigentumsfragen und das Völkerrecht, Schuld, Verantwortung, Moral – in den Verhandlungen der folgenden Jahre vermischte sich bald alles mit allem, blühten Verschwörungstheorien. Bis heute ist keine abschließende Lösung für die Frage der Beutekunst gefunden. Kunst blieb Geisel der Politik.[41] Und zu ihrem Opfer wurde auch die Baldin-Sammlung.

Die Bundesregierung beharrt auf ihrer Rechtsposition: Kriegsbedingt verlagertes Kulturgut – also Beutekunst – müsse ohne direkte Gegenleistung zurückgeführt werden. Eine Art verspäteter Reparation sei unzulässig. So sei es 1990 im Zwei-plus-Vier-Vetrag mit der Sowjetunion und 1992 im Kulturabkommen mit Russland völkerrechtlich verbindlich festgelegt worden.[42] Die Frage der »Restitution ohne Gegenleistung« wurde mit typisch deutscher Prinzipienreiterei behandelt. Die Verhandlungsführer traten wie Staatsanwälte auf, fordernd: Schließlich seien eine Million Kunstobjekte von Russland nicht zurückgeführt worden, dazu mehr als vier Millionen Bücher sowie drei Regalkilometer Archivalien.[43]

Russland wiederum meldete 1,1 Millionen verlorene sowjetische Kunstwerke als Kriegsschäden.[44] Doch russische Hoffnungen auf umfangreiche Rückgabeaktionen vonseiten Deutschlands erfüllten sich nicht: Trotz intensiver Nachforschungen wurden in den Depots deutscher Museen bislang nur wenige Einzelstücke gestohlenen russischen Kulturgutes identifiziert.[45]

Man verhandelte über Jahre. Die Positionen verhärteten sich – in Russland sprach man von Demütigung und arrogantem deutschem »Siegergehabe«. Die übereinstimmende russische Meinung lautete schlicht: »Alles gehört uns, alles bleibt hier.«[46]

Unter den gegebenen Umständen war es wohl ein Glück, dass der Bremer Osteuropa-Historiker Wolfgang Eichwede als Bevollmächtigter der Bremer Kunsthalle für die Rückgabe der Baldin-Sammlung zu einer Art Unterhändler für Verständigung wurde.[47] Eichwede, ein Deutscher mit durchaus russischer Seele und Experte für die sowjetische Dissidentenbewegung, wusste um postsowjetische Empfindlichkeiten und auch um die Bedeutung, die das Wort »Gegenleistung« für russische Kulturbürokraten, Museumsdirektoren und Minister hatte. Denn das forderten sie für die Rückgabe auch der Baldin-Sammlung: konkrete Gegenleistungen, eine Art materielles Bekenntnis zu Schuld und historischer Verantwortung.[48]

Eichwede verhandelte auf russische Art: Gefühle, Appelle, Avancen, dann wieder stellte er seine Gesprächspartner vor vollendete Tatsachen. Es war auch seinem Geschick zu verdanken, dass die Bremer Zeichnungen im November 1992 zum ersten Mal in einer Ausstellung der Petersburger Eremitage[49] gezeigt wurden. Welch ein erhebender Moment für Wiktor Baldin, der mit seiner Frau als Ehrengast zur Eröffnung geladen war. Der Katalog listete fast 200 verloren geglaubte Blätter auf, darunter alle von Dürer. Das russische Fernsehen interviewte Baldin, und der damalige russische Kulturminister Ewgenij Sidorow lobte die »erste große Aktion des neuen, demokratischen Russland zur Wiederbelebung von Meisterwerken der Kunst«.[50]

Es war ein Anfang. Man verhandelte Jahr um Jahr über »Gegenseitigkeit« im Fall einer Rückgabe. Die Bremer Landesregierung versprach bis zu zehn Millionen D-Mark für Wiederaufbauleistungen im Bereich der russischen Kultur; eventuell könnten zehn Zeichnungen und eines der beiden Gemälde im

Verbleib der Eremitage bleiben. Auch die Finanzierung der geplanten Rekonstruktion des verschollenen Bernsteinzimmers durch ein deutsches Unternehmen wurde als *bargaining chip* eingebracht.[51] Doch die Bundesregierung bestand auf ihrer Rechtsposition – man werde keinen Präzedenzfall durch eine wie auch immer geartete Gegenleistung zulassen.[52] Auf deutscher Seite damals federführend das Bundesinnenministerium, dessen Bürokraten nicht sonderlich willens schienen, auf russische Befindlichkeiten einzugehen.[53] Selbst Hans-Dietrich Genscher sprach später von »dilettantischem Vorgehen«.[54]

So schloss sich das Zeitfenster. 1997 erklärte das russische Parlament Beutekunst kategorisch zu russischem Staatseigentum und ließ nur wenige Ausnahmen zu, etwa Rückgaben an private oder kirchliche Institutionen. 1999 trat das Gesetz endgültig in Kraft.[55]

Die bislang letzte Chance zur Rückgabe der Baldin-Sammlung wurde 2003 vertan. Im Herbst 2002 hatte man sich darauf geeinigt, dass im Rahmen einer sogenannten »integralen Rückgabe« insgesamt zwanzig Zeichnungen und ein Gemälde aus Baldins Sammlung in Russland verbleiben könnten.[56] »Alles war perfekt«, so Eichwede. Der Transporttermin war festgelegt, die ersten Einladungen für die geplante Übergabe am 29. März 2003 um 11 Uhr in Bremen ausgesprochen. Die Nachricht sollte unbedingt in Moskau bekannt gegeben werden, Russland als Initiator der Einigung auftreten. Schließlich hatte Russland auch durch die freiwillige Rückgabe der Fenster aus der gotischen St. Marienkirche in Frankfurt an der Oder mehr als guten Willen gezeigt, nämlich politische Tatkraft und den Willen, Vorurteile und Feindschaft zu überwinden.

Dann aber sprach der scheidende Kulturstaatsminister Julian Nida-Rümelin vorzeitig über die Sensation, ein Lapsus offenbar.[57] Flugs folgten wütende Artikel in russischen Zeitungen gegen die geplante Rückgabe; ein politischer Sturm brach los: Jetzt sollte man nach der demütigenden Niederlage im Kalten Krieg auch noch um den Sieg im Zweiten Weltkrieg betrogen werden! »Diese Idioten!« schrie auch der sonst so beherrschte Direktor der Petersburger Eremitage, Michail Piotrowskij, ins Telefon – er meinte die Deutschen.[58]

Die Bremer Übergabe wurde abgesagt. Wer Glück hatte, konnte die Zeichnungen noch einmal bewundern. Ende März 2003 wurde die »Bremer Sammlung des Hauptmanns Wiktor Baldin« im Moskauer Architekturmuseum für kurze Zeit ausgestellt.

»Rückgabe? In dieser politischen Situation mit Sanktionen und Gegensanktionen stellt sich die Frage nach Rückgabe nicht mehr«, sagte kategorisch Michail Schwydkoj, einst Kulturminister und jetziger Sonderbeauftragter des russischen Präsidenten für Kulturfragen Ende 2016 in seinem beeindruckend sowjetisch anmutendem Büro im Moskauer Außenministerium. »Es wurden große Chancen vertan. Jetzt müssen wir auf eine neue Zeit warten.«[59]

Wenigstens spricht man noch miteinander, irgendwie. Im 2005 initiierten nichtstaatlichen Deutsch-Russischen Museumsdialog etwa arbeiten Experten an gemeinsamen Ausstellungen, Restaurierungen und Forschungsprojekten. Noch so viele Fragen sind offen.[60] Es geht um Zahlen und Inventarlisten, um Verluste, Verlorenes und Gerettetes, und die Experten wünschen sich dabei vor allem: Die Politik soll außen vor bleiben.

So zeigten russische Kunsthistoriker deutschen Kollegen 2015 überraschend das Foto einer kleinen Bronzestatuette. Es glich einem Wunder: Da war er, Donatellos »Johannes der Täufer«, den man 1945 in Berlin verbrannt geglaubt hatte. Die Beute-Statuette war siebzig Jahre lang im Geheimdepot des Moskauer Puschkin-Museum eingelagert. Stark beschädigt, aber noch von genügend Substanz zu einer gemeinsamen Wiederherstellung stand sie wie ein Sinnbild der deutsch-russischen Beziehungen. In diesem Sinne wünschte sich auch der Bremer Unterhändler Eichwede ein neues Denken: »Beutekunst muss Botschafter werden.«[61]

Wiktor Baldin überlebte drei Herzinfarkte und viele Anfeindungen. Er starb am 4. Januar 1997. Sein Traum einer Rückgabe blieb unerfüllt. Doch er hatte Freunde in Deutschland gefunden. Dies erschien ihm als besonders kostbares Geschenk.

Seine Frau, die ehemalige Ostarbeiterin Julija Baldina-Siwakowa, wurde als Opfer des Nazi-Regimes anerkannt und 1992 von Russland offiziell rehabilitiert. Aus der deutschen Stiftung »Erinnerung, Verantwortung und Zukunft« erhielt sie eine Entschädigung für ihre Jahre als Zwangsarbeiterin in Dresden. Ein eher sehr bescheidener Betrag, etwas mehr als 2000 Euro.[62]

Einmal noch kehrte sie in die Stadt an der Elbe zurück, stand vor den Toren der ehemaligen Rüstungsfabrik. Sie wollte nicht mehr aufhören zu weinen.

In den vergangenen Jahren schrieb Julija Baldina-Siwakowa mehrere Briefe an Präsident Putin und einmal auch an Kanzlerin Merkel. Sie bat um Unterstützung für die Rückgabe der Sammlung Baldin. Im deutsch-russischen Krisenwinter 2016 machte sie sich kaum noch Hoffnungen: »Ich schreibe wohl besser nicht mehr, dass wir den Deutschen etwas zurückgeben sollten. Sonst werde ich vielleicht erneut zur Volksfeindin.«

Sie wollte ihr Versprechen erfüllen, das sie ihrem Mann gab, einen letzten Liebesbeweis – die Rückgabe seiner Sammlung zu erringen. Vielleicht aber würde es länger dauern als ein Leben.

Von mehr als tausend der einst ausgelagerten 1715 Zeichnungen aus der Bremer Kunsthalle fehlt noch immer jede Spur.

# TÖDLICHE FALLE

*Die Geschichte der Deutschen im sowjetischen Exil ist die Geschichte einer doppelten Verfolgung. Die meisten mussten vor den Nationalsozialisten fliehen – nur um in Stalins Terrormaschinerie zu geraten. Sie lebten in einer dunklen Welt, in der Misstrauen herrschte, Todesangst und Verrat. Die meisten deutschen Kommunisten überlebten das Moskauer Exil nicht.*

Im Frühjahr 1990, diesem vorletzten sowjetischen Jahr, unternahmen wir eine Reise gegen das Vergessen.[1] Es war eine beunruhigende, aber aufregende Zeit: Inmitten einer katastrophalen Wirtschaftskrise rang Michail Gorbatschow um die Zukunft einer runderneuerten Sowjetunion. Beinahe im Wochentakt eilten die Menschen zu den großen Demonstrationen, die sie neurussisch *mitingi* nannten; mal für, mal gegen die Perestroika. Manchmal schien es, als absolviere ein ganzes Land Grundkurse in Demokratie. Es waren beunruhigende, aber auch beglückende Monate. Denn damals »herrschte die Freiheit«, wie es die Moskauer Journalistin Ewgenija Albaz ausdrückte, einen russischen Windhauch lang.

Ein Land öffnete sich. Monolithisch fest geglaubte Institutionen bekamen Risse: Partei und Verwaltungen, Militär und Geheimdienste. Die Menschen begannen, Fragen über ihre Geschichte zu stellen. Sie mussten die große Lüge erkennen, die sich »Sowjetunion« nannte. Für viele war diese Erkenntnis kaum erträglich. Wladimir Putin gehörte wohl zu ihnen.

Und doch: Was unmöglich erschien, war eine kurze Zeit lang

möglich. Es galt, endlich das Schweigen zu brechen. Nur so könne man die Wunden heilen und gesellschaftliche Versöhnung finden: Dies war der Leitgedanke der Menschenrechtsorganisation »Memorial«, die sich 1988 in Moskau gegründet hatte. Die Mitglieder ihrer Regionalgruppen suchten nun überall im Land nach Fakten: Gefängnisse, Arbeitslager, Archive. Massengräber.

Auch der KGB bekannte sich – eine Weile zumindest – zu Offenheit. Die Transparenzoffensive folgte einer einfachen Logik: sich durch eine Art Marketing-Maßnahme der begrenzten Öffnung zügig der Last der Vergangenheit zu entledigen und sich so – faktisch generalamnestiert – den neuen Mächtigen als »demokratischer« Geheimdienst zu empfehlen. So gehörten wir 1990 zu den ersten westlichen Journalisten, die sich in der Lubjanka einfanden, der KGB-Zentrale im Herzen Moskaus. Man habe sich stets nur an das Gesetz gehalten, erklärte uns der Leiter der damals neu gegründeten Abteilung für Öffentlichkeitsarbeit, General Karbaynow. Das System sei zu verurteilen, nicht der Geheimdienst und seine Mitarbeiter.

Man führte uns in den Keller. Langsam öffnete sich eine dicke Stahltür in einen Archivraum. Er umfasste den Zeitraum der dreißiger Jahre. In scheinbar endlos langen Regalreihen lagen vergilbte Pappschachteln, Reihe um Reihe, sie stapelten sich bis zu Decke. In jeder Schachtel ein Leben. Protokolle von Gerichtsverfahren, Geständnisse, Zeugenaussagen und Urteile; manchmal lag noch Persönliches bei. Ein Foto. Ein Mitgliedsausweis der »Roten Liste«. Ein Portemonnaie. Auf den meisten Aktendeckeln der gestempelte Befehl »Chranit' Wetschno«: Aufbewahren für immer.

Allein in diesem Geheimarchiv lagerten rund 64 000 Akten des damals NKWD genannten Geheimdienstes aus den Jahren 1935 bis 1941. 64 000 Akten, 64 000 Menschenleben. Darunter

*Im Keller der Lubjanka: Allein im Geheimarchiv des Moskauer KGB, einst NKWD, lagern Zehntausende Akten über die Opfer des Großen Terrors, darunter auch viele Deutsche; Gastarbeiter und Kommunisten im Exil.*

auch mehrere Tausend Deutsche, die meisten Kommunisten im sowjetischen Exil, Mitglieder und Funktionäre der KPD, die wegen »Spionage«, »Trotzkismus« oder »Sabotage« verurteilt worden waren. Manche »Gerichtsverfahren« dauerten nur fünfzehn Minuten. Die meisten Urteile lauteten auf Tod durch Erschießen.

Viele von ihnen waren bis zuletzt überzeugt, sie seien schuldig. Müssten schuldig sein. Glaubten wirklich, dass sie Verrat begangen hätten. Dass Stalin, die Partei und der NKWD mehr über sie wussten als sie über sich selbst.

Die Geschichte der Deutschen im sowjetischen Exil ist die Geschichte einer doppelten Verfolgung. Die meisten mussten vor den Nationalsozialisten fliehen, nur um in der Sowjetunion von Stalin verfolgt zu werden. Für viele deutsche Kommunisten wurde das kommunistische Exil zur tödlichen Falle. Wer überlebte, Funktionäre wie Intellektuelle, kehrte nach dem Krieg meist in den östlichen Teil Deutschlands zurück. Viele wurden Stützen des SED-Staates – auch aus Überzeugung. Das System hatte sich in ihre Herzen gefressen. Die Todesangst, die Lüge und der Verrat.

Dabei hatte sich die junge Sowjetmacht anfangs so großzügig und gastfreundlich gezeigt: In den zwanziger Jahren lud sie mehr als 7000 Ausländer, vor allem Wissenschaftler, Schriftsteller und Journalisten, zu politischen Erkundungsreisen ein, empfing sie mit Blumen und organisiertem Jubel. Zu den *fellow travelers* gehörten Egon Erwin Kisch, Walter Benjamin, Ludwig Marcuse, Arthur Koestler und Alphons Paquet, George Bernard Shaw, Romain Rolland und H. G. Wells. Sowjetfunktionäre hofierten, beschmeichelten und kontrollierten sie. Für ihre Besuche wurden Kinderheime und Fabrikabteilungen in wochenlanger Arbeit mit Modernität präpariert. Die Revolutionstouristen sollten ein angeblich authentisches, aber natürlich positives Bild der Sowjetunion zeichnen. »In Sowjetrussland hat die Menschlichkeit über die Menschheit gesiegt«, begeisterte sich 1926 Herwarth Walden, Entdecker und großzügiger Förderer moderner russischer Künstler wie Kandinsky. Er war nicht der einzige Polit-Pilger, der sich von Illusionen verführen ließ. In den dreißiger Jahren verschwand Walden in Moskau, auch er ein Opfer des Großen Terrors.[2]

Während der Weltwirtschaftskrise gezielt angeworben, strömten Ende der zwanziger Jahre Tausende deutscher Facharbeiter, Ingenieure und Bergleute in die Sowjetunion. Sie sollten die gigantischen Industrialisierungsprojekte voranbringen und dem Sozialismus zum Sieg verhelfen. Sie erhielten ihre Visa in der sowjetischen Handelsvertretung in der Berliner Lindenstraße, bestiegen am Schlesischen Bahnhof die Züge Richtung Osten, manchmal begleitet vom Gesang zurückbleibender Frauen und Genossen: »Völker, hört die Signale ...«

Oft im mächtigen »roten Berlin« der zwanziger Jahre sozialisiert und guten Willens, an eine fortschrittliche, kommunistische Welt zu glauben, waren die deutschen Gastarbeiter schnell ernüchtert von der brutalen Realität sowjetischen Lebens.

Anfang der dreißiger Jahre allerdings war es bereits schwer, fast unmöglich, in die Sowjetunion zu gelangen. Auch nach Hitlers Machtübernahme blieb den meisten Emigranten die Aufnahme verweigert – auch den flüchtenden Juden. Fremdenfeindlich die durch Propaganda angeheizte Stimmung, gezielt wurden Ängste vor Spionen geschürt.

Eine Ausnahme bildete das politische Asyl für einige prominente Schriftsteller und Künstler sowie für die deutschen Kommunisten, die sich nach 1933 Richtung Moskau orientieren. Mit dem Hauptquartier der »Kommunistischen Internationale« Komintern befand sich dort sozusagen der Generalstab der erwarteten Weltrevolution. Die KPD wiederum war die stärkste kommunistische Partei außerhalb der Sowjetunion, in Berlin war daher bis 1933 auch das Westeuropäische Sekretariat der Komintern angesiedelt. Der amtierende KPD-Vorsitzende[3] und spätere erste Staatspräsident der DDR Wilhelm Pieck, Walter Ulbricht und andere hochrangige KPD-Funktionäre konnten früh nach Moskau emigrieren. Seit Anfang 1937 hielt sich auch ein jüngeres KPD-Talent in Moskau auf, er war bereits zum Kandidaten des Politbüro aufgestiegen: der spätere Fraktionsvorsitzende der SPD Herbert Wehner, Deckname »Kurt Funk«.

Bis Mitte der dreißiger Jahre hatten rund 6000 Deutsche in der Sowjetunion Zuflucht gefunden, die allermeisten in Moskau. Die größte Gruppe der deutschen Emigranten bildeten die 4600 KPD-Mitglieder,[4] darunter die Schriftsteller Erich Weinert, Willi Bredel und der spätere DDR-Kulturminister Johannes R. Becher; auch der Arzt und Dramaturg Friedrich Wolf, Vater des späteren Stasi-Chefs Markus sowie des Regisseurs

Konrad Wolf. Andere, wie der Avantgarde-Regisseur Erwin Piscator oder der Maler Heinrich Vogeler waren zur Realisierung geplanter Projekte faktisch als Arbeitsmigranten eingereist. Der russophile Heinrich Vogeler wollte noch an Russland glauben, als er vergessen, verarmt und hungernd 1942 starb.[5]

Die bekannte Schauspielerin Carola Neher war auch aus Liebe nach Moskau emigriert. Neher war der gefeierte Star der Berliner Theater- und Kabarettszene, die großartig rebellische Polly in Brechts *Dreigroschenoper*. Für seine Geliebte soll Bertolt Brecht die *Heilige Johanna der Schlachthöfe* geschrieben haben. Neher galt als Stilikone der Weimarer Republik und brach auch sonst Konventionen jeder Art: »Ich bin eine undelikate Frau«, sagte sie über sich. »C'est ça.«[6]

Beim Besuch eines Russischkurses an der Marxistischen Arbeiterschule hatte sie sich in den rumänischstämmigen Ingenieur und Kommunisten Anatol Becker verliebt und folgte ihm auf der Flucht vor den Nazis 1934 in die Sowjetunion. Dort wurde ihr gemeinsamer Sohn Georg geboren. Sie würde nur noch zwei Jahre in Freiheit leben – einer Freiheit, die längst keine mehr war.

### Gehorsamsbeweise, Unterwerfung und: Verrat

Es war überlebenswichtig, den Status als »Politemigrant« sowie Mitgliedschaft in den entsprechenden Institutionen wie dem Gewerkschafts- oder dem Schriftstellerverband zu erlangen. Allein der Status ermöglichte Unterkunft, Versorgung der Familie, medizinische Behandlung und einen Arbeitsplatz, meist auch die begehrte Aufenthaltsgenehmigung für Moskau. Wer den Status erlangen und vor allem behalten wollte, musste sich ständig rigorosen politischen Überprüfungen unterziehen.

Nahezu unmöglich, ohne regelmäßige politische Gehorsamsbeweise einen Wintermantel oder ein Paar Schuhe zugeteilt zu bekommen, von einem bezahlten Arbeitsplatz etwa in einem der Verlage für deutschsprachige Literatur, einer der deutschsprachigen Zeitungen oder im Sekretariat der Komintern ganz zu schweigen.[7] Unter den Schriftstellern konnten nur wenige Privilegierte ihre Werke veröffentlichen, sie hatten selbstverständlich prosowjetisch zu sein.[8] Immer und überall galt es, um Protektion zu buhlen. Immer und überall musste man Unterwerfung zeigen, im Zweifel bis zur Selbstverleugnung – ein »System von byzantinischer Liebedienerei und abgründiger Heuchelei«, wie der österreichische Lyriker und begnadete Majakowskij-Übersetzer Hugo Huppert notierte.[9]

Ohne Status war man der Not preisgegeben. Manche hausten hinter Bretterverschlägen oder mussten sich jeden Abend neu auf die Suche nach Essen und einer Übernachtungsmöglichkeit begeben, um Gnade und Solidarität bettelnd.

Unmöglich, sich der politischen Inquisition und Überwachung zu entziehen. Man musste Treue zu Stalin und Bereitschaft zur Denunziation bezeugen. Dazu gehörte auch die kollektive Akklamation der in den Moskauer Schauprozessen verhängten Todesurteile. Wer Gehorsam verweigerte, galt als »Abweichler« und war den Häschern des NKWD ausgeliefert.

Bald traf die deutschen Emigranten der Große Terror, dieser »Orkan der Gewalt«, dem innerhalb eines einzigen Jahres anderthalb Millionen Menschen zum Opfer fielen.[10] So gut wie jeder Exilant wurde direkt oder indirekt Opfer der Stalin'schen Säuberungen. Sie mussten in gespenstischen Tribunalen Kritik und Selbstkritik üben, wieder und wieder, es ging nächtelang. Der Philosoph Georg Lukács forderte die »Liquidation der Schädlinge« – er selbst überlebte und stieg später zum bedeutenden marxistischen Denker auf. Man denunzierte und wurde denunziert. Man half, angebliche »Abweichler« zu entlarven, und wurde selbst entlarvt. Man sprach niemanden mehr an und wurde nicht angesprochen. Die Angehörigen Verhafteter waren von einem Tag auf den anderen Aussätzige, bitterarm, oft hungernd.

Die Schauspielerin Carola Neher ernährte sich von kleinen Aufträgen, hoffte auf ein Engagement am Deutschen Theater in Engels, der Hauptstadt der deutschen Wolgarepublik. Noch wenige Monate vor ihrer Verhaftung im Juni 1936 veröffentlichte die kommunistische *Arbeiter Illustrierte Zeitung* in Berlin ein Foto der deutschen Berühmtheit, die als eine der schönsten Frauen ihrer Zeit galt: Carola Neher mit ihrem Baby, einem »jungen Sowjetbürger«, wie es stolz hieß.

Ihr Mann Anatol Becker wurde kurz nach seiner Verhaftung Anfang 1936 erschossen. Sie konnte nichts mehr über sein Schicksal in Erfahrung bringen. Auch sie wurde verhaftet. Wegen »konterrevolutionärer Tätigkeit« zu zehn Jahren im Gulag verurteilt, trat Carola Neher ihren Leidensweg durch Gefängnisse und Lager an. Die Sorge um ihren kleinen Sohn brachte sie fast um den Verstand, sie verübte mindestens einen Selbstmordversuch. Doch bis zuletzt weigerte sie sich, Spitzel des NKWD zu werden. Sie sang ihren Mithäftlingen Lieder aus der *Dreigroschenoper* vor. Carola Neher starb 1942 im Durchgangsgefängnis Sol-Ilezk an der Grenze zu Kasachstan an Typhus.

Ihr ehemaliger Geliebter und Förderer Bertolt Brecht – der 1941 auf dem Weg ins kalifornische Exil in der Transsibirischen Eisenbahn durch die Sowjetunion reiste – wusste früh von ihrem Schicksal. Er fragte nach ihr, bat seinen Freund Lion Feuchtwanger, sich einzusetzen. Denn nach einem mehrwöchigen Aufenthalt in Moskau, dem Besuch eines Schauprozesses und einer Audienz bei Stalin stand Feuchtwanger in der Gunst des Menschenschlächters. Hätten sich Feuchtwanger und auch der große Bertolt Brecht für Carola Neher verwenden können, gar müssen? Öffentlich zumindest schwieg Brecht.[11]

Carola Nehers Sohn Georg war noch nicht einmal zwei Jahre

alt, als seine Mutter verhaftet wurde. Er wuchs in einem Waisenhaus und bei Pflegeeltern auf. Erst 1967 erfuhr er die Namen seiner Eltern und von ihrem tragischen Schicksal. Nach einem von Willy Brandt unterstützten Appell an den sowjetischen Parteichef Leonid Breschnew wurde ihm 1974 schließlich die Ausreise in die Bundesrepublik ermöglicht. Und 1989 betrat Georg Becker zum ersten Mal die kleine Wohnung in der Moskauer Krasnoprudnaja-Straße 36, in der seine Eltern zuletzt gelebt hatten.

Seit 1937 waren die deutschen Politemigranten faktisch per Gesetz zu potenziellen »Agenten kapitalistischer Geheimdienste« und »Schädlingen« erklärt. Während der sogenannten »Deutschen Operation« des NKWD folgten per Quote vorab festgelegte Massenverhaftungen: Nach dem operativen NKWD-Befehl 00439 vom 25. Juli 1937 etwa waren alle in der Rüstungsindustrie tätigen deutschen Staatsangehörigen (damit waren Wolgadeutsche noch ausgenommen) sowie deutsche »Agenten« binnen fünf Tagen zu verhaften.[12] Für Sowjetbürger bedeutete dies: Jeder Kontakt zu einem Deutschen war lebensgefährlich.

Jedes Wort, jede Geste, jeder Gruß, jedes Lächeln konnte über Leben oder Tod entscheiden. »Wir kommen alle dran«, hieß es.

Bereits 1936 führte eine Komintern-Überprüfung aller deutscher Politemigranten zu dem – bereits vorher feststehenden – Ergebnis, dass den meisten die Aufenthaltserlaubnis entzogen und sie nach Nazi-Deutschland zurückgeschickt werden sollten – auch wenn dort »einige zunächst verhaftet würden«, wie Wilhelm Pieck feststellte: »Hoffentlich wird dadurch endlich einmal diese Eiterbeule gründlich geleert und ausgebrannt, die sich in der hiesigen Emigration gebildet hat.«[13] Ein Jahr später erstellte die Komintern eine Liste mit 800 Emigranten, die ins Reich »remigrieren« sollten.

Nur wenige Monate nach der feierlichen Unterzeichnung des

Hitler-Stalin-Paktes wurde die Kommunistin Margarete Buber-Neumann in der Silvesternacht 1939 in einen Zug nach Berlin gesetzt. Ihr Mann war bereits zwei Jahre zuvor erschossen worden. Selbst zu fünf Jahren Zwangsarbeit in einem Straflager in Kasachstan verurteilt, wusste sie nichts über seinen Verbleib. Dann lieferte Stalin sie als politische Liebesgabe an Hitler aus. Margarete Buber-Neumann überlebte fünf Jahre im KZ Ravensbrück. Die überzeugte Kommunistin wandelte sich nach Kriegsende in eine dogmatische Antikommunistin, die ihr Leben lang vor allem gegen Herbert Wehner kämpfte, den sie der Denunziation ihres Mannes verdächtigte.[14]

In der ständigen Furcht vor Verhaftung oder Ausweisung lebend – beides kam Todesurteilen gleich –, wurde die sowjetische Welt der deutschen Emigranten zur realen Dystopie, einer Vorlage für Orwells *1984* gleich. Die Revolution, ihre Kinder fressend;[15] eine dunkle Welt, in der Misstrauen und Verzweiflung herrschten, Verrat, Todesangst und unendliche Einsamkeit. Viele glaubten bis zum Schluss an die gerechte, große Sache. Unschuldig, erklärten sie sich ihren Henkern aus Überzeugung für schuldig. Wenn sie verhaftet würde, müsse es einen echten Grund geben, erinnerte sich 1991 die ehemalige Sprecherin bei Radio Moskau, Lotte Loebinger, Herbert Wehners erste Frau: »Dann habe ich etwas falsch gemacht, ... sonst würden sie dich nicht holen. ... Weil man sich sagte: Die wissen mehr über dich ... Dass sie im Recht sind – das war klar.«[16]

Im Sommer 1938 waren 70 Prozent der deutschen KPD-Emigranten in Lagerhaft oder erschossen. Die KPD-Führungsriege hatte damit mehr Opfer durch Stalin als durch Hitler zu verzeichnen.[17] Frauen von Verhafteten verübten Selbstmord, ein »Teil der Frauen und Kinder sind buchstäblich am Verhungern«, wie Paul Jäkel, Sekretär der deutschen Vertretung bei der Komintern, schrieb.[18]

Stalins Terror brach der Komintern das Rückgrat. Während er mit Hitler anbändelte, ließ Stalin den Apparat der kommunistischen Weltrevolution vernichten, ein Jahrhundertverrat an Idealen auch dies.[19]

## Im Feldlager der Weltrevolution

Obwohl in seinen rund 450 Zimmern nur hochrangige internationale Funktionäre der Komintern eine Bleibe fanden, wurde das Hotel Lux, eines der wenigen Moskauer Grandhotels, zum steinernen Symbol dieses systematischen Verrats.[20] Als »Frankreich, Haus Filippow« um die Jahrhundertwende von dem reichen Moskauer Großbäcker Filippow errichtet, erhielt es irgendwann den Namen Lux. Am Anfang der Gorkij-Straße gelegen, des sozialistischen Prachtboulevards, gerade einmal einen Kilometer vom Roten Platz – und der Lubjanka – entfernt. Ursprünglich vier Stockwerke hoch, später um zwei weitere ergänzt, ganz oben im »Feldlager der Weltrevolution« lebten nur hochrangige Funktionäre. Das Lux und die nur scheinbar klassenlose Welt seiner »Luxianer«: »Ein Ghetto der Privilegierten« nannte es einer seiner Bewohner, der österreichische Kommunist Ernst Fischer.[21] Die Eingänge rund um die Uhr streng kontrolliert, jeder Besucher überwacht, jedes Telefonat abgehört. In den beiden Gemeinschaftsküchen auf jedem Flur kochten in großen Töpfen auch Babywindeln, das Hotel hatte einen hauseigenen Kindergarten. Das Restaurant im Erdgeschoss eine bröckelnde Erinnerung an vergangene Größe: Stuck und marmorierte Gipssäulen. Zum Frühstück wurde manchmal Kaviar serviert. Dort saß man und flüsterte: »Was die Gestapo von der KPD übrig gelassen hat, das hat die NKWD aufgelesen.«[22]

Meist kamen die NKWD-Kommandos nach Mitternacht, schwere Stiefelschritte auf den langen, dunklen Fluren. Es konnte jeden treffen, jederzeit. Dröhnend schlugen Fäuste gegen die

Türen, die Abgeholten wehrten sich nicht. Niemand half niemandem – man wäre selbst verhaftet worden. Einige sprangen aus dem Fenster, um Verhaftung und wochenlanger ununterbrochener Folter[23] und dem Verrat zu entgehen, den sie an ihren Freunden und Genossen üben würden.

Herbert Wehner, der spätere Bundesminister, Fraktionschef und stellvertretende SPD-Vorsitzende, überlebte vier Jahre in der Hölle des Lux. Mit seiner zweiten Frau Lotte lebte Wehner in der oberen Etage in einem winzigen Zimmer mit Waschbecken und Bücherregal, eine schwarze Katze gehörte dazu. Als »Kurt Funk« einer der aktivsten Illegalen und Organisator der KPD war Wehner nach einem ersten Aufenthalt 1935 im Januar 1937 von der Komintern nach Moskau beordert worden. Nach Denunziationen war eine Untersuchung gegen ihn eingeleitet worden. Monatelang blieb er ohne Pass. Dreimal wurde Wehner im Februar 1937 in die Lubjanka geholt, ein viertes Mal im Dezember 1937. Er kehrte – ein außergewöhnlicher Zufall[24] – jedes Mal ins Lux zurück. 1941 wurde Wehner nach Schweden geschickt, um von dort aus die illegale Arbeit der KPD in Deutschland zu organisieren. Nach seiner Verhaftung in Schweden aus der KPD ausgeschlossen, stieg er nach 1946 zu einem der führenden Sozialdemokraten der Bundesrepublik auf, dem gnadenlosen Zuchtmeister der Partei.

Anfang der neunziger Jahre veröffentlichte der Hamburger Historiker Reinhard Müller Wehners Kader-Akte bei der Komintern, die im ehemaligen ZK-Archiv der KPdSU in Moskau aufbewahrt wurde. Die 2004 um KGB-Dokumente ergänzten Unterlagen[25] sollen belegen, dass Wehner auf die für ihn lebensgefährlichen[26] Denunziations-Vorwürfe[27] der Genossen seinerseits mit eilfertiger Denunziation der Hauptbelastungszeugen und späteren ausführlichen »Charakteristika« von Genossen antwortete – einem »tödlichen Doppelspiel«, das Angst und Gehorsam entsprungen sein mochte, vielleicht aber auch Überzeugung. Entgegen seinen eigenen Angaben sei Wehner vom NKWD wohl eher nicht *ver*hört, sondern als »exzessiv« tätiger »Informant« *ge*hört worden.[28] Bis zu seinem Tod verweigerte Wehner die Antwort auf Fragen nach seinen Moskauer Jahren.

Der Terror wucherte, die Grenzen zwischen Opfer und Täter verschwammen jeden Tag mehr. Die Jahre des Hitler-Stalin-Paktes bedeuteten für die exilierten Kommunisten eine Kehrtwende um 180 Grad – Kritisches über Hitler und den Nationalsozialismus war von einem Tag auf den anderen nicht mehr erlaubt. Mit Hitlers Angriff 1941 verschärfte sich ihre Lage noch einmal drastisch. Wer noch lebte, dem drohte neue Verhaftung. Ein Aufatmen nur ganz am Ende, als sie für deutschsprachige antifaschistische Propaganda und zur Gründung des Nationalkomitees Freies Deutschland gebraucht wurden – wie begeistert und leidenschaftlich sie arbeiteten, vielleicht zum ersten Mal ihrem Exil so etwas wie einen Sinn geben konnten.

Sie hatten noch nicht einmal ein Recht auf Rückkehr. Die Sowjetmacht entschied, wer nach Kriegsende zu welchem Zeitpunkt zurück nach Deutschland, und zwar in die Sowjetische Besatzungszone (SBZ), durfte. Materiell gut versorgt, mit Auszeichnungen und Medaillen behängt, mussten die Rückkehrer über ihre Erlebnisse schweigen – eine entsprechende Erklärung war beim ZK der SED zu hinterlegen.[29]

Stattdessen priesen sie mehrheitlich die Sowjetunion als gelobtes Land. Die Moskauer Jahre verdrängend, konnten es viele wohl nicht ertragen, sich der Wahrheit zu stellen. Man wolle dem westdeutschen Klassenfeind keine Argumente liefern; auch könnten die eigenen Bürger die Wahrheit über die Verbrechen an deutschen Emigranten nicht ertragen. Wer doch Fragen stellte, wurde des »Abweichlertums« verdächtigt. Wer wagte es schon, die Mauer des Schweigens zu durchbrechen?[30]

So zimmerten die Zurückgekehrten wider besseres Wissen an einer der großen Lebenslügen der DDR: der unverbrüchlichen Freundschaft zur Sowjetunion.

Im Grunde blieben die Überlebenden auch nach ihrer Rückkehr Emigranten. Geschult im politischen wie physischen Überleben, skrupellos und verzweifelt zugleich, paktierten sie mit den neuen Mächtigen der DDR, die sie – wie Ulbricht und Pieck – ja noch aus Moskau kannten und fürchteten. Durch ihr Beschweigen – auch das eine Form der Propaganda – trugen sie letztlich auch zur Geschichtsfälschung bei.

Im wiedervereinigten Deutschland wollte sich lange niemand so recht an die deutschen Antifaschisten und Kommunisten im Moskauer Exil erinnern. Den Konservativen waren diese Opfer Stalins zu kommunistisch. Für Linke vor allem in der ehemaligen DDR wiederum stellte ihr Schicksal ein sozialistisches Weltbild infrage. Mehr als zwanzig Jahre lang rang man um ein öffentliches Gedenken, stritt über den aufgestellten Gedenkstein innerhalb der einstigen DDR-Gedenkstätte für Sozialdemokraten und Kommunisten auf dem Friedhof Berlin-Friedrichsfelde. Immerhin: Seit Dezember 2013 mahnt eine Gedenktafel am Berliner Karl-Liebknecht-Haus, einst ZK-Gebäude der KPD und heutige Zentrale der Partei »Die Linke«. Es ist ein Versuch, dem erdrückenden Widerspruch gerecht zu werden: Dass es Kommunisten waren, die Kommunisten mordeten.[31]

Das Moskauer Hotel Lux trug nach dem Krieg Jahrzehnte den Namen »Zentralnaja«, im ehemaligen Restaurant eröffneten später ein Schuhladen und die Filiale einer italienischen Pizza-Kette. Eingerüstet steht das Gebäude seit Jahren leer.

Im Umfeld der Menschenrechtsorganisation Memorial gründete sich im Dezember 2014 in Russland das Erinnerungsprojekt »Poslednij Adres«, »die letzte Adresse«. Angelehnt an die deutschen »Stolpersteine« schrauben Aktivisten seitdem in ganz Russland kleine Metalltafeln an die Hauswände der letzten Wohnadressen Verhafteter, Verschwundener und Ermordeter. Es ist der Versuch, mithilfe der Erinnerung ein Gespräch mit der Vergangenheit zu beginnen. Am 5. Februar 2017 brachten sie an der hellen Fassade des Wohnhauses in der Moskauer Krasnoprudnaja-Straße 36 die »letzte Adresse« der deutschen Schauspielerin Carola Neher und ihres Mannes Anatol Becker an.[32] Eine von so schrecklich vielen letzten Adressen, nur eine.

## WENN DIE RUSSEN KOMMEN

*Echte Befreier waren sie nie – sonst wären sie wieder gegangen. Verordnet die Freundschaft zwischen der DDR und der Sowjetunion, ein erzwungenes Bündnis. Zwar richtete man sich im Lauf der Jahre miteinander ein – doch die sowjetischen »Brüder« blieben Besatzer. Bis sich alle deutschen Hoffnungen auf Veränderung auf einen Mann aus Moskau richteten: Michail Gorbatschow.*

Für die letzte Schlacht, zweifellos würde sie siegreich für sein Land enden, hatte er noch rasch drei Tischtücher besorgt, sowjetrot. Gerade war er in Moskau, für kurze Zeit von der Front zurückbeordert. Die Tischtücher brachte er seinem Freund Israel, einem Schneider. Eine Nacht und viele Gläser Wodka dauerte es, bis aus den Tischtüchern drei ziemlich echte Sowjetflaggen mit Hammer, Sichel und fünfzackigem Stern genäht waren. Schließlich gehörte für einen sowjetischen Kriegsfotografen eine Fahne zur Grundausstattung. Jedenfalls hatte Ewgenij Chaldej diese wichtige Requisite immer im Sturmgepäck.

Sein Leben lang freute er sich daran: Dass eine dieser Fahnen bald auf Hitlers Reichstag wehen würde. Die rote Tischtuch-Fahne, von sowjetischen Juden genäht und nach Berlin gebracht!

Ewgenij Chaldej war einer von 200 Fotografen der sowjetischen Nachrichtenagentur TASS, die den Großen Vaterländischen Krieg dokumentierten, und einer von hundert, die überlebten. Der ukrainische Jude aus Donezk im Kohlebecken Donbass hatte es trotz aller Diskriminierungen geschafft, sich vom Fabrikarbeiter zum TASS-Fotografen hochzuarbeiten. Das

Fotografieren hatte er sich selbst beigebracht. So absurd es schien: Für ihn wurde der Krieg zu seiner besten Zeit. »Man brauchte mich«, erzählte er, als wir ihn wenige Jahre vor seinem Tod 1997 in seiner winzigen Einzimmerwohnung in der Moskauer Oneschskaja-Straße 18 besuchten, oben im sechsten Stock. Dort lebte er allein, die fünfzehn Quadratmeter seines Zimmers waren Schlaf- und Wohnzimmer, Dunkelkammer und Museum zugleich. Immer umgeben von seinen Fotos, diesem unglaublichen Schatz, den er in kleinen Holzkästchen aufbewahrte: Zehntausende Negative, die den gesamten Krieg und ein sowjetisches Leben dokumentierten. Immer wieder fertigte er neue Abzüge seiner bekanntesten Motive. »Dann sprechen meine Bilder zu mir. Und die Menschen werden lebendig.«

Insgesamt 1148 Tage verbrachte Chaldej mit den sowjetischen Truppen an der Front; und obwohl er sich nicht als Dokumentarfotograf, sondern als »Soldat mit Kamera« verstand, der Fotos samt wehenden Sowjetfahnen inszenierte und manipulierte, gelangen ihm doch Jahrhundertbilder. Die Apokalypse von Murmansk, von Brandbomben der Deutschen dem Erdboden gleichgemacht. Die Massengräber Tausender ermordeter sowjetischer Juden in Kertsch auf der Krim – damals wusste er noch nicht, dass die Deutschen seinen Vater und drei seiner vier Schwestern lebendig in Kohleschächte geworfen hatten.[1] Am 24. Juni 1945 fotografierte er die Siegesparade auf dem Roten Platz: Marschall Schukow auf einem weißen Hengst – wie er zu schweben schien. Er dokumentierte die Potsdamer Konferenz im Juli 1945: Stalin, der Sieger – wie er in weißer Uniformjacke im Korbstuhl posierte. Chaldej fotografierte auch den Nürnberger Kriegsverbrecherprozess – Täter, endlich auf der Anklagebank: Göring, Ribbentrop, Keitel, Hess, Rosenberg, Schirach.[2]

Vor allem aber, Anfang Mai 1945, Berlin. »Schenja, du musst sofort nach Berlin«, befahl ihm sein Chef bei TASS. Chaldej schlug sich durch, teilweise auf einem Panzer, im Rucksack die drei aus Tischtuch geschneiderten roten Fahnen.

Nach siebzehn Tagen war die Schlacht um Berlin am 2. Mai 1945 zu Ende gegangen, die Stadt hatte kapituliert. Überall nun siegreiche Rotarmisten, die gern für Fotos posierten. Bald wehte eine Fahne Chaldejs auf dem Flughafen Tempelhof, die zweite ließ er am frühen Morgen des 2. Mai 1945 auf dem Brandenburger Tor hissen.

Die dritte benutzte er am Morgen dieses 2. Mai 1945[3] für ein Foto, das bald um die Welt ging und zu einer Ikone der Kriegsfotografie wurde: Sowjetische Soldaten befestigen die Rote Fahne auf dem Dach des Reichstags. Rammen den Stab in das kolossale Gebäude, für sie das Herz von Hitlers Macht und Symbol seines Untergangs.

Lange suchte Chaldej auf dem teilweise noch brennenden Gebäude einen Ort für die Komposition des Fotos. »Überall war schrecklicher Lärm«, erzählte er. »Ein junger, sympathischer Soldat kam auf mich zu. Ich hatte eine rote Fahne in der Hand. Er sagte ›Leutnant, dawaj, lass uns mit der Fahne aufs Dach klettern.‹ ... Wir fanden eine lange Stange. Erst machte ich ein Foto links. Nein, das war nicht gut. Es sollte auch etwas von Berlin zu sehen sein. Dann sagte ich: ›Jungs, geht und stellt euch da hin und hißt die Flagge an der und der Stelle.‹ Es waren drei Soldaten. Ich habe einen ganzen Film verknipst, 36 Bilder, und bin in der Nacht zum 3. Mai nach Moskau geflogen.«[4]

In der Moskauer TASS-Zentrale entwickelte Chaldej den kostbaren Film. Zu wenig Dramatik – er montierte aufsteigende Rauchwolken in den Himmel, um Kampfatmosphäre zu erzeugen. Dann fiel auf, dass einer der Soldaten, ein Offizier, an beiden Handgelenken eine Uhr trug – begehrte Beutestücke der Truppe. »Ich nahm eine Nadel und kratzte eine Uhr aus dem Negativ. Das Bild mußte sofort veröffentlicht werden.«

Die Siegerpose inszeniert, das veröffentlichte Foto an mehreren Stellen retuschiert, und später stellte sich auch noch heraus, dass selbst die Namen der drei Rotarmisten gefälscht[5] waren – manipulierter konnte ein Foto eigentlich nicht sein. Und doch symbolisiert kein Foto den sowjetischen Sieg über Deutschland eindrücklicher als das, was Chaldej selbst immer nur »Der Reichstag« nannte.

»Der Reichstag« ging um die Welt, wie viele seiner Fotos. Den Namen des Fotografen aber kannte niemand. Vielleicht auch, weil ihn niemand kennen sollte: Schon 1948 entließ ihn die staatliche Nachrichtenagentur TASS wegen »Unprofessionalität« – tatsächlich wurde er aufgrund seiner jüdischen Herkunft gefeuert. Jahrelang schlug sich Chaldej mit Gelegenheitsarbeiten durch. Erst in den achtziger Jahren konnte er in der Sowjetunion sein erstes – und einziges – russisches Buch veröffentlichen.[6]

49 Jahre nach Kriegsende wurde Ewgenij Chaldej in Deutschland mit einer ersten Ausstellung und einem Buch geehrt und bekannt.[7] Er reiste nach Berlin, stand noch einmal auf dem Reichstag, es war sein größtes Geschenk. Knapp zehn Jahre nach seinem Tod folgte eine Retrospektive seiner Werke im Berliner Martin-Gropius-Bau.[8]

Den Deutschen war er am Ende seines Lebens dankbar. Sie hatten geholfen, sein Werk und sein Leben zu würdigen. Mir schrieb er damals eine kleine Widmung in sein Buch: »Liebe Jekaterina, für Ihre Erinnerung, mit meiner Hochachtung. Dass Sie niemals all das erblicken mögen, was ich sehen und fotografieren musste. Ihr Ewgenij Chaldej.«

Ordentlich, wie er war, fügte er Ort und Datum dazu:

1941 – 1945 – 1995
Moskau – Berlin – Moskau

Am 7. Mai unterschrieben die Deutschen die bedingungslose Kapitulation im Hauptquartier der West-Alliierten im französischen Reims. Doch Stalin forderte die Wiederholung im von ihm besiegten Berlin. Am 9. Mai 1945 um 0.16 Uhr unterzeichnete Generalfeldmarschall Wilhelm Keitel die zweiseitige Kapitulationsurkunde, die rückwirkend zum 8. Mai, 23.01 Uhr in Kraft trat – nach Moskauer Zeit hatte da bereits der 9. Mai begonnen. Der nüchterne Akt im Speisesaal des Offizierskasino der Heerespionierschule Nr. 1 in Berlin-Karlshorst dauerte rund fünfzehn Minuten. Die großzügige Anlage mit Reithalle und Hallenschwimmbad diente bis 1949 als Hauptquartier der Sowjetischen Militäradministration in Deutschland SMAD.[9] Später richtete der sowjetische Geheimdienst KGB seine Deutschlandresidenz in Karlshorst ein, auch das Ministerium für Staatssicherheit MfS nutzte das weitläufige Gelände. Noch so ein deutscher Erinnerungsort.[10]

Die Ruine des Reichstags wurde zum wichtigsten Besuchsziel jedes Rotarmisten, so nahmen sie Besitz von Deutschland. Sie verewigten sich mit Namen und Wünschen und Flüchen an den Wänden, bald sah es wie Street-Art aus. Und die zum Teil mit Kohle aufgebrachten Krickeleien oft so unflätig, dass Anfang der neunziger Jahre eine gemeinsame deutsch-russische Kommission nach mehreren Begehungen und intensivem Graffiti-Studium eine Liste der zu entfernenden Inschriften erstellte. So lesen sich die restaurierten Rotarmisten-Erinnerungen an den Wänden des deutschen Parlaments heute für beide Seiten politisch korrekt.[11]

Am 20. Mai 1945 fand eine kleine, improvisierte Siegesparade vor dem zerstörten Reichstagsgebäude statt. Dabei wurde auch Chaldejs Tischtuch-Flagge eingeholt. Später wurde sie dem Zentralen Museum der Roten Armee in Moskau übergeben.[12]

## Sieger voller Hass

Deutschland hatte den schrecklichsten Krieg der Geschichte begonnen. Jetzt fiel er auf das Schrecklichste auf Deutschland zurück. Die Soldaten der Roten Armee kamen nicht als Befreier – sie kamen als Sieger voller Hass. Auf ihrem Vormarsch Richtung Westen entfesselten sie eine Orgie der Gewalt. Ob in Ostpreußen oder Ungarn, ob in Breslau oder Berlin – überall Plünderungen, Massenvergewaltigungen, willkürliche Erschießungen. »Die Kompanien führten ›Rachebücher‹, in denen die Soldaten beschrieben, welches Leid ihnen persönlich und ihren Angehörigen widerfahren war«, so die Historikerin Silke Satjukow. »In regelmäßigen Abständen wurden besonders eindringliche Schilderungen der Truppe vorgetragen. Vergeltung avancierte zum zentralen Propagem, und zwar lange bevor die Rote Armee deutschen Boden betrat. ... Hass wurde zur wichtigsten Voraussetzung für die Kampffähigkeit der Truppe.«[13]

Die Kriegspropaganda hatte Hass zur Strategie erhoben. Dazu trugen vor allem die Artikel Ilja Ehrenburgs bei – des bekannten Schriftstellers und Journalisten, der noch wenige Jahre zuvor in Berlin gelebt hatte. »Töte den Deutschen!«, hieß es 1942 auf einem von ihm geschriebenen Flugblatt für die Soldaten. »Wir haben verstanden: Die Deutschen sind keine Menschen. ... Wir werden töten. Wenn Du nicht wenigstens einen Deutschen am Tag getötet hast, war der Tag verloren. ... Nichts stimmt uns fröhlicher als deutsche Leichen.«[14]

Allein Ilja Ehrenburg schrieb während der vier Kriegsjahre mehr als 1500 Artikel und Flugblätter dieser Art.[15] Die Flugblätter gingen von Hand zu Hand, sie gehörten zu den wenigen, die die Soldaten nicht zum Drehen ihrer Zigaretten benutzten.[16] Wie heilige Schlachtrufe zitierten die Soldaten die Texte: »Ubej!« Töte!

Als die sowjetischen Armeen im Januar 1945 die Grenzen des

Deutschen Reiches überschritten, ließ der Oberkommandierende der 1. Weißrussischen Front Marschall Georgij Schukow in einem Tagesbefehl verbreiten: »Weh dem Land der Mörder. Wir werden uns grausam rächen für alles.«[17]

Vielleicht schöpften sie Kraft aus dem Hass, vielleicht war ihnen Rache auch heilige Pflicht. Sie raubten, brannten Bauernhöfe nieder, ganze Dörfer. Marodierend, nach tagelangen Alkoholexzessen volltrunken, erschossen sie willkürlich Zivilisten. Sie vergewaltigten Frauen, junge Mädchen, egal ob 12 oder 80 Jahre alt; wer sich wehrte, wurde erschossen. Tag und Nacht hörte man die Schreie der Frauen und Mädchen – bei weitem nicht nur deutsche.[18] Die Zahl der Opfer wurde nie ermittelt. Die Schätzungen schwanken, es waren wohl Hunderttausende.[19]

Nicht das Bild des stolzen sowjetischen Befreiers vom Faschismus, sondern das Bild des brutal schändenden »Iwan« brannte sich ins kollektive Gedächtnis der Deutschen in Ost wie West. Die Wörter »Russe« und »Vergewaltigung«[20] wurden quasi zum Synonym und dienten vor allem in der Bundesrepublik zur Rechtfertigung eines Feindbildes, mit dem man sowohl eigene Kriegsschuld verdrängen als auch antisowjetische Stereotype legitimieren konnte.[21] Vielleicht war »der Iwan« ja doch irgendwie ein »Untermensch«? Und die Deutschen wohl doch eher Opfer als … Täter.

Mit der Konferenz von Potsdam und dem bald darauf beginnenden Kalten Krieg wurde die Geschichte der Deutschen und der Russen zweigeteilt. Im Osten Deutschlands, der SBZ, mussten die Sowjetunion und ihre 600 000 Besatzungssoldaten als »Befreier« betrachtet werden, die gefürchteten Fremden hatten bald als »Freunde« zu gelten. So begann ein Zwangsbündnis, das beide Seiten ständig überforderte. »Die Russen mussten hinnehmen, dass ihr Selbstbild als Träger einer fortschrittlichen

Kultur angesichts des hohen Lebensstandards, auf den sie hier trafen, immer mehr in Frage gestellt wurde. Die Folge waren wechselseitige Zuweisungen von Unterlegenheit und kompensatorische Vergewisserungen der eigenen Macht und Größe. Vorurteile, der ›Russe‹ sei gutmütig und gastfreundlich, aber auch gefährlich, trinkfreudig, schmutzig und faul, schienen sich im Alltag ebenso zu bestätigen wie die Annahme, der ›Deutsche‹ pflege zwar intensiv die Kultur, sei aber engstirnig und unberechenbar.«[22]

Sie kamen als räuberische Besatzer, sie wurden Landbesetzer, mussten in gewisser Weise erst lernen, als Kolonialherren aufzutreten. Im Lauf der Jahre richtete man sich miteinander ein. Im sozialistischen Mängelalltag verbündeten sich Russen und Deutsche gegen Bürokratie und sinnlose Planvorgaben. Wie Schildbürgerstreiche nahmen sich diese konspirativen deutschrussischen Joint Ventures oft aus. Es entwickelten sich Freundschaften. Man sang sowjetische Lieder, Soljanka avancierte zum ostdeutschen Leibgericht und Datsche zum urdeutschen Wort. Nachdem die Berliner Mauer letzte Freiheitsflausen buchstäblich eingemauert hatte, sollten sich die DDR-Bürger eine Weile sogar in ein sowjetisch-sozialistisches Utopia träumen. In dieser »heilen Welt der Diktatur« der sechziger Jahre[23] schwebte der fesche Kosmonaut Jurij Gagarin – ein Bauernsohn! – im Weltraum, durchpflügte der Atomeisbrecher »Lenin« das arktische Packeis, und am Frauentag schenkte man den Damen das fürchterlich süße Moskauer Einheitsparfum Krasnaja Moskwa, »Rotes« oder auch »Schönes Moskau«.[24] So klebrig süß diese schöne, neue Welt, dass einem eigentlich schlecht werden musste.

Noch fast ein Vierteljahrhundert nach dem Abzug der russischen Streitkräfte kann man deutsch-sowjetischen Gemeinsamkeiten ähnlicher Art frönen. Man rollt in einem ausrangierten Sowjetpanzer vom Typ T-72 auf der ehemaligen Übungsstrecke

*Gefürchtete Befreier: In den Häusern der deutsch-sowjetischen Freundschaft – wie hier in Berlin-Treptow – wird die »unverbrüchliche« Beziehung zwischen der DDR und der Sowjetunion zelebriert. Die sowjetischen Truppen aber und der Geheimdienst bleiben Besatzer.*

im thüringischen Trügnitz, es ist für die gute Sache: Die von den Panzerketten hinterlassenen Schlammfurchen dienen – kein Witz – der geschützten Gelbbauchunke als Lebensraum. Man kann am Subbotnik in Beilrode nahe Torgau den sowjetischen Panzer putzen, der auf kleinem Ziegelsockel an die Befreiung vom Faschismus durch die Rote Armee erinnert oder sich durch die hübsche Rubrik »Damals im Osten«[25] auf der Website des Mitteldeutschen Rundfunks klicken, darauf auch das Quiz für Junggebliebene und andere Gestrige: »Soljanka und Subbotnik«.[26]

Auf politischer Ebene manifestiert sich diese merkwürdig

ahistorische Verklärung insbesondere bei »Russland-Verstehern«. Kaum ein Begriff wurde in den vergangenen Jahren emotional so ausgenutzt wie dieser. Viele dieser in der DDR sozialisierten Russlandfreunde meinen es wirklich gut mit Russland; und sie hatten es wohl einfach auch satt, immer nur auf Putins Politik angesprochen zu werden. Er sei unter Russen aufgewachsen, erklärt etwa Matthias Platzeck, Vorsitzender des Deutsch-Russischen Forums, seine besondere Nähe zu Russland. Er habe die Soldaten ins Herz geschlossen, er liebe den Film *Roter Holunder*, noch immer bekomme er Heimatgefühle, wenn er diese »besondere Kraftstoffmischung« rieche, die die Russen damals getankt hatten.[27] Vielleicht sind es die Erinnerungen an Abenteuer aus der Kindheit; sicher spielt auch Respekt vor den sowjetischen Opfern des Krieges eine Rolle, eine tiefe Sympathie für die Menschen. Und doch: In der jüngsten Debatte um »Russland-Verstehen« geht es weniger um Russland, als vielmehr um deutsch-deutsche Befindlichkeiten. Russland verstehen: Das ist eine Lektion für all die Besserwisser im Westen und deren »Hybris«. Ein Protest gegen den »US-Imperialismus«, die »postkoloniale Expansion der EU« und die von russophoben Westdeutschen beherrschten Mainstream-Medien sowieso. »Wie lange noch, bis man für prorussische Äußerungen einen Schulverweis kriegt?«, fragte 2014 der Schriftsteller Eugen Ruge ebenso wütend wie tatsachenfern.[28]

»Russland verstehen« wurde so zum letzten Bollwerk vermeintlicher Eigenständigkeit. Als ob man einen letzten Rest DDR-Identität zusammenkratzen wollte.

### Besatzerland

Die Menschen in der Sowjetischen Besatzungszone trafen 1945 nicht auf strahlende Sieger mit glänzenden Heldenorden an der Brust, sondern in der Regel auf ungewaschene Fremde, viele mit asiatischem Einschlag. Sie hausten in Zeltlagern in den Wäldern und holten sich, was ihnen ihrer Meinung nach zustand: alles. Frauen. Wertgegenstände. Alkohol. »Uri, Uri«, wurde zum gefürchtet-geflügelten Wort; man sah sie, auf gestohlenen Fahrrädern übend, Treppen kopfüber hinunterstürzend. Offiziere verfrachteten ganze Wohnungseinrichtungen in Lastwagen und auf Eisenbahnwaggons. Auch der von Stalin gefürchtete Sieger von Berlin, Marschall Schukow, wurde später beschuldigt, sieben Güterwagen voller Beute nach Moskau geschickt zu haben, um Wohnung sowie Datscha einzurichten; dazu angeblich auch Gold und Diamanten.[29]

Auch wenn sie anfangs mit Lebensmitteln halfen, mit Milch, Zucker und Kaffee; auch wenn der Propagandachef der SMAD, Oberst Sergej Tjulpanow, die gemeinsamen humanistischen Werte hervorhob und sowjetische Soldaten Kränze an den Gräbern Schillers und Goethes niederlegen ließ – für die Mehrheit der verängstigten Menschen waren die Befreier volltrunkene Marodeure und Vergewaltiger. Installiert von der gefürchteten Sowjetmacht die neuen Herren, Walter Ulbricht und seine Kommunisten von der SED. Mit ihr, der verachteten »Russenpartei«, wurden die Sozialdemokraten zwangsvereinigt. Die katastrophale Wahlniederlage der SED bei den letzten freien Magistratswahlen in Berlin im Oktober 1946 führten Beobachter vor allem auf das Verhalten der Sowjettruppen zurück.

Später versuchte man gegenzusteuern: Rudolf Herrnstadt, Chefredakteur des *Neuen Deutschland*, eröffnete mit seinem kritischen Artikel *Über die Russen und über uns* im November 1948 eine öffentliche Diskussion über die Besatzer. Die landesweiten Veranstaltungen wurden zwar kontrolliert und überwacht, aber es wurde leidenschaftlich und durchaus kritisch diskutiert. Es war eine der offensten Debatten, die bis 1989 in der DDR geführt wurden.[30]

Von entscheidender Bedeutung für Stalins Besatzungspolitik – und damit für seine Deutschlandpolitik insgesamt – waren Reparationen. Sie wurden dringend zum sowjetischen Wiederaufbau benötigt. Zunächst hatte Stalin versucht, zu einer Einigung zu kommen, nach der die Sowjetunion auch im Westen Deutschlands gelegene Fabriken demontieren durfte. Es scheiterte an der Weigerung der Westalliierten.[31] Es blieb: die eigene Besatzungszone. Moskauer Ministerien schickten spezielle Demontagekolonnen, auch Reparations- oder Beutebrigaden genannt. Ihnen durften sich noch nicht einmal die sowjetischen Militärs widersetzen. Sie zwangen die Belegschaften, Tausende Fabriken zu demontieren. Dazu gehörten Waffen-, Flugzeug und Munitionsfabriken, Stahl- und Kohlebrikettwerke, Zement- und Dachziegelfabriken, Bäckereien, die Zeiss-Werke in Jena, die Hälfte aller Lokomotiven, Eisenbahnwaggons, insgesamt 12 000 Kilometer Schienen. Dazu Millionen Tonnen an militärischem Gerät, Schiffe, Telefondrähte, Stahl, Agrarprodukte, Möbel, Schreibmaschinen. Entnahmen aus laufender Produktion wurden meist über die neu gegründeten Sowjetischen Aktiengesellschaften SAG abgewickelt, in denen Großbetriebe unter sowjetischer Leitung zusammengefasst wurden. Die größte – und geheimste – war die Wismut AG im sächsischen Aue, ein Staat im Staat, weiträumig abgesperrt und von Truppen des sowjetischen Geheimdienstes bewacht: In den Bergwerken wurde zumeist in Handarbeit Uran für das hochgeheime sowjetische Atombombenprogramm abgebaut. Zehntausende schufteten hier unter zwangsarbeiterähnlichen Bedingungen.[32]

Der Wert der Demontagen betrug nur einen Bruchteil dessen, was die Deutschen in der Sowjetunion zerstört hatten. Und doch: Die Menschen in der SBZ und der späteren DDR leisteten die größten Reparationszahlungen des 20. Jahrhunderts.[33]

Zügig erfolgte der politische und soziale Umbau der SBZ.[34] Bodenreform, Schul- und Hochschulreform nach sowjetischem Muster. Und nach den letzten freien Magistratswahlen in Groß-Berlin sowie den Kreis- und Landtagswahlen in der SBZ Ende 1946, die ein desaströses Ergebnis für die »Russenpartei« SED erbrachten, war es dann bald auch mit freien Wahlen vorbei; die SED wurde von »entarteten Elementen« gesäubert.

Ab Herbst 1947 verschwanden die Besatzungstruppen hinter übermannshohen Mauern in Kasernen, eigenen Stadtvierteln und »Russenstädtchen«. Außerdienstliche Kontakte zwischen Besatzern und Besetzten standen von nun an unter Strafe.[35]

Sie verschwanden – und waren doch immer da. Und je klarer wurde, dass die Front des Kalten Krieges in Europa an der Demarkationslinie zwischen den westlichen und der sowjetischen Besatzungszone verlaufen würde, desto unverbrüchlicher wurde die Freundschaft.

Die faschistischen Bösewichte waren demnach im kapitalistischen Westen zu finden; dort saßen alte Nazis und Kriegsverbrecher in Verwaltungen und Regierungen – was ja auch stimmte. Die Befreiung der (Ost-)Deutschen durch die Rote Armee war zentraler Bestandteil des Gründungsmythos der DDR, begleitet von unübersehbaren Machtsymbolen. Am 8. Mai 1949 wurde in Bonn das Grundgesetz verabschiedet. Am gleichen Tag wurde im Osten Berlins mit einer großen Kundgebung das zu diesem Zeitpunkt weltweit größte Siegesmal für die sowjetische Armee eingeweiht: Das Ehrenmal in Treptow erfüllte die doppelte Funktion von Totenhain und Heldentempel. Am Ende der mächtigen Anlage mit Grablegen für 7200 im Kampf um Berlin gefallene sowjetische Soldaten steht die zwölf Meter hohe Figur eines Rotarmisten auf mächtigem Sockel, schützend ein kleines Mädchen auf dem Arm haltend, mit seinen Schwert das bereits am Boden liegende Hakenkreuz zerschlagend. Fortan wurde in Treptow jedes Jahr mit Aufmärschen die Befreiung vom Faschismus begangen.[36] Auch auf den sowjetischen Ehrenfriedhöfen, auf denen Zehntausende Gefallener begraben waren,[37] zelebrierte man den Sieg des Sozialismus über den Faschismus als entscheidende Zäsur mindestens der deutschen Geschichte: NVA-Soldaten leisteten ihren Fahneneid, Junge Pioniere und FDJler standen Mahnwache, der Besuch einer sowjetischen Gedenkstätte war obligatorischer Bestandteil jeder Jugendweihe.[38]

Der 8. Mai wurde 1950 als »Tag der Befreiung« zum gesetzlichen Feiertag erklärt, in einer Grußbotschaft von Stalin persönlich abgesegnet. Die Ostdeutschen waren nun die besseren Deutschen, nicht mehr Täter-Volk, sondern entschlossene Kämpfer für den Frieden, unverbrüchlich verbunden mit der UdSSR: »Von der Sowjetunion lernen, heißt siegen lernen.«

Mit diesem Narrativ wurde die DDR ruck, zuck vom »Besiegten zum Sieger der Geschichte«[39].

Doch ähnlich wie der militante Antikommunismus in der Bundesrepublik der fünfziger Jahre verhinderte dieser quasi zur Staatsdoktrin erhobene ritualisierte Antifaschismus eine kontroverse Auseinandersetzung mit der Geschichte: »Die Chance eines wirklichen und gelebten Antifaschismus wurde damit in der DDR schlichtweg vergeben.«[40]

Auch die überbordende Russo- und Sowjetophilie der aus dem Moskauer Exil heimgekehrten Politiker, Schriftsteller und Intellektuellen fühlte sich irgendwie falsch an, gespalten. Welche Todesängste hatte der spätere DDR-Nationalhymnendichter (»Deutschland einig Vaterland«) und Kulturminister Johannes R. Becher im sowjetischen Exil auszustehen, der Willkür des Geheimdienstes ausgeliefert? Wie überlebte er? Nie sprach er öffentlich darüber. Bechers Bemühungen um eine grenzübergreifende, gesamteuropäisch-antifaschistische Kultur waren von den Sowjets früh und hart[41] unterbunden worden. Doch für seine Ulbricht-Biografie nahm er 1953 den Stalin-Friedenspreis entgegen – und noch nach Stalins Tod widmete er dem Schlächter verherrlichende Gedichte; ein sich selbst verstümmelnder Schriftsteller von »kläglichem Charakter« als »Ingenieur der Seele«:

> *Es brachte die Welt zum Blühen*
> *Das Blut der Sowjetunion.*[42]

Die große Anna Seghers, 1947 aus dem Exil in Mexiko in die »goldenen Hungerjahre«[43] eines von der Sowjetmacht durch gezielte Wiedereröffnung von Theatern und Orchestern angeblich kulturell wiedererweckten Deutschland[44] heimgekehrt, unterstützte als Vizepräsidentin der »Gesellschaft zum Studium der Kultur der Sowjetunion« die sowjetische Leitkultur zur Formung eines neuen Menschen, der gegen die feindliche Gegenwelt des Westens kämpfte. Die Sowjetunion betrachtete sie als Land, das »von Grund auf anders« sei, »neu«. Einmal erzählte sie dem russischen Germanisten und Dissidenten Lew Kopelew, sie wolle gern einen Roman über dessen Erfahrungen beim Einmarsch der Roten Armee in Ostpreußen 1945 schreiben. Sie tat es nicht. »Sie gehörte zu denen, die, wie Majakowskij sagte, ihrem eigenen Lied auf die Kehle treten«, erinnerte sich Lew Kopelew kurz vor seinem Tod.[45] Nach dem Horror der Nazi-Diktatur wollte – musste – vielleicht auch sie an das glauben, an das man nicht glauben kann.[46]

## »Den haben sie abgeholt«

Denn gleich neben den Häusern der »Kultur der Sowjetunion« lagen die gefürchteten sowjetischen Ortskommandanturen, in denen sich auch die Dienstgebäude des Geheimdienstes NKWD – später MGB – sowie der Spionageabwehr Smersch befanden. Deren »operative Gruppen« sollten Nazis ausfindig machen, vor allem aber jeden Widerstand gegen die sowjetische Besatzungspolitik aufspüren und ausmerzen. In ihrer Suche nach »politischen Verbrechern«, »Spionen« und »Abweichlern« wurden sie später auch von der deutschen politischen Polizei »K5« und vom Ministerium für Staatssicherheit unterstützt.

Auf dem Gebiet von SBZ und DDR standen bis 1950 zehn sowjetische »Speziallager«. In den zum Teil auf dem Gelände ehemaliger KZs wie Sachsenhausen und Buchenwald eingerichteten Internierungs- und Haftanstalten wurden mindestens 158 000 Menschen gefangen gehalten, rund zehn Prozent unter ihnen Jugendliche;[47] Nazis,[48] aber auch auffallend viele Sozial- und Christdemokraten, Liberale. Sie hatten SED- und sowjetfeindliche Losungen an Hauswänden hinterlassen und Flugblätter geklebt: »SED« – Sowjetisches Eigentum Deutschland. Sie hatten Schwarzmarktgeschäfte gemacht; HJ-Lieder gegrölt oder auch nur den obligatorischen Russisch-Unterricht geschwänzt. Andere hatten für westliche Geheimdienste gearbeitet, Sabotageakte in Fabriken begangen, Maschinen zerstört, Bomben vor SED-Büros gelegt.[49]

Fast jeder dritte Gefangene starb aufgrund der unmenschlichen Haftbedingungen der »roten KZs«,[50] wurde heimlich in Massengräbern verscharrt. Erst Anfang der neunziger Jahre wurden sie entdeckt und geöffnet, entstanden Gedenkstätten und Museen, meldeten sich Überlebende und Angehörige zu Wort.[51]

Alles, was uns Angst gemacht hat, war tabuisiert, schrieb der DDR-Schriftsteller Günter de Bruyn.[52]

Meist nachts oder frühmorgens verhaftet, verschwanden sie einfach. Andere wurden mithilfe gedungener Krimineller aus West-Berlin entführt. Ihre zumeist erfolterten »Geständnisse« dienten als Beweise in Geheimprozessen sowjetischer Militärtribunale, die ihre Urteile ohne Anhörung des Angeklagten fällten: in der Regel 25 Jahre Arbeitslager in Sibirien.

Zwischen 1950 und 1953 verhängten diese Militärtribunale 1112 Todesurteile gegen deutsche Staatsangehörige. 960 wurden nach Überstellung der Verurteilten ins Moskauer Butyrka-Gefängnis dort vollstreckt, die Erschossenen und ihre persönlichen Gegenstände eingeäschert. Der Hof des eigens abgetrennten Krematoriums auf dem Friedhof des Moskauer Donskoj-Klosters diente als Massengrab, wo Tausende weitere Opfer des Stalinismus liegen. Keine Spur eines Grabes dürfe bleiben, hieß es in den Verordnungen. Die Familien erhielten erst in der zweiten Hälfte der fünfziger Jahre dürre Todesnachrichten ohne weitere Informationen.[53]

Vier Worte, meist geflüstert, Andeutungen des Unheils: »Den haben sie abgeholt.«

Am 27. Juni 1951 kamen sie auch zum ehemaligen Kapitän und Arbeitsschutzinspektor für Schifffahrt in Rostock, Joachim Gauck, zwei Männer in Zivil. Man sprach kurz miteinander, danach stieg Gauck mit ihnen in einen blauen Opel. Dann war er abgeholt. Verschwunden.

Sein damals gerade elf Jahre alter Sohn Joachim, der später Pfarrer, Bundesbeauftragter für die Stasi-Unterlagen und noch später Bundespräsident werden würde, beschrieb diese traumatische Erfahrung: Wie seine Mutter und seine Oma zur Kriminalpolizei und zur Staatssicherheit liefen, wieder und wieder. Wie sie täglich bei der Volkspolizei um ein Lebenszeichen bettelten. Wie die Großmutter Eingaben an DDR-Staatspräsident Wilhelm Pieck schrieb, um einen Termin zur Vorsprache flehte, wochenlang von Gefängnis zu Gefängnis fuhr, von Rostock bis Bautzen – aber niemand kannte einen »Gauck«.[54]

Joachim Gauck wurde nach mehrtägigem Verhör durch Offiziere des sowjetischen Geheimdienstes MGB[55] am 24. November 1951 vom berüchtigten Militärtribunal SMT 48240 in Schwerin wegen »Spionage« sowie »konterrevolutionärer Propaganda« zu zweimal 25 Jahren Arbeitslager verurteilt. Spionage: Weil er einen Brief eines Bekannten aus dem Westen erhalten hatte, darin eine Einladung und 50 Mark Reisegeld. Konterrevolutionäre Propaganda: Man hatte bei einer Hausdurchsuchung eine nautische Zeitschrift aus dem Westen gefunden.

Joachim Gauck war 1934 in die nationalsozialistische Partei eingetreten; seine Frau Olga war schon seit 1932 Parteimitglied, beide wohl früh verwurzelt in jenem braundeutschen Milieu, das die Demokratie bekämpfte.[56] Doch mit Gaucks nationalsozialistischer Vergangenheit hatte seine Verurteilung nichts zu tun. Vielmehr war er während der Suche nach Mitgliedern eines angeblichen Rostocker »Spionagerings« des französischen Geheimdienstes auf die Verhaftungslisten von Stasi und MGB geraten.[57] Siebzehn Menschen wurden verhaftet, alle der Spionage für schuldig befunden. Fünf zum Tode verurteilt, ihre Gnadengesuche abgelehnt. Sie wurden am 1. März 1952 im Moskauer Butyrka-Gefängnis erschossen.[58]

Joachim Gauck wurde nach Sibirien deportiert. Im Gebiet Tajschet westlich von Irkutsk stand das Sonderlager Nr. 37, jener gigantische Komplex von Arbeitslagern,[59] aus dem fast 40 000 Gefangene jeden Morgen zum Holzfällen in die Taiga, auf Baustellen oder in Bergwerke ausrückten. Nach einem Jahr war Gauck so abgemagert, voller Hungerödeme, dass er als »Invalide« leichtere Arbeit als Latrinenreiniger erhielt, wahrscheinlich rettete ihm dies das Leben.

Für den Sohn wurde das Schicksal des Vaters zur »Erziehungskeule«: »Die Pflicht zur unbedingten Loyalität gegenüber der Familie schloss auch die kleinste Form von Fraternisierung mit dem System aus.« Der Schüler Joachim Gauck war weder bei den Pionieren noch später in der FDJ, die Mutter verbot es.

»Dafür lebte ich in dem moralisch komfortablen Bewusstsein: *Wir* sind die Anständigen.«[60] Später will er Abstand von derartiger moralischer Überhöhung gewonnen haben: »Doch als ich die Bücher über die deutschen Kriegsverbrechen las, relativierte sich auch die eigene Familiengeschichte. Ich habe vielleicht manchmal mehr darunter gelitten, was die SS-Männer oder andere Deutsche getan hatten, als darunter, was mit meinem Vater geschehen war.«[61]

Im September 1953, ein halbes Jahr nach Stalins Tod, erfuhr die Familie durch die Stasi von der Verurteilung des Vaters. Man durfte jetzt Karten schreiben, Lebensmittelpakete schicken. Im Rahmen der nach Bundeskanzler Adenauers Moskau-Besuch erfolgten Freilassung deutscher Kriegsgefangener und Zivilinternierter kam im Oktober 1955 nach fast vier Jahren im Gulag auch Gaucks Vater nach Hause. Von nun an ging er öfter in die Rostocker Klosterkirche. Er ließ sich nie als »Genosse« ansprechen.

Diese Erfahrungen müssen Joachim Gauck tief geprägt haben. Die Herkunft seines »aufgeklärten Antikommunismus« aber will er nicht auf seine persönliche Geschichte reduziert wissen: »Mit dem Schicksal meines Vaters wird manchmal der Versuch unternommen, meinen Antikommunismus zu denunzieren. Ich verstehe mich allerdings als aufgeklärter Antikommunist. Er entspringt der Erfahrung und dem Mitfühlen von Leiden und Unrecht. Dieser aufgeklärte Antikommunismus ist ein Geschwisterkind des Antifaschismus.«[62]

### Unerkannt durch Freundesland

Auch für die Pfarrerstochter Angela Kasner gehörten die »Russen« zum Alltag in der DDR. Ihre Eltern waren kurz nach ihrer Geburt 1954 aus Hamburg in den Norden der DDR gezogen, die Landeskirche brauchte dringend Pfarrer. In Templin in der

Uckermark übernahm ihr Vater 1957 den Aufbau einer Weiterbildungsstätte, die auf dem Gelände der karitativen Behinderteneinrichtung »Walddorf« untergebracht war. Hier, im Walddorf, wuchs Angela Merkel, geborene Kasner auf.

Mit Abstand in nahezu allen Fächern die beste Schülerin, lernte sie früh Russisch. Diszipliniert und gewissenhaft, ein wenig graue Maus, fast immer ernst, aber nie schüchtern.[63] Sie glänzte in ihren Lieblingsfächern Russisch, Englisch und Naturwissenschaften. Russisch empfand sie als »so gefühlvolle« Sprache, »ein bisschen wie Musik, ein bisschen melancholisch«.[64]

Sie ging sonntags in den Russisch-Club, den freiwilligen Unterricht neben der Schule; paukte noch an der Bushaltestelle Vokabeln. Sie probierte ihre Sprachkenntnisse auch an sowjetischen Soldaten aus. »Die nahe gelegene Stadt Vogelsang war einer der größten Stützpunkte der Sowjetischen Armee in der DDR, immer wieder traf man auf Soldaten. Manchmal standen sie nur an den Straßenecken, rauchten und warteten. Ich habe viel mit russischen Soldaten geplaudert, weil bei uns ja doppelt so viele Russen im Wald waren wie Deutsche.«[65] So ungewöhnlich es klingt: Die sowjetischen Soldaten sollen mit der Schülerin schon damals über das geteilte Deutschland gesprochen haben. »Die haben mir immer gesagt: Das Land wird viel früher wiedervereinigt. Für diese russischen Soldaten war es immer klar. So ein geteiltes Land ist ein unnatürlicher Zustand. Und man soll sich mal nicht solche Sorgen machen.«[66]

1970 gewann sie die landesweit ausgetragene Russisch-Olympiade, da war sie in der 9. Klasse. Sie durfte – ein seltenes Privileg – als Teilnehmerin der Internationalen Russisch-Olympiade mit dem »Zug der Freundschaft« in die Sowjetunion reisen. Und ausgerechnet in Moskau habe sie ihre erste Beatles-Platte gekauft, *Yellow Submarine*.[67]

Ihre Russischlehrerin an der Erweiterten Oberschule Erika

Benn jedenfalls bekam damals Ärger mit örtlichen SED-Funktionären. Sie solle Arbeiter- und Bauernkinder fördern, nicht Pfarrerskinder, hieß es.[68]

Angela Kasner reiste nach Moskau und Leningrad, in die Ukraine. Als FDJ-Sekretärin für Agitation und Propaganda ihrer Universitätsfakultät in Leipzig organisierte sie nicht nur das FDJ-Studienjahr sowie monatlich stattfindende politische Schulungen, sondern auch Theaterbesuche und Literaturabende, dort hörte man auch von jüngeren sowjetischen Schriftstellern. Und im Sommer 1983[69] trampte sie mit zwei Freunden durch den Süden der Sowjetunion: Georgien, Armenien, Aserbaidschan. Merkel reiste wohl »UdF«. Unerkannt durch Freundesland.

Wie viele DDR-Bürger auf der Suche nach sowjetischer Exotik und einem Hauch Unabhängigkeit entzog sich offenbar auch Angela Merkel den eigentlich obligatorischen Gruppenreisen in die »SU« mit einer Art geografischem Trick: Offiziell auf dem Weg aus der DDR über Polen nach Rumänien, gestattete ein mehrtägiges Transitvisum die Durchreise durch die Sowjetunion. Man blieb einfach länger, riskierte bei der Ausreise eben Ärger. Aber was konnte einem als Mitglied eines sozialistischen Brudervolkes schon passieren? »UdF«: »Unerkannt – oder Unerlaubt – durch Freundesland« war die alternative Reisebewegung junger Rucksacktouristen Richtung Osten.[70] Angela Merkel trampte so quasi illegal durch den Kaukasus, wie der spätere Leiter der Stasi-Unterlagenbehörde Roland Jahn ans Schwarze Meer und durch Usbekistan; andere suchten Gulag-Stätten bei Workuta, einige versuchten gar, »UdF« über Sibirien an die Beringstraße zu gelangen und dann per Paddelboot nach Alaska zu fliehen.

Russisch bot Angela Merkel eine besondere Lebensschule: »Ich habe immer sehr gern Russisch gesprochen. Eines der schönsten russischen Worte ist *stradanie* und es klingt wie das, was es heißt: Leidensfähigkeit. Nicht so zu sein wie wir, sich aufzulehnen und zu rebellieren, sondern die Dinge auch hinzunehmen und zu akzeptieren. Das schafft eine höhere Gelassenheit dem Leben gegenüber.«[71]

Leidensfähigkeit, die Dinge hinnehmen: So gesehen, hätte Angela Merkel sehr wohl eine »russische Seele«.

Politisch nahm sie die Sowjetunion als Diktatur und Besatzungsmacht wahr. Zwar hing die Existenz der DDR von der Sowjetunion ab. Umgekehrt aber drohte ohne DDR der Vorposten und Eckpfeiler des sowjetischen Sicherheitssystems in Europa wegzubrechen.

Schon der Volksaufstand des 17. Juni 1953 hatte gezeigt, dass die sowjetische Führung im Zweifel über die Zukunft der DDR zu entscheiden gedachte, brutal und unter Einsatz von Panzern. Wenn es um die Aufrechterhaltung der »Ordnung von Jalta« ging, erwiesen sich die »sowjetischen Freunde« und die SED als gnadenlos.[72] Der Bau der Mauer 1961, auf massives Drängen der DDR-Führung vom ebenso sprunghaften wie resoluten KPdSU-Generalsekretär Nikita Chruschtschow in Moskau entschieden,[73] machte selbst bescheidene Hoffnungen auf ein Tauwetter zunichte. Die für Merkel und eine ganze DDR-Generation entscheidende Erfahrung mit der Sowjetmacht aber war die Niederschlagung der demokratischen Reformbewegung in Prag 1968. Wie gründlich sich Träume von einem demokratischen Sozialismus zerschlugen.

Der Prager Frühling dauerte acht Monate des Jahres 1968. Man hätte den Namen – Titel eines Musikfestivals – nicht besser gewählt haben können. Wie nie zuvor begehrte die scheinbar so apolitische Jugend auf, forderte einen Sozialismus mit menschlichem Antlitz.

Und auf einmal machte sich ein Gefühl von Aufbruch breit, ja, auch bei ihm. Ein Treffen in seinem Büro. Sachlich die Einrichtung, viel Schwarz, ein wenig Metall. Der weite Blick über Berlin. Von Ost nach West. Roland Jahn ist angekommen: Bundesbeauftragter für die Unterlagen des Staatssicherheitsdienstes der ehemaligen Deutschen Demokratischen Republik (BStU), kurz Stasi-Unterlagen-Behörde. In der DDR geboren, Jungpionier, FDJler, lebte er wie so viele ein Leben zwischen Anpassung und Widerspruch. Ein normales DDR-Leben, das er irgendwann einfach nicht mehr ertrug. 1977 wurde der damalige Ökonomiestudent von der Universität geworfen; 1982 wegen »staatsfeindlicher Aktivitäten« in Stasi-U-Haft genommen, ein Jahr später gegen seinen Willen in die Bundesrepublik abgeschoben. Jahn arbeitete als Journalist; hielt Kontakte zur DDR-Opposition. Er schmuggelte Bilder über Menschenrechtsverletzungen und Umweltzerstörung in der DDR, Videoaufnahmen der Demonstrationen in Leipzig 1989 liefen im Westfernsehen und damit auch in der DDR. Warum ausgerechnet er den Titel *Wir Angepassten* für seine Autobiografie wählte?[74] Ein Vierteljahrhundert nach dem Fall der Mauer sei es an der Zeit, sich von den Kategorien »Opfer« und »Täter« zu lösen, sagte er, und den Menschen »ihr Recht auf Individualität« zurückzugeben, in Deutschland und auch in Russland.[75]

Von seinem Vater, der an der Ostfront ein Bein verloren hatte, hörte er früh: Politik bringt Unheil. Die Sowjets? Immer schwang etwas Bedrohliches mit, wenn von ihnen die Rede war. Ironie brach die Angst: Die standen »im Wortsinn Gewehr bei Fuß«, das hatten die Ereignisse 1953 gezeigt. Die Russen waren das Brudervolk, nicht Freunde: »Denn Freunde kann man sich aussuchen. Brüder nicht.« Aber wie stolz die Eltern waren, als ihr Sohn in die »Russenschule« aufgenommen wurde, eine Schule mit erweitertem Russischunterricht schon ab der dritten Klasse. Jeden Morgen sowjetische Lieder, auf Russisch gesungen, er kennt sie noch heute. »Auf dass die Sonne immer sein möge. Auf dass Lenin immer sein möge. Auf dass ich immer sein möge.« Die Chance, sich für das »Russeninternat« in Wickersdorf zu qualifizieren, die Oberschule für die Allerbesten aus dem ganzen Süden der DDR. Und dann studieren zu dürfen!

Die beglückenden Besuche im »Russenmagazin« der Kaserne in der Innenstadt von Jena. Die Russenmagazine – abgeleitet vom russischen Wort *magasin,* Geschäft, – ähnelten Einkaufsparadiesen. Hier konnte man mit DDR-Geld sowjetische, aber auch in der DDR produzierte Konsumgüter kaufen, die für DDR-Bürger sonst meist unerreichbar blieben: deutsches Exportbier, russische Ölsardinen, echte Teppiche, Baumaterialien. Die Waren sollten eigentlich die Bedürfnisse sowjetischer Offiziere und ihrer Familien decken; aber bald pilgerte faktisch die gesamte Deutsche Demokratische Republik zum örtlichen Russenmagazin – und wenn der Zugang manchmal durch Löcher im Garnisonszaun erkämpft werden musste.

Der Sommer 1968 wurde für Roland Jahn zu einer Lebenszäsur. Er war 15, Sommerferien, auf Klassenreise, eine Freundin aus Prag zu Besuch. Man diskutierte engagiert über den Prager Frühling. Prag und die Tschechoslowakei waren vielen DDR-Bürgern nah. Man konnte das Land vergleichsweise einfach bereisen, sogar auf Privateinladung Freunde besuchen. Man konnte besser einkaufen, selbst deutsche Literatur aus DDR-Verlagen. Kaffeehäuser, die kleinen Gassen, das Leben fühlte sich westlicher an. Und man konnte mit anderen jungen Leuten aus dem Westen sprechen, die hier zu Besuch waren – frei und ohne Angst.

In diesem Sommer 1968 verbrachte die damals 14-jährige Angela Kasner die Sommerferien im Riesengebirge. Von dort besuchten ihre Eltern für zwei Tage Prag. Sie berichteten begeistert von der Aufbruchsstimmung und den Westzeitungen auf dem Wenzelsplatz.

Doch dann: die Bilder im Westfernsehen, Nachrichten aus Prag. Wie mutig und wie hilflos sich die Menschen den rollenden Panzern entgegenstellten. »Operation Donau«, die sowjetische Invasion der Tschechoslowakei, beendete den »Prager Frühling« innerhalb weniger Tage. Die Panzer des Warschauer Paktes walzten alle Hoffnungen nieder. »Es war eine vollkommen niederschmetternde Erfahrung«, erinnerte sich Roland Jahn. Seit diesem Sommer 1968 habe er den Sowjets misstraut: Wer aufbegehrt, der bekommt Russenpanzer. Verzweiflung, in bittere DDR-deutsche Ironie gegossen: »Bei uns müssen die Sowjets nicht einmarschieren. Sie sind schon da.«

Angela Kasner hörte im Radio von der Invasion: »Das war dann ganz schrecklich«, sagte sie.[76]

Die »Gruppe der Sowjetischen Streitkräfte in Deutschland« GSSD – später Westgruppe genannt[77] – umfasste im Schnitt rund 400 000 Soldaten, dazu bis zu 300 000 Zivilangestellte und Familienangehörige.[78] Das Hauptquartier Wünsdorf war quasi sowjetisches Staatsgebiet, die Garnison eine eigene Stadt mit 50 000 Einwohnern. Von »Wjunsdorf« aus fuhr täglich ein Direktzug nach Moskau. Als strategischer Vorposten der Sowjetarmee waren die sowjetischen Truppen offensiv bewaffnet, zeitweise auch mit Atomwaffen. Die DDR musste die dafür erforderliche Infrastruktur stellen, dazu die enormen Kosten der Stationierung übernehmen: »Staat und Gesellschaft der DDR waren in einem Grade militarisiert, der in Friedenszeiten in Europa kein ähnliches Beispiel kennt.«[79]

Man richtete sich illusionslos miteinander ein, die Deutschen und ihre Russen. Zwar lernten alle Schulkinder jahrelang Russisch; aber nur die wenigsten radebrechten mehr als ein paar Worte – eine bemerkenswerte Form kollektiven Protests. Zwar war nahezu die gesamte berufstätige DDR-Bevölkerung in der DSF organisiert, der Deutsch-Sowjetischen-Freundschaftsgesellschaft. 1988 zählte sie 6,4 Millionen meist sehr pragmatischer Mitglieder: Denn mit dem Besuch von Balalaika-Abenden in den Sowjetischen Kulturhäusern konnte man problemlos die verlangte »gesellschaftliche Aktivität« nachweisen und musste nicht in die Partei eintreten.

DDR-Betriebe und Sowjetarmee schlossen Freundschaftsverträge, in denen das gemeinsame Begehen wichtiger Feiertage festgelegt wurde, etwa des Internationalen Frauentags am 8. März. Begegnungen dieser Art endeten meist in größeren Saufgelagen. Einerseits waren die Sowjetsoldaten brutale Unterdrücker – andererseits waren sie ja selbst unterdrückt, litten unter ewigem Mangel. Man hörte, dass Soldaten täglich von ihren Offizieren geprügelt und wie Sklaven ausgebeutet wurden.[80] Manche Rekruten waren so ausgehungert, dass sie außerhalb der Kasernen um ein Stück Brot bettelten.

Das gemeinsam durchlebte Elend der sozialistisch-bürokratischen Mangelwirtschaft förderte Joint Ventures mindestens am Rande der Legalität. Rotarmisten übernahmen Bauarbeiten, sowjetische Offiziersfrauen wurden am Fließband eingesetzt. Die Bezahlung wurde als Warentauschgeschäft oder über »anonyme« Konten abgerechnet. Es entwickelte sich ein absurder Wirtschaftskreislauf: Aus den Russenkasernen kamen Baumaterialien und vor allem Kraftstoffe, Diesel, gleich in vollen Tankwagen. Auf diese Weise stieg der Verbrauch von Treibstoff und Baumaterial bei den sowjetischen »Freunden« immer weiter an. Diesel und Baumaterialien stammten allerdings nicht aus der Sowjetunion, sondern aus Sonderzuweisungen der Staatlichen Plankommission der DDR, eigentlich für die eigenen Betriebe gedacht.[81]

Aus der Not der Mangelwirtschaft geborene Unternehmen dieser Art täuschten natürlich nicht darüber hinweg, wer letztlich das Sagen hatte in der DDR. Der DDR-Verteidigungsminister war bis zum Schluss weder über die genaue Zahl der Truppen noch über die aller Standorte informiert. Parteifunktionäre mussten hilflos akzeptieren, wenn die russischen Freunde willkürlich Land requirierten, Schießplätze neben Straßen oder in der Nähe von Wohngebieten errichteten – was auch mal Querschläger im sozialistischen Wohnzimmer zur Folge hatte. Immer wieder kam es zu tödlichen Verkehrsunfällen mit außer Kontrolle geratenen Panzern, die unerfahrenen Fahrer oft schwer betrunken, manche Rekruten aus den mittelasiatischen Sowjetrepubliken sprachen noch nicht einmal Russisch. Unfalltode wurden von SED, Stasi und sowjetischer Kommandantur gemeinsam vertuscht. Und man regte sich auch über die sowjetischen Offiziersfrauen auf, die in Gruppen wild entschlossen in DDR-Läden einfielen und alles leer kauften, was ohnehin Mangelware war, auch Wintermäntel und Schuhe.[82]

## Die Sowjetunion als Reich der Freiheit

Es entbehrt nicht einer gewissen Ironie, dass die Ostdeutschen ihren Russen erst dann näherkamen, als beide Systeme in sich zusammenfielen.

Viele, wohl auch Angela Merkel, trugen das Lebensgefühl der sechziger Jahre bis 1989 mit sich herum: die Prager Frühlingshoffnung auf einen menschlichen Sozialismus. Die Vorstellungen deutscher Kerzen-Revolutionäre von 1989 entsprachen durchaus Gorbatschows Vision von den »allgemeinmenschlichen Werten«, die er in einer reformierten Sowjetunion verwirklichen wollte: »Vom sowjetischen ›Bruder‹ erwartete man jetzt ehrlichen Herzens ›Befreiung‹ aus der Stagnation. An sowjetischen Siegesdenkmälern prangten Losungen wie ›Perestroika‹ und ›Befreit uns noch mal‹.«[83]

Im Oktober 1989 musste Gorbatschow zu Honecker nach Ost-Berlin reisen – dabei wollte er die Begegnung mit dem selbstgerechten »Vollidioten« am liebsten vermeiden.[84] Gerade mal vier Wochen vor dem Fall der Mauer nahm er das Ende der DDR und seiner zahlreichen Honeckers auf seine Weise vorweg: »Wer zu spät kommt, den bestraft das Leben.«

Für einen kurzen historischen Moment wurde die Sowjetunion für die Menschen in der DDR ein Reich der Freiheit und des Neubeginns.[85] Jugendliche trugen Gorbi-Sticker, belegten Russischkurse, übersetzten freiwillig selbst die Nachrichten der Parteizeitung *Prawda*. Sowjetische Zeitschriften waren Mangelware. Die deutsche Ausgabe der Zeitschrift *Sputnik* wurde zum revolutionären Boten der Perestroika – bis die Auslieferung Ende 1988 verboten wurde. Selbst die sowjetischen Soldaten begannen über Reformen zu debattieren, über den Westen und seine Vorzüge. Denn in den Gemeinschaftszimmern der Kasernen konnten sie Westfernsehen empfangen – offiziell war das natürlich nicht erlaubt, aber die Vorgesetzten störten sich meist nicht am »Westfimmel« der Truppe. Hauptsache, die Soldaten waren bis zur Bettruhe irgendwie beschäftigt.[86] Zwar verstanden die meisten kein Wort – doch das verstärkte die Faszination der (Werbe-)Botschaften aus dem Westen nur. Die SED-Genossen verfolgten derartige Glasnost in der Russen-Truppe mit wachsendem Misstrauen: Sie beschweren sich in der sowjetischen Botschaft über den »übertriebenen Eifer« der Perestroika-Anhänger.[87]

Die friedlichen Revolutionäre der DDR hofften auf Gorbatschows Vision vom gemeinsamen Europäischen Haus. Darauf, dass es in der DDR nicht zu einer »chinesischen Lösung« kommen werde, zur blutigen Niederschlagung der Protestbewegung.

Dieses Mal enttäuschte sie der große sowjetische Bruder nicht.

Die Mauer fiel. Die Soldaten der Roten Armee und ihre Panzer aber blieben in ihren Kasernen. In seinen Memoiren schilderte der damalige Bundeskanzler Helmut Kohl, wie ihm Gorbatschow am frühen Abend des 10. November eine Nachricht zukommen ließ. Er habe Berichte, ließ Gorbatschow übermitteln, nach denen die Lage in Berlin außer Kontrolle gerate. Angeblich sei eine empörte Menschenmenge dabei, Einrichtungen der Sowjetarmee zu stürmen. Später, so Kohl, habe er erfahren, dass Reformgegner im KGB und in der Stasi Gorbatschow gezielt falsch informiert hätten. Sie wollten offenbar eine militärische Intervention in der DDR provozieren. Zu Gewalt aber wollte sich Gorbatschow nicht hinreißen lassen.

Am Ende trennte man sich wie nach viel zu langer Ehe ohne Hass, aber auch ohne Trauer. Eine faire Scheidung aber war es nicht: Die deutsche Regierung unter dem »Kanzler der Einheit« Helmut Kohl wollte die neuen sowjetischen Freunde so schnell als möglich loswerden.

### Abzug als Verlierer der Geschichte

Nach einem entwürdigenden Hin und Her, das Gorbatschow wie Geschacher »auf einem Markt«[88] vorkam, hatte er sich mit Kohl im Herbst 1990 darauf geeinigt, dass Deutschland den sowjetischen Truppenabzug aus der DDR mit zwölf Milliarden D-Mark finanzieren werde. Damit sollten innerhalb von vier Jahren – anstatt der von Gorbatschow geforderten sieben – Stationierung und Rücktransport bewältigt sowie Unterkünfte und die Hälfte von 70000 geplanten Wohnungen[89] für die mehr als 500000 heimkehrenden Soldaten, Offiziere und ihre Familien gebaut werden.

Bereits im Januar 1991 rückten die ersten Einheiten ab.[90] Panzerregimente, Gardearmeen – Elite an vorderster Front im Kampf der Systeme. Die Abschiedsfeierlichkeiten auf festlich geflaggten Appellplätzen fanden jedoch zumeist unter Ausschluss der Öffentlichkeit statt. Mochten Kommandeure noch so sehr an vergangene Ruhmestaten erinnern, den Sieg gegen den Faschismus; mochten die Flaggen noch so wehen und die vaterländischen Lieder noch so trotzig angestimmt werden – dieser Abzug war kein Abschied, sondern eine Abschiebung.

Nicht mehr Sieger der Geschichte, sondern Verlierer, wurden sie auf den sprichwörtlichen »Kehrichthaufen der Geschichte«[91] gefegt.

Als er im Frühjahr 1990 zu Verhandlungen in Moskau weilte, schickte der damalige DDR-Ministerpräsident Lothar de Maizière seine stellvertretende Regierungssprecherin zu privater Meinungserhebung auf die Straße: Angela Merkel konnte ja gut Russisch. Sie sollte in Erfahrung bringen, was die Russen über die deutsche Wiedervereinigung dachten. Merkel sei konsterniert zurückgekehrt. Die meisten hätten ihr gesagt: Wenn das passiert, haben wir den Krieg doch noch verloren.[92]

Die offiziellen Vertreter des neuen Deutschland ließen die Vertreter der »Gaststreitkräfte« in einer Mischung aus Gleichgültigkeit, mangelndem Taktgefühl und kurzsichtigem politischem Kalkül spüren, dass sie nur noch geduldet waren. Vor Ort entzogen sich Kommunalpolitiker und Amtsträger den hochemotionalen Abschiedsfeierlichkeiten, wo immer es ging – auch weil sich in einigen Regionen Bürgerprotest gegen fortgesetzte Bombenabwurfübungen formiert hatte.[93]

In Bonn und Berlin begründeten hohe Regierungsvertreter ihre Absagen mit möglichen Empfindlichkeiten der Nato. Der Oberbefehlshaber der Westgruppe, Generaloberst Matwej Burlakow, forderte im Frühjahr 1994 sogar öffentlich eine gemeinsame Abschiedsparade der vier Siegermächte des Zweiten Weltkriegs in Berlin – sein Vorschlag wurde von der Bundesregierung abgelehnt. Die Russen sollten mit einer Parade in Weimar separat verabschiedet werden. Dabei war Weimar 1945 von US-Truppen befreit worden. Auch die USA, Großbritannien und

Frankreich hatten wenig Interesse an einer gemeinsamen Veranstaltung. Sie wollten sich ohne Russen mit Pomp und Gloria in Berlin feiern lassen – in der Stadt, die 1945 von der Roten Armee befreit worden war!

Ein Lichtblick allein der zum ersten Mal gemeinsam begangene Jahrestag des deutschen Überfalls auf die Sowjetunion. Am 21. Juni 1991 trafen sich Russen und Deutsche in Potsdam, Außenminister Hans-Dietrich Genscher hielt eine Rede: Die ganze Welt habe Gorbatschows »Neues Denken« nötig.[94] Und Bundespräsident Richard von Weizsäcker ehrte die Toten.

Der russische Präsident Boris Jelzin reiste eigens nach Berlin, um für eine gemeinsame Zeremonie der vier Siegermächte und Deutschlands auf dem Gendarmenmarkt zu werben – ohne Erfolg.

Nach Protesten auch der deutschen Öffentlichkeit einigte man sich schließlich auf einen Minimal-Kompromiss: eine gemeinsame deutsch-russische Veranstaltung in Berlin – unter Anwesenheit von Präsident Jelzin und Kanzler Kohl. Am 31. August 1994, einem sengend heißen Tag, nahmen Boris Jelzin und Helmut Kohl am Gendarmenmarkt die letzte Meldung des Oberkommandierenden der Westgruppe General Burlakow entgegen: »Die zwischenstaatliche strategische Operation des Abzugs der Westgruppe der Truppen ist beendet. Der moralische Zustand des Personals ist gesund. Das gesamte Personal ist nach Russland abgezogen worden und ist bereit, weitere Aufgaben zu erfüllen. Die Meldung ist beendet.«[95]

Präsident und Kanzler legten Kränze am sowjetischen Ehrenmal im Tiergarten und an der Neuen Wache Unter den Linden nieder; am Großen Ehrenmal der Sowjetarmee in Berlin-Treptow defilierten tausend Soldaten der russischen Berlin-Brigade im zuvor monatelang eingeübten Stechschritt so schnell, dass sie dabei die Bundeswehrsoldaten überholten, die eigentlich gemeinsam mit ihnen marschieren sollten. Das eigens komponierte Abschiedslied der Roten Armee hatte Premiere, eine Strophe in Deutsch gesungen: »Deutschland, wir reichen Dir die Hand.«

Das deutsche Volk treffe keine Schuld am Krieg, so der sichtlich bewegte russische Präsident, jetzt habe eine neue Ära begonnen. Am Ende, es war am späteren Nachmittag vor dem Roten Rathaus am Alexanderplatz, schnappte sich Boris Jelzin den Taktstock des Dirigenten des aufspielenden Berliner Polizeiorchesters. Es war traurig und peinlich mit anzusehen, wie der russische Präsident, schwankend und offenbar trunken drauflosdirigierte, gar versuchte, *Kalinka* zu singen. Helmut Kohl lächelte gequält, hielt sich im Hintergrund.[96]

Welch ein entwürdigendes Spektakel – und so symbolträchtig zugleich. Sie wollten als großzügige Freunde der Deutschen gehen – doch sie zogen ab als geschlagene Sieger mit Hang zu bizarren Auftritten. Sie wussten, auch in der Heimat würde niemand auf sie warten. Die Sowjetunion existierte nicht mehr. Jeder zweite rückkehrende Offizier und seine Familie würde nach der Rückkehr keine Wohnung vorfinden. Viele müssten in Zeltstädten auf eine Zukunft warten. Ein größerer Teil der von Deutschland zur Finanzierung des Abzugs zur Verfügung gestellten Milliarden verschwand. Man war stolz, dass von den geplanten 70 000 Wohnungen am Ende immerhin rund 43 000 übergeben wurden.[97] Kein Wunder, dass die Moral der Truppe in der nun Ex-DDR beängstigend schnell zerfiel.[98] Kriminalität stieg, in den Städten lungerten Sowjetsoldaten und handelten mit geschmuggelten Zigaretten, Mützen, Matrosenhemden, Abzeichen, Orden. Offiziere verscherbelten Kraftstoff, Fahrzeuge, es blühte der Schwarzmarkt mit Waffen und mehr. Mafiose Strukturen entwickelten sich. Stabilisierend in der schwierigen Lage wohl allein, dass die Truppe in D-Mark bezahlt wurde.

Sie nahmen mit, was nicht niet- und nagelfest war – Zäune, Betonmasten für Straßenleuchten, Montagebauten. Alles, was man für den Neustart einer Regimentswirtschaft in Russland eintauschen könne, wie General Burlakow in seinen Memoiren schrieb, etwa gegen Ferkel und Kühe.[99]

Burlakow selbst kümmerte sich offenbar um profitablere Deals: Gleich hundertfach verschoben russische Generäle modernstes Kriegsgerät aus Westgruppe-Beständen ins jugoslawische Krisen- und Kriegsgebiet: Zwillingsflaks und Schützenpanzer, Panzer, Haubitzen und Flugabwehrraketen.

Zurück blieben gigantische Müllhalden auf den einst rund tausend Standorten und Übungsplätzen, Panzerwrackfriedhöfe. Verwüstetes Land, faktisch Sondermüllhalden mit Chemie- und Munitionsresten aller Art, Boden und Grundwasser kontaminiert.

Das moralische und materielle Durcheinander in Kasernen und Waffendepots erwies sich als Eldorado für westliche Geheimdienste. Schließlich war die Westgruppe mit den modernsten sowjetischen Waffensystemen ausgerüstet. Vor allem BND und der US-Militärgeheimdienst DIA gingen auf Beutezug. Sie nutzten die Wirren des Truppenabzugs aus der ehemaligen DDR, um an geheime Dokumente und Gerät aller Art zu kommen. Die im Mai 1991 in einem »Memorandum of Understanding« festgelegte gemeinsame Operation mit streng geheimer Dienststelle im Berliner Föhrenweg lief unter dem Decknamen »Giraffe«. Systematisch durchwühlten Agenten des BND Müllkippen in der Umgebung sowjetischer Militärstandorte nach technischem Gerät und Dokumenten. Es fand sich so viel, dass sie gegen 100 Westmark im Monat ortsansässige Müllmänner zur Vorsortierung anheuerten. Sie handelten sowjetischen Offizieren technische Dokumentationen und geheime Einsatzpläne ab, gaben sich dabei als Autoverkäufer aus; schließlich gehörten gebrauchte Ladas zu den begehrtesten »Zahlungsmitteln«. Im Raum Wünsdorf, Sitz des Oberkommandos, stellten sie sich mit einem Kastenwagen voller Toaster, Purierstäbe, Rasierapparate und Videorekorder auf Parkplätze in Sichtweite der Kasernen. Der Tauschwert dieser speziellen »Barter-Geschäfte« berechnete sich nach dem Gewicht der angelieferten Akten. Bald bildeten sich weithin sichtbare Schlangen russischer Soldaten in Uniform. Gegen Bezahlung im fünf- bis sechsstelligen Bereich lieferten sowjetische Offiziere auch Hightech wie etwa den Bordcomputer des Kampfjets MIG-29, die Zieloptik des Panzers T-80, Chiffriergeräte und Codebücher, dazu technische Detailbeschreibungen lasergelenkter Panzerwaffen oder Raketensysteme. Im Rahmen dieses »Technologietranfers« gelangten sowohl das hochgeheime Freund-Feind-Erkennungsgerät C55 als auch das Computersystem der einzigen in der DDR stationierten mobilen Frühwarnanlage für strategische Atomraketen in die Hände des BND. Ein Dutzend sowjetischer Offiziere ließ sich anwerben, mindestens zwei wurden später enttarnt, zu langjährigen Strafen in russischen Arbeitslagern verurteilt.[100] »Operation Giraffe« war eine der größten, wenn nicht gar die größte geheimdienstliche Beschaffungsaktion seit Ende des Zweiten Weltkriegs – ein staatlicher Raubzug der Extraklasse, abgesegnet vom Bundeskanzleramt.

Was bleibt, jenseits der über Jahrzehnte missmutig ertragenen Floskeln? Sie schleppen noch immer an einer schweren historischen Last: DDR-Deutsche und »ihre« Russen zahlten den Preis einer doppelten Abhängigkeit. Nur die brutal aufrechterhaltene Präsenz der sowjetischen Streitkräfte ermöglichte, legitimierte und sicherte die Existenz der DDR. Die sowjetischen »Freunde« sicherten die Herrschaft der SED-Greise; die nutzten die Frontstellung der DDR im Kalten Krieg immer wieder zur politischen Erpressung – auch beim Bau der Mauer 1961.

Die in Jalta ausgehandelte sowjetische Dominanz in Osteuropa wiederum konnte nur durch die Existenz der DDR, also des geteilten Deutschland, aufrechterhalten werden. Noch immer schlägt man sich mit dem Gefühl einer gemeinsamen historischen Niederlage herum, fegte die Geschichte doch einfach über Sowjetunion samt DDR hinweg. Der damit verbundene Identitätsverlust aber lässt sich auch ein Vierteljahrhundert nach dem Fall der Mauer nicht einfach abhaken.

»Die DDR sollte Teil der sowjetischen Welt sein«, sagte Roland Jahn am Ende unseres Gesprächs über den Dächern von Berlin. »Doch in Wahrheit haben wir uns keine Vorstellung vom wahren Leben in der Sowjetunion gemacht. ... Welch ein nacktes Land es für uns war und immer noch ist. Erstaunlich eigentlich, dass wir in all den Jahren noch immer nicht gelernt haben, zueinander kommen zu wollen.«

Alles in allem war es wohl doch eine eher unglückliche Beziehung.

# MYTHOS OSTPOLITIK:
# DAS MISSVERSTÄNDNIS

*»Wandel durch Annäherung«: Ein Paradox wurde zum Erfolgsmodell deutscher Außenpolitik. Willy Brandts Neue Ostpolitik bedeutete Aufbruch und Neubeginn. Sie stellte Schritt für Schritt autoritäre Herrschaftssysteme infrage – und ermöglichte zugleich Entspannungspolitik mit der Sowjetunion, ohne sich verbrüdern zu müssen. Dann aber verkam Ostpolitik zur realpolitischen Kungelei mit den Mächtigen. Bürgerrechtler galten als Störfaktoren. Auf der Suche nach einer neuen Neuen Ostpolitik.*

Er hatte sich viel vorgenommen für diese zweite Amtszeit. Etwas Großes sollte es werden, Dauerndes, eines der schöneren Kapitel seines politischen Lebenswerks. Ende 2013 zum zweiten Mal Außenminister einer Großen Koalition geworden, wollte der Sozialdemokrat Frank-Walter Steinmeier das deutsche Verhältnis zu Russland auf eine neue Grundlage stellen. Russland gehöre zu Europa. Und wer, wenn nicht die Deutschen, könnte dazu beitragen, Russland als strategischen Partner fest in Europa zu verankern? Wer – wenn nicht er?

Sein ehemaliger Chef, Bundeskanzler a.D. Gerhard Schröder, hatte es vorgemacht, aller Kritik an seiner »Gazpromisierung«[1] zum Trotz: So wie er als Kanzler Russlandpolitik zur Chefsache erklärt hatte, pflegte er unbeirrt seine Freundschaft zu Wladimir Putin. Mit den beiden deutsch-russischen Pipelineprojekten Nord Stream 1 sowie Nord Stream 2 hatte Schröder einen für ihn durchaus lukrativen – wenn auch sehr umstrittenen – Weg gewiesen, Russland und Europa fest aneinanderzubinden.[2] Ganz anders als die Kollegen von der CDU/CSU, der FDP und den Grünen: Die hatten Putin mit ihrer vom Bundestag Ende 2012 verabschiedeten kritischen Russland-Resolution brüskiert.[3] Für Steinmeier hingegen sollte die Tradition der sozialdemokratischen Ostpolitik den Umgang mit Russland bestimmen: eine Politik des Verständnisses und des Ausgleichs, begründet in der besonderen historischen Verantwortung Deutschlands gegenüber Russland.

Jedenfalls hatte man es im Koalitionsvertrag im Dezember 2013 so festgeschrieben: »Ein modernes, wirtschaftlich starkes und demokratisches Russland liegt in deutschem wie europäischem Interesse. Wir wollen die Modernisierungspartnerschaft auf weitere Bereiche ausdehnen, um gesellschaftlich, politisch und wirtschaftlich zu Fortschritten zu kommen.«[4]

Für den neuen, alten Außenminister boten sich damit gleich drei strategische Chancen: Er könnte das angespannte Verhältnis zu Russland reparieren, das außenpolitische Profil der SPD schärfen und sich selbst als Erbe Willy Brandts profilieren.

Jetzt war Frank-Walter Steinmeier zum zweiten Mal Außenminister der Bundesrepublik Deutschland und fest zu einer »Positivagenda« mit Putins Russland entschlossen.

So wie die anderen postsowjetischen Staaten durch die EU-Strategie der »Östlichen Partnerschaft« eingebunden würden, könnte sich in einer Modernisierungspartnerschaft letztlich auch Russlands Führung der Kraft der Konvergenz, des Zusammenwachsens, nicht entziehen.[5]

Mit dieser Position hatte sich Steinmeier in den Koalitionsverhandlungen gegen eine Putin-skeptische Bundeskanzlerin durchgesetzt. Die hatte Putin in Gesprächen offenbar mehrmals direkt kritisiert und düpiert; als sie ihm erklärte, dass er sein Land mit seiner repressiven Politik nicht stärke, sondern schwäche. Diese Haltung hatte Steinmeier als »moralischen Rigorismus« kritisiert.[6]

Getrieben von dem Wunsch nach guten Beziehungen und guten Geschäften mit dem »großen Nachbarn« hatte man sich im Auswärtigen Amt auf Optimismus festgelegt. Man setzte auf eine europäische Entwicklung für Russland und die postsowjetischen Staaten: »Wandel durch Verflechtung« das Ziel, Russland als unverzichtbarer Partner.

Dabei konnte, wer wollte, schon lange sehen, dass es Russlands Elite nicht um die Modernisierung des Landes oder gar um Demokratisierung ging, sondern um Macht und Milliarden aus dem Geschäft mit Öl und Gas. Putins Modernisierungspolitik hatte sich im Wesentlichen auf die Modernisierung seiner Armee und der Geheimdienste reduziert. Vom »Wandel« hatte die herrschende Elite seit Putins Amtsantritt 1999 jedenfalls ihre ganz eigene Vorstellung.

Während in der ukrainischen Hauptstadt Kiew nach der schockierenden Absage des Präsidenten Wiktor Janukowitsch an das jahrelang verhandelte Assoziierungsabkommen mit der EU die politische Krise eskalierte, traf der neue, alte deutsche Außenminister am 13. Februar 2014 zu seinem Antrittsbesuch bei seinem Kollegen Sergej Lawrow in Moskau ein. Ein langes Abendessen im kleinen Kreis, weitere Gespräche am darauffolgenden Morgen. Ein Foto sollte die neue Vertrautheit symbolisieren: Die beiden Außenminister beim Tête-à-Tête im Kaminzimmer des russischen Außenministeriums. Holzgetäfelte Wände, bukolische Szenen auf den feinen Stoffen der antiken Sofagarnitur, das flackernde Feuer im Kamin – zwei strategische Partner auf Augenhöhe, fast zu gemütlich, um wahr zu sein.[7]

Ganz anders jedenfalls als beim Antrittsbesuch von Steinmeiers Vorgänger Guido Westerwelle (FDP) Ende 2009, den der diplomatisch mit allen Wassern gewaschene Lawrow schlicht auflaufen ließ. Auf der Tischkarte war Westerwelles Name falsch geschrieben, während des Mittagessens kam es immer wieder zu Momenten peinlicher Stille, dann wurde Wodka serviert. Sichtlich um Harmonie bemüht, bekräftigte Westerwelle die Fortsetzung der »strategischen Partnerschaft« mit Russland – obwohl dieser Begriff im damaligen Koalitionsvertrag gestrichen worden war.[8]

Steinmeier wurde auch von Präsident Putin in dessen weitläufiger Residenz Nowo Ogarjowo empfangen. Der Präsident war für das Treffen extra von den Olympischen Winterspielen in Sotschi nach Moskau zurückgekehrt, wie es hieß – für den deutschen Außenminister nehme er durchaus allerlei Mühen in Kauf. Steinmeier sprach von notwendigen neuen »bilateralen Impulsen« im Verhältnis der beiden Länder. »Empörung allein jedenfalls ist noch keine Außenpolitik und bleibt allzu häufig folgenlos«, so Steinmeier über Putin-Kritiker, »manchmal kann sie sogar bösen Schaden anrichten. ... Ohne Russland geht es nicht.«[9]

Wohl wahr.

Nur eine Woche später vollzog sich die revolutionäre Wende in der ukrainischen Hauptstadt Kiew. Dort demonstrierten Hunderttausende seit fast drei Monaten auf dem zentralen Majdan-Platz gegen die Regierung. Dutzende Menschen waren bereits gestorben. Als europäische Krisenmanager herbeigeeilt, hatten Steinmeier sowie sein französischer und polnischer Amtskollege geglaubt, mit Unterstützung des von Putin ernannten russischen Sonderbeauftragten in buchstäblich letzter Minute ein Abkommen zur friedlichen Beilegung der Krise verhandelt zu haben. Zwar musste Putins Sonderbeauftragter mekwürdig schnell nach Moskau zurück – doch Steinmeier wurde an diesem 21. Februar 2014 für den »ersten diplomatischen Coup« seiner zweiten Amtszeit gelobt und erklärte durchaus selbstbewusst: »An Tagen wie heute beweist sich, Außenpolitik kann richtig Spaß machen.«[10]

## Russlandpolitik am Rande der Selbstverleugnung

Erst später wurde Steinmeier bewusst, wie sehr die Europäer blamiert und vorgeführt worden waren, allen voran auch er. Denn zu diesem Zeitpunkt muss in Moskau schon bekannt gewesen sein, dass der durch und durch korrupte Janukowitsch bereits seine Flucht vorbereitete. Er wurde – wie Putin später selbst in einer ausführlichen Fernsehdokumentation erzählte – nach längerer Fahrt durch den Osten der Ukraine von russischen Sondereinheiten per Hubschrauber nach Russland ausgeflogen.[11] »In Kiew war zum Zeitpunkt der Unterzeichnung der Vereinbarung schon ein Machtvakuum entstanden«, so Putins damaliger Sonderbeauftragter Wladimir Lukin später, »und meine Verhandlungspartner aus dem Westen standen blamiert da. So als hätte man ihnen ins Gesicht gespuckt.«[12]

Damit nicht genug: Nur eine Woche später, Steinmeier war gerade zu Besuch bei seinem Amtskollegen John Kerry in Washington, tauchten auf der ukrainischen Halbinsel Krim urplötzlich schwerbewaffnete Einheiten ohne Hoheitsabzeichen auf, die bald alle strategisch wichtigen Positionen besetzt hatten. Sie waren höflich und blieben meist stumm – »freundliche Menschen« oder auch »grüne Männchen« genannt. Mit ihnen, der Ankunft russischer Sondereinheiten, begann die russische Annexion der Krim. Auch dies erwischte die Deutschen eiskalt. Ein hochrangiger deutscher Diplomat formulierte das strategische Scheitern so: »Wir haben Russland und seinen Präsidenten vollkommen falsch gelesen.« Man habe Russlandpolitik am Rande der Selbstverleugnung betrieben.

Einer allerdings reagierte einige Monate später überraschend scharf, er reklamierte für sich, schon allein aufgrund seiner

DDR-Biografie einer der besseren »Putin-Versteher« zu sein: der damalige Bundespräsident Joachim Gauck. Während einer Rede zum 75. Jahrestag des Kriegsbeginns in Danzig warnte er im September 2014 vor russischer Aggression und davor, gegenüber Putins Russland eine Appeasement-Haltung einzunehmen: »... wie dünn das politische Eis war, auf dem wir uns bewegten. Wie irrig der Glaube, die Wahrung von Stabilität und Frieden habe endgültig Vorrang gewonnen gegenüber dem Machtstreben. ... Die Geschichte lehrt uns, dass territoriale Zugeständnisse den Appetit von Aggressoren oft nur vergrößern.«[13]

Der 21. Februar 2014 und die Monate danach[14] wurden für Deutschland zur Sollbruchstelle im Verhältnis zu Russland, für Angela Merkel ebenso wie für Frank-Walter Steinmeier.[15] Aus dem strategischen Partner Putin wurde ein strategisches Problem, aus dem vermeintlichen verlässlichen Freund ein Rivale, vielleicht gar ein unberechenbarer Gegner, dem man nicht mehr trauen konnte.[16] Die Hoffnungen auf eine Europäisierung, vielleicht gar »Verwestlichung« Russlands hatten sich nicht erfüllt, politischer Wandel durch ökonomische Verflechtung wurde nicht erreicht. Weder Handelsbeziehungen noch Nord-Stream-Pipelineprojekte hatten dazu beigetragen, Russland dauerhaft in Europa zu integrieren. Im Gegenteil: Putin setzte auf eine »postwestliche« Welt.

Selbst Angela Merkel zeigte sich ernüchtert ob der Skrupellosigkeit, mit der Wladimir Putin seine Eskalationsdominanz ausspielte. Immer wieder habe der Mann »geniale Ideen«, Unruhe zu stiften, sagte sie.[17]

Immerhin herrschte Klarheit: Im Zäsurenjahr 2014 wurde Russland zur Bedrohung der europäischen Sicherheit. Im Osten der Ukraine verloren seitdem mehr als 10 000 Menschen ihr Leben in einem »Konflikt«, der in Wahrheit ein Krieg ist. In der Ukraine – wie später auch in Syrien – bewies Putin, dass es durchaus eine militärische Lösung der Krise geben konnte: Wenn man, wie er, bereit war, militärische Mittel einzusetzen, und die Kosten nicht scheute – oder unterschätzte.

»Wandel durch Annäherung« – das jahrzehntealte Erfolgsrezept deutscher Ost- und Entspannungspolitik – schien innerhalb weniger Monate außer Kraft gesetzt. Dabei waren doch deutsche Kanzler von Willy Brandt über Helmut Kohl bis Gerhard Schröder stets als »verlässliche Fürsprecher russischer Befindlichkeiten« aufgetreten: Aus historischer Verantwortung für den Krieg und aus Dankbarkeit für die Wiedervereinigung »empfanden sie lange Zeit eine Bringschuld« gegenüber Russland.[18] Zu lange lagen der deutschen Russland-Politik Selbsttäuschung und Selbstüberschätzung zugrunde, wahrscheinlich auch eine sentimentale Russland-Überhöhung: Politik, ausgerichtet auf ein Wunschbild von Russland, das es so nie gab.[19]

### Entspannungsoffensive: Eine Einladung aus Moskau

Die Geschichte der deutschen Nachkriegs-Ostpolitik begann als eine von Misstrauen geprägte Kontaktaufnahme am 7. Juni 1955 mit einer Einladung aus Moskau. Es war die erste offizielle sowjetische Note an die Bundesrepublik. Erst einen Monat zuvor war die Bundesrepublik der Nato beigetreten. Zwar war damit der altbekannte sowjetische Vorschlag über ein gesamteuropäisches System kollektiver Sicherheit – erwartbar – gescheitert.[20] Doch die deutsche Teilung war nun festgeschrieben. Dies stellte eine zusätzliche Legitimation des sowjetischen Herrschaftsanspruchs über die DDR dar. Der sowjetischen Führung fiel es nun leichter, im Rahmen der »Zwei-Staaten-Politik« Kontakt zur Bundesrepublik aufzunehmen: Bilaterale politische Beziehungen wären nur ein weiterer Beweis dafür, dass die von der

Bundesrepublik ja tatsächlich angestrebte Revision der Nachkriegsgrenzen nicht erreicht würde. So könnte man den westdeutschen »Revanchismus« politisch neutralisieren, Nato-Kritiker und prosowjetische »friedliebende Kräfte« im bürgerlichen Lager der Bundesrepublik stärken. Außerdem bestand auf sowjetischer Seite ein enormes Interesse an der Wiederaufnahme bilateraler Wirtschaftsbeziehungen. In Moskau war man selbstbewusst davon überzeugt, dass sich deutsche Industrielle in bester Rapallo-Tradition um Aufträge aus der großen sowjetischen Welt reißen würden.

Zu Recht wurde die sowjetische Note, die im Juni 1955 in der deutschen Botschaft in Paris zugestellt wurde, als entspannungspolitische Offensive aus Moskau gewertet: Die Sowjetregierung lud Bundeskanzler Konrad Adenauer nach Moskau ein, um dort über die Aufnahme von diplomatischen sowie bilateralen Handelsbeziehungen zu verhandeln.

Adenauer war über die Offerte nur mäßig begeistert. Er wusste, er musste sie annehmen. Dabei schien die Sowjetunion dem kölnischen Katholiken eine unheilbringende Macht: »Asien steht an der Elbe.«[21] Andererseits war klar: Der Schlüssel zur deutschen Wiedervereinigung lag in Moskau. Direkte Beziehungen mit Moskau waren also früher oder später unumgänglich. Und für die Aufnahme von Handelsbeziehungen könnte man immerhin einen hohen Preis fordern: die Freilassung der deutschen Kriegsgefangenen. Adenauer ließ sich 23 Tage Zeit mit einer Antwort – dann verhandelten Delegationen die Agenda, zu der auch die »Freilassung derjenigen Deutschen (gehörte), die sich gegenwärtig noch im Gebiet oder im Einflussbereich der Sowjetunion im Gewahrsam befinden oder sonst an der Ausreise aus diesem Bereich verhindert sind«.[22] So lautete die diplomatisch korrekte Umschreibung für deutsche Kriegsgefangene[23] und verschleppte Zivilpersonen – zu denen auch der Vater eines

Oberschülers aus der Nähe von Rostock gehörte, der Kapitän Joachim Gauck.

Vierzehn Waggons umfasste der insgesamt 300 Meter lange Sonderzug mit 142 Delegationsmitgliedern, der am 7. September 1955 auf dem Leningrader Bahnhof in Moskau eintraf und auf einem mit Blumenrabatten geschmückten Nebengleis abgestellt wurde. 82 deutsche Journalisten wurden mit Sonderflügen nach Osten transportiert – Marion Gräfin Dönhoff von der *Zeit* darunter, ARD-Fernsehmann Gerd Ruge und auch Henri Nannen, ehemaliger Kriegsberichterstatter beim *Völkischen Beobachter* und Chefredakteur des *Stern* – der Mann, der sich unverschämt und mit breitem Lachen in die Mitte eines gemeinsamen Auftritts von Adenauer, Chruschtschow und des sowjetischen Ministerpräsidenten Bulganin schummeln würde, auch in Moskau ganz weit vorn.[24] Konrad Adenauer traf am 8. September 1955 in einer brandneuen Lufthansa Constellation ein. Während des Fluges in eher angespannter Atmosphäre hatte er mühsam ein russisches Wort gelernt: *sdrawstwujite*, guten Tag. Für Parteichef Nikita Chruschtschow gab es ein Zeiss-Fernglas als Gastgeschenk, der sowjetische Premier Nikolaj Bulganin sollte mit Riesentellern aus Nymphenburger Porzellan bedacht werden. Für den während offizieller Treffen erwarteten Zwangskonsum größerer Mengen Wodkas wurde den Mitgliedern der deutschen Delegation die vorherige Einnahme eines Esslöffels Olivenöls verordnet.

Man verhandelte fünf Tage. Dabei erwies sich Adenauer, von Chruschtschow im Vorfeld als unbelehrbarer »alter Knacker« bezeichnet,[25] als meisterlicher Taktiker, ein Mann mit vielen Gesichtern, der seinem sowjetischen Gegenüber ebenbürtig war: jovial und trinkfest, hart und kühl, mal spöttisch, mal sentimental, und manchmal kokettierte er mit seinem hohen Alter und dem Tod, der ihn jederzeit ereilen könne. Man bezichtigte sich gegenseitig verbissen der Lüge, erging sich in echten und inszenierten Zornesausbrüchen – am Ende gab die Sowjetregierung der »Deutschen Bundesrepublik« ihr Ehrenwort zur ohnehin bereits länger beabsichtigten[26] Freilassung und Repatriierung von knapp 10 000 Kriegsgefangenen und anderer Deutscher. Man einigte sich auch auf die Aufnahme diplomatischer Beziehungen. Von einer möglichen deutschen Wiedervereinigung und dem westdeutschen Alleinvertretungsanspruch war in den offiziellen Dokumenten nicht die Rede: Adenauer habe damit die Teilung Deutschlands hingenommen, lautete die Kritik.[27] Der Moskauer Vertrag konnte daher durchaus als diplomatischer Sieg der Sowjetunion interpretiert werden.[28]

Doch die möglichen politischen Implikationen des Abkommens waren angesichts der dramatischen Bilder der ausgemergelten Heimkehrer rasch vergessen. Die repatriierten deutschen Kriegsgefangenen glichen einer kostbaren politischen Trophäe und prägten Adenauers Bild als Befreier der Gefangenen.[29] Eine echte Annäherung der Bundesrepublik an die Sowjetunion aber fand nicht statt: Die Ostpolitik des »unerbittlichen West-Drifters«[30] Adenauer blieb revisionistisch, auf Überwindung der Grenzen im Osten – auch in Polen – und damit der Nachkriegsordnung ausgerichtet. Er brachte es noch nicht einmal fertig, den sowjetischen Ministerpräsidenten Nikolaj Bulganin zu einem Gegenbesuch in die Bundesrepublik einzuladen. Man sehe sich dann wohl bei Gelegenheit in Bonn, sagte Adenauer zum Abschied. Dabei blieb es. Die Aufgabe der beiden neuen Botschafter beschränkte sich später auf die Übergabe von Noten, in denen vor allem gegenseitige Beschuldigungen zu lesen waren.

Und doch: Mit der Rückkehr der letzten Kriegsgefangenen im Januar 1956 endete ein Kapitel der deutsch-sowjetischen Nachkriegsgeschichte. Langsam begann die selbstkritische Auseinandersetzung mit einem übermächtigen Feindbild: der angeblichen Roten Gefahr.

## Illusionslose Visionen: Wandel durch Annäherung

Harter, beinahe militanter Antikommunismus war ein wichtiges Element der Identitätsstiftung der jungen Bundesrepublik. Als »konsensfähige Integrationsideologie« begleitete Antikommunismus die Westintegration der Bundesrepublik und trug auch zur »Bundesrepublikanisierung« der alten NS-Eliten bei.[31] Kein Bild drückte die Angst vor »den Russen« und der »geistigen Gefahr« aus dem Osten besser aus als das perfekt gestaltete Wahlplakat der CDU 1953, das zum Symbol des Kalten Krieges wurde: »Alle Wege des Marxismus führen nach Moskau!« So wie das »Gespenst des Revanchismus« in der sowjetischen Propaganda antideutsche Ressentiments schürte, war Antikommunismus die mächtige westdeutsche Waffe in der politischen Auseinandersetzung mit der Sowjetunion und diente auch der systematischen Destabilisierung ihres Vasallenstaates, der DDR.[32] Und hielt ähnlich wie der hysterische Antikommunismus der fünfziger Jahre in den USA die Menschen in konstanter Angst vor einem neuen, nunmehr atomaren Krieg.[33]

Langsam aber befreite man sich aus dem politischen und geistigen Blockadezustand, näherte sich zunächst deutsch-deutschen Realitäten an. Nachdem Chruschtschow dem nahezu erpresserischen Druck der SED-Führung nachgegeben und 1961 den Bau der Berliner Mauer angeordnet hatte,[34] schien die deutsche Teilung endgültig. Die Systemgrenze wurde auch von der westlichen Schutzmacht USA akzeptiert: Als der damalige US-Präsident John F. Kennedy (»Ich bin ein Berliner«) in den frühen Morgenstunden des 13. August 1961 die Nachricht vom beginnenden Bau der Berliner Mauer erhielt, ging er seelenruhig segeln. »Es wurde Ulbricht erlaubt, der Hauptmacht des

Westens einen bösen Tritt vors Schienbein zu versetzen – und die Vereinigten Staaten verzogen nur verstimmt das Gesicht«, schrieb der damalige Regierende Bürgermeister von Berlin, Willy Brandt, im Rückblick. »Was man meine Ostpolitik genannt hat, wurde vor diesem Hintergrund geformt.«[35] Als eine Art vorgeschobener Pufferstaat war die DDR fester Pfeiler des letztlich von den USA akzeptierten sowjetischen Sicherheitssystems in Europa. Nach Beilegung der hochgefährlichen Kubakrise 1962 schalteten die beiden Supermächte auf Dialog und vorsichtige Détente, Entspannung. Anfang der sechziger Jahre wurde der Kalte Krieg sozusagen auf Eis gelegt.

Unter diesen Rahmenbedingungen illusionslos den Status quo der deutschen Teilung anerkennen – nicht: akzeptieren –, um die Teilung im Lauf der Zeit zu überwinden – entlang dieses revolutionären Gedankens tasteten sich Willy Brandt und sein Pressechef Egon Bahr Anfang der sechziger Jahre Richtung Osten. Sie formulierten den »Zwang zum Wagnis der Koexistenz«[36] mit der Sowjetunion. Um der deutschen Wiedervereinigung willen: »Für uns gibt es keine Hoffnung, wenn es keinen Wandel gibt.«[37]

Am 15. Juli 1963 skizzierten Brandt und Bahr in der Vortragsreihe »Denk' ich an Deutschland« an der Evangelischen Akademie Tutzing diesen neuen Weg in eine – wenn auch sehr ferne – gesamtdeutsche Zukunft. Brandt sprach von winzigen Schritten und zum ersten Mal auch von »gemeinsamen Sicherheitsinteressen« zwischen Ost und West.[38] Damit akzeptierte er, dass auch der Osten ein Sicherheitsbedürfnis habe: Polen, die Sowjetunion und auch die DDR, meist noch »Zone« genannt.

Die Schlagzeilen aber lieferte Egon Bahrs Begleitrede, für die ein Mitarbeiter aus dem Berliner Pressestab eine ebenso eingängige wie provokative Überschrift gefunden hatte: »Wandel durch Annäherung«[39]: »Heute ist klar, daß die Wiedervereinigung nicht ein einmaliger Akt ist, der durch einen historischen Beschluß an einem historischen Tag auf einer historischen Konferenz ins Werk gesetzt wird, sondern ein Prozeß mit vielen Schritten und vielen Stationen. Wenn es richtig ist, was Kennedy sagte, daß man auch die Interessen der anderen Seite anerkennen und berücksichtigen müsse, so ist es sicher für die Sowjetunion unmöglich, sich die Zone zum Zwecke einer Verstärkung des westlichen Potentials entreißen zu lassen. Die Zone muss mit Zustimmung der Sowjets transformiert werden. Wenn wir soweit wären, hätten wir einen großen Schritt zur Wiedervereinigung getan.«[40]

»Wandel durch Annäherung« – diese politische Formel wurde rhetorisch nur durch die Replik des langjährigen DDR-Außenministers Otto Winzer übertroffen: »Aggression auf Filzlatschen!«[41]

Diese Ostpolitik, auch »Neue Ostpolitik« genannt, wurde wenige Jahre später zum *brand name* der Außenpolitik eines neuen, modernen Deutschland unter Bundeskanzler Willy Brandt. Die Deutschen wollten ein Volk der guten Nachbarn sein. Denn die Anerkennung des Status quo bedeutete ja auch die Anerkennung des territorialen Nachkriegszustandes im Osten Europas und damit der territorialen Verluste Deutschlands. Brandts Ostpolitik räumte endlich auf mit den verquasten Lebenslügen der Adenauer-Republik: Man gebe »nichts preis, was nicht längst verspielt worden ist«, erklärte Brandt am 7. Dezember 1970 in einer an die Deutschen gerichteten Fernsehansprache aus Warschau: »Verspielt nicht von uns, die wir in der Bundesrepublik Deutschland politische Verantwortung tragen und getragen haben. Sondern verspielt von einem verbrecherischen Regime, vom Nationalsozialismus.«[42]

Das eigentliche historische Verdienst der Ostpolitik bestand darin, dass mit ihr der Osten Europas Schritt für Schritt in die

Herzen und Köpfe der Deutschen zurückkehrte: »Indem die Bundesrepublik auf den Alleinvertretungsanspruch verzichtete, wie er in der Hallstein-Doktrin festgehalten war, und die Grenzen Polens völkerrechtlich anerkannte, gewannen die deutsche Politik und Wirtschaft nicht nur an Handlungsspielraum und neuen Märkten«, so der Bremer Osteuropa-Historiker Wolfgang Eichwede. »Wer sich auf den Weg machte, das östliche Europa wiederzuentdecken, konnte gar nicht anders, als die Geschichte in die Gegenwart zurückzuholen.«[43]

Brandts Ostpolitik, neudeutsch würde man sie wohl »Ostpolitik 2.0« nennen, wurde auch möglich, weil sich die Nato nach langen Debatten 1967 auf eine neue Strategie geeinigt hatte: Das Konzept von »Sicherheit und Entspannung« löste die Strategie der »massiven Vergeltung« ab. Der nach dem belgischen Außenminister Pierre Harmel benannte Bericht empfahl eine Doppelstrategie gegenüber der Sowjetunion: Abschreckung durch ausreichende Verteidigungsbereitschaft, aber auch die Bereitschaft zur Entspannung durch Dialog und Rüstungskontrollverhandlungen. So entstünde ein »Friede auf zwei Beinen«: Der Harmel-Bericht verankerte Brandts Ostpolitik im westlichen Bündnis und sicherte die Öffnung Richtung Osten ab. Er wurde faktisch zur »inoffiziellen außenpolitischen Doktrin« der Bundesrepublik.[44]

Mit seinem spontanen Kniefall am Ehrenmal für die Toten des Warschauer Ghettos bat Willy Brandt am 7. Dezember 1970 im Namen der Deutschen um Vergebung für die deutschen Verbrechen: »Dann kniet er, der das nicht nötig hat, da für alle, die es nötig haben, aber nicht da knien«, stand damals im *Spiegel*, »weil sie es nicht wagen oder nicht können oder nicht wagen können.«[45] Der deutsche Antifaschist Willy Brandt nahm an jenem 7. Dezember 1970 die historische Schuld und die Verantwortung der Deutschen an. Weil er Moral zur politischen

Kraft erklärte, ebnete seine 1970 in historische Gewaltverzichts- sowie Grenzverlaufsanerkennungsverträge[46] gegossene »Neue Ostpolitik«[47] den Weg zur Verständigung mit den Völkern und Staaten Ostmitteleuropas. Die Ostpolitik erleichterte den Umgang mit den obstruktiven Machthabern der DDR und ermöglichte Entspannungspolitik mit der Sowjetunion, ohne sich verbrüdern zu müssen: »So überwölbte und unterlief Brandts entspannungspolitische Vision den Ost-West-Gegensatz gleichermaßen, ohne ihn aufheben zu können. Für die Bundesrepublik Deutschland wie für ihre neuen Partner, in jedem Fall aber für das Denken der Völker beider Seiten, hatte sie einen emanzipatorischen Kern.«[48]

Es war wohl einer der wenigen Fälle, in denen die Quadratur eines politischen Kreises zu gelingen schien: das Interesse der Sowjetunion am Erhalt des Status quo in Europa mit dem Interesse der Bundesrepublik an der Überwindung eben jenes Status quo zu verbinden. Das Ziel war die deutsche Wiedervereinigung in einem friedlichen Europa. »Wir Deutsche«, so Willy Brandt schon 1963, »haben meiner Meinung nach unseren Beitrag zur Entwicklung zu leisten, in deren Verlauf die Sowjetunion eines Tages hoffentlich erkennen wird, dass es besser ist, mit 70 Millionen Deutschen verträglich auszukommen, als einige wenige Freunde zu haben, die nur vorgeben, 17 Millionen Deutsche zu vertreten.«[49]

Egon Bahr lobte sich dafür später, vielleicht ein wenig über Gebühr: »Ohne das, was 1970 begann, wären weder Gorbatschow noch Jelzin Herren im Kreml geworden.«[50]

»Ostpolitik« gehörte zu den wenigen deutschen Wörtern, die ins Englische übernommen wurden, neben »Angst«, »Schadenfreude« und »Gemütlichkeit«.[51] Dabei mochte er das Wort »Ostpolitik« gar nicht besonders, bekannte Willy Brandt in seiner Rede zum Friedensnobelpreis 1971, das »Etikett« sage ihm nicht

*Verständigung: Willy Brandts Ostpolitik ebnet den Weg zur Entspannung auch mit der Sowjetunion. 1971 lädt der damalige KPdSU-Generalsekretär Leonid Breschnew den Bundeskanzler zu einem Besuch nach Oreanda auf die Krim ein, um die neue Gemeinsamkeit auch auf einer Bootsfahrt zu zelebrieren. Doch Brandts Ostpolitik bleibt immer fest im Westen verankert, in der Nato.*

zu.[52] Seine Entspannungspolitik sei – und bleibe – fest im Westen verankert.[53] Dazu gehörte immer die feste Mitgliedschaft in der Nato. Er nahm Leonid Breschnews persönliche Einladung zu einem informellen Treffen in Oreanda auf der Krim im September 1971 zwar an und ließ sich auf Bootsfahrt mit dem Generalsekretär in dynamischer Pose fotografieren. Doch in Bonn wehte der viel beschworene »Geist von Oreanda« nicht – für Brandt war und blieb die Rückendeckung durch die Nato entscheidend. Eine Politik der Äquidistanz propagierte Willy Brandt nie.

## Moskauer Pyrrhussieg

Auch die sowjetische Außenpolitik kreiste immer und immer wieder um die deutsche Frage. Das geteilte Deutschland[54] war Faustpfand sowjetischer Sicherheit in Europa. Die Konfrontation mit dem »revanchistischen« Westdeutschland legitimierte die Gründung des Warschauer Paktes und sicherte Moskaus Machtanspruch über Osteuropa ab. Die DDR wiederum erfüllte für die sowjetische Führung eine doppelte, durchaus ambivalente Funktion: Zum einen garantierte sie als Front- und Pufferstaat die Sicherheit der Sowjetunion. Zum anderen diente die DDR als Lockmittel für die Bundesrepublik: Denn die von der Bonner Regierung erhoffte Verbesserung der innerdeutschen Beziehungen war ja nur möglich, wenn es vorher zu einer Verbesserung der Beziehungen zwischen Bonn und Moskau kam. Im Lauf der Zeit würden sich die Westdeutschen von den USA und der Nato ab- und dem Gedanken eines vereinigten, neutralen Deutschland zuwenden, der Sowjetunion wohlgesonnen.

Beobachter spürten, wie sich das offizielle Moskauer Bild von den Westdeutschen ab Mitte der sechziger Jahre änderte, wenn auch zunächst nur in Nuancen. Die sowjetische Propaganda hatte die Bundesrepublik stets als Schlangengrube hochgerüsteter und kriegslüsterner Kapitalisten dargestellt, ein seelenloses Land, in dem »monokelige Hitler-Generäle auf Revanche sinnen«.[55] Die Deutschen? Antihumanistische Alt- und Jung-Nazis, lebend in einem »muffigen Nylonreich. Im Reich der Ungerechtigkeit, Gleichgültigkeit, Raffgier und Bösartigkeit.«[56] Doch in das dumpfe Feindbild mischten sich positive Eindrücke. Sowjetische Journalisten wurden in die Bundesrepublik geschickt. Sie durften über die geringe Arbeitslosigkeit, wachsenden Wohlstand und durchaus friedliebende Menschen berichten. Russen und Deutsche hätten viel gemeinsam, so die Erkenntnis eines frühen Deutschland-Reisenden: Beide seien

»zum Weinen fähig«. Der Besucher hatte beste Drähte in den Kreml: Es war der Schwiegersohn des damaligen Parteichefs Nikita Chruschtschow.[57]

So wuchs auch in Moskau die Erkenntnis, dass die deutsche Ostpolitik eine Chance auf Normalisierung darstellte. Außerdem hatte der neue KPdSU-Generalsekretär Leonid Breschnew mit dem Einmarsch von Warschauer-Pakt-Truppen in Prag 1968 unmissverständlich klargemacht, was als »Breschnew-Doktrin« in die Geschichte eingehen würde: Im sowjetischen Einflussbereich habe demokratisches Aufbegehren keinen Platz. Selbstbewusst konnte man in Moskau auf eine gewisse Öffnung zum Westen setzen. Natürlich ging es dabei auch ums Geschäft: Mitte der sechziger Jahre hatten Geologen in Westsibirien riesige Erdgasvorkommen entdeckt. Für ihre Erschließung benötigte man Pipelines – und deren moderne Großröhren sollten aus der Bundesrepublik kommen. Anfang der siebziger Jahre wurde das »Erdgas-Röhren-Geschäft« zur bis dahin größten Handelstransaktion zwischen Ost und West, durchgesetzt auch gegen massiven Widerstand aus den USA[58]: sowjetisches Erdgas gegen 1,2 Millionen Tonnen Großröhren und einen Milliardenkredit. Der Deal markierte den Beginn einer strategischen Energiepartnerschaft, die bis in die Gegenwart reicht, gepflegt und gefördert von Bundeskanzler a. D. Gerhard Schröder und Präsident in Diensten Wladimir Putin. Pipelinepolitisch zumindest sieht sich Gerhard Schröder dabei als Erbe Willy Brandts.

Die historische Bedeutung der Ostpolitik Willy Brandts lag in ihrer befreienden Wirkung für die Menschen in der Bundesrepublik und zugleich in der subversiven Kraft, die sie für die Menschen im Osten Europas und in der Sowjetunion entfaltete. Sie stellte Schritt für Schritt autoritäre Herrschaftssysteme infrage. Und würde sich in gewisser Weise 1989 vollenden, diesem Jahr der Wunder, das wie kein anderes für Öffnung stand, für Freiheit und die Überwindung der Grenzen. In diesem Sinn ist »Putin die Negation von 1989«.[59]

Zugleich aber war und blieb Ostpolitik ein politisches Paradox: Sie erkannte an, was sie ablehnte; sie stabilisierte, was sie überwinden wollte. Inhärent ambivalent, ermöglichte sie »antagonistische Kooperation«, »ein Akt der Balance zwischen Annäherung und Abgrenzung, Kooperation und Konflikt«.[60]

»1. August 1975 – dieses Datum wird für immer mit goldenen Buchstaben in der Schrifttafel der Geschichte Europas eingraviert bleiben.« Mit einem aufwendig inszenierten Dokumentarfilm[61] präsentierte das sowjetische Staatsfernsehen 1975 den damals schon ziemlich betagten Leonid Breschnew als Friedensstifter in und für Europa. An diesem historischen 1. August 1975 unterzeichneten 35 Staats- und Regierungschefs aus Europa und Nordamerika im Finlandia-Haus von Helsinki die Schlussakte der Konferenz über Sicherheit und Zusammenarbeit in Europa (KSZE). Ein festlicher Tag, ein Sieg sowjetischer Außenpolitik: Die KSZE-Schlussakte schrieb europäische Nachkriegs-Realitäten fest. Dazu gehörte auch die Breschnew-Doktrin: das sowjetische »Recht« auf Interventionen im eigenen Machtbereich. Die sowjetische Führung wollte »Europas wirtschaftliche Teilung überwinden und gleichzeitig seine politische Teilung besiegeln«.[62] Doch die in Moskau erhoffte Vollendung der Ordnung von Jalta stellte sich als Pyrrhussieg heraus.

Auf langjähriges Drängen und Initiative der Sowjetunion einberufen, nach anfänglichem Zögern von den USA und der Bundesrepublik unterstützt,[63] hatte man seit 1972 über ein Abkommen verhandelt, das zwar völkerrechtlich nicht bindend war, aber doch als eine Art Gebrauchsanweisung für eine dauerhafte Ära der Entspannung dienen sollte: Im sogenannten »Korb I« hatte die Sowjetunion die Unverletzlichkeit der Grenzen in Europa durchgesetzt, dazu das Prinzip der Nichteinmischung in innere Angelegenheiten. »Korb II« betraf die Förderung wirtschaftlicher und technologischer Zusammenarbeit – es war Breschnews Lieblingskorb. Dafür war die sowjetische Führung nach anfänglichem Widerstand im Gegenzug bereit, auf die Forderungen westlicher Staaten[64] nach der Garantie von Bürgerrechten einzugehen. In »Korb III« wurde die Achtung der Menschenrechte, darunter auch das Recht auf Reise- und Informationsfreiheit, verankert. Selbstbewusst akzeptierte die sowjetische Führung Korb III. Schließlich war man, nun ja, »erfahren« im Umgang mit Kritikern. Man verhaftete sie, verurteilte und verbannte sie, steckte sie in Straflager oder psychiatrische Anstalten. Viele drängte man zur Ausreise – oder bürgerte sie gleich ganz aus, wie etwa den *Archipel-Gulag*-Autor Alexander Solschenizyn 1974. Auch nach Helsinki werde man »Herr im eigenen Haus« sein, hieß es.

Es war eine gewaltige Fehleinschätzung: Die Gerontokraten im Kreml schaufelten ihr eigenes Grab – und das ihrer osteuropäischen Vasallen gleich mit. Denn zum ersten Mal wurde die Achtung der Menschenrechte konstituierender Teil einer europäischen Friedens- und Sicherheitsordnung. Korb III erfüllte seine Funktion: Er »infizierte die Menschen mit Freiheit«.[65]

Denn die Helsinki-Schlussakte ließ sich nicht verstecken oder propagandistisch uminterpretieren. Die Menschen nahmen ihre Regierungen beim Wort, forderten ihre Rechte ein, machten Verletzungen der Helsinki-Akte öffentlich. Bereits im Frühjahr 1976 gründeten namhafte Bürgerrechtler in der Wohnung des Atomphysikers und Friedensnobelpreisträgers Andrej Sacharow in Moskau die erste sowjetische »Helsinki-Gruppe«. Bald folgten Gruppen in der Ukraine und anderen Sowjetrepubliken. Sie setzten sich zum Ziel, die Erfüllung der KSZE-Schlussakte in der Sowjetunion zu überwachen und eventuelle Verletzungen regelmäßig zu dokumentieren.[66] Ebenfalls 1976 gründete sich das polnische Komitee zur Verteidigung der Arbeit (KOR), bald folgte die Gewerkschaftsbewegung Solidarność, wenig später veröffentlichten 242 Bürgerrechtler in Prag die »Charta 77«, der spätere tschechische Präsident Václav Havel gehörte zu den Sprechern der Initiative. Hunderte Abschriften der Charta kursierten in der DDR – bald stapelten sich die Ausreiseanträge in die Bundesrepublik. Zunehmend vernetzt, wuchsen die Menschenrechtsgruppen zu einer transnationalen Bewegung.

»Auf diese ›Kinder‹ ihrer Ostpolitik hätte die deutsche Sozialdemokratie stolz sein können«, schrieb der Historiker Heinrich August Winkler der SPD 2016 ins Stammbuch. »Doch sie war es nicht. Sie empfand die Bürgerrechtler alles in allem eher als Störfaktoren, die das erreichte Maß an deutsch-deutscher und europäischer Entspannung gefährdeten. ... Die Geringschätzung, die führende Sozialdemokraten gegenüber den Bürgerrechtsgruppen der kommunistischen Staaten an den Tag legten, ist bis heute ein weithin verdrängtes Kapitel der neueren Parteigeschichte.«[67]

Die Herrscher im Kreml reagierten mit Repression, Verhaftungswellen, Verbannungen, Ausbürgerungen und hohen Lagerstrafen; in Polen wurde das Kriegsrecht ausgerufen. Die Unterdrückung der Bürgerrechtsbewegungen, der sowjetische Einmarsch in Afghanistan, die Stationierung gegen die Bundesrepublik gerichteter sowjetischer SS-20-Raketen sowie die von Bundeskanzler Helmut Schmidt in der hart umkämpften Nachrüstungsdebatte durchgesetzte Stationierung amerikanischer Pershing-Raketen in der Bundesrepublik – innerhalb weniger Jahre schien das so mühsam erhandelte Erreichte zwischen Ost und West verspielt. »Entspannungspolitik ohne Gleichgewicht ist Unterwerfung!«, erklärte Schmidt 1981.[68]

## Das Volk soll sich, bitte schön, hinten anstellen: Ostpolitik als Kungelei mit den Mächtigen

Unter dem Begriff »Sicherheitspartnerschaften« entwickelten führende Sozialdemokraten ab Anfang der achtziger Jahre eine neue Variante der Ostpolitik, sozusagen eine »Ostpolitik 3.0«. Mit dem ostpolitischen Erbe Willy Brandts hatte dies allerdings nur noch wenig zu tun. Der Grundgedanke entsprach jenem Sicherheitsdenken, das spätere »Russland-Versteher« während der Ukrainekrise zur Maxime deutscher Russlandpolitik erheben wollten: Friedenssicherung durch Stabilisierung der bestehenden Herrschaftssysteme. »Ein europäischer Friede« sei ungeachtet eines Systemwandels zu erreichen, schrieb Egon Bahr noch ein Jahr vor dem Fall der Mauer.[69] Reformen in den Staaten im Osten Europas müssten von oben beginnen und dürften nicht von unten gefordert werden. Schon früh stellten Kritiker die nicht ganz unberechtigte Frage, woher sich der Westen eigentlich das Recht nehme, menschenrechtswidrige Herrschaft zu stabilisieren[70] und die Repression der Regime gegen ihre Bürger einfach wegzuschweigen?

Der äußere Frieden brauche den »inneren Frieden« zwischen Bürgern und Staat – alles andere sei »närrischste Utopie«. Mit dieser Wahrheit konfrontierte der hochangesehene tschechische Schriftsteller und Bürgerrechtler Václav Havel Mitte der achtziger Jahre das ostpolitische Establishment der Bundesrepublik.[71] Zwar habe Ostpolitik einen »Hoffnungsschimmer für ein Europa ohne Kalten Krieg« bedeutet – aber auch den »Verzicht auf Freiheit und damit auf eine grundlegende Voraussetzung jedes Friedens«. Dies schrieb Václav Havel als Teil einer Dankesrede für die Verleihung des Friedenspreises des Deutschen Buchhandels im Oktober 1989. Seine Rede *Ein Wort über das Wort*[72] musste allerdings in seinem Namen vorgelesen werden, denn Havel durfte nicht ausreisen. An jenem Oktobersonntag in der Frankfurter Paulskirche zeigte sich die ganze Ambivalenz einer Ostpolitik, die auf »Entspannung durch Besänftigung« setzte: In der ersten Reihe saßen Bundespräsident Richard von Weizsäcker und Bundeskanzler Helmut Kohl und lauschten der Rede eines Preisträgers, der nicht reden durfte. Der Stuhl zwischen ihnen blieb leer.[73]

Im Verständnis dieser Ostpolitik, die im Prinzip[74] auch Bundeskanzler Helmut Kohl fortsetzte, war »Sicherheit der Schlüssel zu allem«[75] – auch um den Preis der politischen Kungelei, gar Kumpanei mit den Mächtigen in der Sowjetunion. Sicherheit in Europa gebe es eben nur gemeinsam – das Volk müsse sich, bitte schön, hinten anstellen. In der Rückschau erklärte Alt- und Welterklärkanzler Helmut Schmidt einmal, dass die Menschenrechte für seine Außenpolitik immer nur »ein Nebenthema« gewesen seien. Für ihn hatten auf Interessenausgleich basierende pragmatische Vertrags- und Sicherheitspolitik Vorrang – auch auf die Gefahr hin, »moralisch völlig missverstanden zu werden«.[76]

Mit ihren friedlichen, auf Dialog mit der Macht setzenden »Verhandlungsrevolutionen«[77] entlarvten und überwanden die Bewohner Ostmitteleuropas und der DDR Ende der achtziger Jahre die Lebenslüge einer Ostpolitik, die »oft zu purem Festhalten an Oberschicht-Kontakten« und »Appeasement mit den Regimen in Osteuropa, aber auch in der Sowjetunion verkommen war«, so der damalige DDR-Bürgerrechtler Joachim Gauck. »Dabei wurde auch Egon Bahr zu einer tragischen Figur.«[78] Die friedlichen Regimekritiker waren weitsichtiger als ihre Herrscher und klüger als die Apologeten einer Ostpolitik, die längst keine mehr war. Sie machten sich Anfang der neunziger Jahre mehrheitlich ziemlich schnell auf, als Teil des Westens und seiner Institutionen nach Europa zurückzukehren. Sie suchten mehrheitlich Schutz und Sicherheit vor Russland, nicht mit Russland.[79]

Besonders im Vergleich zum wiedervereinigten Deutschland unweigerlich Verlierer der Geschichte, blieben die Menschen in Russland im Zustand einer kollektiven Demütigung zurück, in dem sie sich im Lauf der Jahre trotzig einrichteten. Die große demokratische Chance, eine russische Jahrhundertchance, wurde in den neunziger Jahren vor allem von den eigenen korrupten Eliten vertan. Zwischen Minderwertigkeitskomplexen und Überlegenheitsgefühlen schwankend, marschierten die russischen Eliten gleichzeitig *mit* Europa in die Zukunft und *ohne* Europa zurück in die Vergangenheit. Kein Wunder, dass man darüber das Gleichgewicht verlor. Die Sache wurde nicht einfacher dadurch, dass die Bearbeitung des hochkomplexen postsowjetischen Raums im Wesentlichen der technokratischen EU überlassen wurde.[80] Doch stabile, demokratische und prosperierende Staaten in Ostmitteleuropa, so das durchaus benevolente Kalkül bei Nato- und EU-Osterweiterung, würden zum ersten Mal in der Geschichte auch Frieden und Sicherheit an die russische Westgrenze bringen. Russland war also irgendwie in Europa, blieb aber zugleich außen vor. Der Eiserne Vorhang war gefallen. Der Zaun aus Nato-Draht aber blieb.

### Zwischen Beschwichtigung und Abwehr: Auf der Suche nach einer neuen Ostpolitik

Ausgerechnet zu diesem Zeitpunkt fehlten auf deutscher Seite Wille und Expertise für eine gewaltige Anstrengung: eine »Ostpolitik 4.0« für Osteuropa, die postsowjetischen Staaten und Russland, die strategische Interessen der EU mit langfristiger, geduldiger, demokratischer und ökonomischer Aufbauhilfe für Russland verbunden hätte. Offenbar verwechselte man die Männerfreundschaft Schröder-Putin und die beiden umstrittenen Nord-Stream-Pipeline-Geschäfte[81] mit Russlandpolitik. Wirtschaftliche Verflechtung, gute persönliche Beziehungen und vor allem der Verzicht auf eine »moralinsaure Außenpolitik«[82] würden es realpolitisch schon richten – Wandel durch Handel. Das aber war nicht der Fall: Nie führten profitable Geschäfte in autoritären Ländern quasi automatisch zu gesellschaftlicher Erneuerung oder gar demokratischem Wandel.

Mit der sich seit 2007 abzeichnenden außenpolitischen Wende Putins, der gewaltsamen Revision von Grenzen, seiner Abkehr von gemeinsamen Prinzipien und dem von ihm mit einem »besonderen genetischen Code« begründeten eigenen russischen Weg manifestierte sich 2017 Konfrontation als neue Realität. »Entspannungspolitik« war durch Putins militärische Interventionen obsolet; die »Modernisierungspartnerschaft« ins Dauerkoma gefallen. Auch der in höchster Not von Außenminister Steinmeier erfundene »Doppelte Dialog« blieb laute Sprachlosigkeit: Kooperation, wo möglich – Dialog über Unterschiede, wo nötig.[83] Müssten doch Deutsche und Russen wieder lernen, einander zu »lesen«.[84] Semantische Leerstellen dieser Art begeisterten seinen abgebrühten Amtskollegen Sergej Lawrow nur mäßig: Jedenfalls seien »tiefe Defizite im europäischen System« schuld an der Ukrainekrise und den Sanktionen gegen Russland.[85] Ansonsten verließ man sich auch in Moskau auf gemeinsame Geschäftsinteressen vor allem im Energiebereich[86] sowie auf Angela Merkel und ihr Telefon.

Eher verzagt diskutierte man in der SPD die Frage einer neuen, weniger russlandfixierten Ostpolitik, die mit den neuen Demokratien in Osteuropa solidarisch sei und sich dem Herrscher im Kreml nicht mehr anbiedere: »Den Schulterschluss mit dem Kreml sollten Sozialdemokraten getrost Linkspartei und AfD überlassen«.[87]

Einige jüngere Parteimitglieder wollten das strategische Zeitfenster nach dem Tod der ostpolitischen Ikone Egon Bahr 2015 nutzen und den Abschied von der »Entspannungsromantik«

vollziehen. Doch nur wenig erfolgreich der »Arbeitskreis Neue Ostpolitik«;[88] eher schleppend die Debatte »Brauchen wir eine neue Russland-Politik?« im sozialdemokratischen *Vorwärts*.[89] Die Frage der Legalisierung von Cannabis jedenfalls diskutierten Leser sichtbar engagierter.

Der Antrag auf Einrichtung eines festen Arbeitskreises »Ostpolitik« wurde vom SPD-Parteivorstand 2015 abgelehnt. Der Mythos »Ostpolitik« sollte als historische außenpolitische Errungenschaft der SPD erhalten und nicht zerredet werden. Dafür nahm man auch größere Taktlosigkeiten wie etwa den öffentlichen Rat von Parteivorstand Klaus von Dohnanyi an eine ukrainische Journalistin in Kauf: »Sie können sich nicht einfach aus einer Einflusszone herauslösen.«[90] Die verbreitete Neigung zur undifferenzierten Verklärung »der« Ostpolitik lebe geradezu von der Ausblendung der achtziger Jahre, der zweiten Phase der Ostpolitik, so der Historiker Heinrich August Winkler: »Die Ostpolitik ist in Gefahr, losgelöst von ihren historischen Bezügen gesehen zu werden, sich in einen Mythos und zugleich in ein nicht mehr kritisch hinterfragtes Leitbild für die Gegenwart zu verwandeln.«[91]

In »postwestlichen« Zeiten expansiver russischer Gestaltungsmacht würde Ostpolitik mehr denn je bedeuten: Distanz, Nüchternheit und Klarheit im illusionslosen Dialog mit einem Präsidenten zu wagen, der seit fast zwanzig Jahren über die »Vertikale der Macht« einer »souveränen Demokratie« gebietet. Die russischen Verstöße gegen die Vereinbarungen von Helsinki 1975 und Paris 1990 können nicht einfach als »hässliche Realität und Preis für einen neuen Entspannungsansatz hingenommen und akzeptiert werden«.[92]

Einer allerdings fühlt sich dennoch durchaus prädestiniert für eine ostpolitische Offensive in gefährlichen Zeiten: Matthias Platzeck, »Putin-Versteher« oder auch – es geht noch schlimmer – »Kremlhofschranze« genannt, sitzt im Frühjahr 2017 in seiner Lieblingskneipe zu Hause in Potsdam. Hier wurde Platzeck geboren, hier wuchs er auf, hier trat der Umwelthygieniker Ende der achtziger Jahre einer Bürgerinitiative bei und saß 1990 am Runden Tisch in Ost-Berlin. Ministerpräsident von Brandenburg, machte Platzeck in der SPD Karriere. Sein Ergebnis bei der Wahl zum Parteichef 2005 – 99,4 Prozent der Stimmen – wurde nur von Martin Schulz 2017 übertroffen. Unter Gerhard Schröder sollte er mal Außenminister werden, er trat aus gesundheitlichen Gründen von seinen Ämtern zurück.

Seit 2014 Vorsitzender des konsequent kremlfreundlichen Deutsch-Russischen Forums[93] beschreibt sich Matthias Platzeck mit gewissem Stolz als »russophil«. Ihn ereilten Heimatgefühle, gesteht er regelmäßig, wenn er diese »ganz besondere Kraftstoffmischung rieche, die die Russen damals getankt haben«.[94] Er wollte immer ein Herzensfreund der Russen sein – und bleiben, auch um den Preis von Beschwichtigungen.[95] »Putin verstehen« gehört zu seinem politischen Kapital.

Er bestellt ein Bier; beschwört die »Weisheit der Ostpolitik« der achtziger Jahre, ganz in der Tradition Egon Bahrs und seines Gedankens der »kooperativen Existenz«: Erst die Politik des systemstabilisierenden Dialogs habe den Mächtigen in seinem ehemaligen Staat, der DDR, die Angst vor dem eigenen Volk genommen. Wie »Träufelgift« habe diese Ostpolitik gewirkt. Nur so sei die friedliche deutsche Revolution möglich geworden – als ob da nicht vor allem einer in Moskau, Michail Gorbatschow, entschieden hatte, auf den Einsatz von Militär zu verzichten, in Potsdam und anderswo.[96]

Platzeck beklagt das mangelnde Interesse jüngerer Bundestagsabgeordneter an Russland und dem postsowjetischen Raum. Schwieriges politisches Gelände sei das, unberechenbar, zeitraubend und nur mäßig karrierefördernd. Neulich reiste er mit einigen jüngeren SPD-Kollegen nach Moskau, eine Art Schnupperreise[97] mit Termin auch bei Michail Gorbatschow, vielleicht könnte man sie für Russland und Russlandpolitik begeistern. Ansonsten, beinahe bundesweit: Desinteresse und inhaltliche Leere, ein erschreckender Befund.

Doch er bleibt dabei: Im Umgang mit Putins Russland sei eine »wertegeleitete Politik« dem Frieden nicht förderlich, sondern ein Irrglaube des Westens, eine verheerende Fehlkalkulation. Russland entwickle sich nun einmal nach seinen eigenen Normen. Man müsse also »das Ruder Richtung pragmatischer Realpolitik herumreißen«.[98]

Andererseits: Wenn er, Platzeck, sich für das Leben in einer Stadt entscheiden müsste – rein theoretisch natürlich nur ... Wenn er sich – rein theoretisch nur – entscheiden müsste zwischen Moskau und New York? »Meine Antwort wäre: natürlich New York.«

So spricht der Russland-Versteher, lacht und geht vergnügt und frei seiner Wege.

## »WIR SOLLTEN IM WESTEN NICHT SO TUN, ALS WÜRDEN WIR NICHT IN INTERESSENSPHÄREN DENKEN«

*Ein Gespräch mit Bundeskanzler a.D. Gerhard Schröder*

*Er empfängt in seinem Büro in Hannover. Kaffee, Wasser, Plätzchen. Gern hat Bundeskanzler a.D. Gerhard Schröder zugesagt, über Russland und Deutschland zu sprechen. Schließlich gebe es eine Art Seelenverwandtschaft zwischen beiden Völkern. Umso größer seine Sorge über die wachsende Entfremdung zwischen beiden Ländern. Warum die Krim eigentlich doch zu Russland gehört und die Deutschen etwas mehr Bescheidenheit zeigen sollten – ein Gespräch in schwierigen Zeiten.*[1]

*Herr Schröder, wie sind Ihnen Russland und seine Menschen nahegekommen?*

Da gab es sicher zunächst ein geschichtliches Interesse. Die Ostpolitik Willy Brandts entwickelte sich, als ich Mitte der sechziger Jahre in Göttingen studierte. Nach der jahrelangen Verunglimpfung der Sowjetunion durch Bundeskanzler Konrad Adenauer und die CDU ging es jetzt um einen erneuten Ausgleich zwischen Russland und Deutschland. »Nie wieder Krieg!« hieß es damals. Und wir begannen damals überhaupt erst, auch selbstkritisch über den Krieg gegen die Sowjetunion zu debattieren. Dass mit Hitlers Krieg Völker ausgerottet und ein Land vernichtet werden sollten, kam allerdings erst später in unserem Bewusstsein an.

*Eigentlich erst in den neunziger Jahren, mit der Diskussion um die Wehrmachtsausstellung.*

Als ich Bundeskanzler wurde, war es für mich jedenfalls eine klare Entscheidung: Meine Russlandpolitik steht unter der Prämisse des Verstehens und des Ausgleichs. Und daran habe ich mich gehalten.

*Wann waren Sie zum ersten Mal in der Sowjetunion?*

Das war Mitte der siebziger Jahre, als ich im Vorstand der Jungsozialisten war. Damals wurden wir von der Jugendorganisation der KPdSU, dem Komsomol, eingeladen. Mich hat Russland immer interessiert, die Kultur sogar fasziniert.

*Es war die Zeit der Entspannungspolitik, Jahre der Annäherungen. Ein gewisser Michail Gorbatschow, damals Parteisekretär in Stawropol, fuhr zum ersten Mal in die Bundesrepublik.*

Auf der großen politischen Bühne ging es um Entspannung, aber vor Ort in der Sowjetunion war es unglaublich förmlich. Alles passierte nur im Rahmen der Delegationen. Einmal waren wir zum Tanztee mit den Mitgliedern einer örtlichen Komsomolzenabteilung eingeladen. Es ging zu wie in den deutschen Dörfern in den fünfziger Jahren.

*Konnten Sie damals im Land reisen?*

Ja, und dabei besichtigten wir auch ein Wasserkraftwerk mit einem großen Stausee in Saporoschje in der heutigen Ukraine. Dort besuchten wir eine Ausstellung über den »Großen Vaterländischen Krieg«. Ein alter Mann, ein Kriegsveteran, führte uns durch die Ausstellung. Er erzählte mir, dass die deutschen Soldaten den Staudamm sprengen wollten, offenbar während des Rückzugs. Sein Sohn kam damals ums Leben, als er den Sprengsatz entfernen wollte. Aber dieser alte Mann, dessen Sohn wegen der Deutschen gestorben war, er war so versöhnlich und hegte keinerlei Groll, Wut oder Hass. Er sprach über Willy Brandt, unseren damaligen Bundeskanzler. Der vertrete ein anderes Deutschland, sagte er. Zu diesem Deutschland könne man wieder Vertrauen fassen. Und wir, die Jungen, seien in gewisser Weise Vertreter dieses neuen Deutschland. Das hat mich wirklich tief berührt. Ich habe diese Begegnung nie vergessen.

*Sie sprachen einmal vom »Wunder der Versöhnung«.*

Ja. Ich empfinde es noch immer als Wunder, dass Menschen in der Sowjetunion zur Versöhnung bereit waren und uns verzeihen konnten. Hitlerdeutschland führte einen Vernichtungskrieg gegen die Sowjetunion. Sie sollte ausgelöscht, die Menschen versklavt und vernichtet werden. Was die Deutschen den Menschen in der Sowjetunion wirklich angetan hatten, wurde mir während meiner ersten Reise so richtig bewusst, als wir in Kiew am Denkmal für die Opfer von Babyn Jar standen.

*In der Schlucht nahe Kiew ermordeten die Einsatzgruppen der Sicherheitspolizei und des SD unter Beteiligung der Wehrmacht im September 1941 innerhalb von zwei Tagen mehr als 33 000 Kiewer Juden. Sie wurden erschossen. Babyn Jar war nur eines von Tausenden Massenverbrechen der Deutschen in diesem Krieg im Osten.*

Wir dürfen nie vergessen, dass 26 Millionen Sowjetbürger in diesem Krieg ihr Leben verloren. Wir Deutsche tragen nicht nur gegenüber Polen und anderen europäischen Ländern, sondern auch gegenüber Russland eine besondere Verantwortung. Dies muss uns immer bewusst bleiben.

*Sie waren ein paar Jahre später noch einmal in Moskau ...*

Das war 1978, ich war gerade Juso-Vorsitzender geworden. Ich wurde als Gast zum Allunionskongress des Komsomol nach Moskau eingeladen. Der fand im Großen Kremlpalast statt. Das ganze Politbüro saß oben im Saal, auch Generalsekretär Breschnew. Im Vorfeld der Reise hieß es, dass ich eine Rede über die Entspannungspolitik halten sollte. Daran war ich natürlich sehr interessiert. Ich habe dann aber doch vorsichtshalber Egon Bahr, damals SPD-Bundesgeschäftsführer, angerufen. Und Egon Bahr hat mich dann über die Mauer gehoben! Er sagte, ich würde die deutsche Außenpolitik in Gefahr bringen, Helmut Schmidts Ostpolitik.

*Damals steckte die Entspannungspolitik in einer Krise, die Beziehungen zur Sowjetunion waren angespannt.*

Ich durfte also nicht auftreten. Während des Kongresses lernte ich auch Egon Krenz kennen, der war damals FDJ-Vorsitzender. Er konnte toll tanzen und sprach perfekt russisch. Da konnte ich natürlich nicht mithalten, weder beim Tanz noch beim Russisch. Aber interessant war es doch, auch abends beim Bier: Wie die Funktionäre der KPdSU ganz genau zwischen den beiden Deutschlands unterschieden, zwischen der DDR und der BRD. Die Deutschen aus der DDR seien ›unsere Deutschen‹, sagten sie. Aber wir, die Deutschen aus der BRD, wir seien die ›richtigen Deutschen‹.

*Wie beschreiben Sie die Beziehung zwischen Deutschen und Russen?*

Es mag sentimental oder romantisch klingen. Doch ich bin überzeugt, dass es eine Art Seelenverwandtschaft zwischen Russen und Deutschen gibt. Denken Sie nur an die Literatur, Musik, die moderne Malerei. Nur wenige Völker haben kulturell einen solchen Gleichklang entwickelt. In der russischen Gesellschaft gibt es einen tief sitzenden Wunsch, mit Deutschland und den Deutschen freundschaftlich umzugehen, um Frieden in Europa zu erhalten. Die kollektive Erfahrung in Russland wie Deutschland ist: Es stabilisiert und sichert den Frieden in Europa, wenn diese beiden Länder gute Beziehungen pflegen.

*Politisch war das im Lauf der Geschichte aber immer wieder ganz anders.*

Es waren oft die Deutschen, die die Russen enttäuscht, auch getäuscht haben. Ein Beispiel: Um im Ersten Weltkrieg die prekäre Lage an der Ostfront zu entspannen, erlaubte der deutsche Kaiser Wilhelm II., dass man den kommunistischen Revolutionär Lenin in einem plombierten Salonwagen durch Deutschland transportierte, um so nach Russland zu gelangen und eine zweite Revolution anzuzetteln. Ein klassischer Verrat an seinem Neffen – dem damaligen Zaren Nikolaus II. Zumindest aus russischer Sicht stellt sich die Geschichte der vergangenen hundert Jahre immer wieder als russisches Entgegenkommen dar, das von Deutschland zurückgewiesen wurde. Umso wichtiger ist es heute, im deutsch-russischen Verhältnis Signale der Aussöhnung zu verstehen und darauf einzugehen. Präsident Putin hatte mich im Mai 2005 nach Moskau eingeladen …

*... dies war zu den Feierlichkeiten zum 60. Jahrestag des Sieges im »Großen Vaterländischen Krieg« auf dem Roten Platz.*

Es war eine überaus ehrenvolle Einladung. Präsident Putin hatte meine Frau Doris und mich ganz bewusst platziert. Wir saßen in der ersten Reihe neben dem französischen Präsidenten Jacques Chirac und dem amerikanischen Präsidenten George W. Bush, also bei den Alliierten. Es war ein Zeichen dafür, dass die ehemaligen Kriegsgegner dem vereinten und demokratischen Deutschland vertrauten. Auch Präsident Putins Rede behandelte ausdrücklich das Verhältnis zwischen Russland und Deutschland. Danach fragte er mich, ob ich ihn zu einem Treffen mit Veteranen begleiten wolle. Das war im Protokoll eigentlich nicht vorgesehen. Natürlich wollte ich mit.

*Auf die Reise hatten Sie ehemalige deutsche Soldaten eingeladen, die an der Ostfront gekämpft hatten.*

Sie waren bei dem Treffen mit den russischen Veteranen natürlich dabei. Sie saßen dann an langen Tischen zusammen und teilten Erinnerungen und Trauer. Auf russischer Seite hatte jeder von ihnen im Krieg Angehörige verloren. Aber sie waren bereit, zu verzeihen. Die alten Frauen und Männer waren so freundlich. Mich rührte das sehr, es machte mich zugleich beklommen.

*Weil Sie auch an Ihren Vater denken mussten?*

Er ist 1944 an der Ostfront gefallen, in Rumänien.

*Sie haben Ihren Vater nie kennengelernt. Als er starb, waren Sie gerade ein halbes Jahr alt, ein Kriegsbaby.*

Ich habe erst nach vielen Jahren von seinem Schicksal erfahren, da war ich bereits Bundeskanzler. Ich bin dann auch in das Dorf gefahren, in dem das Grab liegt. Er wurde 1942 an die Ostfront abkommandiert und ist im Oktober 1944 gefallen. Viele Soldaten waren so jung. Sie haben, wie mein Vater, ihr Leben für das Verbrecherregime Hitlers hingegeben.

*Die beiden Moskauer Tage im Mai 2005 waren für Sie also von großer symbolischer Bedeutung?*

Abgesehen davon, dass Wladimir Putin ein sehr positives emotionales Verhältnis zu Deutschland hat, setzte er damals ganz bewusst ein großes politisches Zeichen. Er sprach von einer »historischen Versöhnung mit Deutschland«. Vielleicht hat man in Deutschland diese Geste der Vergebung und Aussöhnung in ihrer Dimension damals gar nicht richtig verstanden oder nicht ausreichend gewürdigt: Mit dieser großen historischen Geste war der Wunsch verbunden, nun endgültig ein neues Kapitel in den Beziehungen unserer beiden Länder aufzuschlagen. Eben weil es sich um ein anderes, ein besseres Deutschland handelt. Aber was sollen die Menschen in Russland jetzt denken, wenn sie sehen, dass ausgerechnet deutsche Soldaten in Litauen an der russischen Grenze ein Nato-Kontingent anführen?

*Allerdings nach der russischen Annexion der Krim und als Teil eines insgesamt rund 4000 Mann starken multinationalen Nato-Kontingents, das in den Nato-Mitgliedsstaaten Litauen, Lettland und Estland für »Rückversicherung« angesichts massiver russischer Truppenkonzentrationen sorgen soll.*

Natürlich stellen diese Nato-Truppen keine direkte Bedrohung für Russland dar. Aber es ist ein vollkommen falsches Signal, wenn deutsche Soldaten an der russischen Grenze stationiert sind, weil dies ein Gespür für unsere gemeinsame Geschichte vermissen lässt. Man sollte sich schon die Mühe machen, die geschichtlichen Zusammenhänge zu verstehen und sich mit dem Gegenüber auseinanderzusetzen. Daher ist der inzwischen negativ besetzte Begriff »Putin-Versteher« auch so gefährlich. Natürlich muss man Russland und seinen Präsidenten verstehen wollen. Nur wer miteinander spricht und wer zuhört, der kann die Position des anderen verstehen, auch wenn er sie vielleicht nicht teilt. Aus russischer Sicht bildet die Nato nun einmal einen Ring von der Türkei durch Süd- und Mittelosteuropa bis an die Ostsee.

*Im Baltikum und anderen osteuropäischen Staaten stellt sich das Gespür für die Geschichte vielleicht anders dar: Dort sieht man Russland offenbar eher als Bedrohung und Eroberer.*

Diese Sorgen kann man verstehen, man muss sie ernst nehmen. Aber Polen und Balten sind sowohl Mitglied der EU als auch der Nato. Ihre Sicherheit und ihre Souveränität sind garantiert. Und niemand in Russland käme auch nur auf die Idee, darüber nachzudenken, militärisch in Polen oder im Baltikum zu intervenieren. Dies ist eine vollkommen absurde Vorstellung! Man muss Geschichte und historische Zusammenhänge verstehen – aber aktuelle Politik kann und darf nicht Geisel der Vergangenheit werden.

*In Ihre Amtszeit als Bundeskanzler fallen sowohl die Osterweiterung der Nato als auch die der Europäischen Union. Diesen Prozess macht Russlands Führung wesentlich für die Konflikte zwischen Russland und dem Westen verantwortlich.*

Die Beziehungen zwischen Russland und Deutschland waren zu dieser Zeit ja sehr gut. Soweit ich es aus unseren Gesprächen erinnern kann, hatte Präsident Putin nie ein Problem mit dem Beitritt ehemaliger Staaten des Warschauer Paktes zur EU. Mit der Frage der Osterweiterung der Nato verhielt es sich anders. Den Nato-Beitritt ehemaliger Warschauer-Pakt-Staaten tolerierte er. Jedenfalls haben wir dies nie besonders kontrovers diskutiert. Das Problem für Russland begann vielmehr mit dem möglichen Nato-Beitritt Georgiens und der Ukraine ...

*... ehemaliger Sowjetrepubliken also.*

Damals wuchsen russische Einkreisungsängste. Sie mögen uns übertrieben erscheinen. Aber sie sind historisch begründet und lassen sich auch vor dem Hintergrund des deutschen Überfalls auf die Sowjetunion 1941 zumindest nachvollziehen. Die Nato rückte immer weiter an Russland heran. Und in beiden Ländern, in Georgien wie in der Ukraine, wurden Bestrebungen nach einem Nato-Beitritt von den USA forciert. Ich bin nach wie vor der Meinung, dass die USA unter Präsident George W. Bush damals zu viel Druck ausgeübt haben. So sah es auch Frau Merkel. Die Bundeskanzlerin und der damalige Außenminister Frank-Walter Steinmeier haben die amerikanischen Bestrebungen auf dem Nato-Gipfel von Bukarest 2008 ja auch deutlich zurückgewiesen.

*Damals wurde eine mögliche Nato-Mitgliedschaft Georgiens und der Ukraine quasi auf den Sankt-Nimmerleins-Tag verschoben. Umso größer nach der Annexion der Krim vielleicht der Vertrauensverlust auch auf deutscher Seite?*

Der Verlust an Vertrauen ist auf beiden Seiten erkennbar. Aber aufgrund unserer besonderen Beziehungen und unserer gemeinsamen Geschichte sind viele Russen von der deutschen Haltung, insbesondere von der Sanktionspolitik enttäuscht. Immer wieder höre ich in meinen Gesprächen: Wir haben Deutschland doch bei der Wiedervereinigung geholfen. Ohne die damalige Sowjetunion hätte die Wiedervereinigung nicht stattgefunden.

*Stimmt.*

Umso größer die Enttäuschung auf russischer Seite. Wir sollten darauf achten, dass daraus keine Entfremdung erwächst. Das gilt auch für das Verhältnis der gesamten Europäischen Union zu Russland. Die EU hat Russlands Vorschläge einer Freihandelszone von Lissabon bis Wladiwostok nicht ernst genommen. Stattdessen verhandelte sie mit der Ukraine über ein Assoziierungsabkommen, ohne Russland einzubeziehen, das mit dem Osten der Ukraine ökonomisch und kulturell verflochten ist und berechtigte politische Interessen hat. Die EU stellte die Ukraine vor die Wahl, sich zwischen der EU und Russland entscheiden zu müssen.

*Bei allen Fehlern – eine Rechtfertigung für die russische Annexion der Krim und die verdeckte militärische Intervention im Osten der Ukraine ist das nicht.*

Die Krim war seit dem 18. Jahrhundert Teil Russlands. Und wenn der damalige Parteichef Nikita Chruschtschow nicht geglaubt hätte, dass die Sowjetunion mindestens so alt würde wie die katholische Kirche – er hätte die Krim 1954 wohl nicht der damaligen Sowjetrepublik Ukraine geschenkt.

*Die Krim war immer eine von vielerlei Völkern besiedelte Halbinsel; sie wurde für Russland von Zarin Katharina der Großen annektiert, einer Deutschen. Und gehörte 2014 nun einmal zur Ukraine, einem souveränen, unabhängigen Staat.*

Wenn es den USA gelungen wäre, die Ukraine in die Nato zu holen, dann hätte der Hafen Sewastopol, Stützpunkt der russischen Schwarzmeerflotte, mitten im Nato-Gebiet gelegen, allen Verträgen zum Trotz. Und Sewastopol hatte für die Menschen in Russland immer eine besondere Bedeutung, vor allem im Zweiten Weltkrieg. 1941 hielt die Stadt ein Jahr lang der deutschen Belagerung stand, ehe sie komplett zerstört und erobert wurde. Ich prophezeie, dass es keinen russischen Präsidenten geben wird, der die Krim wieder aus Russland ausgliedern wird.

*Offenbar hat Sicherheit für Russland und seinen Präsidenten viel mit der Kontrolle über eine Art Interessensphäre zu tun und weniger mit der Verflechtung durch Verträge und gemeinsame Werte?*

Wir sollten im Westen nicht so tun, als würden wir nicht in Interessensphären denken. Das tun wir doch auch. Man hat in Russland vielleicht ein großes Sicherheitsbedürfnis, was die Unantastbarkeit des eigenen Territoriums angeht. Man hat seit Napoleon schließlich gewisse Erfahrungen mit Invasionen gemacht. All das spielt nach wie vor eine Rolle im Bewusstsein der Menschen in Russland. Inzwischen glauben viele, dass es keinen freundschaftlichen Umgang des Westens mit Russland gibt.

*Brauchen wir in Deutschland also eine neue Ostpolitik, um auf Russland zuzugehen?*

Wir dürfen die Erfolge der Ostpolitik Willy Brandts nicht leichtfertig aufs Spiel setzen. Es besteht die Gefahr, dass auch in Deutschland Ablehnung an die Stelle von Verständigung treten könnte. Wir sollten die Dinge vielleicht etwas eigenständiger beurteilen und uns in der Betrachtung Russlands nicht an den Interessen der USA orientieren. Das Interesse der USA ist es, einen globalen Konkurrenten kleinzuhalten. Das Interesse Europas ist es, mit dem wichtigen Nachbarn Russland in Frieden zu leben.

*Deutschland soll sich in seiner Russlandpolitik von den USA unabhängiger machen?*

Schon die Ostpolitik musste von Willy Brandt gegen die USA durchgesetzt werden. Die USA haben globale strategische Interessen. Sie sind nicht an einem starken Russland interessiert. In Washington glaubt man, es sei leichter, mit einem schwachen Russland umzugehen. Aber Europa, vor allem Deutschland, hat andere Interessen. Sicherheit und Frieden auf unserem Kontinent gibt es nur mit, nicht gegen Russland. Zudem brauchen wir den russischen Markt und russische Ressourcen. Wir hoffen, dass wirtschaftliche Verflechtung auch positive Auswirkungen auf die gesellschaftliche Entwicklung hat.

*Die erhoffte deutsch-russische »Modernisierungspartnerschaft« aber ist offenkundig gescheitert.*

Natürlich sind wir nicht so weit gekommen, wie wir wollten. Es herrscht Korruption, auch der Mangel an Rechtsstaatlichkeit muss überwunden werden. Aber Druck von außen, etwa Sanktionen, bewirkt das Gegenteil. Das russische Volk ist sehr stolz. Ich rate uns da zu etwas mehr Bescheidenheit.

*Inwiefern?*

Weil uns Deutschen der moralische Zeigefinger aufgrund unserer Geschichte nicht gut steht. Stabilität in Europa kann es nur mit Russland geben. Unsere Kernbotschaft muss lauten, dass Russland in Europa willkommen ist.

*Welche Rolle spielte – und spielt – dabei die persönliche Freundschaft zwischen Gerhard Schröder und Wladimir Putin?*

Wir sind befreundet. Zu diesem persönlichen Verhältnis stehe ich, und dazu werde ich auch weiterhin stehen. Es hat mit menschlicher Loyalität zu tun, glaube ich. Aber es hat keine politische Bedeutung, da ich nicht mehr im Amt bin.

## DIE RUSSLANDDEUTSCHEN: AUFFÄLLIG UNAUFFÄLLIG

*In der Sowjetunion waren sie »Deutsche«, sie wurden verfolgt und deportiert. In Deutschland nennt man sie immer noch »Russen«. Über sich selbst sagen die Russlanddeutschen leise, sie seien wohl angekommen.*

Im Januar 2016 führte ein Verbrechen, das keines war, zu einer ernsten Belastung der deutsch-russischen Beziehungen. Am Abend des 16. Januar sendete der größte russische Staatsfernsehsender ORT einen Bericht seines Deutschlandkorrespondenten Iwan Blagoj aus Berlin. »So sieht die neue Ordnung in Deutschland aus«, kündigte die Moderatorin die Reportage an: Lisa F., ein 13-jähriges russlanddeutsches Mädchen aus dem Bezirk Marzahn-Hellersdorf, sei auf dem Schulweg von »Südländern« in ein Auto gelockt worden, in eine Wohnung verschleppt und über 24 Stunden geschlagen und vergewaltigt worden. Blagoj war, wie er erklärte, Gerüchten nachgegangen. Gerüchte über eine Vergewaltigung durch »Ausländer« wurden im Internet auch von der NPD verbreitet – später wurde bekannt, dass Eltern und Verwandte des Mädchens offenbar Anhänger der rechtsextremen Partei waren.[1]

Das Mädchen hatte einen deutschen und einen russischen Pass – bald wurde der »Fall Lisa« zum internationalen Politikum. Nur wenige Wochen nach den schrecklichen Ereignissen der Kölner Silvesternacht, als Hunderte Frauen Opfer sexueller Belästigungen durch junge Nordafrikaner geworden waren, schien sich in Berlin-Marzahn zu bewahrheiten, was scheinbar weder deutsche Politiker noch die »Mainstream-Medien« wahrhaben wollten: Die Aufnahme (muslimischer) Flüchtlinge führe zu Chaos und Gewalt. Russische Medien berichteten tagelang über nahezu apokalyptische Zustände in Deutschland; der russische Außenminister Sergej Lawrow unterstellte Vertuschung im Fall »unseres Mädchens Lisa« – was wiederum seinen Amtskollegen Frank-Walter Steinmeier so empörte, dass er von »politischer Propaganda« sprach.

Dabei war der »Fall Lisa« nach wenigen Tagen geklärt: Das Mädchen hatte die Vergewaltigung erfunden. Lisa hatte sich wegen schlechter Schulnoten nicht nach Hause getraut; die Rekonstruktion ihrer Handy-Daten ergab, dass sie die fragliche Nacht bei einem 19-jährigen Bekannten verbracht hatte.[2]

Doch da hatte sich die Geschichte schon verbreitet, in Russland wie in Deutschland, verhärtet die Fronten auch in diesem Fall.

In mehreren deutschen Städten kam es zu angeblich spontanen, aber gut organisierten Demonstrationen Russlanddeutscher, auch vor dem Kanzleramt. Bundesweit nahmen mehrere Tausend Menschen teil: »Achtung! Das ist Krieg!«, hieß es in russischsprachigen Aufrufen, die über SMS und WhatsApp verbreitet wurden.[3] »Gegen sexuelle Übergriffe von Flüchtlingen gegen Frauen und Kinder« stand auf einheitlich gestalteten Plakaten.

Die Demonstrationen waren vom »Internationalen Konvent der Russlanddeutschen« unter Führung eines gewissen Heinrich Groth angemeldet worden, einer winzigen Gruppe mit nur wenigen Dutzend Mitgliedern.[4] Seit 2002 in Deutschland lebend, war der in Kasachstan geborene Fischereiwirtschaftler schon in der Sowjetunion Organisator der russlanddeutschen Organisation »Wiedergeburt«. Als offizieller Vertreter der Russlanddeutschen wurde er damals faktisch von der Bundesregierung bezahlt.[5] In den vergangenen Jahren positionierte er sich am äußersten rechten Rand, forderte die Befreiung Deutschlands von »antideutschen Kräften«. Als (volks-)deutsche Stimme im Fall Lisa mehrfach vom russischen Fernsehen interviewt, wollte Groth im Wahljahr 2017 die Russlanddeutschen – immerhin viele Hunderttausend Wahlberechtigte – für die AfD rekrutieren und scheute auch den Kontakt zur NPD nicht.[6]

»Unser Mädchen Lisa« alarmierte die Bundesregierung. Wurde eine erfundene Vergewaltigung zur Waffe in Putins (Des-)Informationskrieg mit dem Ziel, politische Unruhe zu stiften und Kanzlerin Merkel zu schwächen? Die Bundeskanzlerin beauftragte Bundesnachrichtendienst und Verfassungsschutz, möglichen »aktiven Maßnahmen« Putins nachzugehen. Fast ein Jahr lang ermittelten die beiden Arbeitsgruppen »Psychologische Operationen« des BND sowie »Sputnik« des Bundesamts für Verfassungsschutz. Stichhaltige Beweise für eine spezielle russische Desinformationskampagne im Fall Lisa lieferte der Bericht nicht, verwies allerdings etwas nebulös auf eine »neue Phase russischer Beeinflussungsaktivitäten«. Auch über die – staatlichen – russischen Auslandsmedien wie »RT Deutsch« schüre man gezielt Feindseligkeit gegen Ausländer und gegen die Flüchtlingspolitik der Kanzlerin. Die Verantwortung für solche Beeinflussungsversuche sei direkt in der Präsidialadministration des Kreml zu suchen.[7]

Mit ihren Demonstrationen im Januar 2016 traten Russlanddeutsche zum ersten Mal öffentlich wahrnehmbar in Erscheinung. Hatte sich eine angeblich mustergültig integrierte »Volksgruppe« von russischer Propaganda instrumentalisieren lassen? Wurden deren Ängste vor Fremden sowie jahrzehntealte, quasi vererbte Traumata der unter Stalin verfolgten Volksgruppe[8] ausgenutzt? Sollten Russlanddeutsche – mindestens drei Prozent der Wahlberechtigten – als Stimmenreservoir für populistische Parteien mobilisiert werden, allen voran für die AfD und ihre erklärten Putin-Versteher?[9] Offenbar hatte die Partei das disruptive Potenzial der Russlanddeutschen entdeckt: »Wir sprechen nicht nur auf Plakaten Russisch«, warb sie 2016 – auf Russisch, auch das Parteiprogramm liegt auf Russisch vor. Aktiv und präsent ist die AfD in den russischsprachigen sozialen Netzwerken »VKontakte« und »Odnoklasniki« – über die viele Russlanddeutsche und ihre Familienangehörigen mit Russland verbunden bleiben. Im russischen Staatsfernsehen wird die AfD als positive Kraft dargestellt.[10]

Die meisten kamen in den neunziger Jahren, Hunderttausende, die den postsowjetischen Krisen entflohen.[11] »Die Russen kommen«, hieß es. Man verordnete ihnen Integrationskurse und Residenzpflicht, quartierte sie etwa in die leer stehenden Wohnungen eines ehemaligen Standorts der kanadischen Armee im idyllischen südbadischen Lahr ein. So ballten sich 10 000 Ankömmlinge aus einer fremden Kultur und mit einer fremden Sprache in der heute 44 000 Einwohner zählenden Stadt. Dann wunderte man sich, dass die Jugendkriminalität drastisch stieg und auch Verbindungen zur russischen Mafia geknüpft wurden. Im Januar 2016 demonstrierten in Lahr rund 350 Russlanddeutsche vor dem Rathaus gegen Flüchtlinge: »Die sind die Unkultur, wir sind die Kultur«, rief einer von ihnen ins Megafon, auch er dem bundesweiten WhatsApp-Aufruf folgend: »Wenn wir jetzt nicht aufstehen, uns wehren und für Deutschland einstehen, überfahren sie uns wie die Ratten – jeden Einzelnen.« Es war die erste russlanddeutsche Demonstration in der Geschichte der Stadt – getragen von exakt jenen fremdenfeindlichen Ressentiments, die einst auch ihnen entgegenschlugen.[12] Bei den Landtagswahlen in Baden-Württemberg im März 2016 wurde die AfD in den vier Lahrer Ortsteilen, in denen Spätaussiedler stark vertreten sind, mit bis zu 30 Prozent der Stimmen jeweils stärkste Kraft.[13] Die AfD verkörpere russlanddeutsche Werte, hieß es, Patriotismus und ein konservatives Familienbild. Außerdem sei das Leben der Menschen wegen unkontrollierter Einwanderung in Gefahr.

Sie scheinen so russisch, fühlen sich aber oft »deutscher« als die übrigen Deutschen.

Einige aufgeregte Monate lang debattierte man zwar nicht mit ihnen, aber immerhin über sie: Deutschlands Russlanddeutsche. Journalisten strömten in die Plattenbausiedlungen in Marzahn-Hellersdorf im Osten Berlins, wo mehr als 30 000 Russlanddeutsche und ihre oft russischen Familienangehörigen leben. Sie bestaunten Supermärkte mit typisch russischen Lebensmitteln und ein Kulturzentrum, kramten Statistiken über Integration und Mediennutzung hervor. Sie besuchten »Klubnika«, den angeblich einzig wahren russlanddeutsch-russischen Berliner Tanzklub mit seinen herzzerreißend-kitschigen Sowjetschlagern.[14] Andere suchten nach russlanddeutschen Problemfamilien und russlanddeutschen Glücksfamilien, veröffentlichten (Selbst-)Erfahrungsberichte über die Suche nach Identität.[15]

Und gab es nicht auch wunderbare Erfolgsgeschichten? Schlagersuperstar Helene Fischer etwa, 1984 als Elena im westsibirischen Krasnojarsk geboren, die im zarten Alter von vier Jahren mit ihren Eltern nach Rheinland-Pfalz aussiedelte. Russisch spricht sie nach eigenen Angaben nicht – aber *Katjuscha* und *Kalinka* und *Otschi Tschornye*, Schwarze Augen, singt Helene-Elena natürlich *po-russkij* und tanzt den Kosakentanz dazu, wenn auch nicht annähernd so zu sentimentalen Russland-Tränen rührend wie einst ein anderer, scheinbar waschechter und doch ganz falscher deutscher Lieblingsrusse: Iwan Rebroff, geboren als Hans Rolf Rippert in Berlin-Spandau.

Die Russlanddeutschen und ihre »Beheimatung« wurden

zum Thema gesellschaftlicher Relevanz. An der Universität Osnabrück ist eine Juniorprofessur für »Migration und Integration der Russlanddeutschen« eingerichtet. Auf Konferenzen erörtern Experten Fragen der Parallelgesellschaft und »multipler Identitäten« am Beispiel junger Russlanddeutscher.[16] Wenigstens ist man sich mittlerweile einig über die Zahlen: Rund 2,4 Millionen Menschen zählen die Russlanddeutschen und ihre oft anders-ethnischen (meist russischen) Familienangehörigen, die seit 1950 als Aussiedler oder Spätaussiedler[17] aus der Sowjetunion und ihren Nachfolgestaaten nach Deutschland auswanderten.[18] Dazu kommen rund 215 000 sogenannte »Kontingentflüchtlinge« mit sowjet-jüdischem Hintergrund sowie 230 000 Menschen, die nur einen russischen Pass besitzen.

Über kurze Zeit vermaß man noch einmal diese Deutschen, die so »auffällig unauffällig« scheinen. Sie sind »deutscher Volkszugehörigkeit« und damit »Deutsche im Sinne des Grundgesetzes«.[19] Formal gelten Russlanddeutsche also nicht als »Einwanderer«. Und doch stellen sie die größte Einwanderergruppe Deutschlands der vergangenen Jahrzehnte.

In der Sowjetunion waren sie »Deutsche«. In Deutschland nennt man sie immer noch »Russen«. Sie selbst sagen leise über sich, sie seien wohl angekommen. Doch eigentlich waren sie immer »zuhause fremd«,[20] gefangen in der Sehnsucht nach Heimat, ihrem »lieben Land«.

### Kolonisten für die russische Frontier

Zum Allgemeingut deutscher Bildung gehört ihre Geschichte nicht. Dabei gehörten sie zu den größten Abenteurern ihrer Zeit. Hundert Jahre, bevor sich in den Vereinigten Staaten Siedlertrecks auf den Weg nach Westen machten, hatten Deutsche im fernen Osten Europas bereits eine ungleich größere »Frontier« besiedelt. Frontier bezeichnet die voranschreitende Eroberung des scheinbar leeren, ressourcenreichen Raums, eine bewegliche Grenze: »Räume erträumter Möglichkeiten: Wer nichts hat, aber einiges kann, mag es hier zu etwas bringen«.[21]

Was man mit dem Wachsen der Vereinigten Staaten im 19. Jahrhundert verbindet, galt 100 Jahre zuvor in gewisser Weise auch für das expandierende Reich der Zaren. Durch Annexionskriege und friedliche Eingliederungen dehnte sich das russische Reich nach Osten und Süden aus. Mit dem Bau einer durchgehenden Straße vom Ural bis an den Baikalsee – einer gigantischen logistischen Leistung, die Jahrzehnte vor dem Oregon-Trail im Norden der USA vollbracht war[22] –, begann Mitte des 18. Jahrhunderts die agrarische Kolonisation Westsibiriens.

Politisch und militärisch entscheidend aber waren die Steppengebiete vom Unterlauf der Wolga in Richtung Süden und Osten. Unendlich weites, scheinbar leeres Land, das vor allem von Viehnomaden und Kosaken besiedelt war, autonomen Kriegergesellschaften. Diese Grenzbewohner waren nur schwer zu kontrollieren. Und über die Steppe fielen immer wieder die gefährlichen Reiterheere tatarischer Khane in russisches Gebiet ein. Sie raubten Vieh und Menschen, die sie als Sklaven nach China verkauften.

*Noworossija,* »Neurussland«, nannte Katharina die Große den von ihr annektierten gewaltigen Raum, der heute größtenteils zur Ukraine gehört und im Jahr 2014 zum Kriegsgebiet wurde: freies, brachliegendes Land, das bebaut, befriedet und fest ins russische Imperium integriert werden sollte. Es begann eine systematische Besiedlungspolitik. In *Noworossija* durften auch Nichtadelige Land besitzen; bäuerlichen Siedlern wurde persönliche Freiheit garantiert.

Für die Eroberung dieser neu-russischen Frontier an der Wolga, den Küsten des Schwarzen Meeres und später auch bis in die kasachische Steppe und zum Fuß des Altaj-Gebirges ließ

*Ausgebeutet: Sie gründen deutsche Mustersiedlungen entlang der Wolga, erarbeiten sich bescheidenen Wohlstand – doch auch die Wolgadeutschen werden Opfer der Kollektivierung und der Hungersnot Anfang der dreißiger Jahre. Sie versuchen, in Hütten aus Lehm und Stroh zu überleben. Die Nationalsozialisten nutzen solche Fotos für ihre Propaganda.*

Katharina die Große nach zuverlässigen Kolonisten suchen. Damit würde sich der Zarenhof auch als »Promotor der europäischen Zivilisation bewähren. Man eroberte und kolonisierte gleichsam mit dem Blick über die Schulter nach Westeuropa.«[23] Statt um ausbeuterische Kolonisierung ging es um saubere »Aneignung«, im Zweifel auch als christliches Bollwerk gegen den Islam. Russifizierung war anfangs nebensächlich – es zählten Kontrolle und »institutionelle Uniformierung«.[24]

Mit dem Berufungsmanifest der Zarin begann im Juli 1763 die Anwerbung deutscher Kolonisten für die »Peuplierung«, die planmäßige Besiedlung von Russlands Süden. Die Zarin lockte die als zuverlässig und brav geltenden Deutschen mit Privilegien und Vergünstigungen, der kostenlosen Zuteilung von Land, zinslosen Darlehen, Berufs- und vor allem Religionsfreiheit. Eigens beauftragte Werbeagenten, »Locatoren«, suchten in deutschen Kleinstaaten und Reichsstädten nach Ausreisewilligen. Sie rekrutierten meist verarmte Bauern, Handwerker und ehemalige Söldner des Siebenjährigen Krieges. Sie versprachen Freiheit und Chancen – und verteilten Essensgeld.

Auswanderungsverbote einzelner Territorialstaaten konnten die Umsiedler nicht stoppen. Innerhalb von zehn Jahren wanderten gut 30 000 überwiegend deutsche Siedler nach Russland aus. Mühsam die Reise per Schiff von Lübeck über Sankt Petersburg, später mit Barken die Wolga flussabwärts. Erst nach einem Jahr waren die Bestimmungsorte erreicht. Streng nach Konfession getrennt, entstanden auf beiden Seiten des Wolgaufers 66 evangelische und 38 katholische »Mutterkolonien«,[25] Kerngebiet der späteren Republik der Wolgadeutschen um die Städte Saratow und Engels.

Den Kolonien an der Wolga folgten bis ins 19. Jahrhundert Ansiedlungen in der Schwarzmeerregion, auf der Krim und in Wolhynien – dessen Osten seit der zweiten polnischen Teilung dem russischen Reich einverleibt war. Trotz aller Schwierigkeiten stieg die Zahl deutscher Siedlungen bis Ende des 19. Jahrhunderts allein in Südrussland auf mehr als tausend. *Noworossija* wuchs auch wegen seiner deutschen Siedler. Meist streng religiös, bewahrten die Einwanderer deutsche Sprache und Kultur auch als Abgrenzung zur russischen Orthodoxie.

Aus ihnen wurden Russlanddeutsche.

Auch wenn nach Einführung der drakonischen allgemeinen Wehrpflicht auch für deutsche Siedler 1874 Zehntausende tiefgläubiger Mennoniten aus Russland in die USA sowie nach Argentinien und Brasilien auswanderten[26] – Ende des 19. Jahrhunderts lebten bereits knapp 1,8 Millionen Deutsche im Russischen

Reich. Gut ausgebildete Modernisierungsträger im Prozess der beginnenden Industrialisierung, erarbeiteten sich deutsche Bauern, Ingenieure und Unternehmer sichtbaren Wohlstand. Deutsche »Mehlkönige« betrieben die Getreide- und Graupenmühlen entlang der Wolga; im damaligen Zaryzin etwa, dem späteren Stalin- und heutigen Wolgograd errichtete der Unternehmer Alexander Gerhard 1900 eine hochmoderne Dampfmühle. Das Gebäude wurde während der Schlacht von Stalingrad hart umkämpft – und mahnt heute als letzte Kriegsruine im Museum »Die Schlacht von Stalingrad«.[27]

Deutsche Unternehmer aus der Schwarzmeerregion produzierten jede vierte Landmaschine im Russischen Reich – »Höhn's Kolonistenpflug« einer der großen Verkaufsschlager. Im Auftrag der in Sarepta, heute ein Vorort von Wolgograd, siedelnden Herrnhuter Gemeinde produzierten Zehntausende »Heimweber« den begehrten Sarpinka-Baumwollstoff.[28] Allein in der blühenden Hafenstadt Odessa gründeten sich neun deutsche Handwerkerinnungen; das Gebiet um die Stadt schien von deutschen Siedlungen nahezu umzingelt: Hoffnungsthal, Lustdorf, Liebenau. Sie betrieben Handelshäuser, stellten Lehrer, Professoren, Ärzte und Krankenschwestern. Sie bauten Musterstädte mit Musterhäusern und großbürgerlichen deutschen Villen, gepflegt die Gärten, mustergeputzt die öffentlichen Plätze. Sie sprachen deutsch.[29]

### Verfolgt und deportiert

Bewundert und beneidet, ob ihrer »deutschen« Tugenden ebenso respektiert wie abgelehnt, gerieten sie Ende des 19. Jahrhunderts zwischen alle Fronten. Im sich rasch verschärfenden sozialen Konflikt innerhalb des russischen Reichs dienten sie bald als Feindbild, beschimpft ob ihrer »Arroganz« und ihres »Oberlehrertums«. Gezielt schürten nationalistische Kräfte Ängste vor der »deutschen Übermacht« der Siedler und auch vor dem »inneren Deutschen«, der sich in die Regierung und an den Zarenhof geschlichen habe. Im ersten Jahr des Ersten Weltkriegs 1914 wurden rund 200 000 Russlanddeutsche nach Osten zwangsumgesiedelt; nach einem schweren, durch hysterische Presseartikel befeuerten und von den Behörden offenbar absichtlich geduldeten antideutschen Pogrom in Moskau im Frühjahr 1915[30] folgten die »Liquidationsgesetze« zur Zwangsversteigerung deutschen Landbesitzes. Deren Umsetzung wurde nur durch die Revolution im Februar 1917 verhindert.

Einen kurzen revolutionären Moment hofften sie auf eine autonome Republik an der Wolga. Wie alle anderen nichtrussischen Völker anerkannt als eigenständiges »russländisches Volk«[31] hofften politisch aktive Russlanddeutsche aus dem »Völkergefängnis des Zaren« in eine neue, gerechte Zeit aufzubrechen. Die Bolschewiki gewährten die »Autonomie auf sowjetischer Grundlage« allerdings aus machtsichernden Gründen: Eine Art deutsche Räterepublik an der Wolga wäre eine rote Front im beginnenden Bürgerkrieg. Vor allem aber würden die fleißigen deutschen Siedler viel Getreide liefern: überlebenswichtig für die Menschen in den großen Städten. Überlebenswichtig für das Regime der Bolschewiki.

Um diese Ziele zu erreichen, schickte der damalige Kommissar für Nationalitätenfragen Iossif Stalin im April 1918 den jungen Deutschen Ernst Reuter an die Wolga. Der ehemalige Kriegsgefangene hatte sich zum enthusiastischen Sozialisten gewandelt. Als »Volkskommissar für deutsche Angelegenheiten im Wolgagebiet« sollte Ernst Reuter eine Selbstverwaltung aufbauen und Moskaus Macht sichern. Am 19. Oktober 1918 unterzeichnete Lenin das Dekret über die Gründung der »Arbeitskommune der Wolgadeutschen«, ein Gebiet etwa von der Größe Hessens, in dem rund 400 000 Menschen lebten.[32]

Volkskommissar Reuter reiste schon im November 1918 wieder ab – nach Ausbruch der Revolution in Berlin sollte er die Fackel der kommunistischen Weltrevolution nach Deutschland tragen.

Reuter überlebte das KZ der Nazis, rettete sich 1935 in die Türkei. Als erster Regierender Bürgermeister West-Berlins widerstand der Sozialdemokrat Ernst Reuter Stalins politischer Erpressung während der Berlin-Blockade 1948: »Ihr Völker der Welt! Schaut auf diese Stadt«, rief er und forderte auf zum Kampf gegen die Sowjetunion, die ihm statt des erträumten Paradieses längst eine »Macht der Finsternis« geworden war.

Die Autonome Republik der Wolgadeutschen erwies sich als heimtückische Falle: Mithilfe ihrer Verwaltungsstrukturen wurden die Getreidevorräte zur Versorgung der revolutionären Zentren Moskau und Petrograd requiriert, dazu Vieh sowie Pferde für die Reiterarmeen des Bürgerkriegs. Die ständig erhöhten Pflichtabgaben waren ein entscheidender Grund dafür, dass die »Deutsche ›Arbeitskommune‹ von der ersten großen sowjetischen Hungersnot Anfang der zwanziger Jahre ›am härtesten getroffen wurde‹«.[33] Drei von vier Bewohnern der Wolgarepublik hungerten, fast jeder Vierte starb – 100 000 Menschen.[34] In Deutschland führte der Reichsausschuss »Brüder in Not« Sammelaktionen durch, erschütternde Fotos dokumentierten das Leid in der »Deutschrepublik«. Und nur kurz die Atempause der zwanziger Jahre, als während der Neuen Ökonomischen Politik (NEP) kleinkapitalistische deutsche Genossenschaften blühten: der deutsche Winzerverband »Konkordia« in Aserbaidschan und die Milchgenossenschaften im Kaukasus etwa, die Egon Erwin Kisch während seiner Russlandreise 1925 beschrieb.[35]

Stalins Zwangskollektivierung, die »Liquidierung« der »Kulaken«-Bauern und die zweite Große Hungersnot 1932/1933 zerstörten die ökonomische und soziale Basis der Wolgarepublik innerhalb weniger Jahre. Der Terror wütete auch gegen »Fremdstämmige«: Die »nationalen Operationen« des NKWD hatten Nationalitäten zum Ziel, die in Grenzgebieten siedelten oder ein »Mutterland« jenseits der Grenzen hatten. Vor allem traf es Polen, Koreaner und Deutsche. Den Auftakt bildete die sogenannte »Deutsche Operation«, die 1936 anlief: Die Vernichtung der in der Sowjetunion lebenden Menschen deutscher Herkunft oder Staatsangehörigkeit sowie aller Menschen mit direkten Bezügen zu Deutschland. Sie galten als Feinde, Spione, Diversanten: »Teufelspack«. Es traf zunächst noch nicht die Wolgadeutschen, sondern etwa deutsche Facharbeiter in Sibirien ebenso wie die deutschen Kommunisten im Moskauer Exil. Aufgrund mangelnder Russischkenntnisse wussten viele nicht, welches Geständnis sie nach der Folter unterschrieben. Die Urteile: meist Tod durch Erschießen. Mit der »Deutschen Operation«, so kann man es sagen, begann der Große Terror.[36]

Wie verblendet – oder verzweifelt – dagegen die Versuche des großen deutschen Avantgarde-Regisseurs Erwin Piscator, das 1931 gegründete »Deutsche Staatstheater« in der wolgadeutschen Hauptstadt Engels in die führende deutsche Exilbühne zu verwandeln. Das Theater als Teil seines großen Planes, ein sozialistisches Hollywood am Schwarzen Meer zu errichten, in dem jedes Jahr Hunderte Filme produziert werden sollten.[37] Piscator plante Aufführungen von Brechts *Dreigroschenoper* und Lessings *Nathan der Weise*. Die künstlerische Elite des Theaters der Weimarer Republik sollte dort auftreten: Helene Weigel und Ernst Busch, natürlich auch die nach Moskau emigrierte legendäre Brecht-Darstellerin Carola Neher. Als auch die deutschen Emigranten in den Strudel des Terrors gerieten, kehrte Piscator von einem Theatertreffen in Paris nicht zurück – und rettete so wohl sein Leben. In der »untrennbaren Einheit« zwischen Stalin, der Partei und dem sowjetischen Volk gab es weder Platz für deutsche Emigranten noch für antifaschistisches deutsches Avantgardetheater.

### Zwangsarbeiter für die »Arbeitsarmee«

Nach dem deutschen Angriff auf die Sowjetunion traf es Ende August 1941 auch die Russlanddeutschen: Zwei Direktiven des Politbüros ordneten ihre Deportation sowie die Auflösung der Wolgadeutschen Republik an. Als »Diversanten und Spione« wurden 365 000 Wolgadeutsche sowie mehr als 400 000 Deutsche aus anderen Gebieten der Sowjetunion[38] kollektiv zu Volksfeinden erklärt, ihre Habe konfisziert, meist auch Vieh und Getreide. Man gab ihnen 24 Stunden zum Packen. Auf Lastkähne gedrängt, wurden sie zunächst flussabwärts transportiert, dann quetschte man sie in Viehwaggons Richtung Norden und Osten, kippte sie wie Abfall in Dörfer und Kolchosen irgendwo in Sibirien in den Gebieten Omsk und Krasnojarsk, in der nordkasachischen Steppe. Arbeit war überlebenswichtig: Arbeitende Deutsche erhielten 200 bis 400 Gramm Brot pro Tag. Kinder und Alte – nichts. Sie waren »Faschisten«, »Heimatverräter« und »Parasiten«,[39] bald gefangen in der Welt des *spezkontingent*. Das »Sonderkontingent« umfasste einen Großteil der unfreien Bevölkerung der Sowjetunion. Dieser sozialen Gruppe gehörten zwischen 1929 und 1953 mindestens 32 Millionen Menschen an: Verbannte, Deportierte, Lagerhäftlinge verschiedenster Kategorien. Alle mussten Zwangsarbeit leisten. Es war eine Welt mit eigenen Gesetzen, voller Willkür, Brutalität und Gier, ausgerichtet allein auf das Überleben unter grausamsten Bedingungen. Eine Welt der »roten Seelen«.

Im Westen Sibiriens mussten aus dem Kriegsgebiet evakuierte Fabriken rasch wiederaufgebaut und in Betrieb genommen werden. Zusätzlich mussten neue Rüstungsbetriebe errichtet werden, Eisenhütten und Kokereien. Auch für die mörderische Arbeit in Bergwerken, Kohleschächten und beim Holzeinschlag in sibirischen Wäldern benötigte man Arbeitskräfte, auch Facharbeiter und Ingenieure. Als »Arbeitsmobilisierte« per Dekret dem Geheimdienst NKWD unterstellt, wurden die deportierten Deutschen jetzt Arbeitssklaven der *Trudowaja Armija*, kurz *Trudarmija*, der Arbeitsarmee.

Die erste Welle dieser »Arbeitsmobilmachung« erfasste Anfang 1942 alle arbeitsfähigen deutschen Männer im Alter von 17 bis 50, später 55 Jahren.[40] Bald folgen Frauen bis 45 Jahre und Jugendliche ab 14 Jahren, zum Teil holte man sie direkt aus dem Schulunterricht. Frauen, auf Ochsenschlitten zum nächsten Bahnhof transportiert, mussten ihre Kinder schutzlos und oft vollkommen allein zurücklassen. Die Kinder versuchten, in Erdhütten zu überleben, stets Kälte und Hunger, Bedrohungen und Gewalt preisgegeben. Heizmaterial, Nahrungsmittel oder gar Kleidung gab es für die deutschen Kinder nicht, in manchen Kolchosen erhielten sie Getreideabfälle. So überlebten Zehntausende Kinder den Krieg. Und nach dem Krieg? Nach dem Krieg, 1946, kam eine neue Hungersnot.

Für die insgesamt rund 350 000 deutschen Zwangsarbeiter der Arbeitsarmee herrschten unerträgliche Bedingungen: Überleben in Erdlöchern und winzigen Hütten, manchmal dienten Fichtenzweige als Zudecke. Frauen in aus Autoreifen zusammengeflicktem Schuhwerk, in Kohlegruben einfahrend oder Wege für Eisenbahntrassen durch die Wälder sägend, natürlich per Hand. Die Willkür der Kommandanten, Brotrationen kürzend. Vergewaltigungen. Mörderischer Hunger. Winterkleidung? Vier zugeteilte Wattenjacken für mehrere Tausend Lagermenschen. Selbstmorde: sich beim Holzschlag unter fallende Bäume stellend.[41]

Wie die anderen deportierten Völker, Tschetschenen und

Krimtataren etwa, wurden die Russlanddeutschen nach Kriegsende in sogenannte »Sondersiedlungen« verbannt, faktisch Arbeitslager unter Leitung des Geheimdienstes. 1949 lebten allein in Kasachstan gut 400 000 Deutsche »unter Kommandantur«.[42] Bei ihrer »Entlassung« aus der Arbeitsarmee hatten sie eine Verpflichtung zur Geheimhaltung unterschrieben. Sie schwiegen. Und lebten mit rasch verblassenden Erinnerungen an friedliche Zeiten, denn meist hatten sie ja nichts aus ihrer deutschen Vergangenheit an der Wolga retten können.[43] So wuchsen Kinder ohne Familiengeschichte heran, betrogen auch um das bittersüße Gefühl des Sieges im Großen Vaterländischen Krieg. Ihr Leben – ein archaischer Überlebenskampf.

### Hitlers Handlanger

Mit Hitlers Angriff auf die Sowjetunion 1941 gerieten 130 000 Schwarzmeerdeutsche im Gebiet Transnistrien unter die Herrschaft von Wehrmacht, SD und SS sowie der mit den Nazis verbündeten rumänischen Zivilverwaltung. Im »Reichskommissariat Ukraine« wurden rund 200 000 sogenannte »Volksdeutsche« registriert.[44] In der Ukraine sollte das sogenannte »Ostjudentum« vernichtet und die geplante Kolonisation der Ostgebiete vorangetrieben werden. Die deutschen Dörfer um Odessa und Schitomir stellten dabei ein quasi idealtypisches Siedlungsgebiet dar: Orte wie Worms, Rastatt oder Mannheim. Als »Volksdeutsche« zunächst unter den »Schutz der Wehrmacht« gestellt, wurden die Menschen dem Sonderkommando R (Russland) des SS-Hauptamts Volksdeutsche Mittelstelle unterstellt. Die Mittelstelle sollte »Volksdeutsche« im Ausland erfassen und betreuen, auch Umsiedlungsprogramme durchführen.

Die ansässigen Deutschen der besetzten sowjetischen Gebiete sollten die Speerspitze der zukünftigen deutschen Siedlungsgebiete im eroberten Osten bilden, nationalsozialistisch umerzogen. Bald wehten Hakenkreuzfahnen in den Dörfern, wurden Krankenhäuser eröffnet und Wochenschauen gezeigt, Lehrer geschult, gar Informationsreisen ins Reich organisiert. Propagandafilme machten mit Berichten über das »Martyrium« der von Stalin deportierten Wolgadeutschen antisowjetische und antisemitische Stimmung. Zum »Selbstschutz« herangezogen und ausgebildet, erwiesen sich Tausende der neuen »Volksdeutschen« als willige Handlanger der deutschen Mordkommandos.[45] Sie denunzierten, führten SS-Leute zu den Verstecken »belasteter Elemente«, etwa von Kommunisten. Sie machten Jagd auf einheimische Juden, trieben sie zusammen, bewachten sie auf den Todesmärschen. Sie mordeten tausendfach. Damit wurde der volksdeutsche Selbstschutz zum »Pendant der Einsatzgruppe D«.[46]

Transnistrien wurde zu einem der Epizentren des Holocaust, die Städte Beresowka und Mostowoj Vernichtungszentren für die Juden aus Odessa und aus Rumänien. Von den Sammelplätzen aus führten Mitglieder des Selbstschutzes die Menschen jeweils zu hundert hinaus in die Steppe in die Nähe von Kalkbrennöfen, die Schüsse hörte man in den umliegenden Dörfern. Die Leichen wurden in den Öfen verbrannt. Viele Volksdeutsche schauten sich die Exekutionen an oder stellten ihre Pferdefuhrwerke für den Transport zur Verfügung. Es ging über Wochen. Allein im Winter 1941/42 ermordeten die Mitglieder des Selbstschutzes mindestens 28 000 Menschen.[47] Die Kleidungsstücke der Getöteten wurden in den umliegenden volksdeutschen Dörfern verteilt.

In dem so »gesäuberten« Gebiet sollte der deutsche Volkskörper in volksdeutschen »Siedlungsperlen« wachsen – deutsches Mustervolk für den eroberten Raum.

Es kam zum Glück anders. 1943/44 flohen die Volksdeutschen mit zurückweichenden Wehrmachttruppen in den Westen, Richtung Warthegau. Als »Repatriierte« wurden mehr als 200 000 zurück in die Sowjetunion geschickt – jedoch nicht mehr in ihre Heimatdörfer, sondern in »Sondersiedlungen« im hohen Norden, Sibirien, Kasachstan und Mittelasien. Mitglieder des Selbstschutzes wurden von sowjetischen Gerichten zu 20 bis 25 Jahren Arbeitslager verurteilt. Ihre einstigen Vorgesetzten aus dem Reichsgebiet aber tauchten mehrheitlich in den westlichen Besatzungszonen unter. Die wenigsten kamen vor Gericht.

Wegen der Ermordung Zehntausender Juden ermittelte die Staatsanwaltschaft Dortmund Ende der neunziger Jahre gegen mehr als tausend beschuldigte Russlanddeutsche. Unter ihnen befand sich auch der ehemalige SS-Unterscharführer Alfons Götzfrid, ein Landarbeiter und Pferdepfleger, der als Spätaussiedler nach Bad Cannstadt gekommen war und seine Beteiligung an Judenerschießungen im KZ Majdanek zugab. Wegen Beihilfe zum Mord in 17 000 Fällen und der eigenhändigen Erschießung von 500 Menschen wurde er von der Ersten Großen Strafkammer des Landgerichts Stuttgart zu zehn Jahren Freiheitsstrafe verurteilt. In Haft kam der damals 79-jährige Götzfrid nicht – ihm wurden die zwanzig Jahre im sowjetischen Arbeitslager angerechnet. »Sie sind zu den Herrenmenschen gegangen, um selbst jemand zu sein«, sagte der Vorsitzende Richter während der Urteilsverkündung, »Sie sind die Inkarnation des Todes«. Götzfrid soll dabei auf die Uhr geschaut haben.[48]

### »Abschiedsstarter«
Erst elf Jahre nach Stalins Tod wurden die deportierten Russlanddeutschen 1964 per Regierungsdekret teilweise rehabilitiert. Die Mehrheit arrangierte sich mit dem Leben in Sibirien und im Norden der Sowjetrepublik Kasachstan. Man sprach nicht über die Vergangenheit, passte sich an, wie immer fleißiger

und tüchtiger und zuverlässiger als alle anderen – auffällig unauffällig eben. Nach Sicherheit strebend, hielten sie als Gruppe fest zusammen. Sie erarbeiteten sich bescheidenen Wohlstand, heirateten Russinnen und Russen, sprachen mehr russisch als deutsch. Mehr und mehr assimiliert, betrachteten sie sich durchaus als loyale Sowjetdeutsche. Doch immer begleitete sie etwas Anderes, Unaussprechliches. Ein ängstlicher Stolz vielleicht, eine Fremdheit und ein Heimweh auch, undefinierbar, russisch fast. Eine Erinnerung an den Duft von Apfelbäumen in den Gärten der Kindheit.

Außerdem korrespondierte man über die Kirchengemeinden intensiv mit dem kapitalistischen Westen, der BRD. Und: Man konnte Ausreiseanträge in die Bundesrepublik stellen.

Gorbatschows Perestroika stellte für die zwei Millionen Russlanddeutschen ein zweischneidiges Schwert dar. Einerseits ermöglichte ihnen die neue Transparenz Forderungen nach Autonomie, gar Rückkehr in die alten Siedlungsgebiete an der Wolga zu erheben. Andererseits erlebten sie etwa in Kasachstan und Kirgisien erste nationalistisch motivierte Unruhen, Proteste und Straßenschlachten.[49] Als Ansprechpartner der Bundesregierung etablierte sich der Aktivist und Präsident der 1989 gegründeten Bewegung »Wiedergeburt« zur Wiederherstellung der deutschen Wolgarepublik Heinrich Groth – jener Heinrich Groth, der Anfang 2016 im »Fall Lisa« aktiv wurde.[50]

Zwar wurden Krimtataren und Russlanddeutsche 1989 von Gorbatschow offiziell vollständig rehabilitiert – doch eine Rückkehr in die ehemaligen Siedlungsgebiete war ausgeschlossen: Man hätte die mittlerweile dort lebenden ethnischen Russen und Ukrainer zur Umsiedlung zwingen müssen. Anfang 1992 bereitete der russische Präsident Boris Jelzin dem Autonomiespuk auf seine sehr russische Art ein Ende: Eine deutsche Republik an der Wolga werde es niemals geben, erklärte er, offensichtlich angetrunken. Die Deutschen könnten sich allerdings auf dem nahegelegenen ehemaligen Raketentestgelände Kapustin Jar ansiedeln: »Und sie sollen diesen Boden, der mit Geschossen gespickt ist, sie sollen ihn also bearbeiten.«[51]

Sie entflohen der sozialen und ökonomischen Krise eines zerfallenden Landes; sie verkauften ihre Häuschen, die kleinen Autos, die Möbel. Sie gaben ihre Arbeit auf, folgten Familie, Freunden, Bekannten nach Deutschland. »Worauf wartet Ihr noch?«, hörten die Zögernden, es war wie ein Sog. Sie traten eine Reise ohne Wiederkehr in ein ihnen fremdes Land an. Von Tränen und Trauer begleitet war es, wie es der Russlanddeutsche Viktor Diesendorf treffend beschrieb, ein »Abschiedsstart«.[52] Die Mehrheit der Russland- oder Sowjetdeutschen siedelte in den neunziger Jahren nach Deutschland aus.

Mit dem »modernen« Deutschland konnten sie sich lange nicht anfreunden, zu viel der »Sünde« für sie. Sie fühlten sich als wahre Erben deutscher Kultur, Hüter konservativer deutscher Traditionen. Die eigene soziale und religiöse Gemeinschaft blieb ihr Rückzugsraum und Referenzrahmen; viele unter ihnen strenggläubig und konservativ. Eine Weile häuften sich Kriminalität und Gewalt russlanddeutscher junger Männer – es hatte wohl auch damit zu tun, dass ihre sowjetischen Berufsabschlüsse oft nicht anerkannt wurden und sie kaum Deutsch sprachen.

Alles in allem aber ist die Geschichte ihrer Aussiedlung – ihrer Ankunft – durchaus eine deutsche Erfolgsgeschichte.[53] Wieder einmal arbeiteten sie hart, bauten ein Haus, kauften ein Auto. Sie bemühten sich, möglichst wenig zu sprechen. Wollten nicht anecken mit diesem gebrochenen, merkwürdig altertümlichen Deutsch – und oft sprachen sie ja ohnehin nur noch Russisch. In der Regel »taten sie, was sie am besten konnten: nicht auffallen«.[54]

Aber ihre Kinder gingen in deutsche Schulen. Sie lernten Deutsch, diese fremde Sprache, die ihnen so vertraut war. Sie schlugen die Brücken in eine neue Welt, die ihnen Heimat werden kann.

Sie sind angekommen, denn immer neu anfangen, das können sie. Ihr Leben ist gesichert.[55] Der Schmerz aber blieb, Verletzungen und innere Risse. Die Erinnerungen aus scheinbar überwundener Zeit blieben in den Familien meist tabuisiert. Auch für Jüngere, oft schon in Deutschland geboren, war die Frage nach ihren Namen – Waldemar, Helene, Pjotr – und ihrer Herkunft mit Angst vor Diskriminierung verbunden. Noch immer leben sie am liebsten unter sich. Und unterscheiden fein zwischen »echten« Russlanddeutschen und »russischen« Russlanddeutschen.

Für eine sich zunehmend abkehrende Minderheit in der Minderheit ist es daher nicht schwer, in eine Art russische Parallelwelt zu tauchen. Sie finden Bestätigung und Identifikation in den Sendungen des russischen Staatsfernsehens, diesem Dauerfeuer der Angstpropaganda. Im Bild der Flüchtlinge kristallisierten sich für sie 2015 die Gefahr des Fremden und die Auflösung der christlich-konservativen Werte, die ihnen über Generationen Stabilität gaben. »Ihre Erfahrung ist«, so der Historiker Alfred Eisfeld, »dass eine Ethnie über die andere Gewalt ausüben kann. Mehr noch, dass schon die zahlenmäßige Vergrößerung einer Ethnie Gefahr bedeuten kann.«[56]

Diese aktive Minderheit driftet in den Realitätstunneln der meist russischen Internetforen, sie findet zu AfD und nationalistischen russischen Organisationen. Nicht auszuschließen, dass sie zum Rekrutierungspotenzial russischer Geheimdienste zählt.[57] Russischsprachig, zum Teil ethnisch russisch und mit russischem Pass, wurden sie in den vergangenen Jahren gezielt auch von den *sootetscheswenniki* umworben; den »Landsleuten«. Unter dem Dach der staatlich finanzierten Organisation *rossotrudnitschestwo* und unter Schirmherrschaft des russischen Präsidenten Putin[58] betreuen die russischen Botschaften über Kultur- und andere Landsleute-Programme die »russische Diaspora«. Man wirbt auch um Rückkehr in die russische Heimat – etwa auf die: Krim.[59]

Die meisten Russlanddeutschen aber wollen dazugehören.[60] Wollen auch nicht mehr dankbar sein müssen, dass sie in Deutschland leben dürfen. Sie wollen ankommen mit ihrer deutschrussischen Seele, auch wenn es nicht einfach ist. Mit ihnen kehrt das alte Europa in das neue Deutschland zurück, unsere jahrhundertealte Geschichte. Sie schlagen die Brücke zur Geschichte der Deutschen im Osten, die so schrecklich ist und auch schön. Intuitive Russland-Versteher sind sie ohnehin. Ihre Geschichte ist unsere Geschichte. Man müsste ihnen nur zuhören wollen.

# DIE WAFFEN DES BEWUSSTSEINS

*Man hoffte wohl wirklich, Wladimir Putin sei ein »Deutscher im Kreml« und vielleicht doch irgendwie demokratisch. Doch unter Putin wurde Russland zum Großlabor eines modernen autoritären Systems. Sich moralisch und militärisch endlich wieder auf der richtigen Seite der Geschichte wähnend, präsentiert sich Russland als patriotisch hochgerüstete Avantgarde einer neuen, postwestlichen Weltordnung.*

Eines immerhin hat Joachim Gauck mit Wladimir Putin gemeinsam: Im Zweifel pfeifen beide auf politische Gepflogenheiten. Zu diesen gehört etwa, dass der Präsident der Bundesrepublik Deutschland während seiner Amtszeit einen Staatsbesuch in Russland absolviert. Gaucks Vorgänger war gleich fünf Tage da; der Aufenthalt hatte in der »weiteren Entwicklung der menschlichen Komponente«[1] tiefere Spuren hinterlassen, nicht nur wegen eines verirrten Regenwurms im hochoffiziellen Staatsdinner-Salat: Die Reise zeige, »wie nahe unsere Völker einander sind«.[2]

Joachim Gauck ließ sich nicht beeindrucken, aus Überzeugung nicht. Noch vor seiner Wahl wurde er gefragt, wie er mit jemandem etwa wie Putin umgehen würde. »Das ist die schlimmste Frage, die Sie mir stellen konnten«, soll er geantwortet haben.[3] Wladimir Putin konnte also davon ausgehen, dass er nicht gerade mit offenen Armen empfangen würde, als er Ende Mai 2012 zu seinem Antrittsbesuch nach Berlin kam. Nach monatelangen Protesten gegen gefälschte Parlamentswahlen und gegen ihn persönlich war Putin im März 2012 erneut zum Präsidenten Russlands gewählt worden. Die Sondereinheiten des Innenministeriums hatten dann rasch und gründlich Schluss gemacht mit Demonstrationen und Protesten. Sie wurden auseinandergeknüppelt. Putin hatte westliche Verschwörungen ausgemacht. Die Proteste gegen ihn seien letztlich von den USA gesteuert gewesen.

Nun in Berlin forderte das Protokoll Putins Zusammentreffen mit dem Bundespräsidenten, eine Begegnung auf protokollarischer Augenhöhe im Schloss Bellevue. Ein 45-minütiges Gespräch, so knapp als möglich auch der obligatorische Händedruck. Anflüge eines Lächelns fürs Protokoll. Noch Jahre später konnte sich Gauck die feine Spitze nicht verkneifen: »Mit Putin haben wir viel gelächelt.«[4]

Man habe ein »sehr offenes« Gespräch über die Entwicklung des Rechtsstaats geführt, lautete die offizielle Darstellung der Begegnung. Mit anderen Worten: Zu einem wie Putin würde Joachim Gauck maximalen politischen Abstand halten. Zu einem Gegenbesuch in Moskau ließ er es erst gar nicht erst kommen. Er weigerte sich auch, dem russischen Präsidenten zur Eröffnung der Olympischen Winterspiele im subtropischen Sotschi die Ehre zu erweisen. Dabei wollte Putin der Welt dort im Februar 2014 darbieten, was er geschaffen hatte: sein Russland. Ein Land moderner Patrioten unter russischer Fahne, weltoffen, siegesgewiss und dem Präsidenten zugetan. Sotschi war Putins jahrelang gehätscheltes Lieblingsprojekt und von ihm persönlich überwacht; seine Oligarchen mussten Milliarden Dollar in Straßen, Sportanlagen und Hotels investieren. Kremlkundige russische Experten behaupteten später sogar, der faktische diplomatische Boykott[5] der Spiele durch den Westen könne zu Putins Entscheidung beigetragen haben, die Krim zu annektieren. Er habe es persönlich genommen, sehr persönlich.[6]

Der ehemalige Pastor, DDR-Bürgerrechtler und langjährige Bundesbeauftragte für die Unterlagen des Staatssicherheitsdienstes der ehemaligen Deutschen Demokratischen Republik, kurz Gauck-Behörde, aber nahm sich das Recht auf Distanz und setzte damit sein politisches Zeichen. Er war nie nach Russland gereist – aber mit Männern wie Putin hatte Gauck jahrzehntelang zu tun gehabt. Er konnte nachvollziehen, wie sich ein autoritäres System in die Herzen der Menschen fraß und sie zu Untertanen machte. In diesem Sinne ein Diktatur-Versteher, beanspruchte Gauck, einen Mann wie Wladimir Putin besser lesen zu können als viele der »Mehrheitsdeutschen« aus dem Westen. Von einem wie ihm würde er sich nicht den Kopf verdrehen lassen.

Im Frühjahr 2017 treffe ich Bundespräsident a. D. Joachim Gauck in seinem neuen Berliner Büro. Es entbehrt nicht einer gewissen Ironie, dass der langjährige Stasi-Beauftragte ausgerechnet im Gebäude des ehemaligen DDR-Justizministeriums untergekommen ist. Wenige Monate nach der Verabschiedung aus seinem Amt tastet er sich in das Leben »danach«: Wie er sich nützlich machen könne für sein Land? Ob er das wirklich noch wolle mit seinen 77 Jahren – oder doch lieber zu Hause Marmelade kocht? Für ein Leben nur »a. D.« jedenfalls taugt er wohl nicht.

Die neue Rolle als »Ex« bringt schließlich auch Vorteile: Befreit von protokollarischen Engen und diplomatischen Zwängen, kann der ehemalige Pastor nun seine Stimme erheben. Und Leviten lesen, das konnte Gauck schon immer gut.

Ein freundliches Büro, weiße Wände, ein schwarzes Ledersofa. An der Wand hinter dem Schreibtisch ein weißer Nagel-Uecker, ein kratzbürstiges Bild, er hat es aus Schloss Bellevue mitgebracht.

Die Deutschen also und diese merkwürdig geschichtslose

Langmut mit Wladimir Putin. Warum ausgerechnet in Deutschland so viel Verständnis ausgerechnet für ihn, der mitten in Europa gewaltsam Grenzen verschob und die mühsam ausgehandelte europäische Friedensordnung infrage stellte? Woher diese Faszination für den langjährigen Offizier eines monströsen Geheimdienstes? Für einen, der wenige Wochen vor den französischen Präsidentschaftswahlen Marine Le Pen empfing – die Frau, die Europa zerstören will? Und der auf der Welle des Rechtspopulismus reitend in Europa und anderswo mit »hybrider Kriegsführung« genau das betreibt, was er doch sonst so heftig kritisiert: *regime change*.

Immer wieder höre er, welchen Eindruck Putins in weiten Teilen auf Deutsch gehaltene Rede im Bundestag 2001 hinterlassen habe; dann sehe er in leuchtende Augen. Für Joachim Gauck grenzt der manchmal so milde deutsche Blick auf den Autokraten an nahezu »groteske Realitätsverweigerung«.[7] Auch bei Putin müsse man sich an die Fakten halten: »Was ist er gewesen? Ein kleiner Offizier, freiwillig einem Geheimdienst dienend, ›Schild und Schwert‹ der Kommunistischen Partei. Diese Partei hatte sich ein Sechstel der Erde unterworfen und ihr Herrschaftsgebiet auch in Europa ausgedehnt. Das System, dem er freiwillig diente, war immer auf dem Kriegspfad mit Demokratie. Es löschte die Herrschaft des Rechts, setzte brutale Macht absolut. Es stützte sich auf Kaderpolitik. In diesem System wurde Aufstieg gewährt, nicht erarbeitet. Und wie kamen Menschen in solchen Gesellschaften voran? Sie verinnerlichten drei Regeln: ›Sei gehorsam! Passe Dich an! Fürchte Dich!‹ Größer konnte Unfreiheit eigentlich gar nicht sein.«

Joachim Gauck muss – und will – es einmal so offen sagen und so hart: »Wladimir Putin war ein Agent der Unterdrücker, ein Agent niemals legitimierter Macht. Er ist antidemokratisch geprägt. Er zählt zu den führenden Figuren einer Internationale, die sich zu unterschiedlichen Zeiten immer wieder neu gebildet hat: Der Internationale der Antimoderne.«

Auch im vierten Jahr nach der Annexion der Krim und im 18. Jahr seiner Herrschaft können sich viele Deutsche nicht zu einem nüchternen Umgang mit Wladimir Putin und seiner Politik durchringen. Der sich als bescheidener Diener Russlands inszenierende Präsident dient als Projektionsfläche für viele deutsche Befindlichkeiten: Er spiegelt Globalisierungsängste und Wut auf Eliten, profunden deutschen Antiamerikanismus sowieso: »Die USA wollten allein auf dem Thron in Europa sitzen.«[8] Die von ihm beschworene angebliche Bedrohung traditioneller christlicher Werte verstärkt deutsche Ängste vor Überfremdung. Wer Putin kritisiert, diese ungeheuerliche Kleptokratie, dem wird Missachtung Russlands, Dämonisierung Putins und Kriegstreiberei unterstellt. Kritik an seiner militärischen Intervention im Osten der Ukraine oder in Syrien wiederum bestätigt nur die Vorurteile über angeblich von den USA manipulierte – und finanzierte – deutsche Politiker und »Mainstream-Medien«. Und dabei sieht man geflissentlich darüber hinweg, dass zu den schärfsten Kritikern des Systems Putin die besten Russland-Kenner gehörten, dem Land oft seit Jahrzehnten in tiefer Sympathie verbunden.[9]

Laut dröhnen apokalyptische Botschaften von Chaos, Nato-Osterweiterung und Weltunordnung aus dem Osten in die Echokammern der sozialen Netzwerke. Wenn es ihn nicht schon gäbe, scheint es manchmal, müsste man Wladimir Putin erfinden.

Er zeige dem Westen und dessen liberaler Ordnung den Mittelfinger, sagt einer, der seit vielen Jahren mit ihm befreundet ist. Putins Haltung sei inzwischen: »Ihr könnt mich mal!«

## Das neue Russland: Patriotismus, Staatsnationalismus und andere konservative Werte

Ewig jung aussehend und körperlich topfit – so ganz anders als seine greisen, kranken, trunkenen Vorgänger –, befindet sich Wladimir Putin im Jahr 2017 seit 18 Jahren an der Macht. Er regiert damit länger als Angela Merkel. Es ist davon auszugehen, dass er auch für die eventuell zum Jahrestag der »Heimkehr der Krim« geplanten Präsidentschaftswahlen 2018 kandidieren wird. Nach Presseberichten zielt der Kreml auf ein Ergebnis von rund 70 Prozent »Ja«-Stimmen. Der dann 65-Jährige würde mindestens sechs weitere Jahre herrschen können. »Das Haus, das Putin errichtete, heißt Russland«, so der Moskauer Politologe Dmitrij Trenin in Anspielung auf Gorbatschows blauäugige Vision vom gemeinsamen europäischen Haus. »Und er wird es niemals verlassen.«[10]

Die Leitwerte seiner Politik bestehen in hysterisch beschworener imperialer Größe und Wehrhaftigkeit gegen vermeintliche innere und äußere Feinde. Damit – und mit den steigenden Ölpreisen zu Beginn seiner Herrschaft – war es ihm gelungen, den »einzigartigen, gleich dreifachen internationalen Machtverfall« Russlands zu kompensieren: die Selbstauflösung der Sowjetunion, den Verlust der hegemonialen Stellung in Osteuropa sowie den Statusverlust als einzige, den USA ebenbürtige nukleare Supermacht.[11] Er habe einen starken, handlungsfähigen Staat wiederhergestellt, so Putins Unterstützer auch im Westen.[12] Allerdings hat Putins Selbstverständnis als *gosudarstwennik* – Befürworter eines starken Staates – nichts mit unabhängigen Institutionen zu tun. Vielmehr dient sein starker Staat als Werkzeug einer erschreckend perfekt simulierten »souveränen« Demokratie. »Von Freiheit sprechen die Mächtigen gern, um der Bevölkerung das Gehirn zu waschen«, stellte Putin klar.[13]

*Politisches Schwergewicht: Topfit und ewig jung aussehend präsentiert sich Präsident Wladimir Putin seinem Volk und der Welt, hier 2015 in seiner Residenz nahe Sotschi am Schwarzen Meer.*

In einigen EU-Staaten wie etwa in Polen und Ungarn versucht man Ähnliches. Man nennt es nur anders: »illiberale Demokratie«.

Putins Russland ist zum Großlabor eines modernen autoritären Systems geworden. Seine »postmoderne Diktatur«[14] setzt weniger auf Repression und Unterdrückung[15] als auf Bluff und Simulation des politischen Prozesses, Kontrolle der Massenmedien und vor allem auf: Verführung. Mit einer zunehmend imperialen Staatsideologie wollen die Wahrheitsverfertiger[16] den Kampf um die Seelen der Mehrheit gewinnen: Die Schüler-Demonstranten des frühen Sommers 2017 sind dabei – noch – verirrte, vom Westen und russischen Oppositionellen manipulierte Seelen. In Putins Russland präsentieren sich vielmehr Patrioten in einer kriegsbereiten Festung mit ihrem von Gott gesandten Präsidenten[17] auf orthodoxer Erlösungsmission. Und er, »romantischer Rambo«[18] mit Hang zu Utopien, glaubt daran ebenso wie er, zynischer Taktiker der Macht, nicht daran glaubt.

Feinde gibt es überall und in jeder Zahl, denn auch im Erfinden nützlicher Feinde sind die postsowjetischen roten Seelen geübt: »Wenn die Russländer auf nichts mehr stolz sein können, dann schaffen sie sich einen Feind.«[19] Wladimir Wladimirowitsch Putin, kurz WWP, machte sich Russland als persönliches Projekt untertan: Sein Glück ist Russlands Glück. Seine Illusionen sind Russlands Illusionen. Seine Demütigungen sind Russlands Demütigungen. Es ist Putins Russland – weil er, WWP, Russlands Putin ist.[20]

Auch außenpolitisch ist Wladimir Putin längst weiter, als es besorgte »Nie wieder Krieg«-Deutsche vermuten. Die von offenkundigen Lügen begleitete Unberechenbarkeit seiner Politik, mal als abrupter Kurswechsel, mal als Kommandoaktion daherkommend,[21] trifft auf den Rückzug der USA von der Rolle als Weltordnungsmacht und auf tiefe Verunsicherung im Westen. Dessen innere Zerrissenheit bietet dem Nullsummenspieler die goldene Gelegenheit, eine neue Ära konfrontativer Realität einzuläuten – einen Weltordnungskonflikt.[22] Sein je nach Auftragslage ebenso geschmeidiger wie beinharter Außenminister Sergej Lawrow nutzte seinen traditionellen Auftritt vor der Münchner Sicherheitskonferenz im Februar 2017, um dem versammelten sicherheitspolitischen Establishment Wunsch und Willen des russischen Präsidenten mitzuteilen, nach dem Russland den Weg in eine »postwestliche« Weltordnung einschlage. Die alten Eliten müssten Raum schaffen für eine neue, multipolare Ordnung souveräner Staaten, in der jeder seinen »nationalen Interessen« nachgehen könne.[23]

In dieser postwestlichen Ära will sich Russland dem dekadenten Westen bewusst entgegenstellen – den Kauf von Immobilien in Londoner 1-a-Lage und Konten in westlichen Steueroasen natürlich ausgenommen. Wie einst Zar Alexander III. behauptete – angeblich eines der historischen Vorbilder Putins –, liegt Russland zwar in Europa, aber es betrachtet sich nicht mehr als zu Europa gehörend. In der neuen postwestlichen Weltordnung sollen sich die Menschen in Russland Patriotismus, Staatsnationalismus, der Familie und anderen traditionellen Werten verpflichten – Werten, die von der »Mehrheit der Menschen in der ganzen Welt« geteilt würden – wenn auch (noch) nicht von den Eliten im Westen, wie etwa auch in Deutschland. Aber auch dies sei wohl nur eine Frage der Zeit.[24]

Sich moralisch und militärisch wieder auf der richtigen Seite der Geschichte wähnend, ist Russland Teil des »globalen Nicht-Westens«: Jetzt »lernt Russland wieder, es selbst zu sein«.[25]

Es ist eine Zeit der Unversöhnlichkeit angebrochen.

Dabei war am Anfang doch Seelenverwandtschaft angesagt – von Mann zu Mann.

Dabei glaubte man doch zunächst, mit dem so sanft deutsch sprechenden Putin sei ein Europa verbundener »Deutscher im Kreml« gelandet. Auch dabei handelte es sich um ein groteskes Missverständnis.

Ja, Wladimir Putin lernte Deutsch in der Schule, seine Klassenlehrerin leitete den Fremdsprachenunterricht. Der Jugendliche träumte zunächst davon, Pilot zu werden, dann: Geheimagent. Sein Vorbild dabei wohl auch die bis heute populäre Fernsehserie über den KGB und seine sowjetpatriotischen Helden aus den siebziger Jahren: *Die 17 Augenblicke des Frühlings*, in der der deutsche Adelige und Undercover-Agent Stirlitz, eine Art KGB-007, im Herzen Berlins quasi allein gegen die Nazis kämpft.

Er meldete sich freiwillig, es drängte ihn regelrecht, Teil der konspirativen Elite mit der strengen Kaderauswahl zu werden.

Als der junge KGB-Major Anfang der achtziger Jahre am Andropow-Institut in Moskau für einen möglichen Auslandseinsatz ausgebildet wurde, gehörte Deutsch zu seinen Hauptfächern. »Genosse Platow«, so sein Deckname, galt als verschlossen und nicht sonderlich gesellig, zu viel herumtheoretisierend, aber als guter Organisator und den Vorgesetzten gegenüber stets korrekt.[26]

1985 wurde Putin als »Hauptoperativbevollmächtigter« in der KGB-Residentur Dresden stationiert. Zwar nicht in der karrierefördernden Berliner Zentrale, sondern in der Provinz: »Aber in diesen Provinzen habe ich immer erfolgreich gearbeitet.«[27] Es war sein erster – und letzter – Auslandsaufenthalt, nach Westdeutschland reiste er in dieser Zeit kein einziges Mal; und er war wohl eher Spionage-Verwalter als aktiver, gar erfolgreicher Geheimagent.[28] Er mochte den geordneten Alltag der Deutschen, die Gleichmäßigkeit des Lebens, den vergleichsweise hohen Lebensstandard: »Hier gab es alles in Hülle und Fülle«. Putin nahm zwölf Kilo zu. Er bekam einen Teil seines Gehalts in D-Mark und Dollar ausbezahlt, damit sparte die junge Familie auf ein Auto Marke Wolga.[29] In Dresden wurde seine zweite Tochter Katja geboren, dort stieg Putin zum Chefassistenten des Abteilungsleiters auf. Auch in der DDR lebte er in der streng kontrollierten KGB-Welt, in der selbst die Abendbrotzeit noch normiert war. Kontakte zu Deutschen beschränkten sich fast ausschließlich auf Kontakte zu Kollegen der Staatssicherheit. Stasi- und KGB-Familien lebten in einem Haus zusammen, die Kinder gingen in denselben Kindergarten gleich um die Ecke.

Doch noch die bedrückende Enge der DDR muss ihm als ziemlich große Freiheit erschienen sein.

Die Kollegen der Stasi, die er in Dresden kennengelernt hatte, seien anständige Menschen gewesen, sagte Putin, mit »vielen bin ich befreundet«. Auch wenn die Stasi den Menschen in der DDR Leid angetan habe: Dass man ihre Mitarbeiter nach dem Ende der DDR »so drangsalierte«, empfand Putin als »ungerecht«. »Es sind meine Freunde, und die werde ich nicht aufgeben.«[30] Es war sein öffentliches Bekenntnis zur Loyalität mit den *silowiki*. Auf sie stützte er sich immer: Auf die autoritären Männer aus den Ministerien der Macht.

Auch die deutschen Netzwerke halfen ihm später bei seinem Aufstieg erst in Sankt Petersburg, dann in Moskau. Der langjährige Stasi-Offizier Matthias Warnig alias »Ökonom« etwa wurde der erste Repräsentant der Dresdner Bank in Sankt Petersburg – damals war Putin in der Stadtverwaltung für Außenwirtschaftskontakte und die Vergabe von Exportlizenzen zuständig, eine Schlüsselposition mit Zugang zu vielen schmutzigen Geheimnissen. Warnig wurde später zu einem der wichtigen Verbindungsmänner zwischen Putin und Vertretern der deutschen Wirtschaft. Als CEO der Nord Stream 2 AG überwacht er alle Angelegenheiten des umstrittenen Pipelineprojekts von Russland nach Greifswald und pflegt ein gutes Verhältnis zum Vorsitzenden des Verwaltungsrates Altkanzler Gerhard Schröder, manchmal spielen sie zusammen Skat.

Deutschland blieb sein natürlicher Anknüpfungspunkt, in gewisser Weise Putins Tor in die Welt. Schon aufgrund seiner Sprachkenntnisse schien ihm Deutschland immer vertrautes Terrain. Mit Deutschland konnte man Geschäfte machen, anknüpfend an die ökonomische Komponente der Ostpolitik wie das legendäre Erdgas-Röhren-Geschäft.

Die besten deutschen Zeiten hatte er mit Gerhard Schröder, politisch und persönlich. Öffentlich schwärmten beide von dieser ganz besonderen Verbindung zwischen Russland und Deutschland, die auch immer eine ganz besondere Verbindung zwischen den beiden Männern war.

Schon während Putins erstem offiziellen Besuch in Berlin im

Juni 2000 kamen sie einander näher. Putin nutzte seine Deutschkenntnisse: Sie sprachen fünf Stunden ohne Dolmetscher miteinander. Putins in weiten Teilen auf Deutsch gehaltene Rede vor dem Deutschen Bundestag am 25. September 2001 war für den sichtlich stolzen und gerührten Bundeskanzler Ausdruck des Beginns einer neuen Ära in den deutsch-russischen Beziehungen, sozusagen die Vollendung der Ostpolitik. Eine strategische Partnerschaft vor allem im Energiebereich sollte das Fundament für gemeinsame Sicherheit in Europa legen: deutsche Maschinen und Ausrüstungen gegen russisches Öl und Gas für Europa. Schröder verkaufte seine Russlandpolitik als »europäische Ostpolitik«.[31] Eine geostrategische Komponente spielte für ihn eine wichtige Rolle: Der Energiehunger Europas sei ohne den Rohstoffreichtum Russlands nicht zu stillen. Russlands Wirtschaft wiederum brauche Europas Technologie. Gegenseitige Abhängigkeit führe zu dauerhafter Verflechtung. Verflechtung schaffe Sicherheit. Und Sicherheit festige den Frieden. Spätestens 2014 allerdings stellte sich heraus, dass diese politische Gleichung nicht stimmt. Es brauchte sie nur einer außer Kraft zu setzen, etwa auf der Krim.

Zwei Partner auf Augenhöhe: Für Gerhard Schröder war Putin immer ein Mann, dem man trauen kann. Und umgekehrt. Es war deutsch-russische Politik, nein, Seelenverwandtschaft von Mann zu Mann.

### Der Präsident und die Kanzlerin: Das Ende der Sentimentalitäten

Mit der Wahl Angela Merkels zur Bundeskanzlerin endete die Harmonie. Merkel war für Freundschaften dieser Art eher nicht zu haben, sie identifizierte sich eher mit *freedom* à la USA. Schon während Putins umjubelter Rede im Bundestag 2001, in der er das Ende des Kalten Krieges erklärte, ging die damalige CDU-

Oppositionsführerin auf Distanz. Als sich die Abgeordneten zum Applaus erhoben, begeistert von Putins Bezug auf Kant und Goethe und noch begeisterter von seiner Vision eines angeblich europäischen Schicksals für Russland, bemerkte sie angeblich staubtrocken: So gut Deutsch spreche Putin »wegen der Stasi«.[32]

Aufgewachsen in »Stasiland« und mit hervorragenden Russischkenntnissen gerüstet, machte sie sich keine Illusionen über russische Machtrealitäten und Geheimdienstler-Attitüden. Vor Rührung feuchte Augen jedenfalls bekam sie nicht, wenn sie an Putin dachte. »Die hat wohl immer noch Angst, dass ihr die Russen das Fahrrad klauen, das sie gar nicht hat«, interpretierte ein langjähriger deutscher Spitzenpolitiker mit gewissem Sarkasmus die Merkel'sche Putin-Distanz.

Auch politisch traten die Interessengegensätze offen zutage. Man war uneinig über Energiefragen und die Grundregeln einer gesamteuropäischen Sicherheitsarchitektur; man stritt über die Nato-Osterweiterung und das EU-Konzept der »Östlichen Partnerschaft« für die Nachfolgestaaten der Sowjetunion. Über die Jahre stieg die Zahl der verpassten Gelegenheiten und beiderseitiger Fehleinschätzungen, es wuchsen Rivalität und Misstrauen. Die Entfremdung kulminierte schließlich in der Ukrainekrise – und in Schreiereien am Telefon zwischen Moskau und Berlin.

Dabei respektiert er Angela Merkel durchaus. Ihre Detailkenntnis, ihre Offenheit, ihre Kenntnis russischer Geschichte und Kultur. Putin schätzt ihre Solidität und Verlässlichkeit, ihre Einflussmöglichkeiten auch als Mittlerin: »Für ihn ist Angela Merkel der einzige verbliebene Mann unter Europas Politikern.«[33]

»Wladimir« und »Angela« – immerhin blieben sie noch per Du.

Putin mag Deutschland, so ein hochrangiger deutscher Diplomat, der ihn mehrmals im Jahr trifft, bewundere das Land für seine Effizienz, aber auch für seine Kultur. Nicht umsonst hatte er seine beiden Töchter auf die deutsche Schule in Moskau geschickt. »Er glaubte, er könne uns lesen. Aber er hat uns falsch verstanden – so wie wir ihn falsch verstanden haben.«

Umso tiefer war seine Enttäuschung über die Haltung der Bundesregierung in der Ukrainekrise. Putin hatte auf das Verständnis der Deutschen gehofft. In seiner Rede über die »Rückkehr der Krim in den Bestand der Russischen Föderation« verwies er ausdrücklich auf die deutsche Wiedervereinigung: Nach dem Zusammenbruch der Sowjetunion, sagte er, wurde »das russische Volk zu einem der größten, wenn nicht *dem* größten geteilten Volk auf dem Planeten ... Ich glaube auch daran, dass mich die Europäer verstehen, vor allem die Deutschen. Ich möchte daran erinnern, dass während der politischen Konsultationen zur Wiedervereinigung der BRD und der DDR bei Weitem nicht alle Verbündeten die Idee der Wiedervereinigung unterstützten. Dagegen hat unser Land das aufrichtige, unaufhaltsame Streben der Deutschen nach nationaler Einheit unterstützt. Ich bin sicher, dass Sie das nicht vergessen haben, und hoffe darauf, dass die Bürger Deutschlands ebenso das Streben der russischen Welt, des historischen Russland nach Wiederherstellung der Einheit unterstützen.«[34]

Es war eine gewaltige Fehlkalkulation: Putin setzte vor allem auf den ökonomischen Pragmatismus der Handelsmacht Deutschland und auf das eingeübte Stereotyp der deutsch-russischen Wahl- oder gar Seelenverwandtschaft, diese einzigartige Verbundenheit. Merkel aber lehnte wie auch immer geartete deutsch-russische Sonderbeziehungen schlicht ab, sentimentale Befindlichkeiten sowieso. Sie fühlte sich vom russischen Präsidenten hintergangen, gar belogen.[35] Im Übrigen träfen Deutschland und Russland seit 1939 keine territorialen Verabredungen mehr, hieß es in Reaktion auf Putins Rede unüberhörbar spitz auch im Auswärtigen Amt. Stattdessen verhängte und verlängerte die EU Sanktionen. Und das deutsch-russische Verhältnis wurde so schlecht wie seit Jahrzehnten nicht mehr.

*Er* fühle sich von den Deutschen ungerecht behandelt, hieß es in Moskau. *Er* nehme es persönlich. »Er lebt in einer anderen Welt«, sagte die Kanzlerin.

In der Beziehung zu Wladimir Putin zählte Angela Merkel nicht auf Feindschaft oder Freundschaft, auf Persönliches oder Emotionen. Sie bestand auf der verlässlichen Einhaltung etablierter Regeln in einem auf westlichen Werten basierenden Europa, das sie als Summe von Verträgen und Abkommen verstand, einen immer wieder neu ausgehandelten Interessenausgleich. In diesem rechtstaatlichen Rahmen würde Russland ein verlässlicher strategischer Partner Europas; in diesem Rahmen könnte sogar ein gemeinsamer europäischer Wirtschaftsraum unter Einbeziehung Russlands vorstellbar sein.

Was man in Berlin nicht sehen wollte oder zumindest unterschätzte: Wladimir Putin fühlte sich stark genug, aus dem nach 1989 etablierten Regelwerk auszubrechen, das nach seiner Auffassung nationalen russischen Interessen zuwiderlief. Er fühlte sich nicht mehr gebunden an die KSZE-Schlussakte von 1975 und auch nicht an die Charta von Paris 1990, in der 32 europäische Staaten sowie die USA und Kanada stolz und festlich das Ende des Kalten Krieges erklärt und sich auf Demokratie verpflichtet hatten. Schon von Präsident Jelzin wurde die Charta als »Kalter Frieden« kritisiert, eine politische Demütigung. Putin wollte Russlands »privilegierte Position« in Europa sowie den verloren gegangenen Großmachtstatus in der Welt wiederherstellen: Er setzte nicht auf etablierte Regeln, er setzte auf Disruption.

## »Kult der Macht, der Revanche und der eisernen Faust«

Die ideologischen Zeichen der russischen Wende standen früh an der Wand. Politiker in Deutschland, auch Medien, übersahen die Entwicklung oder nahmen sie nicht ernst genug: Doch seit 2003 mehrten sich die Hinweise darauf, dass nationalpatriotischer russischer Konservatismus als eine Art neue russische Leitideologie ausprobiert und etabliert werden sollte. Gerade weil es den Menschen im Zuge der ökonomischen und sozialen Stabilisierung in Putins ersten Amtsjahren besser ging, stellten sie sich Fragen nach Sinn und einer neuen, nunmehr postsowjetischen Identität. Die Konstruktion der »souveränen« Demokratie als Instrument autoritärer Herrschaftssicherung, die Produktion einer »systemischen« – also aus dem Kreml gelenkten – Opposition sowie einer kremlloyalen Zivilgesellschaft erforderte einen konservativen Wertekanon als moralische Richtschnur. Er bestand aus der Triade: starker Staat, Gehorsam und Russland als Schicksal. Bald waberten Manifeste über die »nationale Wiedergeburt« und einen »dynamischen Konservatismus« durch das Land; 800 Seiten umfasste allein eines der lange unterschätzten Hauptwerke: *Die Russische Doktrin – eine Waffe des Bewusstseins*. Dieser neokonservative Geist wehte in die Duma und die Beraterstäbe im Kreml hinein, stürmte in Kirchen und ins Fernsehen. Begriffe setzten sich fest, den Menschen irgendwie aus alter Zeit vertraut: »Wiedergeburt« und »russische Zivilisation«, »Bestimmung«, »Orthodoxie« und »Eurasien«.

Ursprünglich die Vorstellung eines vom europäischen Imperialismus befreiten Russland des 20. Jahrhunderts, das seine Erfüllung als friedliche Führungsmacht eines eurasisch-kontinentalen Raumes finde, wurde Eurasien zum Schlachtruf der Ära Putin: In diesem Eurasien behauptet sich Russland als expansive Führungsmacht eines zukünftigen Großreichs, zu dem ehemalige Sowjetrepubliken wie die Ukraine oder Kasachstan und alle ethnischen Russen gehören – und dem sich irgendwann auch der Westen Europas anschließt.[36]

Auf die Kernbotschaften einer Reimperialisierung, verknüpft mit wachsender – und zum Teil ja zutreffender – Kritik am Westen, wurde auch die Putin-Mehrheitspartei »Einiges Russland« eingeschworen. Russland solle dem Westen nicht hinterherlaufen, sondern auf einen eigenen Weg einschwenken. Nur so werde die innere Systemkrise, eine Krise der russischen Seelen, überwunden.[37]

»Russland ist kein Projekt« erläuterte Putin bereits 2013. »Russland ist Schicksal.«[38]

Putins gegen die Hegemonie der USA gerichtete Brandrede auf der Münchner Sicherheitskonferenz im Februar 2007 hatte auch diesen innenpolitischen Hintergrund. Sie läutete eine geopolitische Neupositionierung Russlands ein, die Abkehr von der »amerikanischen« Welt. Die postulierte geopolitische Mission Russlands verknüpfte sich ideologisch mit der Orthodoxie und dem Begriff der »Rechtgläubigkeit«. Dies implizierte eine moralische Überlegenheit gegenüber den verdorbenen Eliten des Westens, auch Deutschlands. Schon lange vor dem Konflikt um die Ukraine positionierte sich die russische Führung als Träger eines neuen, zunehmend nationalistischen Konservatismus. »Russland verlässt den Westen«, hieß es schon damals in Moskau.[39]

Putin hatte in München 32 Minuten lang russischen Klartext gesprochen. Er erhob faktisch Anspruch auf eine Zone privilegierter Interessen im postsowjetischen Raum. In den USA wurde die Kampfansage bald mit der historischen Ansprache Winston Churchills verglichen, in der dieser 1946 den Begriff vom »Eisernen Vorhang« geprägt hatte.[40] Doch die Deutschen schienen die Bedeutung der Rede zumindest anfangs zu verdrängen oder herunterzureden. Man empfand sie eher als eine Art atmosphärischer Störung in ansonsten doch guten Beziehungen. »Der Putin bläst sich auf«, hieß es. So groß die deutsche Sehnsucht nach Stabilität, dass selbst der ehemalige tschechische Außenminister Karel Schwarzenberg ins Grübeln geriet: »Russland kann besetzen und erobern, wen oder was es will, in Deutschland wird es immer Leute finden, die dafür Verständnis haben. Es gibt da eine tiefe, gegenseitige Faszination, obwohl man beiderseitig versucht hat, sich umzubringen. Die deutsch-russischen Beziehungen sind eigentlich das sadomasochistischste Liebesverhältnis der Weltpolitik.«[41]

## Postwest: Der russische Sonderweg in eine neue Weltordnung

Nach Putins Wiedereinzug in den Kreml 2012 und mit der sich verschärfenden sozialen und wirtschaftlichen Strukturkrise wurde die Konstruktion einer »alternativen Ideologie« auch offiziell vorangetrieben. Mit informeller Unterstützung durch den Kreml wurde im Herbst 2012 der ultrakonservative »Isborsker Klub«[42] gegründet, der leidlich bekannte rechte, radikale Eurasien-Impressario Alexander Dugin[43] und der stets öffentlichkeitswirksam-fanatische Journalist Alexander Prochanow bildeten die neokonservative Speerspitze. Sie unterstützten Separatisten im Osten der Ukraine und propagierten den Krieg eines patriotisch mobilisierten Russland gegen den Westen. Die Ukrainekrise? Nur Vorbote kommender Schlachten. Ein neuer Kalter Krieg? Endlich.

Auf dem »ideologischen Markt« dominieren nationale Mythen die »hyperpatriotische Staatserzählung«,[44] mal sind die jeweiligen Helden sowjetisch »rot«, mal zaristisch »weiß«, mal eine Mischung aus allem. Immer dabei auch Alexander Newskij,

Stalin und Kriegsveteranen, als verlässliche Feindbilder dienen angebliche Faschisten und der Antichrist. Patriotismus steht auf den Fahnen, in jedem Knopfloch steckt das schwarz-orangene Georgsband: ein Symbol des Sieges im Krieg, aber auch »Symbol des Kampfes für die menschliche Zivilisation«.[45] Offenbar experimentieren Putins »Ideologiedesigner«[46] auch mit der für den russischen Vielvölkerstaat nicht ganz ungefährlichen ethnischen Komponente des Nationalismus: »Russland den Russen«.[47] Die schwindelerregende Mixtur pseudohistorischer Mythen und alternativer Fakten dient weiterhin dem Machterhalt einer winzigen Elite: »Die Regimelegitimation erfolgt nicht mehr über Leistung, sondern über Mentalitäten und nationalistische Mobilisierung. Es sind Putin und seine Sicherheitsapparate, die innenpolitisch eine präventive Konterrevolution und außenpolitisch Revanchismus betreiben.«[48]

In dieser neuen russischen Welt wird Weltgeschehen als Kampf zwischen Gut und Böse interpretiert, die Macht sakralisiert. In der Logik dieser »Radikalisierungsdynamik« ist auch die Annexion der Krim ein Akt patriotischen Widerstands gegen den dekadenten »postchristlichen Westen«, wie es der russische Außenminister Sergej Lawrow beschrieb: Europa solle nicht nach der Pfeife einer kleinen, aber »äußerst aggressiven Gruppe von Russenhassern« tanzen. »Die Welt wird objektiv postwestlich, das heißt, das westlich-liberale Zeitalter ist gescheitert«, erläuterte Lawrow seinem verblüfften Kollegen Sigmar Gabriel im März 2017. »Im Vordergrund steht jetzt das Nationale.«[49]

Wladimir Putin ist weit vorangekommen auf seinem Sonderweg in eine neue Weltordnung, der sich als furchtbarer Irrweg herausstellen wird, denn er hat den Menschen in seinem Land ja keine Zukunft anzubieten. Doch seine Eskalationsdominanz erstreckt sich nicht nur über den Osten der Ukraine, sondern auch auf das ideologische Feld. Putins Russland will kein »normales Land« mehr sein: In der Konfrontation mit dem Westen erfüllt es als mächtiger Gegenspieler der Moderne seine Bestimmung.[50]

In dieser Zeitenwende fragt sich manch einer, ob die braven Deutschen der neuen russischen Verführung gewachsen sind, diesem »Kult der Macht, der Revanche und der eisernen Faust«. Um der Deutschen willen würde Bundespräsident a. D. Joachim Gauck gern aufräumen mit dem gefährlichen Mythos dieser angeblich einzigartigen deutsch-russischen Beziehung, denn sie erzählt ja auch so viel über kollektive Prägungen, die seit Generationen im Untergrund der deutschen Gesellschaft schlummern: »Gefangen in der Sehnsucht nach Bedeutung und Größe, glaubten viele deutsche Intellektuelle schon Anfang des 20. Jahrhunderts, dass man die unergründliche Tiefe der deutschen Kultur gegen die Zivilisation des Westens setzen und die Welt am deutschen Wesen genesen könne. Auch Russlands orthodoxe Glaubenstreue stand wie ein Bollwerk gegen die vermeintlichen Verführungen des Westens. Im Grunde zeigte sich damals wie heute eine Furcht vor der Moderne. Heute können sich deutsche wie russische Antimodernisten aller Couleur gegen den gemeinsamen Feind zusammenfinden. Aber wer glaubt, dass an diesem deutsch-russischen Wesen die Welt genesen könne, muss wissen, dass es sich dabei um einen Angriff auf die Freiheit handelt. »Es ist auch«, sagt Gauck, »bewusst oder unbewusst, die Furcht vor der Freiheit.«

Doch es bleibt ja, immer, die unaussprechliche Schuld der Deutschen am Vernichtungskrieg gegen die Völker der Sowjetunion. Es bleiben ja, immer, die Scham und die Trauer und die Reue, der Blick in den Abgrund der Vergangenheit. Joachim Gauck hatte seine Antwort gefunden. Der Bundespräsident empfing die russische Bürgerrechtlerin Ljudmila Aleksejewa in seinem Amtssitz, fast 90 Jahre alt war sie schon. Er dankte ihr für ihren Kampf für die Menschenrechte. Er lud die Literaturnobelpreisträgerin Swetlana Aleksejewitsch ein, die mitfühlende Chronistin sowjetischer und postsowjetischer »roter« Seelen. Er besuchte die Orte deutscher Schuld, die Massengräber, Millionen und Millionen Tote, eine Verpflichtung für die Lebenden. Er ging nach Babyn Jar.[51] Er trauerte in Deutschland an den Gräbern sowjetischer Kriegsgefangener, von den Deutschen an Tausenden Orten ums Leben gebracht.[52] So viele unter ihnen noch immer ohne Namen.

So beschreibt er an diesem eher regnerischen Berliner Frühlingstag sein Anliegen: »Wir sollten uns fragen, ob wir wirklich Anwälte derer sein sollten, die Machtinteressen haben und unseren Werten feindlich gegenüberstehen. Vielmehr sind wir auch durch unsere Schuld veranlasst, Anwälte derer zu sein, denen Unrecht geschieht.«

So kann man Gauck wohl verstehen: Das Leid von Potentaten liegt ihm fern. Sie verstehen nichts von Schuld.

# ANMERKUNGEN

## »Ich habe an die Türen der Geschichte geklopft, und sie taten sich auf«

1 Zit. n.: Stent (1999), S. 46.
2 Dokumente etwa in: *The Reykjavik File. Previously Secret Documents from U. S. and Soviet Archives on the 1986 Reagan-Gorbachev Summit*, http://nsarchive.gwu.edu/NSAEBB/NSAEBB203/index.htm.
3 James Graham Wilson: *The Triumph of Improvisation. Gorbachev's Adaptability, Reagan's Engagement, and the End of the Cold War*. Cornell 2014, S. 114 f.
4 Anatolij Černjaev: Gorbačev und die deutsche Frage, in: *Mitteilungen der Gemeinsamen Kommission für die Erforschung der jüngeren Geschichte der deutsch-russischen Beziehungen* 3 (2008), S. 2–17, hier S. 3 sowie S. 9. S. a.: Michail Gorbatschow: *Wie es war. Die deutsche Wiedervereinigung*. München 2000.
5 Interview mit Michail Gorbatschow, in: *Der Spiegel*, 43/1988.
6 Zum Nato-Doppelbeschluss, den SS-20-Raketen der Sowjetunion und dem INF-Vertrag zusammenfassend auch: Stent (1999), S. 60 ff. Sowie: Anatolij Tschernjaew: *Die letzten Tage einer Weltmacht*. Stuttgart 1993, S. 115 ff.
7 »Das ist ein moderner kommunistischer Führer, der war nie in Kalifornien, nie in Hollywood, aber der versteht etwas von PR. Der Goebbels verstand auch was von PR«, hatte Kohl in einem Interview mit dem US-Magazin *Newsweek* im Oktober 1986 gesagt.
8 Interview der Autorin mit Michail Gorbatschow, Moskau 2010, in: *Stern Edition* 1/2010, S. 66–71.
9 »Die BRD darf Honecker nicht überlassen werden«, hatte Gorbatschow am 2. 2. 1987 im engsten Führungskreis erklärt. Zit. n.: Aleksandr Galkin, Anatolij Černjaev: *Michail Gorbačev i Germanskij Voporos. Sbornik Dokumentov 1986–1991gg*. Moskau 2006, S. 31.
10 Černjaev, in: *Mitteilungen der Gemeinsamen Kommission* 3 (2008), S. 3 f.
11 S. a: Mikhail Gorbachev: *Doomed to disappear*. Interview mit *Newsweek*, 8. 11. 1999.
12 Im Gespräch mit Genscher am 21. 7. 1986 ging es auch um die

Stationierung der Pershing-2 Raketen in der Bundesrepublik. S. a.: Werner Link: Die deutsch-sowjetischen Beziehungen zwischen Moskauer Vertrag (1970) und Wiedervereinigung, in: *Mitteilungen der Gemeinsamen Kommission* 3 (2008), S. 298–342, hier S. 324.
13   Galkin/Černjaev (2006) S. 44 ff., 7. Juli 1987.
14   Zit. n.: Stent (1999), S. 71 f. Daschitschew hatte bereits 1988 den Abriss der Berliner Mauer gefordert. Die DDR-Führung reagierte mit einem Einreiseverbot. Die Denkschrift wurde 1990 in Deutschland veröffentlicht. »*Enormer Schaden für Moskau*«, in: *Der Spiegel* 6/1990.
15   Zit. n.: Stent (1999), S. 58 f.
16   Černjaev, in: *Mitteilungen der Gemeinsamen Kommission* 3 (2008), S. 8.
17   Černjaev, in: *Mitteilungen der Gemeinsamen Kommission* 3 (2008), S. 8.
18   Helmut Kohl: V*om Mauerfall zur Wiedervereinigung. Meine Erinnerungen*. Neuauflage, München 2014, S. 29 ff.
19   Michail Gorbatschow: Rede vor dem Europarat, 6. 7. 1989. Zit. n.: Perestroika, 30 years on. Doc. 21. The National Security Archive, George Washington University. Washington 2015.
20   Im Baltikum hatten bis zu zwei Millionen Menschen am 23. August 1989, dem Jahrestag des Hitler-Stalin-Paktes, in einer 620 Kilometer langen Menschenkette von Tallinn über Riga bis Vilnius ihren Wunsch nach Unabhängigkeit demonstriert.
21   Gorbatschow wurde praktisch Augenzeuge der Ereignisse im Mai 1989 in Peking: Er war auf Staatsbesuch in China, während der Tian'anmen-Platz voller demonstrierender Studenten war. Die chinesischen Studenten setzten ihre Hoffnungen auf Gorbatschow und die Perestroika. Die chinesische Führung tat alles, um zu verhindern, dass Gorbatschow Kontakt zu den Menschen aufnehmen könne. Beim blutigen Gegenschlag der chinesischen Machthaber auf dem Tien'anmen-Platz starben 2000 bis 3000 Menschen. Die Ereignisse müssen Gorbatschow in seiner Entscheidung bestärkt haben, auf keinen Fall militärische Gewalt gegen friedliche Demonstranten einzusetzen.
22   Galkin/Černjaev (2006), Tagebucheintrag vom 5. 10. 1989, S. 204.
23   Galkin/Černjaev (2006): Tagebucheintrag vom 11. 10. 1989, S. 215. Auch im Westen war man von den Forderungen nach Wiedervereinigung nicht durchgehend begeistert. Schon im September 1989 hatte Margaret Thatcher während eines Besuchs in Moskau erklärt: »Wir wollen kein wiedervereintes Deutschland. Es könnte unsere Sicherheit bedrohen.« François Mitterrand bezeichnete die Wiedervereinigung im April 1990 als »Albtraum«. S. a.: Cornelia Fuchs,

Katja Gloger: *20 Jahre Mauerfall. Das dachten Thatcher und Co. wirklich*, www.stern.de/politik/deutschland/mauerfall/20-jahre-mauerfall---reaktionen-das-dachten-thatcher---co--wirklich-3445312.html, sowie: http://foreignpolicy.com/2013/04/09/thatchers-foreign-policy-failure/.

24 Černjaev, in: *Mitteilungen der Gemeinsamen Kommission* 3 (2008), S. 8. Eine kritische Sicht auf Gorbatschows »olympische Ruhe« und realitätsverkennende »Selbstsucht«: Valentin Falin: *Politische Erinnerungen*, München 1993, S. 480 ff.

25 Zit. n.: Igor Maksimyčev: *Der Zusammenbruch der DDR. Blick aus dem Fenster der Botschaft Unter den Linden*, in: *Mitteilungen der Gemeinsamen Kommission* 3 (2008), S. 63.

26 Das Zitat soll während eines Gesprächs mit einer Journalistengruppe am 7. Oktober 1989 gefallen sein. Maksimyčev, in: *Mitteilungen der Gemeinsamen Kommission* 3 (2008), S. 63. Valentin Falin zufolge fiel es allerdings während des Gesprächs zwischen Honecker und Gorbatschow am 6. 10. 1989, Falin, S. 485 f.

27 www.kremlin.ru/events/president/news/20603.

28 »*Alles kann uns um die Ohren fliegen*«. Interview mit Michail Gorbatschow in: *Der Spiegel*, 3/2015. Sowie: *Held des Rückzugs*, in: *Der Spiegel*, 48/2014. S. a.: Michail Gorbatschow: *Kommt endlich zur Vernunft – Nie wieder Krieg!: Ein Appell von Michail Gorbatschow an die Welt*, Salzburg 2017.

29 Stefan Karner, Mark Kramer, Peter Ruggenthaler, Manfred Wilke (Hg.): *Der Kreml und die deutsche Wiedervereinigung 1990*. Berlin 2015, S. 13.

30 *V Politbjuro ZK KPSS. Po zapisjam A. Černjaeva, V. Medvedeva, F. Šachnazarova (1985 – 1991)*, 2. Aufl. Moskau 2008. Sitzung vom 3. 11. 1989, S. 549 ff.; Sitzung vom 9. 11. 1989, S. 552 ff.

31 »*Mit dem Glück ist es nicht so einfach.*« Interview mit Michail Gorbatschow, in: *Der Stern*, 12/2013.

32 »*Mit dem Glück ist es nicht so einfach.*« In: *Der Stern*, 12/2013.

33 Michail Gorbatschow: *Naedine s soboj*. Moskau 2012, S. 64 ff. (Bildteil).

34 Angrick (2003), S. 616 ff.

35 Stawropol hieß damals Woroschilowsk, benannt nach Stalins Verteidigungsminister und späterem Staatspräsidenten Kliment Woroschilow.

36 Michail Gorbatschow: *Erinnerungen*. Berlin 1995, S. 50 ff.

37 »*Mit dem Glück ist es nicht so einfach.*« In: *Der Stern*, 12/2013.

38 Interview mit Michail Gorbačev, in: *Der Spiegel*, 43/1988.

39 www.bild.de/politik/2009/bau-der-berliner-mauer/warum-deutschland-sein-schicksal-wurde-10386622.bild.html.

40 Tagebucheintrag vom 10.11.1989, in: Galkin/Černjaev (2006), S. 246.
41 So UdSSR-Botschafter Julij Kvicinskij zu Horst Teltschik. Zit. n.: Link, in: *Mitteilungen der Gemeinsamen Kommission* 3 (2008), S. 339f.
42 Philip Zelikow, Condoleezza Rice: *Sternstunde der Diplomatie. Die deutsche Einheit und das Ende der Spaltung Europas*. München 1997, S. 302.
43 Heribert Schwan, Tilman Jens: *Vermächtnis: Die Kohl-Protokolle. Mit den offiziell vom Landgericht Köln erlaubten Passagen*. Kindle-Version, Position 2363–2368. Kohls Biograf Heribert Schwan veröffentlichte nicht zur Publikation bestimmte Gespräche in einem Buch; das Landgericht Köln beschloss, dass rund ein Viertel der Zitate nicht weiter verbreitet werden darf – darunter auch eines, in dem Kohl sich eher unflätig über Gorbatschows missliche Lage äußert. In einem weiteren Prozess wurden Schwan, sein Coautor und die Verlagsgruppe Random House zur Zahlung von einer Million Euro an Helmut Kohl verurteilt.www.spiegel.de/politik/deutschland/helmut-kohl-ex-cdu-chef-und-altkanzler-rechnet-mit-parteifreunden-ab-a-995299.html.
44 Aus der umfangreichen Literatur: Mary Elise Sarotte:*1989. The Struggle to create post-Cold War Europe*. Princeton 2009. Mary Elise Sarotte: *A broken promise?* In: *Foreign Affairs*, 09/10 2014, S. 90–97. Mary Elise Sarotte: *The Collapse: The Accidental Opening of the Berlin Wall*, New York 2014. Stefan Karner, Mark Kramer, Peter Ruggenthaler, Manfred Wilke (Hg.): *Der Kreml und die deutsche Wiedervereinigung 1990*. Berlin 2015. Horst Möller u. a. (Hg): *Die Einheit. Das Auswärtige Amt, das DDR-Außenministerium und der Zwei-Plus-Vier-Prozess*. München 2015. Zusammenfassend auch: Gloger (2017), S. 255 ff.
45 S. dazu: Frédéric Bozo, Andreas Rödder, Mary Elise Sarotte (Hg.): *German Reunification: A Multinational History*, London 2016.
46 Karner (2015), S. 56.
47 »We wanted to bribe the Soviets out of Germany.« Robert Gates: *From the shadows: The Ultimate Insider's Story of Five Presidents and How They Won the Cold War*. New York 1996, S. 492. Zit. n.: Sarotte (2009), S. 151.
48 Horst Teltschik: *329 Tage. Innenansichten der Einigung*. Berlin 1993, S. 230 sowie S. 243. S. a.: Vladislav Zubok: *With his back against the Wall: Gorbachev, Soviet demise, and German reunification*, in: *Cold War History* 14 (2014), S. 619–645.
49 Vladislav Zubok, in: *Cold War History* 14 (2014), S. 639.
50 Zelikow/Rice (1997), S. 303. Gespräch der Autorin mit dem dama-

51 ligen Teilnehmer an den entscheidenen Verhandlungen in Washington, Robert Zoellick, Berlin 2014. Zum Wortlaut der Erklärungen s.a. Karner (2015), S. 94f.
51 Anatolij Tschernjaew, Tagebucheintrag am 17.6.1990 über den 31.5 bis 3.6.1990. Zit. n.: Karner(2015) S. 260ff.
52 Galkin/Černjaev (2006), 31.5.1990, S. 475.
53 Falin (1993), S. 494ff. S.a.: *Valentin Falin: Konflikte im Kreml. Zur Vorgeschichte der deutschen Einheit und Auflösung der Sowjetunion.* München 1997.
54 Eine Hilfszusage der G7 an Russland kam allerdings schon 1992 zustande: 24 Milliarden Dollar; ein Jahr später folgten 43,4 Milliarden Dollar, darunter auch Mittel zur Umschuldung westlicher Kredite. S. dazu auch: Stent (1999), S. 174ff.
55 Die vierteilige Ausstellungsserie wurde von der Kulturabteilung der orthodoxen Kirche unter der Leitung von Bischof Tichon (Georgij Schewkunow) konzipiert. Der erzkonservativ-nationalistische Tichon gilt als einer der geistlichen Ratgeber des russischen Präsidenten Putin. www.sueddeutsche.de/kultur/patriotische-geschichte-in-lumpen-auf-dem-roten-platz-1.3261552.
56 Maksimyčev, in: *Mitteilungen der Gemeinsamen Kommission* 3 (2008), S. 57.
57 So der russische Historiker Vjačeslav Dašičev Mitte der neunziger Jahre. Zit. n.: Aleksandr Boroznjak: *Die Vereinigung Deutschlands im Schrifttum der Historiographie,* in: *Mitteilungen der Gemeinsamen Kommission* 3 (2008), S. 142–148, hier S. 147.
58 Interessant hierzu die Tagebücher Anatolij Tschernjaews von 1991: http://nsarchive.gwu.edu/NSAEBB/NSAEBB345/The%20Diary%20of%20Anatoly%20Chernyaev,%201991.pdf.
59 Karner (2015), S. 83.
60 Hätte Gorbatschow zu einem frühen Zeitpunkt ein öffentlichkeitswirksames Angebot zur raschen Wiedervereinigung eines neutralen Deutschland gemacht, so auch Helmut Kohl in seinen Erinnerungen, hätte dies auf breite Zustimmung stoßen können. Helmut Kohl: *Ich wollte Deutschlands Einheit.* Dargestellt von Kai Dieckmann und Ralf Georg Reuth. Berlin 1996, S. 254.
61 Rede des Bundesministers des Auswärtigen, Hans-Dietrich Genscher, bei einer Tagung der Evangelischen Akademie Tutzing, 31.1.1990. Zit. n.: Möller (2015), S. 242, Anm. 11
62 Im englischen Original heißt es: »… with assurances that Nato's jurisdiction would not shift one inch eastward from its present position.« James Baker: Schreiben des Außenministers Baker an Bundeskanzler Kohl, in: *Deutsche Einheit. Sonderedition aus den Akten des Bundeskanzleramtes* 1989/90, München 1998, Dok. Nr. 173

S. 793–94. Das Gespräch wird auch zitiert in: Gorbatschow: *Erinnerungen*, Berlin, 1995, S. 715 f. und Galkin/Černjaev (2006), S. 334. Sarotte (2009), S. 110 zitiert eine handschriftliche Notiz Bakers nach dessen Treffen mit Eduard Schewardnadse: »End result: Unified Ger. anchored in a *changed (polit.) NATO – *whose juris. would not move eastward!«

63 S. Möller (2015), S. 230 ff.

64 Zumindest Baker und Genscher haben eine solche Zusicherung gegenüber Gorbatschow und seinem Außenminister Eduard Schewardnadse im Februar 1990 ausgesprochen. Die deutschen und russischen Gesprächsprotokolle stimmen in diesem Punkt nicht ganz überein. Gorbatschow (1995), S. 716 f. Kohl (2014), S. 203. S. a.: *Held des Rückzugs*, in: *Der Spiegel*, 48/2014.

65 Zelikow/Rice (1997), S. 302 f. Die Ergebnisse der ersten freien Wahlen in der DDR im März 1990 hatten selbst Experten überrascht und schockiert: Die DDR hatte keine politische Legitimation mehr. Wenige Tage später erklärte Außenminister Schewardnadze in einem Gespräch mit Genscher, er halte den Gedanken, dass die Nato ihr Gebiet nicht ausdehne, »gegenwärtig nicht für eine aussichtsreiche Überlegung«. Gespräch zwischen Genscher und Schewardnadse am 22. März 1990 am Rande der Unabhängigkeitsfeiern in Windhoek, Namibia. Zit. n.: *Held des Rückzugs*, in: *Der Spiegel*, 48/2014. S. a. Möller (2015), Dokument 74, S. 374 ff.

66 Galkin/Černjaev (2006), S. 424 f.

67 Russisch:www.gazeta.ru/politics/2014/11/20_a_6308541.shtml. Sowie: »*Alles kann uns um die Ohren fliegen*«, in: *Der Spiegel*, 3/2015.

68 »*Mit dem Glück ist es nicht so einfach.*« In: *Der Stern*, 12/2013.

69 »*Mit dem Glück ist es nicht so einfach.*« In: *Der Stern*, 12/2013.

70 S. etwa Gorbatschow (2017).

71 Michail Gorbatschow: *Alles zu seiner Zeit. Mein Leben*. Hamburg 2013.

72 »*Mit dem Glück ist es nicht so einfach.*« In: *Der Stern*, 12/2013. S. a: *Gorbatschow klagt den Westen an*, www.faz.net/-gpf-7w3wk.

73 Gespräch der Autorin mit Lilija Schewzowa. Moskau 2013.

74 Langfassung des Interviews mit Michail Gorbatschow für den *Stern* 2013. Abschrift der Autorin.

## Den Osten im Blick: Konturen, Kontakte

1 Christian Lübke: *Ottonen, Rjurikiden, Piasten. Ergänzende Bemerkungen zum Verwandtenkreis Kunos »von Öhningen«*, in: *Jahrbücher für Geschichte Osteuropas* 37 (1989), S. 1–20, hier S. 12.

2   Zit. n.: Hartmut Rüß: *Eupraxia – Adelheid. Eine biographische Annäherung*, in: *Jahrbücher für Geschichte Osteuropas* 54 (2006), S. 481–518, hier S. 487 ff.
3   Zur Instrumentalisierung durch die Geschichtsschreibung s. a.: Hans-Joachim Schmidt: *Gescheiterte Beziehung zwischen West und Ost: Kaiser Heinrich IV. (1054–1106) und seine Gattin Praxedia von Kiew*. Vortragstext, Deutsches Historisches Institut Moskau, 2010. Offiziell geschieden wurde die Ehe allerdings wohl nie.
4   Rüß, in: *Jahrbücher für Geschichte Osteuropas*, 54 (2006), S. 515. Eupraxia kehrte nach Kiew zurück, wo sie in ein Kloster eintrat. Sie starb im Sommer des Jahres 1109; im Kiewer Höhlenkloster auf den Hügeln der großen Stadt ist sie begraben.
5   S. a.: Hermann Parzinger: *Russen und Deutsche – es begann vor 1000 Jahren*, in: *Russen und Deutsche. 1000 Jahre Kunst, Geschichte, Kultur. Katalog zur gleichnamigen Ausstellung in Moskau und Berlin*. Petersburg, Berlin 2012, S. 34–37, hier S. 34; dort auch zu Verbindungen aus vorgeschichtlicher Zeit. Die ebenso komplexe wie politische Frage der Ethnogenese der Deutschen und Russen kann hier nicht erörtert werden.
6   Konrad Dittrich: *Lübeck. Kleine Stadtgeschichte*. Regensburg 2014, S. 3.
7   Gespräch der Autorin mit Claus von Carnap-Bornheim. Schleswig, Oktober 2016.
8   Claus von Carnap-Bornheim: *Zwischen Sliaswig/Schleswig und Nowgorod – Handel als Motor früher Kontakte*, in: *Russen und Deutsche* (2012), S. 42–49, hier S. 42.
9   Christian Lübke: *Der Blick nach Osten: Frühe Kontakte und Strategien zwischen Rhein und Dnjepr*, in: *Russen und Deutsche* (2012), S. 38–41, hier S. 38.
10  Carnap-Bornheim, in: *Russen und Deutsche* (2012), S. 42.
11  Carnap-Bornheim, in: *Russen und Deutsche* (2012), S. 49.
12  Parzinger, in: *Russen und Deutsche* (2012), S. 36 f.
13  S. a.: www.schloss-gottorf.de/haithabu/das-museum/haithabu; Birgit Maixner: *Haithabu – Fernhandelszentrum zwischen den Welten. Begleitband zur Ausstellung im Wikinger-Museum Haitabu*. Schleswig 2010.
14  Aus der Nestorchronik; zit. n.: Manfred Hildermeier: *Geschichte Russlands. Vom Mittelalter bis zur Oktoberrevolution*. München 2013, S. 39 ff. S. a.: Michael North: *Zwischen Hafen und Horizont. Weltgeschichte der Meere*. München 2016, S. 39 ff.
15  Die Gebiete umfassten das damalige Samaniden-Reich beziehungsweise Transoxanien. S. a.: North (2016), S. 50.
16  Funde vor allem auf Gotland.

17  Zit. n.: Christian Lübke: *Das östliche Europa. Die Deutschen und das europäische Mittelalter*. Berlin 2004, S. 109.
18  Zur Normannentheorie s. a.: Hildermeier (2013), S. 41 f.; sowie: Carnap-Bornheim, in: *Russen und Deutsche* (2012), S. 48.
19  S.: Lew Kopelew: *Zur Vorgeschichte russischer Deutschenbilder*, in: West-östliche Spiegelungen, Rh. B, Bd. 1: Dagmar Herrmann: *Deutsche und Deutschland aus russischer Sicht. 11.–17. Jahrhundert*, München 1983 (im Folgenden: WÖS, B/1), S. 13–50, hier S. 19. Hitlers rassenideologische Schergen wiederum fanden in der »Normannentheorie« einen Beweis für die angebliche Überlegenheit der »nordischen Rasse« über die Slawen.
20  S.: Lew Kopelew: *Zur Vorgeschichte russischer Deutschenbilder*, in: WÖS, B/1, S. 13–50, hier S. 22.
21  Hildermeier (2013), S. 40.
22  Gespräch der Autorin mit Christian Lübke, Oktober 2016.
23  Gespräch der Autorin mit dem Historiker Ludolf Pelizaeus, Oktober 2016.
24  Gespräch der Autorin mit Christian Lübke, Oktober 2016. S. a.: Alexandre Skirda: *La traite des Slaves. L'esclavage des Blancs du VIIIe au XVIIIe siècle*. Paris 2010. So wurde 973 einem Sklavenhändler eine Urkunde ausgestellt, in der anstatt des lateinischen *servus* das Wort *sclavus*, »Slawe«, für »Sklave« erscheint. Die Urkunde findet sich in den *Monumenta Germaniae Historica*.
25  Gespräch der Autorin mit Christian Lübke, Oktober 2016.
26  Zum Sklavenhandel: Michael Zeuske: *Handbuch Geschichte der Sklaverei. Eine Globalgeschichte von den Anfängen bis zur Gegenwart*. Berlin 2013. Ludolf Pelizaeus: *Netzwerke des Menschenhandels im deutschsprachigen Raum in der frühen Neuzeit*. Mainz 2016. Ders.: *Gewaltexport zwischen »Ausschaffung« von Straftätern, Soldatenhandel und obrigkeitlichen Interessen an der Wende vom 17. zum 18. Jahrhundert*, in: *Zeitschrift für Historische Forschung*, Beiheft 49, S. 243–259. Sowie Gespräch der Autorin mit Ludolf Pelizaeus, Oktober 2016.
27  Hildermeier (2013), S. 89 f.
28  Alexander Nasarenko: »*Die Rus und andere östliche Völker dürfen steuerfrei Handel treiben…*« In: *Russen und Deutsche* (2012), S. 50–53, hier 53.
29  Nasarenko, in: *Russen und Deutsche* (2012), S. 53. Die Raffelstettener Zollordnung von 903–906 erwähnt Kaufleute aus den »Rugiern« (Russen), die mit Wachs, Sklaven und Pferden handeln. Hildermeier (2013), S. 78.
30  Mit umfangreichen Quellen: North (2016), S. 95 ff.
31  Christoph Witzenrath: *Ivan IV. »der Schreckliche« als Befreier? Los-*

kauf und Abwehr in den Sklavenjagden in der Legitimationsideologie des Moskauer Reiches. Referat auf dem Deutschen Historikertag 2012.
32 So Helmold von Bosau in der Slawenchronik 1167.
33 Gespräch der Autorin mit Christian Lübke, Oktober 2016.
34 Gespräch der Autorin mit Christian Lübke, Oktober 2016.
35 1193 rief Papst Coelestin III. zum ersten Ost-Kreuzzug gegen die slawischen Balten auf.
36 Gerd Koenen: *Der Russland-Komplex. Die Deutschen und der Osten 1900–1945*. München 2005, S. 73 f. S. a: Andreas Kossert: *Ostpreußen, Geschichte und Mythos*. München 2005, sowie: Vejas Gabriel Liulevicius: *Kriegsland im Osten. Eroberung, Kolonialisierung und Militärherrschaft im Ersten Weltkrieg*. Hamburg 2002.
37 Bernhard Dircks: *Krieg und Frieden mit Livland (12.–15. Jahrhundert)*, in: WÖS, B/1, S. 116–148, hier S. 132, sowie: Ludolf Müller: *Das Bild vom Deutschen in der Kiever Rus'*, in: WÖS, B/1, S. 51–82, hier S. 79.
38 In den kommenden beiden Jahrhunderten kam es immer wieder zu kriegerischen Auseinandersetzungen, aber auch zu militärischen Bündnissen zwischen den russischen »Bojarenrepubliken« Nowgorod und Pleskau und dem livländischen Ordensritterstaat.
39 Dircks, in WÖS, B/1, S. 129 ff., auch S. 139. Das altrussische Wort *nemci* ist wahrscheinlich vom Wort *nem* abgeleitet, in übertragener Bedeutung »fremd«.
40 Früh prägten missionierende Mönche das Bild von den Slawen beziehungsweise Russen als »barbarisch« (also: nichtrömisch) und wild, »mit den Zähnen knirschend und viel Schimpfworte ausstoßend«. S. dazu: Mechthild Keller: *Konturen: Die Darstellung der Ostslawen in Chroniken und Annalen des 9.–13. Jahrhunderts*, in: West-östliche Spiegelungen, Rh. A, Bd. 1: Mechthild Keller (Hg.): *Russen und Rußland aus deutscher Sicht, 9.–17. Jahrhundert*. München 1985 (im Folgenden: WÖS, A/1), S. 57–83, hier S. 58 ff.
41 Keller, in: WÖS, A/1, S. 63 ff. Gespräch der Autorin mit Christian Lübke, Oktober 2016.
42 Hildermeier (2013), S. 43 ff.
43 Auch diese Frage wurde mit der Ukrainekrise zur politischen Waffe: Nach der Annexion der Krim durch Russland vertrat man dort vorzugsweise die These, Wladimir sei auf der »heiligen« Krim getauft worden.
44 Hildermeier (2013), S. 52.
45 Thomas Bremer: *Der »Westen« als Feindbild im theologisch-philosophischen Diskurs der Orthodoxie*, in: Europäische Geschichte Online, http://ieg-ego.eu/, Abs. 11.

46 Zusammenfassend: Norbert Angermann: *Nowgorod und die Hanse*, in: *Russen und Deutsche* (2012), S. 56–63.
47 Zit. n.: North (2016), S. 113.
48 Norbert Angermann, Ulrike Endell: *Die Partnerschaft mit der Hanse*, in: WÖS, B/1, S. 83–115, hier S. 83 ff.
49 Handelsverträge garantierten die Unversehrtheit der jeweiligen Abgesandten bei ihren Reisen ins jeweils andere Land. S. a.: Müller, in: WÖS, B/1, S. 76 f.
50 Angermann/Endell, in: WÖS, B/1, S. 89.
51 Angermann/ Endell, in: WÖS, B/1, S. 95.
52 »Schra« kommt aus dem Altnordischen und bedeutet getrocknete Tierhaut, Leder.
53 Müller, in: WÖS, B/1, S. 77.
54 S. a. Hildermeier (2013), S. 153 ff.
55 S. a.: Angermann/Endell, in: WÖS, B/1, S. 87.
56 Hildermeier (2013), S. 230.
57 Zit. n.: »*Moskau – das Dritte Rom*«. *Das Sendschreiben des Filofej von Pskov*, in: Peter Hauptmann, Gerd Stricker (Hg.): *Die Orthodoxe Kirche in Rußland. Dokumente ihrer Geschichte 960–1980*. Göttingen 1980, S. 253. Zur Interpretation des Sendschreibens s. a.: Michael Hagemeister: »*Bereit für die Endzeit*«. *Neobyzantismus im postsowjetischen Russland*, in: *Osteuropa* 66 (2016), H. 11/12, S. 15–43, hier S. 22.
58 Anna Lenkewitz, Aljona Brewer, Stefan Plaggenborg (Hg.): »*Gerechte Herrschaft*« *im Russland der Neuzeit. Dokumente. Kulturen der Gerechtigkeit. Normative Diskurse im Transfer zwischen Westeuropa und Russland*. Digitale Osteuropa-Bibliothek, Reihe Geschichte, Bd. 18, S. 8.
59 Mit Dank für den Hinweis: Hagemeister (2016).
60 Dazu gehörten der Izborskij Klub und auch der orthodoxe Milliardär Konstantin Malofeev und sein 2015 gegründetes Institut »Katechon«. Wie Alexander Prochanow und Alexander Dugin unterstützte auch Malofeev die Separatisten im Osten der Ukraine. Der von ihm betriebene You-Tube Kanal »Tsargrad TV« (Konstantinopel TV) zählt Alexander Dugin als Chefkommentator auf und soll die »russische Antwort« auf das Weltgeschehen liefern: www.youtube.com/user/tsargradtv; sowie Hagemeister (2016), S. 42.
61 Hagemeister (2016), S. 19.
62 Hagemeister (2016), S. 43.

## Im Land der »wilden Moskowiter«

1 Dietrich Geyer: *Späte Europäisierung*, in: Gottfried Schramm (Hg.): *Rußlands langer Weg zur Gegenwart*. Göttingen 2001, S. 32–43, hier S. 34.
2 Zur Debatte über das *Imperium inter pares* s. a.: Martin Aust u. a.: *Imperium inter pares. Reflections on Imperial Identity and Interimperial Transfers in the Russian Empire (1700–1918)*. Konferenz, Deutsches Historisches Institut Moskau, September 2008.
3 S. dazu: Hildermeier (2013), der das »Privileg der Rückständigkeit« beschreibt. Sowie: Martin Aust: *Russland und Europa in der Epoche des Zarenreiches (1547–1917)*, in: *Europäische Geschichte Online*, http://ieg-ego.eu/.
4 32 Reiseberichte über Russland wurden von den Engländern der Muscowy Company verfasst. Aust, in: *Europäische Geschichte Online*, Absatz 19.
5 S. a.: Stefan Troebst: *Handelskontrolle, »Derivation«, Eindämmerung: schwedische Moskaupolitik 1617–1661*. Wiesbaden 1997.
6 Hildermeier (2013), S. 374.
7 Andrej Doronin: *Das Bild der Russen bzw. Moscoviter auf der historischen und kognitiven Landkarte der deutschen Humanisten 1490–1530*, in: *Orbis Terrarum* 13 (2015), S. 83–101, hier S. 96.
8 Doronin (2015), S. 99. Ausführlich: Jörn Happel, Christophe v. Werdt (Hg.): *Osteuropa kartiert. Mapping Eastern Europe*. Zürich/Berlin 2010.
9 Doronin (2015), S. 88. Ausführlich auch zum Unterschied zwischen »Ruthenen« und Russen.
10 Zu Herbersteins Biografie s. vor allem die Forschungen von Walter Leitsch. Hier Nachwort zu: *Sigmund von Herberstein: Das alte Russland*. Zürich 1985, S. 350 ff.
11 Gabriele Scheidegger: *Das Eigene im Bild vom Anderen, Quellenkritische Überlegungen zur russisch-abendländlichen Begegnung im 16. und 17. Jahrhundert*, in: *Jahrbücher für die Geschichte Osteuropas* 35 (1987), S. 339–355, hier S. 341.
12 Reinhard Frötschner, *Freiherr Sigismund von Herberstein und die »Entdeckung« Russlands in der ersten Hälfte des 16. Jahrhunderts*, in: *Russen und Deutsche* (2012), S. 98–107, hier S. 100 ff.
13 Sigmund von Herberstein: *Das alte Rußland*. Zürich 1985, sowie: Sigismund von Herberstein. *Rerum Moscoviticarum Commentarii. Synoptische Edition der lateinischen und der deutschen Fassung letzter Hand. Basel 1556 und Wien 1557*. München 2007. Die erste Fassung seiner Abschlussberichte ist nicht überliefert.
14 Walter Leitsch: *Das erste Rußlandbuch im Westen – Sigismund Freiherr von Herberstein*, in: WÖS, A/1, S. 118–149.

15  Zit. n.: Sievers (1981), S. 66.
16  Zit. n.: Geyer, in: Schramm (2001), S. 58.
17  Frötschner, in: *Russen und Deutsche* (2012), S. 98. Dietrich Geyer sieht im Unterschied dazu das Bemühen, ein möglichst objektives Bild von Russland zu zeichnen. Geyer, in: Schramm (2001), S. 58.
18  Geyer, in: Schramm (2001), S. 34.
19  Immer wieder kam es zu Auseinandersetzungen mit Livland, der Ostseemacht Schweden und vor allem mit der aufstrebenden katholischen Großmacht Polen-Litauen, ein Reich, das größere Teile der späteren Ukraine umfasste und sich wie ein Riegel zwischen Russland und den Westen Europas schob. Ein Vierteljahrhundert dauerte allein der Livländische Krieg, den Moscowien wechselweise gegen die Ostseemächte Schweden, Polen-Litauen und den Deutschordensstaat Livland führte, ein grausamer Zermürbungskrieg, den schließlich Schweden für sich entschied. Im deutschen Geschichtsbewusstsein ist dieser Krieg heute so gut wie nicht mehr existent. Dabei bestimmte dieser Krieg wie kaum ein anderer das Bild, das Russen und Deutsche voneinander formten.
20  Andreas Kappeler: *Die deutschen Flugblätter über die Moskowiter und Iwan den Schrecklichen im Rahmen der Rußlandliteratur des 16. Jahrhunderts*, in: WÖS, A/1, S. 150–182. Sowie: Inge Auerbach: *Russland in deutschen Zeitungen (16. Jahrhundert)*, in: WÖS, A/1, S. 183–195.
21  Kappeler, in: WÖS, A/1, S. 160.
22  Kappeler, in: WÖS, A/1, S. 173.
23  Geyer, in: Schramm (2001), S. 34.
24  Scheidegger, in: *Jahrbücher für die Geschichte Osteuropas* 35 (1987), S. 357.
25  Uwe Liszkowski: *Olearius' Beschreibung des Moskauer Reiches*, in: WÖS, A/1, S. 223–246.
26  Liszowski, in: WÖS, A/1, S. 227.
27  Dieter Lohmeier: *Paul Flemings poetische Bekenntnisse zu Moskau und Rußland*, in: WÖS, A/1, S. 341–370.
28  Aust, in: *Europäische Geschichte Online*, Abs. 15. Zugleich aber gelangten im Zuge der Nikonschen Reformen schon im 17. Jahrhundert »westliche« Vorstellungen etwa über Bildung und Künste nach Moskau – über die Ukraine.
29  Adam Olearius: *»Vermehrte Newe Beschreibung Der Muscowitischen vnd Persischen Reyse«* (1656).
30  Liszowski, in: WÖS, A/1, S. 229.
31  Liszowski, in: WÖS, A/1, S. 235 ff. S. a. Ludwig Steindorff: *Adam Olearius' Sicht auf das Moskauer Reich*. Vortragsmanuskript, Ringvorlesung Universität Kiel, Januar 2016, S. 1–19.

32  Zit. n.: Steindorff (2016), S. 11.
33  Zit. n.: Lohmeier, in: *WÖS*, A/1, S. 350.
34  Zit. n.: Liszowski, in: *WÖS*, A/1, S. 246.
35  Hartmut Rüß: *Moskauer »Westler« und »Dissidenten«*, in: *WÖS*, B/1, S. 179–216, hier S. 181.
36  Geyer, in: Schramm (2001), S. 32.
37  Samuel Baron: *Die Ursprünge der Nemeckaja Sloboda*, in: *WÖS*, B/1, S. 217–253.
38  Rüß, in: *WÖS*, B/1, S. 196.
39  Der Pastor warb um Verständnis für die Russen. Der Begründer des Theaters hatte während einer Reise dem Stuttgarter Gastwirt Johann Allgeyer in sein Gästebuch geschrieben: »Der tapfre Reuße wird ein Barbar zwar genennet, und ist kein Barbar doch, … ich bezug es frey, das in dem Barbarland fast nicht barbarisch sei.« Zit. n.: Monika Hueck: *»Der wilde Moskowit«. Zum Bild Rußlands und der Russen in der deutschen Literatur des 17. Jahrhunderts. Überblick*, in: *WÖS*, A/1, S. 289–340, hier S. 323.
40  Rüß, in: *WÖS*, B/1, S. 208 f. S. a.: Hildermeier (2013), S. 396.
41  Offenbar beeinflusste auch die junge, nach Westen blickende Zarin die Entscheidung des Zaren, ein Theater zu erlauben. Zarin Natalija Naryškina war Mutter Peter I., des Großen. Hueck: in: *WÖS*, A/1, S. 323.
42  Eckhard Hübner: *Peter der Große. Auch Deutschland lag im Westen*, in: *West-östliche Spiegelungen*, Rh. B., Bd. 2: Dagmar Herrmann, Karl-Heinz Korn (Hg.): *Deutsche und Deutschland aus russischer Sicht, 18. Jahrhundert: Aufklärung*. München 1992 (im Folgenden: *WÖS*, B/2), S. 77–100.
43  Rüß, in: *WÖS*, B/1, S. 198.
44  Baron, in: *WÖS*, B/1, S. 220. Gabriele Scheidegger weist auf unterschiedliche Darstellungen Reisender hin; nicht überall wird der Wasserkrug erwähnt.
45  Aust, in: *Europäische Geschichte Online*, Abs. 8.
46  Zur »Saufsynode« und ihrer herrschaftslegitmierenden Begründung s. a. Hildermeier (2013), S. 677 f.
47  Simon Sebag Montefiore: *Die Romanows. Glanz und Untergang der Zarendynastie 1613–1918*. Frankfurt a. M. 2016, S. 121 ff.

## »Segelt, denn niemand weiß, wo es endet«

1  Den Begriff »Fenster nach Europa« prägte der italienische Gelehrte Francesco Algarotti, der 14 Jahre nach dem Tod Peters des Großen über Sankt Petersburg schrieb: »Das große im Norden aufgestoßene Fenster, durch das Russland auf Europa schaut.« Zit. n.: Hubertus F.

Jahn: *Das Fenster nach Rußland*, in: Dittmar Dahlmann, Wilfried Potthoff (Hg.), *Deutschland und Rußland. Aspekte kultureller und wissenschaftlicher Beziehungen im 19. und frühen 20. Jahrhundert*, Wiesbaden 2004, S. 13–29.

2 S. etwa: Evgeny Anisimov: *The Reforms of Peter the Great: Progress through Coercion in Russia*. New York 1993.

3 S. a.: Lew Kopelew: *Lehrmeister und Rivalen, Kameraden und Fremdlinge*, in: WÖS, B/2, S. S. 11–52, hier S. 22.

4 Montefiore (2016), S. 181.

5 Mechthild Keller: *Von Halle nach Petersburg und Moskau*, in: WÖS, A/2, S. 173–183, hier S. 177 f.

6 Kopelew, in: WÖS, B/2, S. 27. »Hasenspeck« war auch ein eher neckisches russisches Kinder-Schimpfwort über Deutsche.

7 Kopelew, in: WÖS, B/2, S. 21.

8 Hübner, in: WÖS, B/2, S. 89.

9 Mechthild Keller: *Wegbereiter der Aufklärung. Gottfried Wilhelm Leibniz' Wirken für Peter den Großen und sein Reich*, in: *West-östliche Spiegelungen,* Auswahl, Bd. 1: Dagmar Herrmann, Mechthild Keller (Hg.): *Zauber und Abwehr. Zur Kulturgeschichte der deutsch-russischen Beziehungen.* München 2003 (im Folgenden: WÖS, Auswahl/1); S. 15–35, hier S. 18 ff.

10 Zu Genese und Widersprüchlichkeit des Russlandbildes Leibniz': Keller, in: WÖS, Auswahl/1, S. 35.

11 Mit vielen Quellen: Georg v. Rauch: *Politische Voraussetzungen für westöstliche Kulturbeziehungen im 18. Jahrhundert*, in: WÖS, A/2, S. 35–58, hier S. 36.

12 Marc Raeff: *Legenden und Vorurteile*, in: WÖS, B/2, S. 53–76, hier S. 67.

13 Peter der Große starb wohl an einem Nieren-und Blasenleiden und akutem Urinstau. Es gelang ihm nicht mehr, seinen letzten Willen zu diktieren. Die Akademie der Wissenschaften wurde von seiner Witwe, Zarin Katharina I., eröffnet – der Frau, die ihre Karriere als Hausmädchen in einem deutschbaltischen Pastorenhaushalt begonnen hatte. Seinem Tod folgten Jahrzehnte dynastischen Durcheinanders, bis sich 1762 an die Macht putschte: Katharina II., eine Deutsche.

14 S. dazu auch die Veröffentlichungen von Dittmar Dahlmann über Deutsche in Russland vom 18. bis zum frühen 20. Jahrhundert sowie über die Rolle des Pietismus: Keller, in: WÖS, A/2, S. 173.

15 So der Leibniz-Schüler Christian Wolff, der bei der Vermittlung Richtung Russland half, in einem Brief an den Mathematiker Leonhard Euler 1727.

16 Ein Überblick: Ingrid Schierle: »*Paradies der Gelehrten*«? *Deutsche in*

Wissenschafts- und Bildungseinrichtungen im Russischen Reich im 18. Jahrhundert, in: Russen und Deutsche (2012), S. 308–315.

17 Dazu auch: Hans Hecker: *Rußland und die deutsche Historiographie des 18. Jahrhunderts*, in: WÖS, A/2, S. 184–215.

18 Zit. n. Birgit Scholz. *Von der Chronistik zur modernen Geschichtswissenschaft. Die Warägerfrage in der russischen, deutschen und schwedischen Historiographie*. Wiesbaden 2000, S. 384.

19 Fortschritte machte die Medizin: Schon im 18. Jahrhundert studierten mehr als 2000 Russen an den neu gegründeten medizinischen Fakultäten im Land, s.: Andreas Renner: *Ein Paradies für Experten? Über die Integration Russlands in die frühneuzeitliche Wissensgesellschaft*, in: Europäische Geschichte Online, ieg-ego.eu. Schon 1754 übernahm der russische Professor Poletika einen deutschen Lehrstuhl.

20 Keller, in: WÖS, A/2, S. 181.

21 Renner, *Ein Paradies*.

22 Raeff, in: WÖS, B/2, S. 61.

23 Kopelew, in: WÖS, B/2, S. 30.

24 Folkwart Wendland: *Das Russische Reich am Vorabend der Großen Nordischen Expedition*, in: Doris Posselt (Hg.): *Die Große Nordische Expedition von 1733 bis 1743. Aus Berichten der Forschungsreisenden Johann Georg Gmelin und Georg Wilhelm Steller*. Leipzig und Weimar 1990, S. 332–384, hier S. 347.

25 Details in: Wendland, in: Posselt (1990), S. 350 ff.

26 In einem Sturm verloren sich die St. Peter und das zweite Paketschiff, die St. Paul. Die setzte die Reise getrennt fort – und kam bis in den Südosten Alaskas, das heutige Sitka.

27 Zit. n.: Wendland, in: Posselt (1990), S. 382.

28 Stellers Tagebuch, zit. n.: *Die Große Nordische Expedition* (1996), S. 261.

29 Dittmar Dahlmann: *Deutsche Forschungsreisende in Russland vom 18. bis zur Mitte des 19. Jahrhunderts*, in: Russen und Deutsche (2012), S. 316–326, hier S. 322.

30 Unter Katharina II. änderte sich die restriktive Veröffentlichungspolitik der Petersburger Akademie. Reise- und Expeditionsberichte wurden leichter zugänglich. Trotz der nüchternen Darstellung berühmt wurden ab 1770 die Berichte des Berliner Naturwissenschaftlers Peter Simon Pallas über seine mehrjährigen Reisen nach Sibirien und an die chinesische Grenze. S. a.: Gert Robel: *Berichte über Rußlandreisen*, in: WÖS, A/2, S. 216–247.

31 *Die Große Nordische Expedition* (1996), S. 223 sowie S. 285.

32 Alexander von Humboldt reiste auf Einladung des Zaren. Nikolaus I. finanzierte die Russlandreise vor allem aus konkreten wirtschaftli-

chen Interessen: Humboldt sollte herausfinden, wie sich der Abbau von Erzen und Edelmetallen verbessern ließe und Gold- und Platinminen im Ural inspizieren. Begleitet von Beamten des Zaren, faktischen Kontrolleuren und Zensoren, legte er gut 15 000 Kilometer in nur 23 Wochen zurück. S. dazu: Jörg Stadelbauer: *Alexander von Humboldt und Russland*, in: Dahlmann, Potthoff (2004), S. 29–58, sowie: Andrea Wulf: *Alexander von Humboldt und die Erfindung der Natur*. München 2016, S. 255–273.

33   Ein Jahr nach dessen Tod veröffentlichte Stellers Bruder einen Nachruf mit kritischen Anmerkungen zu Russland, auch einige von Stellers Reisebeschreibungen wurden in den folgenden Jahrzehnten in Deutschland publiziert. Stellers Reise wurde lange Zeit in den USA mehr beschrieben als in Deutschland oder der Sowjetunion. Erst in den neunziger Jahren begab sich der Leipziger Wieland Hintzsche auf die Suche nach Stellers Spuren. In russischen Archiven fand er schließlich vergessene Manuskripte und Zeichnungen, Stellers Nachlass, und konzipierte die Steller-Ausstellung in Halle 1996. S. a.: Robel, in: WÖS, A/2, S. 228 f., S. 236.

## »... etwas grössres erkennen lernen ...«

1   S. a.: *Schulter an Schulter*, in: *Der Spiegel*, 27. 12. 2004.
2   »Beckmann«, in: ARD, 23. 11. 2004
3   *Dosvidanija, Präsident Putin! Sie dürfen uns gern wieder besuchen*, in: *Bild*, 22.12.2004.
4   Zit. n.: www.welt.de/print-welt/article359919/Putins-milliardenschweres-Weihnachtsgeschenk.html.
5   Zum Nordischen Krieg und Gottorfer Verwicklungen: Joachim Krüger: *Der Große Nordische Krieg*, in: Kirsten Baumann, Ralf Bleile (Hg.): *Von Degen, Segeln und Kanonen. Der Untergang der Prinzessin Hedvig Sofia*. Katalog zur gleichnamigen Ausstellung. Gottorf/Dresden 2015, S. 76–123.
6   Gespräch der Autorin mit Dr. Uta Kuhl, Kuratorin der Stiftung Schleswig-Holsteinische Landesmuseen, Schloss Gottorf, Oktober 2016.
7   Herwig Guratzsch (Hg.): *Der neue Gottorfer Globus*. Schleswig 2012, S. 66.
8   Gabriele Beßler: *Kunst und Wunderkammern*, in: *Europäische Geschichte Online*, http://ieg-ego.eu/.
9   Jan Drees: *Die »Gottorfische Kunst-Kammer«*, in: Heinz Spielmann u. a. (Hg.): *Gottorf im Glanz des Barock*, Bd. 2: *Die Gottorfer Kunstkammer*. Schleswig 1997.
10   Richard Schröder: *Der vermeßbare Globus im unermeßlichen All*,

| | |
|---|---|
| | in: Gurtazsch (2012), S. 12–27, sowie: Matthias Gretzschel: *Ein Weltwunder – der alte Gottorfer Globus*, in: ebd., S. 74–108. |
| 11 | S. a.: Stefan Troebst: *Armenian Merchants in 17th-Century North-Eastern Europe. Introduction*, in: Mitropa 2015, S. 14–19. |
| 12 | Auch Großbritannien und Sachsen-Polen waren Kriegsteilnehmer. Später wurde Preußen – neben Russland die zweite aufsteigende Macht in Europa – zeitweise zum Alliierten. Dabei ging es 1713 vor allem um die Eroberung Stettins, damals bedeutender Stützpunkt Schwedens. |
| 13 | Montefiore (2016), S. 139. S. a.: Helmut Hubel, Joachim von Puttkamer, Ulrich Steltner (Hg.): *Ein europäisches Rußland oder Rußland in Europa?* Baden Baden 2004. |
| 14 | Hubertus F. Jahn: *Das Fenster nach Russland. St. Petersburg als Faszinosum in Deutschland*, in: Dittmar Dahlmann, Wilfried Potthof (Hg.): *Deutschland und Russland. Aspekte kultureller und wissenschaftlicher Beziehungen im 19. und frühen 20. Jahrhundert.* Wiesbaden 2004, S. 13–28, hier S. 5 ff. |
| 15 | Umfassend zu Peter I., immer noch: Reinhard Wittram: *Peter I. Czar und Kaiser. Zur Geschichte Peters des Großen in seiner Zeit.* 2 Bde. Göttingen 1964. |
| 16 | Hildermeier (2013), S. 413, sowie: Uwe Klußmann, Dietmar Piper (Hg.): *Die Herrschaft der Zaren. Russlands Aufstieg zur Weltmacht.* München 2012, S. 60. |
| 17 | Fred Otten: *»Und die Paläste waren wunderbar« – Russische Reiseberichte*, in: WÖS, B/1, S. 274–308, hier S. 278. |
| 18 | Montefiore (2016), S. 132 f. |
| 19 | Aust, in: *Europäische Geschichte online*, Abs. 15. Peter I. hatte 1696 über das Osmanische Reich gesiegt und Asow gewonnen. |
| 20 | Hildermeier (2013), S. 433. |
| 21 | Aust, in: *Europäische Geschichte online*, Abs. 17. |
| 22 | Noch knapp 300 Jahre später, 2003, blieb ein russischer Historiker hochdiplomatisch im Ungefähren, als er den Sachverhalt beschreiben musste: War der Gottorfer Globus ein Geschenk, eine Art rechtmäßig angeeigneter Leihgabe oder schlicht Kriegsbeute? Der Globus, so die offizielle Lesart, sei ein Geschenk für den Zaren gewesen. Gern benutzte man dabei auch das neutrale Wort »Übergabe«. S.: E. P. Karpeev: *Bolšoj Gottorpskij Globus.* Sankt Petersburg 2003, S. 29 ff. |
| 23 | Iraida K. Bott (Hg.): *Gorod Puškin. Dvorzy i ljudi.* Zarskoje Selo 2015. Im Mai 1945 wurde Hinrich Lohse vom britischen Militär festgenommen, später nach Nürnberg überstellt. 1948 wurde er als ehemaliger »Reichskommissar für das Ostland« und »Mitwisser an der Massenvernichtung in den Gaskammern« von einem Gericht in |

Bielefeld zu zehn Jahren Haft verurteilt, doch bereits 1951 wegen Krankheit entlassen, ein weiteres Ermittlungsverfahren eingestellt. Er starb 1964 in seinem Geburtsort nicht weit von Hamburg.

24 Wegen Minengefahr in der Ostsee musste das Schiff nach Murmansk fahren. Von dort aus wurde der Globus per Zug nach Leningrad transportiert. S.: Karpeev (2003), S. 59 f.

25 Karpeev (2003), S. 81 ff.

26 Besuch der Autorin in der Kunstkammer, Sankt Petersburg, November 2016.

27 Adam Olearius: Vorrede zum Buch: *Gottorfische Kunstkammer*, 1666. Zit. im neuen Globushaus, Schloss Gottorf.

## Sie belohnte ihre Freunde, und ihre Gegner bestrafte sie nicht

1 Über Katharina die Große wurden wunderbare Biografien geschrieben worden, sie basieren auf dem Quellenmaterial der Zeit, auch auf den üppigen Quellen, die Katharina II. selbst hinterließ: Tagebücher, Memoiren, Tausende Briefe, gar Theaterstücke. Ein Leben für viele Bücher. Stellvertretend: Eckhard Hübner, Jan Kusber, Peter Nitsche (Hg.): *Russland zur Zeit Katharinas II. Absolutismus, Aufklärung, Pragmatismus*. Köln 1998. Robert K. Massie: *Catherine the Great. Portrait of a Woman*. New York 2011. Simon Sebag Montefiore: *Katharina die Große und Fürst Potemkin. Eine kaiserliche Affäre*. Frankfurt a. M. 2009. Claus Scharf (Hg.): *Katharina II., Russland und Europa*. Mainz 2001. Ders.: *Katharina II., Deutschland und die Deutschen*. Mainz 1996. Zu Quellen s. S. 66 ff.

2 Zit. n.: Massie (2011), S. 11.

3 Zu dynastischen Netzwerken, Verwandtschaften und der Frage der »europäischen Fürstenfamilie« zusammenfassend: Daniel Schönpflug: *Dynastische Netzwerke*, in: *Europäische Geschichte Online*, <ieg-ego.eu>.

4 Massie (2011), S. 43.

5 S. a.: Claus Scharf: *Die dynastischen »Wechselheiraten« zwischen Russland und Deutschland vom 16. Jahrhundert bis 1917*, in: *Russen und Deutsche* (2012), S. 122–155, hier S. 144 ff.

6 Zit. n.: Massie (2011), S. 12.

7 Montefiore (2009), S. 299.

8 Es ging vor allem um die Frage eines Bündnisses mit Österreich oder dem aufstrebenden Preußen unter König Friedrich II., dem Großen – über dieser Frage kam es am russischen Hof zu diversen Verschwörungen, Toten, Verurteilungen, Verbannungen.

9 Zarin Elisabeth war verlobt mit dem Fürstbischof von Lübeck, der

überraschend verstarb. Dessen Nichte wiederum war Sophie von Anhalt-Zerbst, die spätere Katharina II.
10 Zit. n.: Massie (2011), S. 23.
11 Aus den Erinnerungen Katharinas II. Zit. n.: Kopelew, in: WÖS, B/2, S. 43.
12 Massie (2011), S. 115. Das Bild Peters III. wurde allerdings maßgeblich von seiner Frau geprägt und ist mit Vorsicht zu genießen.
13 Zit. n.: Lew Kopelew: »*Unser natürlichster Verbündeter*« – *Friedrich der Große über Rußland*, in: WÖS, A/2, S. 283 ff.
14 Zit. n.: Kopelew, in: WÖS, A/2, S. 287.
15 Zit. n.: Kopelew, in: WÖS, A/2, S. 291.
16 Legendär Friedrichs Zitat nach dem unerwarteten Tod der Zarin Elisabeth und der Thronbesteigung Peters: »Gott sei Dank, am Rande des Untergangs, doch eine Frau stirbt – und eine Nation erwacht wieder zum Leben.« Zit. n.: Montefiore (2009), S. 274.
17 Hildermeier (2013), S. 489, sowie: Evgenij Anisimov: *Rossija bez Petra. 1725–1740.* Sankt Petersburg 1994.
18 So in drei Briefen an Katharina II. Zit. n.: Massie (2011), S. 269.
19 Montefiore (2016), S. 287.
20 www.zarpeteriii.de/nachrichten-im-detail/items/Denkmalaufstellung.html.
21 Friedrich der Große unterschätzte Katharina lange. Sie sei eine Ausländerin, unfähig zu regieren, lasse sich in die Arme jener fallen, die sie retten wollten. Zit. n.: Montefiore (2016), S. 284.
22 Scharf (1996), S. 118.
23 *Ihr Vorbild*, www.zeit.de/2005/44/Ihr_Vorbild.
24 Scharf (1996), S. 104.
25 Eine dieser Komödien wurde auf Deutsch unter dem Titel *Wider Schwärmerei und Aberglauben* bekannt. Sie wandte sich darin gegen die Berliner Geheimgesellschaften, die Rosenkreuzer und den Grafen Cagliostro. Scharf (1996), S. 195.
26 Aljona Brewer, Anna Lenkewitz, Stefan Plaggenborg (Hg.): »*Gerechte Herrschaft*« *im Russland der Neuzeit*. München 2014, S. 20 ff.
27 Das Staatsmonopol auf Druckereien war per kaiserlichem Erlass abgeschafft, die neue Freiheit währte allerdings nur wenige Jahre. S. a. Hildermeier (2013), S. 651 f.
28 Christian Lübke: *Von Peters »Vedomosti« zu Karamzins Journalen. (Aus Zeitungen und Zeitschriften)*, in: WÖS, B/2, S. 228–270, hier S. 266.
29 Massie (2011), S. 341, sowie Scharf (1996), S. 199.
30 Sie benutzte die Veröffentlichungen eines italienischen Rechtsgelehrten und auch die Beschreibungen zweier deutscher politischer

Schriftsteller über die Aufgaben der deutschen »Policey«. Sie habe »geplündert«, schrieb Katharina kokett. Scharf (1996), S. 123 ff.
31  Montefiore (2009), S. 299.
32  Allerdings konnten viele unter ihnen weder lesen noch schreiben. Hildermeier (2013), S. 496 ff. Massie (2011), S. 353.
33  Carsten Goerhke: *Russischer Alltag. Eine Geschichte in neun Zeitbildern vom Frühmittelalter bis zur Gegenwart.* Bd. 2: *Auf dem Weg in die Moderne.* Zürich 2003, S. 45 ff.
34  Dietrich Geyer: »*Gesellschaft« als staatliche Veranstaltung. Sozialgeschichtliche Aspekte des russischen Behördenstaates im 18. Jahrhundert*, in: ders. (Hg.): *Wirtschaft und Gesellschaft im vorrevolutionären Rußland.* Köln 1975, S. 20–52.
35  Zit. n.: Angela Stent: *Putin's World*, in: *The Crisis with Russia.* Washington 2014, S. 54.
36  So die Wertung seines Konkurrenten um Katharinas Gunst, Grigorij Orlov. Zit. n.: Montefiore (2009), S. 310.
37  Montefiore (2009), S. 312 f.
38  So etwa Otto (2005).
39  Montefiore (2016), S. 339.
40  Kerstin Susanne Jobst: *Nördliche Schwarzmeerregion*, in: *Europäische Geschichte Online*, ieg-ego.eu.
41  S. a. jüngste Funde von mehr als vierzig gesunkenen Schiffen im Schwarzen Meer: *A Lost World of Shipwrecks is Found*, www.nytimes.com/2016/11/12/science/shipwrecks-black-sea-archaeology.html?_r=0.
42  Michael Khodarkovsky: *Russia's Steppe Frontier. The Making of a Colonial Empire 1500–1800*, Bloomington 2002. Zit. n.: Jobst, in: *Europäische Geschichte Online*, Abs. 17.
43  S. a.: Katja Gloger: *Die Rezeption des Krimkrieges in zeitgenössischen russischen Monatsschriften (»Tolstye žurnaly«) von 1855–1859 unter besonderer Berücksichtigung der Zeitschriften »Morskoj Sbornik« sowie »Voennyj Sbornik«*, Magisterarbeit, Univ. Hamburg 1985. Umfassend: Orlando Figes: *Krimkrieg. Der letzte Kreuzzug.* Berlin 2011.
44  S. a.: Valery Konyshev, Alexander Sergunin: *Russian Views on the Ukraine's Crisis*, http://valdaiclub.com/a/highlights/russian_views_on_the_ukraine_s_crisis/ Valdai International.
45  Zit. n.: Montefiore (2009), S. 361.
46  Zit. n.: Jobst, in: *Europäische Geschichte Online*, Abs. 21.
47  Zit. n.: Montefiore (2009), S. 381.
48  Montefiore (2009), S. 330.
49  Noch um 1900 stellten die Krimtataren die größte Bevölkerungsgruppe auf der Krim. Von Stalin nach Ende des Zweiten Weltkriegs

unter dem Generalverdacht der Kollaboration grausam verfolgt und zwangsdeportiert, konnten sie erst 1989 zurückkehren. Im Laufe der Jahre erkämpften sie sich ein paar bescheidene Rechte. Seit der Annexion der Krim durch Russland sehen sie sich wachsenden Repressionen durch die russischen Behörden ausgesetzt. Moskau fürchtet Autonomiebestrebungen.

50  Montefiore (2009), S. 507 ff. Massie (2011), S. 490 ff.
51  Montefiore (2009), S. 549 ff. Massie (2011), S. 489 ff.
52  Hildermeier (2013), S. 555.
53  Die Reformbemühungen des polnisch-litauischen Königs Stanislaw II. August und die Verabschiedung einer Verfassung 1791 mussten Katharina II. als Bedrohung an ihrer Westgrenze erscheinen; die Gewalt der Französischen Revolution verunsicherte das imperiale Russland zutiefst. Schon im Mai 1792 waren russische Truppen in Polen einmarschiert. Gemeinsam mit Preußen und Österreich war die Zarin fest entschlossen, französische Verhältnisse in Russland zu verhindern – die zweite und dritte Teilung des revolutionär gärenden Polens 1793 und 1794 waren die Folge, Katharina holte sich die Ukraine, Preußen den polnischen Westen – von der einstigen Adelsrepublik blieb kaum etwas übrig.
54  Montefiore (2016), S. 337.
55  Alexander Radischtschew: *Reise von Petersburg nach Moskau.* Leipzig 1982.
56  1802 beging Alexander Radischtschew Selbstmord.
57  Montefiore (2009), S. 20 ff.
58  Über die abenteuerlichen Wege des Leichnams, der Gebeine und der insgesamt wohl acht Begräbnisse Potemkins s. Montefiore (2009), S. 717 ff.
59  Zit. n.: Klußmann/Piper (2012), S. 93 f.

## »Zierliche Mädchen tranken mutig aus Wodkaflaschen«

1  Der Brand von Moskau als europäisches Medienereignis ist überzeugend und ausführlich beschrieben in: Anna Ananieva, Klaus Gestwa: *1812 in Russland und Europa. Inszenierung, Mythen, Analyse,* in: Osteuropa 63 (2013), H. 1, S. 3–14.
2  Umfassend in: Dominic Lieven: *Russland gegen Napoleon. Die Schlacht um Europa.* München 2011. Adam Zamoyski: *1815 – Napoleons Sturz und der Wiener Kongress.* München 2014.
3  Der Moskauer Generalgouverneur Fëdor Rostoptčin hatte erklärt, die Franzosen würden nur Moskaus Asche erobern. Bis heute ungeklärt ist, ob er den ausdrücklichen Befehl gab, Moskau niederzubren-

nen. Lieven (2011), S. 260, unter Auswertung russischer Quellen und Literatur.

4 Unter Bezug auf russische Veröffentlichungen: Hildermeier (2013), S. 733.
5 Nigel Nicolson: *Napoleon in Russland*. Zürich, Köln 1987, S. 134 ff.
6 Es war ein verhängnisvoller Fehler, dass Napoleon wochenlang auf Emissäre des Zaren wartete, um Friedensverhandlungen aufzunehmen. Die aber kamen nie, man hielt ihn hin. Außergewöhnlich kalt – auch für russische Verhältnisse – wurde der Winter allerdings erst im Dezember, als der größte Teil von Napoleons Armeen schon vernichtet war. S. a. Lieven (2011), S. 318.
7 Zeitgenössische Quellen u. a. zit. n.: Daniel Furrer: *Soldatenleben. Napoleons Russlandfeldzug 1812*. Zürich 2012, hier S. 253 ff.
8 Ananieva, Gestwa in: *Osteuropa* 63 (2013), S. 5.
9 Zit. n.: Denis Sdvižkov: *Befreier ohne Freiheit? 1813 in Russland*, in: *Jahrbuch für Europäische Geschichte* 14 (2013), S. 61–78, hier S. 62.
10 Zum Mythos 1812 trug natürlich auch Lev Tolstojs Monumentalroman *Krieg und Frieden* bei, der Krieg zum Schicksal erklärte. Doch Tolstojs Darstellung habe die Leistungen der russischen Armee unterschätzt, so etwa Lieven. Außerdem ende der Roman im Dezember 1812 – so seien die russischen Erfolge während ihres Vormarschs durch ganz Europa in Vergessenheit geraten. Lieven (2011), S. 630 f. Stefan Troebst: *Vom »Vaterländischen Krieg 1812« zum »Großen Vaterländischen Krieg 1941–1945«*, www.bpb.de/internationales/europa/russland/179106/analyse-vom-vaterlaendischen-krieg-1812-zum-grossen-vaterlaendischen-krieg-19411945?p=all.
11 Zit. n.: Regine Nohejl: *»Ruhm Dir auf ewig, Borodino!« Der Vaterländische Krieg in Russland 2012*, in: *Osteuropa* 63 (2013), H. 1, S. 61–74, hier S. 67.
12 Bis zur Französischen Revolution hatte sich die russische Elite an der französischen Kultur orientiert. Doch schon 1805 standen sich Frankreich und Russland als Kriegsgegner gegenüber. Zwar führte der Friede von Tilsit 1807 zu einem kurzzeitigen Zweckbündnis. Doch die von Napoleon erzwungene Kontinentalsperre gegen England, den wichtigsten Handelspartner des russischen Reichs, hatte katastrophale Folgen für den russischen Außenhandel. Der Friede von Tilsit wurde rasch brüchig, schon ab 1811 bereiteten sich beide Seiten auf einen neuen Krieg vor.
13 Am 30. Dezember 1812 unterzeichnete der preußische Generalleutnant Johann David Yorck von Wartenburg auf eigene Faust die Konvention von Tauroggen, die das in französischen (Zwangs-)Diensten stehende preußische Hilfskorps für neutral erklärte. Ostpreußen

und die Gebiete östlich der Weichsel fielen damit militärisch an Russland und erleichterten Versorgung wie Vormarsch. Yorcks eigenmächtiger Seitenwechsel wurde teilweise als eigentlicher Beginn der Befreiungskriege gesehen, denen sich nach anfänglichem Zögern auch der preußische König anschloss. S. a.: Lieven (2011), S. 351 ff.

14 Montefiore (2016), S. 439.
15 Lew Kopelew: *Deutsch-Russische Wahlverwandtschaft*, in: *West-östliche Spiegelungen*, Rh. B, Bd., 3: Dagmar Herrmann, Alexander L. Ospovat (Hg.): *Deutsche und Deutschland aus russischer Sicht. 19. Jahrhundert: Von der Jahrhundertwende bis zu den Reformen Alexanders II*. München 1998 (im Folgenden: WÖS, B/3), S. 13–107, hier S. 33.
16 Das Abkommen von Tilsit war ein Beweis russischer Loyalität zum preußischen König. Preußen diente dem Zaren aber zugleich als eine Art Puffer gegen Frankreich.
17 Montefiore (2016), S. 399.
18 Gabriele Venzky: *Die Russisch-deutsche Legion in den Jahren 1811–1815*. Wiesbaden, 1966. Zit. n.: Manfred Botzenhardt: *Rußland im Urteil deutscher Politiker und Generäle in der Zeit der Freiheitskriege*, in: *West-östliche Spiegelungen*, Rh. A, Bd. 4: Mechthild Keller (Hg.): *Russen und Rußland aus deutscher Sicht. 19./20. Jahrhundert: Von der Bismarckzeit bis zum Ersten Weltkrieg*. München 2000 (im Folgenden: WÖS, A/3), S. 315–350. Von Steins Bild von Russland und der russischen Elite war eher negativ. Er bezeichnete die Petersburger als eitel, ehrgeizig und gewinnsüchtig. Sie hätten keinen Bürgersinn. Er setzte sich für die Aufhebung der Leibeigenschaft und die Verteilung freien Landes an die Bauern ein. S. a.: Botzenhardt, in: *WÖS*, A/3, S. 336, S. 349.
19 Olaf Rose: *Carl von Clausewitz. Wirkungsgeschichte seines Werkes in Rußland und der Sowjetunion, 1836–1991*. München 1995, S. 12 ff.
20 Carl von Clausewitz: *Vom Kriege* (1832–1834), zit. n.: Botzenhardt, in: *WÖS*, A/3, S. 345. Clausewitz über den Russlandfeldzug zit. n.: Hildermeier (2013), S. 735.
21 Annette von Droste-Hülshoff, zit. n.: Kopelew, in: *WÖS*, A/3, S. 24.
22 Zit. n.: Wiktor Besotosnyi: *Die russisch-preußische militärische Zusammenarbeit in der Zeit der Zeit der Napoleonischen Kriege*, in: *Russen und Deutsche* (2012). S. 200–209, hier S. 206.
23 Bereits vor dem Einmarsch der russischen Truppen hatten Aufstände der Hamburger zum Abzug der französischen Besatzer geführt. Tettenborn wurde Hamburger Ehrenbürger. Die Begeisterung für die russischen Truppen ließ rasch nach, auch ging die Zahl der Freiwilligen für russische Infanterieeinheiten stark zurück.

Tettenborn musste die Stadt Ende Mai 1813 erneut den Franzosen überlassen.

24 Boris Aswarischtsch: »*Auch in Tagen des Glücks werden wir niemals vergessen ...*«. *Aus der Geschichte der St. Petersburger-Hamburger Beziehungen*, in: *Deutsche und Russen* (2012), S. 234–243, hier S. 235.

25 Svetlana Obolenskaja: Offiziere erzählen ... Aufzeichnungen russischer Teilnehmer am Befreiungskrieg, in: WÖS, B/3, S. 137–155, hier S. 153.

26 Ananieva, Gestwa, in: *Osteuropa* 63 (2013), S. 10.

27 Aus den Gerichtsakten des Prozesses gegen Karl Sand, zit. n.: Stefan Wolle: »*Das Reich der Sklaverey und die teutsche Libertät ...* « *Die Ursprünge der Russlandfeindschaft des deutschen Liberalismus*, in: WÖS, A/3, S. 417–434, hier S. 420.

28 Sand war offenbar während des Wartburgfestes 1817 zum ersten Mal auf den Namen Kotzebue gestoßen. Damals hatte man dort Kotzebues *Deutsche Geschichte* öffentlich verbrannt, der Inhalt galt als »undeutsch«. Zu Kotzebue ausführlich auch: Mechthild Keller: »*Agent des Zaren*«. *August von Kotzebue*, in: WÖS, A/3, S. 119–150, sowie: Klaus Meyer: *Das Russisch-Deutsche Volks-Blatt von 1813*, in: WÖS, A/3., S. 400–416.

29 Osterhammel (2009), S. 780.

30 Karl Marx: *Die Geschichte der Geheimdiplomatie im 18. Jahrhundert. Über den asiatischen Ursprung der russischen Despotie*, in: Helmut Fleischer: *Marx, Engels, der Zar und die Revolution*, in: WÖS, A/3, S. 684–738, hier S. 708 f.

31 Friedrich Engels am 12. 8. 1848, zit. n.: Fleischer, in: WÖS, A/3, S. 697.

32 Koenen (2005), S. 443 ff.

33 Alexander Herzen: *Russische Deutsche und deutsche Russen* (1859). Zit. n.: Lew Kopelew: *Deutsch-russische Wahlverwandtschaft*, in: WÖS, B/3, S. 13–107, hier S. 59. Zugleich vertraute Herzen Deutschen die Erziehung seiner Kinder an; im Falle seines Todes sollten deutsche Freunde Vormunde seiner Kinder werden.

34 Zit. n.: Uwe Liszkowski: *Vom monarchischen Prinzip zur roten Republik. Beobachtungen zu den Vorstellungen Nikolaus' I. von Deutschland und den Deutschen*, in: WÖS, B/3, S. 209–239, hier S. 214.

35 Zit. n.: Liszkowski, in: WÖS, B/3, S. 237.

36 Hildermeier (2013), S. 766.

37 Obwohl der Zar im Juni 1844 eigens nach Großbritannien reiste und versuchte, die Briten mit einer Charmeoffensive für ein Gentlemen's Agreement für den Umgang mit dem »Sterbenden« – dem zerfallenden Osmanischen Reich – zu gewinnen, hatte er keinen Erfolg.

Großbritannien hatte andere Vorstellungen über eine mögliche Teilung. S. a. Orlando Figes: *Krimkrieg. Der letzte Kreuzzug*. Berlin 2011, S. 111 ff.

38 Nikolaus' militärische Intervention war allerdings auch als Unterstützung Österreichs gedacht – gehörte doch Habsburg zur Heiligen Allianz.
39 S. a. Figes (2011), S. 124. Sowie: Dieter Groh: *Rußland im Blick Europas. 300 Jahre historische Perspektiven*. Frankfurt a. M. 1988, S. 383 ff.
40 Figes (2011), S. 154.
41 »Die Deutschen stehlen unseren Sieg über Napoleon«, hieß es zum 50. Jubiläum der Völkerschlacht von Leipzig in einer russischen Zeitschrift. Zit. n.: Sdvižkov, in: *Jahrbuch für Europäische Geschichte* 14 (2013), S. 70 ff.
42 Heinrich Heine: *Jetzt wohin?* (1851), zit. n.: Lew Kopelew: *Heines russische Phantasien*, in: WÖS, A/3, S. 521–546, hier S. 529.
43 Zit. n.: Kopelew, in: WÖS, A/3, S. 532.

## Die Erfindung der russischen Seele

1 Mit vielen Quellen: Hans Lemberg: *Zur Entstehung des Osteuropabegriffs im 19. Jahrhundert. Vom »Norden« zum »Osten« Europas*, in: *Jahrbücher für Geschichte Osteuropas* 33 (1985), S. 48–91.
2 In Frankreich und England, also »im Westen« Europas, betrachtete man das Russische Reich und seine Verbündeten Preußen und Habsburg zunehmend als »östliche« Koalition.
3 Zit. n.: Martin Aust: *Russland und Europa in der Epoche des Zarenreiches (1547–1917)*, in: *Europäische Geschichte Online*, ieg-ego.eu, Abs. 40.
4 Dittmar Dahlmann: *Before the Great War: German Entrepreneurs in Russia – Russian Scholars in Germany. Two Types of Russian-German Relations in the Decades before the First World War*, in: Karl Schlögel (Hg.): *Russian-German Special Relations in the 20th Century. A Closed Chapter?* Oxford/New York 2006, S. 11–30, hier S. 13.
5 Die Läden von Einem & Co waren allenfalls noch mit den berühmten Delikatessenläden der Eliseev-Brüder in Moskau und Sankt Petersburg vergleichbar, frühen Gastronomietempeln. Es glich einem Wunder, dass das ehemalige Fabrikgebäude in Moskauer super 1-a-Lage nach dem Zusammenbruch der Sowjetunion nicht gierigen Großinvestoren in die Hände fiel, sondern als Kultur- und Kunstzentrum wiedereröffnet wurde. Die Cafés, Galerien und Dachterrassen wurden zum Spielplatz der jungen Moskauer »kreativnyj klass«.

Einige Jahre befand sich dort auch das Studio des unabhängigen Moskauer Fernsehsenders »TV Dožd'«, der Regen. S. a.: Ljudmila Numerova: *»Einem« – Schokolade, Pralinen und Gebäck in Moskau*, in: Dieter Dahlmann, Klaus Heller, Jurij Petrov (Hg.): *Eisenbahnen und Motoren – Zucker und Schokolade. Deutsche im Russischen Wirtschaftsleben vom 18. bis zum frühen 20. Jahrhundert*. Berlin 2005, S. 83–91.

6   Boris Ananitsch: *Die Familie Stieglitz – die letzten Hofbankiers Rußlands*, in: *»Eine große Zukunft«. Deutsche in Russlands Wirtschaft. Katalog zur gleichnamigen Ausstellung. Moskau, Berlin 2000*, S. 210–215.

7   Die oft bunt bedruckten Stoffe wurden vor allem in kleinen häuslichen Betrieben gewebt. Das sogenannte Kustargewerbe basierte auf der Selbstausbeutung der ärmlichen, zumeist bäuerlichen Betriebe, in denen vor allem Frauen und Kinder schufteten. Die Städte Ivanovo und Pavlovo bildeten die russischen Zentren. Klaus Gestwa: *Proto-Industrialisierung in Rußland. Wirtschaft, Herrschaft und Kultur in Ivanovo und Pavlovo, 1741–1932*. Göttingen 1999. Neben der Textilproduktion war die Herstellung und Bearbeitung von Metallen ein wichtiger Bereich des Kustargewerbes. S. dazu Carsten Goerhke: *Russischer Alltag. Eine Geschichte in neun Zeitbildern vom Frühmittelalter bis zur Gegenwart*. Bd. 2: *Auf dem Weg in die Moderne*. Zürich 2003, S. 292 ff.

8   Dittmar Dahlmann: *Ludwig Knoop. Ein Unternehmerleben*, in: ders., Carmen Scheide (Hg.): »*... das einzige Land in Europa, das eine große Zukunft vor sich hat.« Deutsche Unternehmen und Unternehmer im Russischen Reich im 19. und frühen 20. Jahrhundert*. Essen 1998, S. 361–378. Im Jahr 2016 gehörte Krähnholm, mittlerweile im EU-Mitgliedsstaat Estland gelegen, einer schwedischen Firma. Sie beschäftigte kaum noch Menschen.

9   Dahlmann, in: Dahlmann (1998), S. 361.

10  Gespräch der Autorin mit Alexandra von Knoop, Moskau, Dezember 2016.

11  Joachim Mai: *Heinrich Schliemann als Unternehmer in Russland*, in: Dahlmann (1993), S. 349–360.

12  S. ausführlich im Kapitel »Baldins Koffer«.

13  Hildermeier (2013), S. 1095 f. sowie 1101 f.

14  Marina Cvetaeva: *Deutschland* (1914), zit. n.: Konstantin Asadowski: *Der deutsche Mythos der Marina Cvetaeva*, in: *West-östliche Spiegelungen*, Rh. B, Bd. 4: Dagmar Herrmann (Hg.): *Deutsche und Deutschland aus russischer Sicht. 19./20. Jahrhundert: Von den Reformen Alexanders II. bis zum Ersten Weltkrieg*. München 2006 (im Folgenden: WÖS, B/4), S. 851–879, hier S. 858.

15 Vladimir Kantor: *Russland im deutschen Zauberspiegel – Ivan Turgenev*, in: WÖS, B/4, S. 309–349.
16 Orlando Figes (2003): *Nataschas Tanz. Eine Kulturgeschichte Russlands*. Berlin 2003, S. 76 ff.
17 Alexander Puschkin: *Evgenij Onegin* (1833), zit. n.: Figes (2003), S. 87.
18 Nikolaus Katzer: *Literarische Wechselbeziehungen im 19. Jahrhundert*, in: *Russen und Deutsche* (2012), S. 342–347.
19 Der Begriff stammt vom russischen Philosophen Nikolaj Berdjaev. S.: Hans Hecker: »… aus Widersprüchen gewebt…« *Das letzte halbe Jahrhundert des russischen Zarenreiches*, in: WÖS, B/4, S. 17–80, hier S. 69.
20 Figes (2003), S. 95 ff.: Das Ideal von »Europäertum« als Maßstab echten Russentums war bis ins 19. Jahrhundert verbunden mit Zweifeln und Unsicherheit. Mit Erschrecken und Wut mussten russische Reisende erfahren, dass man sie für »Barbaren« hielt, gar als »Affen« bezeichnete, die Europa zwar nachahmen, aber nie verinnerlichen könnten. In den Jahren nach den Befreiungskriegen aber wuchsen die russischen »Kinder von 1812« heran, sie befreiten sich von der kulturellen Übermacht des »Westens« und entdeckten ein neues russisches Leben, einfach und barmherzig, heilig fast. Jetzt entwickelte sich eine eigene russische Literatursprache. Sie führte in die Abgründe der menschlichen Seele, zu *Dämonen* und *Schuld und Sühne*.
21 Dahlmann, in: Schlögel (2006), S. 22 f.
22 So der Theaterkritiker Herbert Ihering, zit. n.: Ada Raev: »*Da kamen die Russen und öffneten das Tor*« (Max Osborn). *Russisches Theater und Ballett in Berlin vor dem Ersten Weltkrieg*, in: *Russen und Deutsche* (2012), S. 380–391, hier S. 390.
23 Boris Groys: *Die Erfindung Russlands*. München 1995, S. 7 ff.
24 Pëtr Jakovlevič Čaadaev: *Philosophischer Brief* (1829), zit. n.: Groys (1995), S. 22 f.
25 Fëdor Ivanovič Tjutčev (1866), zit. n.: Anne Hartmann: *Zurück in die Zukunft ans Ende der Geschichte*, in: *West-östliche Spiegelungen*, N. F., Bd. 3: Karl Eimermacher, Astrid Volpert (Hg.): *Tauwetter, Eiszeit und gelenkte Dialoge. Russen und Deutsche nach 1945*. München 2006 (im Folgenden: WÖS, N. F./3), S. 15–43, hier S. 15.
26 Tjutčevs Denkschrift aus dem April 1848 trug den Titel *Europa und Russland*. Zit. n.: Dieter Groh: *Russland im Blick Europas – 300 Jahre historische Perspektiven*. Frankfurt a. M. 1988, S. 390 f.
27 Dagmar Herrmann: *Die neue europäische Ordnung – eine Vision Fëdor Dostoevskijs*, in: WÖS, B/4, S. 488–549, hier S. 498. Auch »Westler« wie Alexander Herzen und der Schriftsteller Nikolaj

Gogol sahen den Westen auf dem Weg in den sozialen Kannibalismus.

28 »Warum können sie nicht an unsere Harmlosigkeit glauben?«, fragte Dostojewskij. »Nein, sie können uns unmöglich Vertrauen schenken. Und der Hauptgrund liegt darin, daß sie uns nicht als ihresgleichen anerkennen können.« In: *Was bedeutet Asien für uns? Aus dem Tagebuch eines Schriftstellers.* Zit. n.: Hans Hecker: »... Aus Widersprüchen gewebt ...« *Das letzte halbe Jahrhundert des Zarenreiches*, in: WÖS, B/4, S. 63 f. Detailliert, auch zu Dostojewskijs eigenen Widersprüchen und Zweifeln: Herrmann, in: WÖS, B/4.

29 S. a. die widersprüchliche deutsche Debatte über Dostojewskij in: Lew Kopelew: *Am Vorabend des großen Krieges*, in: In: *West-östliche Spiegelungen*, Rh. A, Bd. 4: Mechthild Keller (Hg.): *Russen und Rußland aus deutscher Sicht. 19./20. Jahrhundert: Von der Bismarckzeit bis zum Ersten Weltkrieg.* München 2000 (im Folgenden: WÖS, A/4), S. 11–107, hier S. 84 ff.

30 Wenige Jahre später wandte sich Dostojewskij enttäuscht von der »deutschen« Idee ab – und der angeblichen russischen Bestimmung im Osten zu. S. a. Herrmann, in: WÖS, B/4, S. 539.

31 Zusammenfassend, auch zu Bismarcks Zeit als Gesandter in Sankt Petersburg: Uwe Liszowski: *Von dynastischen Brücken zu Schutzdeichen gegen die russische Gefahr. Bismarcks Russlandbild*, in: WÖS, A/4, S. 111–145.

32 Osterhammel (2009), S. 573.

33 1876 hatte Serbien dem Osmanischen Reich den Krieg erklärt; Zar Alexander II. fühlte sich verpflichtet, panslawistischen Beistand zu leisten, und erklärte im April 1877 seinerseits dem Osmanischen Reich den Krieg. Im Präliminarfrieden von San Stefano erklärte er sich zum Sieger. Dies wollten – und konnten – vor allem England und Österreich-Ungarn nicht akzeptieren. Das Territorialgeschacher des Berliner Kongresses revidierte den Friedenschluss von San Stefano massiv zuungunsten Russlands.

34 Für den Fall eines erneuten deutsch-französischen Krieges sicherte der Rückversicherungsvertrag Deutschland die wohlwollende Neutralität des Zaren zu. Das Deutsche Reich wiederum sicherte Russland freien Zugang zum Mittelmeer zu und akzeptierte die russische Kontrolle des Bosporus sowie über Bulgarien und Rumänien. S. a. Hildermeier (2013), S. 1084 ff.

35 Die »germanische Zivilisation« schloss das Habsburgerreich ein. Hildermeier (2013), S. 1109. Zu den ökonomischen wie geostrategischen Interessen Russlands am Schwarzen Meer als wichtigstem Transportweg für den Getreideexport sowie dem ideologisch aufgeladenen Bild des Zaren als »Vater« der slawischen Familie s. a.:

Dominic Lieven: *Towards the Flame. Empire, War and the End of Czarist Russia.* London, New York 2015, hier S. 70 ff.
36 Günther Stökl: *Russische Geschichte. Von den Anfängen bis zur Gegenwart.* Stuttgart 1997, S. 560.
37 1908, in der sogenannten bosnischen Expansionskrise, nutzte Österreich seine militärischen Chancen, um Bosnien und die Herzegowina aus dem zusammenbrechenden Osmanischen Reich herauszubrechen und zu annektieren. Russland wurde dabei vor allem von Deutschland düpiert, das Österreich einen »Blankoscheck« gegeben hatte. Auch in späteren Verhandlungen mit dem russischen Zaren war Wilhelm II. nicht zu Kompromissen bereit. Das Verhältnis zu Österreich-Ungarn war ihm wichtiger als das zu Russland.
38 Hildermeier (2013), S. 1122.
39 Zu den hochkomplexen Ursachenverkettungen: Christopher Clark: *Die Schlafwandler. Wie Europa in den Ersten Weltkrieg zog.* München 2013, S. 647 ff. Herfried Münkler: *Der Große Krieg. Die Welt 1914–1918.* Berlin 2013.
40 Zusammenfassend: Hildermeier (2013), S. 1119 ff. Zur Geschichte der »Willy-Nicky-Telegramme«: Clark (2012), S. 654 ff.
41 Ohne die Zustimmung Deutschlands hätte es wahrscheinlich das Ultimatum – und damit die faktische Kriegserklärung – nicht gegeben, das Österreich-Ungarn nach der Ermordung des österreichischen Thronfolgers Erzherzog Franz Ferdinand und seiner Frau Sophie Chotek am 28. Juni 1914 im bosnischen Sarajevo an Serbien stellte. Der Attentäter, der 19-jährige Gymnasiast Gavrilo Princip, gehörte zu einem Terrorkommando nationalistischer Serben. Bomben und Pistolen stammten offenbar vom serbischen Militärgeheimdienst.
42 Hundert Jahre später schien der Erste Weltkrieg kein Thema russischer Geschichtsschreibung zu sein. Über die »Schuldfrage« wurde in Russland nicht debattiert. Zar Nikolaus II., wie Wilhelm II. ein – wenn auch taumelnder – Kriegstreiber und nach heutigen Maßstäben wohl – wie Wilhelm II. – ein Kriegsverbrecher, wurde im Jahr 2000 von der Russisch-Orthodoxen Kirche heiliggesprochen.
43 »Es scheint mir, dass man hier mit Kriegswahrscheinlichkeit rechnet«, schrieb Graf zu Dohna Schlobitten, der preußische Militärbevollmächtigte am Zarenhof, schon am 13. 11. 1912 nach Berlin. Mit Dank für die interessante Quelle an Hagen Graf Lambsdorff: Gustav Graf von Lambsdorff: *Die Militärbevollmächtigten Kaiser Wilhelm II. Am Zarenhof 1904–1914.* Berlin 1937.
44 Bücher zur Kriegsschuldfrage füllen ganze Regalreihen in Bibliotheken. Dazu gehört Verteidigung und Kritik der »Fischer-These« vom

»Griff nach der Weltmacht«, der deutschen (Haupt-)Verantwortung für den Krieg und der seit hundert Jahren diskutierten Frage angeblichen »Hineinschlitterns«. Zusammenfassend, auch kritisch zur »Schlafwandler-These« des britischen Historikers Christopher Clark: Egbert Jahn: *Niemand ist hineingeschlittert. Hundert Jahre Streit über die Schuld am Ersten Weltkrieg*, in: *Osteuropa* 64 (2014), H. 11–12, S. 3–27.

45  Bericht vom 30. Juli 1914, in: Lambsdorff (1937), S. 439.
46  Interessanterweise war von den Deutschen als Todfeind zunächst kaum die Rede. Hierzu auch: Dmitrij Olejnikow: *Von Ritterlichkeit zu Verachtung. Auswirkungen des Ersten Weltkriegs auf das Verhältnis zu den Deutschen*, in: *West-östliche Spiegelungen*, N. F., Bd. 1: Karl Eimermacher, Astrid Volpert (Hg.): *Verführungen der Gewalt. Russen und Deutsche im Ersten und Zweiten Weltkrieg*. München 2005 (im Folgenden: WÖS, N. F./1), S. 179–204.
47  Ober Ost: Das Verwaltungsgebiet des Oberbefehlshabers Ost, General Ludendorff. Ober Ost war von November 1915 bis Juli 1918 Besatzungsgebiet, es umfasste vor allem Gebiete des heutigen Polen, der baltischen Republiken sowie Teile Weißrusslands. Es sollte ein »deutsches« Musterland werden.

## Dekomposition oder: Die gekaufte Revolution

1  Telegramm des deutschen Gesandten in Bern, von Romberg, an das Auswärtige Amt in Berlin, 4. April 1917, in: Werner Hahlweg (Hg.): *Lenins Rückkehr nach Russland 1917. Die deutschen Akten*. Leiden 1957, S. 78.
2  Bericht des deutschen Militärattachés in Bern, von Bismarck, an den Gesandten von Romberg, 12. April 1917, in: Hahlweg (1957), S. 97.
3  Telegramm des deutschen Gesandten in Bern, von Romberg, an das Auswärtige Amt in Berlin, 6. April 1917, in: Hahlweg (1957), S. 87 f.
4  So der Schweizer Sozialdemokrat und Parteigänger Lenins, Fritz Platten, in seinem 1924 erschienenen Buch: *Die Reise Lenins durch Deutschland in einem plombierten Wagen*. Berlin 1924. Platten führte die Verhandlungen mit dem deutschen Gesandten von Romberg über Lenins Fahrt durch Deutschland und gehörte zu den Mitreisenden. Die Ausreise nach Russland wurde ihm an der schwedisch-finnischen Grenze allerdings von englischen Offizieren verweigert. Anfang der zwanziger Jahre siedelte Platten in die Sowjetunion über, um eine Musterkommune zu gründen. 1939 wurde er Opfer von Stalins Säuberungen; nach vier Jahren Zwangsarbeit starb Platten im sibirischen Norden.

5   Bericht des deutschen Militärattachés in Bern, von Bismarck, an den Gesandten von Romberg, 12. April 1917, in: Hahlweg (1957), S. 96 f.
6   Catherine Merridale: *Lenins Zug. Die Reise in die Revolution*. Frankfurt a. M. 2017, S. 19.
7   So der russische Kulturminister Wladimir Medinskij bereits im November 2015.
8   https://de.sputniknews.com/politik/20160121307277885-putin-bescheinigte-lenin-zerstoererische-rolle/.
9   S. a.: Ulrich Schmid: *Revolutionsjubiläum ohne Held*, in: *Neue Zürcher Zeitung*, 8. 11. 2016.
10  So Fritz Platten, zit. n.: Alexander Solschenizyn: *Lenin in Zürich*. Bern 1977, S. 291.
11  Fritz Platten, zit. n.: Solschenizyn (1977), S. 292.
12  Ein Foto der Passagierliste am 9. April 1917, in: Merridale (2017), erster Fototeil.
13  S. Freiherr von Lersner, 12. April 1917, in: Hahlweg (1957), S. 98.
14  Zit. n.: *Glanz und Grauen einer Revolution*, in: *Neue Zürcher Zeitung*, 24. 2. 2017.
15  Den Namen »Lenin« leitete Wladimir Uljanow ab von der Lena, dem großen Strom Sibiriens, wo er drei Jahre der Verbannung hatte verbringen müssen.
16  Merridale (2017), S. 160.
17  In seinem Roman *Lenin in Zürich* zeichnete Alexander Solschenizyn Lenins Züricher Zeit dokumentarisch nach. Solschenizyn lebte damals selbst im Exil: ausgewiesen von den Funktionären der KPdSU – der Partei, die Lenins Konterfei in ihrem Banner trug.
18  Die Februarrevolution fand im März, die Oktoberrevolution Anfang November statt: Das kalendarische Durcheinander ist Folge der unterschiedlichen Zeitrechnungen. In Russland galt bis Februar 1918 der Julianische Kalender, der dem von Papst Gregor XIII. 1582 eingeführten Kalender 13 Tage hinterherlief. Bis heute richtet sich das Kirchenjahr vieler orthodoxer Kirchen nach dem Julianischen Kalender, sodass das Weihnachtsfest am 7. Januar des heute gültigen Gregorianischen Kalenders gefeiert wird.
19  Zit. n.: Uwe Klußmann, Dietmar Piper (Hg.): *Die Herrschaft der Zaren. Russlands Aufstieg zur Weltmacht*. München 2012, S. 220. Formal gesehen war Nikolaus' Bruder Michail der letzte Zar. Er verzichtete nach nur einem Tag auf den Thron.
20  Zur Februarrevolution zusammenfassend s. u. a.: Orlando Figes. *Hundert Jahre Revolution. Russland und das 20. Jahrhundert*. Berlin, 2015, S. 70 ff. Ausführlich zur unheilvollen Rolle des machtlüsternen Bauernsohnes und selbst ernannten Bettelmönchs Grigorij

Rasputin, seinem Einfluss auf die abergläubische Zarin und seiner Ermordung: Montefiore (2016), S. 840 ff.
21 Montefiore (2016), S. 876 f.
22 S. a. Katja Gloger: *Geheimsache Zarenmord*, in: *Der Stern*, 27/1992.
23 So Reichskanzler Theobald von Bethmann Hollweg schon 1914. Ausführlich in Fritz Fischer: *Griff nach der Weltmacht*. Düsseldorf 1967, S. 90 ff.
24 Koenen (2005), S. 80 ff.
25 Koenen (2005), S. 76 f.
26 Zit. n.: Burgdorff/Wiegrefe (2004), S. 123, sowie in Koenen (2005), S. 81.
27 S. Merridale (2017), S. 76.
28 Ausführlich in: Elisabeth Heresch: *Geheimakte Parvus. Die gekaufte Revolution*. 2. Aufl. München 2013; S. 117 ff.; das Dokument auf S. 379 ff. Winfried Scharlau/Zbynek Zeman: *Freibeuter der Revolution. Parvus-Helphand. Eine politische Biographie*. Köln 1964, S. 194 ff. Zeman (1958).
29 Den deutschen Behörden war Lenin bereits bekannt: Der estnische Sozialist Alexander Kesküla hatte schon 1914 deutsche Kontaktleute auf die Bedeutung Lenins als Organisator und Kriegsgegner hingewiesen. Kesküla erhielt bis 1917 250 000 Goldmark von deutschen Stellen. Koenen (2005), S. 92 ff.
30 Zeman (1958), S. 156 ff. Lenin legte sein Misstrauen gegenüber Parvus nie ab – und verweigerte diesem die Rückkehr nach Russland. Helphand alias Parvus starb 1924 vereinsamt im Alter von 55 Jahren an den Folgen eines Gehirnschlags. Er hatte sich zuletzt von Lenin und seiner Revolution distanziert und lebte in Zürich und später in Berlin. Dort hatte er auf der Halbinsel Schwanenwerder am Wannsee eine Villa gekauft. Seine deutschen Auftraggeber wandten sich von ihm ab, sein Name stand auf der Todesliste eines Verschwörers des Kapp-Putsches. Sein Name wurde in der Sowjetunion mit dem eines »Verräters« gleichgesetzt, eines »Sozial-Patrioten«. S. a. Koenen (2005), S. 107 f., sowie Merridale (2016), S. 275, und Heresch (2013), S. 363 ff.
31 Koenen (2005), S. 97. Die Kopenhagener Firma machte enorme Profite mit dem illegalen Weiterexport von Waren auch aus Deutschland: Bleistifte, Nahrungsmittel, medizinische Geräte, sogar Kondome. Heresch (2013), S. 168 ff.
32 Merridale (2017), S. 167.
33 Heresch (2013), S. 129. Zeman (1958) S. 24, zit. n.: Koenen (2005), S. 119.
34 Ein kurzer Überblick: http://1000dok.digitale-sammlungen.de/dok_0006_ter.pdf.

35 Ansonsten hätte man Lenin samt Reisegesellschaft durch die deutschen Frontlinien nach Osten »hineinbefördert«. Hahlweg (1957), S. 98.
36 Karl Radeks Reisebericht findet sich in Fritz Plattens Bericht, der wiederum abgedruckt ist in: Solschenizyn (1977), S. 295 ff.
37 *Pravda*, 29. März 1917. Erst im Sommer 1917 geriet die *Pravda* unter Kontrolle der Bolschewiki.
38 Heresch, S. 300 ff. Zwei der anfangs 32 Reisenden gelangten nicht nach Russland. Den österreichischen Staatsbürger Karl Radek hatte Lenin in Stockholm zurückgelassen. Von dort aus agitierte er deutsche Arbeiter und Soldaten für die Revolution und hielt zugleich Kontakt zu Vertretern der deutschen Regierung. Dem Schweizer Sozialisten Fritz Platten verweigerten britische Kontrolloffiziere die Ausreise nach Russland.
39 Merridale (2017), S. 253 ff.
40 Bernd Bonwetsch: *Lenin und Deutschland*, in: WÖS, B/4, S. 280–305, hier S. 282.
41 Zeman (1958), S. 51.
42 Im Zarenreich hatten Flucht und Vertreibung riesige Ausmaße angenommen, vor allem im Westen und Nordwesten des Landes, wo die deutschen Truppen vorrückten. S. a.: Peter Gatrell: *Der Krieg, die Flucht und die Nation*, in: *Osteuropa* 2–4/2014, S. 185–195. Ein eindringliches Projekt der russischen Zivilgesellschaft ist das »Project 1917. Free History« unter Leitung des russischen Journalisten und ehemaligen Chefredakteurs des kleinen, aber unabhängigen TV-Senders »Dožd'«, Michail Zygar. Mulitmedial und über soziale Netzwerke verbreitet, lässt es Tag für Tag das Jahr 1917 auferstehen – ausschließlich anhand von Augenzeugenberichten und Dokumenten der Zeit. https://project1917.ru/.
43 Auch dies eine Ironie der Geschichte: Das militärisch-revolutionäre Komitee war von der Provisorischen Regierung gegründet worden, um einen deutschen Angriff auf Petrograd abzuwehren.
44 Zur Oktoberrevolution s. a.: Dietrich Beyrau. Petrograd, *25. Oktober 1917. Die russische Revolution und der Aufstieg des Kommunismus*. München 2001. Manfred Hildermeier: *Geschichte der Sowjetunion 1917–1991. Entstehung und Niedergang des ersten sozialistischen Staates*. München 1998, S. 63 ff. Ein detailreicher Überblick: *Geo Epoche*. Nr. 83: *Die Russische Revolution*. Hamburg 2017.
45 *Volnost'*, 8. 11. 1917, zit. n.: *Dekode*r, 7.11.2016: Historische Presseschau: Oktober 1917.
46 Figes (2015), S. 128.
47 *Pravda*, 24. Februar 1918.
48 Bereits mit der Unterzeichnung des Waffenstillstands zwischen dem

Deutschen Reich und der Entente am 11. November 1918 wurde der Vertrag von Brest-Litowsk annulliert. Lenin hatte sich nicht verspekuliert.

49   Manfred Hildermeier: *Geschichte der Sowjetunion 1917–1991. Entstehung und Niedergang des ersten sozialistischen Staates.* München 1998, S. 117.
50   Wladimir Lenin: *Wie soll man den Wettbewerb organisieren?* Dezember 1917. Zit. n.: Figes (2015), S. 126 f.
51   Zit. n.: Alexander Jakowlew: *Ein Jahrhundert der Gewalt in Sowjetrussland.* Berlin 2004, S. 53 ff. Jakowlew, Mitglied des Politbüros der KPdSU und »Vater der Glasnost«, stellte sich der Wahrheit; wurde Leiter der staatlichen Kommission zur Rehabilitierung der Opfer politischer Repressionen. Er beziffert die Zahl der Opfer sowjetischen Terrors auf 20 bis 25 Millionen Menschen, dazu mehr als 10 Millionen Hungertote während des Bürgerkriegs und der dreißiger Jahre, S. 332.
52   Jörg Baberowski: *Der Anfang vom Ende. Das Zarenreich im Ersten Weltkrieg*, in: *Osteuropa* 2–4/2014, S. 7–20, hier S. 20.
53   Merridale (2017), S. 313. Zeman (1958), S. 128–133. Alexander Helphand alias Parvus beantragte im Juni 1918 weitere 200 Millionen Reichsmark – damit sollten 200 Zeitungen und ein nahezu weltumspannender Nachrichtendienst finanziert werden; dazu Hauskalender mit revolutionär-pädagogischen Weisheiten sowie Schulhefte. S. a. Koenen (2005), S. 155 ff.
54   Iwan Bunin im Frühjahr 1919 in Odessa. Zit. n.: Jörg Baberowski: *Die neue Diktatur*, in: Jörg Altrichter u. a. (Hg.): *1917. Revolutionäres Russland.* Darmstadt 2016, S. 115–127, hier S. 121.

## »Russlandfieber« oder: Gefährliche Seelenverwandtschaften

1   S. auch die umfassende Ausstellung: »Rilke und Russland« im Literaturmuseum der Moderne in Marbach im Frühjahr 2017, die 2018 in Moskau gezeigt werden soll: eine Kooperation des Marbacher Archivs mit dem Staatlichen Literaturmuseum der Russischen Föderation und dem Schweizerischen Literaturarchiv Bern. In Russland gehört Rilke zu den meistgelesenen deutschen Dichtern. http://rilke-russland.net/de/210/ueber-das-projekt.html. Sowie: Thomas Schmidt (Hg.): *Rainer Maria Rilke. »Meine geheimnisvolle Heimat«. Rilke und Russland.* Berlin 2017.
2   Lew Kopelew: *Rilkes Märchen-Rußland*, in: WÖS, A/4, S. 904–937, hier S. 905.
3   Boris Pasternak sah Rilke nur ein einziges Mal: als Schuljunge, als

Rilke im Mai 1900 auf dem Kursker Bahnhof in Moskau die Bekanntschaft seines Vaters Leonid machte. S. hierzu auch: Jewgeni und Jelena Pasternak: *Rainer Maria Rilke, Marina Zwetajewa und Boris Pasternak. Briefe von 1926*, in: *Berlin Moskau. 1900–1950*. Katalog zur gleichnamigen Ausstellung. München 1995, S. 162–165.

4  Rainer Maria Rilke in einem Brief an die Malerin Paula Becker am 18. Oktober 1900. Zit. n.: *WÖS*, A/4, S. 913.
5  Ernst Pfeiffer: *Rainer Maria Rilke, Lou Andreas-Salomé. Briefwechsel*. Frankfurt a. M. 1989, S. 24.
6  Koenen (2005), S. 44.
7  Thomas Mann: *Betrachtungen eines Unpolitischen* (1918). Zit. n.: Gerd Koenen: *Betrachtungen eines Unpolitischen. Thomas Mann über Rußland und den Bolschewismus*, in: *West-östliche Spiegelungen*, Rh. A, Bd. 5: Gerd Koenen, Lew Kopelew (Hg.): *Russen und Rußland aus deutscher Sicht. Deutschland und die Russische Revolution 1917–1924*. München 1998 (im Folgenden: *WÖS*, A/5), S. 313–379, hier S. 314 f. Zu Manns Verhältnis zur russischen Literatur s. a.: Käte Hamburger: *Thomas Manns große Liebe*, in: *WÖS*, A/4, S. 1035–1056.
8  Dostojewskij sah im protestierenden Deutschland und dem Bündnis mit Russland allerdings eine Schwäche. S. a. *WÖS*, A/5, S. 349.
9  Zit. n.: Koenen (2005), S 140.
10 So Thomas Mann 1921 in einem Geleitwort über die Herausgabe von Meisterwerken der russischen Erzählkunst. Zit. n.: *WÖS*, A/5, S. 353. Später wandelte sich Thomas Mann zum überzeugten Anhänger der deutschen Republik und versöhnte sich mit dem Westen – auch wenn sein Nachruf auf Lenin diesen noch 1924 als Mann »voll vernichtenden Gottesseifers« beschrieb.
11 Zit. n.: Gerd Koenen: *Der deutsche Russland-Komplex. Zur Ambivalenz deutscher Ostorientierungen in der Weltkriegsphase des 20. Jahrhunderts*, in: Gregor Thum (Hg.): *Traumland Osten. Deutsche Bilder vom östlichen Europa im 20. Jahrhundert*, Göttingen 2006, S. 16–46, hier S. 40.
12 Koenen (2005), S. 14.
13 Dostojewskijs Werke wurden damals vom Piper Verlag herausgegeben. S. a.: William J. Dodd: *Ein Gottträgervolk, ein geistiger Führer. Die Dostojewskij-Rezeption von der Jahrhundertwende bis zu den zwanziger Jahren als Paradigma des deutschen Russlandbilds*, in: *WÖS*, A/4, S. 853–865, sowie: Gerd Koenen: *Bilder mythischer Meister. Zur Aufnahme der russischen Literatur in Deutschland nach Weltkrieg und Revolution*, in: *WÖS*, A/5, S. 763–789.
14 S. dazu auch: Louis Dupeux: *Im Zeichen von Versailles. Ostideologie*

und Nationalbolschewismus in der Weimarer Republik, in: West-östliche Spiegelungen, Rh. A, Bd. 5: Gerd Koenen, Lew Kopelew: Russen und Rußland aus deutscher Sicht. Deutschland und die russische Revolution 1917–1924, München 1998 (im Folgenden: WÖS, A/5), S. 191–218.
15 Lew Kopelew und Gerd Koenen: Verlorene Kriege, gewonnen Einsichten. Rückblick vom Ende eines Zeitalters. Ein Gespräch, in: WÖS, A/5, S. 15–46, hier S. 20 f.
16 Zit. n.: Koenen (2005), S. 139.

## Sterne, an den Himmel genagelt

1 In einem Brief von 1904, zit. n.: Ekaterina Grabar: Die russische Künstlerkolonie in München (1896–1914), in: WÖS, B/4, S. 972–1012, hier: S. 999.
2 So die gängige Schreibweise in Katalogen und Museen, sonst: Vasilij Kandinskij.
3 Die Reise hatte auch familiäre Gründe. Kandinskys Familie stammte von den »mongolischen« Tungusen ab. Kandinskys Reisetagebuch und seine Betrachtungen über die Ethnografie zusammengefasst in: Figes (2003), S. 380 ff.
4 Vasilij Kandinskij: Stupeni (1918). Zit. n: Figes (2003), S. 445.
5 Wassily Kandinsky: Rückblicke. 1913, zit, nach: Grabar, in: WÖS, B/4, S. 1001.
6 Mit vielen Zitaten: Grabar, in: WÖS, B/4, S. 999 ff.
7 Mit diesen Worten beginnt Manns Novelle Gladus Dei (1902).
8 Wassily Kandinsky: »Der Blaue Reiter« (Rückblick). Brief an Westheim, 1930, zit. n.: Mierau (1988), S. 358.
9 Grabar, in: WÖS, B/4, S. 977.
10 Die »Probleme Rußlands und Deutschlands wurden als Probleme der modernen Welt aufgefasst und behandelt«: Karl Schlögel: Der zersprungene Spiegel. Bilder von Deutschland und Russland im 20. Jahrhundert, in: Berlin-Moskau (1995), S. 21–27.
11 Die Auslandsreisen waren auch privaten Gründen geschuldet: Kandinsky hatte damals seine Frau Nina faktisch verlassen; seine Schülerin Gabriele Münter wurde seine Geliebte und Lebensgefährtin.
12 Wassily Kandinsky: Rückblicke, zit. n.: Grabar, in: WÖS, B/4, S. 1001.
13 »Das Bunte Leben« gehörte dem jüdischen Sammlerehepaar Lewenstein aus den Niederlanden; die Familie musste 1940 fliehen, viele Mitglieder der Familie wurden in Auschwitz ermordet. Das Gemälde wurde 1940 in Amsterdam auf einer NS-Auktion als »entartetes Kunstwerk« für lächerliche 250 Gulden versteigert – an den leiden-

schaftlichen jüdischen Kunstsammler Sal Slijper. Slijper musste sich vor den Nazis verstecken, das Gemälde wurde – als Teil der Sammlung Lewenstein archiviert – im Depot des Amsterdamer Stedelijk-Museums versteckt. 1972 verkaufte Slijpers Witwe das Gemälde nach München. Die Bayerische Landesbank finanzierte den Ankauf für das Lenbachhaus. Dort hängt es seit 1973 wieder. Lewensteins Erben allerdings forderten 2017 entweder die Herausgabe des Bildes oder 80 Millionen Dollar. Das Ehepaar Lewenstein habe sich 1940 keinesfalls aus freien Stücken von Kandinskys Gemälde getrennt: »Das Bunte Leben« sei NS-Raubkunst. S.: *Vom bunten, braunen Leben*, in: *Süddeutsche Zeitung*, 4.3.2017. www.theguardian.com/artanddesign/2017/mar/03/banks-kandinsky-painting-looted-nazis-family-colourful-life.

14   Zit. n.: Mierau (1988), S. 359.
15   So Franz Marc in einem Vorwort zur – nicht mehr veröffentlichten – zweiten Auflage des Almanachs. Zit. n.: *Der Blaue Reiter*. München 1914. S. a.: Helmut Friedel, Annegret Hoberg: *Der Blaue Reiter im Lenbachhaus*. München 2004.
16   Zit. n.: Mierau (1988), S. 360.
17   Datum und Ort waren gut geplant: Nach einem – nicht ganz zufälligen – Streit um seine abstrakte »Komposition V« trat Kandinsky Ende 1911 aus der Neuen Künstlervereinigung aus. »Sofort darauf veranstaltete ich mit Hilfe von Franz Marc eine Ausstellung der Redaktion des B.[lauen] R.[eiter] bei Thannhauser. Unsere Säle lagen dicht an den Räumen der Ausstellung der N.K.V.M. Es war eine Sensation. Da ich rechtzeitig den ›Krach‹ voraussah, hatte ich ein reiches Ausstellungsmaterial für den B.R. vorbereitet. So fanden die beiden Ausstellungen gleichzeitig statt. Auf den Tischen der Thannhauser-Galerie lagen die ersten Exemplare des ›Geistigen in der Kunst‹. ›Die Rache war süß‹!« Zit. n.: Alexej Jawlensky: *Köpfe radiert und gemalt. Die Wiesbadener Jahre*. Wiesbaden 2012.
18   Wassily Kandinsky, Franz Marc: *Der Blaue Reiter*. Originalausgabe 1912. Komm. Neuausg. v. Klaus Lankheit. München 2004.
19   *Vorrede zum geplanten 2. Buch* (Februar 1914), in: Klaus Lankheit (Hg.): *Der Blaue Reiter*. Dokumentarische Neuausg. München 1965, S. 325 f.
20   Rund sechzig Ölgemälde wurden zur »entarteten Kunst« erklärt. Insgesamt sollen mehr als 170 Werke Kandinskys aus Museen des Reichs »verloren gegangen« sein. S.: *Vom bunten, braunen Leben*, in: *Süddeutsche Zeitung*, 4.3.2017.
21   Der Kunsthistoriker und Vater des Kunstsammlers Cornelius Gurlitt war einer von vier offiziell von den Nazis bestimmten Kunsthändlern. Er hatte ein gutes Gespür für moderne Kunst, die er privat

kaufte und sammelte. 1943 wurde Gurlitt Haupteinkäufer in Frankreich für den »Sonderauftrag Linz«, das geplante »Führermuseum« – damit einer der wichtigsten Akteure bei der Beschaffung von Raubkunst. www.taz.de/!5054935.
22 www.bernerzeitung.ch/region/bern/Der-verschlungene-Weg-von-Kandinskys-Drei-Klaengen/story/27394397. Zum Kunstfund Gurlitt und ersten Provinienzberichten: s. a.: www.lostart.de/Webs/DE/Datenbank/KunstfundMuenchen.html
23 Zum Lenbachhaus, seinen Direktoren Hanfstaengl und Röthel sowie zu Hanfstaengls Tochter Erika, Kuratorin mit möglicher Affinität zum Nationalsozialismus, s.: *Vom bunten, braunen Leben*, in: *Süddeutsche Zeitung*, 4. 3. 2017.
24 Franz Marc: *Kandinsky*, in: *Der Sturm*, Nr. 186/187, November 1913, S. 130.

## »Ein tolles Volk. Sie sterben wie sie tanzen«

1 Zit. n.: Fritz Mierau (Hg.): *Russen in Berlin 1918–1933. Eine kulturelle Begegnung*. Weinheim/Berlin 1988, S. 259 f.
2 *Petersburg am Wittenbergplatz* hieß einer der Bestseller dieser Jahre, ein Krimi, fürs deutsche Publikum bestimmt.
3 Mierau (1988), S. 259.
4 Mierau: *Wind vom Kaukasus. Die Russen in Berlin. Begegnungen und Entfremdungen*, in: WÖS, A/5, S. 646–675, hier S. 653.
5 Mierau, in: WÖS, A/5, S. 648.
6 Mierau, in: WÖS, A/5, S. 663 ff.
7 Ilja Ehrenburg: *Menschen, Jahre, Leben. Memoiren*, Bd. 2. Berlin 1978, S. 15 f.
8 Zit. n.: Karl Schlögel: *Das Russische Berlin. Ostbahnhof Europas*. Akt. Neuausg., München 2007, S. 103.
9 Aus einem Brief von Ehrenburgs Frau im Juli 1922. Zit. n.: Bernd Finkeldey: *Im Zeichen des Quadrates. Konstruktivisten in Berlin*, in: Berlin-Moskau (1995), S. 157–161, hier S. 157.
10 S. a: Bettina Dodenhoeft: *»Laßt mich nach Rußland heim.« Russische Emigranten in Deutschland von 1918 bis 1945*. Frankfurt a. M. 1993.
11 Moskau hatte Petrograd – Sankt Petersburg – im März 1918 als Hauptstadt abgelöst.
12 Wladimir Lenin: *Wie soll man den Wettbewerb organisieren?*, zit. n.: Figes (2015), S. 126 f.
13 Wladimir Lenin am 17. 7. 1922, zit. n.: *Aktion Philosophenschiff. Wie sich die Sowjetmacht der »bourgeoisen« Intelligenz entledigte*, in: *Frankfurter Allgemeine Zeitung*, 19. 12. 2003
14 Erst in den vergangenen Jahren wurden die Dokumente freigegeben

und einer größeren Öffentlichkeit zugänglich. Siehe hierzu: Vladimir Makarow, Vasilij Christoforov (Hg.): *Vysylka vmesto rasstrela. Deportazija intelligentsii v dokumentach VCK-GPU. 1921–1923.* Moskau 2005.

15  Fedor Stepun, deutsch-litauischer Herkunft, sprach hervorragend Deutsch. Er ließ sich zunächst in Berlin nieder, lehrte dann als Soziologieprofessor in Dresden; 1937 entzogen ihm die Nazis die Professur unter anderem wegen »Judenhörigkeit«. Nach dem Krieg lehrte er in München. Dort starb er 1965.

16  Andrej Artisov (Hg.): »*Otčistim Rossiju nadolgo*«. *K istorii vysylki intelligentsii v 1922*, in: *Otečestvennye Archivy* 2003, Nr. 1, www.vehi.net/berdyaev/vshental.html.

17  »Als man mir sagte, daß ich ausgewiesen werde, verfiel ich in eine schwermütige Stimmung«, schrieb Nikolaj Berdjajew. »Ich wollte nicht auswandern. ... Aber zugleich gab es das Gefühl, in eine freiere Welt zu kommen und freier atmen zu können. Ich ahnte nicht, daß mein Exil 25 Jahre dauern würde.« Nikolaj Berdjajew: *Samopoznaie* (1949). Zit. n.: Vladimir Kantor: *Aus der Sicht eines Vertriebenen. Ein Brief von Fedor Stepun an Heinrich Rickert aus dem Jahr 1932*, in: *Forum für osteuropäische Ideen- und Zeitgeschichte* 11 (2007), H. 1, S. 163–184.

18  Zahlen nach Karl Schlögel (Hg.): *Der große Exodus. Die russische Emigration und ihre Zentren 1917 bis 1941*. München 1994, S. 237 f.

19  Zit. n.: Kantor, in: *Forum* 11 (2007).

20  Mit dem Vertrag von Rapallo 1922 fiel der diplomatische Schutz für Emigranten aus Russland. Der Nansenpass ist benannt nach dem Arktisforscher und damaligen Hochkommissar des Völkerbundes für Flüchtlingsfragen, Fridtjof Nansen.

21  Andrej Belyj: *Wie schön es in Berlin ist*. Zit. n.: Mierau (1988), S. 58.

22  Zu Gorkij als lebendem Russenmythos: Koenen (2005), S. 356 ff.

23  Eine wesentliche Rolle bei der Annäherung russischer, baltendeutscher und deutscher Nationalsozialisten spielte die Fälschung der »Protokolle der Weisen von Zion«. 1919 auf Russisch erschienen, 1920 in deutscher Übersetzung in Berlin. S. a.: Johannes Baur: *Die russische Kolonie in München 1900–1945. Deutsch-Russische Beziehungen im 20. Jahrhundert*. Wiesbaden 1998, sowie: Michael Kellog: *The Russian Roots of Nazism. White Emigrés and the Making of National Socialism, 1917–1945*. Cambridge 2005.

24  Denis Jdanoff: »*Russische Faschisten*«. *Der nationalsozialistische Flügel der russischen Emigration im Dritten Reich*«. Magisterarbeit HU Berlin 2003.

25  Zusammenfassend: Leonid Luks: *Nikolaj Berdjaev und die Idee des*

»neuen Mittelalters«, in: *Mitteilungen der Gemeinsamen Kommission* 6 (2016), S. 140–147.

26 Botschaft an die Föderale Versammlung, 12. Dezember 2012.
27 Nach Kriegsbeginn 1941 wurde das Gebäude nach Ausweisung der sowjetischen Diplomaten versiegelt. Im Juni 1942 zog dort das Ostministerium ein unter der Leitung des NS-Ideologen Alfred Rosenberg, des radikal rassistischen, radikal antibolschewistischen und radikal antisemitischen Baltendeutschen, der in Moskau gelebt hatte und 1918 als Emigrant nach Deutschland gekommen war. Nach der Zerstörung im Zweiten Weltkrieg wurde das 1734 erbaute Palais durch das bis heute genutzte Botschaftsgebäude im Stil des sozialistischen Klassizismus ersetzt.
28 Abbildung in: Mierau (1988), S. 492. S. a.: Schlögel (2007), S. 167.
29 Der Filmverleih Prometheus wurde eigens für die deutschen Aufführungen von *Panzerkreuzer Potemkin* gegründet. 50 Prozent der Aktien hielt der Neue Deutsche Verlag, 50 Prozent die KPD. Ausführlich zu IAH und der Moskauer »roten Traumfabrik«: Jekaterina Chochlowa: *Von Dialog zu Konfrontation. Russischer und deutscher Film zwischen den Weltkriegen*, in: *West-östliche Spiegelungen*, N. F., Bd. 2: Karl Eimermacher, Astrid Volpert (Hg.): *Stürmische Aufbrüche und enttäuschte Hoffnungen. Russen und Deutsche in der Zwischenkriegszeit*. München 2006 (im Folgenden: WÖS, N. F./2), S. 927–952.
30 Zit. n.: Ulrich Gregor, Naum Klejman: *Deutscher und sowjetischer Film. Ein Dialog beider Filmkulturen*, in: Berlin-Moskau (1995), S. 199–203, hier S. 200.
31 So Marina Cvetajeva, als sie von Belyjs Tod 1934 erfuhr. Zit. n.: Mierau (1988), S. 9.
32 Wiktor Schklowskij: *Sentimentale Reise*. Frankfurt a. M. 1964. Zit. n.: Fritz Mierau: *Wind vom Kaukasus. Die Russen in Berlin. Begegnungen und Entfremdungen*, in: WÖS, A/5, S. 646–675, hier S. 658.
33 Boris Fresinskij: *Ilja Ehrenburg und Deutschland*, in: WÖS, N. F./2, S. 291–328, hier S. 304.
34 Auch Ehrenburg selbst wurde der Spitzelei verdächtigt. S.: Thomas Urban: *Ilja Ehrenburg als Kriegspropagandist*, in: WÖS, N. F./2, S. 455–488.
35 Vladimir Nabokov: »*Erinnerung, sprich*«, zit. n.: Ulrike Goldschweer: »*Chronist des russischen Berlin*« oder *Traumwandler unter Fremden. Vladimir Nabokov in Deutschland*, in: WÖS, N. F./2, S. 865–888, hier S. 881.
36 Zu Nabokov, aus der Fülle der Betrachtungen: Michael Maar: *Solus Rex. Die schöne böse Welt des Vladimir Nabokov*. Berlin 2007. Thomas Urban: *Vladimir Nabokov – Blaue Abende in Berlin*. Berlin 1999.

37  Zit. n.: Ulrike Goldschweer: *Exil als Grenzphänomen. Die Wiederentdeckung der russischen Literatur »jenseits der Grenze« (Literatura russkogo sarubeshja)*, in: *WÖS*, N.F./2, S. 805–826, hier S. 824.
38  Else Lasker-Schüler, zit. n. Mierau (1988), S. 345.
39  Zit. n.: Mierau (1988), S. 271.
40  Julius Meier-Graefe: *Russen in Berlin*, in: *Ganymed* 4 (1922), S. 295 ff.
41  Zum Fall des Mädchens Lisa, Propaganda und Instrumentalisierung der Russlanddeutschen s. Kapitel »Die Russlanddeutschen: Auffällig unauffällig«.
42  »*Auch Stalin wäre schockiert*«, http://www.zeit.de/2014/45/wladimir-sorokin-russland-schriftsteller.
43  *Ein Bild von einem Bild*, www.faz.net/-gum-13hqw.
44  Zit. n.: www.ft.com/content/4bc00646-0e83-11e7-b030-768954394623.
45  Kaminers Blog: http://blog.wladimirkaminer.de.
46  Waldimir Kaminer: *Warum ich mich für meine Heimat schäme*, www.faz.net/-gr0-7n25q.
47  *Wladimir Kaminer und Erhard Eppler im Gespräch. Ein Russland, zwei Leidenschaften*, in: *Süddeutsche Zeitung*, 12.7.2014.
48  Boris Schumatsky: *Die Russen gibt es nicht mehr*, www.zeit.de/politik/ausland/2014-04/russen-verstaendnis-putin/komplettansicht.
49  www.geht-auch-anders.de/alexander-delfinov/; https://novinkiblog.wordpress.com/author/ersatzblogger/.

## Unheilvolle Sonderwege

1  Dietrich Möller: *Der skeptische Revolutionär. Karl Radek und Deutschland*, in: *WÖS*, N.F., 2, S. 247–274, hier S. 249.
2  S. auch die ausführliche Biografie: Wolf-Dietrich Gutjahr: *Revolution muss sein. Karl Radek. Die Biographie*. Köln 2012.
3  Möller, in: *WÖS*, NF/2, S. 256.
4  Durch den Friedensvertrag von Versailles sei Deutschland zu einer kolonial unterjochten Nation geworden, analysierte Lenin: Die einzige Rettung für Deutschland sei ein Bündnis mit Sowjetrussland. Wladimir Lenin vor dem VIII. Allrussischen Sowjetkongress im Dezember 1920 in Moskau, zit. n.: Bernd Bonwetsch: *Lenin und Deutschland*, in: *WÖS*, B/4, S. 280–305, hier S. 305.
5  Karl Radek schrieb 1926 in einer russischen Zeitschrift über seinen Moabiter Aufenthalt: *Iz vospominanij* [Erinnerungen], in: *Krasnaja Nov'*. Moskau, Oktober 1926. Gekürzte Übersetzungen des Berichtes in zwei Veröffentlichungen über Radeks Aufenthalt in Deutsch-

land. Edward Carr: *Radek's Political Salon in Berlin 1919*, in: *Soviet Studies* 3 (1952), S. 410–430. Otto-Ernst Schüddekopf: *Karl Radek in Berlin. Ein Kapitel deutsch-russischer Beziehungen im Jahre 1919*, in: *Archiv für Sozialgeschichte* 2 (1962), S. 87–166. Hier zit. n.: Schüddekopf, S. 153. Weitere Literatur auch in: Karl Schlögel: *Das russische Berlin. Ostbahnhof Europas.* Akt. Neuausg., München 2007.

6   Diese ostpolitische Botschaft hatte Rathenau im Namen einer Gruppe deutscher Industrieller im Februar 1920 als Denkschrift auch beim sozialdemokratischen Reichspräsidenten Friedrich Ebert eingereicht.

7   »Es ging um die Rekultivierung eines von Krieg und sozialem Verfall verwüsteten Kontinents«, so der Historiker Karl Schlögel in seiner Studie über Radeks »Moabiter Salon«. »Es war eigentlich ... eine Wortmeldung von Antipolitikern. Es war ein Plädoyer für einen Völkerbund des gesunden Menschenverstandes, eine Internationale der Manager und Ingenieure gegen Zerfall und Anarchie.« Schlögel (2007), S. 283.

8   Infolge des verheerenden Bürgerkriegs und einer landesweiten Hungersnot hatte Lenin die Schraubstöcke staatlicher Planwirtschaft 1921 etwas gelockert: Die Neue Ökonomische Politik NEP erlaubte Kleinunternehmertum auch in der Landwirtschaft und führte innerhalb kurzer Zeit zu bemerkenswerten Erfolgen. Die NEP endete faktisch mit Lenins Tod 1924.

9   Zur Entwicklung von Rathenaus Russlandbild zusammenfassend auch: Gerd Koenen: *Die »Völkerwanderung von unten«. Walther Rathenau über Rußland und die Sowjets*, in: WÖS, A/5, S. 240–274.

10  Aus der Delegation ging 1920 die »Studienkommission für Rußland« der deutschen Wirtschaft hervor.

11  Es war der zweite bilaterale Vertrag der Sowjetmacht: Im März 1921 hatte Moskau ein Handelsabkommen mit Großbritannien geschlossen. S. a. Hildermeier (1998), S. 358 ff.

12  Die von Moskau massiv mit Propaganda, Geld und Waffen unterstützten deutschen »Stoßtrupps der proletarischen Weltrevolution« scheiterten, auch die Aufstandspläne der KPD in Sachsen im Oktober 1923. Der Misserfolg des »deutschen Oktober« veranlasste Radek zu einer interessanten ideologischen Volte: Im sowjetischen Interesse liege Deutschlands Stärkung als Gegengewicht zum angelsächsischen Imperialismus. S. a.: Manfred Zeidler: *Reichswehr und Rote Armee 1920–1933. Wege und Stationen einer ungewöhnlichen Zusammenarbeit.* München 1993, S. 85 f.

13  Möller, in: WÖS, N. F./2, S. 263.

14  Zeidler (1993), S. 59.

15  Geheimer Bericht Karl Radeks über die Gespräche mit Außenminister Rathenau und General von Seeckt zur militärischen Zusammenarbeit mit Russland. 11. Feb.1922, in: Hermann Weber u. a. (Hg.): *Deutschland, Russland, Komintern – II. Dokumente (1918–1943): Nach der Archivrevolution: Neuerschlossene Quellen zu der Geschichte der KPD und den deutsch-russischen Beziehungen.* Berlin 2015, S. 218 ff.
16  Die Verbindung mit Russland als Rettung Deutschlands: Radek über die Gespräche mit Außenminister Rathenau u. a., 14. Feb. 1922. Das Dokument zeigt, wie Rathenau zögerte, sich von den Westmächten abzuwenden, in: Weber (2015), S. 223 ff.
17  Brockdorff-Rantzau hatte 1917 den Kontakt zu Helphand alias Parvus und damit zu Lenin gehalten, er war an der Organisation der revolutionären Zugreise durch Deutschland beteiligt. S. a.: Horst Günter Linke: *Schicksalsgemeinschaft? Die Sowjetunion im politischen Kalkül der deutschen Botschafter in Moskau*, in: WÖS, NF/2, S. 163–208.
18  Zu Tschitscherins Verhältnis zu Deutschland und Botschafter Brockdorff-Rantzau s. a.: Ludmila Thomas: *Tschitscherins Variante. Deutschland in der Biografie des ersten sowjetischen Außenministers*, in: WÖS, NF/2, S. 135–162.
19  Koenen (2005), S. 273.
20  So Isaac Deutscher in seiner Trotzkij-Biografie. Zit. n.: Möller, in: WÖS, NF/2, S. 262.
21  Auszug in: Helmut Altrichter u. a. (Hg.): *Deutschland-Russland. Stationen gemeinsamer Geschichte, Orte der Erinnerung – das 20. Jahrhundert.* München, Bonn 2014, S. 57.
22  Rathenau wurde am 24. Juni 1922 in Berlin durch die rechtsextreme »Organisation Consul« (O.C.) ermordet, zu der neben den Hauptattentätern Erwin Kern und Hermann Fischer auch der Schriftsteller Ernst von Salomon gehörte. In *Die Geächteten* (1930) behauptete Salomon, die O. C. sei ein reines Phantom gewesen – sein Verleger Ernst Rowohlt, der in dem Buch eine Distanzierung sah, ging ihm offenbar auf den Leim.
23  Parallel dazu – und von ihm als wichtiger erachtet – begann unter dem neuen Außenminister und späteren Friedensnobelpreisträger Gustav Stresemann die Aussöhnung mit Frankreich, die 1925 in den Verträgen von Locarno fixiert wurde. Ein Jahr später wurde die deutsche Republik Mitglied im Völkerbund. Die »Locarnopolitik« ebnete Deutschland den langen Weg in den Westen. Die Verträge mit der Sowjetunion wiederum dienten auch dazu, sowjetische Befürchtungen einer völligen Einbindung Deutschlands in das »imperialistische Lager« zu besänftigen.

24 Zit. n.: Zeidler (1993), S. 32.
25 Mit Besorgnis verfolgte man in Moskau Stresemanns westorientierte Locarno-Politik, die auch Lockerungen der harten Versailles-Bedingungen zur Folge hatte. Zugleich hoffte man darauf, vom deutschen Wirtschaftsaufschwung und Kapitalflüssen zu profitieren. S. a.: Manfred Zeidler: *The strange Allies. Red Army and Reichswehr in the Inter-war period*, in: Karl Schlögel (Hg.): *Russian–German special relations in the 20th century*. Oxford/New York 2006, S. 99–118.
26 Es gab Probleme mit der Materialversorgung durch die deutsche Seite und den schlechten Ausbildungsstand der sowjetischen Arbeiter, dann liefen die Kosten davon.
27 Mit vielen Quellen und eher sowjetisch anmutender Interpretation: Dmitrij Sobolew: *Die Junkers-Konzession zum Flugzeugbau in Fili und die Fliegerschule in Lipezk. Zur Geschichte militärtechnischer Zusammenarbeit*, in: WÖS, NF/2, S. 209–245.
28 Zeidler, in: Schlögel (2006), S. 110.
29 S. dazu Zeidler (1993) sowie: Julija Kantor: *Zakljataja Družba. Sekretnoe sotrudničestvo SSSR i Germanij v 1920–1930-ye gody*. Moskau 2009.
30 *Akten zur Deutschen Auswärtigen Politik 1918–1945*, Serie B, Bd. 10, D 138. Göttingen 1977. Zit. n.: Altrichter (2014), S. 63.
31 Zeidler (1993), S. 270.
32 Gustav Hilger: *Wir und der Kreml. Deutsch-sowjetische Beziehungen 1918–1941. Frankfurt, 1956*, S. 259. Zit. n.: Zeidler, in: Schlögel (2006), S. 114. S. a.: Olaf Groehler: *Selbstmörderische Allianz. Deutsch-Russische Militärbeziehungen 1920–1941*. Berlin 1992.
33 Bernd Bonwetsch: *Stalin, the Red Army and the Great Patriotic War*. Zit. n.: Ian Kershaw: *Wendepunkte. Schlüsselentscheidungen im Zweiten Weltkrieg*, München 2008, S. 313.
34 Im ersten Band von Hitlers *Mein Kampf* (1925), zit. n.: Koenen (2005), S. 396.
35 Zum Russlandbild deutscher Generäle die interessante Studie von Johannes Hürter: *Hitlers Heerführer. Die deutschen Oberbefehlshaber im Krieg gegen die Sowjetunion 1941/42*, München 2006, sowie sein Aufsatz: *Wie in einem fremden Erdteil. Die Sowjetunion und ihre Einwohner in der Wahrnehmung von Wehrmachtsgenerälen*, in: *Mitteilungen der Gemeinsamen Kommission für die Erforschung der jüngeren Geschichte der deutsch-russischen Beziehungen* (im Folgenden: *Mitteilungen der Gemeinsamen Kommission*) 5 (2013), S. 219–224.
36 Gutjahr (2012), zit. n.: www.deutschlandfunk.de/stalins-hofnarr.1310.de.html?dram:article_id=214437
37 Lion Feuchtwanger: *Moskau 1937. Ein Reisebericht für meine Freunde*. Amsterdam 1937. Sein Eindruck vom Prozess: »Als ich

Radek und seine Freunde sah und hörte, zergingen meine Bedenken, wie sich Salz in Wasser auflöst. Wenn das gelogen war oder arrangiert, dann weiß ich nicht, was Wahrheit ist. Es machte den Eindruck, als hätten Angeklagte, Staatsanwalt und Richter das gleiche, ich möchte fast sagen, sportliche Interesse, die Geschehnisse lückenlos aufzuklären.« Zit. n.: www.deutschlandfunk.de/stalins-hofnarr.1310.de.html?dram:article_id=214437.
38 Dazu auch Koenen (2005), S. 381 ff.
39 Repräsentativ für diese Entwicklung auch Alfred Rosenberg, späterer »Chefideologe« der NSDAP. Der 1918 aus Riga emigrierte deutschbaltische Architekt, der hervorragend Russisch sprach, gehörte zur »baltischen Mafia« in München. Hatte er sich anfangs eher für ein Bündnis mit Sowjetrussland ausgesprochen, wurde ihm bald der »jüdische Bolschewismus« zum absoluten Feind. Hierzu: Johannes Baur: *Die Revolution und »Die Weisen von Zion«. Zur Entwicklung des Rußlandbildes in der frühen NSDAP*, in: WÖS, A/5, S. 165–190.
40 Manfred Weißbecker: »*Wenn hier Deutsche wohnten...« Beharrung und Veränderung im Rußlandbild Hitlers und der NSDAP*, in: Hans-Erich Volkmann (Hg.): *Das Russlandbild im Dritten Reich*. Köln 1994, S. 9–54, hier S. 10. Zur Entwicklung des Russlandbildes bei Hitler, der Projektion seiner Ängste und Vernichtungsfantasien zunächst auf Juden und die Westmächte, nach 1923 dann auf den Bolschewismus, die angeblich letzte Waffe des »internationalen Judentums«, s. a. Koenen (2005), S. 387 ff.
41 Im 1926 erschienenen zweiten Band von *Mein Kampf* widmete Hitler dem Verhältnis zu Russland ein ganzes Kapitel: »Ostorientierung oder Ostpolitik«. Zit. n.: Baur, in: WÖS, A/5, S. 190.
42 Adolf Hitler. *Mein Kampf*. Zit. n.: Weißbecker, in: Volkmann (1994), S. 17.
43 Zit. n.: Weißbäcker, in: Volkmann (1994), S. 9.
44 So der Titel des Buches von Sebastian Haffner: *Der Teufelspakt. Die deutsch-russischen Beziehungen vom Ersten zum Zweiten Weltkrieg*. Zürich 1988.
45 Nach den Erinnerungen Joachim von Ribbentrops aus seinem Nachlass, 1961; zit. in: Susanne Schattenberg: *Diplomatie der Diktatoren*, in: *Osteuropa* 58 (2009), H. 7/8, S. 7–31, hier S. 7.
46 Die Allianz hielt, trotz massiver Spannungen 1940, als NS-Deutschland, Italien und Japan – größter Feind der Sowjetunion im Fernen Osten – den Dreimächtepakt schlossen. Eine Reise Molotows nach Berlin im November sollte Entspannung bringen. Doch der Besuch verlief ergebnislos. Er bestärkte Hitler in seinem Entschluss, die Sowjetunion anzugreifen. Auch Stalin verstand die drohenden

Signale, erwartete aber in naher Zukunft keinen militärischen Konflikt.
47 Thematisiert auch im Vorwort zu Heft 7/8 der *Osteuropa*-Ausgabe 59 (2009), die dem Hitler-Stalin-Pakt gewidmet ist.
48 Litwinow galt als erfahrener Diplomat mit großen Kenntnissen der westlichen Welt, verheiratet mit einer Britin, eher westlich orientiert. Sofort nach Molotows Ernennung begann eine erneute Säuberung des sowjetischen Außenkommissariats, der weitere – mehr als 140 – hochrangige Diplomaten zum Opfer fielen. S. dazu mit vielen Quellen: Schattenberg (2009), S. 10 f.
49 Schattenberg (2009), S. 7.
50 Die deutsche Botschaft in Moskau war in die Sondierungen eingeschaltet. Ribbentrop selbst wiederum machte dem sowjetischen Geschäftsträger der Botschaft in Berlin, Georgij Astachow, Anfang August die Sache mit dieser Erklärung schmackhaft. Zit. n.: Jürgen Zarusky: »*Hitler bedeutet Krieg*«. *Der deutsche Weg zum Hitler-Stalin-Pakt*, in: *Osteuropa* 59 (2009), H. 7/8, S. 97 – 114, hier S. 111.
51 Aus den Erinnerungen des damaligen Chefdolmetschers Paul Schmidt. Zit. in: Schattenberg (2009), S. 20, s. a.: Marie-Luise Recker: *Der Hitler-Stalin-Pakt aus deutscher Sicht*, in: *Mitteilungen der Gemeinsamen Kommission* 5 (2013), S. 35 – 44, hier S. 42.
52 Es war klar, dass der Vertrag Krieg bedeuten würde. Natürlich hatte Stalin Informationen über die Verlegung deutscher Truppen nach Osten; möglicherweise fiel während der Verhandlungen selbst das konkrete Angriffsdatum. S. a. Aleksandr Čubar'jan: *Die außenpolitische Strategie der sowjetischen Führung in den Jahren 1939 – 1941*, in: *Mitteilungen der Gemeinsamen Kommission* 5 (2013), S. 9 – 17, hier S. 15.
53 Manfred Sapper, Volker Weichsel: *Editorial: Erzählen formt Geschichte*, in: *Osteuropa* 59 (2009), H. 7/8, S. 5 – 6, hier S. 5.
54 *Akten zur deutschen Auswärtigen Politik 1918 – 1945. Aus dem Archiv des Auswärtigen Amtes*. Baden-Baden 1956, S. 191. Zit. n.: Schattenberg (2009), S. 29.
55 Unter Verweis auf das durch eine Bilddatenbank der Bayerischen Staatsbibliothek erschlossene Fotoarchiv Heinrich Hoffmanns: Zarusky (2009), S. 97 – 117.
56 Schattenberg (2009), S. 29. Immer noch beeindruckend auch: Alan Bullock: *Hitler und Stalin. Parallele Leben*. Überarb. Neuausg., München 1999.
57 Zit. n.: Sergej Sluč: *Der Weg in die Sackgasse. Die UdSSR und der Molotov-Ribbentrop-Pakt*, in: *Osteuropa* 59 (2009), H. 7 – 8, S. 75 – 95, hier S. 85.
58 Aus dem Gespräch Stalins mit dem damaligen Generalsekretär der

Komintern, Georgi Dimitrov, in: Grant Adibekov (Hg.): *Politbjuro CK RKP(b) – VKP(b) i Komintern.1919–1939. Dokumenty*. Moskau 2004, Dok. 495, S. 779 ff. Zit. n.: Vladislav Smirnov: *Das Münchener Abkommen und der Nichtangriffspakt in den Debatten russischer Historiker*, in: *Mitteilungen der Gemeinsamen Kommission* 5 (2013), S. 18–34, hier S. 31. Das Dokument auch in: www.1000dokumente. de/index.htmlc=dokument_ru&dokument=0026_ dim&object=translation&st=&l=de

59 So auch die Forschungen des russischen Historikers Sergej Slutsch in russischen Archiven. S. a. seinen Beitrag über Stalin und Hitler 1933–1941: Sergej Sluč: *Kalküle und Fehlkalkulationen des Kreml*, in: Jürgen Zarusky (Hg.): *Stalin und die Deutschen. Neue Beiträge der Forschung*. München 2006, S. 59–88. Aufschlussreich auch der erste Band der umfangreichen Dokumentensammlung über die beiden Staaten in den dreißiger Jahren: Sergej Slutsch, Carola Tischler (Hg.): *Deutschland und die Sowjetunion 1933–1941. Dokumente*, Bd. 1: 30. Januar 1933–31. Oktober 1934. München 2014.

60 Im März 1939 hatte Hitler die »Rest-Tschechei« annektiert. Damit war für Stalin klar, dass die Westmächte sich Hitler nicht in den Weg stellen würden. Zu Stalins Verhandlungen um einen deutschen Kredit an die UdSSR Anfang 1939: Sergej Sluč: *Der Weg in die Sackgasse. Die UdSSR und der Molotov-Ribbentrop-Pakt*, in: *Osteuropa* 59 (2009), H. 7/8, S. 75–95 sowie Aleksandr Čubar'jan: *Die außenpolitische Strategie der sowjetischen Führung in den Jahren 1939–1941*, in: *Mitteilungen der Gemeinsamen Kommission* 5 (2013), S. 9–17.

61 *Izvestija*, 9.10.1939. Zit. n.: Bernhard Bayerlein: *Abschied von einem Mythos. Die UdSSR, die Komintern und der Antifaschismus 1930–1941*, in: *Osteuropa* 59 (2009), H. 7/8, S. 125–147, hier S. 145.

62 *Völkischer Beobachter*, 23.8.1939. Die Wende kam nach Jahren antikommunistischer Hetze für viele Nazis überraschend. Goebbels notierte in sein Tagebuch, man sei in der Not und »fresse des Teufels Fliegen«. Zit. n.: Volkmann (1994), S. 30.

63 Dietrich Beyrau (Hg.): *Schlachtfeld der Diktatoren. Osteuropa im Schatten von Hitler und Stalin*. Göttingen 2000

64 Die Ermordung von mehr als 4000 polnischer Offiziere durch den sowjetischen Geheimdienst NKWD bei Katyn im Frühjahr 1940 ist nur ein Beispiel.

65 Litauen fiel jetzt in die »Interessensphäre der UdSSR«. Zentralpolen ging an Deutschland. Die Rote Armee zog sich von der Weichsel an den Bug zurück.

66 Zit. n.: Ingeborg Fleischhauer: *Der deutsch-sowjetische Grenz- und*

*Freundschaftsvertrag vom 28. September 1939. Die deutschen Aufzeichnungen über die Verhandlungen zwischen Stalin, Molotov und Ribbentrop in Moskau*, in: *Vierteljahrshefte für Zeitgeschichte* 39 (1991), S. 447–470, hier S. 455 ff.

67 Helmut König: *Das deutsch-sowjetische Vertragswerk von 1939 und seine geheimen Zusatzprotokolle. Eine Dokumentation*, in: *Osteuropa* 39 (1989), S. 413–458, hier S. 442 f. Die für die deutsche Seite bestimmte Ausfertigung der Karte lagert im Politischen Archiv des Auswärtigen Amtes im Berlin: PA, AA: Bilaterale Verträge des Deutschen Reiches, Sowjetunion, Lagernummer 56.

68 Das deutsche Original des Geheimen Zusatzprotokolls zum Nichtangriffspakt wurde zunächst ausgelagert, 1944/1945 im Rahmen der Vernichtung geheimer Dokumente vom Auswärtigen Amt vernichtet. Das Original der russischen Ausfertigung wurde 1992 in russischen Archiven wiederentdeckt. S.: Klaus Meyer. *Zwei Wege nach Moskau. Vom Pakt bis zum Überfall*, in: *Zeitschrift für Ostmitteleuropa-Forschung* 47 (1998), H. 2, S. 215–230. Jan Lipinsky: *Das Geheime Zusatzprotokoll zum deutsch-sowjetischen Nichtangriffsvertrag vom 23. August 1939 und seine Entstehungs- und Rezeptionsgeschichte von 1939 bis 1999*. Frankfurt 2004. Ein Faksimile: www.1000dokumente.de/index.html?c=dokument_ru&dokument=0025_pak&object=facsimile&pimage=1&v=100&nav=&l=de.

69 Raymond Sontag, James Beddie (Hg.): *Nazi-Soviet Relations. 1939–1941. Documents from the Archives of the German Foreign Office*. Washington 1948. Klaus Meyer. *Zwei Wege nach Moskau. Vom Pakt bis zum Überfall*, in: *Zeitschrift für Ostmitteleuropa-Forschung* 47 (1998), H. 2, S. 215–230, hier S. 220: »Dem sowjetischen Chefankläger Rudenko wurde ein Verzeichnis derjenigen Komplexe aufgetragen, die in den Nürnberger Verhandlungen nicht zur Sprache kommen sollten. ›Ausfälle‹ der alliierten Hauptankläger gegen die Verbündeten sollten vermieden werden. Dieses Verzeichnis vom 29. November 1945 enthielt insgesamt neun Punkte, darunter folgende Themen, die auf keinen Fall in den Verhandlungen eine Rolle spielen sollten: ›Der sowjetisch-deutsche Nichtangriffspakt von 1939 und alle Fragen, die dazu irgendeine Beziehung haben.‹« Das Gericht ließ das Dokument nicht als Beweis zu. Zum ersten Mal wurde es am 22. Mai 1946 in der *Saint Louis Post-Dispatch* veröffentlicht. S. a.: Peter Maguire: *Law and War: International Law and American History*, Revised Edition, New York 2010; S. 78 ff.

70 Dabei äußerten sowjetische Parteifunktionäre, Propagandisten und selbst Soldaten zum Teil vehemente Empörung. S. a: Wladimir

Neweshin: *Die Reaktion der sowjetischen Öffentlichkeit auf den Hitler-Stalin-Pakt und die Wandlung des Bildes von Nazi-Deutschland in der UdSSR (1939–1941)*, in: WÖS, NF/2, S. 1071–1100, hier S. 1083; *Prawda*, 25. 12. 1939.

71 Neweshin, in: *WÖS*, NF/2, S. 1093, unter Verweis auf Dokumente der Komintern.
72 Gerd Koenen: *Interna aus einem welthistorischen Trauerspiel*, in: *Frankfurter Allgemeine Zeitung*, 21. 7. 2015.
73 Zit. n.: Sergej Slutsch: *Wofür brauchte Hitler einen Nichtangriffspakt mit der Sowjetunion?* In: *Mitteilungen der Gemeinsamen Kommission* 5 (2013), S. 45–56, hier S. 50.
74 Heinrich Schwendemann: *Die wirtschaftliche Zusammenarbeit zwischen dem Deutschen Reich und der Sowjetunion 1939–1941*, in: *Mitteilungen der Gemeinsamen Kommission* 5 (2013), S. 158–167, hier S. 165.
75 Slutsch, in: *Mitteilungen der Gemeinsamen Kommission* 5 (2013), S. 52 f.
76 Zugleich sicherte Stalin damit allerdings auch seine Annexionen im Baltikum und Bessarabien ab. Und ließ sich von massiv angestiegenen deutschen Lieferungen in die Sowjetunion täuschen. S. dazu auch: Schwendemann, in: *Mitteilungen der Gemeinsamen Kommission* 5 (2013), S. 158–167.
77 Selbst die Warnung Churchills vom April 1941 interpretierte Stalin als imperialistisches Manöver, den Versuch, die Sowjetunion in einen Krieg gegen Deutschland zu ziehen. S. a. Kershaw (2008), S. 341 ff. Die These eines Präventivkrieges hingegen, den Stalin angeblich plante und damit Hitler zum Angriff gezwungen haben soll, gilt als widerlegt. S. a. Lew Besymenski: *Stalin und Hitler. Das Pokerspiel der Diktatoren*. Berlin 2004. Bianka Pietrow-Ennker (Hg.): *Präventivkrieg? Der deutsche Angriff auf die Sowjetunion*. Frankfurt a. M. 2000. Gerd Überschär, Lev Bezymenskij: *Der deutsche Angriff auf die Sowjetunion 1941. Die Kontroverse um die Präventivkriegsthese*. Neuausg., Darmstadt 2011. Gerd Überschär, Wolfram Wette (Hg.): *Der deutsche Überfall auf die Sowjetunion. Unternehmen Barbarossa 1941*. Frankfurt a. M. 2011.
78 Unter Verweis auf die Memoiren Marschall Schukows: Kershaw (2008), S. 357.
79 In Litauen war das Dokument bereits 1983 auf Russisch veröffentlicht worden.
80 *Izvestija*, 2. 6. 1989. Zit. n.: Vladislav Smirnov: *Das Münchener Abkommen und der sowjetisch-deutsche Nichtangriffspakt in den Debatten russischer Historiker*, in: *Mitteilungen der Gemeinsamen Kommission* 5 (2013), S. 18–34. S. a.: Jan Lipinsky (2004).

81 *Izvestija*, 3.6.1989.
82 Valerij Boldin: *Krušenije s pjedestala. Štrichi k portretu Gorbačeva*. Moskau 1995, S. 256.
83 Auf die Erklärung zum Gedenktag durch das Europaparlament reagierte Russland prompt mit Kritik. Aber auch in Deutschland tut man sich schwer mit diesem Gedenktag – offenbar weil man fürchtet, die Kriegsschuld der Deutschen zu relativieren. Aufsehen erregte 2008 der provozierend undifferenziert zusammengestellte Dokumentarfilm *The Soviet Story* des lettischen Filmemachers Edvins Snore, der Nationalsozialismus und Stalinismus faktisch gleichsetzte. Mit vielen schwer zu ertragenden Dokumentaraufnahmen belegte er, wie Nazis und Stalins Häscher nach Unterzeichnung des Hitler-Stalin-Paktes kooperierten.
84 S. a.: Jakowlew (2004), S. 27. »Man kann den Glauben an die Menschheit verlieren.«
85 *Izvestija*, 25. und 27.12.1989.
86 *Izvestija*, 30.10.1992, sowie mit genauen Angaben: Tatjana Timofeeva: »*Ob gut, ob schlecht, das ist Geschichte*«. *Russlands Umgang mit dem Molotov-Ribbentrop-Pakt*, in: *Osteuropa* 59 (2009), H. 7/8, S. 257–271.
87 Die russischen Originaldokumente, auch das Geheime Zusatzprotokoll, befinden sich im Archiv des Russischen Präsidenten.
88 Wladimir Putin am 10. Mai 2005, zit. n.: Jürgen Zarusky: *Debatten über den Hitler-Stalin-Pakt. Eine Moskauer Konferenz und ihr Umfeld*, in: *Vierteljahrshefte für Zeitgeschichte* 53 (2005), S. 331–342. Der Artikel gibt einen guten Überblick über die selektive, antisowjetische Erinnerungskultur auch einiger baltischer Politiker.
89 Nach newsru.com, 5.5.2005.
90 Im Sommer 1939 hatten die Westmächte halbherzige Verhandlungen mit Stalin über ein militärisches Sicherheitsbündnis gegen Nazi-Deutschland geführt. Sie hofften in einer unverzeihlichen Fehleinschätzung noch immer auf »Appeasement« mit Hitler. Zugleich wollten sie sich nicht auf Stalins Forderungen einlassen, seine Truppen jederzeit nach Polen bringen zu dürfen – Frankreichs Verbündeten.
91 Putin auf der Pressekonferenz mit Angela Merkel am 10. Mai 2015 in Moskau. Merkel konterte mit dem Verweis auf das Geheime Zusatzprotokoll, das Putin tunlichst nicht erwähnt hatte: www.bundesregierung.de/Content/DE/Mitschrift/Pressekonferenzen/2015/05/2015-05-10-pk-merkel-putin.html.
92 »Die russländischen Historiker brauchen deshalb nicht nur ein ausgezeichnetes Fachwissen«, so die russische Historikern Tatjana Timofeeva, »sondern auch ein hohes Maß an Zivilcourage, um eine

objektive Sicht ... zu entwickeln ...« Timofeeva, in: *Mitteilungen der Gemeinsamen Kommission* 5 (2013), S. 266 ff.

93  Rede vor jungen Historikern und Geschichtslehrern am 5. November 2014: http://en.kremlin.ru/events/president/news/46951. 2014 wurde das russische Strafgesetzbuch um den Tatbestand der »Rehabilitierung des Nazismus« ergänzt, unter anderem durch die »Verbreitung bewusst falscher Mitteilungen über die Tätigkeit der Sowjetunion in den Jahren des Zweiten Weltkrieges«. Zwar durften auch im Jahr 2017 deutsche Rechtsradikale in eigens eingerichteten Foren des sozialen Netzwerks »V Kontakte«, eine Art russisches Facebook, ungehindert Nazi-Parolen propagieren und mit Hakenkreuzfahnen illustrieren – doch der junge Blogger Wladimir Luskin aus Perm im Ural wurde zu einer Geldstrafe von umgerechnet rund 3000 Euro verurteilt. Er hatte – für zwanzig Leser sichtbar – einen Artikel gepostet, in dem von einem gemeinsamen Angriff der Sowjetunion und Deutschlands auf Polen 1939 berichtet wurde. S. zusammenfassend: Friedrich Schmidt: *Im Dienste der Politik*, in: *Frankfurter Allgemeine Zeitung*, 12.7.2016.

94  Friedrich Schmidt: *Ein kolossaler Erfolg*, in: *Frankfurter Allgemeine Zeitung*, 14.5.2015.

95  Eine Insel im ansonsten hoch wogenden Propaganda-Meer: Die Konferenz »Stalinismus und Krieg«, die im Mai 2016 in Moskau stattfand, organisiert vom Internationalen Zentrum für Geschichte und Soziologie des Zweiten Weltkriegs und seiner Folgen der Moskauer Hochschule für Ökonomie. www.hse.ru/en/war/

## *Blokada:* Die Blockade der Erinnerung

1  Gespräch der Autorin mit Daniil Granin, Sankt Petersburg, November 2016.

2  Daniil Granin: *Das Jahrhundert der Angst. Erinnerungen*. Berlin 1999.

3  Der Petersburger Literaturkritiker Michail Zolotonosov sah entsprechende Unterlagen im Zentralarchiv des russischen Verteidigungsministeriums ein und veröffentlichte sie im Jahr 2014 in der Petersburger Internet-Zeitung *fontanka.ru*, begleitet von einem durchaus verständnisvollen Artikel: Granin war 1942 in die Kirow-Panzerfabrik abkommandiert, wo der Ingenieur für Reparatur und Instandsetzung von Panzern und anderen Fahrzeugen zuständig war und Arbeiter ausbildete. www.fontanka.ru/2014/04/21/162/. Die Dokumente auch auf der entsprechenden Website des russischen Verteidigungsministeriums: http://podvignaroda.ru/?#id=11812962&tab=navDetailManAward. Granin bekannte sich allerdings nur

indirekt zu seiner Vergangenheit.»Was ist schlecht an einem Politoffizier?«, antwortete er auf Fragen der Internetzeitung *fontanka.ru*. Ansonsten schwieg er.

4  Die Initiative ging allerdings von Granins belorussischem Kollegen Ales Adamovic aus, der 1999 starb. Deutsche Erstausgabe: Ales Adamowitsch, Daniil Granin: *Das Blockadebuch*. 2 Bde. Berlin (Ost) 1984/1987. Zur ersten unzensierte Ausgabe von 2013 siehe unten.

5  Im Gespräch mit der Autorin.

6  Interview mit Daniil Granin in der *Rossijskaja Gazeta*, 10.5.2015. Auf Deutsch: http://de.rbth.com/kultur/2015/05/10/daniil_granin_hass_fuehrt_in_eine_sackgasse_33633

7  Ausführlich: Hamburger Institut für Sozialforschung (Hg.): *Verbrechen der Wehrmacht. Dimensionen des Vernichtungskrieges 1941–1944*. Ausstellungskatalog. Hamburg 2002.

8  Zur Vorgeschichte des »Unternehmens Barbarossa« s.a.: Rolf-Dieter Müller: *Der Feind steht im Osten. Hitlers geheime Pläne für einen Krieg gegen die Sowjetunion im Jahr 1939*. Berlin 2011. Zu Mentalität und Russlandbild der deutschen Oberbefehlshaber vor allem: Johannes Hürter: *Hitlers Heerführer. Die deutschen Oberbefehlshaber im Krieg gegen die Sowjetunion 1941/42*. München 2006, hier S. 205 ff. Sowie: Volkmann (1994). S.a. die Dokumente im russischen Katalog zur Ausstellung anlässlich des 50. Jahrestages des Angriffs auf die Sowjetunion im Berliner Gropiusbau 1991, der wohl ersten Ausstellung, die den Vernichtungskrieg thematisierte: *Vojna protiv Sovetskogo Sojuza*. Berlin 1992.

9  Gespräch der Autorin mit Jürgen Zarusky, März 2017.

10  Unter Verweis auf Wolfgang Sofsky: *Paradies der Grausamkeit*, in: *Frankfurter Allgemeine Zeitung*, 2.2.1999, zit. n.: Koenen (2005), S. 434.

11  Daneben gab das sogenannte »Wanderverbot« Hunderttausende Binnenflüchtlinge, die auf der Suche nach Lebensmitteln aus den Städten aufs Land geströmt waren, Verelendung und Hunger preis. Ungezählte wurden als »Partisanen« und »Spione« erschossen.

12  Bundestagspräsident Norbert Lammert in seiner Rede zum Tag des Gedenkens an die Opfer des Nationalsozialismus am 27. Januar 2014, www.bundestag.de/parlament/praesidium/reden/2014/001/261296.

13  Wolfgang Benz (Hg.): *Dimensionen des Völkermords. Die Zahl der jüdischen Opfer des Nationalsozialismus*. München 1996, S. 560. S.a. Andrej Angrick: *Besatzungspolitik und Massenmord. Die Einsatzgruppe D in der südlichen Sowjetunion 1941–1943*. Hamburg 2003; Timothy Snyder, *Bloodlands. Europa zwischen Hitler und Stalin*. München 2011.

14 www.bundesarchiv.de/zwangsarbeit/geschichte/auslaendisch/russlandfeldzug.
15 Die Zahlen schwanken zwischen 4,5 und 5,7 Millionen sowjetischer Kriegsgefangener. Die meisten Experten neigen der höheren Zahl zu. Gespräch der Autorin mit Andreas Hilger, März 2017.
16 Hamburger Institut für Sozialforschung (2002), hier S. 213.
17 Ab 1942 wurden sowjetische Kriegsgefangene – zum Teil regelrecht aufgepäppelt – zur Zwangsarbeit in der deutschen Rüstungsindustrie eingesetzt.
18 Aus dem Kriegstagebuch des Generalstabschefs des Heeres, Franz Halder, zit. n.: Hürter (2006), S. 482 ff.
19 S. dazu die Fallstudie von Johannes Hürter: *Die Wehrmacht vor Leningrad. Krieg und Besatzungspolitik der 18. Armee im Herbst und Winter 1941/1942*, in: *Vierteljahrshefte für Zeitgeschichte* 49 (2001), S. 377–440, hier S. 390 ff. Hitler befahl am 6. September den Angriff auf Moskau – dafür sollten alle entbehrlichen Kräfte von den Flügeln der Heeresgruppe Nord abgezogen werden.
20 Aus dem Kriegstagebuch des Generalstabschefs des Heeres, Franz Halder, zit. n.: Hürter (2001), S. 393.
21 Zit. n.: der Rede von Bundestagspräsident Norbert Lammert am 27. Januar 2014, www.bundestag.de/parlament/praesidium/reden/2014/001/261296. Als Befürworter einer Vernichtung durch Hunger erwies sich auch der für die Heeresversorgung zuständige Generalquartiermeister Eduard Wagner im OKH. In seiner Dienststelle wurde im Dezember 1941 auch ein Plan ausgearbeitet, Leningrad durch einen Giftgasangriff zu vernichten. S. dazu: Hürter (2001), S. 402, Anm. 111.
22 Als Zweck der hermetischen Abriegelung notierte man im Armeeoberkommando schlicht: »Alles verhungert.« Zit. n.: Manfred Sapper, Volker Weichsel: *Völkermord mit Ansage. Leerstelle der Erinnerung*, in: *Osteuropa* 61 (2011), H. 8/9, S. 5–6, hier S. 5.
23 Sapper/Weichsel (2011). Umfassend: Jörg Ganzenmüller: *Das belagerte Leningrad 1941–1944. Die Stadt in den Strategien von Angreifern und Verteidigern*. Paderborn 2005. Als »Klassiker« der westlichen Blockade-Literatur gilt: Harrison E. Salisbury: *900 Tage. Die Belagerung von Leningrad*. Frankfurt a. M. 1970.
24 Anfänglich hatten sowohl von Leeb als auch von Küchler unter Verweis auf flüchtende, hungernde Frauen und Kinder gegen die Hungerstrategie protestiert. Deren Anblick könne negative Folgen für die Stimmung der Truppe haben. Doch vor allem von Küchler vertrat bald eine harte Haltung. S.: Hürter (2001), S. 400 ff.
25 »Es kann keinem Zweifel unterliegen, dass insbesondere Leningrad verhungern muss«, notierte ein Teilnehmer einer Generalstabs-

besprechung im November 1941. Zit. n.: Hürter (2001), S. 402. Die Zivilbevölkerung im rund 12 000 Quadratkilometer umfassenden Besatzungsgebiet der 18. Armee, also vor allem in und um die Leningrader Vorstädte, sollte in noch zu bildende Hungerghettos zwangsevakuiert werden. Mindestens 75 000 Zivilisten – Frauen, Kinder und alte Männer – wurden vor Wintereinbruch 1941 in Sumpf- und Waldgebiete deportiert und ihrem Schicksal überlassen. Die letzten Kühe der Bauern wurden gnadenlos requiriert, selbst ihre Winterkleidung und Filzstiefel. Zehntausende verhungerten – oder schlossen sich den Partisanen an. Das Gebiet um Leningrad wurde zu einem Zentrum des Partisanenkriegs, der jeden Tag grausamer geführt wurde. Vor Ort zeigten deutsche Soldaten, die selbst unter der katastrophalen Versorgungslage litten, durchaus Mitgefühl und versuchten, etwa durch die Versorgung mit minderwertiger Nahrung wie Pferdekadavern oder Lebensmitteln aus der Truppenverpflegung zu helfen – gegen die strengen Ermahnungen und Drohungen der Vorgesetzten. Von Küchler etwa erinnerte die Soldaten daran, dass die Zivilbevölkerung einer »uns rassefremden, feindlich gesinnten Art« angehöre. S.: Hürter (2001), S. 415 f. Allein in den Durchgangslagern der Heeresgruppe Nord starben 90 000 sowjetische Kriegsgefangene. Beim Rückzug aus dem russischen Nordwesten setzte die Wehrmacht die Politik der verbrannten Erde um. Eine halbe Million Menschen wurde nach Westen deportiert. S.: Hürter (2001), S. 502 ff. Mit vielen Quellen auch: Jürgen Kilian: »*Der Russe braucht einen Herrn über sich*«. *Die Wehrmacht im Leningrader Gebiet*, in: *Osteuropa* 61 (2011), H. 8/9, S. 65–74.

26 Adamowitsch/Granin (1984/1987), sowie *Osteuropa* 61 (2011), H. 8/9: *Die Leningrader Blockade*.
27 Rede von Daniil Granin (deutsche Fassung). Deutscher Bundestag, Berlin, 27. Januar 2014, www.bundestag.de/parlament/geschichte/gastredner/rede_granin/261326.
28 Dieses und viele andere, jahrzehntelang unter Verschluss gehaltene Dokumente in: Nikita Lomagin: *Neizvestnaja Blokada*. 2 Bde., Sankt Petersburg 2004, sowie: Nikita Lomagin: *V tiskach goloda. Blokada Leningrada v dokumentach germanskich specslužb, NKWD i pismach leningradcev*. Sankt Petersburg 2014.
29 Deutsche Übersetzung des original in der Zeitschrift *Russkij Reportër* erschienen Artikels: Wladimir Putin: »*Das Leben ist eine einfache und grausame Sache*«, www.faz.net/-gqz-8316i. Andere seiner Darstellungen über das Überleben seiner Mutter unterscheiden sich nur in Details. S. etwa: Katja Gloger (2017), S. 22. Fünf der sechs Brüder von Putins Vater starben im Krieg.
30 Zum 70. Jahrestag des Endes der Blockade 2014 schrieb der damalige

Bundespräsident Joachim Gauck einen Brief an den russischen Präsidenten Wladimir Putin, in dem er »tiefe Trauer und Scham« bekundete. Ein persönliches Wort an Putin aber fehlte. www.bundespraesident.de/SharedDocs/Berichte/DE/Joachim-Gauck/2014/01/140127-Brief-Befreiung-Leningrad.html.

31 Zit. n. Ulrich Schmid: »*Sie teilten fluchend und starben teilend*«. *Das Pathos der Wahrheit in der russischen Blockadeliteratur*, in: Osteuropa 61 (2011), H. 8/9, S. 265–280.

32 Einige Historiker sehen in der Zeit des Zweiten Weltkriegs eine Periode »spontaner Entstalinisierung«: Die vom Stalin-Regime unterdrückte Bevölkerung habe den Moment der Schwäche genutzt, um mehr Eigenständigkeit zu erreichen; etwa bei der Ausübung der Religion oder in parteikritischen Diskussionen. So sei der Krieg zu einem »lichten Fleck« geworden, wie der sowjetische Schriftsteller Konstantin Simonow schrieb. S. dazu: Leonid Luks: *Ursachen und Folgen des sowjetischen Sieges: Russischer Patriotismus, spontane Entstalinisierung und Herrschaftsstabilisierung*, in: Andreas Wirsching u. a. (Hg.): *Erinnerung an Diktatur und Krieg. Brennpunkte des kulturellen Gedächtnisses zwischen Russland und Deutschland seit 1945*. Berlin, Boston 2015, S. 347–362.
Die Erfahrung des spontanen, von einer Art Tauwetter begleiteten sowjetischen Patriotismus war auch für die Generation der späteren sowjetischen Dissidenten prägend. In Wassilij Grossmans großartigem Kriegsroman *Leben und Schicksal* prangern die Helden den Terror Stalins an, wünschen sich gar Pressefreiheit. Die Veröffentlichung wurde 1960 verboten, das Manuskript beschlagnahmt. Grossman starb 1962 im Glauben, sein Buch sei für immer verloren. Doch es erschien 1980 in der Schweiz, Anfang der neunziger Jahre dann auch in Russland. S. etwa: *Der befreite Roman*, www.faz.net/-gr3-w0n9. Grossman bearbeitete die These der »sowjetischen Schuld« an der totalitären Vergangenheit, die »Spiegelbildlichkeit« von NS- und Stalin-Diktatur. Ähnlich auch Boris Pasternak in seinem Aufsatz *Reise zur Armee* von 1943: »Wenn das revolutionäre Rußland eines Zerrspiegels bedürfte, der seine Züge zu einer Grimasse des Hasses und der Verständnislosigkeit verzerrt – hier ist er: Deutschland hat die Produktion aufgenommen.« Zit, n. *WÖS*, Auswahl, 2, S. 329.

33 Olga Berggolz: *Gedichte. 1928–1970*. Dresden 2015. Während der Blockade hatte sie ein geheimes Tagebuch geführt. Es konnte erst 1990 veröffentlicht werden.

34 Lev Marchasev: *Beethoven gegen Hitler. Das Leningrader Radio in der Blockade*, in: *Osteuropa*, 61 (2011), H. 8/9, S. 215–229, hier S. 223.

35 Zu Schostakowitsch auch der Roman von Julian Barnes: *Der Lärm der Zeit*. Köln 2017.

36 Noch vor der Leningrader Erstaufführung war die Siebte in New York unter Dirigent Arturo Toscanini zu hören – als Zeichen der Solidarität.
37 Irina Kurejewa: *Die Leichen wurden monatelang nicht abgeholt. Eine Kindheit in der belagerten Stadt*, in: *Osteuropa* 61 (2011), H. 8/9, S. 91–100.
38 Nikita Lomagin (2004), Bd. 1.
39 Lidija Ginzburg: *Erinnerungen*, zit. n.: Schmid, in: *Osteuropa* 61 (2011), H. 7/8, S. 276.
40 Rede von Daniil Granin (deutsche Fassung).
41 Hamburger Institut für Sozialforschung (2002), hier S. 324.
42 Über das Eis des zugefrorenen Ladoga-Sees wurden bis 1944 Hunderttausende Menschen in Lastwagen evakuiert; die Stadt mit Lebensmitteln versorgt. Wegen des ständigen Beschusses hieß die »Straße des Lebens« bei den Leningradern auch »Straße des Todes«.
43 Das der Einsatzgruppe A unterstellte Einsatzkommando 1 b unter SS-Obersturmbannführer Erich Ehrlinger exekutierte Tausende. Zu den Opfern der Einsatzgruppe A unter SS-Brigadeführer Franz Walter Stahlecker gehörten im November 1941 auch rund 900 Insassen der psychiatrischen Kaščenko-Klinik im Ort Nikolskoe, die von Einheiten der 18. Armee abtransportiert und dem SD zur Euthanasie »zugeführt« wurden. Von Küchler wurden Abtransport und Übergabe an den SD gemeldet. Die Patienten der Klinik wurden durch Giftinjektionen getötet und verscharrt. Die Gebäude der Klinik nutzte die Wehrmacht als Unterkünfte. In den folgenden Monaten wurden weitere 400 Patienten und Personal der Klinik ermordet. Im Herbst 1943 wurden die Leichen »enterdet« und verbrannt, um Spuren zu verwischen. Die dafür eingesetzten sowjetischen Kriegsgefangenen wurden ermordet. Das Verbrechen – eines von Zehntausenden dieser Art in den besetzten Gebieten der Sowjetunion – war während des Nürnberger OKW-Prozesses noch nicht bekannt: Hürter (2001), S. 436 ff.
44 Hürter (2001), S. 435 ff., sowie: Gerd Überschär (Hg.): *Hitlers militärische Elite*. 2 Bde. Darmstadt 1998.
45 S. a.: Nikita Lomagin: *Fälschung und Wahrheit. Die Blockade in der russischen Historiographie*, in: *Osteuropa* 61 (2011), H. 8/9, S. 23–47 mit vielen Literatur- und Quellenhinweisen.
46 Lev Gudkov: *Die Fesseln des Sieges. Rußlands Identität aus der Erinnerung an den Krieg*, in: *Osteuropa* 55 (2005), H. 4–6, S. 56–73.
47 Zu Entstehung und Zensur des Blockadebuches: Daniil Granin: *Istorija sozdanija ›Blokadnoj knigi‹*, in: *Družba Narodov*, 11/2002. http://magazines.russ.ru/druzhba/2002/11/gran.html.
48 Ales Adamowitsch, Daniil Granin: *Blokadnaja Kniga*. Neuausgabe, Sankt Petersburg 2013.

49 http://минобрнауки.рф/документы/2977.
50 Adamowitsch/Granin (1984/1987).
51 Als Daniil Granin damals im Palast der Republik, diesem hochheiligen staatlichen Ort, das *Blockadebuch* vorstellte, merkte er an, wie nebenbei: »Die ganze Wahrheit kennt nur das Volk.« Vielen Zuhörern schien allein diese Bemerkung schon subversiv, ein Zweifel an der Allmacht der Partei: So wurde durch sowjetische Schriftsteller wie Daniil Granin wenigstens für einen Augenblick »eine Berufungsinstanz vernehmbar, die irgendwann in der Zukunft der Partei gefährlich werden konnte. Ihr Deutungsmonopol ... stand nicht mehr unbezweifelbar im Raum.« Martin Uhle Wettler: *Von der subversiven Wirkung sowjetischer Literatur. Beobachtungen und Erfahrungen eines Pfarrers in der DDR*, in: WÖS, N. F./3, S. 1209–1227.
52 Wolfram Wette, Gerd Ueberschär: *Stalingrad. Mythos und Wirklichkeit einer Schlacht*. Neuauflage Frankfurt a. M. 2012. Basierend auf den 1942/1943 erarbeiteten Augenzeugenberichten der sowjetischen Historikerkommission unter Leitung des Historikers Isaak Minc: Jochen Hellbeck: *Die Stalingrad-Protokolle. Sowjetische Augenzeugen berichten aus der Schlacht*. Frankfurt a. M. 2012.
53 Jörg Echterkamp: *Die Schlacht als Metapher. Zum Stellenwert von »Stalingrad« in Deutschland 1943–2013*, in: Wirsching (2015), S. 81–106, hier S. 105. Und schließlich lasen sich die Bücher des Erfolgsautors Paul Carell über die Schlachten im Osten und die tapferen deutschen Landser ja auch so spannend – sie wurden Bestseller, erlebten noch in den 2000er Jahren Neuauflagen. Paul Carells wahrer Name übrigens lautete Karl Paul Schmidt: Während der NS-Diktatur leitete er die Presseabteilung des Auswärtigen Amtes.
54 Jörg Ganzenmüller: *Nebenkriegsschauplatz der Erinnerung. Die Leningrad-Blockade im deutschen Gedächtnis*, in: Osteuropa 61 (2011), H. 8/9, S. 7–21.
55 S. etwa: Wilhelm Deist u. a. (Hg.): *Ursachen und Voraussetzungen des Zweiten Weltkrieges*. Frankfurt a. M. 1989.
56 Ganzenmüller, in: Osteuropa 61 (2011), H. 8/9, S. 14.
57 Hamburger Institut für Sozialforschung (2002). Bereits 1991 hatte in Berlin eine von Reinhard Rürup konzipierte Ausstellung die Wehrmachtsverbrechen thematisiert; im Herbst 1991 war eine Ausstellung über die Blockade Leningrads in Hamburg eröffnet worden, der langjährigen Partnerstadt Leningrads – eine größere Resonanz blieb beide Male aus.
58 Deutscher Bundestag, 17. Wahlperiode, 117. Sitzung, 30. 6. 2011, Tagesordnungspunkt 7, S. 13465. Zum 75. Jahrestag des Überfalls 2016 war das Gedenken eher regnerisch und spärlich: www.spiegel.

de/politik/deutschland/ueberfall-auf-die-sowjetunion-merkwuerdiges-gedenken-im-bundestag-a-1099097.html.

59 Dabei wurde eine bahnbrechende Studie schon 1978 veröffentlicht: Christian Streit: *Keine Kameraden. Die Wehrmacht und die sowjetischen Kriegsgefangenen 1941–1945*. Stuttgart 1978. S. a.: Tanja Penter: *Opfer zweier Diktaturen. Zwangsarbeiter im Donbas unter Hitler und Stalin*. http://archiv.ub.uni-heidelberg.de/volltextserver/18328/1/Penter_Opfer_zweier_Diktaturen.pdf.

60 Und auch zu dieser Lösung kam es erst, als Ende der neunziger Jahre in den USA Sammelklagen gegen deutsche Unternehmen drohten, die während der NS-Diktatur Zwangsarbeiter beschäftigt hatten.

61 Tanja Penter: *Späte Entschädigung für die Opfer einer kalkulierten Vernichtungsstrategie*, in: Zeitgeschichte Online, November 2015. Penter weist auf die Notwendigkeit weiterer Forschungen hin – vor allem über die Situation sowjetischer Kriegsgefangener in den von der Wehrmacht besetzten Gebieten.

62 http://dipbt.bundestag.de/dip21/btd/18/090/1809051.pdf.

63 www.jungewelt.de/2017/01-18/060.php.

64 Der Arbeitskreis »Blumen für Stukenbrock« kümmert sich seit 1967 um das Gedenken an sowjetische Kriegsgefangene, die auf dem Gräberfeld im ehemaligen Stalag 326 Stukenbrock-Senne liegen. US-Truppen befreiten es 1945: »8610 vor Hunger wahnsinnig gewordene Gefangene wie Tiere in Dreck und Elend gehalten«, überschrieb der US-Kriegsberichterstatter John Mecklin seinen Bericht: »Wenn die Amerikaner, die heute hier waren, die Deutschen nicht sowieso schon hassten, dann tun sie es jetzt. Außer den Überlebenden fanden sie die Toten, verscharrt in sechsunddreißig Massengräbern, jedes einhundertzwölf Meter lang. In Papiersäcken und ohne Kleidung hatte man sie übereinandergestapelt, unter ihnen etwa eintausend Kinder und Jugendliche, die unter dem Vorwand der Partisanenbekämpfung eingefangen worden waren.« www.blumen-fuer-stukenbrock.de/das_lager.

65 www.stsg.de/cms/zeithain/totenbuecher/totenbuch_sowjetische_kriegsgefangene/totenbuch sowie: https://www.stsg.de/cms/zeithain/startseite. Verdient um das Gedenken gemacht hat sich das Deutsch-Russische Museum in Karlshorst mit seiner Dokumentation »Sowjetische Kriegsgräberstätten in Deutschland«. Sie wurde in Kooperation mit dem Büro für Kriegsgräberfürsorge und Gedenkarbeit bei der Botschaft der Russischen Föderation in Berlin erarbeitet und informiert darüber, wo sich in Deutschland Grabstätten sowjetischer Opfer von Krieg und Gewaltherrschaft befinden. An rund 4100 Standorten konnten Gräber sowjetischer Kriegsopfer nach-

gewiesen werden. Die Dokumentation ging 2015 online. Die Zuordnung von Namen ist allerdings schwer. www.sowjetische-memoriale.de.

66 Für den Zeithistoriker Jürgen Zarusky manifestiert sich auch darin ein »massives Gedenkdefizit«. Gespräch der Autorin mit Jürgen Zarusky, März 2017. Die Berliner »Initiative für einen Gedenkort für die Opfer der NS-Lebensraumpolitik« legte 2013 einen Projektentwurf vor: Auf Beschluss des Bundestages solle ein zentraler Gedenkort entstehen. Ein möglicher Standort könne gegenüber dem sowjetischen Ehrenmal an der Straße des 17. Juni sein.

67 Das aus Bundesmitteln finanzierte Projekt der Stiftung Sächsische Gedenkstätten trug in fünfzehn Jahren rund eine Million Datensätze und Quellen zu sowjetischen und mehr als 2,2 Millionen zu deutschen Kriegsgefangenen zusammen und digitalisierte sie. Das im Juni 2016 vereinbarte und vom Auswärtigen Amt finanzierte gemeinsame deutsch-russische Rechercheprojekt ist in gewisser Weise die Fortsetzung. Daten und Registratur-Dokumente aus Archiven in den 1941 von der Wehrmacht besetzten sowjetischen Gebieten könnten jetzt zugänglich gemacht werden. Gespräch der Autorin mit dem Forschungsleiter des Projekts Andreas Hilger, März 2017.

68 Gespräch der Autorin mit Andreas Hilger, März 2017.

69 Mit seinem Befehl Nr. 270 vom August 1941 hatte Stalin die Gefangennahme durch den Feind zum Vaterlandsverrat erklärt. 1945 lieferten die Westalliierten Sowjetbürger aus den Westzonen an die sowjetischen Geheimdienste aus: die Zwangsrepatriierung. S. dazu: Pavel Polian: *Repatriierung sowjetischer Bürger in die UdSSR vor und nach dem Ende des Zweiten Weltkrieges. Die speziellen Behörden: Geburt und erste Schritte*, in: WÖS, N.F./3, S. 183–204.

70 Jakowlew (2004), S. 28 f.

71 Katja Gloger: *Die betrogenen Sieger*, in: *Der Stern*, 20/1995. Eindringlich das Buch der Literaturnobelpreisträgerin Swetlana Alexijewitsch, die Protokolle von Kriegsveteraninnen zusammentrug, ein einzigartiges Zeugnis der Zeitgeschichte: *Der Krieg hat kein weibliches Gesicht*. Erw. Neuausg., Berlin 2013. Über den Zweiten Weltkrieg aus der Perspektive sowjetischer Soldaten: Catherine Merridale: *Iwans Krieg. Die Rote Armee 1939–1945*. Frankfurt a. M. 2006.

72 Gudkov (2005). Der sowjetische Historiker Alexander Nekrich konnte in der Spätphase des Tauwetters 1965 noch sein Buch »22. Juni 1941« veröffentlichen, in dem er harte Kritik an der völlig unvorbereiteten sowjetischen Führung und an Stalin übte. Das Buch wurde rasch verboten, Nekrich aus der Partei ausgeschlossen, er konnte 1976 in die USA emigrieren.

73 Bernd Bonwetsch: *Ein doppelter deutscher Blick auf Russland und seine Erinnerung an den »Großen Vaterländischen Krieg«*, in: Wirsching (2015), S. 17–27, hier S. 25.
74 Ähnlich wie die ehemaligen Kriegsgefangenen hatten auch ehemalige KZ-Insassen und Zwangsarbeiter in Russland keinen »Erinnerungsagenten«. Erst 1989 wurden ehemalige KZ-Häftlinge in Bezug auf Vergünstigungen den Kriegsveteranen gleichgestellt. S. dazu zusammenfassend: Jürgen Zarusky: *Sowjetische Opfer von Krieg und nationalsozialistischer Verfolgung in der bundesdeutschen Erinnerungskultur*, in: Wirsching (2015), S. 227–248.
75 Boris Dubin: *Erinnern als staatliche Veranstaltung*, in: ders.: *Das Unmögliche leben*, Berlin 2015, S. 121–132.
76 1996 wurde der 22. Juni zum Tag des Gedenkens und der Trauer auch über die zivilen Opfer erklärt. Das Datum geht im Alltag unter.
77 Gudkov (2005), S. 37.
78 *Die Unsterblichen*, in: *Süddeutsche Zeitung*, 21. 1. 2017.
79 www.taz.de/!5008767/.
80 www.spiegel.de/politik/ausland/russland-militaer-erlebnispark-patriot-in-kubinka-a-1039741.html. Selbst die 2012 im sibirischen Tomsk entstandene Bürgerbewegung »Das Unsterbliche Regiment« wurde staatlich gekapert. Mit einem stillen Gang durch die Stadt, bei dem die Menschen Porträts ihrer Familienmitglieder trugen, gedachten die Bürger in Tomsk damals der Kriegsteilnehmer. Auf einer Website konnten Interessierte – oft die Enkelkinder – Informationen und Kontakte austauschen. Andere Städte schlossen sich an – schließlich nahmen landesweit Hunderttausende am Marsch des Unsterblichen Regiments teil. Doch der offenkundige Wunsch nach individueller Erinnerung wurde unter Kontrolle gestellt: 2015 schloss sich auch Wladimir Putin an, ein Foto seines Vaters in der Hand. »Sie müssen für immer siegreich marschieren«, heißt es patriotisch auf der website des »Unsterblichen Regiments«: http://moypolk.ru. www.moypolk.ru.
81 Kaum jemand beschreibt das Leben (post-)sowjetischer Menschen und die Kultur der Angst einfühlsamer und kenntnisreicher als die Literaturnobelpreisträgern Swetlana Alexijewitsch: *Generation Secondhand-Zeit. Leben auf den Trümmern des Sozialismus*, Berlin 2013.
82 www.bundestag.de/parlament/praesidium/reden/2014/001/261296.
83 Gespräch der Autorin mit Natalija Timofeeva, Februar 2017. Ihr Oral-History-Projekt in Woronesch südlich von Moskau protokollierte und archivierte 600 Schicksale sowjetischer Zwangsarbeiter aus der Region – mit deutscher Unterstützung. Angehörige können

sich hier informieren. Die Website: www.historyvoice.ru/?file=
kop1.php.
84  Zit. n.: Inga Pylypchuk: »*Nach dem Krieg hielten wir uns für die
Größten*«, www.welt.de/kultur/literarischewelt/
article124240542/Nach-dem-Krieg-hielten-wir-uns-fuer-die-
Groessten.html.
85  Schmidt schrieb das Vorwort für die deutsche Ausgabe von Granins
Kriegsroman *Mein Leutnant* (ebenfalls abgedruckt in: *Die Zeit*,
24.4.2015). Darin erklärte Schmidt auch, er habe von den grausamen Plänen des Vernichtungskriegs nichts gewusst. »Man kann
als Deutscher die Katastrophe des Zweiten Weltkriegs auch eine Tragödie unseres Pflichtbewusstseins nennen, das Hitler benutzt und
missbraucht hat.« Im Roman beschreibt der Ich-Erzähler die Lügen
der sowjetischen Kriegspropaganda, er schreibt über Plünderungen
und das Chaos der ersten Niederlagen der Roten Armee; auch über
Stalins gnadenlosen Befehl: Keinen Schritt zurück. Daniil Granin:
*Mein Leutnant*. Berlin 2015. S. a.: Ulrich Schmid: *Der Riss durch das
Ich*, in: *Neue Zürcher Zeitung*, 13.4.2016.

## Baldins Koffer

1  Gespräch der Autorin mit Julija Fjodorowna Baldina-Siwakowa,
Moskau, Dezember 2016.
2  Anja Heuss: *Die »Beuteorganisation« des Auswärtigen Amtes. Das
Sonderkommando Künsberg und der Kulturgutraub in der Sowjetunion*, in: *Vierteljahrshefte für Zeitgeschichte* 45 (1997), S. 535–556;
hier S. 535. Als Raubkunst werden auch die Kunstwerke vor allem
aus dem Besitz jüdischer Bürger bezeichnet, die »NS-verfolgungs-
bedingt« entzogen wurden.
3  Die Ausnahmen bilden Trophäen aus privatem und kirchlichem
Besitz sowie aus Sammlungen Dritter, die zuvor von den Nazis
geplündert worden waren. Auch »privat« entnommene Trophäen
fallen nicht unter das Gesetz – wie etwa die Sammlung Baldin.
4  Rainer Schossig: *Viktor Baldin. Der Mann mit dem Koffer. Die Odyssee der 1945 nach Moskau verbrachten Blätter der Kunsthalle Bremen*.
Bremen 2006, S. 46. In Mglin und Umgebung ermordete das Sonderkommando 7a unter Befehl des SS-Obersturmbannführers Albert
Rapp allein Anfang 1942 1657 Menschen. Rapp wurde 1965 wegen
Mordes an mindestens 1180 Menschen vom Schwurgericht Essen
zu lebenslangem Zuchthaus verurteilt.
5  Anrührend das Buch der russischen Menschenrechtsorganisation
Memorial, das auf Briefen und Erinnerungen ehemaliger Ostarbeiter
beruht und viele Dokumente sowie Fotos zeigt: *Znak ne sotrjotsja*.

*Sud'by ostarbejterov v pismach, vospominanijach i ustnych raskazach.* Memorial. Moskau 2016.

6 Um die reibungslose »Versorgung« mit Arbeitskräften zu gewährleisten, wurde für den konzerneigenen Munitionsbetrieb Goehle-Werk im Oktober 1944 ein Außenlager des KZ Flossenbürg eingerichtet. Im Werk an der Riesaer Straße arbeiteten 700 Frauen, vor allem Russinnen und Polinnen. – Quellenkritisch dazu, mit vielen Namen: Pascal Cziborra: *Frauen im KZ: Möglichkeiten und Grenzen der historischen Forschung am Beispiel des KZ Flossenbürg und seiner Außenlager.* Bielefeld 2010, S. 40 ff.

7 Stellvertretend für die umfangreiche Literatur zur Bombardierung Dresdens durch britische und US-Verbände: Jörg Friedrich: *Der Brand. Deutschland im Bombenkrieg 1940–1945.* München 2002. Sowie: Frederick Taylor: *Dresden. Dienstag, 13. Februar 1945,* München 2008.

8 Die eigentlichen Angriffe begannen gegen 22 Uhr. In der Nacht auf den 14. Februar und am 14. Februar folgten weitere Bombardements.

9 Viktor Baldin: *Kak eto bylo. Dokumentalnyj raskaz.* Autobiografische Aufzeichnung. In Besitz der Autorin.

10 www.lostart.de/Webs/DE/Provenienz/Auslagerungsorte/Index.html?cms_param=AUSLORT_ID%3D14944%26ORT_ID%3D318.

11 Schloss Karnzow war einer von vier Auslagerungsorten der Kunsthalle. Kunsthalle Bremen: www.kunsthalle-bremen.de/blog/nach-knapp-70-jahren-heimgekehrt-1/.

12 S. a.: www.kunsthalle-bremen.de/blog/nach-knapp-70-jahren-heimgekehrt-1/.

13 Baldins Einheit bewachte den Marsch einer Einheit der »Wlassow-Armee« in die Gefangenschaft: Zum Teil von den USA an die Sowjetunion ausgeliefert, bestand die Wlassow-Armee aus russischen Einheiten unter dem ehemaligen General der Roten Armee Andrej Wlassow aus »Hilfswilligen« der Wehrmacht sowie Kriegsgefangenen, die »freiwillig« aufseiten der Nazis kämpften. Für viele Kriegsgefangene war es die einzige Alternative zum sicheren Hungertod. Wlassow wurde in Moskau nach einem kurzen Prozess hingerichtet. Andere Angehörige wurden in die Arbeitslager des Gulag deportiert. Alle anderen Soldaten wurden für sechs Jahre in die Verbannung geschickt.

14 Ende der vierziger Jahre drohte Baldin der Parteiausschluss, dies hätte möglicherweise den Gulag für ihn bedeutet. Man warf ihm die unrechtmäßige Aneignung des Schmuckdegens von Göring vor, außerdem den Besitz ausländischer Orden. Er betreibe einen Handel mit privaten Trophäen. Offenbar ein Racheakt eines ehemaligen

Vorgesetzten, mit dem Baldin aneinandergeraten war. Durchaus möglich allerdings auch, dass das Verfahren im Zusammenhang mit den Bremer Zeichnungen stand: Alle Informationen über den Verbleib von Trophäen wurden 1948 als Staatsgeheimnis eingestuft. Ein spanischer Kommunist verteidigte Baldin damals, ein mutiger Akt. Kopie des Briefes im Besitz der Autorin.

15  Grundlegend dazu die Arbeit der Forschungsstelle Osteuropa der Universität Bremen: www.forschungsstelle.uni-bremen.de/de/4/2 0130926132240/20110624163536/Arbeitsgruppe_Sowjetische_ Kulturgueter.html, sowie: Wolfgang Eichwede, Ulrike Hartung (Hg.): *Betr. Sicherstellung. NS-Kunstraub in der Sowjetunion.* Bremen 1998. Ulrike Hartung: *Verschleppt und verschollen. Eine Dokumentation deutscher, sowjetischer und amerikanischer Akten zum NS-Kunstraub in der Sowjetunion (1941–1948).* Bremen 2000. Ulrike Hartung: *Raubzüge in der Sowjetunion. Das Sonderkommando Künsberg 1941–43.* Bremen 1997.

16  Zit. n.: Wolfgang Eichwede, Elena Zubkova: *Zur Anatomie des Kunstraubs. Die Kunst als Opfer deutscher und sowjetischer Politik im Zweiten Weltkrieg*, www.kulturstiftung.de/ns-raub-in-der-sowjetunion/.

17  S. Kapitel: »Den Osten im Blick: Konturen, Kontakte«.

18  Noch immer schwierig der Zugang zu den russischen Militärarchiven, die Auskunft über die Rückführungen aus NS-Depots durch die Rote Armee geben könnten. Seit 1999 publiziert das russische Kulturministerium einen Verlustkatalog, der auch online einsehbar ist: http://lostart.ru/ru/ (nicht zu verwechseln mit dem deutschen Verlustverzeichnis http://lostart.de). Fünfzig Dokumentationsbände listen mehr als 1,1 Millionen Einheiten auf. Damit liegen die Zahlen allerdings allein für Russland höher als frühere Angaben für die gesamte UdSSR – obwohl die Ukraine die größten Schäden und Verluste zu verzeichnen hatte. S.: Eichwede/Elena Zubkova, *Zur Anatomie des Kunstraubs*, sowie: Gespräch der Autorin mit Wolfgang Eichwede, Berlin, Dezember 2016.

19  S. etwa: *Eine Kriegsgeschichte. Das Schloss Pavlovsk bei Leningrad und seine Sammlung. Ein Forschungsbericht*, www.zeitgeschichte-online. de/geschichtskultur/eine-kriegsgeschichte-das-schloss-pavlovsk-bei-leningrad-und-seine-sammlung, sowie: Bott (2015).

20  Britta Kaiser-Schuster: *Das Kriegsschicksal der Sammlungen*, www.kulturstiftung.de/das-kriegsschicksal-der-sammlungen/.

21  *Dossier: 10 Jahre Deutsch-Russischer Museumsdialog. Aufgaben, Ziele und geschichtlicher Hintergrund der Forschungsinitiative* (2015), www.kulturstiftung.de/wp-content/uploads/2016/03/ Dossier_10-Jahre-DRMD-_Endfassung_Website.pdf, S. 13. Otto

Kümmel etwa, Generaldirektor der Staatlichen Museen in Berlin, erstellte bereits 1940 im Auftrag von Joseph Goebbels eine Liste mit 300 »deutschen« Kunstgegenständen, die im Laufe der Jahrhunderte ins Ausland gelangt waren und »zurückgeführt« werden sollten.

22  Gespräch der Autorin mit Corinna Kuhr-Korolev, Berlin, Dezember 2016. S. a.: Ulrike Schmiegelt-Rietig, Corinna Kuhr-Korolev: *Kunstschutz im Vernichtungskrieg*. Vortrag beim Fachkolloquium des Deutsch-Russischen Museumsdialogs, Berlin, 17. November 2015, https://soundcloud.com/kulturstiftung-der-l-nder/7-dr-corinna-kuhr-korolev-und-ulrike-schmiegelt-rietig-kunstschutz-im-vernichtungskrieg.

23  Zahlen von 2016, nach Angaben des russischen Kulturministeriums, in: *Dossier* (2015), S. 19.

24  Grigorij Kozlov: *Die sowjetischen »Trophäenbrigaden«-Systematik und Anarchie des Kunstraubes einer Siegermacht*, in: Koordinierungsstelle für Kulturgutverluste Magdeburg (Hg.): *Kulturgüter im Zweiten Weltkrieg*, Bd. 4, Magdeburg 2007, S. 79–104, hier S. 82 f. Ausgangspunkt für das Supermuseum sollte das Moskauer Puschkin-Museum sein.

25  Die Trophäenbrigaden gehörten offiziell zum Kunstkomitee beim Rat der Volkskommissare der UdSSR. Der größte Teil – 70 Prozent – ihrer Aktenbestände wird im Rahmen eines deutsch-russischen Forschungsprojektes in Kopie und ins Deutsche übersetzt im Kunstarchiv des Germanischen Nationalmuseums in Nürnberg aufbewahrt; die Akten umfassen Informationen zu rund 100 000 verbrachten Kunst- und Kulturgütern. Die Originale liegen im Russischen Staatsarchiv für Literatur und Kunst RGALI, Fonds Nr. 962,6. S. a.: *Dossier* (2015), S. 3.

26  S. a.: Kozlov, in: Koordinierungsstelle (2007), S. 79–104. Kunstwerke wurden auch von der vorrückenden Roten Armee beschlagnahmt und später an Sammelpunkten der Trophäenbrigaden abgeliefert. Befehle zum Abtransport etwa der Juwelen aus dem Dresdner Grünen Gewölbe kamen zum Teil von Stalin persönlich.

27  Detailliert: Konstantin Akinsha, Grigori Koslow: *Beutekunst. Auf Schatzsuche in russischen Geheimdepots*. München 1995. Den beiden russischen Kunsthistorikern gebührt das große Verdienst, das Thema Beutekunst öffentlich gemacht zu haben und die Aufbewahrungsorte konkreter, als vermisst geltender Kulturgüter aus Deutschland nachzuweisen. Dazu gehörte auch der Verbleib des Schliemann-Goldes, das in einem geheimen Depot von Irina Antonowas Puschkin-Museum aufbewahrt wurde.

28  Schon 1939 hatten die ersten Evakuierungen von Kunstwerken begonnen. Im Laufe des Krieges wurden Hunderttausende Kunst-

werke, Sammlungen, Bücher in Salzstöcke, Eisenbahntunnel, Kellergewölbe, Bunker und Tresorräume verbracht. Viele von ihnen verschwanden Richtung Sowjetunion, gingen aber auch in Bränden und Bombenangriffen verloren oder wurden schlicht von (deutschen) Zivilisten geplündert und gestohlen.

29 Günther Schauerte: *Kriegsbedingt verlagerte Sammlungsbestände der Staatlichen Museen zu Berlin in Russischen Museen*, in: *Russen und Deutsche* (2012), S. 494–501, hier S. 496.
30 Gemäß den Verlustlisten der 87 betroffenen deutschen Museen von 1945; rund 1,5 Millionen Kunstwerke wurden an die DDR zurückgegeben, in: *Dossier* (2015), S. 19.
31 Insgesamt wurden mehr als 1200 Gemälde rückgeführt: Erst während der Vorbereitungen war in Moskau bekannt geworden, dass sowjetische Truppen aus der Ukraine im November 1945 noch rund 500 Bilder nach Kiew geschickt hatten; sie hatten die Gemälde in einem Geheimdepot entdeckt. Zusätzlich zu den 750 Bildern aus Moskau kamen nun überraschend 478 Bilder aus Kiew in Dresden an.
32 Deutsch-Russischer Museumsdialog (Hg.), *Verlust und Rückgabe* (2008), www.kulturstiftung.de/wp-content/uploads/2015/07/Broschuere_Verlust_Rueckgabe_deu.pdf, S. 24.
33 Akinsha/Koslow (1995), S. 239. S. a.: Gilbert Lupfer: »*Auferstehung einzigartiger Kunst durch edle Freundestat*«. *Die Erzählung von der Rettung der Dresdner Gemälde*, in: Koordinierungsstelle (2007), S. 267–285.
34 Zu den Hintergründen, s. a. Deutsch-Russischer Museumsdialog (2008), S. 5. S. a. die Veranstaltung des Museumsdialogs aus Anlass des 50. Jahrestages der Rückführung von Kulturgütern aus der Sowjetunion am 30. Oktober 2008 in Berlin – vor dem Pergamonaltar.
35 Zu den 1,5 Millionen Objekten zählen allerdings auch Hunderttausende Münzen, jede einzelne als ein Objekt gezählt. Zahlen nach: Schauerte, in: *Russen und Deutsche* (2012), S. 494–501.
36 *Der Schatz des Priamos*, in: *Der Stern*, 15/1996. Interview mit Irina Antonowa: *Der Schliemann-Schatz gehört der ganzen Menschheit*, in: *Der Stern*, 16/1996. *Koffer, Keller und die Kunst zu stehlen*, in: *Der Stern*, 14/ 2003.
37 Gespräch der Autorin mit Wolfgang Eichwede, Berlin, Dezember 2016. Eichwede traf Baldin mehrmals in Bremen und in Moskau.
38 Eine Kopie der Briefe im Besitz der Autorin.
39 Es war Familie Ludwig-Bonac aus Ratingen. So Baldin in seinen autobiografischen Aufzeichnungen. Kopie im Besitz der Autorin.
40 Zit. n.: Schossig (2006), S. 63.
41 Wolfgang Eichwede: *Trophy Art as Ambassadors: Reflections Beyond*

*Diplomatic Deadlock in the German-Russian Dialogue*, in: *International Journal of Cultural Property* 17 (2010), S. 387–412.

42 Man bezieht sich dabei auf den Zwei-plus-Vier-Vertrag von 1990 und vor allem auf Artikel 15 des Kulturabkommens von 1992, in dem Kulturgutrückführung ausdrücklich Bestandteil ist.

43 Die Zahlen sind mit Vorsicht zu genießen: Die deutschen Verlustlisten unterscheiden nicht immer zwischen Verlust und Zerstörung oder ob ein vermisstes Objekt wirklich in die Sowjetunion abtransportiert wurde.

44 Von der »Außerordentlichen Staatlichen Kommission« wurden seit 1999 in mühevoller Kleinarbeit Verlustdaten von 46 Museen zusammengeführt und in Verlustkatalogen zusammengefasst. Doch ähnlich wie die deutschen Verlustangaben sind auch die russischen Zahlen zu hinterfragen. S. *Dossier* (2015), S. 17, sowie: Gespräch der Autorin mit Wolfgang Eichwede, Berlin, Dezember 2016.

45 Aus den Besatzungszonen im Westen Deutschlands restituierten die USA zwischen 1946 und 1962 über ihre Central Collecting Points CCP mehr als 500 000 Kulturgüter an die Sowjetunion, vor allem Bücher und Archivalien sowie rund 4500 Kunstwerke. Auch die US-»Monument Men« hatten von den Deutschen aus der Sowjetunion geraubte Kunst in Geheimdepots der Nazis gefunden.

46 Die Direktorin des Puschkins-Museums, Irina Antonowa, zit.n.: Schossig (2006), S. 7.

47 Gespräch der Autorin mit Wolfgang Eichwede, Berlin, Dezember 2016.

48 Gerüchte über Korruption hoher russischer Funktionsträger verstummten allerdings nie.

49 Die Sammlung war 1991 ohne Wissen Baldins aus dem Moskauer Architekturmuseum abgeholt und schließlich der Eremitage überstellt worden. Die umfangreiche Dokumentation, die Baldin erstellt hatte, wurde allerdings »vergessen«, sodass die Provenienz der Blätter zunächst unklar blieb. S. Schossig (2006), S. 66 f. Vielleicht wollten Rückführungsgegner so verhindern, dass der russische Präsident Boris Jelzin die Baldin-Sammlung als freundschaftliche Geste anlässlich seines Besuches bei Helmut Kohl Ende 1991 mit nach Deutschland nehmen würde. So hatte es Jelzin angekündigt.

50 »*Westeuropäische Zeichnung XVI. bis XX. Jahrhundert*« in der Staatlichen Eremitage 1992. Katalog zur gleichnamigen Ausstellung. Moskau 1992, S. 7.

51 Zur Rekonstruktion des Weltwunders Bernsteinzimmer und zum Leben des Chefarchitekten des Katharinenschlosses Alexander Kedrinskij s.: Katja Gloger: *Wunder leben länger*, in: *Der Stern*, 17/2003.

52 Gespräche der Autorin mit Wolfgang Eichwede, Berlin, Dezember

2016, sowie dem damaligen Kulturminister und heutigen Sonderbeauftragten des russischen Präsidenten für Kulturfragen, Michail Schwydkoj, Moskau, Dezember 2016.

53 Bis zur Einrichtung des Postens eines Staatsministers für Medien und Kultur 1998 war das Bundesinnenministerium für die Frage von Rückführungen verantwortlich. In den neunziger Jahren stand es unter Führung des selbst in seiner eigenen Partei, der CDU, als stramm konservativ geltenden Manfred Kanther und der zuständigen Abteilungsleiter Boeker und Ritter.

54 Wolfgang Eichwede: *Trophy Art as Ambassadors: Reflections Beyond Diplomatic Deadlock in the German-Russian Dialogue*, in: *International Journal of Cultural Property* 17 (2010); S. 387–412, hier S. 391. Auch wurde ein Vorschlag der deutschen Industrie verworfen, nach dem eine (finanzielle) Einigung von deutschen Unternehmen unterstützt worden wäre.

55 Gesetzestext in: www.lostart.ru/ru/documents/detail.php?ID=862.

56 *Delikates Geben und Nehmen*, in: *Der Spiegel*, 13/2003.

57 Die Bekanntgabe machte Nida-Rümelin an seinem letzten Arbeitstag als Staatsminister. S. a.: *Bremen im Glück*, in: *Süddeutsche Zeitung*, 21.10.2002, sowie: *Letzter Coup*, in: *Frankfurter Allgemeine Zeitung*, 21.10.2002. Zu den Hintergründen Gespräch der Autorin mit Wolfgang Eichwede, Berlin, Dezember 2016.

58 In einem Telefonat mit Wolfgang Eichwede. Gespräch der Autorin mit Wolfgang Eichwede, Berlin, Dezember 2016.

59 Gespräch der Autorin mit Michail Schwydkoj, Moskau, Dezember 2016.

60 Ein Überblick in: www.kulturstiftung.de/initiativen/deutsch-russischer-museumsdialog. Zusammenfassend auch: Hermann Parzinger: *Die Deutsch-Russischen Kulturbeziehungen der letzten Jahrzehnte. Neue Wege in eine gemeinsame Zukunft*, in: *Russen und Deutsche* (2012), S. 488–492.

61 Inzwischen wurde Eichwede auch eine Art Anlaufstelle für einst von Deutschen geraubte russische Kunstwerke, meist »Souvenirs« verstorbener Soldaten. Hoffnung macht ihm, dass deren Kinder und Enkel nach Wegen suchen, die geraubten Kunstwerke – meist Ikonen und Gemälde – nach Russland zurückzugeben – und so auf ihre Weise um Verzeihung bitten.

62 S.: www.stiftung-evz.de/stiftung/zahlen-und-fakten.html?L=0.

## Tödliche Falle

1   Katja Gloger: *Der lange Schatten des Genossen Stalin*, in: *Der Stern*, 49/1990. Mit einer kleinen Gruppe anderer Auslandskorrespondenten gehörte das *Stern*-Team damals zu den ersten westlichen Journalisten, die auf der Kolyma im Nordosten Sibiriens die verlassenen Lager des Archipel Gulag besuchten, darunter auch das Arbeitslager Butugytschag, in dem die Gefangenen unter unmenschlichen Bedingungen in Handarbeit Uranerz fördern mussten.

2   Herwarth Walden in seiner Zeitschrift *Der Sturm* 1926. Zit. n.: Anne Hartmann: »*Ich bin glücklich, in der Sowjetunion gewesen zu sein.*« *Deutsche Schriftsteller im sowjetischen Exil*, in: *Mitteilungen der Gemeinsamen Kommission für die Erforschung der jüngeren Geschichte der deutsch-russischen Beziehungen* 4 (2010), S. 114–139. Sowie: Schlögel (2007), S. 179 ff.

3   Der 1933 verhaftete Ernst Thälmann blieb bis zu seinem Tod 1944 im KZ Buchenwald nominell Vorsitzender der Partei.

4   Ein Überblick in: Jakow Drabkin, Carola Tischler: *Doppelt verfolgt. Deutsche im Exil in der Sowjetunion*, in: Altrichter (2014), S. 111–120. Zu den Zahlen: Horst Möller: *Die Emigration aus dem nationalsozialistischen Deutschland. Ursachen, Phasen und Formen*, in: *Mitteilungen der Gemeinsamen Kommission* 4 (2010), S. 96–104.

5   »Nimm' mir nicht den Glauben«, hatte der in tiefer Armut lebende emigrierte Maler Heinrich Vogeler kurz vor seinem Tod in einem Brief an seinen Schwiegersohn gebeten. Zu Intellektuellen und Künstlern als Arbeitsmigranten, die zum Teil schon vor Hitlers Machtergreifung in die Sowjetunion auswanderten, s.: Hartmann (2010), S. 114–139.

6   Zit. n.: Klaus Völker: *Carola Neher*, in: Reinhard Müller, Bettina Nir-Vered, Olga Reznikova, Irina Sherbakowa (Hg.): *Carola Neher – gefeiert auf der Bühne, gestorben im Gulag. Kontexte eines Jahrhundertschicksals*. Berlin 2016, hier S. 31. Erst 2016 erinnerten dieses Buch und eine Berliner Ausstellung umfänglich an Carola Nehers Leben und Leiden.

7   Für die Deutschen im Ausland, vor allem aber für die Volksgruppe der Wolgadeutschen in der Sowjetunion wurde die *Deutsche Zentralzeitung* publiziert. Daneben gab es Arbeit in der deutschen Redaktion von Radio Moskau oder der Verlagsgenossenschaft ausländischer Arbeiter. Andere fanden Arbeit und Einkommen am Marx-Engels-Institut oder im Institut für Weltwirtschaft und Weltpolitik. Renommiert bis zu ihrem Verbot im März 1939 die antifaschistische Exilzeitschrift *Das Wort*.

8   Wer das Privileg der Publikation genoss, erreichte hohe Auflagen, wie etwa Johannes R. Becher, der 33 Bücher veröffentlichen durfte.

Bis 1945 erschienen Hunderte deutschsprachiger Bücher und Broschüren, sie erreichten Millionenauflagen; viele wurden ins Russische übersetzt.

9   Zit. n.: Anne Hartmann: *In Zeiten des Terrors. Deutsche Schriftsteller und Künstler im sowjetischen Exil*, in: WÖS, N. F./2, S. 146–179, hier S. 152. Huppert wurde 1938 verhaftet, kam 1939 frei und nahm als Offizier der Roten Armee an der Befreiung Wiens teil.
10  Karl Schlögel: *Terror und Traum. Moskau 1937*. München 2008.
11  www.tagesspiegel.de/kultur/ausstellung-ueber-carola-nehertoedliches-exil/14929546.html. Zu Feuchtwangers Reise, Buch und Selbszensur: Anne Hartmann: *Der Stalin-Versteher. Lion Feuchtwanger in Moskau 1937*, in: *Osteuropa* 64 (2014), H. 11/12, S. 55–80.
12  S. a.: Carola Tischler: *German Emigrants in Soviet Exile: A Drama in Five Acts*, in: Schlögel (2006), S. 77–97, hier S. 84 ff. Alexander Vallin: *»Was für ein Teufelspack«: Die Deutsche Operation des NKWD in Moskau und im Moskauer Gebiet 1936 bis 1941*. Berlin 2013.
13  Zit. n.: Anne Hartmann: *Traum und Trauma Sowjetunion. Deutsche Autoren über ihr Leben im sowjetischen Exil*, in: *West-östliche Spiegelungen*, Rh. Auswahl, Bd. 2: Dagmar Herrmann, Astrid Volpert (Hg.): *Traum und Trauma. Russen und Deutsche im 20. Jahrhundert*, München 2003 (im Folgenden: WÖS, Auswahl/2), S. 142–202, hier S. 13.
14  Margarete Buber-Neumann: *Als Gefangene bei Stalin und Hitler. Eine Welt im Dunkel*. München 1949; TB-Ausg. Berlin 2003. S. a.: Reinhard Müller: *Menschenfalle Moskau. Exil und stalinistische Verfolgung*. Hamburg 2001. Reinhard Müller: *»Wir kommen alle dran«. Säuberungen unter den deutschen Politemigranten in der Sowjetunion (1934–1938)*, in: Hermann Weber, Ulrich Mählert (Hg.): *Terror. Stalinistische Parteisäuberungen 1936–1953*, Paderborn 1998, S. 121–166.
15  *Die Revolution entläßt ihre Kinder* heißt der 1955 erschienene autobiografische Bestseller von Wolfgang Leonhard, Sohn der Schriftstellerin Susanne Leonhard, die eng mit Karl Liebknecht und Rosa Luxemburg befreundet war. 1935 konnte sie mit ihrem damals 14-jährigen Sohn in die Sowjetunion emigrieren. 1937 zu Lagerhaft verurteilt, wuchs ihr Sohn in einem Heim auf, er besuchte eine Kaderschule. Zur Gruppe Ulbricht gehörend, kam er 1945 in die SBZ, die spätere DDR, aus der er 1949 zunächst nach Jugoslawien floh. Seine Mutter überlebte das Lager, sie ging nach West-Berlin. Zum komplizierten Verhältnis zwischen Mutter und Sohn s. a.: *Wolodjas Märchen*, www.spiegel.de/spiegel/print/d-45140535.html> sowie *»Ein Leben in Gefahr«*, www.zeit.de/2007/16/leonardo-16.

16 Zit. in: Ruth von Mayenburg: *Hotel Lux. Die Menschenfalle. Eine Reise – ein Film von Klaus Breloer*. München 2011, S. 49 f.
17 Hermann Weber: *»Weiße Flecken« in der Geschichte. Die KPD-Opfer der Stalin'schen Säuberungen und ihre Rehabilitierung*. 2. Aufl., Frankfurt a. M. 1990.
18 Zit. n.: Reinhard Müller: *Die Akte Wehner, Moskau 1937 bis 1941*. Berlin 1993, S. 150 f. Zur Veröffentlichung eines *Stern*-Artikels über die Kader-Akte Wehner 1993, der sich nach einer Gerichtsentscheidung vertragswidrig auf das Buchmanuskript stützte, siehe: *»Keine Sternstunde für den »Stern«*. In: *Süddeutsche Zeitung*, 30. 10. 1993.
19 Eine einzigartige Quellen-Sammlung zu diesem Jahrhundertverrat: Hermann Weber, Jakov Drabkin, Bernhard H. Bayerlein (Hg.): *Deutschland, Russland, Komintern*. 2 Bde., Berlin 2015. S. a.: Gerd Koenen: *Interna aus einem welthistorischen Trauerspiel*, in: *Frankfurter Allgemeine Zeitung*, 21.7.2015. S. a.: Bernhard H. Bayerlein: *Der Verräter, Stalin, bist Du! Vom Ende der linken Solidarität 1939–1941. Komintern und kommunistische Parteien im Zweiten Weltkrieg*. Berlin 2009.
20 S. a. die Erinnerungen der ehemaligen Bewohnerin Ruth von Mayenburg: Mayenburg (2011).
21 Mayenburg (2011), S. 45.
22 Mayenburg (2011), S. 225, S. 256.
23 Hugo Eberlein, Finanz- und Vertrauensmann der deutschen Komintern-Funktionäre, flüchtete 1936 in die Sowjetunion. Der in zweiter Ehe mit Lenins heimlicher Liebe Inessa Armand verheiratete überzeugte Kommunist wurde 1937 verhaftet. In einem heimlichen Brief schrieb er 1939: »Nach der Verhaftung saß ich bis zum 19. 1. 1938 ohne jegliches Verhör in Haft. Am 19. Januar 1938 begann das Verhör, das ununterbrochen zehn Tage und Nächte dauerte. Ich mußte ohne Schlaf und fast ohne Nahrung die ganze Zeit stehen. Das Verhör bestand in der Erhebung der sinnlosesten Anschuldigungen und wurde durch solche Faust- und Fußschläge begleitet, daß ich nur unter schrecklichsten Schmerzen stehen konnte. Die Haut platzte, in den Schuhen sammelte sich Blut ... Im April 1938 transportierte man mich ins Lefortowo-Gefängnis. Hier wurden alle Verhöre mit den schrecklichsten Verprügelungen begleitet, man prügelte mich wochenlang Tag und Nacht. Auf dem Rücken gab es kein Stück Haut, nur das nackte Fleisch. Auf einem Ohr konnte ich wochenlang nichts hören, und auf einem Auge konnte ich wochenlang nichts sehen, weil die Blutgefäße im Auge verletzt wurden. Oft fiel ich in Ohnmacht.« Eberlein wurde 1941 zum Tode verurteilt und am 16. Oktober 1941 erschossen. Zit. n.: https://memoreal37.wordpress.com/tag/hugo-eberlein/.

24 »Von den 841 Verhafteten sind 8 Genossen wieder aus der Haft entlassen worden«, so der KPD-Funktionär Paul Jäkel 1938 in einem Bericht an das ZK der KPD. Zit. n.: Müller (1993), S. 150 f.
25 Müller (1993), S. 105 sowie S. 144 ff. und S. 167 ff. Reinhard Müller: *Herbert Wehner – Moskau 1937.* Hamburg 2004.
26 Möglicherweise entging Wehner 1937/38 in Moskau nur knapp einer Hinrichtung. S. a.: Christopher Andrew, Wassili Mitrochin: *Das Schwarzbuch des KGB. Moskaus Kampf gegen den Westen.* Berlin 1999.
27 1946 verfasste Wehner »Notizen«, die über seine Moskauer Jahre »Zeugnis« geben sollten. Zunächst nur wenigen Genossen zugedacht, wurden sie 1982 veröffentlicht. Herbert Wehner: *Zeugnis. Persönliche Notizen 1929–1942.* Köln 1982.
28 Müller (2004), S. 191. Zur Debatte um Müllers Deutung und die Instrumentalisierung des Buches im parteiinternen Streit um das Erbe Willy Brandts und Herbert Wehners s. a. die Rezension durch Brandts zweite Frau Brigitte Seebacher-Brandt: »Die Verhaftungen und Erschießungen in der Folge der Stalinschen Schauprozesse begrüßte er laut und vernehmlich. … Als Willy Brandt vom Amt des Bundeskanzlers zurücktrat, hatte Wehner im Zusammenspiel mit Honecker und dessen Vorgesetzten in Moskau endlich einen Feind entmachtet, der die kommunistische Herrschaft gefährdete.« Brigitte Seebacher-Brandt: *Die Taten des Herbert Wehner,* in: *Welt am Sonntag,* 12. 9. 2004. S. a.: Carola Tischler über Müller (2004) in: *Jahrbücher für Geschichte Osteuropas* 57 (2009), S. 614–616.
29 Hartmann, in: *WÖS,* Auswahl/2, S. 153.
30 Johannes Becher schrieb im vierten Band der *Bemühungen* 1956 davon, dass man das Schweigen endlich durchbrechen müsse. Später tilgte er die entsprechenden Passagen aus den Fahnen. Sie wurden erst 1988 veröffentlicht. Hartmann, in: *WÖS,* Auswahl/2, S. 146.
31 Zur manchmal nur mit Mühe nachvollziehbaren Debatte: Carola Tischler: *»Den Opfern des Stalinismus«. Debatten um einen Berliner Gedenkstein,* in: Wirsching (2015), S. 259–269.
32 www.poslednyadres.ru/news/news378.htm. S. a.: http://urokiistorii.ru/history/people/51931.

## Wenn die Russen kommen
1 Chaldejs Mutter war während eines antisemitischen Pogroms marodierender Truppen im Bürgerkrieg 1918 erschossen worden.
2 Erst 2000 wurde Chaldejs Tagebuch bei einer Inventarisierung seines Nachlasses gefunden. Sein Archiv, das viele Begehrlichkeiten weckte, gilt als nationales russisches Kulturgut. Abzüge seiner Fotos

aber wurden immer wieder versteigert. »Der Reichstag« erzielte rund 2000 Euro.
3   Chaldej war nicht der erste Fotograf, seine Fahne nicht die erste: Der Reichstag wurde am 30. April 1945 erstürmt. Eine Flagge konnte auf dem brennenden Gebäude aber erst in der Nacht auf den 1. Mai gehisst werden – ohne Fotograf. Vermutlich erst in den frühen Morgenstunden des 1. Mai konnte der sowjetische Fotograf Mark Redkin das erste Foto des eroberten Reichstags machen.
4   Zit. n.: Ernst Volland: *»Jungs, stellt euch da hin und hißt die Flagge«*, in: *Frankfurter Allgemeine Zeitung*, 1. 5. 2005.
5   Erst kurz vor seinem Tod soll Chaldej das Geheimnis um die drei beteiligten Soldaten auf dem Foto vom Reichstag gelüftet haben: Der offiziellen Version zufolge hießen sie Michail Egorov, Meliton Kantarija und Konstantin Zamsonov. Die korrekten Namen sollen Alexej Kovaljev, Abdulchakim Ismajlov und Leonid Goričev lauten: »Nachdem ich das Foto gemacht hatte, bin ich direkt nach Moskau zu Stalin geflogen«, so Chaldej. »Unser Oberbefehlshaber hatte mein Foto und die Liste der Beteiligten auf dem Tisch. Nach langem Überlegen entschied er sich für die Gruppe 5. Die anderen verschwanden in der Anonymität. Ich mußte eine Geheimhalteverpflichtung unterschreiben, in der stand, daß ich mit niemandem über diesen Vorgang sprechen durfte. Was das bei Stalin bedeutete, kann sich jeder denken.« Stalin, selbst Georgier, hatte den georgischen Landsmann und Kolchosbauern Kantarija als Flaggenhisser ausgewählt, die beiden anderen waren Russen. Kantarija wurde Held der Sowjetunion. Zit. n.: Volland: (2005); s. a.: www.welt.de/politik/ausland/article6453285/Der-letzte-Rotarmist-vom-Reichstag-ist-tot.html.
6   Gespräch der Autorin mit Ewgenij Chaldej, Moskau, 1995. Evgenij Chaldej: *Ot Murmanska do Berlina*. Murmansk 1984
7   Seine Fotos waren 1992 auch ins »Pantheon der Fotografie« aufgenommen worden – eine der fünf Ausstellungen, mit der die Bundeskunsthalle in Bonn eröffnet wurde. Der damals Unbekannte hing unter anderem neben Rodtschenko, Sander, Salomon, Man Ray, dem Ehepaar Becher. S.: *So unbekannt ist Jewgeni Chaldej nicht mehr*, in: *Frankfurter Allgemeine Zeitung*, 18. 6. 2008
8   www.van-ham.com/datenbank-archiv/datenbank/jewgeni-chaldej.html
9   Die Tätigkeit der SMAD unterlag bis zum Ende der DDR und der zumindest teilweisen Öffnung russischer Archive in den neunziger Jahren der Geheimhaltung. Ein deutsch-russisches Forschungsprojekt zur Geschichte der SMAD führte zur Veröffentlichung des umfangreichen SMAD-Handbuches: Horst Möller, Alexander

Tschubarjan (Hg.): *SMAD-Handbuch. Die sowjetische Militäradministration in Deutschland 1945–1949*. München 2009. S. außerdem: Jan Foitzik (Hg.): *Sowjetische Kommandanturen und deutsche Verwaltung in der SBZ und frühen DDR. Dokumente*. Berlin, Boston 2015.
10   S.: Jörg Morré: *Das Deutsch-Russische Museum Berlin-Karlshorst als Erinnerungsort*, in: Wirsching (2015), S. 271–279.
11   Deutscher Bundestag, 17. Wahlperiode, 117. Sitzung, 30. 6. 2011, Tagesordnungspunkt 7.
12   Morré, in: Wirsching (2015), S. 272.
13   Silke Satjukow: *Besatzer. »Die Russen« in Deutschland 1945–1991*. Göttingen 2008, S. 38. Der berühmte Schriftsteller Konstantin Simonow, wie viele sowjetische Autoren als Kriegsberichterstatter eingesetzt, veröffentlichte im August 1944 in der Armeezeitung *Roter Stern* einen Bericht über das Konzentrationslager Majdanek: »Ich weiß nicht, wer von ihnen die Menschen verbrannte, wer sie schlichtweg erschlug, wer ihnen die Schuhe von den Füßen zog und wer die Damenwäsche und die Kinderkleidchen sortierte – ich weiß das nicht. Aber beim Anblick dieser Kleidersammelstelle denke ich daran, daß die Nation, die Leute hervorgebracht hat, die zu all dem fähig waren, die volle Verantwortung und auch den Fluch für die Untaten ihrer Repräsentanten auf sich nehmen muß und nehmen wird.« Zit. n.: Satjukow (2008), S. 38.
14   Aus dem Flugblatt Ehrenburgs »Ubej!« (Töte!), 1942. Zit. n.: Thomas Urban: *Ilja Ehrenburg als Kriegspropagandist*, in: *WÖS*, N. F./3, S. 455–488, hier S. 457. Noch immer wird Ilja Ehrenburg – insbesondere von deutschen Rechtsradikalen – der angebliche Aufruf zur Vergewaltigung zugeschrieben: »Brecht mit Gewalt den Rassenhochmut der germanischen Frauen! Nehmt sie als rechtmäßige Beute!«. Doch: »Allerdings spricht vieles dafür, daß dieses Zitat, das im Spätherbst 1944 in Tagesbefehlen der Wehrmacht verbreitet wurde, gar nicht von Ehrenburg stammt. Vielmehr dürfte es sich um eine Fälschung der Propagandaexperten des nationalsozialistischen Regimes gehandelt haben, die nicht nur den »blutrünstigen Juden« diskreditieren, sondern die Wehrmachtssoldaten zum letzten Einsatz bei der Verteidigung der Grenzen des Deutschen Reichs anstacheln wollten.« Urban, in: *WÖS*, N. F./3, S. 455. Auch Lew Kopelew, selbst in Ostpreußen eingesetzt, hielt das Flugblatt immer für eine plumpe Fälschung – schon aufgrund des schlechten Russisch. S.: *WÖS*, A/5, S. 39.
15   Er habe den Rotarmisten die wahre Natur des deutschen Soldaten zeigen müssen, schrieb Ehrenburg in seinen Memoiren; das wahre Gesicht des faschistischen Deutschen. Aus den Memoiren Ehren-

burgs, zit. n.: Urban, in: *WÖS*, N. F./3, S. 466. Nach dem Krieg arbeitete Ehrenburg mit dem Schriftsteller Wassilij Grossman an einem »Schwarzbuch« über die von den Deutschen ermordeten sowjetischen Juden. Selbst das stark zensierte Manuskript durfte nicht veröffentlicht werden: »Das Schwarzbuch hätte Fragen aufgeworfen, die die sowjetische Führung keinesfalls zulassen wollte, etwa die nach den Juden, die 1939 bis 1941 aus dem von den Deutschen besetzten Teil Polens nach Osten fliehen wollten, von den sowjetischen Grenzern aber abgefangen und zurückgeschickt wurden. Oder die Frage nach der Kollaboration eines kleinen Teils der einheimischen Bevölkerung mit den deutschen Besatzern sowie der Beteiligung von Einheimischen an ›Judenaktionen‹ der SS. Oder die Frage nach der Aufteilung des Besitzes der jüdischen Opfer unter ihren nicht-jüdischen Nachbarn.« Urban, in: *WÖS*, N. F./3, S. 481. Ehrenburg selbst blieb von den antisemitischen Kampagnen der Jahre 1948/49 sowie 1952/53 verschont. Das 1992 in einem KGB-Archiv gefundene Originalmanuskript des Schwarzbuchs wurde 1993 im litauischen Vilnius veröffentlicht.

16  Catherine Merridale: *Iwans Krieg. Die Rote Armee 1939–1945.* Frankfurt a. M. 2006, S. 330 f.

17  Tagesbefehl an die 1. Weißrussische Front. Zit. n.: Norman Naimark: *Die Russen in Deutschland. Die Sowjetische Besatzungsarmee 1945 bis 1949.* Berlin 1999, S. 90.

18  Es wurden nicht nur deutsche Frauen zu Opfern der Sexualverbrechen, sondern auch polnische, slowakische, ungarische und ukrainische Frauen und Mädchen. Satjukow (2008), S. 45.

19  Schätzungen allein für den sowjetisch besetzten Teil Deutschlands schwanken zwischen mehreren Zehntausend und zwei Millionen. Für Berlin werden Angaben zwischen 10 und 90 Prozent aller Frauen gemacht. 2003 machte das Buch Anonyma: *Eine Frau in Berlin* (Frankfurt a. M.) Furore. Die Tagebuchaufzeichnungen einer Berliner Journalistin schilderten die grässlichen Erfahrungen am Ende des Krieges. Die Dreharbeiten für den auf dem Buch basierenden gleichnamigen Film gestalteten sich schwierig: Die russischen Schauspieler weigerten sich, ihre Rolle anzunehmen. Sie wollten weder als schmutzige Soldaten dargestellt werden noch als Vergewaltiger. Der Film wird in Russland als Beispiel für einen neuen Kalten Krieg kritisiert. S. a.: Yulija von Saal: *Anonyma – eine Frau in Berlin*, in: Wirsching (2015), S. 329–344.

20  »Russenbalge« nannte man die Kinder, die auch als Folge von Vergewaltigungen geboren wurden. »Russenkinder«, manche ein Leben lang ungeliebt, auf Vatersuche. www.russenkinder-distelblueten.de.

21 In der Sowjetunion legte sich das große Schweigen auch über die Gewaltorgien der Roten Armee. Noch 2017 tabuisiert, ist allenfalls von einem »peripheren Phänomen« die Rede.
22 Satjukow (2008), S. 28 f.
23 Eindringlich dazu: Stefan Wolle: *Aufbruch nach Utopia. Alltag und Herrschaft in der DDR 1961–1971*. Berlin 2011.
24 »Nach seinem Veilchengeruch duftete das ganze Imperium zwischen Wladiwostok und Marienborn. Es war eine Märchenwelt, die sich uns auftat.« Ilko-Sascha Kowalczuk, Stefan Wolle: *Roter Stern über Deutschland*. Berlin 2001, S. 7 ff.
25 Etwa: www.mdr.de/damals/archiv/index.html.
26 www.mdr.de/soljanka/quiz-soljanka-und-subbotnik-100.html.
27 *Der Putin-Versteher*, in: *Frankfurter Rundschau*, 15. 12. 2014.
28 Eugen Ruge: *Die Hybris des Westens*, in: *Der Spiegel*, 50/2014.
29 Naimark (1999), S. 566.
30 Zusammenfassend: Naimark (1999), S. 162 ff.
31 Gespräch der Autorin mit Elke Scherstjanoi, Berlin, Februar 2017.
32 Ende 1946 wurden Tausende deutscher Facharbeiter, Ingenieure und Wissenschaftler samt ihren Familien völlig überraschend in die Sowjetunion geschickt, um dort in der Rüstungsindustrie zu arbeiten. Viele wurden von Sowjetsoldaten aus ihren Wohnungen geholt und in Eisenbahnzüge Richtung Osten gezwungen; die Operation »Osovjachim« stand unter dem Kommando des NKWD. S.: Naimark (1999), S. 259 ff.
33 Ihr Wert wird auf 35 Milliarden Mark geschätzt. Kowalczuk/Wolle (2001), S. 76.
34 Noch immer debattieren die Historiker über die Deutschland-Politik Stalins, seine Strategien, Taktiken, Widersprüche. Wollte er wirklich die Aufteilung Deutschlands in mehrere Staaten, wie er 1941 sagte – oder wollte er die deutsche Einheit durch einen Friedensvertrag für Gesamtdeutschland bewahren, wie er auf der Konferenz von Jalta bekräftigte? Fürchtete er vor allem, von den Alliierten den »Schwarzen Peter« der Teilung zugeschoben zu bekommen? Sollte die frühe Bodenreform in der SBZ gar kein Signal der Trennung, sondern ein leuchtendes Beispiel sein, dem die Bauern in den westlichen Besatzungszonen begeistert folgen und damit die USA unter Zugzwang setzen würden? Wollte Stalin selbst über der Blockade von Berlin 1948 noch mit den USA ins Gespräch über Deutschland kommen, oder war ihr Ziel vielmehr, die Westmächte endgültig aus Berlin zu vertreiben? Vieles spricht für ein anfängliches Taktieren, das Verfolgen paralleler, zum Teil widersprüchlicher Strategien – und für das ökonomische wie geopolitische Interesse Stalins, in der SBZ möglichst schnell eine gute Ausgangsposition zu schaffen. Dass vier Jahre

später die DDR gegründet werden würde, war dabei wohl nicht geplant.
Stalins berühmter Tagesbefehl vom 23. Februar 1942 jedenfalls, in dem er sagte: »Die Erfahrungen der Geschichte besagen, dass die Hitler kommen und gehen, aber das deutsche Volk, der deutsche Staat bleibt«, hatte ein klares propagandistisches Ziel: Seine Worte waren an die deutschen Truppen gerichtet, sie sollten Zweifel am Sinn des Krieges wecken.
Nicht enden wollend auch die Debatte über Stalins Deutschland-Note vom 10. März 1952, in der er die Wiedervereinigung eines dann neutralen Deutschlands vorschlug. Die nicht zufällig in die Zeit der Debatte um die deutsche Wiederbewaffnung und die Europäische Verteidigungsgemeinschaft EVG fallende »Friedensinitiative« diente wohl eher dazu, in der Bundesrepublik Zweifel an der Westbindung und den USA zu wecken. Sie konnte darüber hinaus als faktische Erpressung der »Freunde« in der DDR dienen, sich nicht zu weit vom stalinistischen Herrschaftsmodell zu entfernen. Eine jüngere Interpretation der Stalin-Note dreht die Argumentation allerdings um: Die SED-Führung unter Ulbricht und Honecker habe in Moskau auf eine Initiative geradezu gedrängt: SED und Sowjetunion sollten gemeinsam mit den sogenannten »Neutralisten« um Pastor Niemöller in der Bundesrepublik gegen die Wiederbewaffnung auftreten. Eine sowjetische Initiative diente daher vor allem der Konsolidierung von Ulbrichts Macht. S. dazu: Peter Ruggenthaler (Hg.): *Stalins großer Bluff. Die Geschichte der Stalin-Note in Dokumenten der sowjetischen Führung*. München 2007. Jürgen Zarusky (Hg.): *Stalin und die Deutschen. Neue Beiträge der Forschung*. München 2006. Wilfried Loth: *Stalins ungeliebtes Kind. Warum Moskau die DDR nicht wollte*. Hamburg 1994. Eine umfangreiche Dokumentation bietet: Jochen Laufer, Georgij Kynin (Hg.): *Die UdSSR und die deutsche Frage 1941–1948*, 4 Bde., Berlin 2004, 2012.

35 Die Truppenmoral war auf einen Tiefpunkt gesunken, Beutezüge, Schwarzmarktgeschäfte, tödliche Unfälle im Wodkarausch noch immer an der Tagesordnung. S. a.: Elke Scherstjanoi: *Erinnerungen sowjetischer Besatzungssoldaten an den ostdeutschen Nachkriegsalltag*, in: Wirsching (2015), S. 363–375.

36 Bernd Faulenbach: *Der 8. Mai in der deutschen Erinnerungskultur von den 50er-Jahren bis zur Gegenwart*, in: *Mitteilungen der Gemeinsamen Kommission für die Erforschung der jüngeren Geschichte der deutsch-russischen Beziehungen* 4 (2010), S. 49–57. Schon im November 1945 wurde das sowjetische Ehrenmal im (West-)Berliner Tiergarten eröffnet, in Sichtweite zum Brandenburger Tor. Hier liegen ungefähr 2000 sowjetische Soldaten begraben. Ein Kapitula-

tionsmuseum eröffnete erst im November 1967 an historischer Stätte in Berlin-Karlshorst – nach hinhaltendem Widerstand der SED-Führung, die den deutlichen ideologischen Bezug auf die Oktoberrevolution samt Lenin-Saal und vieler originaler Gegenstände aus dem Besitz sowjetischer Kriegshelden bemäkelte. Das Museum diente als politische Schulungsstätte der Soldaten der sowjetischen Streitkräfte in der DDR. S. hierzu: Morré, in: Wirsching (2015), S. 274 f. In den neunziger Jahren wurde das Museum umgestaltet und 1995 als Deutsch-Russisches Museum Berlin-Karlshorst wiedereröffnet; 2013 erfolgte eine weitere Neueröffnung mit komplett neu gestalteter Ausstellung.

37  Schon 1949 waren fast 41 000 Gräber sowjetischer Soldaten und mehr 37 000 Grabstätten sowjetischer Bürger – vor allem Zwangsarbeiter – ermittelt. Alexander Haritonow: Forschungen über Grabstätten sowjetischer Bürger auf deutschem Boden, in: Detlev Brunner, Elke Scherstjanoi (Hg.): Moskaus Spuren in Ostdeutschland 1945–1949. Aktenerschließung und Forschungspläne. München 2015, S. 121–127. Eine Dokumentation der in Deutschland bekannten Ehrenmäler und Gedenkstätten für sowjetische Bürger bietet das Deutsch-Russische Museum. Bislang sind rund 4100 Orte von mindestens 600 000 Grabstätten erfasst. www.museum-karlshorst.de/de/sowjetische-kriegsgraeberstaetten.html.

38  Matthias Uhl: *Vom Besiegten zum Sieger der Geschichte – der »Tag der Befreiung vom Hitlerfaschismus« in der Historiographie der DDR und Geschichtspropaganda der SED*, in: *Mitteilungen der Gemeinsamen Kommission für die Erforschung der jüngeren Geschichte der deutsch-russischen Beziehungen* 4 (2010), S. 58–65.

39  Uhl, in: *Mitteilungen der Gemeinsamen Kommission* 4 (2010), S. 58.

40  Uhl, in: *Mitteilungen der Gemeinsamen Kommission* 4 (2010), S. 65. Gegen diese angeblich verkürzende Darstellung wehrt sich die Historikerin Elke Scherstjanoi: In den Schulbüchern der DDR wurde der deutsche Widerstand gegen Hitler thematisiert, man habe Anne Frank gelesen; auch Stalins Terror sei über die Literatur Thema gewesen, wenn auch indirekt. Gespräch der Autorin mit Elke Scherstjanoi, Berlin, Februar 2017.

41  Der von Becher gegründete »Kulturbund zur demokratischen Erneuerung Deutschlands« war in Ost- und Westdeutschland tätig. Im Osten schwenkte er bald auf SED-Linie ein; im hysterisch-antikommunistischen Westen wurden Landesverbände wegen Verdachts auf Spionage für die DDR verboten.

42  Jens-Fietje Dwars: *Der Engel steht auf Barrikaden. Sowjetrussland im Leben und Schreiben Johannes R. Bechers*, in: WÖS, N. F./3, S. 427–454. Sowie: Michael Rohrwasser: *Das rettende Russland.*

*Erweckungserlebnisse des jungen Johannes R. Becher*, in: WÖS, A/5, S. 462–481.
43 Zit. n.: Anne Hartmann: *Sowjetische »Leitkultur« in der SBZ und frühen DDR*, in: WÖS, N. F./3, S. 529–560, hier S. 529.
44 Überaus populär damals der sowjetische Kulturoffizier und Leiter der Informationsverwaltung der SMAD Sergej Tjulpanow, jovial und lebensfroh, der seine Wertschätzung der deutschen Kultur allenthalben zeigte und die Wiedereröffnung deutscher Orchester und Theater förderte. Doch als Propagandist unterstand auch er bis ins Detail den Weisungen aus Moskau. Dabei unterstützte er offenbar früh eine harte Linie, die die faktische Teilung Deutschland vorantreiben sollte. Tjulpanow wurde 1949 von seinem Posten entbunden. S. hierzu: Hartmann, in: WÖS, N. F./3, S. 529–560. Zu Tjulpanow, seiner Politik in der SBZ, den Auseinandersetzungen über die Ziele der sowjetischen Deutschlandpolitik in Moskau und seiner Absetzung auch: Naimark (1999), S. 374 ff., sowie: Bernd Bonwetsch u. a. (Hg.): *Sowjetische Politik in der SBZ, 1945–1949: Dokumente zur Tätigkeit der Propagandaverwaltung (Informationsverwaltung) der SMAD unter Sergej Tjul'panov*, Bonn 1998 (Archiv für Sozialgeschichte, Beih. 20).
45 Lew Kopelew, Gerd Koenen: *Verlorene Kriege, gewonnen Einsichten. Rückblick vom Ende eines Zeitalters. Ein Gespräch*, in: WÖS, A/5, S. 15–46, hier kritisch auch zu Johannes Becher in dessen Moskauer Zeit, S. 39 ff.
46 S. a.: Frank Wagner: *»Von Grund auf anders, neu.« Anna Seghers' Bild Rußlands und der Sowjetunion*, in: WÖS, N. F./3, S. 895–930.
47 Entgegen früheren Darstellungen war die deutliche Mehrheit der Insassen älter als 45 Jahre; es waren wohl auch mehr Nazis interniert als von (westdeutschen) antikommunistischen Opferverbänden behauptet. Die Lager dienten auch der Denazifizierung. S.: Enrico Heitzer: *Speziallagerforschung und Gedenkstättenarbeit seit 1990*, in: Brunner/Scherstjanoi (2015), S. 109–119.
48 Unter den Häftlingen waren auch mutmaßliche Kriegsverbrecher – etwa die Männer des für zahlreiche Massenmorde verantwortlichen Polizeibataillons 9 sowie Ärzte und Wachleute aus Lagern, in denen viele sowjetische Kriegsgefangene ums Leben gekommen waren.
49 Heitzer, in: Brunner/Scherstjanoi (2015), S. 115. Sowjetische Militärtribunale verhängten zwischen 1945 und 1947 3301 Todesurteile gegen deutsche Zivilisten, 2542 Urteile wurden vollstreckt. Zwei Drittel der Hingerichteten wurden Kriegsverbrechen zur Last gelegt. S.: Nikolaus Katzer, Matthias Uhl: *Vom Hass zur Verständigung. 70 Jahre Deutsch-Russische Beziehungen in Augenblicken*.

Unveröffentlichtes Manuskript, ursprünglich geplant zur Veröffentlichung im Rahmen der Ausstellung »Russland und Deutschland. Von der Konfrontation zur Zusammenarbeit« im Berliner Gropius-Bau 2015. Die beiden Seiten konnten sich nicht auf eine Publikation von Texten für den Katalog einigen. So wurde etwa in einem Text des russischen Historikers Alexej Filitow dargelegt, bei den Ereignissen in der SBZ 1946 habe es sich um eine »demokratische Willensäußerung« der Deutschen gehandelt. Auch sei es nicht um »Sowjetisierung« gegangen. Die Vorgänge in Berlin 1948 seien keine Blockade gewesen. Gespräch der Autorin mit Matthias Uhl vom Deutschen Historischen Institut Moskau, Moskau, Dezember 2016. Die Manuskripte liegen vor. S. a.: www.deutschlandradiokultur.de/deutsch-russische-ausstellung-in-moskau-ein-etwas-anderer.2150.de.html?dram:article_id=336491.

50 Die Existenz der »roten KZs« formte und förderte den »antitotalitären Konsens« des westdeutschen Antikommunismus massiv: »Nichtstun ist Mord!« Die Speziallager galten als Beweis für brutale Willkür und die Unmenschlichkeit des sowjetischen Systems – vielleicht gar gefährlicher als der Nationalsozialismus, wie es hieß. Die bekannte »Kampfgruppe gegen Unmenschlichkeit« gründete sich nach ersten Entlassungen aus den Lagern 1948. Die 1950 gegründete Vereinigung der Opfer des Stalinismus VOS engagierte sich für Versorgung und Entschädigung der ehemaligen Häftlinge und ihrer Angehörigen. S.: Andrew H. Beattie: »*Sowjetische KZs auf deutschem Boden*«. *Die sowjetischen Speziallager und der bundesdeutsche Antikommunismus*, in: *Jahrbuch für Historische Kommunismusforschung* (2011), S. 119–138.

51 So etwa das Museum zur Geschichte des sowjetischen Speziallagers in der Gedenkstätte des KZs Sachsenhausen. Nach beispielhaften deutsch-russischen Kooperationsprojekten in den neunziger Jahren zur Geschichte der Speziallager aber schien 2017 weitere Forschung schwierig: Zu belastet auch für Russland das Thema – etwa willkürliche Verhaftungen und Erschießungen. S.: Alexander von Plato: *Sowjetische Speziallager in der Sowjetischen Besatzungszone*, in: Brunner/Scherstjanoi (2015), S. 59–65. Interviews mit ehemaligen Insassen: Eva Ochs: »*Heute kann ich das ja sagen*«. *Lagererfahrungen von Insassen sowjetischer Speziallager in der SBZ/DDR*. Köln 2006.

52 Günter de Bruyn: *Vierzig Jahre*. Frankfurt a. M. 2002. Zit. n.: Bettina Greiner: *Sowjetische Speziallager in Deutschland. Anmerkungen zu einer erinnerungskulturellen »Leerstelle«*, in: Wirsching (2015), S. 377–386.

53 Ein Totenbuch mit Fotos und Kurzbiografien: Arsenij Roginskij, Frank Drauschke, Anna Kaminsky (Hg.): »*Erschossen in Moskau…*«

*Die deutschen Opfer des Stalinismus auf dem Moskauer Friedhof Donskoje 1950–1953*. 3., vollst. überarb. Aufl., Berlin 2008. S. a.: Andreas Hilger, Mike Schmeitzner (Hg.): *Sowjetische Militärtribunale*. Berlin 2003.

54  Joachim Gauck. *Winter im Sommer – Frühling im Herbst. Erinnerungen*. In Zusammenarbeit mit Helga Hirsch. München 2009, S. 33 ff.

55  Die MGB-Akte Gauck ist in der Datenbank des Boltzmann-Instituts für Kriegsfolgenforschung an der Universität Graz gespeichert.

56  Ausführlich zur Biografie des Vaters, auch in dessen Kriegsjahren, sowie zu Gaucks bemerkenswert spärlichen Einblicken in die Nazi-Vergangenheit seiner Familie das Buch seines 2015 verstorbenen langjährigen Vertrauten und Pressesprechers Johann Legner: *Joachim Gauck. Träume vom Paradies. Biografie*. München 2014, S. 36 ff.

57  Mit Details aus Gaucks MGB-Akte: *Die MGB-Akte Joachim Gauck senior*, in: *Frankfurter Allgemeine Zeitung*, 12. 3. 2012.

58  Die zum Tode Verurteilten waren: der Kraftfahrer Willy Karbe; der Regisseur Lars Larsson-Naucke, der Schlossermeister Otto-Heinz Rachow, der Kranführer Karl Rosenberg und der Schlosser Adalbert Schimmer. Sie sollen u. a. Informationen über in der Rostocker Neptun-Werft liegende sowjetische Handels- und Marineschiffe an den französischen Geheimdienst verraten haben. Kurzbiografien in: Roginskij (2008).

59  S. www.mdr.de/damals/archiv/video44438.html. Die Lager waren als Straflager zum Teil noch Anfang der neunziger Jahre in Betrieb. Besuch der Autorin im Kreis Irkutsk. Katja Gloger: *Land der Hoffnung, Land der Verzweiflung: Sibirien*. In: *Der Stern*, 22/1990.

60  Joachim Gauck (2009), S. 41.

61  Gespräch der Autorin mit Joachim Gauck, Berlin, Mai 2017.

62  Gespräch der Autorin mit Joachim Gauck, Berlin, Mai 2017.

63  Als »gemeinschaftshungriger Gruppenmensch«, wie sie sich bezeichnete, wurde sie Mitglied der Jungen Pioniere und später der FDJ, trug die blaue Bluse; führend auch dort. Gerd Langguth: *Angela Merkel. Aufstieg zur Macht. Biografie*. 2. Aufl., München 2008, S. 50 ff.

64  Langguth (2008), S. 51.

65  »*Das Leben ist erbarmungslos, es deformiert*«. Interview mit Angela Merkel in: *Der Stern*, 30/2000.

66  *Merkels Russland*, www.sueddeutsche.de/politik/zwiespaeltiges-verhaeltnis-merkels-russland-1.920024. S. a: Evelyn Roll: *Das Mädchen und die Macht. Angela Merkels demokratischer Aufbruch*. Berlin 2001.

67  *Merkels Russland*, in: *Süddeutsche Zeitung*, 19. 5. 2010. Stefan Kor-

nelius: *Angela Merkel. Die Kanzlerin und ihre Welt.* Hamburg 2013, S. 17 ff.
68 *»Angela war hochbegabt«,* http://cicero.de/berliner-republik/angela-war-hochbegabt/53648.
69 Im *Stern*-Interview sprach sie von 1986.
70 www.jugendopposition.de/themen/145416/illegale-reisen-durch-die-udssr.
71 Interview mit Angela Merkel in: *Der Stern,* 30/2000.
72 Am 17. Juni und an den folgenden Tagen wurden republikweit mindestens hunderttausend Mann und tausend Panzer in Marsch gesetzt, die meisten in Berlin. Mehrere Dutzend Menschen starben. Und: »Nur eine langfristige und handfeste Absicherung durch die sowjetische Militärmacht, dies war den Regierungen in Moskau und Ost-Berlin mit dem 17. Juni 1953 klar geworden, konnte den deutschen Arbeiter- und Bauernstaat vor einer frühzeitigen Erosion schützen. In der Folge kam es zu einem Arrangement von beiderseitigem Vorteil, das einerseits scheinbar weit reichende Zugeständnisse an die Souveränitätsansprüche des Landes machte, das jedoch andererseits von seinem Ziel, der Festigung des Ostblockes mit der DDR als vorgeschobenem Posten, keinen Zoll abwich.« In diesem Sinne wurde 1957 ein Stationierungsabkommen geschlossen. S.: Satjukow (2008), S. 74. S. a.: www.bpb.de/geschichte/deutsche-einheit/der-aufstand-des-17-juni-1953/152604/die-toten-des-volksaufstandes?p=all.
73 Besuch der Autorin bei einem der Ausführenden, dem damals in Karlshorst stationierten sowjetischen Oberst Anatolij Mereško, Moskau 2011. S. a.: Katja Gloger: *Dicht gemacht,* in: *Der Stern,* 33/2011. Zum Bau der Mauer: Hope M. Harrison: *Ulbrichts Mauer. Wie die SED Moskaus Widerstand gegen den Mauerbau brach.* Berlin 2011. Armin Wagner: *Ulbricht, Chruschtschow und die Mauer. Eine Dokumentation.* München 2003. Gerhard Wettig: *Chruschtschows Berlin-Krise 1958 bis 1963. Drohpolitik und Mauerbau.* München 2006. Gerhard Wettig (Hg): *Chruschtschows Westpolitik 1955 bis 1964. Gespräche, Aufzeichnungen und Stellungnahmen.* 4 Bde, München 2015/2016.
74 Roland Jahn: *Wir Angepassten. Überleben in der DDR.* München 2014.
75 Gespräch der Autorin mit Roland Jahn, Berlin, Februar 2017.
76 www.sueddeutsche.de/politik/zwiespaeltiges-verhaeltnis-merkels-russland-1.920024.
77 Im Sommer 1989 wurde die GSSD in »Westgruppe der Streitkräfte der UdSSR« umbenannt. Die Namensänderung war ein politischer Kompromiss, dem monatelanger Streit vorausgegangen war: Die

DDR-Führung hatte verlangt, in der Bezeichnung »Gruppe der Sowjetischen Streitkräfte in Deutschland« das Wort »Deutschland« durch das Wort »DDR« zu ersetzen – darauf hatte sich die sowjetische Seite zwar nicht eingelassen, aber Honeckers Drängen nach einer Namensänderung stattgegeben. S.: Satjukow (2008), S. 304 ff.
78 Kowalczuk/Wolle (2001), S. 105. Die DDR hatte für die Stationierungskosten zu zahlen: Ende der siebziger Jahre etwa waren es 1,2 Milliarden Ost-Mark jährlich. Zahlungen an die GSSD machten rund sechs bis acht Prozent des Verteidigungshaushaltes aus. Und mehr noch: »So hoch der in dieser Aufstellung *ausgewiesene* Gesamtbetrag auch sein mochte, er bezifferte noch nicht die darüber hinausgehenden außerplanmäßigen Leistungen zentraler wie regionaler Behörden wie auch nicht die illegalen Leistungsnahmen seitens der Truppen. Auch der Gesamtwert dieser Leistungen ... machte einen erklecklichen Anteil am Staatshaushalt der DDR aus.« S.: Satjukow (2008), S. 108.
79 Kowalczuk/Wolle (2001), S. 114.
80 In der Sowjetarmee noch in den neunziger Jahren weit verbreitet: das brutale System der *dedovščina*. Offiziell verboten, aber mehr als geduldet: Untergebene waren der Willkür ihrer Vorgesetzten ausgeliefert, wurden gedemütigt, verprügelt, erhielten nichts zu essen, wurden zu Arbeiten herangezogen. Ein perfides System: Die wehrpflichtigen Rekruten hofften, bald selbst Vorgesetzter zu werden.
81 Satjukow (2008), S. 209 ff.
82 Silke Satjukow: *Der düstere Freund*, in: *Die Zeit*, 16/2008.
83 Satjukow (2008), S. 327.
84 S. Kapitel: »›Ich habe an die Türen der Geschichte geklopft, und sie taten sich auf‹«.
85 S. a.: Kowalczuk/Wolle (2001), S. 206 ff.
86 Im Dezember 1988 beklagte der sowjetische Verteidigungsminister Jasow anlässlich einer Parteiversammlung innerhalb der GSSD, dass unter den Militärdienstleistenden »ein ausgesprochener USA- und Westfimmel« herrsche, »ein Nachäffen aller im Westen üblichen Formen und Methoden der Meinungsmache von nicht begreifbaren Auswüchsen«. Satjukow (2008), S. 132.
87 S. a.: Der ehemalige Gesandte an der sowjetischen Botschaft in Berlin äußerte sich sehr kritisch über Gorbatschow als »Dilettanten der Politik«: Igor Maksimyčev: *Der Zusammenbruch der DDR. Blick aus dem Fenster der Botschaft Unter den Linden*, in: *Mitteilungen der Gemeinsamen Kommission für die Erforschung der jüngeren Geschichte der deutsch-russischen Beziehungen* 3 (2008), S. 50–73.
88 Anatolij Černjaev u. a. (Hg.): *Michail Gorbačev i Germanskij Vopros. Sbornik Dokumentov. 1986–1991.* Moskau 2006, S. 554–559.

89  Nach langem Hin und Her einigten sich Deutschland und Russland auf den Bau von insgesamt 70 000 Wohnungen, von denen 35 000 von der Bundesrepublik finanziert werden sollten.
90  Die Modalitäten des Abzugs bis Ende 1994 wurden im deutsch-sowjetischen Abzugsvertrag – offiziell: »Vertrag über die Bedingungen des befristeten Aufenthalts und die Modalitäten des planmäßigen Abzugs sowjetischer Streitkräfte vom Gebiet der Bundesrepublik Deutschland« – vom Oktober 1990 festgelegt, einer Ergänzung des Zwei-plus-Vier-Abkommens.
91  »Was sind sie anderes wert, als auf den Kehrichthaufen der Geschichte gefegt zu werden!« So der damalige führende Bolschewik Leo Trotzkij am 25. Oktober 1917 über die Gegner der Revolution.
92  *Niemand geht so ganz*, www.zeit.de/2014/14/russen-soldaten-abzug-ddr.
93  Gespräch der Autorin mit Helmut Domke, Berlin, Februar 2017, sowie: Helmut Domke: *Der Abzug der Russen: Ein Lächeln zum Abschied*, in: *Junge Kirche*, 12/1994, sowie: Matvej Burlakov: *Vozvraščenie*. Moskau 1994.
94  Hans-Dietrich Genscher: *Triebfeder der europäischen Erneuerung*. Potsdam, 21. Juni 1991.
95  Meldung Matwej Burlakow an Präsident Boris Jelzin vom 31.8.1991. Zit. n.: Satjukow (2008), S. 17.
96  Zusammenfassung: www.youtube.com/watch?v=G7BJUsxNtlI sowie www.mdr.de/damals/archiv/video218612.html.
97  Gespräch der Autorin mit Helmut Domke, dem damals für den Abzug zuständigen Staatssekretär im Innenministerium und späteren Bevollmächtigten Brandenburgs für die Westgruppe der Streitkräfte. Berlin, März 2017. Deutschland lieferte statt der vereinbarten Hälfte der 70 000 Wohnungen in Planübererfüllung 43 000 Wohnungen, die russische Seite so gut wie keine. Der Abzug selbst war eine gewaltige logistische Leistung.
98  S. a.: Michail Boltunov: *ZGV. Gor'kaja doroga domoj*. Moskau 1995.
99  Matvej Burlakow: *Wir verabschiedeten uns von Freunden*. Bonn 1994, S. 27 f. Zit. n.: *Roter Stern*, S. 224.
100  S.: *Suche Panzer, biete Lada*, in: *Der Spiegel*, 49/1997. *Codename Giraffe*, in: *Die Welt*, 6.11.1999.

## Mythos Ostpolitik: Das Missverständnis

1  *Sein Weg*, in: *Süddeutsche Zeitung*, 5.4.2014.
2  Zur Kritik an Schröders Gas-Engagement: *Geschäfte unter Freunden*, in: *Frankfurter Allgemeine Zeitung*, 2.11.2016. Zum geschäftsführenden Direktor der Nord Stream AG, dem ehemaligen Stasi-Agen-

ten Matthias Warnig: *Der Schattenmann*, in: *Die Zeit*, 48/2014. S. a.: Gloger (2017), S. 27 ff.

3   *Antrag der Fraktionen der CDU/CSU und FDP. Durch Zusammenarbeit Zivilgesellschaft und Rechtsstaatlichkeit in Russland stärken*, Deutscher Bundestag, 17. Wahlperiode. Drucksache 17/11327, 6.11.2012. Die SPD enthielt sich der Stimme. Sie hatte zuvor einen eigenen Antrag mit deutlich schwächerer Kritik an Putin eingebracht. S.: *Antrag der Fraktion der SPD. Gemeinsam die Modernisierung Russlands voranbringen – Rückschläge überwinden – Neue Impulse für die Partnerschaft setzen*, Deutscher Bundestag, 17. Wahlperiode. Drucksache 17/11005, 16.10.2012.

4   *Deutschlands Zukunft gestalten. Koalitionsvertrag zwischen CDU, CSU und SPD*. 18. Legislaturperiodewww.bundesregierung.de/Content/DE/_Anlagen/2013/2013-12-17-koalitionsvertrag.pdf?__blob=publicationFile; S. 169 f.

5   Recherchen der Autorin. Zur vom schwedischen Außenminister Carl Bildt und dem polnischen Außenminister Radek Sikorski vorangetriebene Strategie der Östlichen Partnerschaft: www.consilium.europa.eu/uedocs/cms_data/docs/pressdata/de/er/107638.pdf. In Berlin hatte man Sorge, dass Russland außen vor bleiben würde. Die Modernisierungspartnerschaft sollte das strategische Angebot an Russland sein.

6   Mit einem Satz im Koalitionsvertrag wurde vorsichtig Kritik an Russlands Politik geübt. »Wir werden dazu mit der russischen Führung offen über unterschiedliche Vorstellungen einer Modernisierungspartnerschaft sprechen.« www.bundesregierung.de/Content/DE/_Anlagen/2013/2013-12-17-koalitionsvertrag.pdf?__blob=publicationFile, S. 169 f. S. a.: *Das Ende der Ostpolitik*, in: *Der Spiegel*, 24/2014. Die Positionen zwischen Merkel und Steinmeier näherten sich im Verlauf der Ukrainekrise an: Steinmeier bezeichnete bei der offiziellen Amtsübergabe im Auswärtigen Amt am 17. Dezember 2013 den russischen Druck auf die Ukraine in Bezug auf die Ablehnung des Assoziierungsabkommens mit der EU als »empörend«.

7   www.auswaertiges-amt.de/DE/Aussenpolitik/Laender/Aktuelle_Artikel/RussischeFoederation/140214_BM-Russland.html.

8   Recherchen der Autorin.

9   Frank-Walter Steinmeier: *Ohne Russland geht es nicht*, in: *Focus*, 27.1.2014.

10  Zit. n.: *Der Marathon-Diplomat*, www.spiegel.de/politik/ausland/steinmeier-in-ukraine-marathon-diplomatie-fuer-kompromiss-a-955029.html.

11  *Der rote Platz*, in: *Der Spiegel*, 8/2015. S. a.: Gloger (2017), S. 236 ff.

12  www.spiegel.de/spiegel/print/d-131812904.html.
13  Rede zur Gedenkfeier zum deutschen Überfall auf Polen 1939, Westerplatte/Polen, 1.9.2014, www.bundespraesident.de/ SharedDocs/Reden/DE/Joachim-Gauck/Reden/2014/09/ 140901-Gedenken-Westerplatte.html.
14  Entscheidend für die harte Linie der Kanzlerin in der Sanktionsfrage war der Abschuss des malaysischen Zivilflugzeugs MH17 am 17. Juli 2014 mit 298 Menschen an Bord. Das Flugzeug war in Amsterdam mit vielen niederländischen Passagieren gestartet – proportional zur Bevölkerungszahl kamen mehr Niederländer ums Leben als US-Bürger am 11. September 2001. Die von Moskau unterstützten Separatisten im Osten der Ukraine werden für den Abschuss durch eine russische Rakete vom Typ Buk M1 verantwortlich gemacht.
15  S. etwa Steinmeiers Rede vor dem »East Forum« im April 2014, aus der Enttäuschung auch über die Beschwichtigungen der Vertreter der deutschen Industrie sprach: www.auswaertiges-amt.de/DE/ Infoservice/Presse/Reden/2014/140409-BM_east_forum.html.
16  S. a.: https://zeitschrift-ip.dgap.org/de/ip-die-zeitschrift/archiv/ jahrgang-2014/mai-juni/wie-putin-berlin-verlor.
17  So Merkel im Sommer 2014; Recherchen der Autorin.
18  Andreas Heinemann-Grüder: *Kalter Krieg oder Neue Ostpolitik. Ansätze deutscher Russlandpolitik*, in: *Aus Politik und Zeitgeschichte*, 21–22/2017, S. 4–10, hier S. 5.
19  Manfred Sapper: *Mehr Expertise wagen. Russland- und Osteuropakompetenz in Deutschland*, in: *Aus Politik und Zeitgeschichte*, 21–22/2017, S. 33–38.
20  Der Vertrag sollte zur Auflösung der Nato und damit dem Abzug amerikanischer Truppen aus Europa führen. Die bilateralen militärischen Beistandsabkommen Moskaus mit osteuropäischen Staaten sollten jedoch bestehen bleiben. S.: Gerhard Wettig (2005): *Adenauers Moskau-Besuch aus sowjetischer Sicht. Wende der sowjetischen Deutschlandpolitik nach Stalins Tod*, in: *Historisch-Politische Mitteilungen*, 12/2005, S. 193–202.
21  Aus einem Brief an den in die USA emigrierten Sozialdemokraten William Sollmann, 16.3.1946, www.konrad-adenauer.de/ dokumente/briefe/1946-03-16-brief-sollmann.
22  Zit. n.: Werner Kilian: *Adenauers Reise nach Moskau*, Freiburg 2005, S. 74 f.
23  Von den mehr als 1,1 Millionen vermisst gemeldeten deutschen Soldaten an der Ostfront hatten 90 000 das Kriegsende nachweislich überlebt. Nach Informationen des Auswärtigen Amtes lebten im Sommer 1955 nur noch 8477 Kriegsgefangene. Die meisten von ihnen waren 1949/50 in Massenprozessen zu 25 Jahren

Zwangsarbeit verurteilt worden – sie galten nicht mehr als »Kriegsgefangene«, sondern als verurteilte »Kriegsverbrecher«. Dazu kamen Zehntausende 1955 noch lebende verschleppte Zivilisten.

24 Zu Henri Nannen und seiner Vergangenheit sowie den »braunen Wurzeln« des *Stern*: Tim Tolsdorff: *Von der Stern-Schnuppe zum Fix-Stern. Zwei deutsche Illustrierte und ihre gemeinsame Geschichte vor und nach 1945*. Köln 2014. Hermann Schreiber: *Henri Nannen. Drei Leben*. München 1999. Ebenso die Biografie seiner Enkelin Stephanie Nannen: *Henri Nannen: Ein Stern und sein Kosmos*. München 2013.

25 Wettig (2005), S. 202.

26 Gerhard Wettig: *Die Entlassung der Kriegsgefangenen aus der Sowjetunion 1955 – Folge der Verhandlungen mit Adenauer? Untersuchung auf der Basis neuer Archivdokumente*, in: *Historisch Politische Mitteilungen* 14 (2007), S. 341–352.

27 Die westdeutsche Position wurde lediglich in einem begleitenden Brief niedergelegt.

28 Das Abkommen wurde in der Bundesrepublik als politischer Sieg der Sowjetunion kritisiert – und hatte unter anderem die »Hallstein-Doktrin« zur Folge, mit der die DDR erfolgreich isoliert werden konnte: Eine Aufnahme diplomatischer Beziehungen zur DDR wurde von der Bundesrepublik als »unfreundlicher Akt« betrachtet, da dies die Spaltung Deutschlands vertiefe. Hart in ihrer Kritik Marion Gräfin Dönhoff: Die diplomatischen Beziehungen seien das Einzige, was Bonn zu vergeben gehabt habe und »was den Sowjets wirklich ungemein wichtig ist«. Als Konzession dafür hätte man »einen Terminkalender für die Wiedervereinigung« verlangen können und müssen. Mit dem Botschafteraustausch habe Adenauer stattdessen die Zweiteilung Deutschlands hingenommen. Sein Moskauer Vertrag bedeute, »dass die Freiheit der Zehntausend die Knechtschaft von siebzehn Millionen besiegelt«. Zit. n.: Kilian (2005), S. 230 f. S. a.: Eckart Conze: *Die Suche nach Sicherheit. Eine Geschichte der Bundesrepublik Deutschland von 1949 bis in die Gegenwart*. München 2009, S. 79 ff.

29 Zu Adenauers Verschleppung der Kriegsgefangenenfrage: *Heimkehr – fünf Jahre zu spät*, in: *Die Zeit*, 1/1993, www.zeit.de/1993/01/heimkehr-fuenf-jahre-zu-spaet.

30 So – eher undifferenziert – der *Spiegel*-Herausgeber Rudolf Augstein 1953 über Adenauers angebliche »Rheinbundpolitik«. Zit. n.: Stefan Creuzberger, Dierk Hoffmann (Hg.): *»Geistige Gefahr« und »Immunisierung der Gesellschaft«. Antikommunismus und politische Kultur in der frühen Bundesrepublik*. Berlin/Boston 2014, S. 105.

31  Den Forschungsstand detailliert zusammenfassend und mit vielen neuen Einzelstudien: Creuzberger/Hoffmann (2014).
32  Führend bei allen antikommunistischen Fragen: der Adenauer-Vertraute und ehemalige Mitverfasser der Nürnberger Rassegesetze Hans Globke und das Bundesministerium für gesamtdeutsche Fragen. Dessen Ziel war die systematische Destabilisierung der DDR – dort wurden aber auch Geheimdossiers über angeblich suspekte Personen gesammelt. Symbolisch auch das Verbot der KPD 1956. S.: Stefan Creuzberger: *Kampf gegen den inneren Feind. Das gesamtdeutsche Ministerium und der staatlich gelenkte Antikommunismus in der Bundesrepublik Deutschland*, in: Creuzberger/Hoffmann (Hg.) (2014), S. 87–104.
33  Zur Verbindung zwischen Antikommunismus und atomarer Rüstung in den fünfziger Jahren in den USA: Bernd Greiner/Tim B. Müller/Claudia Weber (Hg.): *Macht und Geist im Kalten Krieg*. Hamburg 2011.
34  Zu den Berlin-Initiativen Chruschtschows, dem Bau der Mauer 1961 und der dabei faktisch erpresserischen Rolle von SED-Chef Walter Ulbricht, s. a.: Hope M. Harrison: *Ulbrichts Mauer. Wie die SED Moskaus Widerstand gegen den Mauerbau brach*. Berlin 2011. Gerd Wettig: *Chruschtschows Berlin-Krise 1958 bis 1963. Drohpolitik und Mauerbau*. München 2006. Ders.: *Sowjetische Deutschland-Politik 1953 bis 1958: Korrekturen an Stalins Erbe, Chruschtschows Aufstieg und der Weg zum Berlin-Ultimatum*, München 2011.
35  Willy Brandt: *Begegnungen und Einsichten. Die Jahre 1960–1975*. Hamburg 1976, S. 17.
36  So der Titel einer Harvard-Rede Brandts im Oktober 1962, die als Auftakt zur Ostpolitik gilt, in: Egon Bahr: *Zu meiner Zeit*. München 1996, S. 149.
37  Willy Brandt: *Gedanken zur Ostpolitik*, in: Werner Markert (Hg.): *Deutsch-Russische Beziehungen von Bismarck bis zur Gegenwart*. Stuttgart 1964, S. 11–16.
38  S. a.: Willy Brandt: *Erinnerungen*. Frankfurt a. M. 1994. Zur Ostpolitik: Peter Bender: *Die »Neue Ostpolitik« und ihre Folgen. Vom Mauerbau bis zur Vereinigung*. München 1996. Stefan Creuzberger: *Westintegration und Neue Ostpolitik. Die Außenpolitik der Bonner Republik*. Berlin 2009. Manfred Görtemaker: *Die unheilige Allianz. Die Geschichte der Entspannungspolitik 1943–1979*. München 1979. Gregor Schöllgen: *Die Außenpolitik der Bundesrepublik Deutschland. Von den Anfängen bis zur Gegenwart*. 3., erw. Aufl., München 2004.
39  Die Ehre gebührt Rudolf Kettlein, Bahrs damaligem Stellvertreter in der Senatspressestelle, in: Bahr (1996), S. 155 ff.

40 Text der Rede: www.fes.de/archiv/adsd_neu/inhalt/stichwort/ tutzinger_rede.pdf.
41 Zu den späteren Versuchen der Stasi, die für die DDR-Herrscher potenziell gefährliche Ostpolitik Brandts zu verhindern, und dem Machtwort des KGB, das die Genossen schließlich auf Linie brachte: *Groteske Lage*, in: *Der Spiegel*, 27/2010.
42 www.willy-brandt.de/fileadmin/brandt/Downloads/ Fernsehansprache_Willy_Brandt_Warschau_1970.pdf.
43 Wolfgang Eichwede: *Einmischung tut not*, in: *Osteuropa* 61 (2013), H. 4, S. 91–100.
44 Helga Haftendorn: *Kernwaffen und die Glaubwürdigkeit der Allianz. Die Nato-Krise von 1966/1967.* Baden-Baden 1994. Zit. n.: Matthias Peter: *Die Bundesrepublik im KSZE-Prozess 1975–1983. Die Umkehrung der Diplomatie.* München 2015, S. 79.
45 Zit. n.: Peter Merseburger: *Willy Brandt. 1913–1992. Visionär und Realist.* München 2002, S. 614 f.
46 In den geheimen Verhandlungen über den Moskauer Vertrag etablierte sich Egon Bahr ab Januar 1970 als personifizierter »back channel«. Entscheidend damals der sowjetische Kompromiss in der (deutschen) Grenzfrage: Die sowjetische Forderung nach »Unveränderbarkeit« der Grenzen konnten die Deutschen zugunsten des Wortes »Unverletzlichkeit« verhandeln.
47 Brandts Ostpolitik und die Anerkennung der Oder-Neiße-Linie setzte sich trotz erbitterter Auseinandersetzungen und zum Teil hasserfüllter persönlicher Anfeindungen durch. Die Springer-Presse machte Front gegen »Verzicht« und insinuierte »Verrat« durch die Sozialdemokratie. Moskauer und Warschauer Vertrag, aber auch das Berlin-Abkommen wurden vom Bundestag nach erbittertem Streit bestätigt. Nach dem (durch die Stasi-gekaufte Stimme des CDU-Abgeordneten Julius Steiner) gescheiterten Misstrauensvotum gegen Brandt bestätigten die »Willy-Wahlen« 1972 die Ostpolitik: Sie brachten eine klare Mehrheit für die SPD-FDP-Koalition.
48 Eichwede, (2013), S. 95.
49 Willy Brandt: *Gedanken zur Ostpolitik*, in: Werner Markert (Hg.): *Deutsch-Russische Beziehungen von Bismarck bis zur Gegenwart.* Stuttgart 1964, S. 11–16, hier S. 13.
50 Bahr (1996), S. 297. Zu Willy Brandt und dem Moskauer Vertrag auch detailliert: Merseburger (2002), S. 578 ff. Zum Moskauer Vertrag und der darin festgehaltenen Unverletzlichkeit (nicht Unabänderlichkeit) der Grenzen sowie den polnischen Verstimmungen dazu S. 608 ff.
51 Ash (1993), S. 28.
52 Historisch gesehen hatte Brandt zu Recht Bedenken: Das Wort

»Ostpolitik« wurde auch von Hitler als Legitimation seiner Lebensraum-Politik benutzt.
53 www.willy-brandt.org/fileadmin/brandt/Downloads/Rede_Willy_Brandt_Nobelpreis_1971.pdf, S. 12.
54 Die sowjetische Führung bestand immer darauf, dass die westlichen Alliierten eine Teilung Deutschlands nach dem Krieg geplant hätten. Die Sowjetunion habe auf ein geeintes, aber neutrales Deutschland hingearbeitet. Möglicherweise spekulierte Stalin zu Kriegsende auf ein vereintes, neutrales, allerdings kommunistisches Deutschland unter seiner Kontrolle. Falls diese Vorstellung existierte, wurde sie schnell fallen gelassen – auch weil möglichst rasche und umfangreiche Reparationen aus der sowjetischen Besatzungszone gewährleistet werden sollten. Zur eher propagandistischen Natur der Stalin-Note 1952 s. auch Kapitel »Wenn die Russen kommen«, Anm. 34 auf S. 503 f. Auf ein wirklich neutrales, unabhängiges vereintes Deutschland wollte sich Stalin nicht einlassen. S. a.: Hildermeier (1998), S. 739 f.
55 *Drang nach Osten. Moskaus Bild der Deutschen*, in: *Der Spiegel*, 1/1969.
56 Lew Ginsburg 1968 in der Zeitschrift *Novoje Vremja*, »Neue Zeit«. Zit. n.: *Drang nach Osten. Moskaus Bild der Deutschen*, in: *Der Spiegel*, 1/1969.
57 Der Journalist Alexej Adschubej reiste kurz vor Chruschtschows Sturz 1964 in die Bundesrepublik, offenbar im Auftrag seines Schwiegervaters. Zit. n.: *Drang nach Osten. Moskaus Bild der Deutschen*, in: *Der Spiegel*, 1/1969.
58 S. a.: Gregor Schöllgen: *Brandts Röhren, Putins Gas*, in: *Süddeutsche Zeitung*, 26.1.2017. Werner Link: *Die deutsch-sowjetischen Beziehungen zwischen Moskauer Vertrag (1970) und Wiedervereinigung*, in: *Mitteilungen der Gemeinsamen Kommission für die Erforschung der jüngeren Geschichte der deutsch-russischen Beziehungen* 3 (2008), S. 298–342.
59 Eichwede, in: *Osteuropa* 63 (2013), S. 91.
60 Hans-Joachim Spanger: *Kooperation tut not. Wider die Blindheit der Putin-Feinde*, in: *Osteuropa* 61 (2013), H. 7, S. 169–178, hier S. 174.
61 Mit Dank für den Hinweis: *Yuliya von Saal: KSZE-Prozess und Perestroika in der Sowjetunion. Demokratisierung, Werteumbruch und Auflösung 1985–1991*. München 2014, S. 1
62 Robert Legvold, zit. n.: Timothy Garton Ash: *Im Namen Europas. Deutschland und der geteilte Kontinent*. München 1993, S. 383.
63 Die Sowjetunion forderte seit den fünfziger Jahren eine Konferenz über Sicherheit in Europa – ohne Teilnahme der USA. Ziel war zunächst, die Westintegration der Bundesrepublik zu verhindern;

später ging es um die Bestätigung des territorialen Status quo in Europa. Der sowjetische Vorschlag zur Einberufung einer europäischen Sicherheitskonferenz wurde später zum Druckmittel Bonns in den Verhandlungen um die Ostverträge. Zur auch innenpolitisch umstrittenen Rolle der Bundesrepublik im KSZE-Prozess und der Unterschätzung der Wirkung der Schlussakte als gefährliche marxistische Scheinwelt und »Supermarkt der Attrappen«: Matthias Peter: *Die Bundesrepublik im KSZE-Prozess 1975–1983. Die Umkehrung der Diplomatie*. Berlin/Boston 2015.

64 Die USA waren zunächst gegen die Aufnahme der Menschenrechte in den Verhandlungskatalog – Realpolitiker Henry Kissinger plädierte für Interessenpolitik.

65 So der Grundgedanke der westlichen Verhandlungsteilnehmer, wie er in einem britischen Papier formuliert wurde. Zit. n.: Wolfgang Eichwede: »*Entspannung mit menschlichem Antlitz*«. *Die KSZE, die Menschenrechte und der Samizdat*, in: Osteuropa 58 (2010), H. 11, S. 59–83, hier S. 62. S. a.: Peter (2015), S. 216 ff.

66 Der erste Bericht behandelte die gerichtliche Verurteilung von Mustafa Dschemiljew, dem Sprecher der Krimtataren, der sich für das Recht seines kleinen Volkes eingesetzt hatte, nach der Deportation durch Stalin in die Heimat auf der Krim zurückzukehren. 1998 bis 2013 war Dschemiljew Vorsitzender ihrer Nationalen Versammlung auf der Krim. Nach der Annexion der Krim durch Russland im März 2014 wurde ihm die Einreise auf die Krim für fünf Jahre verweigert. So schließt sich der Kreis.

67 Heinrich August Winkler: *SPD muss erkennen: Putin will Revision der Geschichte*, in: Vorwärts, 13.12.2016, www.vorwaerts.de/artikel/spd-erkennen-putin-will-revision-grenzen-europa.

68 Zit. n.: Link, in: *Mitteilungen der Gemeinsamen Kommission* 3 (2008), S. 320.

69 Egon Bahr: *Zum europäischen Frieden. Eine Antwort auf Gorbatschow*. München 1988.

70 Im Herbst 1981 fragte man Egon Bahr: Wenn Polen die Mitgliedschaft im Warschauer Pakt infrage stellen sollte, dürfe die Sowjetunion dies im Interesse der Stabilität unterbinden? Er antwortete: »Aber selbstverständlich.« Egon Bahr: *Was wird aus den Deutschen? Fragen und Antworten*. Reinbek 1982, S. 22 f.

71 Václav Havel: *Anatomie einer Zurückhaltung*, in: Frank Herterich, Christian Semler (Hg.): *Dazwischen. Ostmitteleuropäische Reflexionen*. Frankfurt a. M. 1989, S. 56 f. Zit. n.: Wolfgang Eichwede (2010), S. 80.

72 www.friedenspreis-des-deutschen-buchhandels.de/sixcms/media.php/1290/1989_havel.pdf.

73 Ash (1993), S. 410.
74 Die sowjetische Führung »bestrafte« die klare proamerikanische Haltung Kohls mit politischer Missachtung, die bis Ende 1988 auch unter Gorbatschow andauerte.
75 Zit. n.: Ash (1993), S. 497.
76 Helmut Schmidt: *Menschen und Mächte*. München 1987, S. 85 f. Zit. n.: Peter (2015), S. 208.
77 Eichwede, in: *Osteuropa* 63 (2013), S. 99.
78 Gespräch der Autorin mit Joachim Gauck, Berlin, Mai 2017.
79 »Wir stehen erst jetzt am Ende einer langen Nachkriegszeit«, hatte Bundeskanzler Gerhard Schröder anlässlich des 60. Jahrestages des Kriegsendes im Mai 2005 geschrieben und dabei explizit auf die Staaten Ostmitteleuropas hingewiesen: »Im vergangenen Jahr sind zehn mittel- und osteuropäische Staaten neue Mitglieder der Gemeinschaft geworden. ... Verkürzt und ein wenig plakativ gilt uns dieses geschichtliche Ereignis als ›Osterweiterung‹. Das ist auch nicht ganz falsch. Aber genau genommen hat sich Europa durch die Beitritte nicht ausgedehnt. Vielmehr sind Völker und Staaten, die immer Teil Europas gewesen sind und sich stets als Europäer verstanden haben, in die europäische Familie zurückgekehrt.« Gerhard Schröder: »*Wir stehen erst jetzt am Ende einer langen Nachkriegszeit*«, in: *Süddeutsche Zeitung*, 7. 5. 2005.
80 So forderte der scheinbar ewig amtierende Außenminister Hans-Dietrich Genscher eine »neue umfassende« Russlandpolitik des Westens oder der EU.
81 Die beiden Nord-Stream-Pipeline-Projekte wurden von Egon Bahr noch 2014 als »Emanzipation Deutschlands von Amerika« gelobt. S.: *Der heilige Egon und die Gegenwart*, in: *Süddeutsche Zeitung*, 10. 5. 2005.
82 So der Berliner Osteuropa-Experte Eberhard Sandschneider: *Raus aus der Moralecke*, in: *Die Zeit*, 10/2013.
83 www.auswaertiges-amt.de/DE/Infoservice/Presse/Reden/2016/160421_BM_EgonBahrSymposium.html.
84 www.auswaertiges-amt.de/DE/Infoservice/Presse/Reden/2016/160815_BM_Jekaterinburg.html?nn=336012.
85 www.sueddeutsche.de/politik/frank-walter-steinmeier-diskutieren-mit-lawrow-naechster-versuch-1.3121751.
86 Wie die SPD erklärte Kanzlerin Merkel das auch in der EU lange umstrittene Nord-Stream-2-Pipeline-Projekt zu einem privatwirtschaftlichen Geschäft. S.: *Geschäfte mit guten Freunden*, in: *Frankfurter Allgemeine Zeitung*, 2. 11. 2016.
87 Jan Claas Behrends: *Wie eine neue Ostpolitik der SPD aussehen sollte*, www.vorwaerts.de/artikel/neue-ostpolitik-spd-aussehen-sollte.

88 Gespräch der Autorin mit Initiator Jan Claas Behrends, Berlin, März 2017. S. a.: https://de-de.facebook.com/AKneueOstpolitik/; www neueostpolitik.eu.
89 Parteipolitisch interessant der Beitrag von Simon Vaut: *Warum Platzeck irrt. Über Russland und über Brandts Ostpolitik*, in: *Vorwärts*, 27. 2. 2017. Vaut war zu diesem Zeitpunkt Redenschreiber für den neuen Außenminister Sigmar Gabriel im Auswärtigen Amt. Dieser beschrieb seine Position im März 2017, als er kurz nach Amtsantritt ins litauische Rukla reiste, wo er Bundeswehrsoldaten des internationalen Nato-Kontingents besuchte. Er sprach vom »Grundvertrauen in die Nato«, das er in der langen Zeit des Kalten Krieges immer gehabt habe: »Wir haben die Entspannungspolitik vorangetrieben. Aber das ging nur, weil wir klar im Westen positioniert waren.«
90 Klaus von Dohnanyi 2014 in der ARD-Talkshow Anne Will. Zit. n.: *Das Verständnis-Problem*, in: *Der Spiegel*, 14/2014.
91 Heinrich August Winkler: *SPD muss erkennen: Putin will Revision der Grenzen in Europa*. Vorwärts-Debatte, 13. 12. 2016.
92 So im Juni 2017 der scheidende Russland-Beauftragte der Bundesregierung, Gernot Erler (SPD). https://dgap.org/de/node/296.
93 Zur Debatte um das Deutsch-Russische Forum, die Verflechtungen mit dem Petersburger Dialog und die von Kanzlerin Merkel erzwungene Reform des Petersburger Dialogs s. a.: Gemma Pörzgen: *Dringend reformbedürftig. Der Petersburger Dialog auf dem Prüfstand*, in: *Osteuropa* 58 (2010), H. 10, S. 59–82.
94 Zit. n.: *Der Putin-Versteher*, in: *Die Welt*, 15. 12. 2014.
95 Die Einladung an den damaligen russischen Eisenbahnminister Wladimir Jakunin nach Berlin 2014, der vom Podium des Deutsch-Russischen Forums über das dekadente amoralische Europa wettern durfte, löste ebenso Irritationen aus wie sein Vorschlag von 2014 über ein erneutes Referendum auf der Krim, um die Annexion damit nachträglich völkerrechtlich zu legitimieren. Es wurde als billigende Hinnahme und Bagatellisierung der militärischen Gewalt Russlands kritisiert. S. a.: www.spiegel.de/politik/deutschland/ukraine-krise-matthias-platzeck-will-legalisierung-krim-annexion-a-1003646.html. www.berliner-zeitung.de/deutsch-russisches-forum--maenner--rasiert-euch--seid-keine-weiber---2967222. S. a. Andreas Heinemann-Grüder: *Putins Krieg im Osten. Beschwichtigen oder abschrecken?* In: *Zeitschrift für Außen- und Sicherheitspolitik*, 4/2015, S. 573–588. Platzeck verteidigend dagegen der Schriftsteller Eugen Ruge: *Die Hybris des Westens*, in: *Der Spiegel*, 50/2014.
96 Gespräch der Autorin mit Matthias Platzeck, Potsdam, April 2017.

Der ostdeutsche Sozialdemokrat Stephan Hilsberg hingegen kritisierte: Was Bahr in seiner politischen Logik entfalte, sei »schwer erträglich«. Es wirke wie ein »Infragestellen unseres eigenen Handelns«. S.: www.zeit.de/1993/39/angeklagt-aber-unzerknirscht/komplettansicht.
97 Dazu gehörten die Abgeordneten Christian Flisek, Lars Klingbeil und Jens Zimmermann.
98 Gespräch der Autorin mit Matthias Platzeck, Potsdam, April 2017. S. a. www.vorwaerts.de/artikel/platzeck-ohne-entspannung-russland-keine-sicherheit-europa.
Egon Bahr beschrieb noch kurz vor seinem Tod den »Irrglauben der westlichen Wertegemeinschaft« und forderte »Emanzipierung von Amerika«. Zu einer Politik der »kooperativen Existenz« gehöre auch eine »Respektierung« der Krim-Annexion. Egon Bahr: *Kooperative Existenz. Für eine Verantwortungspartnerschaft mit Moskau und Washington*, in: *Blätter für deutsche und internationale Politik* 5/2015, S. 87–96.

## »Wir sollten im Westen nicht so tun, als würden wir nicht in Interessensphären denken«

1 Gespräch der Autorin mit Bundeskanzler a. D. Gerhard Schröder, Hannover, März 2017.

## Die Russlanddeutschen: Auffällig unauffällig

1 www.rbb-online.de/panorama/beitrag/2016/02/ermittlungsverfahren-russischer-journalist-bericht-13-jaehriges-maedchen-berlin-marzahn.html; s. a.: *Das Ende der Wahrheit*, in: *Der Spiegel*, 5/2016, sowie: *Das Märchen aus Marzahn*, www.faz.net/-gqz-8czyu. Über Facebook solidarisierte sich der NPD-Ortsverein mit den Demonstranten.
2 Allerdings wurden Ermittlungsverfahren gegen zwei andere deutsche Staatsbürger wegen weiter zurückliegender – einvernehmlicher – sexueller Kontakte mit Lisa F eingeleitet. Die damals 13-jährige Lisa habe über WhatsApp ihr Alter mitgeteilt. Wenn ein Mädchen jünger als 14 Jahre alt ist, macht sich ein Erwachsener auch bei einvernehmlichem Sex strafbar. Der 24-jährige Ismet S. wurde daher 2017 wegen schweren Kindesmissbrauchs und der Herstellung von Kinderpornografie zu einem Jahr und neun Monaten Haft verurteilt.
3 www.tagesspiegel.de/themen/reportage/integration-in-berlin-warum-der-fall-lisa-russlanddeutsche-empoert/12946014.html.

4 Groths »Konvent« ist bei Weitem nicht die einzige oder gar wichtigste Vertretung der Russlanddeutschen. Als Ansprechpartner gilt vielmehr die »Landsmannschaft der Deutschen in Russland« unter Vorsitz von Waldemar Eisenbraun, die die Demonstrationsaufrufe verurteilt hatte.
5 *Putins Propagandist in Deutschland*, www.spiegel.de/panorama/leute/russlanddeutsche-im-propagandadienst-von-wladimir-putin-a-1075795.html.
6 Zu den Verbindungen zwischen dem »Konvent« und der AfD sowie anderen rechtspopulistischen Gruppen 2017 zusammenfassend: www.bnr.de/artikel/hintergrund/rechte-russlanddeutsche-pro-afd.
7 www.sueddeutsche.de/politik/geheimdienste-so-wappnet-sich-deutschland-gegen-russische-hacker-1.3297935 und www.sueddeutsche.de/politik/geheimdienste-bnd-keine-beweise-fuer-desinformations-kampagne-putins-1.3365839.
8 Nie aufgearbeitet wurde das Thema Vergewaltigung und Missbrauch bei den russlanddeutschen Frauen und Mädchen, die nach der Deportation der Wolgadeutschen 1941 zur Zwangsarbeit in die sogenannte »Arbeitsarmee« eingezogen wurden.
9 Lange deutlich konservativer und stärker der CDU/CSU zugewandt als der Wählerdurchschnitt, lässt sich im Wahlverhalten der Russlanddeutschen in den vergangenen Jahren eine Annäherung an die Bevölkerung ohne Migrationshintergrund nachzeichnen. Mit einer Ausnahme: 2015 fanden sich deutlich mehr AfD-Anhänger unter Russlanddeutschen als im Durchschnitt der Bevölkerung. S.: www.svr-migration.de/wp-content/uploads/2016/11/PB_Parteipraeferenzen.pdf.
10 www.afd.de/grundsatzprogramm-russisch/.
11 Zahlen nach: http://lmdr.de/aussiedlung-beheimatung-politische-teilhabe-deutsche-aus-russland-in-wechselwirkung-mit-russischsprachigen-gruppen-in-deutschland/ sowie im Informationsportal der Russlanddeutschen »RusDeutsch«: www.rusdeutsch.eu/: »Seit 1988 wurden die Deutschen in ihren Herkunftsgebieten mit rund einer Milliarde Euro unterstützt. Davon wurde der größte Anteil mit fast 500 Millionen Euro zugunsten der deutschen Minderheit in der Russischen Föderation eingesetzt.« Rund 400 000 Russlanddeutsche leben nach wie vor in Russland.
12 S. etwa: www.badische-zeitung.de/lahr/warum-spaetaussiedler-in-lahr-gegen-fluechtlinge-demonstriert-haben--117168228.html.
13 www.bo.de/lokales/lahr/afd-in-vier-lahrer-ortsteilen-staerkste-kraft.
14 *Propaganda mit Wodka und saurer Gurke*, www.zeit.de/

gesellschaft/2017–02/russlanddeutsche-russia-today-medien-fake-news-identitaet.
15 *Zwischen den Stühlen*, www.faz.net/-gzg-8km3r.
16 S. etwa, gefördert durch die Bundeszentrale für politische Bildung: »Aussiedlung, Beheimatung, Politische Teilhabe. Deutsche aus Russland in Wechselwirkung mit russischsprachigen Gruppen in Deutschland«, März 2017 in Berlin.
17 Als Aussiedler werden in der Regel bis Ende 1992 zugewanderte Personen bezeichnet, als Spätaussiedler alle danach gekommenen Personen.
18 Deutscher Bundestag. Wissenschaftliche Dienste. *Russlanddeutsche in der Bundesrepublik Zahlen, Rechtsgrundlagen und Integrationsmaßnahmen*, WD 3–3000–036/16, Februar 2016, hier S. 3: »Daten liegen seit dem Jahr 1950 vor. Von 1950 bis 2014 wurden insgesamt 4 517 052 (Spät-)Aussiedler und deren Angehörige in der Bundesrepublik aufgenommen. 2 369 506 Personen kamen dabei aus der ehemaligen UdSSR.« Das Bundesamt für Migration und Flüchtlinge nennt für das Jahr 2011 1,44 Millionen ehemaliger Sowjetbürger von insgesamt 3,2 Millionen (Spät-)Aussiedlern, die ja auch aus Polen und Rumänien kamen – allerdings ohne in Deutschland geborene Nachkommen. *(Spät-)Aussiedler in Deutschland. Eine Analyse aktueller Daten und Forschungsergebnisse Forschungsbericht 20*, Bundesamt für Migration und Flüchtlinge 2013, S. 38.
19 Deutschland gehört zu den wenigen Ländern, die Staatsbürgerschaft aufgrund des »Blutprinzips« definieren, das 1914 rechtlich verankert wurde und auch nach 1945 fortbestand. Als Spätaussiedler gilt, wer von einem deutschen Staatsangehörigen oder deutschen »Volkszugehörigen« abstammt, sich bis zum Verlassen der Aussiedlungsgebiete »zum deutschen Volkstum bekannt« und dies durch die Fähigkeit bestätigen kann, ein einfaches Gespräch auf Deutsch zu führen. Überblick und rechtlicher Rahmen: *Deutscher Bundestag. Wissenschaftliche Dienste. Sachstand WD 3–3000–036/16. Russlanddeutsche in der Bundesrepublik. Zahlen, Rechtsgrundlagen und Integrationsmaßnahmen*. Februar 2016.
20 S. a.: Sabine Ipsen-Peitzmeier, Markus Kaiser (Hg.): *Zuhause fremd. Russlanddeutsche zwischen Russland und Deutschland*. Bielefeld 2006.
21 Osterhammel (2009), S. 465. Zum Vergleich der Frontier in Nordamerika und dem Zarenreich: ebd., S. 522 ff.
22 Osterhammel (2009), S. 525.
23 Osterhammel (2009), S. 529.
24 Hildermeier (2013), S. 557.
25 Viktor Krieger: *Kolonisten, Sowjetdeutsche, Aussiedler. Eine*

*Geschichte der Russlanddeutschen.* Schriften der Bundeszentrale für politische Bildung. Bonn 2015, S. 23 ff.

26 In den USA siedelten die Schwarzmeerdeutschen vor allem im Bundesstaat North Dakota sowie im Mittleren Westen. Krieger (2015), S. 47 f. sowie: György Dalos: *Geschichte der Russlanddeutschen. Von Katharina der Großen bis zur Gegenwart.* München 2014. Kindle-Ausg., Position 551 ff.

27 Die Gerhard-Mühle wurde nach der Revolution 1917 enteignet. Sie ist heute als Grudinin-Mühle bekannt. Krieger (2015), S. 60 f.

28 Zu deutschen Unternehmern im Russischen Reich: Dittmar Dahlmann u. a. (Hg.); *»Eine große Zukunft«. Deutsche in Russlands Wirtschaft.* Begleitband zur gleichnamigen Ausstellung. Moskau 2000, Neuauflage Moskau 2013. Zur Geschichte der Schwarzmeerdeutschen: Alfred Eisfeld: *200 Jahre Ansiedlung der Deutschen im Schwarzmeergebiet.* [Stuttgart] 2003.

29 Zu Russifizierung und Sowjetisierung s.: Theodore R. Weeks: *Russifizierung / Sowjetisierung,* in: *Europäische Geschichte Online,* www.ieg-ego.eu.

30 Erstaunlicherweise starben während des Pogroms nur wenige Menschen, doch es kam zu massiven Plünderungen und Zerstörungen von Geschäften und Fabriken durch einen Mob, der zeitweise 50 000 Menschen erreichte. S.: Ludmila Gatagowa: *»Chronik der Exzesse«: Die Moskauer Pogrome 1915 gegen die Deutschen,* in: WÖS, N. F./1, Bd. 1, S. 1085–1112.

31 So die »Deklaration der Rechte der Völker Russlands« vom 2. November 1917.

32 Ausführlich: Susanne Janssen: *Vom Zarenreich in den amerikanischen Westen: Deutsche in Russland und Russlanddeutsche in den USA (1871–1928).* Münster 1997.

33 Mit vielen Literaturangaben: Krieger (2015), S. 98 ff.

34 Dalos (2014), Kindle-Position 1818 ff.

35 Dalos (2014), Kindle-Position 2206 ff.

36 Zu Stalins »Deutscher Operation« eindrucksvoll: Alexander Vatlin: *»Was für ein Teufelspack«. Die Deutsche Operation des NKWD in Moskau und im Moskauer Gebiet 1936 bis 1941,* Berlin 2013.

37 Peter Diezel: *Deutsches Staatstheater Engels. Erwin Piscator, Maxim Vallentin und die Verleumdung der deutschen Emigranten als »bourgeoise Nationalisten«,* in: WÖS, N. F./2, S. 987–1020, hier S. 994. Auch andere bekannte Emigranten pilgerten nach Engels, Friedrich Wolf etwa, Willi Bredel und Johannes R. Becher.

38 Krieger (2015) S. 119, S. 121. Die Zahl von 1,2 Millionen Deportierter nennt: Nikolaj Bugaj: *L. Berija – I. Stalinu: »Soglasno Vašemu ukazaniju …«.* Moskau 1995. S. a: Detlef Brandes, Holm Sundhaus-

sen, Stefan Troebst (Hg.): *Lexikon der Vertreibungen: Deportation, Zwangsaussiedlung und ethnische Säuberung im Europa des 20. Jahrhunderts.* Wien u. a. 2010.

39  Das Tagebuch des Wolgadeutschen Dmitrij Bergman, der Anfang September 1941 deportiert wurde und im Februar 1942 an Schwäche und Hunger starb: »*Put' v odin konec.*« *Dnevnik D. Bergmana.* Moskau 2016. Zu Verfolgung und Strafprozessen s. a.: Viktor Krieger: *Patrioten oder Verräter? Politische Strafprozesse gegen Russlanddeutsche*, in: WÖS, N. F./1, Bd. 1, S. 1113–1160.

40  Als Angehörige »feindlicher« Nationalitäten wurden Russlanddeutsche nicht in die reguläre sowjetische Armee eingezogen. Wer zum Zeitpunkt des deutschen Angriffs bereits in der Armee diente, wurde in Arbeitslager deportiert.

41  Die Zahl der Todesopfer lässt sich nur schätzen. S. Krieger (2015), S. 12: »Nach einer eher konservativen Schätzung sind in dem Zeitraum von dreißig Jahren zwischen 1918 und 1948 nicht weniger als 480 000 deutsche Kinder, Jugendliche, Frauen und Männer vorzeitig ums Leben gekommen: erschossen, erfroren, verhungert, an Entkräftung und Krankheiten aller Art gestorben.« Den Russlanddeutschen erging es allerdings kaum anders als Millionen anderen Sowjetbürgern.

42  Nina Vaškan: *Arbeitsarmee und Sondersiedlung. Das Schicksal der Russlanddeutschen 1941–1945*, in: WÖS, N. F./1, Bd. 1, S. 939–967.

43  S. a.: Nina Vaskau: *Die Russlanddeutschen und der Krieg: Erinnerungen und Empathie*, in: Wirsching (2015), S. 190–197.

44  Zunächst 163 000 Registrierte, stieg die Zahl der »Volksdeutschen« auf 200 000. Krieger (2015), S. 203.

45  Zum harten Kern des »Selbstschutzes« sollten rund 5000 Mann zählen. Angrick (2003), S. 254 ff.

46  Angrick (2003), S. 283.

47  Angrick (2003), S. 287.

48  Götzfrid gehörte zu den schätzungsweise 2000 Angehörigen von SS- und Polizeieinheiten, die im November 1943 an der »Aktion Erntefest« beteiligt waren. Innerhalb eines Tages wurden im KZ Majdanek sowie den Lagern Poniatowa und Trawniki über 42 000 Juden ermordet. Der Antisemitismusforscher Wolfgang Scheffler bezeichnete das Massaker als größte Einzelmassenerschießung des Zweiten Weltkriegs. S.: »*So müßte die Hölle sein.*« In: *Der Spiegel* 22/1999. *Gnadenlos niedergeschossen*, in: *Der Spiegel*. 12/1998 sowie https://www.taz.de/Archiv-Suche/!1288022&s=&SuchRahmen=Print/ und: Strafsache 45 Js 26/62 der Staatsanwaltschaft Dortmund.

49  Zur Diskussion über die »nationale Frage« im Politbüro der KPdSU

Ende der achtziger Jahre anschaulich: Dalos (2014), Kindle-Position 4458 ff.

50 Zu Groths Politik in der Organisation »Wiedergeburt«, seinen radikalen Forderungen und seinen fantastisch anmutenden Ideen einer russlanddeutschen Massenauswanderung nach Argentinien oder gar nach Kaliningrad s.a.: Dalos (2014), Kindle-Position 4831 ff., sowie: »*Der Traum ist aus.*«, in: *Der Spiegel*, 42/1992.

51 Boris Jelzin am 9. Januar 1992 in der Nähe von Saratow an der Wolga. http://wolgadeutsche.net/chronik.htm.

52 Viktor Diesendorf: *Proščalnyj Vzljot*. Moskau 2007, http://wolgadeutsche.net/bibliothek/PrWsljot.php.

53 S. dazu etwa die Studien des Bundesinstituts für Kultur und Geschichte der Deutschen im Osten Europas. www.bkge.de/BKGE/ sowie des aus dem Göttinger Arbeitskreis www.goettinger-arbeitskreis.de/index.html hervorgegangenen Nordost-Instituts der Universität Hamburg www.ikgn.de/cms/.

54 Viktoria Morasch. *Angekommen*, in: www.zeit.de/2016/16/russlanddeutsche-kasachstan-integration-sowjetunion-aussiedler.

55 S. etwa: Merle Hilbk: *Die Chaussee der Enthusiasten. Eine Reise durch das russische Deutschland*. Berlin 2008, sowie: Viktor Krieger: *Bundesbürger russlanddeutscher Herkunft. Historische Schlüsselerfahrungen und kollektives Gedächtnis*, Münster 2013.

56 www.zeit.de/politik/deutschland/2016-02/russlanddeutsche-deutschland-russland-integration-interview.

57 Mitglieder der Partei »Einheit« sollen Kontakte zum Kampfsportverein »Systema Akademie« beziehungsweise »Center Wolf« pflegen. Der BND vermutet, dass der russische Militärgeheimdienst GRU über die »Systema Akademie« rekrutiert. www.deutschlandfunk.de/deutschland-wer-von-russlanddeutschen-politisch-profitieren.724.de.html?dram:article_id=350215; s.a.: www.sscwolf.de/center/systema-wolf-standorte/ und www.sscwolf.de/kontakt/instruktoren/.

58 www.rs.gov.ru.

59 http://emigrant-ussr.ru/index/programma_vozvrashhenija_sootechestvennikov_v_rossiju/0-97.

60 Dies gilt offenbar auch für Russen, die in Deutschland leben. So die Ergebnisse der Umfrage: »Russen in Deutschland« der Boris-Nemzow-Stiftung aus dem Jahr 2016, die allerdings nur auf der Befragung von 606 Russen basiert. www.freiheit.org/sites/default/files/uploads/2016/10/10/boris-nemtsov-foundationrussiansingermanyprint.pdf.

## Die Waffen des Bewusstseins

1 So der Gastgeber Christian Wulffs, der damalige russische Präsident Dmitrij Medvedev. Zit. n.: www.tagesspiegel.de/politik/russlandbesuch-wulff-und-medwedew-liebe-auf-den-ersten-blick/1955564.html.
2 Zit. n. *Wulff und Medwedew: Liebe auf den ersten Blick*, www.tagesspiegel.de/politik/russlandbesuch-wulff-und-medwedew-liebe-auf-den-ersten-blick/1955564.html.
3 www.spiegel.de/politik/ausland/praesident-gauck-geht-russlands-staatsoberhaupt-putin-aus-dem-weg-a-852531.html.
4 https://magazin.spiegel.de/SP/2017/10/149882744/index.html.
5 Weder Barack Obama noch Angela Merkel kamen, auch Frankreichs Staatspräsident Hollande blieb zu Hause. Zum russischen Staatsdoping mithilfe des Geheimdienstes FSB, dem Nachfolger des KGB: www.wada-ama.org/en/resources/doping-control-process/mclaren-independent-investigation-report-part-ii.
6 Gespräch der Autorin mit Andrej Kortunov, Direktor des halboffiziellen Russischen Rates für Internationale Angelegenheiten. Moskau, Dezember 2016.
7 Gespräch der Autorin mit Joachim Gauck, Berlin, Mai 2017.
8 Interview Wladimir Putins mit der *Bild*-Zeitung, 11./12.1.2016. S.a. den – abgelehnten – Antrag der Fraktion Die Linke im deutschen Bundestag: http://dip21.bundestag.de/dip21/btd/18/111/1811167.pdf; www.bundestag.de/dokumente/textarchiv/2017/kw17-de-deutsche-ostpolitik/501682.
9 Gerd Koenen etwa und Karl Schlögel mit ihren Büchern.
10 Dmitri Trenin: *Russia is the House that Vladimir Putin built – and he'll never abandon it*, in: The Guardian, 27.3.2017.
11 S.a.: Jürgen Osterhammel: *Großmachtlos*, in: *Süddeutsche Zeitung*, 8.12.2016.
12 Diese Position vertritt auch Bundeskanzler a.D. Gerhard Schröder: Putin habe den Verfall der Staatlichkeit und das Chaos der neunziger Jahre gestoppt.
13 Interview Wladimir Putins mit der *Bild*-Zeitung, 11./12.1.2016.
14 S.: Ulrich M. Schmid. *Technologien der Seele. Vom Verfertigen der Wahrheit in der russischen Gegenwartskultur*. Berlin 2015.
15 Obwohl Putin mit den Geheimdiensten und der allein ihm unterstellten Nationalgarde jederzeit eine mehrere Hunderttausend Mann starke Armee auch gegen Demonstranten in Marsch setzen kann.
16 Schmid (2015).
17 Zur Inszenierung des Präsidenten als Gesandten Gottes, etwa während seines Besuchs im ultraorthodoxen Kloster Athos in Griechenland s. auch: Gloger (2017), S.100f.

18 Gespräch der Autorin mit dem Schriftsteller Viktor Erofeev, Hamburg, Februar 2017. S. a: Viktor Jerofejew: *Märchenheld mit Rambo-Komplex*, in: *Frankfurter Allgemeine Zeitung*, 12. 3. 2016.
19 Der Soziologe Lew Gudkow verwies auf diese Zahlen seines Levada-Instituts: Anfang der neunziger Jahre machten 13 Prozent der Befragten einen äußeren Feind für die Misere im eigenen Land verantwortlich. Mit dem Amtsantritt Putins stiegt die Zahl auf 78 Prozent: https://snob.ru/profile/10069/blog/79594.
20 Dmitri Trenin: *Russia is the House that Vladimir Putin built – and he'll never abandon it*, in: *The Guardian*, 27. 3. 2017.
21 Matthias Dembinski, Hans-Joachim Spanger: »*Pluraler Frieden«– Leitgedanken zu einer neuen Russlandpolitik. HSFK-Report,* 2/2017, S. 14.
22 Dembinski/Spanger, *HSFK-Report*, 2/2017, S. 5.
23 S. a. die Anfang 2016 aktualisierte offizielle außenpolitische Strategie Russlands von 2013, in der explizit von einer neuen Weltordnung die Rede ist. www.mid.ru/en/foreign_policy/official_ documents/-/asset_publisher/CptICkB6BZ29/content/id/ 122186; www.mid.ru/en/foreign_policy/official_documents/-/asset_publisher/CptICkB6BZ29/content/id/2542248.
24 Sergei Karaganov: *Global Challenges and Russia's Foreign Policy*, in: *Russia in Global Affairs*, 20. 11. 2016. S. a.: http://eng.globalaffairs.ru/pubcol/Russias-Victory-new-Concert-of-Nations-18641.
25 http://globalaffairs.ru/media/docs/2017_book_final.pdf.
26 Geworkjan (2000), S. 66 f.
27 Geworkjan (2000), S. 79.
28 S. a., unter Bezug auf die Stasi-Akten über Putin: Konrad R. Müller, Katja Gloger: *Wladimir Putin*. Göttingen 2003.
29 Ljudmilla Putina in: Geworkjan (2000), S. 89.
30 Geworkjan (2000), S. 85 ff.
31 Gerhard Schröder: *Deutsche Russland-Politik – europäische Ostpolitik*, in: *Die Zeit*, 5. 4. 2001.
32 *Putin and Merkel: A Rivalry of History, Distrust and Power*, in: *The New York Times*, 12. 3. 2017.
33 Recherchen der Autorin, Moskau, Berlin 2016, 2017.
34 www.kremlin.ru/events/president/news/20603.
35 In Telefonaten mit Angela Merkel stritt Putin anfangs rundheraus ab, dass russische Sondereinheiten auf der Krim operierten. Dann wiederum beschwerte er sich bei Merkel, warum sie den ukrainischen Präsidenten Viktor Janukowitsch nicht daran gehindert habe, Kiew zu verlassen. S.: Steven Lee Myers: *The New Tsar. The Rise and Reign of Vladimir Putin*. New York 2016, S. 462 f.
36 S. hierzu auch: Walter Laqueur: *Putinismus. Wohin treibt Russland?*

Berlin 2015. Hans-Joachim Spanger: *Die unheilige Allianz. Putin und die Werte*, in: *Osteuropa* 64 (2014), S. 43–62. Ausführlich zur Wirkungsmacht von Lev Gumiljev und seiner *pasionarnost* auch bei Putin: Charles Clover: *Black Wind, White Snow. The Rise of Russia's New Nationalism*. New Haven, London 2016.

37 Katharina Blum: *Zur Genese des neuen russischen Konservatismus*, in: Bundeszentrale für politische Bildung (Hg.): *Dossier Russland*, 17. 2. 2017. »Diese ›Ideologieproduzenten‹ wurden zwar teil- und vielleicht auch nur zeitweise in die Elite kooptiert, sind aber keineswegs bloße Erfüllungsgehilfen des politischen Establishments.«

38 http://valdaiclub.com/politics/62880.html.

39 Dmitri Trenin: *Russia leaves the West*, in: *Foreign Affairs*, 7/8/2006, S. 87–96. S. a.: Andrei Yakovlev: *Was ist es, das Russland zu verteidigen sucht?* In: Bundeszentrale für politische Bildung (Hg.): *Dossier Russland*, 17. 2. 2017.

40 Myers (2016), S. 319 ff.

41 *»War ich zu hart, Edmund?«* In: *Cicero*, 1/2016.

42 S. a.: Marlene Laruelle: *The Izborsky Club, or the New Conservative Avant-Garde in Russia*, in: *Russian Review*, 75/2016, S. 626–644.

43 Ausführlich zu Alexander Dugin, den russischen Medien und der Eurasien-Strategie des Kreml: Clover (2016), S. 270 ff., sowie: Gloger (2017), S. 82 ff.

44 Gerd Koenen: *Ich liebe Russland*, in: *Valerio* 17 (2015), S. 137–150, hier S. 145.

45 *Unter jeder Beere eine Leiche,* www.faz.net/-gpf-82y3y.

46 Koenen, in: *Valerio* 17 (2015), S. 145.

47 S. a. Marlene Laruelle: *Putin's Regime and the Ideological Market. A Difficult Balancing Game.* Carnegie Endowment for International Peace, 2017.

48 Andreas Heinemann-Grüder: *Die Radikalisierungsdynamik des Putinismus*, in: *Blätter für deutsche und internationale Politik*, 10/2014, S. 77–85, hier: S. 80.

49 Pressekonferenz des russischen und des deutschen Außenministers, Moskau 9. 3. 2017. Zit. n.: *Aschot L. Manutscharjan: Russlands Weg in die »postwestliche Welt«,* in: *Aus Politik und Zeitgeschichte*, 21/22 / 2017, S. 11–15, hier S. 15.

50 S. a.: Michael Hagemeister: *»Bereit für die Endzeit«.Neobyzantismus im postsowjetischen Russland*, in: *Osteuropa* 66 (2016), H. 11–12, S. 15–43.

51 www.bundespraesident.de/SharedDocs/Reden/DE/Joachim-Gauck/Reden/2016/09/160929-Kiew-Babyn-Jar.html.

52 www.bundespraesident.de/SharedDocs/Reden/DE/Joachim-Gauck/Reden/2015/05/150506-Holte-Stukenbrock.html.

# LITERATUR
*(in Auswahl)*

100(0) *Schlüsseldokumente zur russischen und sowjetischen Geschichte (1917–1991)*. Friedrich-Alexander Universität Erlangen, www.1000dokumente.de.

Adamovic, Ales, Daniil Granin (2013): *Blokadnaja Kniga*. Sankt Petersburg.

Adamowitsch, Ales, Daniil Granin (1987): *Das Blockadebuch,* 2 Bde., Berlin (Ost).

Akinsha, Konstantin, Grigori Koslow (1995): *Beutekunst. Auf Schatzsuche in russischen Geheimdepots*. München.

Alexijewitsch, Swetlana (2013a): *Der Krieg hat kein weibliches Gesicht.* Erw. Neuausg., Berlin.

Alexijewitsch, Swetlana (2013b): *Generation Secondhand-Zeit. Leben auf den Trümmern des Sozialismus.* Berlin.

Altrichter, Helmut u.a. (Hg.) (2014): *Deutschland-Russland. Stationen gemeinsamer Geschichte, Orte der Erinnerung – das 20. Jahrhundert.* München/Bonn.

Altrichter, Helmut u.a. (Hg.) (2016): *1917. Revolutionäres Russland.* Darmstadt.

Andreev, Nikolaj (2016): *Žizn' Gorbačeva.* Moskau.

Andrew, Christopher, Mitrochin Wassili (1999): *Das Schwarzbuch des KGB. Moskaus Kampf gegen den Westen.* Berlin.

Angrick, Andrej (2003): *Besatzungspolitik und Massenmord. Die Einsatzgruppe D in der südlichen Sowjetunion 1941–1943.* Hamburg.

Anisimov, Evgeny (1993): *The Reforms of Peter the Great. Progress through Coercion in Russia.* New York.

Anisimov, Evgeny (1994): *Rossija bez Petra. 1725–1740.* Sankt Petersburg.

Aust, Martin (2017): *Die Russische Revolution: Vom Zarenreich zum Sowjetimperium.* München.

Baberowski, Jörg (2012): *Verbrannte Erde. Stalins Herrschaft der Gewalt.* München.

Baberowski, Jörg (2015): *Räume der Gewalt.* Frankfurt a.M.

Bahr, Egon (1996): *Zu meiner Zeit.* München.

Bahr, Egon (2013): *»Das musst du erzählen«. Erinnerungen an Willy Brandt.* Berlin.

Baldin, Viktor: *Kak eto bylo. Dokumentalnyj raskaz.* Autobiografische Aufzeichnung, unpubl.
Barnes, Julian (2017): *Der Lärm der Zeit.* Köln.
Baumann, Kirsten, Ralf Bleile (Hg.) (2015): *Von Degen, Segeln und Kanonen. Der Untergang der Prinzessin Hedvig Sofia.* Katalog zur gleichnamigen Ausstellung. Gottorf/Dresden.
Bayerlein, Bernhard H. (2009): *Der Verräter, Stalin, bist Du! Vom Ende der linken Solidarität 1939–1941. Komintern und kommunistische Parteien im Zweiten Weltkrieg.* Berlin.
Bender, Peter (1996): *Die »Neue Ostpolitik« und ihre Folgen. Vom Mauerbau bis zur Vereinigung.* München.
Benioff, David (2009): *Stadt der Diebe.* München.
Bergman, Dmitirj (2016): *»Put' v odin konec.« Dnevnik D. Bergmana.* Moskau.
*Berlin-Moskau. 1900–1950.* Katalog zur gleichnamigen Ausstellung. München.
Besymenski, Lew (2004): *Stalin und Hitler. Das Pokerspiel der Diktatoren.* Berlin.
Beyrau, Dietrich (2001): *Petrograd, 25. Oktober 1917. Die russische Revolution und der Aufstieg des Kommunismus.* München.
Beyrau, Dietrich (Hg.) (2000): *Schlachtfeld der Diktatoren. Osteuropa im Schatten von Hitler und Stalin.* Göttingen.
Blockij, Oleg (2001/2002): *Vladimir Putin. Istorija Žizni.* 2 Bde. Sankt Petersburg/Moskau.
Böll, Heinrich, Lew Kopelew (1981): *Warum haben wir aufeinander geschossen?* Bornheim-Mecken.
Boltunov, Michail (1995): *ZGV: Gor'kaja doroga domoj.* Sankt Petersburg.
Bonwetsch, Bernd, Gennadij Bordjugov, Norman N. Naimark (Hg.) (1998): *Sowjetische Politik in der SBZ 1945–1949.* Bonn.
Bott, Iraida K. (Hg.) (2015): *Gorod Puškin. Dvorcy i ljudi.* Zarskoje Selo.
Bozo, Frédéric, Andreas Rödder, Mary Elise Sarotte (Hg.) (2016): *German Reunification: A Multinational History,* London.
Brandt, Willy (1976): *Begegnungen und Einsichten. Die Jahre 1960–1975.* Hamburg.
Brandt, Willy (1994): *Erinnerungen.* Frankfurt a. M.
Brandt, Willy (2005): *Ein Volk der guten Nachbarn. Außen- und Deutschlandpolitik 1966–1974.* Bonn (Berliner Ausg., Bd. 6).
Brewer, Aljona Anna Lenkewitz, Stefan Plaggenborg (Hg.) (2014): *»Gerechte Herrschaft« im Russland der Neuzeit.* München.
Brunner, Detlev, Elke Scherstjanoi (Hg.) (2015): *Moskaus Spuren in Ostdeutschland 1945–1949. Aktenerschließung und Forschungspläne.* München.

Bullock, Alan (1999): *Hitler und Stalin. Parallele Leben.* Überarb. Neuausg., München.
Burgdorff, Stephan, Klaus Wiegrefe (Hg.) (2004): *Der Erste Weltkrieg. Die Ur-Katastrophe des 20. Jahrhunderts.* München, Hamburg.
Burlakov, Matvej (1994): *Vozvraščenie.* Moskau.
Canis, Konrad (2011): *Der Weg in den Abgrund. Deutsche Außenpolitik 1902–1914.* Paderborn.
Chaldej, Evgenij (1984): *Ot Murmanska do Berlina.* Murmansk.
Chaldej, Jewgeni (2011): *Kriegstagebuch.* Hg. von Ernst Volland und Heinz Krimmer. Berlin.
Chaldej, Jewgeni (1995): *Von Moskau nach Berlin.* Berlin.
Clark, Christopher (2013): *Die Schlafwandler. Wie Europa in den Ersten Weltkrieg zog.* München.
Clover, Charles (2016): *Black Wind, White Snow. The Rise of Russia's New Nationalism.* New Haven/London.
Conquest, Robert (2001): *Der große Terror. Sowjetunion 1934–1938.* München
Conze, Eckart (2009): *Die Suche nach Sicherheit. Eine Geschichte der Bundesrepublik Deutschland von 1949 bis in die Gegenwart.* München.
Creuzberger, Stefan (2009): *Westintegration und Neue Ostpolitik. Die Außenpolitik der Bonner Republik.* Berlin.
Creuzberger, Stefan, Dierk Hoffmann (Hg.) (2014): *»Geistige Gefahr« und »Immunisierung der Gesellschaft«. Antikommunismus und politische Kultur in der frühen Bundesrepublik.* Berlin/Boston.
Cziborra, Pascal (2010): *Frauen im KZ: Möglichkeiten und Grenzen der historischen Forschung am Beispiel des KZ Flossenbürg und seiner Außenlager.* Bielefeld.
Dahlmann, Dieter, Klaus Heller, Jurij A. Petrov (Hg.) (2005): *Eisenbahnen und Motoren – Zucker und Schokolade. Deutsche im Russischen Wirtschaftsleben vom 18. bis zum frühen 20. Jahrhundert. Giessener Abhandlungen zur Agrar- und Wirtschaftsforschung des Europäischen Ostens.* Bd. 224. Berlin.
Dahlmann, Dittmar, Carmen Scheide, Carmen (Hg.) (1998): *»… das einzige Land in Europa, das eine große Zukunft vor sich hat.« Deutsche Unternehmen und Unternehmer im Russischen Reich im 19. und frühen 20. Jahrhundert.* Essen.
Dahlmann, Dittmar, Gerhard Hirschfeld (Hg.) (1999): *Lager, Zwangsarbeit, Vertreibung und Deportation: Dimensionen der Massenverbrechen in der Sowjetunion und in Deutschland 1933 bis 1945.* Essen.
Dahlmann, Dittmar, Wilfried Potthof (Hg.) (2004): *Deutschland und Russland. Aspekte kultureller und wissenschaftlicher Beziehungen im 19. und frühen 20. Jahrhundert.* Wiesbaden.

Dalos, György (2014): *Geschichte der Russlanddeutschen von Katharina der Großen bis zur Gegenwart.* München.
Dembinski, Matthias, Hans-Joachim Spanger (2017): *»Pluraler Frieden« – Leitgedanken zu einer neuen Russlandpolitik. HSFK-Report,* Nr. 2/2017.
*Die Große Nordische Expedition* (1996). *Georg Wilhelm Steller. Ein Lutheraner erforscht Sibirien und Alaska. Ausstellungskatalog,* Halle.
*Die Grosse Utopie* (1992). *Die russische Avantgarde 1915–1932.* Ausstellungskatalog. Frankfurt a. M.
Dodenhoeft, Bettina (1993): *»Laßt mich nach Rußland heim.« Russische Emigranten in Deutschland von 1918 bis 1945.* Frankfurt a. M.
*Dokumente zur Deutschlandpolitik* (1998): *Deutsche Einheit.* Sonderedition aus den Akten des Bundeskanzleramtes 1989/90. München.
Ehrenburg, Ilja (1978): *Menschen, Jahre, Leben. Memoiren.* Berlin.
Eichwede, Wolfgang, Ulrike Hartung (Hg.) (1998): *Betr. Sicherstellung. NS-Kunstraub in der Sowjetunion.* Bremen.
*»Eine große Zukunft«* (2000): *Deutsche in Russlands Wirtschaft. Katalog zur gleichnamigen Ausstellung.* Moskau/Berlin.
Falin, Valentin (1993): *Politische Erinnerungen,* München.
Falin, Valentin (1997): *Konflikte im Kreml. Zur Vorgeschichte der deutschen Einheit und Auflösung der Sowjetunion.* München.
Figes, Orlando (2003): *Nataschas Tanz. Eine Kulturgeschichte Russlands.* Berlin.
Figes, Orlando (2011): *Krimkrieg. Der letzte Kreuzzug.* Berlin.
Figes, Orlando (2015): *Hundert Jahre Revolution. Russland und das 20. Jahrhundert.* Berlin.
Fischer, Fritz (1967): *Griff nach der Weltmacht.* Düsseldorf.
Foitzik, Jan (Hg.) (2015a): *Sowjetische Kommandanturen und deutsche Verwaltung in der SBZ und frühen DDR.* Dokumente. Berlin/Boston.
Foitzik, Jan u. a. (Hg.) (2015b): Moskaus Spuren in Ostdeutschland 1945 bis 1949. Aktenerschließung und Forschungspläne. Berlin.
Friedrich, Jörg (2003): *Das Gesetz des Krieges. Das deutsche Heer in Russland 1941–1945. Der Prozeß gegen das Oberkommando der Wehrmacht.* München.
Friedrich, Jörg F (2002): *Der Brand. Deutschland im Bombenkrieg 1940–1945.* München.
Galkin, Aleksandr, Anatolij Černjaev (2006): *Michail Gorbačev i Germanskij Voporos. Sbornik Dokumentov 1986–1991 gg.* Moskau.
Galkin, Aleksandr, Anatolij Tschernjajew (Hg.) (2011): *Michail Gorbatschow und die deutsche Frage: Sowjetische Dokumente 1986–1991.* München.
Ganzenmüller, Jörg (2005): *Das belagerte Leningrad 1941–1944.*

*Die Stadt in den Strategien von Angreifern und Verteidigern.* Paderborn.
Garton Ash, Timothy (1993): *Im Namen Europas. Deutschland und der geteilte Kontinent.* München.
Gauck, Joachim (2009): *Winter im Sommer – Frühling im Herbst. Erinnerungen.* In Zusammenarbeit mit Helga Hirsch. München.
Geier, Wolfgang (1996): *Russland und Europa. Skizzen zu einem schwierigen Verhältnis.* Wiesbaden.
Geworkjan, Natalija, Andrei Kolesnikow, Natalja Timakowa (2000): *Aus erster Hand. Gespräche mit Wladimir Putin.* München.
Geyer, Dietrich (1977): *Der russische Imperialismus. Studien über den Zusammenhang zwischen innerer und auswärtiger Politik 1860–1914.* Göttingen.
Geyer, Dietrich (Hg.) (1975): *Wirtschaft und Gesellschaft im vorrevolutionären Rußland.* Köln.
Gloger, Katja (1985): *Die Rezeption des Krimkrieges in den zeitgenössischen russischen Monatszeitschriften von 1855–1859 unter besonderer Berücksichtigung der Zeitschriften »Morskoj Sbornik« und »Voennyj Sbornik«.* Magisterarbeit, Universität Hamburg.
Gloger, Katja (2017): *Putins Welt. Das neue Russland und der Westen.* Aktual. u. erw. Neuausg., München.
Goehrke, Carsten (2003–2005): *Russischer Alltag. Eine Geschichte in neun Zeitbildern vom Frühmittelalter bis zur Gegenwart.* 3 Bde. Zürich.
Goldschmidt, Dietrich (Hg.) (1989): *Frieden mit der Sowjetunion – eine unerledigte Aufgabe.* Gütersloh.
Gorbatschow, Michail (1995): *Erinnerungen.* Berlin.
Gorbatschow, Michail (2000): *Wie es war. Die deutsche Wiedervereinigung.* München.
Gorbatschow, Michail (2012): *Na edine s soboj.* Moskau.
Gorbatschow, Michail (2013): *Alles zu seiner Zeit. Mein Leben.* Hamburg.
Gorbatschow, Michail (2015): *Das Neue Russland. Der Umbruch und das System Putin.* Köln.
Gorbatschow, Michail (2017): *Kommt endlich zur Vernunft – Nie wieder Krieg! Ein Appell von Michail Gorbatschow an die Welt.* Hg. v. Franz Alt. Salzburg.
Görtemaker, Manfred (1979): *Die unheilige Allianz. Die Geschichte der Entspannungspolitik 1943–1979.* München.
Goschler, Constantin (Hg.) (2012): *Die Entschädigung von NS-Zwangsarbeit am Anfang des 21. Jahrhunderts.* 4 Bde. Göttingen.
Granin, Daniil (1999): *Das Jahrhundert der Angst. Erinnerungen.* Berlin.
Granin, Daniil (2015): *Mein Leutnant.* Berlin.
Groehler, Olaf (1992): *Selbstmörderische Allianz. Deutsch-Russische Militärbeziehungen 1920–1941.* Berlin.

Groh, Dieter (1988): *Russland im Blick Europas – 300 Jahre historische Perspektiven.* Frankfurt a. M.
Großbongardt, Annette u. a. (Hg.) (2011): *Die Deutschen im Osten Europas. Eroberer, Siedler, Vertriebene.* München.
Grossman, Wassili (2007): *Leben und Schicksal.* München.
Groys, Boris (1995): *Die Erfindung Russlands.* München.
Guratzsch, Herwig (Hg.) (2005): *Der neue Gottorfer Globus.* Schleswig.
Gutjahr, Wolf-Dietrich (2012): *Revolution muss sein. Karl Radek. Die Biographie.* Köln.
Haffner, Sebastian (1988): *Der Teufelspakt. Die deutsch-russischen Beziehungen vom Ersten zum Zweiten Weltkrieg.* Zürich.
Hahlweg, Werner (Hg.) (1957): *Lenins Rückkehr nach Russland 1917. Die deutschen Akten.* Leiden.
Hamburger Institut für Sozialforschung (Hg.) (2002): *Verbrechen der Wehrmacht. Dimensionen des Vernichtungskrieges 1941–1944.* Ausstellungskatalog. Hamburg.
Harrison, Hope M. (2011): *Ulbrichts Mauer. Wie die SED Moskaus Widerstand gegen den Mauerbau brach.* Berlin.
Hartung, Ulrike (1997): *Raubzüge in der Sowjetunion. Das Sonderkommando Künsberg 1941–43.* Bremen.
Hartung, Ulrike (2000): *Verschleppt und verschollen. Eine Dokumentation deutscher, sowjetischer und amerikanischer Akten zum NS-Kunstraub in der Sowjetunion (1941–1948).* Bremen.
Hellbeck, Jochen (2012): *Die Stalingrad-Protokolle. Sowjetische Augenzeugen berichten aus der Schlacht.* Frankfurt a. M.
Herberstein, Sigmund von (1985): *Das alte Rußland.* Zürich.
Heresch, Elisabeth (2013): *Geheimakte Parvus. Die gekaufte Revolution.* München.
Hilbk, Merle (2008): *Die Chaussee der Enthusiasten. Eine Reise durch das russische Deutschland.* Berlin.
Hildermeier, Manfred (1998): *Geschichte der Sowjetunion 1917–1991. Entstehung und Niedergang des ersten sozialistischen Staates.* München.
Hildermeier, Manfred (2013): *Geschichte Russlands. Vom Mittelalter bis zur Oktoberrevolution.* München.
Hilger, Andreas, Mike Schmeitzner (Hg.) (2003): *Sowjetische Militärtribunale.* Berlin.
Hill, Fiona, Clifford Gaddy (2015): *Mr. Putin: Operative in the Kremlin.* Erw. Ausg., Washington D. C.
Hubel, Helmut, Joachim von Puttkammer, Ullrich Steltner (Hg.) (2004): *Ein europäisches Rußland oder Rußland in Europa?* Baden-Baden.
Hübner, Eckhard, Jan Kusber, Peter Nitsche (Hg.) (1998): *Russland zur Zeit Katharinas II. Absolutismus, Aufklärung, Pragmatismus.* Köln.

Hürter Johannes (2006): *Hitlers Heerführer. Die deutschen Oberbefehlshaber im Krieg gegen die Sowjetunion 1941/42.* München.
Ipsen-Peitzmeier, Sabine, Markus Kaiser (Hg.) (2006): *Zuhause fremd. Russlanddeutsche zwischen Russland und Deutschland.* Bielefeld.
Jahn, Roland (2014): *Wir Angepassten. Überleben in der DDR.* München.
Jakowlew, Alexander (2004): *Ein Jahrhundert der Gewalt in Sowjetrussland.* Berlin.
Jobst, Kerstin S. (2007): *Die Perle des Imperiums: Der russische Krim-Diskurs im Zarenreich.* Basel.
Juretzko, Norbert (2004): *Bedingt dienstbereit. Im Herzen des BND – die Abrechnung eines Aussteigers.* Berlin.
Kandinsky, Wassily, Franz Marc: *Der Blaue Reiter.* Originalausgabe 1912. Kommentierte Neuausg. v. Klaus Lankheit. München.
Kantor, Julija (2009): *Zakljataja Druzba. Sekretnoe sotrudnicestvo SSSR i Germanij v 1920–1930ye gody.* Moskau.
Karl, Lars, Igor J. Polianski (Hg.) (2009): *Geschichtspolitik und Erinnerungskultur im neuen Russland.* Göttingen.
Karner, Stefan u.a. (Hg.) (2015): *Der Kreml und die deutsche Wiedervereinigung 1990.* Berlin.
Karpeev, E. P. (2003): *Bol'šoj Gottorpskij Globus.* Sankt Petersburg.
Kershaw, Ian (2008): *Wendepunkte. Schlüsselentscheidungen im Zweiten Weltkrieg.* München.
Keworkow, Wjatscheslaw (1995): *Der geheime Kanal. Moskau, der KGB und die Bonner Ostpolitik.* Berlin.
Kilian, Werner (2005): *Adenauers Reise nach Moskau.* Freiburg.
Klee, Ernst, Willi Dreßen (Hg.) (1989): *»Gott mit uns«. Der deutsche Vernichtungskrieg im Osten 1939–1945.* Frankfurt a.M.
Klußmann, Uwe, Dietmar Piper (Hg.) (2012): *Die Herrschaft der Zaren. Russlands Aufstieg zur Weltmacht.* München.
Koenen, Gerd (2005): *Der Russland-Komplex. Die Deutschen und der Osten 1900–1945.* München.
Kohl, Helmut (1996): *Ich wollte Deutschlands Einheit.* Dargest. v. Kai Dieckmann u. Ralf Georg Reuth. Berlin.
Kohl, Helmut (2014): *Vom Mauerfall zur Wiedervereinigung. Meine Erinnerungen.* München.
Koordinierungsstelle für Kulturgutverluste Magdeburg (Hg.) (2007): *Kulturgüter im Zweiten Weltkrieg,* Bd. 4, Magdeburg.
Kopelew, Lew (1976): *Aufbewahren für alle Zeit!* Hamburg.
Kopelew, Lew (1979): *Und schuf mir einen Götzen. Lehrjahre eines Kommunisten.* Hamburg.
Kopelew, Lew (1986): *Tröste meine Trauer. Autobiographie 1947–1954.* erw. Ausg., München.

Kornelius, Stefan (2013): *Angela Merkel. Die Kanzlerin und ihre Welt.* Hamburg.
Kowalczuk, lko-Sascha, Stefan Wolle (2001): *Roter Stern über Deutschland.* Berlin.
Krieger, Viktor (2015): *Kolonisten, Sowjetdeutsche, Aussiedler. Eine Geschichte der Russlanddeutschen.* Bonn.
Lambsdorff, Gustav Graf von (1937): *Die Militärbevollmächtigten Kaiser Wilhelm II. Am Zarenhof 1904–1914.* Berlin.
Landau, Julia, Irina Scherbakowa (Hg): *Gulag. Texte und Dokumente 1929–1956.* Bonn.
Langguth, Gerd (2008): *Angela Merkel. Aufstieg zur Macht. Biografie.* München.
Laqueur, Walter (1965): *Deutschland und Russland.* Berlin.
Laqueur, Walter (1993): *Der Schoß ist fruchtbar noch. Der militante Nationalismus der russischen Rechten.* München.
Laqueur, Walter (2015): *Putinismus. Wohin treibt Russland?* Berlin.
Laufer, Jochen, Georgij Kynin (Hg.) (2004–2012): *Die UdSSR und die deutsche Frage 1941–1948.* 4 Bde. Berlin.
Lebedew, Sergej (2013): *Der Himmel auf ihren Schultern.* Frankfurt a. M.
Ledeneva, Alena V. (2013): *Can Russia Modernize? Sistema, Power Networks and Informal Governance.* Cambridge.
Legner, Johann (2014): *Joachim Gauck. Träume vom Paradies. Biografie.* München.
Legvold, Robert (2016): *Return to Cold War.* Cambridge.
Lehmann, Klaus-Dieter, Günther Schauerte (Hg.) (2005): *Kulturschätze – verlagert und vermisst.* Berlin.
Lieven, Dominic (2011): *Russland gegen Napoleon. Die Schlacht um Europa.* München.
Lieven, Dominic (2015): *Towards the Flame. Empire, War and the End of Czarist Russia.* London, New York.
Lipinsky, Jan (2004): *Das Geheime Zusatzprotokoll zum deutsch-sowjetischen Nichtangriffsvertrag vom 23. August 1939 und seine Entstehungs- und Rezeptionsgeschichte von 1939 bis 1999.* Frankfurt a. M.
Liulevicius, Vejas Gabriel (2002): *Kriegsland im Osten. Eroberung, Kolonialisierung und Militärherrschaft im Ersten Weltkrieg.* Hamburg.
Lomagin, Nikita (2004): *Neizvestnaja Blokada,* 2 Bde., Sankt Petersburg.
Lomagin, Nikita (2014): *V tiskach goloda, Blokada Leningrada v dokumentach germanskich specslužb, NKWD i pismach leningradcev.* Sankt Petersburg.
Loth, Wilfried (1994): *Stalins ungeliebtes Kind. Warum Moskau die DDR nicht wollte.* Hamburg.

Lübke, Christian (2004): *Das östliche Europa. Die Deutschen und das europäische Mittelalter.* Berlin.
Maar, Michael (2007): *Solus Rex. Die schöne böse Welt des Vladimir Nabokov.* Berlin.
Massie, Robert K. (2011): *Catherine the Great. Portrait of a Woman.* New York.
Mayenburg, Ruth von (2011): *Hotel Lux. Die Menschenfalle. Eine Reise – ein Film von Klaus Breloer.* München.
Meier, Reinhard (2017): *Lew Kopelew. Humanist und Weltbürger.* Darmstadt.
Merridale, Catherine (2001): *Steinerne Nächte. Leiden und Sterben in Russland.* München.
Merridale, Catherine (2006): *Iwans Krieg. Die Rote Armee 1939–1945.* Frankfurt a. M.
Merridale, Catherine (2017): *Lenins Zug.* Frankfurt a. M.
Merseburger, Peter (2002): *Willy Brandt. 1913–1992. Visionär und Realist.* München.
Michael Kellog (2005): *The Russian Roots of Nazism. White Emigrés and the Making of National Socialism, 1917–1945.* Cambridge.
Mierau, Fritz (Hg.) (1988): *Russen in Berlin 1918–1933. Eine kulturelle Begegnung.* Weinheim, Berlin.
*Mitteilungen der Gemeinsamen Kommission für die Erforschung der jüngeren Geschichte der deutsch-russischen Beziehungen.* Hg. v. Horst Möller, Aleksandr O. Čubar'jan, München Bd. 1–5. 2002–2013; Bd. 6. Berlin/Boston 2016.
Möller, Horst u. a. (Hg) (2015): *Die Einheit. Das Auswärtige Amt, das DDR-Außenministerium und der Zwei-Plus-Vier-Prozess.* Göttingen.
Möller, Horst, Alexander Tschubarjan (Hg.) (2009): *SMAD-Handbuch. Die sowjetische Militäradministration in Deutschland 1945–1949.* München.
Mommsen, Wolfgang (2002): *Die Urkatastrophe Deutschlands. Der Erste Weltkrieg 1914–1918.* Stuttgart.
Montefiore, Simon Sebag (2009): *Katharina die Große und Fürst Potemkin. Eine kaiserliche Affäre.* Frankfurt a. M.
Montefiore, Simon Sebag (2016): *Die Romanows. Glanz und Untergang der Zarendynastie 1613–1918.* Frankfurt a. M.
Müller, Konrad, Katja Gloger (2003): *Wladimir Putin.* Göttingen.
Müller, Reinhard (1993): *Die Akte Wehner. Moskau 1937 bis 1941.* Berlin.
Müller, Reinhard (2001): *Menschenfalle Moskau. Exil und stalinistische Verfolgung.* Hamburg.
Müller, Reinhard (2004): *Herbert Wehner – Moskau 1937.* Hamburg.

Müller, Reinhard, Bettina Nir-Vered, Olga Reznikova, Irina Sherbakowa (Hg.) (2016): *Carola Neher – gefeiert auf der Bühne, gestorben im Gulag. Kontexte eines Jahrhundertschicksals.* Berlin.
Müller, Rolf-Dieter (2011): *Der Feind steht im Osten. Hitlers geheime Pläne für einen Krieg gegen die Sowjetunion im Jahr 1939.* Berlin.
Münkler, Herfried (2013): *Der Große Krieg. Die Welt 1914–1918.* Berlin.
Myers, Steven Lee (2016): *The New Tsar. The Rise and Reign of Vladimir Putin.* New York.
Naimark, Norman (1999): *Die Russen in Deutschland. Die Sowjetische Besatzungsarmee 1945 bis 1949.* Berlin.
North, Michael (2016): *Zwischen Hafen und Horizont. Weltgeschichte der Meere.* München.
Ochs, Eva (2006): *»Heute kann ich das ja sagen.« Lagererfahrungen von Insassen sowjetischer Speziallager in der SBZ/DDR.* Köln.
Osterhammel, Jürgen (2009): *Die Verwandlung der Welt. Eine Geschichte des 19. Jahrhunderts.* München.
*Osteuropa.* Hg. v. d. Deutschen Gesellschaft für Osteuropakunde. Berlin.
Ossorgin, Michail (2015): *Eine Straße nach Moskau,* Berlin.
Overy, Richard (2003): *Russlands Krieg 1941–1945.* Reinbek 2003.
Peter, Matthias (2015): *Die Bundesrepublik im KSZE-Prozess 1975–1983: Die Umkehrung der Diplomatie.* München.
Pietrow-Ennker, Bianka (Hg.) (2000): *Präventivkrieg? Der deutsche Angriff auf die Sowjetunion.* Frankfurt a. M.
Pipes, Richard (1977): *Rußland vor der Revolution. Staat und Gesellschaft im Zarenreich.* München.
Plokhy, Serhii (2014): *The Last Empire. The Final Days of the Soviet Union.* New York.
Polian, Pavel: *Deportiert nach Hause. Sowjetische Kriegsgefangene im »Dritten Reich« und ihre Repatriierung.* Wien/München.
Posselt, Doris (Hg.) (1990): *Die Grosse Nordische Expedition von 1733 bis 1743. Aus Berichten der Forschungsreisenden Johann Georg Gmelin und Georg Wilhelm Steller.* Leipzig/Weimar.
Radischtschew, Alexander (1982): *Reise von Petersburg nach Moskau.* Leipzig.
*Rasstrel'nye spiski* (2005). *Moskva 1935–1953. Donskoe Kladbišče. Kniga pamjati žertv političeskich repressij.* Moskau.
Reuth, Ralf Georg, Günther Lachmann (2013): *Das erste Leben der Angela M.* München.
Rödder, Andreas (2015): *21.0. Eine kurze Geschichte der Gegenwart.* München.
Roginskij, Arsenij u. a. (Hg.) (2008): *»Erschossen in Moskau ...« Die deutschen Opfer des Stalinismus auf dem Moskauer Friedhof Donskoje 1950–1953.* Berlin.

Roll, Evelyn: *Das Mädchen und die Macht. Angela Merkels demokratischer Aufbruch*. Berlin.
Ruggenthaler, Peter (2015): *The Concept of Neutrality in Stalin's Foreign Policy, 1945–1953*. Lanham, 2015.
Ruggenthaler, Peter (Hg.) (2007): *Stalins großer Bluff. Die Geschichte der Stalin-Note in Dokumenten der sowjetischen Führung*. München.
*Russen und Deutsche* (2012): *1000 Jahre Kunst, Geschichte, Kultur. Katalog zur gleichnamigen Ausstellung in Moskau und Berlin*. Sankt Petersburg/Berlin.
Saal, Yuliya von (2014): *KSZE-Prozess und Perestroika in der Sowjetunion. Demokratisierung, Werteumbruch und Auflösung 1985–1991*. München.
Salisbury, Harrison E. (1970): *900 Tage. Die Belagerung von Leningrad*. Frankfurt a. M.
Sapper, Manfred, Volker Weichsel (Hg.) (2012): *Aufrechter Gang. Lev Kopelev und Heinrich Böll*. Berlin.
Sarotte, Mary Elise (2009): *1989. The Struggle to create post-Cold War Europe*. Princeton.
Sarotte, Mary Elise (2014): *The Collapse: The Accidental Opening of the Berlin Wall*, New York.
Sasse, Gwendolyn (2007): *The Crimea Question: Identity, Transition, and Conflict*. Cambridge.
Satjukow, Silke (2008): *Besatzer. »Die Russen« in Deutschland 1945–1991*. Göttingen.
Scharf, Claus (1996): *Katharina II., Deutschland und die Deutschen*. Mainz.
Scharf, Claus (Hg.), (2001): *Katharina II., Russland und Europa*. Mainz.
Scharlau, Winfried, Zbynek Zeman (1964): *Freibeuter der Revolution. Parvus-Helphand – Eine politische Biographie*. Köln.
Scherbakowa, Irina, Karl Schlögel (2015): *Der Russland-Reflex. Einsichten in eine Beziehungskrise*. Hamburg.
Scherstjanoi, Elke (2010): *Wege in die Kriegsgefangenschaft. Erinnerungen und Erfahrungen deutscher Soldaten*. Berlin.
Schlögel, Karl (Hg.) (1994): *Der große Exodus. Die russische Emigration und ihre Zentren 1917 bis 1941*. München.
Schlögel, Karl (2007): *Das russische Berlin. Ostbahnhof Europas*. Akt. Neuausg., München.
Schlögel, Karl (2008): *Terror und Traum. Moskau 1937*. München.
Schlögel, Karl (2015): *Grenzland Europa. Unterwegs auf einem neuen Kontinent*. München.
Schmid, Ulrich M. (2015): *Technologien der Seele. Vom Verfertigen der Wahrheit in der russischen Gegenwartskultur*. Berlin.

Schöllgen, Gregor (2004): *Die Außenpolitik der Bundesrepublik Deutschland. Von den Anfängen bis zur Gegenwart.* 3., erw. Aufl. München.
Schöllgen, Gregor (2015): *Gerhard Schröder. Die Biographie.* München.
Schossig, Rainer (2006): *Viktor Baldin. Der Mann mit dem Koffer. Die Odyssee der 1945 nach Moskau verbrachten Blätter der Kunsthalle Bremen.* Bremen.
Schramm, Gottfried (Hg.) (2001): *Rußlands langer Weg zur Gegenwart.* Göttingen.
Schröder, Gerhard (2007): *Entscheidungen. Mein Leben in der Politik.* Akt. und erw. Ausg. Hamburg.
Shevtsova, Lilia (2003): *Putin's Russia.* Washington.
Sievers, Leo (1981): *Deutsche und Russen. Tausend Jahre gemeinsame Geschichte.* Hamburg.
Slutsch, Sergej, Carola Tischler (Hg.) (2014): *Deutschland und die Sowjetunion 1933–1941. Dokumente. Bd. 1: 30. Januar 1933–31. Oktober 1934.* München.
Snyder, Timothy (2011): *Bloodlands. Europa zwischen Hitler und Stalin.* München.
Snyder, Timothy, Ray Brandon (Hg.) (2014): *Stalin and Europe. Imitation and Domination 1928–1953.* Oxford.
Solschenizyn, Alexander (1977): *Lenin in Zürich.* Bern.
Stent, Angela E. (1999): *Russia and Germany Reborn. Unification, the Soviet Collapse, and the New Europe.* Princeton.
Stent, Angela E. (2014): *The Limits of Partnership: U.S.-Russian Relations in the Twenty-First Century.* Princeton.
Stökl, Günther (1997): *Russische Geschichte. Von den Anfängen bis zur Gegenwart.* Stuttgart.
Streit, Christian (1978): *Keine Kameraden. Die Wehrmacht und die sowjetischen Kriegsgefangenen 1941–1945.* Stuttgart.
Sygar, Michail (2015): *Endspiel: Die Metamorphosen des Wladimir Putin.* Köln.
Taylor, Frederick (2008): *Dresden. Dienstag, 13. Februar 1945,* München.
Teffy (2014): *Champagner aus Teetassen. Meine letzten Tage in Russland.* Berlin.
Teltschik, Horst (1993): *329 Tage. Innenansichten der Einigung.* Berlin.
*The Crisis with Russia* (2014). The Aspen Institute, Washington.
Thum, Gregor (Hg.) (2006): *Traumland Osten. Deutsche Bilder vom östlichen Europa im 20. Jahrhundert.* Göttingen.
Tischler, Carola (2006): *Flucht in die Verfolgung. Deutsche Emigranten im sowjetischen Exil 1933 bis 1945.* Münster.
Tolstoi, Leo (2010): *Krieg und Frieden: Die Urfassung.* Frankfurt a. M.
Trenin, Dmitri (2017): *Should we fear Russia?* Cambridge.

Tschernjaew, Anatoli (1993): *Die letzten Tage einer Weltmacht. Der Kreml von innen.* Stuttgart.
Überschär, Gerd (Hg.) (1998): *Hitlers militärische Elite.* 2 Bde., Darmstadt.
Überschär, Gerd, Lev Bezymenskij (2011): *Der deutsche Angriff auf die Sowjetunion 1941. Die Kontroverse um die Präventivkriegsthese.* Neuausg. Darmstadt.
Überschär, Gerd, Wolfram Wette (Hg.) (2011): *Der deutsche Überfall auf die Sowjetunion: Unternehmen Barbarossa 1941.* Frankfurt a. M.
Uhl, Matthias, Vasilij S. Christoforow, Vladimir G. Makarow (2015): *Verhört. Die Befragungen deutscher Generäle und Offiziere durch die sowjetischen Geheimdienste 1945–1956.* Moskau.
Ullrich, Volker (2010): *Die nervöse Großmacht 1871–1918. Aufstieg und Untergang des deutschen Kaiserreiches.* Frankfurt a. M.
Urban, Thomas (1999): *Vladimir Nabokov. Blaue Abende in Berlin.* Berlin.
V Politbjuro ZK KPSS (2008). *Po zapisjam A. Černjaeva, V. Medvedeva, F. Šachnazarova (1985–1991),* Moskau.
Vatlin, Alexander (2013): *»Was für ein Teufelspack«. Die Deutsche Operation des NKWD in Moskau und im Moskauer Gebiet 1936 bis 1941,* Berlin.
*Vojna protiv Sovetskogo Sojuza 1941–1945* (1992). *Dokumental'naja Ekspozicija.* Katalog zur Ausstellung im Berliner Gropiusbau 1991 anlässlich des 50. Jahrestages des Angriffs auf die Sowjetunion. Berlin.
Volkmann, Hans-Erich (Hg.) (1994): *Das Russlandbild im Dritten Reich.* Köln.
Wagner, Armin (2003): *Ulbricht, Chruschtschow und die Mauer. Eine Dokumentation.* München.
Weber, Hermann u. a. (Hg.) (2015): *Deutschland, Russland, Komintern – II. Dokumente (1918–1943): Nach der Archivrevolution: Neuerschlossene Quellen zu der Geschichte der KPD und den deutsch-russischen Beziehungen.* Berlin.
*West-östliche Spiegelungen,* Auswahl; Bd. 1: Dagmar Herrmann, Mechthild Keller (Hg.): *Zauber und Abwehr. Zur Kulturgeschichte der deutsch-russischen Beziehungen.* München 2003; Bd. 2: Dagmar Herrmann, Astrid Volpert (Hg.): *Traum und Trauma. Deutsche und Russen im 20. Jahrhundert.* München 2003.
*West-östliche Spiegelungen,* N. F.: *Deutsche und Russen im 20. Jahrhundert;* Bd. 1: Karl Eimermacher, Astrid Volpert: *Verführungen der Gewalt. Russen und Deutsche in den beiden Weltkriegen,* München 2005 (West-östliche Spiegelungen, N. F., Bd. 1); Bd. 2: Karl Eimermacher, Astrid Volpert (Hg.): *Stürmische Aufbrüche und enttäuschte Hoffnungen. Russen und Deutsche in der Zwischenkriegszeit.* München 2006; Bd. 3: Karl

Eimermacher, Astrid Volpert (Hg.): *Tauwetter, Eiszeit und gelenkte Dialoge. Russen und Deutsche nach 1945.* München 2006.

*West-östliche Spiegelungen*, Rh. A: *Russen und Rußland aus deutscher Sicht*, hg. v. Lew Kopelew; Bd. 1: Mechthild Keller, Ursula Dettbarn, Karl-Heinz Korn (Hg.): *9.–17. Jahrhundert.* München 1985; Bd. 2: Mechthild Keller (Hg.): *18. Jahrhundert: Aufklärung,* München 1987; Bd. 3: Mechthild Keller (Hg.): *19. Jahrhundert: Von der Jahrhundertwende bis zur Reichsgründung (1800–1871),* München 1991; Bd. 4: Mechthild Keller (Hg.): *19./20. Jahrhundert: Von der Bismarckzeit bis zum Ersten Weltkrieg.* München 2000; Bd. 5: Gerd Koenen, Lew Kopelew (Hg.): *Deutschland und die russische Revolution 1917–1924,* München 1998.

*West-östliche Spiegelungen,* Rh. B: *Deutsche und Deutschland aus russischer Sicht,* hg. v. Lew Kopelew, Bd. 1: Dagmar Herrmann (Hg.): *11.–17. Jahrhundert,* München 1983; Bd. 2: Dagmar Herrmann, Karheinz Korn (Hg.): *18. Jahrhundert: Aufklärung.* München 1992; Bd.: 3: Dagmar Herrmann, Alexander L. Ospovat (Hg.): *19. Jahrhundert: Von der Jahrhundertwende bis zu den Reformen Alexanders II.* München 1998; Bd. 4: Dagmar Herrmann (Hg.): *19./20. Jahrhundert: Von den Reformen Alexanders II. bis zum Ersten Weltkrieg.* München 2006.

Wette, Wolfram, Gerd Ueberschär (2012): *Stalingrad. Mythos und Wirklichkeit einer Schlacht.* Frankfurt a. M.

Wettig, Gerd (2011): *Sowjetische Deutschland-Politik 1953 bis 1958: Korrekturen an Stalins Erbe, Chruschtschows Aufstieg und der Weg zum Berlin-Ultimatum.* München.

Wettig, Gerhard (2006): *Chruschtschows Berlin-Krise 1958 bis 1963. Drohpolitik und Mauerbau.* München.

Wettig, Gerhard (Hg.) (2015–2016): *Chruschtschows Westpolitik 1955 bis 1964. Gespräche, Aufzeichnungen und Stellungnahmen.* 4 Bde. München.

Wilson, James Graham (2014): *The Triumph of Improvisation. Gorbachev's Adaptability, Reagan's Engagement, and the End of the Cold War.* Cornell.

Winkler, Heinrich August (2009–2016): *Geschichte des Westens.* 4 Bde. München.

Wirsching, Andreas u. a. (Hg.) (2015): *Erinnerung an Diktatur und Krieg. Brennpunkte des kulturellen Gedächtnisses zwischen Russland und Deutschland seit 1945.* Berlin/Boston.

Wittram, Reinhard (1964): *Peter I. Czar und Kaiser. Zur Geschichte Peters des Großen in seiner Zeit.* 2 Bde. Göttingen.

Wodin, Natascha (2017): *Sie kam aus Mariupol.* Reinbek.

Wolfrum, Edgar (2013): *Rot-Grün an der Macht. Deutschland 1998–2005.* München.

Wolle, Stefan (2011): *Aufbruch nach Utopia. Alltag und Herrschaft in der DDR 1961–1971.* Berlin.
Wulf, Andrea (2016): *Alexander von Humboldt und die Erfindung der Natur.* München.
Zamoyski, Adam (2014): *1815. Napoleons Sturz und der Wiener Kongress.* München.
Zarusky, Jürgen (Hg.) (2006): *Stalin und die Deutschen. Neue Beiträge der Forschung.* München.
Zeidler, Manfred (1993): *Reichswehr und Rote Armee 1920–1933. Wege und Stationen einer ungewöhnlichen Zusammenarbeit.* München.
Zelikow, Philip, Condoleezza Rice (1997): *Sternstunde der Diplomatie. Die deutsche Einheit und das Ende der Spaltung Europas.* München.
Zeman, Zbynek (1958): *Germany and the Revolution in Russia 1915–1918. Documents from the Archives of the German Foreign Ministry.* London.
Znak ne sotrjotsja (2016). *Sud'by ostarbejterov v pismach, vospominanijach i ustnych raskazach. Memorial.* Moskau.

# BILDNACHWEIS

S. 24 u. S. 293: Hans-Jürgen Burkard; S. 91: M. Staudt/grafikfoto.de; S. 105: Sovfoto/Kontributor/Getty Images; S. 121: bpk/Kupferstichkabinett, SMB; S. 136: bpk; S. 200: ullstein bild; S. 207: Deutsches Historisches Museum, Berlin/J. Desnica; S. 229: Bundesarchiv, 183-H27337/CC-BY-SA 3.0; S. 248: ullstein bild – SPUTNIK; S. 315: Bundesarchiv, 183-09458-0002/CC-BY-SA 3.0; S. 358: Bettmann/getty; S. 392: Bundesarchiv, 102-14748/o Ang./CC-BY-SA 3.0; S. 413: REUTERS/Michael Klimentyev/RIA/Novosti/Kremlin.

# PERSONENREGISTER

Adamowitsch, Ales 254 f.
Adelheid von Kiew *siehe* Eupraxia
Adenauer, Konrad 325, 350–352, 355, 371, 513–515
Adschubej, Alexej 517
Albaz, Ewgenija 291
Aleksejewa, Ljudmila 426
Aleksejewitsch, Swetlana 427
Alexander I., Zar von Russland 122–125
Alexander II., Zar von Russland 143, 451, 454, 456
Alexander III., Zar von Russland 415
Alexandra Fjodorowna (Ehefrau von Nikolaus I.), Zarin von Russland, geb. als Charlotte von Preußen 126
Alexandra Fjodorowna (Ehefrau von Nikolaus II.), Zarin von Russland, geb. als Alix von Hessen-Darmstadt 157
Alexej (Sohn von Zar Nikolaus II.) 157
Algarotti, Francesco 441
Alix von Hessen-Darmstadt 145 *siehe auch* Alexandra Fjodorowna (Ehefrau von Nikolaus II.)
Anda, Béla 88
Andreas-Salomé, Lou 170
Anhalt-Zerbst, Christian August von *siehe* Christian August, Fürst von Anhalt-Zerbst
Anhalt-Zerbst, Sophie Auguste von 99 f., 102, 117 *siehe auch* Katharina II., die Große
Antonowa, Irina 281
Armand, Inès, genannt »Inessa« 151

Bahr, Egon 37, 354, 357, 364 f., 367, 369, 374, 515 f., 518 f., 521
Baker, James 37, 433 f.
Baldin, Wiktor 270 f., 276–278, 282, 284, 286 f., 289, 489–491, 493 f.
Baldina-Siwakowa, Julija 269 f., 272–276, 278, 289, 489
Barlach, Ernst 180
Becher, Johannes R. 295, 320
Becker, Anatol 296, 298, 305
Becker, Georg 296, 298
Becker, Jurek 239
Beckmann, Reinhold 88
Beethoven, Ludwig van 251, 483
Belyj, Andrej 198 f.
Benckendorff, Alexander von 129
Benjamin, Walter 294
Benn, Erika 326 f.
Berdjajew, Nikolaj 191 f., 194 f.
Berggolz, Olga 250 f.
Bering, Vitus 81 f., 84 f.
Bersarin, Nikolaj 282
Biron *siehe* Bühren, Ernst Johann von, Herzog
Bismarck, Otto von 143 f.
Blagoj, Iwan 385
Blomberg, Werner von 218

Boldin, Walerij 233
Böll, Heinrich 241
Brandt, Willy 20, 299, 343 f., 349, 354–358, 364, 371, 373, 382, 499, 516 f.
Braque, Georges 183
Brecht, Bertolt 283, 296, 298, 397
Bredel, Willi 295
Breschnew, Leonid 203, 263, 299, 358, 361
Brockdorff-Rantzau, Ulrich von 159, 213
Bruyn, Günter de 322
Buber-Neumann, Margarete 300
Bühren, Ernst Johann von, Herzog, genannt »Biron« 81
Bulganin, Nikolaj 351 f.
Bunin, Iwan 168
Burlakow, Matwej 336, 337, 339
Busch, Ernst 397
Bush, George 31, 34, 38
Bush, George W. 376, 379

Carnap-Bornheim, Claus von 45, 435
Chaldej, Ewgenij 307–311, 499 f.
Charlotte von Preußen *siehe* Alexandra Fjodorowna (Ehefrau von Nikolaus II.)
Chirac, Jacques 376
Chodorkowskij, Michail 87
Christian August, Fürst von Anhalt-Zerbst (Vater von Katharina II.) 99
Chruschtschow, Nikita 283, 328, 351, 353, 360, 380
Churchill, Winston 151, 423
Clausewitz, Carl von 124
Clinton, Bill 40

Daschitschew, Wjatscheslaw 20
Delaunay, Robert 183
Delfinow, Alexander 202

Deutsch, Felix 210
Diderot, Denis 102, 107
Diesendorf, Viktor 404
Djagiljew, Sergej 140
Dohnanyi, Klaus von 368
Donatello, eigentlich: Donato di Niccolò di Betto Bardi 288
Dönhoff, Marion Gräfin von 351
Dostojewskij, Fjodor 132, 140, 142, 172 f., 180, 193, 250, 456, 453
Droste-Hülshoff, Annette von 125
Dugin, Alexander 59, 424
Dürer, Albrecht 270, 278
Dzerschinskij, Felix 191

Ehrenburg, Ilja 188 f., 198, 312, 466, 469, 501 f.
Eichwede, Wolfgang 286 f., 289, 356, 493–495
Einem, Ferdinand 133
Eisenstein, Sergej 116, 197, 230
Eisfeld, Alfred 405
Elisabetha Alexejewna, (Ehefrau von Alexander I.) Zarin von Russland, geb. als Luise Prinzessin von Baden 125
Elisabeth, Zarin von Russland 100 f., 446 f.
Engels, Friedrich 127 f., 452, 542
Eupraxia 43 f.

F., Lisa 385–387, 403, 469, 521
Falin, Valentin 20, 431
Feuchtwanger, Lion 220, 298
Fick, Heinrich 76
Fischer, Ernst 301
Fischer, Helene 389
Fleming, Paul 70 f.
Friedrich II., König in Preußen, ab 1772: von Preußen 99, 101, 103, 446

Friedrich III., Herzog von Schleswig-Holstein-Gottorf 69, 90
Friedrich Wilhelm I., König in Preußen 280
Friedrich Wilhelm III., König von Preußen 129
Fürstenberg, Jakob 160

Gabriel, Sigmar 425, 520
Gagarin, Jurij 314
Galilei, Galileo 91
Galkina, Sofija 262
Gauck, Joachim Wilhelm 323–325, 348, 365, 407–410, 426, 483, 508, 519, 527
Gauck, Olga, geb. Warremann (Mutter von Joachim Gauck) 324
Gauck, Wilhelm Joachim (Vater von Joachim Gauk) 323 f., 351
Genscher, Hans-Dietrich 20, 37, 287, 337, 429, 433 f., 519
Georg V., König von Großbritannien und Irland 157
German, Daniil *siehe* Granin, Daniil
Geyer, Dietrich 62
Ginzburg, Lidija 252
Glück, Ernst 76
Gmelin, Johann Georg 83, 85
Goethe, Johann Wolfgang (von) 419
Gogh, Vincent van 277
Gorbatschow, Michail 15–35, 38–42, 153, 232 f., 263, 284, 291, 307, 333, 335, 357, 369 f., 372, 403, 412, 429–434, 510, 519
Gorbatschowa, Raissa 18, 41
Göring, Hermann 234, 271, 308
Gorkij, Maxim 174, 193 f.
Götzfrid, Alfons 402

Goya, Francisco José de 277
Grabar, Igor 179, 280
Granin, Daniil, eigentlich: Daniil German 237–242, 246, 253, 255, 265–267, 479 f., 482, 484 f.
Grass, Günter 241
Gregor VII., Papst 43
Gregorij, Johann Gottfried 72
Grosz, George 197
Groth, Heinrich 386 f., 403
Groys, Boris 141
Gudkow, Lew 528
Gutenberg, Johannes 62
Gurlitt, Cornelius 184
Gurlitt, Hildebrand 184

Harmel, Pierre 356
Havel, Václav 363 f.
Heartfield, John, eigentlich: Helmut Herzfeld 197
Hegel, Georg Friedrich 140
Heine, Heinrich 130, 140
Heinrich IV., Kaiser des Heiligen Römischen Reichs 43 f.
Helbig, Georg von 114
Helphand, Alexander *siehe* »Parvus«
Herzen, Alexander 128
Hess, Rudolf 308
Hilger, Gustav 228, 260, 472
Himmler, Heinrich 279
Hindenburg, Paul von 52
Hitler, Adolf 15, 176, 194 f., 217 f., 221 f., 225 f., 229–232, 235, 242, 251, 271, 300 f., 303, 307, 309, 359, 371, 400, 436, 473, 475, 477 f., 481, 489, 496, 504 f., 517
Hoffmann, Heinrich 225
Hoffmeister, Edmund 175
Honecker, Erich 19 f., 23, 35, 203, 333 f., 429, 431, 499, 504, 510

Humboldt, Alexander von 86, 443 f.
Huppert, Hugo 297
Hurd, Douglas 38

Iljin, Iwan 191, 194 f.
Iwan IV., der Schreckliche, Zar von Russland 67, 72

Jahn, Roland 327, 329–331, 509
Jäkel, Paul 300
Jakowlew, Alexander 260
Janukowitsch, Wiktor 345, 347
Jawlensky, Alexej 178, 180
Jelzin, Boris 39, 264, 337 f., 357, 403, 421, 494, 511, 526
Juschnyj, Jakow 199

Kaminer, Wladimir 203, 469
*Kandinsky,* Wassily 177 f., 180–185, 294, 464 f.
Kant, Immanuel 140, 419
Karbaynow, General 292
Kasner, Angela 325–327, 330 f., siehe auch Merkel, Angela
Katharina I., Zarin von Russland 76, 442
Katharina II., die Große, Zarin von Russland, geb. als Sophie Auguste von Anhalt-Zerbst 14, 99–101, 103, 105–109, 111, 117, 381, 391 f., 442 f., 446–449
Keitel, Wilhelm 308, 311
Kennedy, John F. 353
Kepler, Johannes 107
Kerenskij, Alexander 166
Kerry, John 347
Kisch, Egon Erwin 294, 396
Klee, Paul 183 f.
Knoop, Alexandra von 134
Knoop, Ludwig 134
Koenen, Gerd 171

Koestler, Arthur 294
Kohl, Helmut 19–21, 25, 33 f., 37, 40 f., 335, 337 f., 349, 365, 429, 432 f., 494, 519
Kopelew, Lew 175, 321
Kopernikus, Nikolaus 91
Kotzebue, August von 126 f.
Krüdener, Julie von 125
Krupskaja, Nadeschda 151
Küchler, Georg von 245
Künsberg, Eberhard von 279
Kutusow, Michail 121

Lammert, Norbert 240, 265
Lawrow, Sergej 259, 345, 367, 386, 425
Lebedew, Sergej 202
Le Pen, Marine 410
Leeb, Wilhelm Ritter von 245, 254
Leibniz, Gottfried Wilhelm 77–79
Lenin, Wladimir Iljitsch, eigentlich: Wladimir Iljitsch Uljanow 15, 147, 149–158, 160–169, 172, 175, 190 f., 194, 206 f., 210 f., 330, 375, 395, 458–463, 466, 469–471, 498
Lessing, Gotthold Ephraim 397
Lindenberg, Udo 88
Lisa F. 385–387, 403, 469, 521
Litwinow, Maxim 224
Loebinger, Lotte siehe Wehner Lotte
Lohse, Hinrich 96
Lübke, Christian 51
Ludendorff, Erich 52, 211
Luise, Königin von Preußen 123 f.
Lukács, Georg 297
Lunatscharskij, Anatolij 196
Lunz, Lew 199
Luther, Martin 63, 65
Luxemburg, Rosa 497

Macke, August 183 f.
Maizière, Lothar de 336
Mahler, Gustav 180
Majakowskij, Wladimir 188, 198, 321
Malewitsch, Kasimir 183, 189
Maltzan, Adolf Georg »Ago« von 211, 213
Mandelstam, Osip 180
Mann, Thomas 171 f., 176, 179
Marc, Franz 181–185
Marchasjow, Lew 251
Marcuse, Ludwig 294
Marx, Karl 111, 127 f., 156
Maximilian I., Kaiser des Heiligen Römischen Reichs 64
Medinskij, Wladimir 236, 265
Medwedew, Dmitrij 527
Meier-Graefe, Julius 200
Merkel, Angela 105, 271, 289, 325–328, 333, 336, 348, 367, 387, 412, 419–421, 478, 509, 512 f., 519 f., 527 f., *siehe auch* Kasner, Angela
Mierau, Fritz 187
Mironenko, Sergej 264 f.
Mitterrand, François 38
Molotow, Wjatscheslaw 27, 222, 224
Mons, Anna 74
Montefiore, Simon Sebag 101
Mozart, Wolfgang Amadeus 213
Müller, Gerhard Friedrich 80, 82, 85
Müller, Reinhard 302
Münter, Gabriele 181, 184, 464
Münzenberg, Willi 197
Musil, Robert 180

Nabokov, Vladimir 189, 199
Nannen, Henri 351
Napoleon Bonaparte 119–124, 126

Nawalkin, Dmitrij 261
Neher, Carola 296, 298, 397
Nestor, von Kiew 80
Newskij, Alexander 52 f., 424
Nida-Rümelin, Julian 287
Nietzsche, Friedrich 140
Nijinskij, Vaslav 141
Nikolaus I., Zar von Russland 126–129, 443, 453
Nikolaus II., Zar von Russland 145 f., 156 f., 375, 457, 459

Olearius, Adam 69–71, 90, 97
Olga, von Kiew 53
Orlow, Grigorij 103
Orwell, George 300

Pallas, Peter Simon 443
Panfilow, Iwan 264 f.
Paquet, Alphons 294
Parvus, eigentlich: Helphand, Alexander 159–161, 460, 462, 471
Pasternak, Boris 170, 179, 189
Pasternak, Leonid 170, 179
Paul I., Zar von Russland 116
Paulus, Friedrich 256
Perseke, Helmut 96
Peter I., der Große, Zar von Russland 13, 74–81, 91–95, 280, 441, 445
Peter III., Zar von Russland, geb. als Karl Peter Ulrich von Schleswig-Holstein-Gottorf 100–104, 447
Petrowskaja, Katja 202
Picasso, Pablo 183
Pieck, Wilhelm 295, 304, 323
Pilnjak, Boris 188
Piotrowskij, Michail 288
Piscator, Erwin 296, 397
Platten, Fritz 162, 164
Platzeck, Matthias 316, 368 f.

Potemkin, Grigorij 104, 108 f., 111–117
Prochanow, Alexander 424
Puschkin, Alexander 110, 139, 250
Putina, Katja (Tochter von Wladimir Putin) 416
Putin, Oleg (Bruder von Wladimir Putin) 249
Putin, Wladimir 13, 15, 24, 39, 59, 65, 81, 87–89, 97, 108, 111, 122 f., 135, 151–153, 195, 202 f., 234–236, 249, 255, 257, 263–265, 271, 289, 291, 343–346, 348 f., 361, 366–369, 375–379, 383, 387 f., 407–425, 478, 482 f., 488, 512, 527 f.
Putin, Wladimir (Vater von Wladimir Putin) 249
Putina, Marija (Mutter von Wladimir Putin) 249

Radek, Karl, geb. Karl Sobelsohn 151, 154, 163, 206–212, 214, 220, 461, 469–471, 473
Radischtschew, Alexander 115
Rathenau, Walther 209 f., 213
Reagan, Ronald 18
Rebroff, Iwan, geb. Hans Rolf Rippert 389
Redkin, Mark 500
Reibnitz, Eugen von 211
Rembrandt, eigentlich: Rembrandt van Rijn 277
Remisow, Alexej 188
Reuter, Ernst 395 f.
Ribbentrop, Joachim von 223 f., 228 f., 308, 473 f.
Rilke, Rainer Maria 14, 140, 169 f., 180
Rolland, Romain 294
Rosenberg, Alfred 194, 279, 308
Rosenel, Natalija (Ehefrau von Anatolij Lunatscharskij) 196
*Röthel,* Hans Konrad 466
Rousseau, Henri 183
Rubens, Peter Paul 277
Rubinstein, Anton 140
Ruge, Eugen 316
Ruge, Gerd 351

Sacharow, Andrej 232
Sand, Karl Ludwig 126
Satjukow, Silke 312
Scheidegger, Gabriele 68
Schewardnadse, Eduard 26
Schewkunow, Georgij *siehe* Tichon, Bischof
Schewzowa, Lilija 42
Schiller, Friedrich 140, 251
Schinkel, Karl Friedrich 119–121
Schirach, Baldur von 308
Schklowskij, Wiktor 198
Schleswig-Holstein-Gottorf, Friedrich III. von *siehe* Friedrich III. von Schleswig-Holstein-Gottorf
Schleswig-Holstein-Gottorf, Johanna Elisabeth von (Mutter von Katharina II.) 100
Schleswig-Holstein-Gottorf, Karl Peter Ulrich von *siehe* Peter III., Zar von Russland
Schliemann, Heinrich 135 f., 282
Schlözer, August Ludwig 80
Schmidt, Helmut 40, 266, 363, 365, 374, 489
Schmidt, Karl Paul *siehe* Carell, Paul
Schönberg, Arnold 181
Schostakowitsch, Dmitrij 251 f.
Schröder, Gerhard 87, 97, 257, 343, 349, 366, 369, 371, 382, 417 f., 511, 519, 521, 527
Schröder-Köpf, Doris 376

Schukow, Georgij 308, 313
Schulz, Martin 369
Schumatsky, Boris 203
Schwarzenberg, Karel 424
Schwydkoj, Michail 288, 495
Seeckt, Hans von 212
Seghers, Anna 321
Seitlin, Joshua 112
Shaw, George Bernhard 294
Sidorow, Ewgenij 286
Sigismund, Freiherr von Herberstein 64–68
Sikorski, Radek 512
Siwakowa, Julija *siehe* Baldina-Siwakowa, Julija
Skawronskaja, Marta *siehe* Katharina I.
Sklarz, Georg 160
Slijper, Sal 465
Sokolow, Nikita 265
Sorokin, Wladimir 202
Solschenizyn, Alexander 362
Stalin, Iossif 28, 30, 96, 137, 162, 191, 206, 215, 218–220, 223–232, 235, 250, 260–262, 276, 282, 293, 297 f., 300 f., 308, 317 f., 320 f., 325, 395–398, 402, 431, 448, 473–475, 477 f., 483, 487, 489, 492, 500, 503–505, 517 f.
Stein, Heinrich Reichsfreiherr vom und zum 124
Steiner, Julius 516
Steinmeier, Frank-Walter 259, 343–348, 379
Steller, Georg Wilhelm, eigentlich: Georg Wilhelm Stöller 83–86, 443 f.
Stepun, Fedor 191
Stieglitz, Alexander 134
Stieglitz, Ludwig 134
Stinnes, Hugo 217
Strauß, Franz Josef 20

Strawinskij, Igor 140
Stresemann, Gustav 471 f.

Teltschik, Horst 20, 432
Tichon, Bischof, eigentlich: Georgij Schewkunow 59, 433
Timofeewa, Natalija 266
Tizian, eigentlich: Tiziano Vecellio 277
Tjulpanow, Sergej 317
Tjutschew, Fjodor 23, 142
Tolstoj, Lew 140, 170, 193
Trenin, Dmitrij 412
Trotzkij, Leo 220
Tschaadajew, Pjotr 141
Tschaikowsky, Pjotr 140
Tschechow, Anton 250
Tschernjaew, Anatolij 19 f., 30, 34, 38, 433
Tschitscherin, Georgij 213
Tuchatschewskij, Michail 219
Turgenjew, Iwan 139

Ulbricht, Walter 256, 295, 304, 317, 321, 353, 497, 504

Vogeler, Heinrich 296
Voltaire, eigentlich: François-Marie Arouet 102, 107

Wagner, Eduard 244
Wagner, Richard 178, 230
Walden, Herwarth 294
Waldseemüller, Martin 64
Wałęsa, Lech 25
Warnig, Matthias 417
Weber, Max 140
Wehner, Herbert 295, 300, 302 f., 499
Wehner, Lotte, geb. Loebinger 300, 302
Weigel, Helene 397
Weinert, Erich 295

Weizsäcker, Richard von 20, 365
Wells, H. G. 294
Werefkina, Marianne von 179
Westerwelle, Guido 345 f.
Wilhelm II., deutscher Kaiser
   144–146, 150, 157, 375, 457
Winkler, Heinrich August 363, 368
Winzer, Otto 355

Wolf, Friedrich 295
Wolf, Konrad 296
Wolf, Markus 295
Wrubel, Dmitrij 202 f.

Zarusky, Jürgen 243
Zoellick, Robert 433
Zweig, Stefan 154
Zwetajewa, Marina 138, 180

# »Brilliant«

Handelsblatt

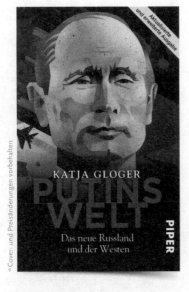

Katja Gloger
**Putins Welt**
Das neue Russland und der Westen

Piper Taschenbuch, 400 Seiten
€ 11,00 [D], € 11,40 [A]*
ISBN 978-3-492-31040-6

Machtvoll erhebt sich das neue Russland, Putins Imperium. Ukrainekrise, Syrienkrieg – das Land scheint sich immer weiter vom Westen zu entfernen. Die langjährige Moskau-Korrespondentin Katja Gloger beschreibt die wahren Ursachen der gefährlichen Konfrontation zwischen Ost und West. Sie erklärt das »System Putin«, das komplizierte Machtgeflecht im Kreml. Gibt es noch Chancen, neues Vertrauen aufzubauen? Es ist eine historische Aufgabe, die Aufgabe einer ganzen Generation.

Leseproben, E-Books und mehr unter www.piper.de

# »Ein Leseereignis.«

Der Spiegel

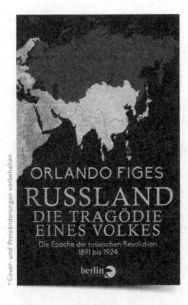

Orlando Figes
**Russland.
Die Tragödie eines
Volkes**

Die Epoche der russischen
Revolution 1891 bis 1924

Aus dem Englischen von
Barbara Conrad
Berlin Verlag, 980 Seiten
€ 26,99 [D], € 27,80 [A]*
ISBN 978-3-8270-1275-3

Figes' erzählerisch überragendes und analytisch brillantes Werk setzt mit der Hungersnot von 1891 ein und reicht bis zum Tod Lenins im Jahr 1924. Es schildert damit jene Epoche, die zu begreifen für das Verständnis des modernen Russlands unentbehrlich ist.

Leseproben, E-Books und mehr unter www.berlinverlag.de

# »Ein Leseerlebnis der besonderen Art«

Neue Zürcher Zeitung am Sonntag

Florian Huber

**Hinter den Türen warten die Gespenster**

Das deutsche Familiendrama der Nachkriegszeit

Berlin Verlag, 352 Seiten
€ 22,00 [D], € 22,70 [A]*
ISBN 978-3-8270-1331-6

Nach dem Zusammenbruch des Dritten Reiches gab es einen letzten Ort, der Geborgenheit versprach: die Familie. Sie galt als der einzige Wert, der weitgehend unversehrt überdauert hatte. Eines aber konnte die Familie nicht – jene Widersprüche aussperren, die die Nachkriegsgesellschaft prägten.

Der Familienkosmos der Nachkriegszeit war eine historisch einzigartige »Versuchsanordnung«. Florian Huber liefert den Schlüssel zum Verständnis dieser Zeit und der folgenden Generationen.

Leseproben, E-Books und mehr unter www.berlinverlag.de